A. DE MAZADE

LETTRES ET NOTES

INTIMES

1870-1871

PAUL FRÉMONT
Imprimeur à Beaumont-sur-Oise
1892

LETTRES ET NOTES

INTIMES

1870-1871

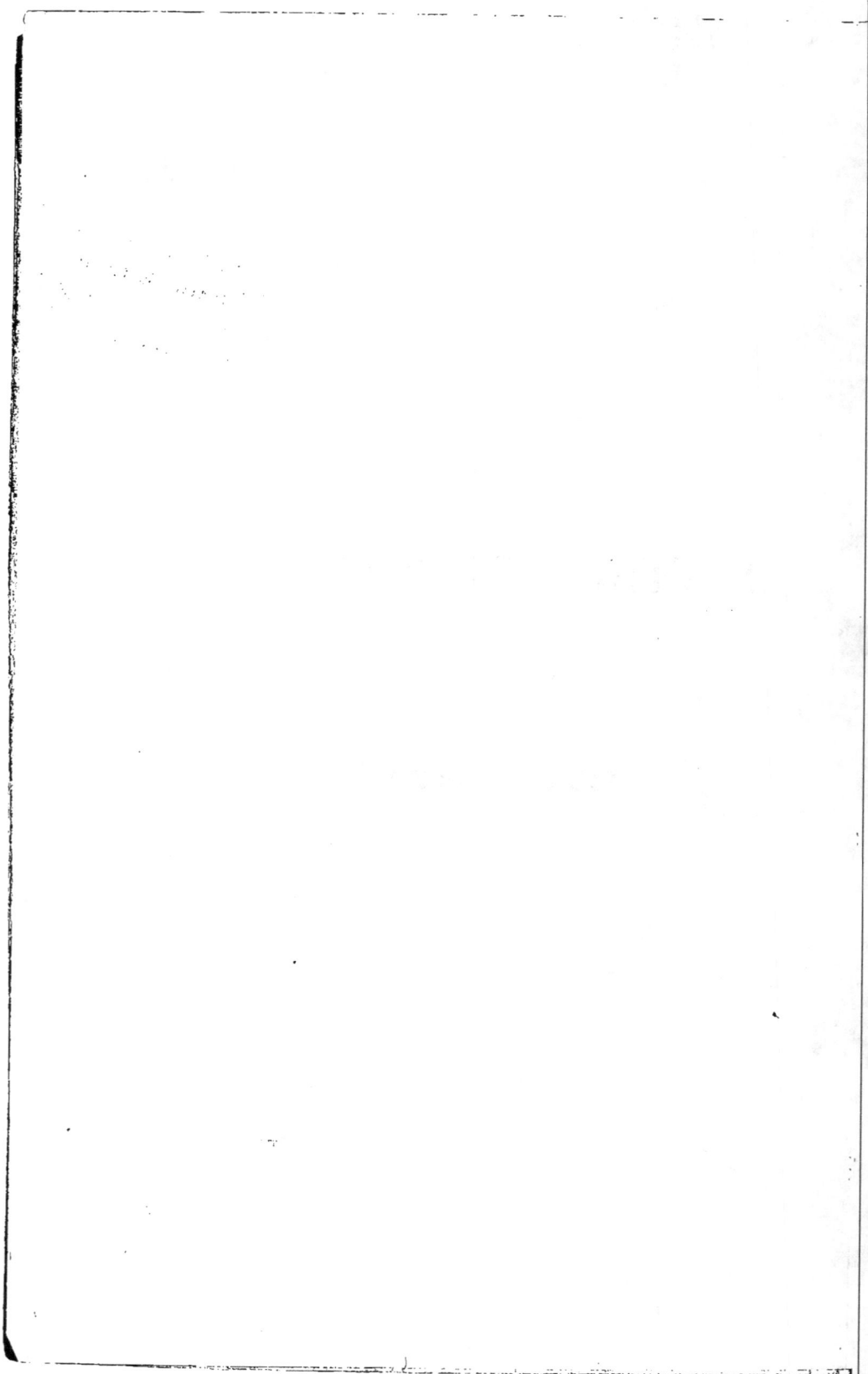

LETTRES ET NOTES

INTIMES

1870-1871

RECUEILLIES

PAR

A. DE MAZADE

PAUL FRÉMONT
Imprimeur à Beaumont-sur-Oise
1891

LETTRES ET NOTES

INTIMES

1870-1871

RECUEILLIES

PAR

A. DE MAZADE

PAUL FRÉMONT
Imprimeur à Beaumont-sur-Oise
1891

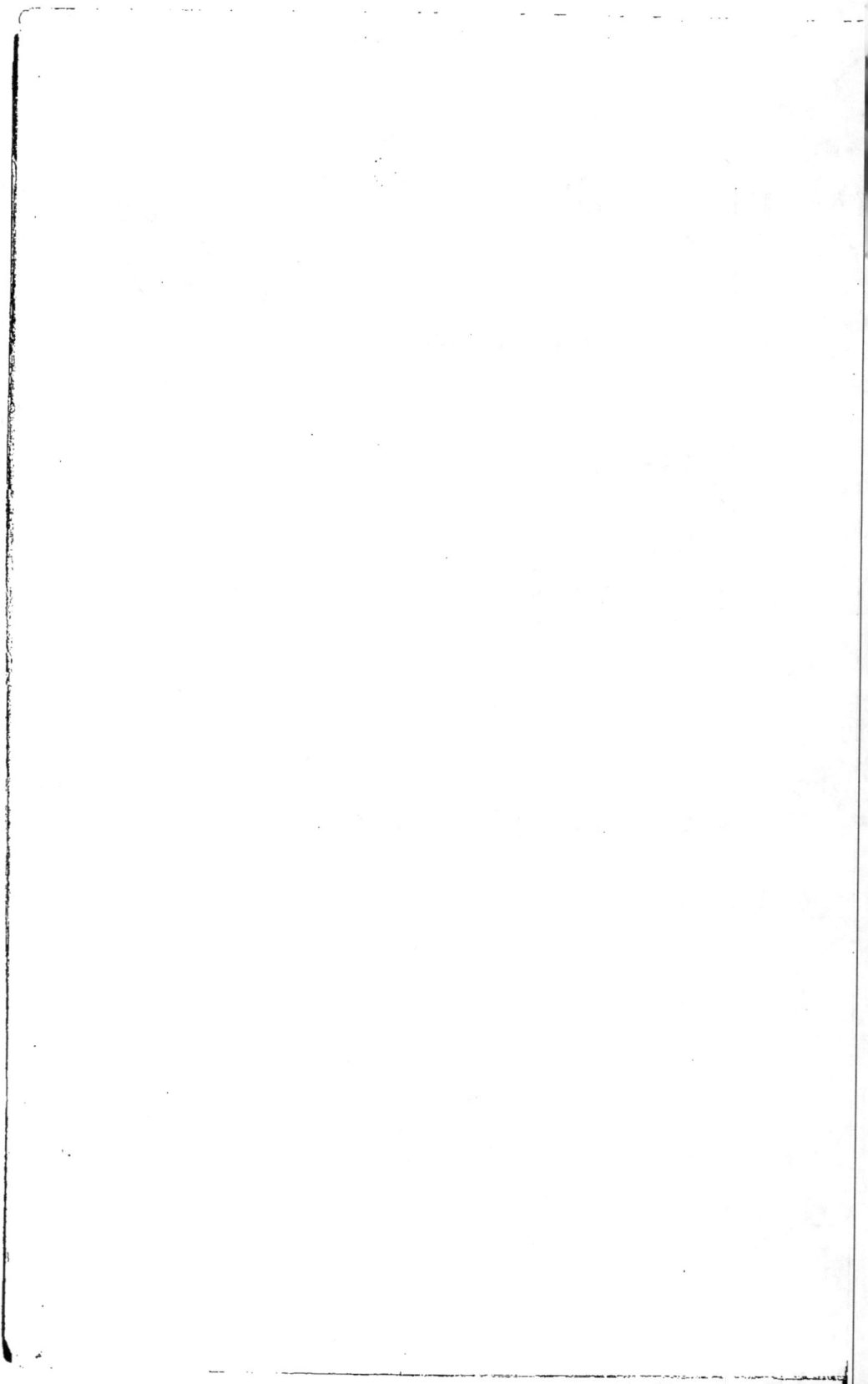

A V. PILLON-DUFRESNES

Mon cher Victor,

Il y a bien des années déjà que je t'ai parlé pour la première fois de ma pensée de réunir, en une espèce de faisceau historique, dans leur simplicité du réel et du vécu, les notes et correspondances que j'avais conservées de notre si douloureuse Année Terrible.

Je désirais mettre en lumière l'essor brutalement arrêté de mon industrie de Ronquerolles, aux débuts de laquelle les conseils de mon bien-aimé père ont été si utiles, nos interminables souffrances concentrées du siége, nos illusions incorrigibles, enfin l'ardente reprise des affaires en pleine Commune.

Je caressais aussi l'occasion de faire vivre avec moi une galerie complète de mes parents et amis, *devenus ainsi mes collaborateurs inconscients... notre regretté Camille Amiard, dont la mort prématurée a rompu notre amicale trinité, et toi surtout, mon cher Victor, que je remercie en même temps de la communication de ta correspondance pendant l'affreuse Commune avec ton éminent et excellent père.*

Ce vieux projet, le voilà réalisé, et c'est à toi, mon cher et meilleur ami, que je demande d'accepter la dédicace de ce Recueil, *écho lointain des* ménagiers *et des* livres de raison *de nos pères (1). Il comprend toute une année (de Juillet 1870* à *Juillet 1871). Il est destiné à l'intimité et n'aura que cent exemplaires.*

Les premières pages sembleront un peu longues et sans assez de variété; j'avais à cœur de perpétuer la mémoire de mes parents chéris par leurs propres lettres, qui d'ailleurs montrent bien les commencements de la guerre.

Les lacunes qu'aurait laissées la correspondance seule dans la suite des évènements ont été comblées, soit avec des notes miennes, brèves, hachées même, simple rappel ou résumé des faits, sans commentaires ni dissertations, soit aussi, pour donner un peu de couleur littéraire à ces éphémérides, en y intercalant à leurs dates quelques fragments, — des chroniques de quinzaine de notre cousin de l'Académie, *qui, emmuré comme nous, jugeait avec sa pénétration et sa haute sérénité les violences et les obscurités du moment, — du* Journal de George Sand, *si désillusionnée dans sa fièvre patriotique,*

---

(1) Un de ces livres de raison, *(1517-1693) objet d'une brochure de Gaspard Bellin, ancien magistrat (Lyon 1887), et plus amplement analysé dans la* Revue du Lyonnais *de Mai dernier, intéresse particulièrement notre famille. Il appartient à son gendre, Camille de Soubeyran de Saint-Prix, châtelain de la Tour du Verre (Drôme), dont le bisaïeul paternel épousa Catherine de Vincens de Mazade Saint-Ange, fille de Antoine, qui figure sur les notices et arbre de la généalogie de Mazade.*

donnant les impressions de la province dont nous autres cloîtrés n'avions aucune idée — des Récits *humoristiques, également provinciaux,* de Ludovic Halévy, — du Journal des Goncourt, *si mordant et si parisien — enfin des citations de Hugo, Banville, Théophile Gautier, Paul de Saint-Victor, Sarcey, Coppée, Édouard Hervé, Jules Claretie et autres.... qui tous concourent à composer un tableau* sui generis, *une sorte de mosaïque d'ensemble, variée et animée, avant tout rigoureusement fidèle, de la tourmente que nous avons traversée.*

Puisse ce livre familial, osant venir après tant d'autres d'ordre supérieur parus sur le même intarissable sujet depuis plus de vingt années, être l'utile dulci *pour ceux à qui j'aurai le plaisir d'en faire hommage.*

A toi de toute ma vieille et inaltérable amitié.

A. de MAZADE.

Beaumont-sur-Oise, 2 Octobre 1892.

JUILLET

1870

A M. Alexandre de Mazade, 71, boulevard Sébastopol, Paris.

Bonquerolles-Clermont (Oise), lundi 4 Juillet 1870.

Cher Fils,

Ta nouvelle roue hydraulique marche bien. La fabrique travaille ; mais il y a encore des métiers au repos faute d'ouvrières, que nous prend surtout la moisson. Il faut que tu te décides à en chercher, et à en amener ici du dehors.

D'un autre côté, ton diable de Lyonnais Mutin, si bon et si ardent ouvrier quand il est au travail, est un chef de teinturerie détestable, impossible, avec ses dérangements continuels du lundi et la suite, qu'il appelle lui-même ses *sales bordées*, dont il se repent chaque fois, — pour recommencer toujours. Encore absent aujourd'hui ! Outre qu'il est d'un très fâcheux exemple pour notre petit monde tranquille de jeunes gens et de jeunes filles, il nous met dans un grand embarras, en paralysant la teinture des commissions urgentes des couleurs de Saint-Etienne. Si tu n'insistais pas à chaque débauche pour que nous patientions à cause de ses bonnes qualités, il y a longtemps, depuis nos deux ans d'exercice, que je te l'aurais remercié.

Je coucherai ici ce soir, et j'irai demain mardi diner à Paris, avec vous. Tu viendras sans doute me remplacer à Ronquerolles, après-demain, mercredi matin.

Je vous embrasse Céline et toi bien affectueusement.

L. DE MAZADE.

Paris, mardi 5 Juillet.

Tourne, ma grande roue ! Envoie
Aux métiers vie et mouvement !
Valsez, mes bobines de soie,
Autour du coton, votre amant !

Travaillons, mon bon Ronquerolles !
Quoi qu'on dise ici — grand émoi !
Que les grenouilles espagnoles
Demandent à la Prusse un Roi !

Oui, à la Prusse, déjà gavée de succès et d'orgueil ! Cela est si vrai qu'aujourd'hui, au Corps législatif, M. Cochery, député du Loiret, au nom du centre gauche, a interpellé le gouvernement impérial, sur l'ac-

et la suite, qu'il appelle lui-même ses *sales bor-*

JEAN-LOUIS DE MAZADE - 1805-1871
ANNALES HISTORIQUES - 48e VOLUME · 1878

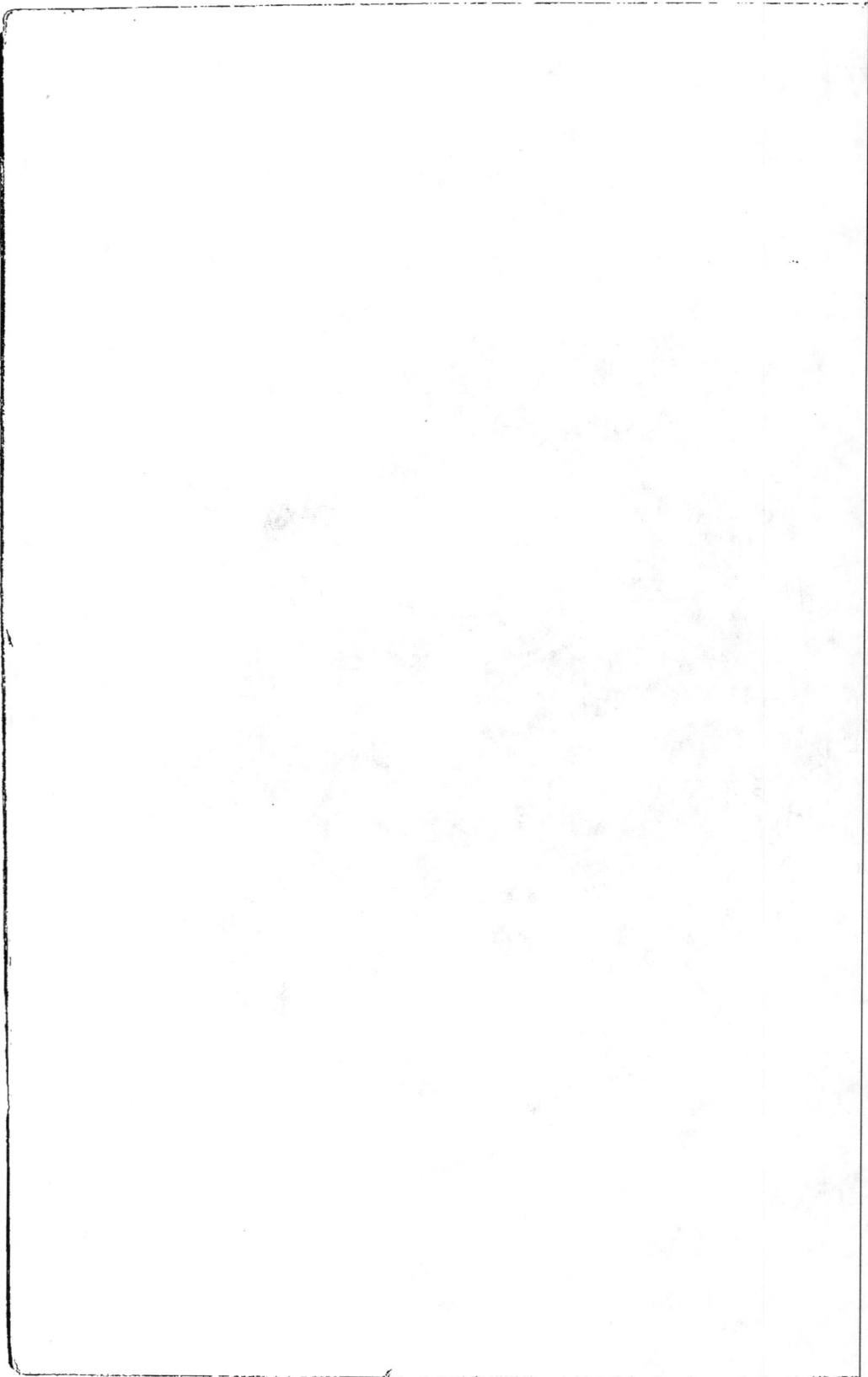

ceptation par le prince prussien, Léopold de *Hohenzollern,* de la candidature au trône d'Espagne, que lui a offerte le maréchal Prim.

C'est à n'y pas croire en vérité ! Hohenzollerno, roi de toutes les Espagnes ! Les Espagnols pourront-ils seulement prononcer son nom ?

Et ce Prim ! je ne l'ai vu que fièrement campé sur son noir et luisant cheval de bataille, dans la superbe toile de mon jeune illustre camarade d'Henri IV, Henri Regnault ! J'aurais mieux aimé me garder mon Prim sur cette impression-là.

A M. Desjardins, contremaitre (Usine A. de Mazade), à Ronquerolles.

Paris, 5 Juillet.

Envoyez-moi chercher demain mercredi matin, avec la carriole seulement, à la gare de Clermont, train 13, arrivant à 11 h. 40.

Commission 2332, urgent. 10 kilos ganse soufflée n° 4, etc.

A. de M.

A Madame A. de Mazade, Paris.

Ronquerolles, 6 Juillet

Ma Chère Amie,

A peine arrivé, à midi, j'ai eu, en déjeunant, la visite de M. Dujardin, de Clermont, m'annonçant qu'il va à

Crèvecœur demain jeudi, à 4 h. 1/2 du matin. Je l'accompagnerai comme l'autre fois (le 17 du mois dernier) et je m'arrêterai à Hardivilliers, sur la droite de la route de Crèvecœur, pour voir un homme aux 8 ou 9 enfants, dont il m'a parlé, et que j'engagerai, s'il y a lieu, à venir habiter la fabrique avec sa famille. Je reprendrai le chemin de fer à Breteuil, vers 2 heures de l'après-midi, et j'arriverai à Paris à 4 heures et demie, sans revenir à Ronquerolles. C'est fâcheux de voir les métiers inoccupés faute d'ouvrières, à un moment où nous devrions fabriquer et emmagasiner beaucoup de marchandises courantes. J'ai vu aujourd'hui s'il ne serait pas possible de faire travailler le soir, pendant que les jours sont longs ; les retordeurs travailleront, ainsi qu'une partie des ouvrières. Je regrette que nous n'ayons pas eu cette idée dès les premiers jours de juin, lors de l'installation de la nouvelle roue, mais nous avons encore du temps... à ne pas perdre.

Ce damné de Mutin était encore ce matin tout à fait pris. A 2 h. 1/2, il a disparu, sans que j'aie pu le retrouver dans Ronquerolles. Il n'était d'ailleurs bon à presque rien aujourd'hui. Il nous laisse en plan, sans avoir fini les couleurs de Saint-Etienne, déjà si retardées, et juste au moment où on allait monter un métier, qu'on a été obligé d'habiller d'autre chose, en l'attendant. Il abuse de notre bonté. Je suis on ne peut plus mécontent, et je n'ai même pas la satisfaction de lui faire des reproches... (Il vient, me dit-on, de rentrer chez lui, je vais aller le voir).

Je t'embrasse de tout mon cœur, ainsi que papa.

Ton ami chéri,

A. de M.

A M. A. DE MAZADE, à Ronquerolles.

Paris, 6 Juillet.

Mon Cher Ami,

On réclame la commission n°..... tâche même de l'apporter demain, en venant, etc.

Cette lettre renfermait la suivante, cachetée : *Personnelle.*

Mon bon chéri,

Ton père a déjeûné avec moi; il était, comme je l'ai vu quelquefois, extrêmement gai, même en me racontant *du Mutin*. Il me disait que, depuis Ronquerolles, il se sentait revivre, tandis qu'à Beaumont, il lui arrivait de s'ennuyer, avec des regrets de s'être retiré trop tôt, malgré les occupations de sa mairie; qu'il était heureux d'avoir une vie active, désirée par lui depuis si longtemps, avec la facilité surtout de venir souvent prendre un *petit air de Paris*.

Il me laissera dîner seule; il va chez M. Alexandre Deldébat.

A demain, mon chéri, ton père et moi nous t'embrassons de tout notre cœur.

Céline DE M.

Ronquerolles, jeudi, 7 Juillet.

Dès 4 heures, je suis debout dans la cour de l'usine pour partir avec M. D. qui doit passer me prendre, de Clermont.

Une matinée adorable! Au bruit de la chute de la vanne, on se croirait au bord d'un torrent, dans une fraiche vallée des Pyrénées.

Le massif rond du milieu de la cour est plein de rosiers en fleurs. Je ne me lasse pas de respirer, et même d'embrasser les roses, sur leur tige, sans les cueillir; on ne s'imagine pas comme c'est doux et frais aux lèvres une rose qui s'ouvre au premier matin.

Mais mon animal de Mutin me trotte par la tête; je n'ai pas pu mettre la main dessus hier. Avant de partir, je laisse sur le bureau, pour lui, un mot sévère de reproches avec menace de renvoi définitif.

4 h. 1|2. — Un trot de grelots! M. D. arrive en cabriolet. Une caresse au grand chien, désolé de me voir aller promener sans lui; une tartine de pain au bon Pitt, qui, par l'atroce chaleur du jour, va rester bien fraîchement dans son écurie; un bonjour aux gros pigeons familiers de ma petite place Saint-Marc, auxquels je viens d'ouvrir leur trappe, et qui roucoulent autour de mes jambes, pour prendre ensuite leur vol bruyant, en serrant sous eux leurs petites pattes roses recroquevillées. Et en route!

Etouy. . . . . Bulles. . . . . Froissy. . . . .

Sécheresse terrible depuis près d'un mois. On ne rencontre que charretiers venant emplir des tonneaux à notre petite rivière de Bresche. A Froissy, à l'auberge, pas une goutte d'eau à boire; on réserve aux bestiaux le peu qu'on a été chercher. On boit du cidre.

A M. A. de Mazade. Paris.

Bonquerolles, 7 Juillet.

Cher Fils,

A mon arrivée à la gare de Clermont, Henry Coppin, notre charretier-cocher-jardinier-emballeur, m'a appris que Mutin ne travaillait pas encore aujourd'hui. Voici ce qui était arrivé : il était venu ce matin à 6 heures, comme d'habitude; on lui a remis la lettre que tu avais laissée pour lui avant de partir pour Hardivilliers. Il avait sans doute déjà bu, car il s'est impressionné vivement, et n'a pas commencé la journée. Enfin, quand je suis arrivé, il est venu me trouver, il était à moitié

La Cour de Ronquerolles (en entrant)

La Cour de Ronquerolles (en sortant)

ivre ; cependant on pouvait lui parler. Il venait me demander s'il devait s'en aller dans huit jours, s'il devait ou non travailler. Voyant qu'il pouvait encore faire quelque chose, je l'ai envoyé à son ouvrage, où il s'est à peu près remis. Enfin il a travaillé, et très bien, jusqu'au soir.

On continue la journée jusqu'à 8 heures, du moins les ouvriers d'Etouy, Ronquerolles, Ramecourt et Gicourt. Ceux d'Agnetz, de Boulincourt et de Clermont quittent dès sept heures.

Je vous embrasse Céline et toi. . etc.

L. de M.

A M. L. de M..., à Ronquerolles.

Paris, 7 Juillet, 5 h. soir.

Cher et bon Père,

Veuillez faire fabriquer très vite s. v. p. :

Commission	5 kilos	n°
Et pour le magasin	20 —	n°

Alexandre arrive seulement de Breteuil, par une chaleur intolérable. Il dit que l'homme de Hardivilliers, malgré ses 8 enfants, n'est pas du tout ce qu'il faut, et qu'il n'y a pas à songer à le déplacer.

Votre fille dévouée,

Céline de M.

A M. A. de M..., à Paris.

Ronquerolles, vendredi, 8 Juillet.

Cher Fils.

J'ai besoin d'avoir le chiffre de ce qui restait, valeur à l'inventaire du 30 juin, pour la teinturerie.

Mutin, qui s'est remis à la besogne sérieusement, — jusqu'à nouvel ordre, — doit t'avoir demandé du *vert-lumière* d'aniline, etc.

Mon poulet n'est pas encore rôti. Je vais seulement le commencer pour dîner, ayant eu à déjeûner un pigeonneau aux petits pois, frais cueillis, très bien apprêtés par Mme Desjardins ; je devrais dire aux gros pois, mais ils sont si tendres et si fondants !

Je partirai d'ici pour aller à Beaumont, demain samedi à 2 heures.

A lundi matin, à Paris. à moins que vous ne veniez à Beaumont dimanche. Tâchez.

Je vous embrasse tous les deux..., etc.

L. de M.

A M. L. de M..., à Ronquerolles,

Paris, 8 Juillet.

Cher Père,

Nous aurions été heureux, Céline et moi, d'aller te

rejoindre demain samedi à Beaumont, pour passer la journée de dimanche avec toi, notre bonne mère et nos chères petites tantes. Mais voici ce qui nous en empêchera :

En présence de notre insuccès aux environs de Ronquerolles, nous nous décidons à faire venir à l'usine toute la famille de l'oncle de Joséphine Oberberg, notre bonne. Ces pauvres gens ont quitté leur pays, Boulay (Moselle), il y a quelque temps, et végètent à Paris, rue de Chaligny, 6, quartier Ménilmontant, dans la plus affreuse misère. Ils voient avec joie l'emploi d'eux tous à la fabrique, avec le logement et un bout de jardin. On les installera dans la double chambre, au-dessus du petit appartement des Léger.

Cette nouvelle famille se compose de :

Hochard, le père, 57 ans, paraissant doux et assez insignifiant, pourra dévider du coton avec les vieilles femmes.

La mère, 46 ans, dévidera également du coton.

Jean, le fils aîné, 26 ans, intelligent parait-il, le vrai chef de la famille, pourra être initié au bureau.

Louise, 22 ans, aux métiers à broches.

Nicolas, 20 ans, robuste gaillard, à la teinturerie.

François, 18 ans, blond et pâle, à la retorderie, qui le fortifiera.

Louis, 15 ans, très fort, retordeur.

Marie, 13 ans 1/2, aux métiers à broches.

Angélique, 12 ans 1/2, aux métiers à broches.

Je me suis assuré que tous savent écrire et compter. Jean a même une bonne écriture et de l'orthographe.

Plus deux ou trois petits enfants en bas âge (du pain sur la planche).

Je partirai donc demain pour Ronquerolles à 1 h. 45, très probablement avec toute cette smalah Hochard, y compris les deux jeunes gens. Céline viendra m'y rejoindre le soir à 10 heures.

A propos de la candidature prussienne à la royauté d'Espagne, le duc de Gramont, ministre des affaires étrangères, a fait avant-hier au Corps législatif la déclaration suivante, très fière et très française :

« Nous ne croyons pas que le respect des droits d'un
« peuple voisin nous oblige à souffrir qu'une puissance
« étrangère, en plaçant un de ses princes sur le trône
« de Charles-Quint, puisse déranger, à notre détriment,
« l'équilibre actuel des forces en Europe, et mettre en
« péril les intérêts et l'honneur de la France. »

C'est vrai ; tu dois penser comme moi.

A lundi matin, cher père, nous t'embrassons tendrement.

A. DE M.

Samedi, 9 Juillet.

1 h. 45. Départ avec tous les Hochard pour la fabrique.

Livre de dépense pour Hochard :

Vareuse et cote	11,50
1 lanterne	5 »
Voyage à Clermont.	40 »
Pot-au-feu des Hochard	3,50
Avance à Jean.	20 »

Dimanche, 10 Juillet.

Bonne journée passée à Ronquerolles. Mais quelle chaleur ! Bain froid dans la Bresche, bien douce, mais si peu profonde qu'on n'y peut guère nager que dans le bassin, derrière la vanne.

Céline repart seule à Paris. Je reste, pour installer demain la famille émigrante, et distribuer à chacun son apprentissage. Je finis la soirée en me faisant conduire à la fraîche, à la fête d'*Etouy*, très animée.

Lundi, 11 Juillet.

Mon père, qui a été souffrant hier et cette nuit à Beaumont, a passé une meilleure matinée à Paris, et vient dîner avec moi à Ronquerolles.

Je repars le soir à 8 heures. A mon arrivée à la gare du Nord, je trouve Céline, venue à ma rencontre. La traversée des grands boulevards nous est rendue presque impossible par des bandes énormes, interminables, tumultueuses, portant des drapeaux et des torches, aux cris de : *A Berlin ! Vive la guerre ! A Berlin !* Ces bandes sont croisées ou suivies par d'autres qui crient : *Vive la Paix !* ce qui m'étonne bien de la part de Français insultés.

A M. L. de M. à Ronquerolles,

Paris, mardi, 12 Juillet.

Cher et bon Père,

Commandes de guipures à frange, bourdons, nervures, etc. .

Je suis allé ce matin, avec Camille Amiard, à la mairie de la place Saint-Sulpice, au mariage de notre ami, Georges Lafenestre, le poète des *Espérances*. Le troisième intime commun, Victor Pillon, n'y était pas ; il vient de partir en vacances dans le Berry, chez les parents de sa femme.

Je n'irai à Ronquerolles que vendredi matin, à 10 h.

J'ai encore une réunion, jeudi, *à la Chambre syndicale*.

Ne manque pas de nous donner de tes nouvelles.

Nous t'embrassons de tout notre cœur.

A. de M.

A M. A. de M., à Paris.

Ronquerolles, 12 Juillet.

Cher Fils,

Tout le monde travaille, comme hier du reste ; mais il y a toujours des métiers sans ouvrières. Je me suis, comme toi, occupé de tes nouveaux émigrés ; mais ce monde-là, sauf Jean qui a l'air assez éveillé, ne me paraît pas pétri de grande énergie. Les habitants de Ronquerolles, peu hospitaliers, les regardent de travers.

On ne se douterait pas ici des bruits de guerre qui agitent tant Paris en ce moment ; ici, c'est le bout du monde, surtout en fait de préoccupations politiques.

J'irai à Paris jeudi soir, tard. J'emporterai le panier de la fabrication du jour, qu'Eugène Mathey viendra prendre à mon arrivée, avec son crochet.

Je t'embrasse ainsi que Céline bien affectueusement.

L. de M.

A M. L. de M., à Ronquerolles.

Paris, mercredi, 13 Juillet.

Cher Père,

J'ai écrit à Liancourt à M. Masse, propriétaire de

l'usine (1), de vouloir bien venir à Ronquerolles, vendredi prochain, 15 courant, partager mon petit déjeûner et toucher son loyer.

Au lieu de ne venir à Paris que le soir tard, demain, nous aurions bien mieux aimé, Céline et moi, que tu partisses dès 4 h. 30 pour dîner avec nous ; mais fais comme tu voudras, nous aurons toujours le temps de causer un peu vendredi matin, avant mon départ pour l'usine.

Affaires tout à fait nulles depuis quatre jours, aujourd'hui surtout, quoique la guerre paraisse écartée, au moins pour le moment, ce dont personne n'est content. On préfèrerait porter un bon coup et en finir tout de suite.

Nous t'embrassons de tout cœur.

A. DE M.

Paris, mercredi soir, 13 Juillet.

Une dépêche de Lyon me force à partir, aussitôt après dîner, pour la fabrique. Abonnés d'ailleurs à l'année entre Paris et Clermont, mon père et moi faisons le voyage au moindre besoin.

---

(1). L'immeuble de Ronquerolles, ancien moulin, après avoir été abbaye, et plus anciennement seigneurie importante, dont dépendaient Le Pont-Roi, Broquier et Lessier, n'a été acquis par M. A. de M. que le 12 mars 1872, comptant, par contrat devant Me Gamblon, notaire à Liancourt, dont M. Masse, le propriétaire, est principal clerc.

La Seigneurie de Ronquerolles, qui s'est appelée successivement *Ruricolæ, Roncerolæ, Roncroi* au XIIe siècle, *Roncherolles et Ronkerolles*, possédait, en outre d'une maladrerie et d'une chapelle fondées en 1210, par Auralde de Ronquerolles, un château très fortifié, dont l'accès était défendu par les eaux de la Bresche. Il reste encore des traces des fortifications auxquelles est adossé un mur de la deuxième retorderie de l'usine.

Les seigneurs de Ronquerolles, très puissants au XIIIe siècle, figurent dans les guerres des croisades.

Le château a été entièrement détruit pendant les troubles de la Ligue.

La seigneurie de Ronquerolles fit partie du *Marquisat de Nointel*, dont elle fut détachée pour être aliénée en 1780.

A deux kilomètres, dans la forêt de Hez, est la *Garde*, appartenant aujourd'hui au duc d'Aumale, ruines de l'ancien monastère de N.-D.-de-la-Garde, fondé en 1480, par Raoult de Falize, de Clermont-Bourbon, et détruit en grande partie en 1792.

Le Révérend père Tribout, dernier supérieur de ce couvent, allait souvent prêcher dans des couvents du voisinage, et notamment dans celui de Wariville, *dont il épousa la supérieure en 1793*, mariage dont est issue la famille Labitte de Clermont. (V. *Gazette des Tribunaux* du 29 septembre 1878).

J'arpente à pied, par le petit sentier, le chemin de Clermont à Ronquerolles, sous une radieuse pleine-lune, qui éclaire le ravissant tableau, au pont de Ramecourt, d'un bout de la rivière, bordée de vieux peupliers, et j'arrive, vers minuit, jusqu'au milieu de notre cour, sans que le chien, si aboyeur au moindre bruit, ait donné signe de vie. J'entends au contraire sa queue battre du tambour dans sa niche, à mon passage.

Mon père, qui ne m'attend pas, surtout à cette heure-là, m'apprend qu'il s'est couché de très bonne heure, ayant été sérieusement indisposé la nuit précédente, au point d'avoir été obligé d'appeler la femme de Desjardins, habitant le rez-de-chaussée.

Il avait été pris d'une forte indigestion qu'il attribue à des groseilles mangées à son dîner.

Il va bien mieux ce soir ; mais il est encore sous l'influence de ce fort malaise.

A M. A. DE MAZADE, à Paris.

Foëcy (Cher), 13 Juillet 1879.

Nos Chers et Bons Amis,

Nous ne voulons pas laisser passer nos vacances, sans vous donner de nos nouvelles et sans nous informer des vôtres. J espère que votre santé n'a pas trop souffert des suites de cette chaleur tropicale ; ici elle a été telle, la première semaine, que nous n'avons pu littéralement sortir de la journée ; nous ne le pouvions que le soir, pour essayer de prendre le frais, ce qui était bien difficile, pour ne pas dire impossible, tant la terre, brûlée par un soleil torride, laissait échapper des bouffées de chaleur. Depuis deux jours seulement, le soleil est un peu voilé par des nuages précurseurs d'orages, que l'on attend comme le Messie. Hier, il y a eu apparence de pluie, apparence est le vrai mot, car ce n'est que cette nuit, sur les 4 heures, que la pluie est tombée sérieusement, ce qui a un peu rafraichi l'air. qui malgré cela est encore d'une lourdeur désespérante. Les paysans sont désolés de cette sécheresse, qui anéantit le présent et menace l'avenir. Impossibilité de nourrir le bétail, ni surtout de le faire boire, aussi le vend on à très bas prix, ainsi que les autres animaux domestiques. Au dernier marché de Mehun, on avait une chèvre pour 1 fr. 50, un âne pour 10 fr., et un cheval se donnait pour un an avec 10 sous par jour pour sa nourriture !

Cet état de choses inquiète beaucoup pour l'avenir, ainsi que les bruits de guerre qui semblent prendre de jour en jour plus de consistance, et qui, s'ils se réalisent, n'amélioreront pas le sort des basses classes, déjà fort à plaindre par la hausse toujours croissante des denrées de première nécessité.

Nous nous contentons, à cause de cette chaleur torride, de petites, mais très petites excursions, dans les environs immédiats de Foëcy. Un des plus jolis endroits en ce genre, est un petit village situé à l'une des extrémités de la vallée de l'Yèvre, sur la route de Vierzon, traversée en cet endroit par une petite lilliputienne rivière qui a nom Baranjon, et dont les bords sont délicieux de fraicheur, tant ils sont bien encaissés.

Je suis allé en garçon à Vierzon par la forêt qui porte ce nom. Cette forêt qui a près de quinze lieues d'étendue, est fort belle et peut être comparée, pour la beauté des arbres seulement, à la forêt de Fontainebleau. Je l'ai traversée sur une longueur de quatre bonnes lieues. De certains endroits élevés, on a de très beaux panoramas. Je ne me répéterai pas, en vous redisant les rares beautés de ce pays, déjà décrites l'année passée ; ce qui avait du caractère, comme les bords du Cher, etc., en a toujours, et j'ajouterai qu'il est si à sec, que c'est avec beaucoup de peine que l'on peut trouver quatre pieds d'eau pour s'y baigner.

Ma chère Laure est un peu souffrante des suites de cette chaleur et..... d'un certain état dont elle fera la confidence à sa bonne amie Mme Alexandre; aussi se ménage t-elle beaucoup en ce moment.

Et vous, mes bons et chers amis, comment allez-vous? En voyant cette sécheresse se maintenir, j'ai pensé bien souvent qu'elle pourrait peut-être avoir une déplorable influence sur vos affaires, car si votre petite rivière venait à manquer d'eau, adieu le travail de votre belle Roue! Espérons pourtant qu'il n'en sera rien et que vous nous donnerez un bon bulletin de ce côté, ainsi que de vos santés.

La guerre ne va-t-elle pas aussi vous faire du tort? *That is the question.* Question bien grave quand on pense que tout le sang versé est la plupart du temps

Pour des Altesses,
Qui, vous à peine enterrés,
Se feront des politesses,
Pendant que vous pourrirez.

Nous comptons aller, en revenant, voir Mme Amiard mère, à Etampes, ce qui nous a été impossible en venant, malgré le désir de Camille.

Au revoir, chers et bons amis, ma chère femme se joint à moi pour vous embrasser et vous souhaiter bonheur, santé, et prospérité aussi pour votre cher Ronquerolles.

Vos bons amis,

Victor et Laure Pillon-Dufresnes.

Jeudi, 14 Juillet.

Mon père a passé une bonne nuit. Nous quittons la fabrique ensemble à 4 heures, et nous allons dîner à Paris.

Pendant le voyage, on lit les journaux :

« Le duc de Gramont a annoncé hier au Corps législatif la renonciation par la Prusse à la candidature de son prince au trône d'Espagne. »

Est-ce la paix ? Il semble que ce devrait être fini, si notre honneur est sauf.

Pas encore. M. Benedetti, notre ambassadeur à Berlin, est chargé de demander à la Prusse des *garanties*, c'est-à-dire de lui faire prendre *l'engagement formel d'empêcher aucun prince allemand de régner sur l'Espagne.*

Discussion générale, très chaude, dans le wagon. Mon père soutient, contrairement à la thèse de plusieurs voyageurs, que l'acte de dignité du gouvernement a été nécessaire, en face de l'Europe et de l'histoire, qu'il faut attendre la réponse du roi de Prusse. Je suis assez de son avis, quoique peu partisan des idées de l'Empire.

Un bout de soirée sur le balcon, au boulevard Sébastopol. Voilà qu'il passe encore des bandes compactes et sans fin, portant des torches, et criant : *Vive la Paix! A bas la Guerre!* Je leur crie, moi : *Lâches! Tas de lâches!* Mon père et ma femme me font taire.

Paris, Jeudi 14 Juillet.

Notre cousin, Charles de Mazade, écrit ceci dans sa chronique de quinzaine de la *Revue des Deux Mondes :*

« Le monde contemporain est destiné à éprouver d'étranges surprises, « à voir, entre un lever et un coucher de soleil, passer de ces orages « qui ébranlent tout, qui ravivent aussitôt le sentiment de ce qu'il y a « de fragile dans la situation de l'Europe.

« On a dit que c'était un prétexte, une occasion qu'on saisissait pour « faire une querelle à la Prusse..... Oui sans doute, il ne faut pas se « faire d'illusions, tout est prétexte ; aujourd'hui c'est la candidature « du prince de Hohenzollern au trône d'Espagne, hier c'était l'affaire « du Luxembourg, demain ce sera autre chose : à la moindre apparence, c'est un frémissement universel, un perpétuel qui-vive, et il « en sera ainsi tant que la situation respective de la France et de la « Prusse restera ce qu'elle est depuis quatre ans.

« P. S. De nouveau maintenant, le vent tourne à la guerre. La dernière « difficulté à surmonter semblerait devoir être le dernier écueil. Il « s'agirait des garanties qu'on demande au souverain de la Prusse, et « sur lesquelles le roi Guillaume refuserait de s'expliquer. »

Vendredi, 15 Juillet.

10 h. Retour à Ronquerolles, mon père passant la journée à Paris.

A M. A. de M., Ronquerolles.

Paris, 15 Juillet.

Cher Fils,

Grosse nouvelle !... Le roi Guillaume a refusé d'entendre notre envoyé Benedetti.

La guerre avec la Prusse vient d'être déclarée officiellement :

Au Sénat, par M. de Gramont,

Et au Corps législatif, par M. Emile Ollivier (1).

Le sort en est jeté. Va pour la guerre, puisqu'il n'y a pas moyen de l'éviter !

Je vais à Beaumont demain.

Céline et moi nous t'embrassons.

L. de M.

(1). « Voilà comment marchent les choses ! Le 6 Juillet, on commence par une déclaration qui compromet tout. Le 8 au soir seulement, M. Benedetti est à Ems ; le 10, le 11, on se plaint déjà des lenteurs ; le 12, dans la journée, arrive par une agence publique la nouvelle du désistement du prince de Hohenzollern. C'est peut être une solution, c'est tout au moins le cas de s'arreter, d'attendre d'Ems une communication officielle qui arrivera le lendemain, qui peut éclaircir la situation. Point du tout, le soir meme on expédie l'ordre d'exiger un engagement pour l'avenir. Ici tout se complique plus rapidement encore par la brusque intervention de M. de Bismarck, qui a semblé jusque là se tenir effacé ; toute l'habileté de Bismarck est de savoir abandonner à propos cette candidature Hohenzollern, de profiter des fautes de ses adversaires, de leur laisser toutes les apparences de la provocation, en se reservant de leur fermer la retraite par un acte qui, sans être une insulte, est un coup d'aiguillon de plus, un moyen de plus d'intéresser l'orgueil allemand à sa cause. Le 13 juillet, il fait publier partout que le roi a décliné l'engagement qu'on lui demande et a refusé de recevoir M. Benedetti. A ce moment, du reste, M. de Bismarck ne cache plus à l'ambassadeur d'Angleterre à Berlin, à Lord Loftus, qu'il serait impossible à la Prusse « de rester tranquille et pacifique après l'affront fait au roi et à la nation par le langage du gouvernement français. » M. de Bismark parle de l'affront fait au roi et à la Prusse ; nos ministres parlent de l'outrage fait à la France par la divulgation affectée du refus d'audience. Dans la nuit du 13, le dernier mot est dit, c'est la guerre définitivement résolue à Paris.

« Ainsi, en moins de huit jours, les destinées du pays sont engagées au milieu de la confusion de télégrammes fiévreux et entrecoupés, et ce que le gouvernement a décidé en quelques jours, le Corps législatif va le sanctionner en quelques heures du 15 juillet, sans prendre même connaissance de quelques dépêches dont on lui parle, tenant pour avérée une offense que nul ne peut définir.

« Vainement M. Thiers se lève, opposant au torrent la prévoyance d'un patriotisme désespéré, répondant à ceux qui l'outragent, par ces prophétiques paroles : « Je suis tranquille pour ma mémoire, je suis sûr de ce qui lui est réservé pour l'acte auquel je me livre en ce moment ; mais pour vous, je suis certain qu'il y aura des jours où vous regretterez votre précipitation. » Vainement M. Thiers parle ainsi, on ne veut pas l'ecouter, on lui crie fièrement : *Gardez vos leçons !... Allez à Coblentz !..* Et on ne laisse pas même à l'Europe le temps de faire une dernière tentative pour prévenir la grande conflagration. »

(Ch. de Mazade : *La Guerre de France*, 1870, 2 vol. in-8° — Plon).

Dimanche, 17 Juillet

Fête de Ronquerolles. — Sur le petit carrefour de l'Abreuvoir, en face du café le *Chasseur français*, unique boutique de pain d'épices, menus jouets, etc.

A l'usine, dans la salle à manger, toutes les rallonges à la table ; gâteaux, tartes aux cerises, flans, chaussons et pas mal de bouteilles de vin. Les ouvriers et ouvrières, Desjardins et Mutin en tête, y viennent trinquer *aux succès de la France*, avec le patron et la patronne.

Le soir, bal en plein air sur la même place, devant un tréteau formé de deux tonneaux, aux sons aigrelets des quadrilles d'un Coppin, scieur de long — et de violon.

Charles Poiré, le mécanicien, enfant du pays, petit, trapu, et Achille Léger, le chef retordeur, l'ex-fin garçon de café parisien, petit, maigre, se font le plus drôle des vis-à-vis, avec entrechats, battant des six et des huit, et force pirouettes.

Lundi, 18 Juillet.

Continuation de la fête de Ronquerolles. Fabrique fermée ; nouveaux toasts à nos victoires prochaines, ainsi qu'à l'anniversaire de notre mariage, déjà vieux de quatre années.

Jean Hochard, qui était soldat en congé illimité, quitte la fabrique, rappelé sous les drapeaux, sans répit.

On a proclamé hier, dans Saint-Pierre-de-Rome, le dogme de l'*Infaillibilité du Pape*.

Est-il donc vraiment bien nécessaire *ce dogme*?

Mardi, 19 Juillet.

Mon père ayant décidé qu'il ira faire sa saison ordinaire à Cauterets, où il n'est pas allé depuis 1866, prépare à Beaumont son départ. En vain nous lui conseillons de consulter son médecin de Paris, le docteur Devailly. S'étant, dit-il, toujours très bien trouvé de Cauterets, c'est là qu'il veut retourner.

A M. V. Pillon-Dufresnes, à Foëcy (Cher).

Paris, mercredi 20 Juillet.

Mes chers et bons Amis,

Au milieu des agitations, des soucis et des craintes

qui troublent notre vie, un peu trop commerciale, votre lettre a été une douce chose.

Je suis sûr de vous faire plaisir en vous apprenant que le résultat de notre inventaire de fin juin est bon, meilleur que ce que j'avais espéré, bénéfice net de tous frais, fr ——, dont moitié pour mon père et moitié pour moi. Le chiffre plus fort des affaires a largement compensé la baisse des prix.

Mais voilà que, en présence de la guerre formidable qui se prépare, les affaires deviennent nulles ou douteuses, qu'on se demande si celles faites seront payées, etc.

La guerre, mon cher ami, je t'avoue qu'en face de la soif énorme de ce *Bismarck*, je la crois nécessaire, tout en la déplorant. Je me sens des ardeurs et des fureurs toutes françaises, et quoique j'en doive souffrir comme tous les autres, je dis que voilà assez d'humiliations, et qu'il est temps de porter un grand coup *pour réparer les bévues de Napoléon III* vis-à-vis du Sleswig, de la Pologne, du Mexique hélas ! et surtout de l'Autriche.

Et puis cette vilaine race prussienne nous est si antipathique ! Il me revient un fait, que maintenant jamais je n'oublierai : C'était pendant un de mes voyages d'affaires, à Lyon, au mois de décembre dernier. A un dîner de table d'hôte, à l'hôtel des Négociants, cinq ou six tout jeunes allemands parlaient beaucoup et très haut, dans un français atroce, vantant la puissance de l'*Allemagne unie*, et plaisantant la France, dont on ne ferait qu'une bouchée à l'occasion. Le sang nous monte à la tête, à mes voisins et à moi ; nous les démentons et voulons les forcer à se taire. Ils n'en crient que plus fort, nous levons le bras....., une altercation sérieuse allait s'en suivre, si on ne les avait poussés dehors. Le lendemain ils ne reparurent plus. Quoiqu'on en dise, il y a, mon cher vieux, quelque chose à vider entre notre France et cette sale Prusse !

Mon père, souffrant davantage de son ancienne affection asthmatique, part après-demain pour Cauterets, en sorte que je vais être plus à Ronquerolles qu'à Paris.

Camille Amiard est content, sera bientôt papa Nous sommes, Céline surtout, heureux d'apprendre le pareil espoir de Madame P. Nous envions ce bonheur; un petit Mazade, masculin, qui s'appellerait *Jean-Louis-Etienne*, serait aussi le bienvenu chez nous. C'est un bienfait que Céline s'occupe avec autant d'intérêt des affaires ; c'est pour elle une salutaire diversion. Moi, j'en prendrai philosophiquement mon parti.

A bientôt, chers Amis etc...

A. DE M.

A M. A. DE M..., Paris.

Saint-Etienne, 20 Juillet.

De notre côté, nous ne recevons pas votre accusé de réception des ordres T. C., etc., mais nous mettons ce retard sur les préoccupations de notre guerre avec la Prusse.

Nous ne vous cacherons pas que nous sommes très paresseux depuis 8 jours. A 8 h. nous recevons les journaux de Lyon ; à 10 h. ceux de Paris ; à 2 h. ceux de la localité ; nous passons notre temps à lire les nouvelles de la guerre ; nos magasins, dans lesquels se rendent pas mal de fabricants, nous donnent l'occasion de discuter longuement sur les chances de la victoire, dont, à l'unanimité, nous ne doutons pas un seul instant.

Si vous saviez avec quelle impatience nous attendons la nouvelle de notre première victoire, d'abord parce que nous sommes Français au suprême degré, et puis pour boire à la santé de notre invincible armée, de nos vieux généraux d'Afrique, *certain petit vin du Rhin* avec lequel nous devons entre amis choquer nos verres. Combien vous seriez aimable si ce jour-là vous vouliez être des nôtres ; il vous suffira, à la première nouvelle, de prendre l'Express pour St-Etienne ! Et si notre petite agape avait déjà eu lieu, nous recommencerions à votre intention.

Agréez, etc.

LIOGIER et CULTY.

A M. DESJARDINS, contre-maître, Ronquerolles.

Paris, jeudi 21 Juillet

Urgent, commission n° , etc.

Dire à la famille Hochard que Jean est à St-Germain près de Paris ; il part à 3 heures pour la frontière. Je viendrai demain ou samedi matin.

A. DE M.

Vendredi, 22 Juillet.

J'accompagne à la gare d'Orléans mon père, qui part décidément pour Cauterets. Il doit prendre à Toulouse tante Authenac, qui s'y trouve depuis plusieurs jours pour la première communion de sa petite nièce, Marguerite.

A MM. Liogier et Culty, Saint-Étienne.

Paris, 22 Juillet.

Envoi nº .

A Paris aussi les affaires meurent, et l'enthousiasme est grand. Merci de votre agréable appel, mais je ne sais pas encore quand je pourrai m'absenter, même pour fêter une victoire.

Mes cordiales amitiés.

A. de Mazade.

Samedi, 23 Juillet.

Quitté Ronquerolles à 4 h., et comme souvent, rejoint à Beaumont Céline venant de Paris.

Dimanche, 24 Juillet.

A Beaumont, en famille. C'est la Sainte-Anne, fête de ma mère. M. Panier, curé-doyen de Beaumont, et sa sœur, dînent avec nous. Nous buvons à la continuation de la belle santé de notre bonne mère : nous trinquons aussi à celle de nos deux chers voyageurs.

Un toast enfin, enthousiaste, à *la Gloire de nos Armes!*

A Mme L. de M..., à Beaumont-sur-Oise.

Paris, lundi 25 Juillet.

Ma bonne petite Mère,

Nous n'oublions pas le jour de ta fête, et comme

c'est une bonne occasion pour nous de te renouveler notre tendresse, nous ne la manquons pas.

L'espoir que Marie nous donne se confirme, mais il ne faut pas nous réjouir trop à l'avance ; j'ai pris toutes mes mesures pour entourer ma pauvre petite Marie de tous les soins possibles, afin d'éviter un nouvel accident ; mais il en est de cela comme de toutes choses......, ce sera ce que Dieu décidera ! Prions-le, ayons confiance en lui, et soumettons-nous, quoi qu'il arrive.

Mon pied, triste souvenir de la vicieuse monture d'Ernest Joriaux, va de mieux en mieux ; j'ai commencé des douches à la Frégate Ecole. Embrasse pour nous tante Victoire.

Ton fils qui t'embrasse comme il t'aime de tout son cœur.

Édouard DE M.

A la même, du même jour,

Ma bonne Mère,

Je ne veux pas non plus laisser passer ce jour sans vous envoyer mes meilleurs souhaits ; j'ajouterai que je vous souhaite très prochainement un petit-fils ou une petite-fille, afin que nous soyons tous heureux. Prions donc Saint-Joseph, afin que l'espoir, que nous devons certainement à son intercession, se maintienne, et qu'il m'obtienne de Dieu la force de supporter ce que sa volonté me réserve, soit en joie, soit en épreuve.

Au revoir, ma bonne mère, priez beaucoup, car je tremble toujours que ce ne soit qu'un faux espoir.

Je vous embrasse bien tendrement, ainsi que notre chère petite tante Victoire.

Votre fille dévouée.

Marie DE M.

Lundi, 25 Juillet.

On dit que l'armée prussienne est prête et très nombreuse (près d'un million d'hommes); que nous ne sommes pas prêts et que nous sommes de beaucoup inférieurs en nombre : (350,000 à 400,000 au plus). Tout cela est-il bien vrai ?

J'attends, toujours en vain, la nouvelle du refus de la Saxe, du Wurtemberg et surtout de la Bavière, de marcher avec la Prusse......

Grande déception ! Le coup de filet de 1866 est donc oublié ? Mais voilà : Allemands avec Allemands ! *Germanus Germanum fricat !*.

Et l'Italie ! que nous avons eu la naïveté de refaire, l'Italie (notre sœur ?) l'Italie nous a honteusement..... lâchés !

A M. A. DE M..., Ronquerolles.

Paris, 25 Juillet.

Mon bon et cher Ami,

Monsieur Louis Tollemer est venu ce matin; il a beaucoup regretté ton absence, parce que sa demande en dommages-intérêts contre M. X... est appelée aujourd'hui, et qu'il aurait voulu que tu ailles voir l'avocat que tu lui as donné.

Il est bien vrai que M. S..., marié et père de famille, part comme mobile.

A demain, etc.

Ton amie,

Céline.

A M. A. de M..., Paris.

Au Camp de Boulay, 25 Juillet 1870.

Mon cher Alexandre,

Je n'ai pu, à mon grand regret, venir vous serrer la main avant mon départ, car nous sommes partis précipitamment, et c'est à peine si j'ai eu le temps de me procurer les objets nécessaires pour la campagne que nous venons d'entreprendre. Mon bataillon appartient à la 2me division d'infanterie, *Général de Castagny*, du 3me corps d'armée du Rhin, maréchal Bazaine.

Nous sommes aujourd'hui en bataille sur les hauteurs qui dominent le village de Boulay, commandant l'embranchement des deux routes de Metz à Sarrelouis et de Boulay à St-Avold ; la ligne de bataille que je connais est établie d'après le croquis que je vous donne ci-dessous :

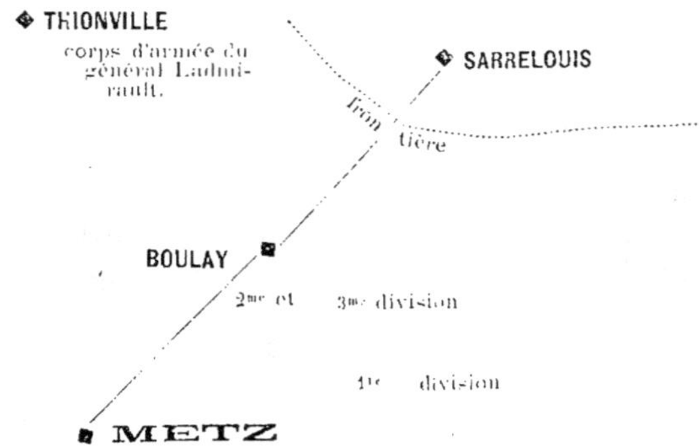

Quant au plan général, je ne vous en dirai rien parce que je n'en sais rien ; nous faisons mille conjectures, voilà tout; ce qu'il y a de certain, c'est que les Prussiens ne peuvent faire un pas chez nous sans se heurter contre une de nos divisions; toutes les communications sont gardées, et nous présentons de Thionville à St-Avold, un front de bataille respectable; l'armée est pleine d'entrain, et nous espérons le succès.

Nous avons été accueillis sur notre passage, de Paris à Metz par des populations pleines de patriotisme, les vivats n'ont cessé de nous accompagner.

Je ne puis vous dire encore quand le choc aura lieu; nous sommes au centre de la ligne, et j'ignore encore si nous manœuvrerons pour nous concentrer, ou pour passer la frontière et prendre l'offensive.

Adieu, mon cher Alexandre, je suis en bonne santé, j'ai un bon cheval et à la garde de Dieu!

Je vous prie de dire mille choses affectueuses à votre père, à votre mère, à Mme A. de Mazade, et à toute votre excellente famille.

Emile CARCANADE,
Chef de bataillon au 63me de ligne.

Mardi, 27 Juillet.

La Marseillaise, jadis séditieuse, est devenue notre hymne national. On la chante partout, devant les cafés des grands boulevards, dans les cafés-concerts des Champs-Elysées. Elle fait fureur dans les théâtres; à l'Opéra, par Marie Sass; à la Gaîté, par Thérésa, etc.. Dans la rue, on la hurle!

A Madame L. DE M..., Beaumont-sur-Oise.

Paris, mercredi, 27 Juillet.

Bonne Mère chérie,

Il est 5 heures, j'arrive de Ronquerolles, et je trouve

ta lettre pleine d'inquiétude du défaut de nouvelles de papa. Tu sais, bonne petite mère, que Cauterets n'a pas les communications faciles, surtout en ce moment, où les voitures et les postes sont absorbées par les nécessités de la guerre ; d'un autre côté, papa t'ayant télégraphié de Toulouse, n'a pas cru devoir écrire avant Cauterets, où il n'est que depuis hier. Enfin, s'il était malade à ne pas écrire, nous serions informés par tante Authenac; donc, pas de nouvelles, bonnes nouvelles. Nous lui écrivons de notre côté.

Reçois nos embrassements, etc.

Ton fils qui t'aime tendrement,

Alexandre.

A M. L. de M..., poste restante, Cauterets.

Paris, 27 Juillet.

Mon bon Père,

Nous sommes très inquiets, ici et à Beaumont. Votre dépêche disait que le voyage avait été pénible, êtes-vous malade ou si vous êtes seulement négligent ?

Je me promets de vous gronder très fort et tante Authenac aussi.

Recevez les baisers les plus tendres de vos enfants, etc.

Votre dévouée fille,

Céline.

33

A Mme L. de M..., Beaumont-sur-Oise.

Cauterets, 26 Juillet
5, rue de l'Église (Maison Lac).

Bonne Amie,

Je t'ai télégraphié de Toulouse, après un voyage très ennuyeux, très fatigant, très long, et deux heures de retard.

Il y avait dans le train beaucoup de militaires, qui descendaient à chaque station et qu'on avait peine à faire remonter ; la chaleur était étouffante ; ils étaient entassés dans les wagons, ils avaient soif et toujours soif ; ce n'est pas de l'eau qu'ils buvaient constamment ; indépendamment du vin qu'ils achetaient, nous avons traversé beaucoup de stations où les habitants venaient apporter des cruches de vin, et quelquefois même plusieurs barriques ont été vidées. Et que de plus belle : *la Marseillaise! En avant marchons! Mourons pour la Patrie!* Depuis Paris jusqu'à Toulouse, j'en ai eu la tête cassée.

La fatigue m'avait tellement éprouvé, que j'ai jugé nécessaire de rester à Toulouse tout le dimanche, sans bouger ; chez Authenac, ce sont toujours les mêmes prévenances, infiniment d'attentions délicates ; et hier lundi, par un bon temps frais, nous sommes venus à Cauterets. Voyage sans souffrance, mais à notre arrivée, 9 h. du soir, j'en avais assez. J'ai bien reposé ; ce matin, j'ai pris un bain, j'ai commencé les boissons, et après un léger déjeûner, je t'écris.

Nous sommes à l'époque de ta fête, l'éloignement ne me la fait pas oublier ; reçois de nouveau, pour la circonstance, les embrassements de Mme Authenac, et les miens tout particulièrement.

Les prix du service des eaux sont considérablement augmentés depuis notre dernière saison :

L'abonnement aux buvettes coûte 10 fr. au lieu de 5 et 6 fr., les bains et les douches 2 fr. au lieu de 1 fr. 50, et tout dans ces proportions.

Il y a un nouvel Établissement avec Casino; le séjour de Cauterets promet plus de distractions que par le passé.

Fanny rentrera avec moi sans retourner à Toulouse.

Nos embrassements à toi et à Victoire ; nos amitiés à nos connaissances qui assurément voudront bien te demander de mes nouvelles.

L. DE M.

A M. A. DE M..., Paris.

Saint Étienne, 27 Juillet.

Dans ces temps de guerre, où les affaires sont brûlantes, où pour un jour de retard les commissions sont laissées pour compte à nos fabricants, nous vous prions instamment d'apporter plus que jamais toute célérité dans l'exécution de leurs ordres.

Agréez, etc.

LIOGIER et CULTY.

(Lettre écrite *au crayon* par un soldat nouvellement appelé).

A M. Henri Franck, employé, Lyon.

Bitche (Moselle), jeudi 28 Juillet 1870.

Mon cher Henri,

Parti comme tu sais le 17, à 3 h. 1/2, de Lyon-Vaise, je suis arrivé à Strasbourg le lendemain à 8 h. du soir ; 24 heures de chemin de fer ; mais en compensation, à toutes les gares depuis Beaune jusqu'à Strasbourg, on nous acclamait, un peu plus on nous portait en triomphe ; non contents de cela, on nous servait à boire et à manger, on nous passait des cigares, du tabac, etc.. Des Dames et des Messieurs, ce qu'il y a de plus *rupin*, se faisaient un devoir et un plaisir de nous servir.

Nous avons passé par Mulhouse, où je n'ai pas eu la chance de voir mes parents ; je n'avais pas pu les prévenir par une dépêche, *on n'en prenait pas.* Enfin à Strasbourg, j'ai campé au polygone pendant 48 heures.

Tous les matins, il y a des fausses alertes ; on s'empresse de faire le café et on attend ! On remonte les tentes, et on recommence le bibelot comme si rien n'était.

De Strasbourg, nous avons continué notre route jusqu'à Haguenau, et de là ici, à pied ; cette fois-ci j'ai eu de la peine pour y arriver, car le sac est très lourd, enfin j'y suis tout de même.

A Haguenau j'ai été à la synagogue et l'on m'a invité à dîner, ainsi que mon camarade ; nous avons bien mangé, poisson et *kokel* (plumpudding) et tout ce qui s'en suit ; nous sommes comme les condamnés à mort, on nous sert tout ce que nous pouvons désirer.

Depuis 4 jours nous sommes à Bitche, sale pays! moitié prussien, à 20 kilomètres de la Prusse. Il y a ici une jolie forteresse qui est imprenable, sur une grande hauteur, bâtie sur des rochers.

On s'attend d'un moment à l'autre à aller de l'autre côté (Prusse).

Nous faisons partie du 5me corps d'armée.

Excuse-moi, je n'ai pas de plume, et c'est par terre, sur mon couvre-pieds que j'écris.

Rends-moi le service de chercher au fond de ma malle ; il y a un vieux foulard et un mouchoir à carreaux jaunes ; mets-les moi à la poste, les nuits sont fraiches.

Avant-hier, nous avons eu une inondation dans nos tentes, il y avait un tel vent qu'à six nous n'étions pas assez forts pour les empêcher d'écrouler ; j'étais mouillé jusqu'aux os, et je n'avais pas de chemise, ni rien pour changer, car mon sac était totalement trempé. Enfin Dieu merci ! le soleil est revenu, et nous avons pu nous sécher un peu.

Ici nous sommes le 27e, 17e, 30e, 68e, 12e chasseurs à cheval, des hussards, une batterie d'artillerie, du génie, des cavaliers de remonte, etc.. Nous partirons demain ou après-demain, peut-être cette nuit. Nous avons pris (c'est-à-dire les chasseurs à cheval), trois soldats et deux officiers prussiens, du côté de Niederbroonn ; ils étaient en reconnaissance ; il y a eu un petit engagement. Entre nous, de notre côté, il y a eu un sous-officier tué, et du leur, un officier et un soldat, le restant prisonniers. J'ai bon espoir et courage.

Réponds-moi bientôt, *sans affranchir*. Porte-toi bien.

Ton ami,

S. L.

27e, 3 G, à Bitche (ou à la suite).

A M. L. de M..., Cauterets.

Beaumont, vendredi 29 Juillet.

Mon bon Ami,

Je n'ai eu ta lettre qu'hier soir, nous rassurant enfin,

. . . .

Notre petit dîner s'est parfaitement passé dimanche. En dégustant la fine blanquette, nous avons tous porté un toast pour l'amélioration de ta santé, sans oublier Mme Authenac, qui par ses soins va te ramener frais et dispos. Alexandre et Céline sont partis le soir à 9 h.; M. le curé et sa sœur les ont suivis de près.

C'est au commencement du mois qu'auront lieu les élections du Conseil municipal. M. Berthier me disait hier qu'il avait vu des listes et que l'on te portait ; dis-moi ce que tu en penses.

Mme Bernard, dans une très aimable lettre, a joint à ses souhaits de fête une jolie fleur artificielle qui pourra me servir pour une coiffure ou une garniture de chapeau ; je l'ai remerciée en l'engageant à venir passer quelques jours avec nous.

La peinture de la maison est terminée ; elle est très jolie et d'un très bon effet, avec ses grilles revernies, etc..

Je suis toujours contente des domestiques (1) et du jardinier (2) ; Charles arrose et puise le plus qu'il peut,

(1) Ménage Léon et Eugénie Breton.
(2) Charles Guibert.

aussi les corbeilles et les caisses, malgré la sécheresse persistante, sont belles et le potager ne souffre pas trop.

On ne parle pas du tout d'appeler la garde mobile, on assure même que les hommes mariés avec enfants ne partiront pas; voilà ce pauvre Charles tranquillisé quant à présent.

Il y a sur le *Château* un petit théâtre avec de vrais acteurs en chair et en os; aussi tous les soirs, grande affluence de spectateurs; les premières coûtent 30 centimes, les deuxièmes 15 centimes; la majeure partie en dehors de la corde, *à la générosité*, qui se borne à 5 centimes..... quand on donne.

Hier, nous avons repris le boston; j'y ai perdu 40 centimes, c'est plus cher que le spectacle.

Nous avons une Supérieure à l'Hospice, dont M. le Curé nous a annoncé la prochaine visite.

Nous t'embrassons, etc..

Clarisse DE M.

A M. L. DE M..., à Cauterets.

Paris, vendredi 29 Juillet.

Mon bon Père,

Nous avons reçu, etc.. Nous étions bien certains qu'une nouvelle saison à Cauterets t'était nécessaire.

L'espoir que Marie nous donnait avant ton départ se confirmant, nous n'irons pas à Plombières; elle partira demain pour Pierrefitte, s'y installera, s'y soignera, et entourée de toute sa famille, elle sera choyée de toutes façons. Moi, je prendrai le train dimanche matin pour Bourbonne-les-Bains, où je resterai jusque vers le 20 août.

Bonnes nouvelles de Beaumont ; à Paris, Alexandre et Céline vont bien également.

Toute la famille Joriaux vous envoie à tous deux ses amitiés, etc..

Les affaires, tristes. L'année ne sera pas bonne.

Pas encore de nouvelles de la guerre ou du moins de faits d'armes, où nous ayons remporté quelques victoires..... Les journaux ne disent rien et ne peuvent rien dire ; *l'Officiel* a le droit seul de nous mettre au courant, et jusqu'à présent les nouvelles ont été insignifiantes.

L'Empereur est parti hier pour Metz ; je pense que maintenant le mouvement des troupes va se porter sur la Prusse. La poudre va brûler avant peu ; espérons des succès, et surtout une prompte paix qui nous amènera des affaires.

Ton fils, etc.

Édouard.

A M. L. de M..., Cauterets.

Paris, samedi 30 Juillet

Mon bon Père,

Nous avons enfin une lettre ; je suis sûre que grâce à cette bonne saison d'eaux dont vous vous êtes si bien trouvé il y a quatre ans, vous nous reviendrez mieux portant que jamais.

Alexandre passe à Ronquerolles la moitié du temps. J'irai l'y retrouver ce soir.

Tout va bien ; seulement, comme le magasin est plein, on garde les marchandises là-bas, en attendant une reprise.

Les paiements se font assez bien.

Nous avons vu Édouard et Marie hier ; votre *petit-fils* est en bon chemin.

Aujourd'hui étant un jour de recettes de fin de mois, je me dépêche, je crains de manquer le train.

Votre fille dévouée qui vous embrasse et vous aime de tout son cœur, ainsi que tante Authenac.

Céline.

M. Brent (1) me dit très timidement qu'il se rappelle à votre bon souvenir.

A Mme L. DE M..., Beaumont-sur-Oise.

Cauterets, dimanche 31 Juillet.

Bonne Amie,

Ta lettre du 29 était ici bien attendue ; comme toi, nous étions très impatients.

Mardi, jour où je t'ai écrit, j'allais assez bien jusqu'au soir ; mais la nuit fut on ne peut plus souffrante ; Fanny

(1) Notre vieux comptable anglais.

voulait, au milieu de la nuit, envoyer chercher un médecin. Le médecin qui m'a ausculté me trouve la poitrine excellente ; c'est cependant cela et l'estomac qui me gênent ; il m'a ordonné de boire à certaines heures mais l'eau passe mal. Je prends des douches ; pas de bains, mais je vais aller nager à la grande piscine, cela m'amusera. Il est impossible de se ménager plus, je m'étudie dans les plus petites indispositions........

Je suis très peiné de la paralysie de M. Chéron, mais depuis deux ans ce brave ami baissait beaucoup.

Si Mme Bernard est avec toi, dis-lui tous mes regrets d'être absent.

Ici, il pleut tous les jours, aussi tout est d'un beau vert, frais, éclatant ; l'eau vive circule dans les ruisseaux, à flots.

Je ne vais pas au Casino, j'ai assez de m'occuper du mauvais état de mon individu. Etant souvent oppressé, je sors le moins possible ; j'évite surtout de monter. C'est en omnibus que je vais à la Raillère (deux bons kilomètres que tu connais).

Nous vous embrassons, etc..

L. de M.

A Mme A. de M..., Paris.

Cauterets, dimanche 31 Juillet.

Ma bonne Céline,

Je n'ai pas négligé d'écrire ; je ne devais envoyer qu'une dépêche à mon arrivée à Toulouse, etc......

Mes inquiétudes sont calmées ; il reste maintenant à obtenir ce que Cauterets pourra me donner de santé.

Alexandre doit être fortement occupé et fatigué ; il est aux champs et à la ville. Je souhaite que sa santé — et son activité — lui permettent de faire face à toutes les exigences du commerce. En dépit de la situation politique, les tracasseries et les besoins de la fabrication ne sont pas moindres.

Mme Authenac se porte bien ; je ne sais comment j'aurais fait ces jours derniers si je ne l'eusse eue auprès de moi.

Je vous embrasse ainsi qu'Alexandre.

Mes bons souvenirs à M. Brent et à Eugène.

Votre père affectionné,

L. DE M. (1).

(1) Les lettres originales de mon père et de ma mère sont reliées séparément, et forment deux volumes de ma bibliothèque.

AOUT

1870

Lundi, 1er Août.

Ch. de Mazade commence ainsi sa chronique de la quinzaine :

« C'en est donc fait ! Le grand, le fatal et inexorable conflit a éclaté.
« La France et la Prusse ne sont plus que deux armées lancées dans
« un duel sanglant. Entre la première parole qui a révélé à l'impro-
« viste qu'un dangereux incident venait de naître, et le dernier mot
« déchaînant la tempête, il n'y a pas eu plus d'intervalle qu'entre l'é-
« clair et le coup de tonnerre. Tout dans cette étrange affaire a été
« conduit ou a marché au pas de charge, à travers les passions subite-
« ment enflammées de deux peuples, au milieu d'une Europe attentive,
« émue et impuissante. Jamais peut-être depuis la Révolution et l'Em-
« pire, on n'a vu un choc plus formidable s'engager avec cette fou-
« droyante rapidité. »

A M. L. de M..., Cauterets.

Lundi, 1er Août.

Cher et bon Père,

Tout va bien à Ronquerolles, mais à Paris, plus rien ; nous ne facturons plus et les paiements commencent à traîner, à se reculer.

La proclamation de l'empereur n'a rien d'encourageant, en annonçant que *la guerre sera longue et pénible.....*

Les marchandises s'empilent ; pour ne pas aller trop vite (Juillet a fabriqué 1,025 kilos) je réorganise un *dévidage de soie grège,* avec Geneviève Sistenich et les meilleures ouvrières. C'est le moyen de garder tout notre monde ; je ne réduirai les journées qu'à la dernière extrémité.

Notre cousin, l'abbé Gaston de Manas, dîne ce soir avec nous.

Ecris-nous souvent. Nous t'embrassons, etc.

Alex.

A Mme L. de M..., Beaumont-sur-Oise.

Cauterets, lundi 1er Août.

Bonne Amie,

. . . .

Le mieux que je prévoyais hier s'est évanoui. Je suis obligé de tout suspendre, boissons, natation à la piscine, douches. Reprise du vin de Bugeaud avant les repas ; une tasse de lait coupée avec une infusion de tilleul le matin.....

Les soins que me donne Fanny la fatiguent un peu ; mais elle est si forte !

Bien à toi,

L. de M.

A M. L. de M..., Cauterets.

Beaumont, lundi 1er Août.

Mon bon Ami,

Hier j'ai eu la visite de M. Bailly qui venait te prier de te laisser porter conseiller municipal ; il parait que l'on désire que tu redeviennes maire, que c'est le vœu des deux camps. J'ai répondu que je t'avais entendu dire que tu n'accepterais plus ces fonctions, ne pouvant leur consacrer tout le temps désirable, puisque tu es occupé ailleurs, cependant que j'allais t'écrire, afin que tu en décides toi-même. Réponds de suite, on vote dimanche prochain.

Hier dans l'après-midi la voiture nous a conduites, Victoire et moi, à l'Isle-Adam, à la distribution des récompenses de l'Exposition d'horticulture ; grand festival, musique, feu d'artifice annoncé etc.....

J'ai fait ma quête d'Eglise, elle a été *un peu minime*, comme aurait dit Popaul. Mme Chéron n'était pas à la grand'messe ; son mari va un peu mieux, mais elle ne ne le quitte pas ; M. et Mme de Labrugière ne sont pas encore à Beaumont ; Mme Berthier (Auguste) manquait aussi ; enfin beaucoup d'habituées de la grand'messe m'ont fait défaut ; mais j'ai encore la basse messe dimanche prochain.

Ce pauvre M. Demay, le tailleur, est mort d'une congestion cérébrale ; M. Léger t'a envoyé une lettre d'invitation au service ; comme tu es membre honoraire de la Société de Secours mutuels, j'ai cru convenable d'aller à l'église.

Nous vous embrassons, etc..

Clarisse.

Voilà deux jours que maître Robin (1) ne rentre pas, même pour manger, *le coureur*.

A M. A. DE M..., à Paris.

Au Camp de St-Avold, 2 Août, matin

Mon cher Alexandre,

Nous voilà rassemblés à St-Avold, avec le corps du général Frossard (2). L'empereur est passé aujourd'hui se rendant à Forbach. Nous nous attendons d'un moment à l'autre à tomber sur Messieurs les Prussiens.

Je suis sans aucune nouvelle de ce qui se passe en France, soyez assez bon pour m'abonner pour trois mois au *Figaro*, à partir du 1er août. Je compte sur votre bonne amitié.

Agréez, etc.

Commandant CARCANADE.

---

(1) Le Chat.

(2) Nos 8 corps d'armée : Premier, Mac-Mahon (Strasbourg) ; deuxième, Frossard (St-Avold) (avec Laveaucoupet) ; troisième, Bazaine (Metz) ; quatrième, Ladmirault (Thionville) ; cinquième, Failly (Sarreguemines, puis Bitche) ; sixième, Canrobert (Châlons) ; septième, Félix Douay ; huitième, Bourbaki (Nancy, puis Metz, puis Boulay) Garde impériale.

Mardi, 2 Août.

Bravo! Hourrah! Enfin!!

Dépêche de Metz. — **Prise de Sarrebrück!**

« Aujourd'hui, à onze heures du matin, notre armée a pris l'offen-
« sive, et envahi le territoire de la Prusse (2e corps, Frossard).

« Louis a reçu le baptême du feu, il a conservé une balle tombée près
« de lui.

« NAPOLÉON. »

(Meissonnier appelé pour peindre le tableau de ce premier combat).

Pierrefitte (Seine), 3 Août.

Mon bon Père,

Je n'ai pas voulu vous écrire avant d'être fixée sur nos départs.

Édouard est parti seul pour Bourbonne; j'ai été obligée de renoncer à l'accompagner pour un motif que vous savez déjà et dont il ne faut pas nous réjouir trop tôt.

Cependant il faut aussi que nous ayons confiance; Dieu ne voudra pas toujours nous éprouver. Qu'il ne me ménage pas les souffrances, pourvu qu'il me soutienne; je n'en aimerai que plus le petit ange pour lequel j'aurai souffert.

Veuillez dire à tante Authenac de beaucoup prier pour moi Si j'osais vous demander d'en faire autant, ne croiriez-vous pas que c'est une manière de vous endoctriner?.....

Soignez-vous bien, mon bon père, etc.....

Ma famille me charge, etc.....

Marie DE M.

A M. A. DE M..., Paris.

Toulouse, 3 Août.
(Hôtel Carcassonne).

J'ai encore recours à toi, mon cher Alexandre. Je viens d'être floué par un nommé M..., représentant de librairie, pour le montant de sa pension à l'hôtel.

Informe-toi auprès de son patron, ne ménage pas ce Monsieur, *si tu le découvres*; poursuis s'il le faut; il est parti de Toulouse sans m'avertir.

Au Collège St-Raymond, mon neveu Charles a six prix!

J'ai reçu une bonne lettre de ton père, de Cauterets, me disant qu'il va bien.

Adieu à Céline, *de ma part*, car je suis garçon; ma femme et les enfants sont aux eaux de Rennes-les-Bains.

Adieu, etc..

Tout à toi.

Alexandre AUTHENAC.

A Mme L. DE M..., Beaumont-sur-Oise.

Cauterets, mercredi 3 Août.

Bonne Amie.

Santé meilleure, etc..

Je t'autorise à dire que j'accepterai avec reconnaissance les suffrages des électeurs de Beaumont, etc..

J'écris aussi à Alexandre.

Je regrette beaucoup Demay, excellent homme, que je considérais ; tu as bien fait d'aller à son convoi.

Bien à toi.

L. DE M.

A M. A. DE M..., Paris.

Cauterets, mercredi 3 Août.

Cher Fils,

Je viens d'écrire à ta mère en lui donnant des nouvelles rassurantes.

Les dispositions que tu prends afin de pouvoir continuer d'occuper le personnel de Ronquerolles me paraissent fort sages et à propos. Je crois aussi que la *crise sera longue et difficile à supporter;* en cela nous ferons en sorte de n'être pas les plus malheureux.

Ta mère me dit que le vœu des deux partis de Beaumont est que je redevienne le Maire futur. J'accepte toujours la candidature au Conseil municipal; nous verrons après.

Reçois pour toi et ma bonne Céline les embrassements de Mme Authenac et les miens.

L. DE M.

A M. L. DE M..., Cauterets.

Bourbonne-les-Bains (Haute-Marne) Jeudi 4 Août.

Mon bon Père,

. . . .

Je suis parfaitement installé; je loge chez Mlle Lucette Gaillard.... Marie peut être tranquille, la petite

Lucette a presque 65 ans, et de la barbe au menton; j'habite le rez-de-chaussée donnant sur la rue; je trouve dans cette maison tout le confortable, même un piano.

La vie n'est pas chère; pour 6 francs, je suis logé, servi, nourri admirablement; le traitement des eaux 1 fr. 50 par jour.

Revers de la médaille : Aucune distraction; pas de musique, pas de Casino, si ce n'est une espèce de caserne où les baigneurs qui peuvent danser (il y en a peu, surtout cette année et presque tous étant boiteux ou estropiés) se réunissent le dimanche, et là, au son d'un mauvais clavecin, ils dansent tristement !

Je vais donc bien m'ennnuyer dans ce purgatoire anticipé.

J'ai de bonnes nouvelles de Marie, notre espoir tient toujours.

Et toi, mon bon Père, comment te trouves-tu de Cauterets? etc.....

Je t'embrase bien tendrement.....,

Édouard.

A M. L. de M..., Cauterets.

Paris, 4 Août.

Cher Père,

Céline a reçu ta bonne lettre, nous comptons bientôt sur ton complet rétablissement....

. . . .

M. X*** du Nord, me demande 50 kilos de M^{ses}, que j'expédie; il voulait des plus bas prix, que j'ai refusés, ne tenant pas, d'ailleurs, à trop me lancer avec lui.

Je continue à fabriquer, doucement, espérant, comme tout le monde le dit, une reprise prochaine, même malgré la guerre

SUITE DE CETTE LETTRE :

Mon bon Père,

Alexandre est parti à 10 heures pour la fabrique sans avoir eu le temps de finir; il m'a chargée de vous embrasser bien fort, vous et tante Authenac.

J'ai tant demandé, au bon Dieu, dans toutes mes prières, de vous guérir vite, que je suis sûre que vous ne souffrez plus. Vous n'êtes pas juste, mon père chéri, en disant que les années ont fait de vous un pauvre homme. Regardez un peu le père Brent, voilà un *pauvre homme*; vous avez l'air d'être son fils. Et puis, doit-on se plaindre, quand on monte sur l'omnibus aussi lestement que je vous ai vu y monter l'autre jour....

Au revoir, mon cher et bon père, je vous embrasse et vous aime de tout mon cœur.

Votre fille dévouée.

Céline.

Deux bons gros baisers pour tante Authenac.

Jeudi 4 Août.

Wissembourg ! Combat désastreux (1) qui glace, hélas! nos hourrahs présomptueux de Saarbrück.

(1) V. *Revue des Deux Mondes*, 1er Juin 1871 : SOUVENIRS DE CAMPAGNE ET DE CAPTIVITÉ par ALBERT DURUY, soldat au 1er Turcos; encore un élève du Lycée Henri IV, où Victor Duruy, son père, ex-ministre de l'Instruction publique, a été longtemps notre professeur d'histoire.

La division Douay surprise par la IIIe Armée Allemande (Prince Royal) (2). Nos troupes ont lutté 8,000 contre 60,000, 1 contre 8! Le général Abel Douay tué, les turcos décimés. L'ennemi entré dans notre Alsace!.....

Ah! Prussiens! c'est votre rude revanche de Saarbrück!

A nous la belle!!

---

(2). — Alors que notre Armée n'avait, au début de la guerre, que 567,000 hommes, dont 337,000 seulement disponibles pour l'armée active (F. Bonnet : *Guerre Franco-Allemande*) avec environ 1,000 canons ou mitrailleuses, **les Armées Allemandes** comprenaient au total d'après le Grand État-Major Prussien, 589 bataillons, 554 escadrons, 319 batteries, et 2,242 pièces de canon, soit d'après Amédée Le Faure (*Guerre Franco-Allemande*) le chiffre formidable de **1.136.300** hommes, disponibles.

Elles se décomposaient comme suit :

Ire ARMÉE. — Général *Steinmetz*, puis *Manteuffel*.
Corps I, VII, VIII.

Batailles : **Forbach** (Spicheren) (6 août) — **Metz**,
Bapaume — **Pont-Noyelles** — **Saint-Quentin.**
La Cluse (dernier combat, Est, 1er février).

Elle occupa : Metz, Thionville, Montmédy, Mézières, Laon, Amiens, Rouen. — Verdun, Reims, Soissons, Compiègne, Clermont, Beauvais. — Chaumont, Châtillon-sur-Seine, Auxerre, Pontarlier, etc.

IIme ARMÉE. — Prince *Frédéric-Charles*, neveu du Roi.
Corps II, III, IV, IX, X, XII Saxon et Garde-Royale Prussienne.

Batailles : **Sous Metz** :
- **Borny** (Colombey-Nouilly) — **Longeville** — **Stiring** (14 août) — **Noisseville** (31 août).
- **Rezonville** — **Doncourt** — **Vionville** — **Mars-la-Tour** (16 août).
- **Saint-Privat** — **Sainte-Marie-aux-Chênes** — **Gravelotte** (18 août).

Sur la Loire :
- **Beaune-la-Rolande** — **Loigny.**
- **Orléans** — **Patay.**
- **Coulmiers** — **Josnes** — **Vendôme** — **Le Mans**

Elle occupa : Bar-le-Duc, Chaumont, Troyes, Nogent sur-Seine Pithiviers, Orléans, Vierzon, Vendôme, Le Mans, Tours, — Châtillon-sur-Seine, Gray, Dôle, Poligny, — Dijon, Tonnerre, Joigny, Montargis, etc.

IIIme ARMÉE. — Prince Royal, *Frédéric-Guillaume*, fils du Roi, (Notre Fritz)
Corps V, VI, XI.
Bavarois, Wurtembergeois, Badois.

Batailles : **Wissembourg** (4 août).
Wœrth (Frœschwiller, Reisschoffen) (6 août)
Sedan (1er Septembre)
Paris (batailles sud et ouest)
Orléans — **Châteaudun** — **Le Mans.**

Elle occupa : Lunéville, Nancy, Toul, Vitry-le-Français, Sedan, Strasbourg. — Épernay, Château-Thierry, Meaux, Paris (sud et ouest), Versailles, Dreux, Alençon, Rambouillet, Chartres, Châteaudun, Nogent-le-Rotrou, Le Mans — Étampes, Orléans, etc.

A M. L. de M..., Cauterets.

Beaumont, 5 Août.

Mon bon Ami,

. . . .

M. Berthier (Auguste) est venu savoir ta réponse; il avait deux listes; on tient à ce que tu sois sur les deux. Après beaucoup d'hésitations, j'ai signé.

On a tambouriné, ces jours-ci, pour prévenir qu'une souscription en faveur de l'armée était ouverte à la Mairie: on peut destiner son offrande de trois manières à sa volonté : *pour les blessés*, *pour les veuves*, ou *pour les orphelins*.

J'ai vu dans le journal une chanson d'entraînement, des Concerts de Paris, dont voici le refrain sur l'air des *Vingt sous de Périnette*, de Paul Henrion, que tu te le rappelles, nous entendions par lui-même chez M. Michiels,

« Ah ! donnez ! Ah ! donnez vite,
« C'est pour nos braves soldats;
« A nous hâter tout nous invite,
« Que les blessés n'attendent pas ! »

ARMÉE DE LA MEUSE. — Prince Royal *de Saxe*, composée des Corps IV, XII Saxon et Garde Royale, détachés de la IIe Armée.

Batailles : **Metz** — **Beaumont** (en Argonne) (30 août).
Sedan (1er septembre).
Paris (batailles nord et est) etc.
Elle occupa : Sedan, Laon, Compiègne, Senlis, **Beaumont-sur-Oise**, Pontoise, **Paris** (nord et est) etc.

XIIIe CORPS. — Grand duc *de Mecklembourg-Schwerin*.
Landwher et Ier Corps Bavarois.
Fait suite à la IIIe Armée.
(Loire et Ouest).

XIVme CORPS. — Général *Von Werder*.
Badois, Landwher et Garde.
(Alsace et Est).

Batailles : **Nuits** — **Dijon** — **Belfort** — **Villersexel** — **Héricourt** — **La Cluse**.
Elle occupa : Strasbourg — Épinal, Vesoul, Gray, Dijon — Besançon — Colmar, Mulhouse, etc.

On annonce une quête à domicile, parce qu'on ne se presse guère de porter ses dons à la Mairie; j'attends, je suivrai le torrent, fixe-moi.

Nous venons de remporter une victoire. Dieu veuille qu'elle n'ait pas coûté trop cher en victimes, et que ce soit bientôt fini.

La garde mobile de Seine-et-Oise s'organise et ce pauvre Charles est moins rassuré; il s'attend à recevoir sa feuille de route. Les jeunes gens de Beaumont s'apprêtent. Mme Lobbé m'écrit aussi que son neveu Jules Tavernier, va tirer au sort.

Mme Bernard, n'étant pas encore assez bien, remet sa visite à l'année prochaine.

Victoire et moi t'embrassons.... etc.

Clarisse.

Nous avons eu enfin une bonne petite pluie !

Vendredi, 5 Août.

Tous ces jours-ci, départs désordonnés, tumultueux, des *Mobiles de la Seine* pour le Camp de Châlons; débandades, cris, tapage; razzias dans les buffets de chemin de fer, lapins et poules *cueillis* dans les fermes, etc, (1).

Ils trouvent ça très drôle.

A Mme L. de M..., Beaumont.

Cauterets, samedi 6 Août.

Bonne Amie,

Deux mots seulement, je vais de mieux en mieux; j'ai repris l'usage des Eaux; l'estomac ne me gêne plus; je ne suis que toujours oppressé. Je sens la chaleur revenir, la gaieté, et l'espoir de ne pas retomber.

---

1) Voir RÉCITS D'UN SOLDAT, *Revue des Deux-Mondes,* 1er Juillet 1871.

J'attends le résultat des élections avec le plus de détails possible. M. Lefebvre, l'ancien secrétaire de la Mairie, pourrait peut-être te renseigner lundi ; dis-moi l'esprit du public, afin que, dans tous les cas, je ne sois pas dupe de mon bon vouloir.

Fanny va bien, etc.

L. DE M.

A M. A. DE M..., Paris.

Cauterets, samedi 6 Août.

Cher Fils, chère et bonne Fille,

Vous vous êtes partagé votre lettre du 4, celle-ci est aussi pour vous deux, prenez-en chacun votre part...

Je pense *qu'on se fera à l'idée de la guerre comme à toute autre*... et que, si la marchandise qui s'entasse est toujours bien traitée, il viendra un moment où il n'y en aura pas encore assez.

Ainsi qu'Alexandre le dit bien, M. X***, du Nord, est un client douteux; sa manière de travailler, ses débouchés, ses placements où l'on ne voit pas très clair, n'inspirent qu'une médiocre confiance.....

Ma bonne Céline, vous m'avez vu lestement monter sur un omnibus ; je conviens que c'est quelquefois dans mes moyens ; mais une fois là-haut, vous n'avez pas vu l'agitation, l'essoufflement qui s'en sont suivis ; ce n'est pas le tout que de paraître.....

Il doit y avoir à Ronquerolles certains bras qui ont de la peine à couvrir leur journée, *des inutiles*, mais que faire ? patienter encore.....

Je vous dis aujourd'hui : je vais bien, etc...

Je vous embrasse, tous deux, avec la plus tendre affection, et serai heureux lorsque je me retrouverai près de vous.

L. de M.

A M. L. de M..., Cauterets.

Beaumont, 6 Août.

Mon bon Ami,

. . . .

M. B. m'a apporté la liste imprimée que je t'envoie, servant de bulletin de vote.

Il y en a une deuxième, celle de la Mairie, dont M. Godin s'est occupé.

M. le Curé doit t'écrire au sujet de la nomination du Maire.

La Supérieure de l'Hospice nous a fait sa visite (1). Elle est très agréable; c'est une femme d'environ 45 ans, un peu forte, très fraiche, très sympathique, lorsqu'elle parle surtout. Elle est du Puy-de-Dôme, mais elle a un fort joli accent, une voix douce et le langage distingué; en somme elle est très bien.

Tranquilise-toi au sujet de la maison, les *trois* couches de peinture ont été données.

. . . .

Clarisse.

(1) La sœur Valentine de la Congrégation de Nevers.

Samedi, 6 Août.

« Le *Monde Illustré*, que nous collectionnons depuis sa fondation, commence ainsi son Courrier de Paris :

« Nous dansons sur un volcan, mais nous dansons ! Une guerre « nationale a pour nous autres Français une senteur inconnue aux « autres peuples. Nous savons ce qui fermente et bouillonne dans le « volcan, mais nous dansons !... »

A Mme L. de M..., Beaumont-sur-Oise.

Paris, samedi 6 août.

Ma bonne Mère,

Nous aussi, nous avions été bien inquiets de la santé de notre bon père, etc...

. . . .

Nous recevons une lettre d'Édouard, de Bourbonne, très gentille et très gaie. Marie m'a aussi écrit que son voyage à Pierrefitte ne l'a pas trop fatiguée, etc.

. . . .

Ce soir, après le bureau fermé, je rejoindrai Alexandre à Ronquerolles, et je vous assure, ma bonne mère, que c'est une fête, pour moi, d'aller un peu respirer le bon air.

La catastrophe d'hier n'est pas faite pour les affaires; on dit qu'il y a une énorme quantité de prisonniers français, et beaucoup de morts.

Je vous embrasse, etc.

Votre fille.....

Céline.

— Je rouvre ma lettre :

Tout le boulevard est garni de drapeaux; Nous avons une grande victoire ! : 25,000 Prussiens prisonniers, et *notre Fritz*, le fils du Roi de Prusse, par dessus le marché.

Quel bonheur !

A bientôt, je crains de manquer la poste.

Deuxième Lettre

A LA MÊME :

Paris, samedi 6 Août, 5 h. 1/2 du soir.

Ma bonne Mère,

Un affreux mensonge; une affiche à la Bourse avait fait courir ce bruit de victoire ; c'est complètement faux ; tout le monde retire ses drapeaux, tout honteux qu'à Paris il arrive de pareilles choses. Il paraît que la Bourse est montée, montée ! l'homme qui a fait mettre ces affiches est arrêté, heureusement, il doit être Prussien, car cette abomination n'est pas digne d'un Français. On crie dans la rue : *Vive la France! A bas la Bourse!*

Je vous embrasse bien fort; je vais courir à la grande Poste ; je suis furieuse.

Céline.

Samedi, 6 Août.

3 0/0 68 francs.

Deux batailles..... perdues, dans la même journée !

Wœrth (Frœswiller, Reischoffen) 33,000 contre 140,000 ! Mac-Mahon, à cheval 25 heures, toujours au feu, cherchant la mort, a vu ses troupes succomber sous le nombre de l'armée du Prince Royal ! Sa retraite couverte par les turcos, vengeant leurs frères de Wissembourg, par le 3me zouaves et surtout par l'héroïque charge des 8me et 9me cuirassiers, à Reischoffen. (Pertes avouées des Prussiens, 6000 hommes — les notres ??).

Inaction de Failly et Bazaine ! Éparpillement de nos troupes sur trop d'étendue ! Que sais-je ?....

Forbach (Spicheren). La 1re Armée Allemande, (Steinmetz) débouchant inattendue par Saarbrück sur les positions abandonnées hier par Frossard (Rossard! crie-t-on) a attaqué notre corps d'armée avec toutes ses forces successivement et fraîchement renouvelées, et l'a écrasé, en dépit d'une acharnée résistance de héros et de martyrs! (Pertes prussiennes 2000, les nôtres ? ?).

Surprise! pas d'éclaireurs! et encore le nombre, toujours le nombre! 1 contre 3, dit le *Times*.

C'est l'invasion! L'Alsace et la Moselle ouvertes aux Prussiens! La campagne de Prusse devient la campagne de France!

Oh! Il nous faut une revanche! Une implacable revanche!!

A Mme L. DE M..., Beaumont-sur-Oise.

Cauterets, dimanche 7 Août.

Bonne Amie,

Chaque jour m'apporte du mieux; moins d'oppression et plus d'appétit; j'ai bien déjeûné ce matin; Fanny et moi avons fait une bonne brêche à un excellent poulet rôti.

Il n'y a pas d'inconvénient à ce que tu aies signé.

Maintenant, comment sera composé le Conseil municipal?

Depuis deux jours, les nouvelles de la guerre sont mauvaises. Comment cela finira-t-il? Cela devient très inquiétant.

. . . .

Nous vous embrassons, etc.

L. DE M.

Dimanche 7 Août, à Clermont.

Après la décevante nouvelle d'hier, lamentable Fête de Clermont, autrefois si brillante, avec son grand feu d'artifice, sur la majestueuse promenade du *Châtellier*!...

Paris, lundi 8 Août.

L'Impératrice est rentrée, hier, de Saint-Cloud aux Tuileries. Elle a fait afficher cette proclamation :

FRANÇAIS !

« Le début de la guerre ne nous est pas favorable...... Je viens au « milieu de vous. Fidèle à ma mission et à mon devoir, vous me verrez « la première au danger pour défendre le drapeau de la France.

« J'adjure tous les bons citoyens de maintenir l'ordre ; le troubler « serait conspirer avec nos ennemis.

L'Impératrice-Régente,
EUGÉNIE.

Suivent les Décrets de convocations des Chambres. etc....

J'entends des rumeurs devant ces affiches : Eugénie!! l'Espagnole!! etc.

A M. L. de M..., à Cauterets.

Paris, lundi 8 Août.

Tu ressens enfin un mieux réel, cher et bon père ; comme tu le dis bien, tu le dois aussi aux soins et au dévouement de tous les instants de notre bonne tante Authenac, une sœur de charité.... Continue toujours bien prudemment le traitement ordonné, ne néglige rien, etc....

Tu as certainement su par les journaux nos trois revers successifs de ces jours-ci, l'envahissement de la France, la honteuse manifestation pavoisée de Paris, etc.... Céline avait fait courir Eugène acheter un grand drapeau, qu'il a fallu ôter bientôt du balcon, comme tous les autres milliers de drapeaux du boulevard Sébastopol. Je dînais bien paisible à notre brave petit Ronquerolles quand m'est tombée cette foudre.

Paris est depuis hier en état de siège; toute la garde nationale est organisée pour sa défense; je vais et je veux en être, bien entendu.

Avec la consternation qui glace Paris, les affaires ont été coupées net.

Je n'ai encore remercié personne à l'Usine; mais bientôt, qui sait ce qui arrivera? J'y vais demain; teinturerie et dévidages ne vont pas mal. Mercredi, foire à Clermont, fabrique fermée.

Je n'ai de nouvelles ni de notre cousin Charles de Mont-Refet lieutenant au 49me de ligne, ni du commandant Keiser, du 90me de ligne, ami de la famille Amiard Fromentin, ni de Jean Hochard, soldat au même 90me.

Carcanade m'a écrit deux fois; rien depuis le 2. Je ne vois pas que, jusqu'à hier, leurs régiments aient donné.

Quant à notre cousin de Coulange de Manas, chef de bataillon du 1er Turcos, on a des craintes très sérieuses, ce régiment ayant été massacré ou fait prisonnier, soit à Wissembourg, soit à Reischoffen.

Nous pensons aller à Beaumont dimanche.

Nous vous embrassons, tante et toi.

Ton fils, qui t'aime tendrement.

Alex.

A M. L. de M..., Cauterets.

Pierrefitte, 8 Août.

Mon bon Père,

J'ai du subir une petite saignée au bras droit; je ne peux donc que vous envoyer quelques lignes pour vous remercier de votre chère lettre et pour vous demander pardon du chagrin que je vous ai bien involontairement causé ; je vous aime trop pour vouloir jamais vous causer la moindre peine et il n'y a et n'y aura jamais chez moi que le désir de vous être agréable.

Pardon d'être aussi brève ; mais ces quelques lignes écrites malgré défense me fatiguent beaucoup.

Je vous embrasse, bien tendrement, ainsi que ma tante.

Votre fille dévouée,

Marie.

A M. L. de M..., Cauterets.

Beaumont, lundi 8 Août.

Mon bon Ami.

Je t'ai envoyé ce matin le résultat du vote. Tu n'as pas passé, ainsi que beaucoup d'autres ; car, sur 21 noms, 8 seulement ont eu la majorité absolue, ce sont : MM. Godin, Léger, Canu, Mercier, Grignon, Lefebvre, Meunier et Bouquet, presque tous de la liste de la Mairie.

Tu arrives le 9me.

Il y avait une quantité de petites listes ; plus de cent candidats ; les voix ont été disséminées.

Ton acceptation écrite est arrivée vendredi soir, c'était trop tard ; mais on revote dimanche prochain.

Enfin tout cela n'est rien, en comparaison de l'affreuse situation dans laquelle nous nous trouvons. Nous sommes sur un volcan. Si cet état de choses s'aggrave, ne tarde pas à revenir ; dans ces tourmentes on a besoin d'être réunis.

Je t'embrasse, etc.

Clarisse.

Paris, mardi 9 Août.

Jules Claretie, — Ah ! comme nous sommes déjà loin, mon brave Claretie, des charmantes réunions et causeries littéraires, critiques, poétiques, artistiques, etc., de notre vingtième année, avec Jules Treunet, Camille Amiard, Georges Lafenestre, Sully-Prudhomme, Edmond Husson, etc.) — Jules Claretie, dis-je, revient de sa mission de *reporter* à la suite du corps d'armée de Bazaine.

Depuis son départ de Paris (17 juillet) il a adressé notamment à l'*Illustration* sous le titre : *En campagne*, des courriers pleins d'intérêt et d'émotion, de Metz, Ars-sur-Moselle, Thionville, Saint-Avold, Sarreguemines, Strasbourg ; de Forbach enfin, dont il relate, avec des larmes toutes françaises, la meurtrière et héroïque défaite (1).

D'autre part, Édouard Hervé, mon brillant copain d'Henri IV, devenu l'une des colonnes du journalisme royaliste, écrivait, hier, dans son *Journal de Paris :*

« ...La supériorité du nombre a triomphé du courage de nos admira-
« bles soldats... Tout n'est pas perdu cependant, il s'en faut. Oublions en
« présence du danger toutes nos divisions. Ne songeons qu'à la Patrie.
« .....Unissons-nous, et qu'un patriotique effort, aujourd'hui comme il
« y a 80 ans, rejette l'étranger hors du sol de France..... (2)

---

(1) Ces Lettres et celles des voyages ultérieurs ont été publiées, en 1871, sous le titre : LA FRANCE ENVAHIE. Voir aussi son *Histoire de la Révolution de* 1870 1871 (2 volumes, 1873).

(2) Au sortir du collége où il avait remporté au Concours général les deux grands Prix d'Honneur de Rhétorique et d'Histoire, Édouard Hervé, en réponse à ma demande de son avis sur le choix d'une carrière, m'écrivait, du château de Pont sur-Seine, le 11 Septembre 1855, une lettre que j'ai annexée à mon Album manuscrit *des Quarante*, et que voici en partie :

« J'ai vu, ici, l'autre jour, une fete beaucoup moins agréable que celle de Beaumont
« surtout parceque je n'avais avec moi ni toi ni de Goër. D'ailleurs, Pont (qui a 700
« âmes) a des prétentions à être une ville, et rougirait de s'amuser à sa fête comme
« un village.....

« Mais, au nom du ciel, cher ami, comment veux-tu consulter sur ta carrière un
« homme que tant de gens raisonnables *accusent d'avoir perdu la sienne !...*

« Avec les idées que je connais à ton père, je ne m'étonne pas qu'il ne veuille pas
« pour toi du commerce On aime rarement pour ses enfants ce qu'on a fait toute
« sa vie. C'est naturel. M. de M. a peut-être raison, et d'ailleurs c'est maintenant
« une chose décidée.. ..

« L'agriculture, très belle chose assurément, mais je vois par ta lettre que tu ne
« l'aimais guère ; maintenant tu penses au Droit comme vestibule du notariat. Le
« notariat est une carrière honorablement paresseuse, considérée à juste titre quand

Démission des Ministres entre les mains de l'Impératrice. Le général Cousin-Montauban, comte de Palikao, remplace *à la Guerre* le général Le Bœuf, etc.

C'est maintenant

LE GOUVERNEMENT DE LA *DÉFENSE NATIONALE*.

— —

Le corps d'armée Frossard se retire en bon ordre sur Metz, où l'armée est en partie concentrée sous les ordres du maréchal Bazaine, au quartier général duquel se trouve l'Empereur.

Mac-Mahon se replie sur Nancy.

— —

Proclamation du Préfet de l'Oise, Léon Chevreau :

« La Patrie est en danger, mais nous la sauverons ! »

De Spa, le duc d'Aumale, le prince de Joinville, le duc de Chartres, demandent par lettres au Gouvernement l'autorisation de servir la France. On la leur refuse.

A Mme L. de M..., Beaumont-sur-Oise.

Cauterets, mercredi 10 Août.

Bonne Amie,

Je vais bien, ma figure d'aujourd'hui ne voudrait pas reconnaitre celle d'il y a huit jours ; il serait fâcheux que je ne restasse pas ici encore quelque temps ; les

---

« elle est remplie par un honnête homme, lucrative sans scandale, très agréable « pour qui veut arranger sa vie honnêtement et doucement. Volontiers, je l'aurais « prise si je l'avais pu.... Tu as un avantage ; pendant tes années de droit et les quel- « ques années qui précéderaient ton notariat, tu vis au milieu de ta famille ; elle n'a « donc pas à craindre cette vie d'étudiant, épouvantail des parents de province, et « ces ennuyeux plaisirs du quartier latin, où tant de jeunes gens trouvent, à ce qu'il « parait, un charme que je ne comprends guère, vertu à part.

« Vois, examine, réfléchis, mais pas trop longtemps ; l'*action* est une fille de la « *réflexion*, qui pour vivre a besoin de tuer sa mère..,. »

. . . .

L'avenir a démontré qu'Hervé n'a pas tout à fait perdu sa carrière..... Il est de l'Académie française, avec le duc d'Aumale, Lesseps, Augier, Sardou, nos devanciers à Henri IV... avec Duruy, Sully-Prudhomme, Ch. de Mazade..... et Jules Claretie.

Husson, Prix d'honneur d'Henri IV, est devenu, après notre Droit fait ensemble, employé principal à la Ville de Paris, et je l'ai perdu de vue.

mauvaises affaires de la guerre, quoique très inquiétantes, ne me semblent pas de nature à compromettre ta sûreté et nécessiter mon retour immédiat.

Ta dépêche m'a fixé sur mon insuccès, et sur ce que valaient les nombreux désirs des *deux camps*; nous verrons le deuxième tour de scrutin à la majorité relative.

M. le Curé m'a écrit à propos des élections, je lui réponds.

Nos bons souvenirs à Mme Martin, M. et Mme Jeannin, etc.

L. DE M.

A M. A. DE M..., Paris.

Cauterets, mercredi 10 Août.

Cher Fils,

Je t'envoie aujourd'hui les *tout à fait bonnes nouvelles* que tu désires. Je vais bien, très bien. Je n'ai qu'à bien employer le reste du temps que j'ai à séjourner ici, et c'est ce que je fais. Je réponds à ta mère, qui s'inquiète à cause de la guerre, que je ne vois pas la nécessité de rentrer de suite; il n'y a pas péril en la demeure. C'est seulement maintenant que je puis profiter encore de quelques jours pour me refaire entièrement.

Oui, je connais nos défaites. Ici, comme à Paris, tout le monde est consterné; ça a été un revirement si inattendu, si pénible, que chacun a de la peine à se faire à ces malheureuses idées.

Nous espérons tous les jours apprendre la nouvelle d'une revanche éclatante; mais je ne désire pas qu'on s'y expose avant d'avoir réuni des forces imposantes en proportion de celles que l'on a à combattre. C'est ce qu'on a pas fait jusqu'ici.

Si les affaires ne se remettent pas, ce qui est probable..... il faudra réduire les heures..... etc.

Je recevrai, après demain, avec bien du plaisir une bonne lettre de ma chère Céline que je me réjouis d'embrasser à mon arrivée à Paris.

Je vous embrasse, Céline et toi, avec la plus tendre affection.

L. DE M.

A. M. L. DE M...., Cauterets.

Paris, 10 Août.

Cher et bon Père,

Il nous tarde bien que vous soyez tous les deux revenus; cette absence nous parait un siècle.

Nous sommes heureux d'aller auprès de notre bonne mère passer deux jours, mais, sans vous, le bonheur ne sera pas complet.

Inutile de parler des affaires; nous sommes descendus à 30 francs par jour.

Je viens de voir Édouard, revenu ce matin, de Bourbonne; Marie et toute la famille Joriaux sont aussi rentrés à Paris.

Alexandre est allé se commander un habit de garde national.

Il parait qu'il se sont battus, hier, à la Chambre; il ne nous manquait plus que ça.

Nous vous embrassons tendrement, etc.

Votre fille,

Céline.

Le père Brent et Eugène se rappellent à votre souvenir.

A M. A. DE M. Paris.

Saint-Étienne, 10 Août.

Ici, les affaires commerciales deviennent depuis deux ou trois jours tout aussi déplorables que celles de la guerre.

Un de nos principaux banquiers vient de suspendre ses paiements, par suite des demandes d'argent qui lui étaient faites coup sur coup. Il est bourré de valeurs, mais la Banque ne veut plus les escompter.

Tout cela est vraiment bien triste! Enfin, espérons en la Providence, et demandons-lui une bonne bataille en notre faveur.

Agréez, etc.

LIOGIER ET CULTY.

A Mme L. DE M..., Beaumont-sur-Oise.

Paris, jeudi 11 Août.

Chère et bonne Mère,

Le mieux de papa s'accentuant, il faudrait comme il le désire, qu'il fit sa saison entière, ne risquant rien, là-bas...

. . . .

Je suis incorporé dans la garde nationale, j'attends mon fusil. Comme toi, chère Maman, j'espère encore une grande revanche; mais quelque nombreux que soient nos pauvres soldats, tu sais que le nombre des prussiens est trois fois plus grand. Voilà le grand mal; à mesure que nous nous renforçons, ils se renforcent du double; nous ne pourrons les chasser qu'avec une union imposante de toutes nos forces possibles.

Nous avons contre nous l'Allemagne entière, agglomération de 12 ou 15 nations, grandes ou petites.

Comme je suis obligé de me trouver à Ronquerolles dimanche pour une réfection de la denture du moteur, et que j'y passe forcément la plus grande partie de la semaine, Céline, qui n'est guère avec moi, y viendra aussi, en sorte que nous ne pourrons aller à Beaumont que *dimanche soir*, de Clermont; arrivée par le Nord, à 10 heures 27 du soir. Nous aurons encore ensemble toute la journée du lundi, fête de l'Assomption.

Ton fils, qui t'aime tendrement.

Alexandre.

A Mme A. de M..., Beaumont-sur-Oise.

Cauterets, vendredi 12 Août.

Chère et bonne Céline,

Votre lettre du 10 m'est parvenue, ce matin, à mon lever; elle a été reçue comme les précédentes toujours avec un nouveau plaisir. Pour rendre votre bonheur complet, sachez que je vais de mieux en mieux.....

Ne parlons pas d'affaires puisqu'il n'y en a plus, et passez deux bonnes journées en famille à Beaumont....

Je vais donc voir Alexandre en uniforme, il sera un de ceux qui sauveront la patrie; il y apportera toujours son contingent et sa bonne part de bravoure. Quant à Edouard, je ne sais s'il voudra remonter à cheval.....

Pour que ma lettre ne reste pas fermée dimanche et lundi, jours de fête, je vous l'adresse à Beaumont, puisque vous y serez.

Mme Authenac vous embrasse tous, et moi je renchéris et vous embrasse deux fois pour que vous partagiez avec votre mère, votre tante, et votre chéri.

Votre père bien affectueux.

L. de M.

12 Août.

Prise de Nancy par 4 uhlans!

A M. L. DE M..., Cauterets.

Paris, 12 Août.

Cher Père,

Ta bonne lettre nous satisfait enfin sur ta santé.

Nous sommes toujours sans nouvelles de la guerre, si ce n'est que nos troupes se massent entre Nancy et Metz, et que l'armée Allemande saccage horriblement l'Alsace et une partie de la Lorraine. On dit qu'elle évite quant à présent la bataille de la vallée de la Moselle et investit Strasbourg. C'est peut-être un piège encore. Dans tous les cas, quelque nombreux que nous nous fassions, nous sommes encore bien inférieurs aux Prussiens qui sont déjà près d'un million d'hommes en France, sans compter les masses nouvelles et énormes qui sont toutes prêtes à y entrer.

De plus, nous manquons absolument de fusils; le Camp de Châlons n'a des fusils que depuis hier; M. S***, qui vient d'y passer quinze jours comme mobile, *n'en a pas eu un entre ses mains.*

L'Empire a, je crois, bien des fautes à se reprocher; qui sait ce que l'avenir nous prépare?

En raison de la gravité des événements, le sous-préfet de Clermont, le baron Brun de Villeret, a ouvert le 9 courant des listes d'engagements volontaires, et nommé une Commission pour la réorganisation de la garde nationale

La fabrique marche toujours; il n'y a encore lieu de remercier personne; quant à veiller, non, bien entendu.

Demain soir la paie. J'y vais.

Dimanche soir et lundi à Beaumont, la fête. Pauvre fête!

Je t'embrasse....

Alexandre.

A M. L. de M..., Cauterets.

Paris, vendredi 12 Août.

Mon bon Père,

Les communications ayant été coupées sur la ligne de Mulhouse, j'ai dû revenir à Paris, où j'ai retrouvé tout mon monde.

Le bruit court, ce soir, sur le boulevard, que les deux armées du prince Frédéric-Charles et du Prince-Royal s'avancent sur Paris, évitant Metz, où nos forces sont concentrées depuis deux jours....., il n'y a rien là d'officiel et peut-être une bataille a-t-elle été livrée qui nous laissera l'avantage. Nous sommes tous ici dans une anxiété fiévreuse.

Affaires absolument mortes; les paiements ne se font plus; nous payons toujours, nous; nous sommes prêts à faire face à tous nos engagements, et l'orage passera, je l'espère, sans compromettre en rien la situation de la maison J.

Par prudence, mon beau-père a fait rentrer à Paris, toutes les marchandises de notre dépôt de Mulhouse qui seront ainsi à l'abri du pillage et du feu...

J'écris aussi à maman.

Ton fils bien affectueux et dévoué.

Édouard.

Dimanche 14 Août.

Assez triste dimanche à Ronquerolles.

8 heures 1/2 du soir. — Grand émoi à la gare de Clermont. Départ des Mobiles.

9 heures. — A la gare de Creil, où nous attendons le train pour Beaumont, foule anxieuse, fiévreuse, lisant les journaux, debout sur les bancs, sous les becs de gaz. — Tout l'espoir repose sur Bazaine généralissime.

C'est la *Fête à Beaumont!* (La Saint-Laurent toujours remise du 10 au dimanche suivant.). Elle doit être pauvre d'entrain, cette joyeuse folie de nos jeunes années, quand y venaient les Elwall, les Bernard, les Lobbé, les Caillard, et plus anciennement encore les Pontarly, les dames Guichard, Edmond de Goër, les Michiels, les Vivier, les de Tavernier, etc..., quand on allait en bande danser sans vergogne sur *le Château*, en plein air, dans le Rond des grands acacias, aux sons du violon de Damoy, du bon piston de Prudent, son gendre, etc....

Nous y arrivons à près de minuit; on danse tout de même *sur le Château*, que nous nous bornons à traverser.

Une victoire de Bazaine!

Bataille de **Borny** (Colombey-Nouilly). Longeville. — Stiring.

Effectif Prussien : 60,000 hommes.

Pertes : Prussiens, 5,000. — Français, 3,000.

L'Empereur dit à Bazaine : « *Vous avez donc rompu le charme!* »

Ce même jour commence le siège de Strasbourg.

Lundi, 15 Août.

Journée de famille à Beaumont. — Des fleurs sur la table. — Fête de Céline, qui s'appelle aussi Marie.

A M. L. de M..., Cauterets.

Beaumont, lundi 15 Août.

Mon bon Ami,

M. Lefebvre a eu la complaisance de m'apporter la liste des élus; *tu es nommé*, comme tu le vois, ainsi que MM. Bonnefoy, Félix Fortrait, Victor Emery, Drouillet, Vincent Levasseur, Levasseur ainé, Henneguy, Lefèvre, Damoy, Collot, Lebrun et Raux. Tu es le seul de cette malheureuse liste, dont on a, parait-il, gardé une mauvaise impression.

Je ne t'envoie pas de dépêche, elles sont interrompues.

Alexandre et Céline, ici depuis hier soir, font en ce moment une promenade en voiture avec Auguste Thiébault et sa femme; ils nous restent jusqu'à demain matin, ça nous semble bien bon de les avoir un peu.

M. le Curé et sa sœur dînent avec nous; comme je les ai engagés à l'improviste, et que M. le Curé me disait avoir son vicaire à dîner, je l'ai prié de nous l'amener.

La triple fête — de *Beaumont*, de l'*Assomption*, et de l'*Empereur*, — est bien morne; Pauvre 15 août! où sont ses féeries parisiennes? Ici, pas la moindre illumination, bien entendu; sur *le Château* beaucoup de boutiques, mais peu d'acheteurs; nous y avons fait un tour hier soir avec Alexandre et Céline....

On nous annonce une victoire; nous n'osons plus trop nous réjouir avant confirmation.

Clarisse.

15 Août.

Gloire aux Mobiles des Vosges! Les Vosges! Les Prussiens ne passeront pas les Vosges!! Ils s'y engloutiront jusqu'au dernier!

Depuis Juillet je prends chaque soir et collectionne le *Petit National*. Théodore de Banville y donne souvent des vers inspirés par la situation. Aujourd'hui une longue pièce : « *A la Patrie* » se terminant ainsi :

. . . .

Ils t'apportent, Mère chérie,
Impatients d'être vainqueurs,
Leur sang et leurs bras : — ô Patrie!
Prends tout, leurs bras, leur sang, leurs cœurs!

Travaille, Ouvrière féconde,
Pour le Destin mystérieux,
Et rapporte la paix au monde
Entre tes bras victorieux!

A M. L. de M..., Cauterets.

Toulouse, 15 Août.

Cher Monsieur de M...,

. . . .

... Comme à Paris vous pourriez ne pas être tranquilles, je vous offrirai à Toulouse tout ce dont vous aurez besoin, pour vous et pour votre famille.

Eugénie et nos enfants arrivent des Eaux demain, je vais être heureux d'avoir tous les miens auprès de moi.

On n'a pas oublié de proclamer l'*État de Siège* à Toulouse, mais jusqu'à présent nous ne nous en sommes aperçus que sur l'affiche; il serait à désirer que nous en restions là.

Embrassez tante pour moi, etc.

Alexandre Authenac.

15 Août.

« Chronique de Charles de Mazade :

« Depuis quinze jours, la France vit dans une fièvre ardente, dans un « transport de patriotisme tour à tour exalté ou contristé. La France « n'est plus à ses intérêts ni à ses travaux; elle concentre toute son « âme sur un seul point, sur cette frontière en feu où nos soldats com- « battent, où s'agitent nos destinées. D'heure en heure, elle attend, dé- « vorant le moindre bruit jeté à son impatience, ressentant dans toute « leur âpreté les émotions de la guerre, pleine de frémissements virils « à la penséedu grand danger national qui s'est subitement révélé dans « l'éclair des premières batailles.

« Jusqu'ici... les luttes que la France nouvelle a soutenues se dérou- « laient au loin... Cette fois... c'est la frontière violée, la Lorraine me- « nacée, l'Alsace envahie, l'intégrité nationale un moment mise en « péril; c'est l'irruption étrangère dans notre foyer, etc... »

A M. A. de M..., Paris.

Cauterets, mardi 16 Août.

Mon cher Alexandre,

J'avance mon départ, nous arriverons samedi de grand matin, directement à notre pied-à-terre du boulevard de Strasbourg. J'en préviens ta mère, qui se trouvera, je pense, à Paris ce jour-là. Après nous être reposés, nous irons vous embrasser et déjeûner avec vous, pour rentrer à Beaumont le même jour par le train de 5 heures 15.

Je n'étais pas aussi bien ces jours derniers; j'ai suspendu le traitement... je n'hésite plus, je rentre.

A samedi donc, mes embrassements, etc.

L. de M.

Mardi 16 Août.

Autres victoires autour de Metz :

REZONVILLE. — Pertes énormes dans cette bataille de douze heures : Prussiens, 16,000. — Français, 17,000.

Vionville — Doncourt — Mars-la-Tour. (Effectif Allemand engagé : 65,000)

A M. L. de M..., Cauterets.

Paris, mardi 16 Août.

Mon bon Père,

Excellente journée, hier, jour de l'Assomption, auprès de notre bonne mère et de petite tante Victoire;

votre lettre, je vous l'assure, y a bien contribué; je prie maintenant le bon Dieu pour votre prompt rétablissement définitif; vous allez rire, mais moi, je suis sûre que mes prières ont été pour quelque chose dans votre mieux.

On parle d'une victoire, mais nous avons été tellement trompés ! Les commandants Carcanade et Keiser, ainsi que Jean Hochard, ont dû donner dans cette affaire.

Marie continue à aller bien, Édouard va bien aussi.

A bientôt, mon bon Père, nous sommes bien impatients de votre retour, etc.

Céline.

Sur la même lettre :

Cher Père,

Non seulement il n'y a plus ni ventes ni commandes, mais on ne touche plus rien, même des meilleurs clients; j'ai eu grand peine à réunir vendredi, et samedi matin, après des queues de deux heures, l'argent monayé suffisant pour la paie des ouvriers. On ne voit plus ni or, ni argent. Depuis le « cours forcé » des billets de Banque, on attend avec impatience les coupures de 25 francs. J'ai pris mes précautions en ayant ici quelques mille francs, mais c'est en billets, et les banquiers n'en donnent même plus que prévenus cinq jours à l'avance. Je prépare, dès à présent, la paie de la prochaine quinzaine, si toutefois je n'arrête pas la fabrique avant...

Ton fils, qui t'aime tendrement.

A. de M.

17 Août.

Conseil de guerre à Châlons entre l'Empereur, Mac-Mahon et Trochu. Indécision sur la marche de l'armée de Châlons.

Nos troupes d'occupation, dont nous avons besoin, quittent Rome, qui est ainsi laissée à la merci des Italiens.

A M. A. DE M..., Paris.

Paris, mercredi 17 Août.

Mon cher Alexandre,

J'ai enfin ramené ma femme lundi; le voyage ne l'a pas trop fatiguée, grâce surtout à un train express qui nous a gagné trois heures; mais elle sera forcée de garder la chambre quelques jours. Si sa bonne amie Mme Alexandre peut venir la voir dans la journée, (où tous deux le soir), cela nous fera grand plaisir.

Un petit conseil, que je demande à ton expérience des affaires : Les Obligations de la Ville (1865) sont baissées de 500 à 450 francs. Est-il prudent de les garder?...

Tout à toi de cœur.

V. PILLON-DUFRESNES.

Je lui réponds que les obligations de la Ville de Paris sont des valeurs de tout repos, et que je les garderais.

Jeudi 18 Août.

Nouvelles victoires autour de Metz :

SAINT-PRIVAT (1) — **Sainte-Marie-aux-Chênes. — Gravelotte.**

100,000 contre 220,000! — Héroïsme du maréchal Camrobert. Trois corps d'armée prussiens, dont les cuirassiers blancs de Bismarck,

---

(1) Bismarck a appelé SAINT-PRIVAT le tombeau de la Garde Royale.

jetés par nous dans les carrières de Jaumont. Pertes : Prussiens 20,000 dont la Garde Royale 8,000. — Français, 12,000.

Les dépêches Prussiennes crient victoire : « ***l'Armée Française rejetée sous Metz*** » — Nous refusons de croire aux dépêches Prussiennes.

Belle et noble proclamation du général Trochu, nommé hier Gouverneur de Paris par l'Empereur au Camp de Châlons. Elle se termine par le cri de sa vieille devise bretonne : « ***Avec l'aide de Dieu pour la Patrie !*** »

Allons ! Espoir et bon courage.

Vendredi 19 Août.

Continuation du bombardement de Strasbourg.

L'ami Jules Claretie est reparti, hier, pour Châlons, en courriériste pour l'*Illustration*.

A M. A. DE M..., Paris.

Paris, samedi 20 août.

Mon cher Ami,

Berthe m'a donné, aujourd'hui même à 5 heures, une bonne grosse fille qui crie énormément et ne demande qu'à bien se porter.

Sa maman va aussi bien que possible.

J'espère que cette bonne nouvelle vous fera grand plaisir, à Mme Alexandre et à toi.

Ma mère, qui arrivera d'Étampes demain, ira vous voir et elle y repartira, enmenant au plus vite en nourrice ma petite *Adeline*.

J'ai quelques lettres à écrire, je te serre la main et présente toutes mes amitiés à Mme Alexandre.

Tout à toi.

Camille AMIARD.

Paris, samedi 20 Août.

Mon Père et tante Authenac reviennent de Cauterets. Nous trouvons notre pauvre père fatigué par le voyage, bien changé, et surtout très oppressé. Il reprend ses cigarettes Espic.

Pendant le déjeûner, chez nous, avec notre mère, il me dit : « J'ai besoin de soins et de repos ; pour les affaires je n'y aurais plus de goût ; je te donne carte blanche, désirant me retirer au 1er janvier. »

A 5 heures 15, nous partons tous à Beaumont.

Beaumont, dimanche 21 Août.

Bonne journée de famille. — Nous sommes bien heureux de ravoir auprès de nous nos chers voyageurs.

Promenade jusqu'à la Croix-Verte, à Presles, à la ferme du Valpendant, à *la Cave*, et au *Bois Carreau*, points stratégiques, que les Prussiens connaissent certainement par leurs nombreux espions de long séjour en France, vestiges abandonnés de la vieille grande route devenue sentier resté pavé, où, dans mon enfance, avant les chemins de fer, mon père passait dans son cabriolet, les vendredis, vers minuit, armé jusqu'aux dents, emportant à Beaumont la paie du lendemain. Quelquefois il m'emmenait, même l'hiver, et je me vois encore, à la descente des deux longues côtes, de lugubre mémoire d'attaques et d'assassinats, blotti derrière lui, au fond de la capote, respirant à peine, de froid..... et de peur !

Paris, lundi 22 Août.

(*Deuxième Lettre*)

M. le Directeur de la Banque de France.

Je viens vous prier de me faire donner la monnaie de trois mille francs, en espèces le plus divisées possible ; mon usine occupe *80 ouvriers* auxquels j'ai à distribuer *deux paies*, la dernière ayant été retardée faute de monnaie.

J'ai l'honneur, etc...

A. DE MAZADE.

A M. A. de M..., Paris.

Saint-Étienne, 22 Août.

. . . .

Dans le cas où Paris serait assiégé, ne craindrez vous rien, au moins pour Mme de Mazade? Nous lui offrons l'hospitalité chez nous à Saint-Étienne, et aussi à vous, bien entendu, de grand cœur.

Vos tout dévoués et amis.

Liogier et Culty.

Paris, mardi 23 Août.

Emprunt national de 750 millions souscrit et couvert dans la journée en rente 3 0/0 émise à 60 fr 60.

L'énorme bâtiment des *Magasins Réunis*, place du Château d'Eau, sert de refuge à nos troupes.

Je lis ce quatrain à la craie sur le mur :

Ces beaux Magasins Réunis
Qui ruinaient leurs actionnaires
Doivent être par nous bénis :
Ils unissent nos militaires.

Paris, mercredi 24 Août.

Nous fêtons à déjeûner *la Saint-Louis*, fête de mon père.

A Strasbourg bombardé sans trève, le général Uhrich tient bon.

A MM. Liogier et Culty, Saint-Étienne.

Paris, 24 Août.

Nous vous remercions de tout cœur de votre offre si gracieuse de nous recueillir à Saint-Étienne, loin de l'invasion allemande; nous ne saurions assez vous dire combien nous sommes sensibles à tant d'attention. D'un autre côté cependant, outre que Paris même assiégé ne présente pas de danger, j'aurai à cœur de ne pas le quitter, le cas échéant, et d'y remplir comme il faut ma mission de garde national. Mais les Prussiens sont encore loin, Dieu merci! et je ne crois pas qu'ils aient l'envie de venir *se faire enterrer tous à nos portes.*

Mes bien cordiales amitiés.

A. de M.

Paris, jeudi 25 Août.

Provisions en vue d'un siége de Paris : Un pain de sucre, 16 fr. 50 — Un jambon d'Yorck et lard, 26 fr. 50. — Beurre salé, 9 fr. 60.

Verdun attaqué par le Prince de Saxe.

A M. L. de M..., Beaumont-sur-Oise.

Paris, vendredi 26 Août.

Mon bon Père,

En attendant la petite vitesse ; — dont le délai n'est plus garanti, — j'ai fait partir 6 bouteilles Vichy (source Lardy) par grande vitesse. (0,70 prix des 50).

Il est trois heures, nous n'avons pas encore d'autres nouvelles (ni meilleures ni pires) que celles que nous apporte *La Liberté* que j'ai lue avant de vous quitter, hier soir. Peut être les journaux de ce soir nous diront-ils du nouveau ?

Marie est toujours fatiguée, mais elle va bien en somme. M. J. *par prudence toujours*, expédie, demain matin, tous ses enfants, avec deux domestiques, à Boulogne-sur-Mer, où Mme J. a de la famille. Si un nouvel accès de prudence l'y déterminait, il ferait partir tous les mioches en Angleterre par Folkestone. J'avais bien l'envie, moi, de décider Marie à partir en Chine... mais j'ai pensé que dans sa position ce voyage la fatiguerait peut être beaucoup, et puis, entre nous, le danger n'est peut être pas si imminent...

Nous resterons donc à Paris jusqu'à nouvel ordre.

Nous vous embrassons tous, etc.

ED. DE M.

Samedi, 27 Août.

L'armée du Prince Royal a repris sa marche sur Paris.

Dimanche, 28 Août.

A Beaumont, cette fois tous réunis. — Nouveau toast pour la fête et la santé de mon père. Il est très gai, et semble bien mieux. — Il porte un joli complet de velours noir confectionné à Cauterets et dont il est tout fier. Se sentant très leste, il veut voir s'il sauterait encore à la corde. Il saute devant nous une vingtaine de tours très rapides; mais il s'arrête tout d'un coup extrêmement essoufflé: il reste une demi-heure à se remettre, assis dans un bosquet.

Le reste de la journée, tir au pistolet et au fusil, dans le jardin, devant la maison. Mon père y montre une grande adresse. Nous prenons ses leçons pour la garde nationale. Édouard fera nominativement partie de la garde nationale à cheval de son quartier du Sentier, mais son entorse le dispensera du service.

Quête pour les blessés militaires.

A M. A. DE M..., à Paris.

Saint-Étienne, lundi 29 Août.

Les Prussiens marchent sur Paris; ils n'en sont, dit-on, pas très éloignés. Donc, encore une fois, si vous même voulez absolument rester à Paris pour y remplir vaillamment votre devoir de bon citoyen, ce dont nous vous louons, eh bien! envoyez-nous au moins Mme de Mazade; je serais heureux de lui offrir l'hospitalité à la campagne, où nous sommes installés pour encore un mois et demi.

Réfléchissez bien et vite, pendant qu'il est encore temps; fixez-moi le jour de son départ, j'irai moi-même l'attendre à la gare. Vous pouvez compter que Mme Liogier en aura bien soin

N'hésitez pas, je vous prie, car en cas de siège les femmes sont inutiles et ne peuvent que paralyser les efforts de la défense.

Votre tout dévoué.

P. Liogier.

P.-S. — A l'instant je lis un article du *Moniteur Universel* qui invite les familles que ne retiennent à Paris ni le devoir ni la nécessité, de vouloir bien s'en éloigner, ou tout au moins d'envoyer en province les femmes et les enfants.

Allons, c'est décidé; vous allez nous envoyer Mme de Mazade, nous l'attendons après demain, mercredi; télégraphiez-nous demain son départ pour que nous allions la recevoir au chemin de fer.

Ronquerolles, lundi 29 Août.

J'emporte des provisions pour Paris : 100 œufs, 7 fr. 50 et pour 2 fr. de farine.

Arrêté ordonnant l'expulsion de tous les Allemands de Paris, où ils sont 40,000.

Trois ou quatre de nos clients : Juifs Saxons, Bavarois, Wurtembergeois, etc., établis depuis longtemps à Paris, viennent me demander des certificats. Ah! bien oui!!... Je ne les connais d'ailleurs que depuis deux ans.

A M. LIOGIER, Saint-Étienne,

Paris, mardi 30 Août.

Mon cher Ami,

Encore une fois merci, merci de tout mon cœur.

Paris n'est pas encore assiégé ; il ne le sera peut être pas ; dans tous les cas, nous voulons rester là *tous les deux*, à notre poste, poste de défense nationale pour moi, poste de ménage et de soins pour ma femme. Elle enragerait d'être classée dans les *bouches inutiles*.

Mais, si vous étiez à Paris comme nous, vous verriez que *nous n'avons pas mauvaise opinion de la situation :* en supposant que les Prussiens y viennent, Paris est prêt à les recevoir et je ne peux m'ôter de l'idée *que ce serait leur ruine complète.*

Mme de Mazade ne désespère pas d'aller faire la connaissance de Mme Liogier dans un autre temps ; mais dans ce moment, elle ne veut entendre parler à aucun prix de quitter Paris ; elle ne peut que joindre aux miens ses remerciements les plus affectueux pour M. et Mme Liogier...

Votre tout dévoué ami.

A. DE M.

P.-S. — Paris offre en ce moment un aspect singulier : ce ne sont que familles qui y entrent, et presque autant qui en sortent, avec des files de voitures de déménagements, interminables.

A M. Desjardins, contre-maître, Ronquerolles.

Paris, 30 Août.

Desjardins,

Les trains sont tellement encombrés de troupes et de déménagements qu'il est extrêmement difficile de partir et d'arriver à heures fixes. La plupart sont supprimés ; les autres marchent irrégulièrement, avec des retards de 3 et 4 heures.

J'irai à pied, jeudi peut être, ou bien j'écrirai de venir me chercher, et de m'attendre à la gare de Clermont.

J'apporterai le fusil demandé.

Dites à Félix Bourgeois, le menuisier, de mettre la petite tablette convenue, à l'entrée du pigeonnier ; à Henri Coppin d'aller à Clermont payer le solde des contributions.

La mère Desjardins-Falluel, très malheureuse à Paris, prie le père de Maria Desjardins de tâcher de toucher tout ou partie de ses petits loyers tout de suite.

Je vous salue,

A. de M.

Paris, mardi 30 Août.

3 0/0 39.45.

Notre quartier Bonne Nouvelle (2me Arrondissement) étant de ceux où l'Empire n'avait pas conservé de garde nationale, notre 92e bataillon est de formation nouvelle, et comprend par suite, avec un certain mélange, les notables du quartier — on l'appelle déjà, comme les bataillons anciens. « *Bataillon des bottes vernies.* Disons tout au plus ! « Des bottines en vache vernie. »

On va former, dans notre quartier, un 2me bataillon le 100me, et plus tard un 3me bataillon des retardataires, le 181me.

Mes amis Auguste Thiébault, Camille Amiard, Victor Pillon, Georges Lafenestre, font aussi partie, chacun dans leur quartier, de la garde nationale.

Jules Treunet a une dispense du médecin.

Camille Glaçon, Fernand Le Roy, plus jeunes et célibataires, s'engagent volontaires dans les compagnies de marche.

Bataille de **Beaumont** (en Argonne). Armée de Mac-Mahon, (de Failly, Félix Douay.) contre le Prince de Saxe.

Vaines tentatives de passage de la Meuse et de jonction avec Bazaine.

Mac-Mahon refoulé sur Sedan.

Mercredi 31 Août.

Retour de Ronquerolles à Beaumont-sur-Oise.

La gare de Clermont est murée, et crénelée, comme une forteresse.

La gare de Creil encore mieux.

A pied de Chantilly à Saint-Leu-d'Esserent, par la traverse sur la montagne, entre les deux lignes de chemin de fer, mon révolver dans ma poche, le pays étant infesté de mauvais rôdeurs, soi-disant volontaires francs-tireurs, etc. .

Mercredi 31 Août, soir.

Bataille de **Noisseville** (Servigny— Sainte-Barbe) à l'est de Metz.

On dit que cette bataille, trouant les lignes prussiennes, va réunir Bazaine et Mac-Mahon (1).

« Il y a des crises douloureuses et suprêmes d'où les peuples virils « sortent retrempés et fortifiés. Certes, la France a souffert depuis un

---

(1) Cela fut hélas ! tout le contraire, la jonction des armées allemandes.

Cette bataille, qui a tué ou blessé 3,506 Allemands, nous a coûté à nous, 3,000 hommes, pour rien ! pour ne pas empêcher le lendemain... SEDAN !

« mois... elle a vu son sol foulé sous les pieds de l'étranger, ses cam-
« pagnes livrées aux déprédations de l'ennemi, ses villes insultées et
« assiégées, la marée de l'invasion montant jusqu'en Champagne et
« menaçant Paris... et cependant jusque dans ce malheur... on pour-
« rait dire qu'il y a eu quelque chose de salutaire, comme un aiguil-
« lon à la fois cruel et généreux... »

« ... L'invasion s'est étendue aggravée... mais en face de ce fait, *il y*
« *a un pays debout, averti, éclairé, rassemblant son énergie dans un*
« *effort suprême, ayant tous les moyens de combattre avec la volonté de*
« *vaincre...*

CH. DE MAZADE. (*Chronique*).

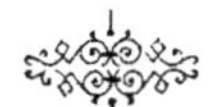

SEPTEMBRE

1870

Beaumont, jeudi 1er Septembre.

Promenade matinale avec mon père dans les allées du potager. Un ciel pur, ensoleillé, splendide! Mon père me dit : « *Une belle journée pour une grande bataille!* »

SEDAN !! (1).

Grande bataille en effet ! Sanglant et héroïque désastre, dû surtout à l'irruption inattendue du Prince Royal rétrogradé brusquement de sa marche sur Paris, ce qui a complété le cercle de feu des Allemands sur toutes les hauteurs entourant Sedan, immense cuvette au fond de laquelle nos malheureux soldats cernés de toutes parts ont été foudroyés pendant 15 heures.

Le village de Bazeilles incendié !

Mac-Mahon blessé. L'Empereur prisonnier avec 80,000 Français et non 40,000 comme le dit la Proclamation du Conseil des ministres! L'Empereur écrit au Roi de Prusse :

« Monsieur mon Frère,

« N'ayant pu mourir au milieu de mes troupes, il ne me reste qu'à « remettre mon épée entre les mains de votre Majesté.

« Je suis de votre Majesté,

« Le bon Frère,

« NAPOLÉON. »

Allemands : 220,000.

Leurs pertes : 9,000. — Les notres : 20,000.

« (1) C'est la date terrible. Il semblait qu'un pareil desastre ne s'était jamais « abattu sur une nation. Depuis vingt ans le souvenir n'en a pu etre évoqué sans « qu'une angoisse serrât les cœurs dans un intolérable sentiment de honte et de « colère. Et, maintenant, au fond de cette amertume affreuse, il y a une sensa- « tion de souffrance salutaire, de virile guérison.» (Une belle page d'Ém. Zola, à lire dans le *Figaro du 1er Septembre 1891.*)

Installation du nouveau Conseil municipal de Beaumont par M. Canu, maire sortant. Mon père présent. — Remise à plus tard de la nomination du Maire.

Vendredi 2 Septembre.

Signature de la Capitulation de Sedan par le général de Wimpffen et de Moltke.

Entrevue de Napoléon III et de Bismarck. — L'Empereur interné au château de Bellevue avec sa suite et ses équipages et les 80,000 prisonniers *parqués* dans la presqu'île d'Iges, sans vivres.

Le Prince Impérial a franchi la frontière Belge à Maubeuge; il a trouvé un refuge chez le Prince de Chimay.

Suivent plusieurs lettres à des huissiers de petites localités de province, ainsi conçues :

Paris, 3 Septembre.

Monsieur,

Je vous prie de m'encaisser l'effet ci-inclus, n°... de Fr... au... septembre courant, sur votre ville, et de m'en envoyer le montant, vos frais déduits.

A défaut de paiement, veuillez faire seulement le protêt, en temps utile, c'est-à-dire *après les deux mois de délai de la nouvelle loi.*

A. DE M.

Dimanche, 4 Septembre.

A Beaumont, pendant que le soir après dîner la famille est réunie, et cause autour de la table de la salle à manger, on nous apporte de la gare la nouvelle que le Corps législatif a été envahi par le peuple, et, que « *La République a été proclamée* », sur la place de l'Hôtel de Ville, par les députés de Paris, ayant pour chef Léon Gambetta, l'avocat, fils d'un simple épicier de Cahors. Il a été mon camarade de l'École de Droit, il y a de cela 12 ou 13 ans et depuis que la politique l'a rendu célèbre, je ne l'ai plus revu.

Puisse la République sauver la France comme en 1792!

Lundi 5 Septembre, 7 heures, matin.

Retour de Beaumont à Paris. — Paris a la fièvre; on se presse; on se bouscule devant les affiches qui portent les noms des membres du Gouvernement de la *Défense Nationale*. :

1. Emmanuel Arago; 2. Jules Favre; 3. Jules Ferry; 4. Léon Gambetta; 5. Garnier Pagès; 6. Glais-Bizoin; 7. Eugène Pelletan; 8. Ernest Picard; 9. Henri Rochefort; 10. Jules Simon; 11. Crémieux.

7 avocats sur 11 Membres! Quant à Rochefort, il est probable qu'on préfère l'avoir dedans que dehors.

Président : le général Trochu, chargé des pleins pouvoirs militaires du Gouvernement pour la *Défense Nationale*.

L'Impératrice (1) a quitté hier les Tuileries et la France, par Maubeuge.

Mon *Petit National* crie en lettres énormes :

VENGEANCE! VENGEANCE!

« Couvrons-nous la tête de cendres! »

Paris, mardi 6 Sptembre.

Circulaire de Jules Favre, ministre des Affaires Étrangères, aux Agents diplomatiques de France.

Elle contient cette fière déclaration, qui exalte encore notre courage :

« Nous ne céderons ni un pouce de notre territoire, ni une pierre de « nos forteresses ».

Mon père et ma mère, devant l'imminence de l'invasion à Beaumont, viennent habiter leur pied-à-terre de Paris, 85 *bis*, boulevard de Strasbourg. Ils laissent à Beaumont, devant garder la maison, nos deux tantes Victoire et Fanny, avec les domestiques, Léon et Eugène Breton, et les jardiniers, Charles Guibert et sa femme.

Beaucoup de Beaumontois se sont également refugiés à Paris. M. Paul Béjot, châtelain et maire de Nointel, se charge à Paris de leurs intérêts municipaux. Beaumont n'a pas encore de Maire.

---

2 boites de bouillon Moussu en tablettes, 16 fr. — Buffleteries, 12 fr.

(1) Voir *Figaro*, 4 Septembre 1891. (Le 4 Septembre aux Tuileries.)

De Saint-Étienne, 6 Septembre.

Longue lettre de M. Culty nous appelant avec insistance dans la propriété de M. Blache, son oncle, à Crest (Drôme), où sa femme et son bébé sont installés.

A M. J. Culty, 8, rue Brossard, Saint-Étienne.

Paris, mercredi 7 Septembre.

Mon cher monsieur Culty,

Nous ne saurions vraiment trop vous remercier de votre charmante lettre, mais quelles que soient nos inquiétudes, nous ne voulons pas quitter Paris : j'y suis attaché et rivé, voulant ma part de périls, si faible qu'elle soit, et résolu à contribuer, autant que l'occasion me le fournira, à l'expulsion, à la destruction de ces bêtes fauves. Les Parisiens veulent brûler leur ville plutôt que de la leur laisser. Si exagéré que ce puisse être, cela vous donne une idée de nos sentiments.

Quant à ma femme, pour rien au monde, elle ne veut quitter la maison.

Mon père et ma mère, qui habitent Beaumont-sur-Oise, sur le passage des ennemis, sont venus à Paris, pour y rester auprès de nous, ainsi que de mon frère et sa femme.

Agréez, etc.

A. de M.

Paris, mercredi 7 Septembre.

Il est près de midi ; place Turbigo, je suis attiré par un petit rassemblement qui s'est formé autour de trois soldats du 61me de ligne, tout couverts de poussière, et paraissant horriblement fatigués. Ils arrivent de Mézières, d'où le général Vinoy, qui n'avait heureusement pas eu le temps d'aller s'engouffrer à Sedan, s'était arrêté, et d'où il a opéré, à marches forcées, la nuit, une heureuse et habile retraite, ayant ainsi sauvé notre 13me corps d'armée (35me, 42me, 61me de ligne, etc...) qui vient concourir à la défense de Paris (1).

Une idée chauvine me traverse l'esprit :

— « Dites donc, mes amis, voulez-vous venir déjeûner chez moi ? »

— « Mais, Monsieur, ça n'est pas de refus, me dit l'un d'eux. »

Les autres approuvent fort, et je les emmène.

Ils déjeûnent à notre table, boivent du bon vin, prennent le café avec pousse-café et cigares, et nous quittent en me serrant la main, non sans m'avoir montré le maniement du fameux *Chassepot*, qu'eux-mêmes connaissent depuis très peu de temps.

J'ai pris leurs noms : Buissonnière, de l'Allier ; Bousat, de Montpellier ; Casanova de Bastia.

A M. A. de M..., Paris.

Saint-Étienne, 7 Septembre.

Vous seriez bien aimable de toucher pour nous le bon de Fr. 1,000 ci-inclus, dont vous nous couvrirez, après encaissement, par un chèque sur la Société Générale de Saint-Étienne.

Quelle épouvantable situation nous est faite ! Quelles désolations et quelle ruine pour tous !

Que Dieu et la République sauvent la France !

Vos bien dévoués,

Liogier et Culty.

P.-S. — Mme de Mazade sera toujours la bienvenue ici.

(1) Ces régiments ont été l'honneur du siège de Paris (Ch. de Mazade). Le 12me corps (Lebrun, infanterie de Marine, etc), a été fait prisonnier à Sedan, avec le 1er corps (Ducrot remplaçant Mac-Mahon, général en chef, le 5me (Wimpffen remplaçant Failly) et le 7me (Félix Douay). Un 14me corps s'est formé, à Paris, sous le général Renault.

A. M. Desjardins, contre-maître, Ronquerolles.

Paris, 7 Septembre.

Soignez bien tout, faites des paquets de la soie teinte et décruée, bien serrés et enveloppés, etc.

Ne nous envoyez rien en ce moment.

Je vous recommande encore une extrême prudence ; pas de coups de fusil dans la maison, ni hors de vos services de commandement de la garde nationale, la résistance isolée étant inutile contre le nombre, et ne devant servir qu'à vous faire massacrer et brûler.

Ici, nous organisons une défense énergique ; on parle de brûler tout Paris plutôt que de laisser la ville aux Prussiens.

A. de M.

Du 7 Septembre.

Lettre de mon frère, engageant instamment nos parents à laisser Beaumont et à venir avec nos tantes auprès de nous. On voit qu'ils avaient pris dès hier leur résolution.

Jeudi, 8 Septembre.

M. Thiers est parti, pour intercéder auprès des Cours de l'Europe, par le dernier train du Nord. Le pont de Creil saute derrière son passage (1).

. . . .

C'est presque une pitié de voir ces pauvres, lourds, épais et maladroits mobiles de province, apprenant l'exercice dans les squares et le long des rues ! paysans Auvergnats, Bourguignons, Bretons surtout, en blouses, casquettes, grands chapeaux ronds à larges bords. Et une dégaine ! malgré soi, on pense à : Paille ! foin ! paille ! foin ! etc.

Quel constraste avec les marins que l'on a fait venir de nos ports !

---

(1) Les Prussiens l'ont fait remplacer presque aussitôt par un pont, de bois, provisoire, sur lequel j'ai passé, avec les trains les plus lourds, pendant près deux ans. après la guerre ; on voit encore les culées de terre de ce pont au niveau des berges, à côté de celui qu'on a reconstruit.

A Mesdames de MAZADE, Beaumont-sur-Oise.

Paris, jeudi 8 Septembre, boulevard de Strasbourg.

Bonnes Sœurs,

Les Prussiens n'ont pas encore paru; non plus sans doute à Beaumont; mais nous sommes on ne peut plus inquiets.

Écrivez-nous sans retard; je ne pense pas que les services soient interrompus.

J'ai reçu, ce matin, dans mon lit, la visite du docteur Devailly; je vais suivre un traitement qui sera long et difficile. Je ne sors presque pas pour éviter de marcher et surtout de monter. Aussi Clarisse est-elle allée seule en ce moment voir Marie et Édouard. Bonnes nouvelles de Céline et d'Alexandre, — qui est venu ce matin nous voir en garde national.

Paris est tranquille, comme s'il ne devait pas voir à ses portes l'ennemi bientôt; les Parisiens prennent leurs ébats devant les cafés comme en temps ordinaire.

Nous vous embrassons,

L. DE M.

A M. A. DE M..., Paris.

Ronquerolles, jeudi 8 Septembre.

Monsieur,

Veuillez envoyer du carmin de safranum, Mutin n'en a plus... etc...

Tous les environs de Soissons passent par chez nous;

plus de 10,000 moutons, 2,000 vaches et chevaux, 500 voitures de déménagements, des familles entières; tout le pays est dans la désolation.

Je vous salue,

DESJARDINS.

Vendredi, 9 Septembre.

J. Claretie écrit : « Après l'atroce voyage, je retrouve Paris..... la « liberté chez nous, l'étranger devant nous... Victor Hugo, chez qui je « dînais le 4 à Bruxelles, et qui en est parti par le même train que « moi, a pu dire, après 19 ans : Un billet pour Paris. A Landrecies, « apercevant de ces pauvres soldats lassés du corps de Vinoy, il se « penche à la portière, et crie : Vive la France!... Il pleurait »

Garibaldi offre son concours à la France. Au contraire des princes d'Orléans, il est accepté.

A M. DESJARDINS, contre-maître, Ronquerolles.

Paris, vendredi 9 Septembre.

Nous sommes ici extrêmement malheureux et inquiets, Plus nous allons, plus nous voyons la crise s'approcher. J'espère que Ronquerolles sera épargné pour tout le monde. Écrivez-moi de suite et *au moins tous les trois jours.*

Je vous ai abonné au *Petit National*, que vous recevrez, si toutefois la poste fonctionne encore.

Quant à moi, je ne puis plus bouger de Paris, je suis toute la journée, et quelquefois la nuit, sous les armes. Je ne quitte plus mon uniforme de soldat.

Je ne saurais trop vous recommander *tous les soins* et la *prudence* imaginables. Je compte sur vous tous. Mon père ne va toujours pas très bien.

Mes amitiés à tous, etc.

A. DE M.

A MM. Liogier et Culty, Saint-Étienne.

Paris, vendredi 9 Septembre.

Je n'ai eu qu'hier soir votre lettre du 7, et jai touché ce matin votre bon de Mille francs, somme que je vous envoie en un billet de Banque, dans la présente *chargée*, la Société Générale ne visant plus de chèque.

Tout à vous,

A. de M.

A M. A. de M. Paris.

Lyon, 9 Septembre.

Cher Monsieur,

Je viens de m'engager volontaire dans la légion des Francs-Tireurs Lyonnais, dont je suis un des fondateurs avec le concours de M. Girodon, mon patron, et autres grands fabricants de soieries de Lyon.

Nommé lieutenant par acclamation, et, en ma qualité de comptable, dépositaire de la Caisse de la Compagnie, je pars rejoindre notre grand chef, Bombonnel, le tueur de lions, qui à la nouvelle du désastre de Sedan, est rentré à Dijon d'où il était parti le 29 août avec 15 compagnons déterminés (dont Delpit,) pour harceler l'armée du Prince-Royal dans sa marche rétrograde vers le Nord.

Le jour même de la bataille de Sedan, Bombonnel, à Joinville (Haute-Marne) tuait 20 Prussiens, dont 3 officiers, et faisait 26 prisonniers. La légion Bombonnel, composée des Francs-Tireurs de l'Ardèche et Lyonnais, dépend de la subdivision de la Côte-d'Or, commandée par le général Sencier.

Nous allons faire à l'ennemi une guerre impitoyable de guérillas, sans trêve et sans merci...

. . . .

Votre bien dévoué,

Henri FRANCK.

Paris, vendredi 9 Septembre.

Dans la cour des *Arts et Métiers*, je prends part à l'élection du Commandant de notre 92me bataillon, dont les gardes sont réunis là, en foule compacte.

On nomme par acclamations un Monsieur à moustaches et barbiche noires, assez grand, maigre, à l'aspect militaire, qu'on me dit être un M. Roux, marchand de soies, rue du Caire, lequel aurait été 14 ans dans l'armée, ancien lieutenant de Crimée.

D'un balcon il nous adresse quelques paroles, que je n'entends pas.

Je remarque qu'il n'est pas décoré.

—

Victor Pillon est caporal à l'élection, (1re compagnie du 112e bataillon, de nouvelle formation) et n'a pas encore son fusil!

— —

Hier soir, à 8 heures 1/2, la 2me séance du Conseil municipal de Beaumont, présidée par M. Canu, maire sortant, a été brusquement interrompue par l'arrivée du Sous-Préfet de Pontoise, de l'Ingénieur des Ponts et Chaussées et du député Lefèvre-Pontalis, porteurs de l'ordre du Ministre de la Guerre de faire sauter dès le soir même le Pont de Beaumont, déjà miné depuis quelques jours.

Sur les objections des Membres du Conseil, — l'heure trop avancée..., habitants non rentrés ou devant partir, etc., l'opération a été remise à aujourd'hui, et le Conseil s'est séparé sans procès-verbal.

Donc, ce matin, à 5 heures 1/2, a sauté l'arche Sainte-Catherine, (celle attenant à la ville) ne causant que peu de dégâts matériels.

M. Canu et plusieurs Conseillers municipaux ont quitté Beaumont cette nuit, en sorte que, en l'absence des éléments nécessaires pour l'élection, Beaumont se trouve sans Maire ni Adjoints.

La plus grande partie des habitants restés, se trouvant réunis sur la place de la Mairie, confient à MM. Godin et Léger les deux premiers conseillers municipaux, la délicate et pénible mission de prendre la direction des affaires de la Ville, afin de parer aux difficultés du moment, et de se mettre en rapport avec les chefs de l'armée Allemande dès le premier choc de l'invasion, pour en atténuer autant que possible les désastres.

A M. A. de M..., Paris.

Onville (Loiret), 9 Septembre.

Mes chers Enfants,

Le journal est effrayant de tout ce qui se passe à Paris. Il nous semble, à Louise et à moi, qu'il y a pour vous grand danger à rester là-bas. Venez-ici, chers enfants, venez tous avec nous. Vous savez que notre maison est modeste, mais que nous vous y recevrons avec notre bon cœur.

Votre père bien dévoué,

Étienne Sagot-Beaufort.

Samedi 10 Septembre.

Réponse à mon beau-père que, quoiqu'il arrive, nous ne quitterons pas Paris ; remerciements sincères, etc.

Nous allons, avec ma Compagnie, au donjon de Vincennes, recevoir nos fusils. Retour, avec, sur l'épaule, un gros *fusil à pierre*, d'un lourd! et des ampoules, n'ayant pas voulu mettre de *chaussettes russes*, (saindoux ou suif aux pieds). Je rentre à 8 heures, éreinté. Comme tous les jours, mon père et ma mère sont venus dîner avec nous ; on m'a attendu.

Samedi 10 Septembre.

GARDE NATIONALE

92me Bataillon. 8me Compagnie.

Dans un grand magasin de la rue Palestro, élection de nos chefs, en exécution d'un décret (assez absurde, entre nous) *au suffrage de tous les gardes!*

2 Capitaines. — En premier : SALLEIX, marchand de Chaussures; en deuxième : BRÉZILLON, Comptable.

2 Lieutenants. — En premier : CONSTANT, négociant; en deuxième : GOURY, fabricant de Corsets.

2 Sous-Lieutenants. — En premier : VERCIAT, employé ; en deuxième : AIGOUY, fabricant de Gants.

1 Sergent-Major. — CADET, employé.

1 Sergent-Fourrier. — BEZOMB, négociant.

1 Caporal-Fourrier. — DELÉAGE, avocat (ami).

8 Sergents. — 1. LONGIS, fabricant de filets; 2. GODARD, employé; 3. DITTLO, garçon épicier chez Potin; 4. LABILLE, employé; 5. CAUVIN; 6. PETIT, fruitier; 7. SIMON, garçon chez Potin; 8. DELPHIS, employé.

16 Caporaux. — 1. VETTER (François), fabricant de Passementeries; 2. VESQUE, marchand d'abats; 3. ESTEBENET; 4. CHAUVEAU, concierge de Blazy ; 5. MASSON, négociant; 6. MAITRE, négociant; 7. GARNIER, employé; 8. VILLARET; 9. CHAPPAZ, charbonnier; 10. BECKER; 11. J. CHEVALIER, fabricant de Passementeries; 12. CHAUFFOUR; 13. DUMONT, avoué d'appel (ami) ; 14. JOUANNY, employé ; 15. RAYNAL, charbonnier; 16. KREBBS, fabricant de Pipes.

EFFECTIF DE LA COMPAGNIE :

1re et 2me Demi-Sections	54	hommes
3me et 4me —	54	—
5me et 6me —	52	—
7me et 8me —	52	—
	212	hommes
Officiers et sous-officiers..	9	—
TOTAL.....	221	hommes

Composition de ma 3me **Demi-Section.**

Sergent : RAYNAL, charbonnier.

Caporaux : LÉRIGET, opticien, remplaçant Raynal passé sergent; CHAUVEAU, concierge.

Gardes : BAZIN, associé du capitaine Salleix, (Chaussures); ***Bégenne***, (hôtel, marchand de vins); BERDIN (mercier); BÉRIDOT (tabacs); BIELLER (fleuriste); *Léon Blazy* (industriel) voisin et ami ; BREDENSTEIN (employé); BROISAT (garçon de magasin); CASSAGNARD (employé); CHAPPAZ (charbonnier); DENUS (bonneterie); *Deschamps* (bijoutier); DUBOIS (cartonnier); DUPONT (employé); FAYEAU (fleuriste); HUGOT (marchand de vins); LELIÈVRE (marchand de vins); *Lecuyer* (fleuriste); DE MAZADE; NAVEZ (peignes); SÉGUIN père (concierge); SÉGUIN fils; SMEETS (agent d'affaires); SOULIER (premier employé de Blazy frères). Total : 24.

A M. A. de M..., Paris.

Ronquerolles, 10 Septembre.

Monsieur,

Vous n'avez donc pas reçu ma lettre où je vous demandais du carmin ; je vous donnais des nouvelles du pays. Aujourd'hui, encore la même chose, déménagements de tous les côtés ; passent chez nous, hommes, femmes, enfants, moutons, vaches, chevaux, c'est incalculable. Tous les fermiers des environs de Soissons et de Compiègne, tous les propriétaires des châteaux, passent avec 10 et 12 dilligences à la suite l'une de l'autre ; tout le monde est dans la désolation.

Mutin m'a demandé 20 francs, que je lui ai remis pour aller chercher son garçon au pensionnat de La Neuville-en-Hez, par ce qu'on a renvoyé tous les élèves et que le maître part avec sa famille. Dites-moi si je pourrai lui en avancer d'autre.

Il prie Eugène, s'il est encore à la maison, de passer rue des Vinaigriers, 52, savoir si sa femme (*madame Louis*, lingère) est encore à cette adresse, et si elle voudrait reprendre son petit.

La famille Hochard est occupée à débarrasser les terres et les pierres.

Il me reste 120 francs à la maison ; tout le monde est payé jusqu'à ce jour.

Tous les ouvriers vous font des compliments ainsi qu'à Madame, etc.

Desjardins.

A M. Desjardins, contre-maître, Ronquerolles

Paris, samedi 10 Septembre.

Je n'ai reçu qu'aujourd'hui votre lettre du 8, croisée avec la mienne du 9.

Pas de carmin, toutes les fabriques sont fermées... .

. . . .

Les Prussiens approchent; nous sommes tous en armes. Écrivez toujours.

A. de M.

Dimanche 11 Septembre.

Aux Tuileries, entrée en fonctions de J. Claretie, nommé secrétaire de la Commission des Papiers de la famille impériale... L'inventaire du pouvoir, la défroque d'un règne, etc (1).

Le gouvernement de Florence donne ordre au général Cadorna de marcher sur Rome.

11 Septembre.

Mon père a pris un *aller et retour* pour Beaumont, où il fait murer devant lui la deuxième cave, emballer et cacher les pendules, les glaces, et quelques meubles.

Il revient le soir à 10 heures et nous trouve à sa rencontre, ma mère, Céline, et moi. Il est extrêmement fatigué (2).

---

(1) Voir son Livre : *Paris Assiégé.*

(2) C'est la dernière fois que notre père a vu Beaumont.

Paris, lundi 12 Septembre.

Décret allouant *1 fr. 50 par jour* aux gardes nationaux.

« *Le Gouvernement de la Défense Nationale décrète :*

« *Les Gardes Nationaux réunis à Paris pendant le siège, pour con-* « *courir à la défense de la Ville, et qui n'ont d'autres ressources que* « *leur travail, recevront, quand ils en feront la demande, une indem-* « *nité de 1 franc 50 par jour.*

« *Cette indemnité leur tiendra lieu de toutes les prestations en nature* « *qui leur étaient attribuées par l'arrêté du 11 septembre 1870.*

« *Le Gouvernement de la Défense Nationale est persuadé que les Citoyens* « *comprendront la gravité des charges qui peuvent résulter, pour les* « *finances du pays, de la disposition qui précède, et qu'aucun des défen-* « *seurs de la Cité ne réclamera l'indemnité ci-dessus fixée qu'en cas de* « *nécessité.*

« *Les Maires des arrondissements de Paris seront chargés de payer* « *l'indemnité dont il s'agit, sur états fournis par les Capitaines des* « *compagnies, contrôlés par les Chefs de bataillons, visés par les Offi-* « *ciers généraux commandant les sections de la défense.*

« *Il en sera référé au Général Commandant en Chef la Garde Natio-* « *nale de Paris pour les détails d'exécution.*

« *Le Ministre de l'Intérieur est chargé de l'exécution du présent dé-* « *cret.*

« *Fait à Paris, le 12 Septembre 1870.* »

(Suivent les signatures.)

Mon habillement de garde national : tunique, pantalon, képi, col noir d'uniforme, et jugulaire : 80 francs.

Les Prussiens ont été vus près de Noisy-le-Sec.

A M. Desjardins, contre-maître, Ronquerolles,

Paris, lundi 12 Septembre.

Ce n'est pas, je vous assure, plus gai ici qu'à Ronquerolles : ce sont des files non interrompues de familles de la campagne qui se réfugient à Paris avec leurs meubles, vivres et fourrages, et d'autre part des départs sans fin de femmes et d'enfants que le Gouvernement appelle *bouches inutiles*.

Eugène est toujours à la maison, avec appointements réduits; il n'a pas encore de réponse pour la femme de Mutin. Quant au petit, qu'on le mette au chemin de fer, à Clermont, demain, à 2 heures 40; on ira à la gare de Paris le chercher; il serait bon de le recommander à quelqu'un, et de lui mettre dans sa poche notre adresse. En attendant de pouvoir le remettre à sa mère, nous le garderons chez nous; Mutin n'a rien à craindre, Madame en aura soin.

Dépêchez-vous, par ce que les Prussiens sont à 8 ou 10 lieues de Paris, et que les trains ne peuvent aller longtemps.

Veillez bien à notre bon Pitt, et qu'au besoin Mutin, ou un autre, l'emmène, loin des ravisseurs. Vous en feriez autant de la jument de mon père, si on l'amenait à Ronquerolles.

Remettez à Mutin 5 francs par 5 francs, en le suppliant, de ma part, de n'en pas faire mauvais usage, comme après la dernière paie. Dans les moments comme ceux-ci, la sagesse et la plus stricte économie sont d'une nécessité absolue. Qui sait si je pourrai encore faire des avances?

La famille Hochard est pour moi une très lourde charge. Voyez donc avec eux s'ils ne pourraient pas avoir de l'ouvrage, soit au chemin de fer, soit dans une ferme, soit dans un moulin, soit n'importe comment; quand il n'y en aurait que 2 ou 3 qui me dégrèveraient, ce serait toujours ça. Dites-moi si Nicolas part pour l'armée; s'il ne part pas, supprimez, à partir de Dimanche, *Louise* et *Marie*; s'il part, ne supprimez personne. Laissez Léger continuer.

A. DE M.

A Mlle Victoire et Mme AUTHENAC DE MAZADE,
Beaumont-sur-Oise.

Paris, lundi 12 Septembre.

Bonnes Sœurs,

Je ne pourrai pas aller à Beaumont, demain comme nous en étions convenus. Je ne suis pas assez bien portant pour me permettre ce déplacement; je le regrette, car j'avais fait dire à M. Canu que j'assisterais à la séance du Conseil municipal.

Si rien n'indique la présence de l'ennemi sur la route, Léon pourraitmercredi matin emmener la jument, la victoria, et Léda, à Ronquerolles. Il passera par le Mesnil-Saint-Denis, Neuilly-en-Thelle, Mouy et Clermont; là, il demandera la route de Ronquerolles. Il recommandera de grands soins pour la jument, surtout pour ses pieds; ne pas l'atteler à la calèche, qui est trop lourde, non plus à la carriole. Si on s'en sert pour aller chercher ou amener Alexandre à la gare de Clermont, que ce soit avec ma victoria.

Léon vivra à l'auberge et s'en retournera à Beaumont par chemin de fer.

Quand Léda mettra bas, qu'on ne lui laisse pas plus d'un chien.

Je vous embrasse, etc.

L. DE M.

A M. A. de M..., Paris.

Caserne de Saint-Denis, lundi 12 Septembre.

Cher Monsieur,

Engagé, comme vous le savez, dans les Chasseurs de la Garde, 9me compagnie, j'ai quitté Paris, hier, avec mon bataillon. Nous sommes ici campés. Je regrette vivement de n'avoir pas pu vous faire mes adieux ainsi qu'à Madame ; je conserve la petite médaille qu'elle a bien voulu me donner.

Je vous serai bien obligé de vous occuper de mon affaire avec l'huissier, il devait me remettre 1,000 francs en à-compte sur les 1600 que M. B. a dû lui verser; il ne m'a donné que 600 francs, reste 400 francs dont ci-inclus un reçu.

Veuillez lui dire de ne pas payer l'avoué, auquel je dois tout au plus 150 francs ; je crois que tous ces gens là veulent me « *carotter* ».

Quant à Me Quignard mon avocat, il attendra un peu.

L'argent une fois touché, vous voudrez bien vous charger de le remettre à N..., *si je meurs seulement*, ainsi que les autres petits bibelots que j'ai confiés à votre dame.

Veuillez, etc.

Je vous remercie d'avance et vous serre la main.

Louis Tollemer.

A M. A. de M..., Paris.

Saint-Étienne, lundi 12 Septembre.

Merci pour les 1000 francs, parfaitement reçus.

Aucun fabricant de notre ville ne voulant plus accepter de traites à échéance fixe, veuillez nous envoyer de suite des reçus, montant de vos factures, *avec date en blanc*; nous vous en encaisserons le plus possible, mais comment vous adresser ces sommes?

Nous souhaitons ardemment que le siège de Paris soit digne de l'honneur français, ce dont nous ne devons pas douter avec ses héroïques défenseurs, et pour vous principalement, nous espérons que vous vous en tirerez avec chance et succès. Nous rendons hommage à la bravoure de Mme de Mazade, et maintenons toujours nos offres.

Agréez, etc.

LIOGIER et CULTY.

A MM. LIOGIER et CULTY, Saint-Étienne.

Paris, mardi 13 Septembre.

Dans les circonstances actuelles, je conçois que nos meilleurs clients de votre place ne veuillent pas qu'on tire sur eux de traites à jour fixe, n'insistez même pas; je vous envoie toujours *les reçus* pour que vous puissiez toucher de tel ou tel qui voudra payer. . . . . Total : 2,070 francs 20.

Faites-moi l'amitié de me garder vers vous les sommes touchées jusqu'à ce que la situation ait changé de face. Elles seront plus en sureté chez vous qu'ici.

Je reviens de la *Grande Revue* de la Garde Nationale que vient de passer le général Trochu sur les boulevarts depuis la Bastille jusqu'à la Madeleine; quatre heures sous les armes, boulevart Poissonnière, devant Chevreux-Aubertot! Nous ne sommes guères moins de 200,000 gardes nationaux, malheureusement pas armés de chassepots. Nous avons un très grand nombre de mobiles, et un peu d'armée. Notre pauvre armée où est-elle ? Quoi qu'il en soit, Paris a ses forts et ses défenseurs ; il peut refouler et écraser l'ennemi.

Le calme et l'union à Paris sont admirables.

Confiance en Dieu ; et courage!...

. . . .

A. de M.

A M. A. de M..., Paris.

Ronquerolles, mardi 13 Septembre.

Monsieur,

Mutin est parti ce matin à 4 heures, en charrette, avec M. Masse, notre voisin de la ferme, qui va porter du blé à Paris. Il a emmené son garçon Camille, ainsi que le petit Charles Léger ; il doit passer chez vous.

Nicolas Hochard est parti soldat, ainsi que Eugène Autin, pour le Hâvre. Impossible d'occuper le reste de la famille Hochard dans les environs ; tout le monde est à rien faire.

Rien de nouveau pour le moment ; plus de déménagements. Quant au cheval, vous pouvez être tranquille, les Prussiens ne l'auront pas ; mon oncle doit partir avec ma tante chez des amis, je lui donnerai le cheval et la carriole, si cela vous convient.

Le cheval de M. de Mazade père est arrivé ; son domestique est reparti tout de suite.

Je vous salue,

Desjardins.

A M. DESJARDINS, contre-maitre, Ronquerolles.

Paris, mercredi 14 Septembre.

Mutin est passé ce matin avec M. Masse; il a remis son petit garçon à sa mère.

Supprimez Charles Poiré, mécanicien; plus moyen de supporter ces frais.

Nicolas Hochard étant parti, laissez travailler le reste de sa famille.

Mutin, qui s'en retourne aujourd'hui même à Ronquerolles avec le fermier, vous remettra un mot de Madame pour votre femme.

A. DE M.

15 Septembre.

Chronique de Ch. de MAZADE :

..... « Qu'on ne marchande pas aux hommes de l'Hôtel de Ville le « droit qu'ils ont pris *de se jeter sur le gouvernail dans la tempête*. De « quelque façon que la chose soit arrivée, quelque dangereuses que « soient toujours les violations des Assemblées, ils sont au pouvoir, ils « représentent la France devant l'ennemi qui s'approche d'heure en « heure.... il n'y a plus qu'un intérêt souverain, impérieux, repousser « l'ennemi et faire face devant le monde... Les Prussiens peuvent « s'avancer... Paris approvisionné, armé, cuirassé, transformé en un « immense camp tout hérissé de fer et de feu, Paris est tout prêt à se « défendre, et puisque le roi Guillaume, dans l'ivresse de sa victoire, « a voulu venir jusque sous nos murs, il saura ce que c'est que de « s'attaquer à une ville où palpite l'âme de la France, où sont concen- « trés tous les moyens de résistance et d'action. »

Jeudi 15 Septembre.

3 0/0 55.20.

Arrivée à Paris du général Ducrot, prisonnier de Sedan, interné à Pont-à-Mousson, d'où il s'est évadé sous un costume d'ouvrier.

Une dépêche de Vincennes annonce que les uhlans sont entre Créteil et Neuilly-sur-Marne.

Creil occupé par les Allemands!

Ma première garde, montée au poste qu'on a improvisé dans un petit magasin de cannes et parapluies, vacant, à droite dans la première cour de la maison des Bains Saint-Sauveur (rue Saint-Denis, 277).

De faction, de 1 heure à 2 heures du matin, à la porte cochère, sans guérite. Nuit noire, piquée par les réverbères. Je me prends plus qu'au sérieux ; les moindres ombres dans les angles des portes me mettent sur le qui-vive.

A M. Desjardins, contre-maitre, Ronquerolles.

Paris, 15 Septembre.

Vous pouvez confier le cheval et la carriole, soit à votre oncle, soit à quelqu'un dont vous soyez sûr comme de vous même. Mais le cheval de mon père, que personne ne s'en serve, sous aucun prétexte.

Quant à la fabrication, etc....

Je vous salue,

A. de M.

A M. A. de M..., Paris.

Auffay (Seine-Inférieure) 17 Septembre.

Mon cher Alexandre,

Avant les tristes calamités du moment, nous pensions quelquefois à vous. Nous y pensons chaque jour depuis qu'elles menacent de s'étendre jusqu'à Paris. Si vous êtes forcé de quitter Ronquerolles, et que vous soyez disposé à accepter un refuge, sûr peut-être, mais toujours amical, nous vous offrons notre maison, notre vie de famille, jusqu'à des temps meilleurs.

Auffay, bourgade de 1,500 habitants, jouit de l'avantage d'une station importante; nous sommes à 45 minutes de Dieppe, où mes fils sont internes au Collège. Dieppe regorge d'émigrants de Paris; nous en avons ici quelques-uns. Le train de ce midi a débarqué des malheureux, portant sur leurs épaules matelas et autres colis de ménage; en les voyant passer, je me sentais saisi d'indignation contre l'auteur de tant de désastres et de profonde pitié pour ses victimes.

Même invitation à M. et Mme de Mazade de Beaumont.

Si vous venez, informez-vous scrupuleusement du meilleur et du plus sûr trajet à suivre. La ligne de Saint-Lazare à Dieppe n'est pas interrompue; celle d'Amiens l'est peut-être, je ne sais.

Disposez de nous selon le degré de nos vieilles amitiés.

Mille amitiés à vous et à vos parents,

RABEC

Docteur-Médecin.

Samedi 17 Septembre.

On dit que Bazaine a remporté une grande victoire : Treize régiments détruits, etc...

Taxe des locaux au-dessus de 600 francs, abandonnés par les Parisiens, savoir : de 600 à 1,200 francs, 20 francs par mois ; de 2.000 à 3,500, 120 francs, etc..., de 20,000 et au-dessus 500 francs.

Samedi soir.

Notre jeune cousin Charles de Mazade fils, *le petit Charles*, comme dit tante Victoire, qui s'est engagé, hier, dans le 7me bataillon des mobiles de la Seine, rejoint son Corps campé sur le plateau de Châtillon.

A M. Desjardins, contre-maître, Ronquerolles.

Paris, samedi 17 Septembre.

Il n'y a plus moyen de vous envoyer d'argent ; la poste refuse d'en prendre, sous quelque forme que ce soit. Dans tous les cas, ce serait extrêmement imprudent, Paris étant déjà cerné par l'ennemi, presque de tous les côtés.

Voici le seul moyen de vous envoyer de quoi payer les quelques ouvriers qui travaillent etc. etc. Ce sont 40 bons de 5 francs ci-inclus, soit 200 francs, que vous remettrez à mesure comme argent, pour que les ouvriers en question puissent acheter du *pain*, de la *viande*, ou des *pommes de terre*. Vous informerez de cela les fournisseurs, en leur donnant communication de la présente lettre ; je paierai les bons, dès qu'il me seront présentés. Vous devrez faire un *tableau* de ces quarante bons, numérotés de 1 à 40, sur lequel vous marquerez le nom de la personne à qui vous donnerez tel ou tel numéro. De plus, avant de remettre un bon, vous écrirez *vous-même*, sur le dos du bon, le nom de la personne à qui vous le donnerez, la date, et vous signerez.

Le chemin de fer du Nord *est tout à fait fermé*. La poste ne me garantit rien ; si ma lettre vous arrive, ce ne peut plus être que par Rouen. On ne peut pas vous envoyer votre *Petit National ;* on m'a rendu l'argent.

La mère Falluel-Desjardins prie sa famille de lui envoyer des provisions, lard, pommes de terre, etc. Mais à présent, la pauvre femme, c'est comme si elle chantait.

Je vous salue tous,

A. de M.

Dimanche 18 Septembre.

Superbe journée d'automne!

On dit que les Prussiens sont arrivés, avant hier, à Beaumont, en grand nombre, par Noisy. Leurs gros canons Krupp ne sont donc pas embourbés, comme on l'affirmait?

Nos pauvres tantes, que vont-elles devenir? mon père surtout est on ne peut plus tourmenté.

On ne dit rien encore de *Clermont*. Il est probable que les Prussiens, arrivant de l'Est par Crépy-en-Valois, ne remonteront à Clermont qu'un peu plus tard.

Jules Favre a quitté, ce matin, secrètement Paris; il se rend au château de Ferrières, où le roi Guillaume vient d'établir son quar ier général, pour tenter un armistice auprès de Bismarck.

Lundi 19 Septembre.

Pélerinage avec ma Compagnie, place de la Concorde, à la *Statue de Strasbourg*, étouffée sous les fleurs et les couronnes.

Rentrée à Paris de Jules Favre, dont la tentative a échoué devant les exigences exorbitantes de Bismarck : Strasbourg et le Mont-Valérien!! rien que ça!!

Alors, lutte à mort! Guerre à outrance!

Souscription à 5 centimes par le *Combat*, journal de Félix Pyat, pour offrir un fusil d'honneur à qui touchera le Roi de Prusse.

Henri Rochefort nommé Président de la Commission des barricades. (Flourens est son lieutenant!).

Le général Ambert, notre Commandant du 5me secteur, est destitué, n'ayant pas voulu crier : Vive la République! — Remplacé par le contre amiral du Quilio.

Triste affaire de **Châtillon**. — Débandade et fuite honteuses des nouveaux zouaves, sous le feu terrible de l'artillerie allemande.

Porte de Villejuif et des deux fortins des Hautes-Bruyères et du Moulin Saquet.

Le dernier réseau télégraphique (de l'Ouest) est coupé.

L'investissement de Paris est complet, par 200,000 hommes d'infanterie, et 35,000 de cavalerie.

Le siège de Paris commence !

Le soir, grande émotion sur les boulevarts.

De garde la nuit au petit poste-terrasse du Boulevart Bonne Nouvelle en face du Gymnase (1). Plusieurs de nos gardes y donnent un triste exemple d'indiscipline....

Oh ! les baïonnettes intelligentes ! !

Mardi 20 Septembre.

Précaution en cas de bombardement et d'incendie : Achat de deux tonneaux vides, que nous laissons remplis d'eau, l'un sur le balcon, l'autre dans l'antichambre. Pourvu que Mirette, notre petite chatte blanche, que Céline aime tant, n'aille pas s'y noyer !

Provisions chez Potin, Épicerie, fromage, graisse, 45 francs.

Pommes de terre, 4 francs ; Raisin, Poires, Pèches, etc..., Haricots verts...

Charles de Mazade fils est revenu de Châtillon, navré et courroucé de la lâche conduite des zouaves et autres. Il est rentré avec son Corps à la caserne de La Tour Maubourg.

Les cafés, restaurants, débits de vins, fermés par ordre à 10 h, 1/2. du soir. Les Théâtres et Cafés-Concerts fermés tout à fait.

Paris le soir prend l'aspect morne d'une petite ville de province.

Mercredi 21 Septembre.

Il s'en passe de drôles autour de Paris !

Une de nos connaissances, M. Thirion, propriétaire d'une belle maison de campagne à Bondy, s'y est rendu hier pour en enlever les objets les plus précieux. A son arrivée, grand a été son étonnement, en

(1) Ce petit poste, où mon père a souvent aussi monté la garde sous Louis-Philippe, a été démoli en 1879 et remplacé par une grande maison.

voyant au bas du perron une voiture de déménagements, déjà à moitié pleine et dans laquelle quatre individus en blouse entassaient meubles, tableaux, pendules, etc.

— Par ordre de qui faites-vous ce déménagement ?
— Mais par ordre du propriétaire !
— Comment s'appelle le propriétaire ?
— Qu'est-ce que ça vous regarde ?
— Oh ! simple curiosité !
— Il s'appelle M. Thirion.
— Ah !

. . . .

M. Thirion s'est retiré et est allé raconter son cas au capitaine des Mobiles, qui, séance tenante, a fait arrêter ces aimables *negotiorum gestores !*

Le papier commence à manquer : Le journal d'Hervé ne parait plus qu'en *feuille simple*, de bonne et ferme qualité (1).

Anniversaire de notre première République !

Cruelle ironie pour la récente Infaillibitité du Pape :

Entrée des Italiens dans Rome (2), *défendue hier pendant quatre heures par les seuls zouaves du baron de Charette...*

« *Scène dernière :*
« *Vient Rome, enfin !*
« *Qui veut la fin*
« *Veut la manière :*
« *Lorsque la Prusse*
« *Nous tient le cou*
« *Sous son genou,*
« *Voyez l'astuce !*
« *Le gros malin*
« *Entre dans Rome*
« *Comme un seul homme*
« *Dans un moulin,*
« *Et dans la trappe*
« *Poussant le Pape*
« *Crie :* **E fatta**
« **L'Italia !** (3) »

---

(1) Hervé ne m'a-t-il pas dit depuis, en riant, que le meilleur du bénéfice de son journal actuel « *Le Soleil* » était dû, outre les annonces, à la *mauvaise qualité de son papier*.

(2) Leur grand Cavour avait dit : « Il serait insensé dans l'état actuel de l'Europe, « de vouloir aller à Rome malgré la France... envers qui nous avons contracté une « grande dette de reconnaissance !... »

(3) L'Italie est faite ! (A de M..., *A Travers l'Italie*, page 53).

Rome ! Ah ! franchement, j'y entrerais bien aussi ! Ce serait, n'est-ce pas, plus que jamais le moment! Oui, j'envie les Italiens.

Rome ! Florence ! Venise ! Quels souvenirs de désirs, et quels regrets de ne pas les avoir encore vues, quand de si belles occasions m'y attiraient jadis ! (1).

Camille Amiard, lui au moins, voilà deux ans, y a fait son voyage de noces. Et il y a juste cinq ans, en 1865, j'ai été si près, si près, de m'y envoler, quand Georges Lafenestre, qui avait presque installé sa vie là-bas, m'écrivait de *Bagni di Lucca* deux lettres que ma mélancolie de captif vient d'aller déterrer, et que je relis, la rage au cœur, et... l'eau à bouche :

Du 21 Août : « Rien ne pouvait m'être plus agréable que ton arrivée « inattendue... Voici ce que je te propose : Va droit à Venise, puis tu « traverses Ferrare, Ravenne, Bologne, et tu tombes à Florence, où je « deviens ton cicerone, et me charge de toi jusqu'à Livourne (une des « villes les plus bêtes du monde, par exemple, quoique les amis y « soient charmants, et les filles très belles) d'où tu regagnes la France « en deux jours... etc. »

Et du 3 Septembre : « Viens! Viens! Quand je regarde l'admirable « pays où je vagabonde, je ne puis jeter un autre cri vers mes amis. « En ce moment, je suis dans l'Apennin, à combien de pieds au-dessus « de la mer? peu m'importe ; les sensations ne s'évaluent pas par la « hauteur des montagnes. Les arbres sont épais, l'air est embaumé ; « une lune claire et blanche, comme nous n'en avons pas, éclaire les « masses silencieuses des châtaigniers ; j entends au-dessus de ma tête « jacasser et trépigner des enfants, et des beaux éclats de rires italiens « qui m'attendent dans la salle où l'on va souper. — (On soupait là ! « dans ce temps-là !) —.

« Tu verras mal l'Italie ; tu en verras assez pour comprendre la folie « qui m'y attache. Je t'attends donc vers le 15 ; aussitôt ta dépêche « télégraphique, j'irai te joindre à Lucques, (avant d'y arriver, arrête-toi « deux ou trois heures à Pise) d'où nous regagnerons Florence et les « merveilleuses villes qui l'entourent, pouvant suffire à la faim d'un « homme plus fort que toi et moi... et si tu as le temps, Rome ! etc, etc.

. . . .

« Pardonne-moi mon laconisme ; les paroles valent mieux que les « coups de plume, et nous bavarderons prochainement comme des pies « sur le Lungo l'Arno.

« A bientôt ! A bientôt ! embrasse Camille et Victor et prie les de « m'écrire. Toi, écris vite et net.

« Ton vieil ami.

« Georges Lafenestre. »

---

(1) Je n'ai pu réaliser le rêve du voyage italien qu'en 1872, renouvelé en 1879.

A MM. Espirat Frères, Vins, Paris.

Paris, 21 Septembre.

Veuillez m'envoyer une pièce de vin de Bordeaux, qualité précédente.

Vu l'absence actuelle d'octroi, je compte que vous me déduirez les droits d'entrée.

Agréez, etc.

A. de M.

Jeudi 22 Septembre.

3 0/0 52.25.

Combats d'avant-postes.

A Madame A. Claretie, mère, 8 rue de Paradis Poissonnière, Paris.

Paris, 22 Septembre.

J'ai été bien désappointée ce matin quand j'ai vu que le matelas que je vous avais promis pour les blessés était à la fabrique; à mon grand regret, Madame, je ne puis vous envoyer que ceci :

2 paires de draps, 3 taies d'oreillers, 2 couvertures, le tout marqué A. M.

Veuillez, Madame, agréer, etc...

Céline de Mazade.

Vendredi 23 Septembre.

Reprise par nous de Villejuif, du moulin Saquet et des Hautes-Bruyères.

Monseigneur Darboy invite les Curés à laisser mettre sur leurs églises *Liberté, Égalité, Fraternité.*

La Poste prie le public de n'employer que du papier pelure, et de supprimer les enveloppes.

Me voilà *Escargot de rempart!*

De garde pour la première fois aux *Fortifications*, à la porte Maillot, 5me *Secteur, Bastion 52*, puis à coté, rue Pergolèse, n° 48, dans un pavillon abandonné au fond de la *Villa Dupont* (1).

On joue au bouchon, on fume sa pipe, on démonte les portes pour en faire des tables; on chante, avant de se coucher, par terre, sur un peu de paille.

Personne ne dort d'aplomb. Au milieu de la nuit, un des camarades s'oublie bruyamment : — « Ne faites pas attention ; c'est un fusil qui se décharge par la culasse » — Et tous de se tordre...

Ronde de nuit, sinistre... Halte au falot! Ombres de Prussiens imaginaires, impossibles pourtant, puisqu'ils sont tenus à grande distance par le Mont-Valérien.

J'ai toujours, pendant mes gardes, mon révolver à la ceinture; ma femme a mis sur ma poitrine un épais plastron-bouclier d'une centaine de doubles de papier de soie.

Samedi 24 Septembre.

3 0/0 52.50.
Nord 990.
Obligations ch. de fer 290.
Décès : 1re semaine du siège, 1265.

Les élections municipales et législatives sont ajournées. Mécontentement des radicaux.

On s'arrache et on commente, avec force quolibets, le premier fascicule des Papiers de la famille Impériale, publié par J. Claretie.

(1) Dans cette même maison, nous sommes allés souvent depuis voir jouer la comédie, chez M. Dupont, auteur et acteur, que nous ne connaissions pas alors. Les enfants du poète Jules Barbier (ancien Henri IV) son locataire et voisin, venaient aussi, en acteurs et spectateurs, dans la gentille petite salle de théâtre de M. Dupont.

A M. A. de M..., Paris.

(Militaire)

De passage à Tours, 24 Septembre.

Monsieur, (1)

J'ai l'honneur de vous annoncer que j'ai pris la résolution d'aller au secours de la France. Par conséquent je me suis engagé pour la durée de la guerre, comme volontaire au 2me zouaves, dépôt à Avignon. J'espère, Monsieur, que, malgré toutes les sottises que je vous ai faites, vous voudrez bien me conserver ma place dans vos ateliers, si toutefois il ne m'arrive pas malheur. Puisse la paix être signée, sans déshonneur pour la France; sitôt signée j'accours près de vous.

Veuillez avoir la bonté d'envoyer M. Eugène de temps en temps prendre des nouvelles de mon fils. Je souhaite qu'aucun malheur ne vous arrive; car j'espère vous revoir dans des jours meilleurs.

A la hâte, à plus tard des détails, si possible.

Recevez l'hommage de mon profond respect.

Votre serviteur,

Mutin (Louis).

A M. L. de M..., Paris.

Beaumont-sur-Oise, 24 Septembre.

Mon cher Monsieur de Mazade,

J'ai su que vous étiez souffrant, ce qui vous a empêché de venir assister à notre deuxième séance, interrompue, du Conseil municipal.

(1) Cette lettre, que le signataire a fait écrire par un camarade, n'est parvenue à son adresse qu'après le siège.

Vous prendrez, j'en suis certain, intérêt aux nouvelles de Beaumont, que vient vous donner votre ancien adjoint, des temps meilleurs, hélas !

Tout d'abord, Mesdames vos Sœurs sont tranquilles et en bonne santé, et votre maison est respectée.

Quant aux affaires de la Ville, depuis que M. Godin et moi nous nous sommes trouvés investis provisoirement de leur direction par la force des circonstances, voici ce qu'elles sont, quant à présent :

La mesure qui s'imposait avant tout était d'assurer l'alimentation. Tous les boulangers étant partis, sauf un seul, Zerr, dont l'approvisionnement en farine était à peine suffisant pour huit jours, M. Godin et moi, aidés de Goret, dont le dévouement est sans bornes, nous achetons, à mesure des besoins, des blés que nous faisons moudre, nous versons les farines provenant de ces moutures en compte à Zerr, qui, moyennant rétribution, les convertit en pain chaque jour.

Pour assurer le bon fonctionnement de cette boulangerie, il a été fait un recensement des habitants restés, (700 environ). On a établi une liste par famille indiquant la quantité de pain à livrer par jour à chacune ; on a fait imprimer des bons de pain, délivrables à la Mairie seulement, contre espèces pour ceux qui peuvent payer, à crédit pour les autres. Ce service de boulangerie a commencé à fonctionner le 15 courant, veille de l'arrivée des troupes allemandes. Il a été fort coûteux les premiers jours, parceque les soldats, ne recevant pas régulièrement les vivres de leur intendance, ont été souvent nourris par les habitants.

Le vendredi, 16 courant, à 10 heures, sont arrivés en éclaireurs deux escadrons de uhlans, venant de Chantilly ; l'un se présentant au pont détruit est forcé de rebrousser chemin pour aller traverser l'Oise au pont de Boran ; l'autre entre par la rue de Senlis. Les officiers de ce dernier escadron trouvèrent sur le seuil de la

Mairie, M. Godin et moi, qu'ils sommèrent de leur livrer, et faire livrer par les habitants, les armes de toute nature pouvant appartenir à la ville ou à des particuliers. Après leur long discours comminatoire, on leur a livré une douzaine de vieux fusils de pompiers, que les soldats brisèrent sur le trottoir.

A midi, arrivée d'un régiment de cuirassiers blancs. Aussitôt les uhlans partirent dans la direction de l'Isle-Adam, suivis, à une demi-heure d'intervalle, par les cuirassiers, à l'exception de deux escadrons laissés à Beaumont.

Vers 2 heures, arrivée d'un bataillon de chasseurs à pied (le 4me) et de l'artillerie, avec environ 100 pièces de canon qui furent parquées dans le champ le plus rapproché de la ville, au bout de la rue de Senlis.

Durant tout le reste de la journée, passage ininterrompu de troupes de toutes armes, et de voitures du train des équipages, sans s'arrêter à Beaumont.

Le lendemain, samedi 17, à midi, départ des chasseurs à pied, vers l'Isle-Adam.

Le même soir, à 8 heures, à nuit close, arrivée d'un régiment de pontonniers, avec 25 voitures transportant les équipages de ponts du Corps d'armée (c'était le Corps d'armée du prince de Saxe) Alors bagarre épouvantable : ce régiment, venant de Crépy, avait fait 50 kilomètres dans la journée ; les hommes étaient fatigués et affamés. Ils n'ont pas pu d'abord trouver à se loger et à manger, les maisons étant déjà pleines de soldats arrivés le même jour ; il leur a fallu s'imposer et obtenir de force la nourriture et le logement; ils occupèrent les maisons abandonnées par les habitants, s'y installèrent par groupes de dix, quinze, vingt, houspillant le mobilier. Leur vacarme a duré toute la nuit.

Le dimanche 18, à quatre heures du matin, partaient toutes les troupes logées à Beaumont. Les pontonniers sont allés jeter à Pontoise un pont de bateaux, sur lequel passa toute la division, pour aller à l'ouest, compléter, ce me semble, votre investissement.

Après leur départ, nous avons trouvé une trentaine de matelas dans la grande salle de la Mairie, dont les pontonniers avaient fait un dortoir, une vingtaine dans les chambres de la gendarmerie, d'autres encore dans des maisons particulières. Tous ces matelas, avec des couvertures, avaient été pris dans des maisons non habitées. Nous les gardons jusqu'à réclamation de leurs propriétaires.

Le lendemain, lundi 19, sont arrivés deux bataillons d'infanterie (troupe de seconde ligne) jeunes soldats de 19 à 20 ans, à peine exercés, qui semblent vouloir s'installer pour quelque temps. Il parait qu'une seconde ligne est ainsi établie tout autour de l'armée de siège, pour la garantir contre les populations et les Francs tireurs. Chaque jour et chaque nuit, il vient de Villiers-le-Bel une patrouille de 50 hussards, incessamment renouvelée, qui empêche ainsi toute communication du dehors avec Paris.

Enfin hier, vendredi 23, arrivée d'environ 500 hommes, infanterie et cavalerie, avec 80 chariots à deux chevaux conduits par des paysans allemands. L'officier commandant nous a présenté un ordre supérieur de réquisition en : farine, viande, café, sucre, épicerie, *1,500 kilos de tabac !...* avoine, denrées de toute nature. Nous avons tout fait pour lui prouver qu'il nous était de toute impossibilité de livrer cette réquisition, et après un débat d'une heure, un peu sur tous les tons, il nous a tourné le dos, et a donné l'ordre de diviser les soldats par groupes de quatre et de les envoyer faire perquisition dans chaque maison. Chaque habitant a donné un peu, du vin notamment. En somme *pillage* en douceur. Plaise au ciel qu'il ne nous en soit pas réservé de pires !

Votre maison, bien gardée par vos bonnes sœurs, et celle de M. Auguste Berthier, sont désignées comme ambulances, de trois malades, à se succéder les uns après les autres. La *commandature* est dans la maison de M. Canu.

J'ai expédié dès le 6 ma femme et mes enfants en province. Je suis seul, et tranquille sur leur compte, je puis me donner tout entier aux soins de notre pauvre ville de Beaumont.

Dans l'espoir que vous et les vôtres n'aurez pas trop à souffrir du siège de Paris, je vous réitère, cher Monsieur, l'assurance de ma vieille et sincère affection.

LÉGER (1).

GARDE NATIONALE
DU DÉPARTEMENT DE LA SEINE

Extrait du JOURNAL OFFICIEL *du 24 Septembre 1870.*

« *En exécution du décret du 12 septembre 1870, l'arrêté suivant, délibéré avec les maires de Paris, a été rendu par le Gouvernement le « 23 Septembre 1870 :*

« *1° L'indemnité de 1 fr. 50 cent. allouée par le décret du 12 septembre « ne peut être payée que directement aux gardes nationaux qui y ont droit « A cet effet, un état nominatif sera dressé par le capitaine de chaque « compagnie et contiendra les noms, professions et domiciles de ceux « qui auront fait verbalement ou par écrit la demande de cette indem- « nité.*

« *Cette demande sera reçue par le capitaine et n'aura aucune publi- « cité; l'état nominatif sera seulement communiqué pour venir à l'ap- « pui du règlement des comptes.*

« *2° L'indemnité n'étant due qu'aux gardes nationaux qui n'ont pas « d'autres ressources, les employés des administrations, soit publiques,*

(1) Cette lettre, confiée à une personne sure qui a cru en vain pouvoir franchir les lignes prussiennes, n'a pu être remise par elle au destinataire qu'après l'armistice, à la fin de Janvier.

« *soit privées, et en général toutes personnes pour lesquelles le service de*
« *la garde nationale ne cause pas une perte de salaire, n'auront pas*
« *droit à une indemnité.*

« *3° L'indemnité de 1 fr. 50 cent. appartiendra de droit à tous les*
« *gardes nationaux qui, sur réquisition de l'autorité militaire, seront*
« *employés aux travaux de défense.*

« *4° L'indemnité pourra être remplacée par des prestations en nature*
« *qui ne pourront, en aucun cas, être évaluées au-dessus de 1 franc.*
« *Le surplus sera payé en argent aux gardes nationaux qui y auront*
« *droit.*

« *5° Tout individu convaincu d'avoir perçu ou retenu des sommes su-*
« *périeures à l'indemnité fixée par le décret, dissimulé sa profession, et*
« *trompé d'une manière quelconque sur la nature de ses ressources, sera*
« *rayé des contrôles et, s'il y a lieu, porté à l'ordre du jour, ou déféré*
« *aux tribunaux.*

« *6° Dans le cas où les charges du service imposé aux gardes natio-*
« *naux entraîneraient pour leurs familles une insuffisance de ressources,*
« *il y serait pourvu, sur leur demande dûment examinée, au moyen des*
« *fonds spéciaux.*

« *7° L'état nominatif sera dans chaque compagnie soumis à l'examen*
« *du capitaine qui,* **assisté d'un conseil de fa-**
« **mille élu,** *aura tout pouvoir pour en faire la révision.*

« *8° Il sera détaché près de chaque municipalité un agent de la tré-*
« *sorerie chargé d'opérer les payements sur les états contrôlés par les*
« *chefs de bataillon, conformément au décret du 12 septembre et au*
« *présent arrêté.*

« *Néanmoins le visa des commandants de secteur ne sera plus exigé.* »

Dimanche 25 Septembre.

Promenade le soir sur les Boulevards ; à chaque pas des rassemblements, qui regardent et commentent toutes lumières des plus hauts étages des maisons, qu'on dit être des signaux faits aux Prussiens. Plusieurs visites domiciliaires sont suivies d'arrestations provisoires de gens qu'on emmène s'expliquer au Poste, et qu'on relâche presque aussitôt.

A 10 heures, plus de voitures, plus rien ; la Ville est d'un triste désolant !

A M. A. de M..., Paris.

Léouville (Loiret), 25 Septembre.

Cher Neveu et chère Nièce,

Je n'ai toujours pas de nouvelles de mon fils Lucien. Sa dernière lettre, datée de Bitche, nous dit qu'ils vont aller plus loin, sur l'ennemi; il parait très triste. Je ne cesse de la lire, cette lettre; il me semble que je cause avec lui, le pauvre enfant, c'est peut être tout ce qui me restera de lui; je passe bien des nuits sans dormir, et cependant j'espère toujours. Auguste et Alexandre sont de la garde nationale; j'espère qu'ils ne partiront jamais; leurs femmes et leurs petits enfants vont bien; Alexandre vient de perdre les deux plus belles vaches de son étable, c'est une grande perte.

Votre père se porte très bien, il ne quitte pas Onville.

Alfred et Athlénis vont bien, leur petite fille aussi. Ils ont refusé le bureau de tabac; mon gendre est bon et travailleur et, si mon pauvre mari vivait, il serait comme moi bien heureux de ce mariage; il voulait mieux pour notre fille, elle ne pouvait pas mieux tomber que sur Alfred Sevestre.

Votre tante qui vous embrasse.

Veuve Jean Sagot.

Lundi, 26 Septembre.

Aux Champs-Élysées, passent des soldats fuyards que l'on conduit au Conseil de guerre, entre un piquet de gendarmes à cheval, capote à l'envers, visière du képi retournée, les mains liées derrière le dos ; sur la poitrine une pancarte portant : **Un tel, lâche! Crachez-lui au visage!**

Guêtres, 7 francs ; Ambulance de Saint-Leu, 10 francs ; Pipe et tabac, 6 francs ; Dépense au rempart, 3 francs.

Mardi, 27 Septembre.

Ma *tunique* de garde national de l'ancien régime me parait ridicule; nous ne sommes guères que quatre ou cinq qui l'ayons dans la Compagnie, dont notre tout petit vieux gringalet de coiffeur, un singe habillé (1). Je la remplace par une grosse vieille vareuse d'équitation, à laquelle je fais coudre des liserés rouges Avec le képi crânement posé, je suis l'égal des camarades.

Nous lisons avec émotion ce qui suit dans le *Petit National:*

« **Renseignements de la dernière heure :**

« 5 heures, soir.

« Un détachement ennemi est arrivé avant hier à Beaumont-sur-Oise, « probablement dans le but de rançonner le pays. Les Prussiens « avaient d'ailleurs, au débotté, demandé une somme de 20,000 francs.

« Pendant que les officiers étaient à la Mairie, les habitants se grou- « paient autour des soldats occupés à former des faisceaux.

« Que se passa-t-il à la Mairie entre les officiers et les membres de « la municipalité? Nous ne savons. Toujours est-il que les habitants, « aussitôt les soldats ennemis désarmés, sautèrent sur les faisceaux.

« Quelques autres sortirent des maisons, armés de faux, de fourches, « de pioches, etc., etc... Les femmes elles-mêmes se mirent de la par- « tie, et tous ces braves gens tombèrent dru sur les Allemands. Ceux- « ci prirent la fuite en laissant des leurs sur le carreau.

« Ils ne sont pas revenus à Beaumont (2) ».

Et pendant que nous sommes bloqués, bloqués, bloqués, par les innombrables et horribles casques pointus, qui doivent grouiller à 20 lieues à la ronde... que deviennent Ronquerolles, Clermont ?

Voici leur sort de ces jours-ci (que je n'ai connu qu'en janvier) :

« *Charles Poiré, le mécanicien, le beau danseur aux entrechats de la « Fête de Ronquerolles, était tambour du bataillon de la Garde Natio- « nale, commandé par M. Maugé, du moulin Lessier, sous-lieutenant, en « l'absence de M. de Sacy, lieutenant.*

« *SON RÉCIT :*

« *Dimanche, 25 septembre, il arrive de Clermont un bataillon des Mo- « biles de la Marne (1,800 hommes), envoyé par le général commandant la « place d'Amiens. Journée de fête à Clermont. Joie folle de les recevoir, « on croit tout sauvé,*

(1) J'ai utilisé cette tunique après la guerre. J'en ai fait la modeste livrée de Henri Coppin, notre cocher-paysan de Ronquerolles, pour conduire la calèche!

(2) On a su plus tard que cette relation était controuvée.

« *Lundi 26. — La Garde Nationale d'Agnetz, Ronquerolles et environs, précédée des Mobiles et de la Garde Nationale de Clermont, sort de la ville par la route de Paris et marche en bataille, au devant des Prussiens, sur Auvilliers, suivie d'une énorme foule, la plupart pompiers, venant de Bulles, de Rémérangles, etc... armés de quelques fusils, de piques, de fourches, de faux, etc. .*

« *Nous n'avons pas été plus loin que le chemin de Giencourt, où nous avons fait halte. Les mobiles sont revenus peu après, ramenant deux Prussiens prisonniers. Retour triomphal d'Agnetz à Clermont, tambours battants, avec une partie des Mobiles. Le soir, nous sommes rentrés chez nous, à Agnetz, Ronquerolles, etc...*

« *Le lendemain, mardi 27, à 5 heures du matin, par ordre, nous nous réunissons à la Croix-Saint-Laurent (Au Dernier Sou) puis à Clermont, à l'Hôtel de Ville, où l'on apprend que les Mobiles* ont filé *de Clermont pendant la nuit, en laissant leurs fusils et leurs munitions, que l'on fait garder par nous, garde nationale d'Agnetz et Ronquerolles.*

« *A 8 heures, pendant qu'on déjeûne, on entend le canon des Prussiens. — Aux Armes! Descente à la Sous-Préfecture, où le docteur Decuignières distribue deux paquets de cartouches à chaque homme! On se remet en marche par la rue de Mouy sur Auvilliers; on s'arrête au petit bois Morgan, d'où l'on voit les Prussiens se diriger sur Auvilliers, où ils mettent le feu. On voit des fermes brûler. En nous retournant, nous voyons que le drapeau blanc de capitulation est déjà arboré sur Clermont; un des nôtres, détaché en éclaireur, nous prévient que l'ennemi approche, bien supérieur en nombre. Terrifiés par l'incendie d'Auvilliers, nous nous sentons perdus; nous battons en retraite sur Agnetz, par les hauteurs qui couronnent le bois de Fay, la Tour de... Sur ces hauteurs, le garde national Liais, 30 ans, ayant fait un congé militaire,* un peu lancé, *tire sur deux uhlans, en tue un, et est tué, percé de trois balles. (Delormel est allé chercher son corps le lendemain).*

« *Nous sommes rentrés en hâte, chacun dans nos maisons, où nous avons caché nos armes et nos munitions. La marche des Prussiens avait été si rapide sur Clermont et les environs que, à peine rentré chez moi, je voyais déjà des uhlans sur la route de Ronquerolles.*

« *C'est ce jour-là, mardi 27 septembre, que les Prussiens sont entrés à Clermont, non par la grande route, mais par des sentiers et petites rues montantes qu'ils paraissaient très bien connaître, alors que les Clermontois en supposaient à peine l'existence!* »

Voici comment le journal de Clermont *Le Semeur de l'Oise* raconte les événements dans son numéro du 13 octobre 1872 :

Ce fut une bien néfaste journée que la journée du 27 septembre 1870.

Elle restera à jamais gravée dans la mémoire des populations qui habitent les communes situées entre Creil et Clermont.

Elle passera de génération en génération comme l'une des plus terribles et des plus sanglantes qu'aient enregistrées les annales de nos contrées.

Nous avons dit dans notre dernier article ce qu'avait été la journée du 26. Nous avons dit comment les mobiles, les gardes nationaux et les habitants des villages voisins avaient refoulé l'ennemi ; nous avons dit aussi son projet de revenir en force le lendemain.

C'est en présence de ce retour offensif, que, vers minuit, le colonel du bataillon de mobiles donna l'ordre du départ, assuré qu'il était d'avoir à se mesurer avec des forces bien supérieures, soutenues par l'artillerie, et contre lesquelles il lui serait impossible de lutter.

Pourtant, de toutes parts on se préparait à tenir tête aux Prussiens; le tocsin, sonné de communes en communes, avait amené dans l'après-midi et dans la soirée toutes les populations voisines, que nous avons estimées à 8 ou 10,000 hommes, tous animés du plus grand enthousiasme et disposés à défendre héroïquement le pays.

A neuf heures du soir, Clermont avait l'aspect d'un camp.

La nouvelle du départ des mobiles excita d'abord un long murmure. On ne se rendait pas compte de la situation. On ne consultait que son patriotisme et son courage, sans songer aux moyens employés d'ordinaire par l'ennemi, qui n'attaquait que de loin, procédait d'abord par l'incendie et l'obus et ne descendait dans l'arène que certain de sa force, et pour se livrer alors à l'assassinat et au pillage.

Le 27, dès six heures du matin, tous les hommes résolus des communes environnantes s'étaient réunis aux gardes nationaux d'Angy, de Mouy et de Cauvigny, et tous, se dirigeant vers Liancourt, s'étaient arrêtés sur les hauteurs d'Ars, attendant des ordres pour se joindre à d'autres corps.

Ils ignoraient le départ des mobiles de Clermont; on l'ignorait aussi à Rantigny.

C'était donc en attendant le gros de la troupe, et dans l'espoir de la voir arriver bientôt, qu'ils s'étaient ainsi avancés.

De son côté, l'ennemi avait tenu parole; il arrivait au nombre de 3,500 hommes environ, appuyé par cinq pièces de campagne et obusiers, et négligeant la grande route, prenait position sur les hauteurs situées entre Laigneville et Soutraine.

Convaincues d'être soutenues, nos troupes improvisées n'hésitent point à engager le feu, avec plus d'énergie et de vigueur encore que la veille.

Quel ne fut pas leur désenchantement, quand ils apprirent que les mobiles étaient partis, et qu'ils n'avaient aucun secours à attendre de Clermont.

Ce fut alors que les troupes prussiennes dirigèrent leur artillerie sur les bois qui environnent Ars, où se trouvait campée la garde nationale de Mouy, sur la Poste et sur le village de Rantigny, et ouvrirent immédiatement le feu de leurs batteries, à la fois sur nos concitoyens et sur le pays.

Bientôt pleuvent les obus, ils traversent l'espace en sifflant.

Le premier s'abat sur la maison des époux Fourmentin, la traverse de part en part, éclate et blesse de ses débris les propriétaires de cette maison.

Un second lui succède, puis un troisième, qui viennent tomber sur les ateliers de la maison Albaret, y brisent une machine à vapeur, en défonçant le bâtiment qui la renfermait.

Plusieurs maisons sont atteintes encore, mais la plupart des projectiles se perdent dans la terre.

Nos braves concitoyens écrasés par le nombre et par la mitraille qui les poursuit, sont obligés de lâcher pied et de gagner la plaine. Plusieurs sont faits prisonniers. M. Legrand fils, ancien maître d'hôtel à Mouy, est parmi ces derniers; il a voulu tenter de s'évader, mais plusieurs coups de feu partant des fusils prussiens l'étendent raide mort.

C'est alors que l'ennemi descend avec rage sur la Poste et sur Rantigny, et que, pendant que le canon tonne, il se livre à des actes de sauvagerie, de pillage et de meurtre.

Ils débutent à Cauffry, en faisant une razzia sur un troupeau de moutons, et de là se dirigent sur l'annexe de Rantigny, appelée la Poste.

La première maison qu'ils envahissent est l'auberge tenue par les époux Coquelet; ils jettent dehors les propriétaires en les frappant avec une brutalité sans exemple, ils prennent tout ce qui leur plait dans cette maison et y mettent le feu.

Un peu plus loin, chez MM. Roy et Haster, ils pillent pendant près de deux heures et, n'ayant plus rien à prendre, mettent le feu à la maison.

Ils fusillent à bout portant, à l'entrée de la porte et près de sa femme, un nommé Bourgeau, mécanicien, beau-frère de M. Roy.

Ils se comportent avec la même férocité chez M Breton fils, cafetier; ils prennent dans la maison un enfant de trois ans, qu'ils enveloppent dans des effets, faisant semblant de l'étouffer si on n'accorde pas ce qu'ils demandent; ils font sortir M. Breton de chez lui et lui tirent un coup de fusil. La balle l'atteint au pied et le blesse grièvement; il est forcé d'avoir recours à ses mains pour se sauver d'une mort inévitable. Pendant ce temps, d'autres forcent les serrures et se font donner, par la mère toute tremblante, l'argent qu'il peut y avoir dans la maison, et qu'ils se partagent sur le billard.

Un vieillard de soixante ans, M. Dubois, est tué à coups de baïonnettes.

Vers les neuf heures, sous prétexte qu'un chassepot avait été trouvé dans le jardin de Mme Duvoir, chassepot qui, la veille ou le matin, avait été jeté par dessus le mur, ils entrent dans cette habitation, dont ils brisent les portes et les fenêtres et y mettent le feu, qui dévore tout l'intérieur.

C'est à la présence d'esprit de la dame Vassenne, mère du concierge de l'usine, qu'on doit que cette belle propriété n'ait pas été entièrement détruite.

Et, comme si la terreur qu'ils inspirent ne suffit pas encore, ils font sortir des hommes inoffensifs et font sur eux, à plusieurs reprises, le simulacre de les fusiller en les mettant en joue.

Des hommes, des femmes, des enfants sont impitoyablement battus; deux gardes nationaux d'Angy, les sieurs Pillon-Pommerie et Sainteville sont emmenés prisonniers, l'un est dirigé sur Chantilly, l'autre est amené avec eux.

On nous rapporte également le fait suivant, dont on nous garantit la parfaite exactitude.

Quatre gardes nationaux d'Angy, dont on nous donne les noms, faisant le service d'éclaireurs, sont arrêtés dans la plaine, au-dessus de la vallée de Rantigny. Quoique sans armes les Prussiens leur font mettre culotte bas et les fouettent impitoyablement avec des baguettes de bois vert, dont les branches ont été coupées, mais dont les nœuds n'ont point été abattus. Ces malheureuses victimes ont longtemps souffert de cet acte de brutalité sans exemple dans un pays civilisé.

Ils tuent, en le martyrisant, dans le bois de Mme Duvoir, un malheureux garde national de Mouy, le nommé Kerschmayer.

Ces hauts faits accomplis, ils suivent les hauteurs et arrivent à Auvilliers.

Leur premier soin, sous prétexte que des hommes y sont cachés, est d'allumer la ferme de M. Raboisson; cela ne leur suffit pas : une bonne vieille femme de quatre-vingts ans habite là; ils la font sortir de sa maison qu'ils incendient derrière elle.

Il pouvait être environ onze heures du matin. La fumée qui s'élève dans les airs est aussitôt aperçue de Clermont et commence à y jeter l'effroi. Ce sont les Prussiens qui s'annoncent.

Nous l'avons dit, les mobiles étaient partis pendant la nuit. Un certain nombre de gardes nationaux des environs, désespérant alors du succès, avaient regagné leurs communes.

Dès huit heures du matin, pourtant, on se dispose à une nouvelle expédition. Il restait encore un certain noyau de forces.

Mais à peine ont-elles franchi les limites du territoire, que le bruit de l'artillerie frappe leurs oreilles. La nouvelle des forces considérables et de leurs hauts faits à Rantigny commence à circuler. Il n'y a plus qu'une chose à faire, c'est de battre en retraite; il n'y faut plus songer, la résistance est impossible.

Quelques gardes nationaux de la ville pourtant se sont avancés davantage et se sont égarés. Deux d'entre eux se réfugient dans un petit bois où ils sont poursuivis par des éclaireurs prussiens. L'un est frappé mortellement, c'est le sieur Demouroy, vannier, l'autre reçoit des blessures graves qui le font succomber quelques jours plus tard, c'est le sieur Mallard, cordonnier.

La ville est dans la consternation.

Que faire? quelle résolution prendre?

L'administration municipale est dissoute, la commission chargée de la remplacer n'a pas donné signe de vie.

Et pourtant il faut sauver la ville, qui dans une heure va être bombardée.

Le bruit du canon devient de plus en plus distinct.

C'est alors qu'un certain nombre de personnes se rendent chez M. Decuignières, sous-préfet intérimaire. Il faut pourtant que la ville soit représentée.

On a recours à l'ancienne administration qui, disons-le à son honneur, n'hésite pas, dans un moment aussi critique et aussi périlleux, à reprendre ses fonctions.

M. Duvivier maire, ses deux adjoints, MM. Féret et Dubois, et tout l'ancien conseil reprennent en main la direction de la ville.

On délibère.

Le canon se rapproche de plus en plus; l'ennemi est à la porte, il touche nos premières maisons, son artillerie est braquée sur nous, il faut bien capituler.

C'est alors qu'on fait arborer au clocher de l'Église et à celui de l'Hospice de grandes oriflammes blanches, qui représentent le drapeau parlementaire.

Mais cela ne suffit pas, il faut aller au devant des Prussiens, il faut s'entendre avec eux.

A l'approche de la ville, l'ennemi a divisé ses forces, une partie est restée sur les hauteurs; elle trace son passage par l'incendie. Il faut bien terroriser et signaler son approche; des éclaireurs gagnent les plaines de Giencourt et escaladent les collines qui bordent la ville de ce côté. Ils y rencontrent deux habitants paisibles qui à leur approche se réfugient derrière des arbres: ils sont tués sans pitié. Cette scène sanglante s'aperçoit des fenêtres de la Maison de santé: c'était une véritable chasse à l'homme. Le gros de la troupe arrive par la route.

Le moment suprême est arrivé; MM. Féret et Dubois, Gustave Labitte et Bollez (Honoré), accompagnés de quelques autres personnes, se dévouent; ces deux derniers portent un drapeau blanc, et tous s'avancent.

On aborde le chef.

Son premier mot est une menace de mort. Je vais entrer en ville, dit-il, mais je vous garde en ôtage, et vous avise que si un seul coup de fusil est tiré sur moi ou sur mes troupes, je vous fais fusiller immédiatement contre ce mur.

Toutes les boutiques sont fermées, les rues sont désertes.

Plus d'un habitant avait pris ses dispositions, caché ce qu'il avait de plus précieux et se disposait à fuir; mais déjà toutes les issues étaient gardées. Chaque route avait ses sentinelles. Les Prussiens connaissaient le pays aussi bien que nous. N'avaient-ils pas ici leurs espions comme partout ailleurs?

Il est midi. C'est alors que débouchent à la fois, par la route de Mouy et par la route de Paris, une quantité considérable de soldats. Un détachement de uhlans ouvre la marche; après lui venait une compagnie d'infanterie, puis un escadron de dragons saxons (garde royale); — c'était la première fois que nous voyions des casques pointus; — puis de l'artillerie, puis encore de l'infanterie, encore de la cavalerie.

Ils étaient 3,500 hommes environ!

3,500 hommes et cinq pièces d'artillerie pour entrer dans une petite ville ouverte de 3,000 habitants, sans aucun moyen de défense.

Quelle bravoure! l'histoire le redira.

Soixante à quatre-vingts chariots les suivaient. Ces chariots devaient emporter les réquisitions.

Dès les premiers pas en ville, le commandant des forces prussiennes ordonne qu'on ouvre toutes les maisons.

On ne se le fait pas dire deux fois.

La place de l'Hôtel-de-Ville est garnie de troupes; le Châtellier, qu'ils appellent la forêt, en contient un grand nombre: la rue de

Condé, du puits de fer au carrefour Saint-André, est occupée par l'artillerie. Chaque pièce est attelée de 4 et même de 6 chevaux; elle est garnie de son train et de son arrière train, où sont entassées les munitions. La place Saint-André, la rue de Mouy, la route de Paris, la rue d'Amiens, la rue des Fontaines, sont également pleines de soldats.

Les chefs montent à l'Hôtel-de-Ville, où ils demandent M. le bourgmestre. M. Duvivier est là. Ses deux adjoints et le Conseil l'y rejoignent[1].

La première demande des officiers prussiens est du champagne. Quand ils sont repus, ils entament la question des réquisitions.

Ces réquisitions se composent de farines, blés, avoines, paille, fourrage, riz, sel, cafés, etc., elles se montent ce premier jour au chiffre de 40,000 francs environ.

Les mobiles étaient partis; mais nous avons dit qu'ils avaient laissé sous la Halle leurs effets personnels et d'équipement, et aussi à l'Hôtel-de-Ville leurs munitions.

Tous ces objets furent malheureusement découverts par les Prussiens, et devinrent un nouveau prétexte de colère et d'exigence de leur part, et pour nos administrateurs une nouvelle cause d'embarras et d'inquiétude.

Ils n'étaient plus là, ceux qui, la nuit précédente, s'étaient si violemment opposés à l'enlèvement de ces bagages et munitions.

A chaque mot, à chaque parole, c'étaient des menaces de mort.

Enfin, après beaucoup de peine, on finit par entrer en voie d'arrangement.

Pendant que ces faits se passaient à l'Hôtel-de-Ville, des sergents marquaient à la craie blanche, sur les maisons, le nombre de *mann*, (hommes) que chacune devait avoir, et cela selon leur idée et leur fantaisie. Ce n'était pas pour loger, car ils ne devaient pas coucher à Clermont cette nuit-là; mais chaque maison devait immédiatement préparer de la nourriture pour autant d'hommes qu'en comportait la marque des sergents et leur porter cette nourriture aux endroits où ils étaient campés.

Il n'y avait pas à s'y refuser, il fallait bien s'exécuter. Des pièces de vin furent apportées et défoncées à différents endroits de la ville. Cette mission revint à M. Prosper Wimy, qui déjà à l'Hôtel-de-Ville s'était trouvé pris à partie avec un officier prussien qui avait découvert les munitions des mobiles, et qui voulait le rendre responsable du fait. Il prétendait que ces munitions avaient été conservées pour s'en servir contre eux.

Tout le tabac qui se trouvait dans les dépôts fut en un instant réquisitionné; plusieurs magasins de la ville furent dévalisés d'une partie de leurs marchandises.

Nous même, restâmes vingt minutes sous le révolver d'un certain sergent — que je reconnaitrais bien s'il m'était donné de le rencontrer — pour avoir une carte du département que nous ne possédions pas, et que nous avons pu enfin nous procurer, grâce à l'obligeance d'un confrère voisin. Il n'y a pas à douter que selon ses menaces il n'eût mis notre maison au pillage, si nous n'avions pu le satisfaire.

Quatre heures d'angoisses et de craintes se passèrent ainsi.

Enfin, l'ennemi se décida à reprendre la route de Creil, et le défilé du départ commença comme il était arrivé.

Mais ils ne partirent point seuls.

Ils emmenèrent en ôtage avec eux plusieurs habitants paisibles de la ville, MM. Leroy et Jacob, le sieur Boursier, qu'ils avaient garrotté comme un malfaiteur et aussi le concierge de l'Hôtel-de-Ville, M. Cérier, qui n'avait pas selon eux obéi avec assez d'empressement à leurs injonctions, et qu'ils avaient tout d'abord fort rudement maltraité.

Un peu plus tard, nous vîmes défiler une grande partie des chariots qui emportaient les premières réquisitions.

Cela faisait mal à voir.

Un fort détachement resta à Clermont pour garder le reste des voitures et des réquisitions qui n'étaient point terminées.

Nous dirons dans un prochain numéro, quelle a été pour nos administrateurs la nuit qui a suivi cette terrible journée, et quelle a été aussi la journée suivante.

Ces souvenirs ne sortent pas de la mémoire.

Nous venons de rapporter l'ensemble des faits de la journée du 27. Nous avons dû négliger sans doute quelques détails que nous reprendrons ensuite pour compléter notre récit (1).

A. Daix.

---

(1) Voir les numéros des 9, 16, 23 et 30 Juin, des 7 et 21 Juillet du 25 Août, des 8, 15 et 22 Septembre et du 13 Octobre.

92e BATAILLON

8e COMPAGNIE

Le présent billet ne certifiera le service fait qu'autant qu'il aura été signé par le Chef du poste.

Vu : Le Chef du Poste,

CHIRURGIEN-MAJOR :

M. DELBOURG
Boulevard de Sébastopol, 89

CHIRURGIENS-AIDES-MAJORS :

M. LEBRETON
Boulevard de Sébastopol, 113

M. LOQUET
Rue Turbigo, 20.

GARDE NATIONALE DE PARIS

ORDRE DE SERVICE

Monsieur *Mazade,*

demeurant *Bd Sébastopol, 71*

se rendra le *28 courant* à *7* heures très-précises du *matin* dans la tenue de service, *au lieu ordinaire de la réunion de la Compagnie, rue Palestro*, pour faire le service qui lui sera commandé.

Paris, ce *27 septembre* 187*0*

Le Sergent-Major,
Cadet
rue Bourg-l'Abbé

(Fortifications)

Tout garde national commandé pour un service doit obéir.
Sont considérées comme services commandés toutes les prises d'armes, quel que soit le mode de convocation.
Il sera fait un appel de rigueur au lieu de réunion de la compagnie ou du détachement, à l'heure indiquée par l'ordre de service ; le manquement à cet appel entrainera le renvoi au conseil de discipline.
Les exemptions pour cause de maladies accidentelles sont constatées par un certificat délivré gratuitement par un des chirurgiens du bataillon.
Prévenir, par lettre affranchie, le sergent-major, pour absence qui devra être justifiée.
Le prévenir également au retour.

M , armurier de la garde nationale, seul commissionné par la ville de Paris pour les réparations d'armes du bataillon,

Toute réclamation ou excuse ne sera admise par le Sergent-Major que dans les 24 heures.

Mercredi 28 Septembre.

Graisse et pot à graisse, 12 fr. 50.

De garde aux fortifications, dans la grande caserne, bastion 53. — Tir à la cible dans les fossés. — Jeu effréné au bouchon et aux barres, dans la grande cour. — On se croirait encore à Henri IV.

A M. A. de M..., Paris.

(**Service Militaire**)

Saint-Denis, mercredi 28 Septembre.

Cher Monsieur,

Nous avons eu une affaire avec les Prussiens ; nous avons perdu quelques hommes. Je crois que la petite médaille que Mme de Mazade m'a donnée m'a porté chance, car je n'ai pas même été blessé.

Oserai-je encore vous demander le service de me faire acheter deux chemises de flanelle, une blanche et noire et l'autre noire et rouge, dans les 8 ou 9 francs, pas plus cher, seulement pour n'avoir pas froid, lorsque nous passons la nuit sur la terre, et comme je ne puis pas aller les chercher, je vous serai bien obligé de me les envoyer porter à la caserne à Saint-Denis ; je vous prie d'y joindre 50 francs (*en or si possible*) car je crains que d'ici peu nous ne puissions correspondre avec Paris.

Je suis confus de tout le dérangement, etc...

Et vous prie d'agréer,

L. Tollemer.

A M. Eugène Fromentin, 3, rue Aubriot, Paris (1).

Metz, mercredi 28 Septembre.

Mon cher Ami,

Depuis le 16 juillet, jour de mon départ du camp de Saint-Maur où vous êtes venu me dire adieu, jusqu'à l'investissement, j'ai reçu de vos bonnes nouvelles. Mais depuis lors rien, ni de vous ni de ma chère femme ni d'aucun membre de ma famille ; la porte de cet affreux blocus, entrebaillée un instant le 31 août, s'est refermée sur nous le 1er septembre ; notre situation parait s'aggraver de jour en jour, surtout depuis que nous avons appris la capitulation de Sedan et la captivité de l'Empereur.

Néanmoins, malgré les plus dures épreuves, la bonne humeur de nos braves soldats ne se dément pas ; hier encore ils ont donné la preuve de tout ce que leurs chefs peuvent attendre de leur courage et de leur discipline. Voici un nouveau fait d'armes à leur grand honneur :

Avant hier soir (26) la brigade Lapasset (84me et 97me) recevait l'ordre de s'emparer le lendemain matin du village de *Peltre*. Comme diversion, mon régiment, le 90me, avait pour mission d'enlever le château de *Mercy-le-Haut*, qui domine ce village. L'occupation par nos troupes de ces deux points, entre lesquels passe la voie ferrée de Metz à Courcelles, devait permettre à une locomotive blindée, dirigée par un ingénieur de la Compagnie de l'Est accompagné de quelques hommes déterminés, d'aller accrocher un train de vivres, arrêté entre Peltre et Courcelles et de le ramener dans la place.

(1) Cette lettre, arrivée à destination seulement après l'armistice, m'a été communiquée par mon ami Camille Amiard, gendre de M. Fromentin.

J'étais chez le colonel de Courcy avec le lieutenant-colonel Vilmette, lorsque, avant-hier, vers dix heures du soir, le général Lapasset vint lui-même leur communiquer les ordres ci-dessus du maréchal Bazaine. Aussitôt le général parti, le colonel de Courcy, qui venait d'être promu au grade de général de brigade et qui avait remis ce jour-même le commandement de son régiment au lieutenant-colonel Vilmette nommé à sa place, le pria instamment de lui laisser l'honneur de conduire encore une fois son régiment au feu. Cette faveur obtenue, il réunit les officiers supérieurs, leur donna ses ordres, et prit toutes les dispositions nécessaires pour que la tâche qu'il venait d'assumer fût menée à bonne fin.

Hier donc, mardi 27, à 3 heures du matin, le 90me prend les armes, et dans le plus grand silence, va s'embusquer dans des tranchées en avant du village de Grigy, au pied de la colline que couronne le château de Mercy. Un épais brouillard a favorisé notre mouvement, nous voyons rentrer au petit jour les reconnaissances de l'ennemi ; elles ne nous ont pas aperçus. A 9 heures, au signal donné par un coup de canon du fort de Queuleu, nos trois bataillons sortent vivement de leurs tranchées, se déploient, et officiers supérieurs et capitaines en tête, gravissent la pente au pas de course. Défense a été faite de tirer un seul coup de fusil, jusqu'à ce qu'on ait débordé les lignes avancées de l'ennemi ; les hommes ont l'arme sur l'épaule, et gardent le silence le plus absolu ; seuls, les officiers crient : *En avant ;* les tambours et les clairons battent et sonnent la charge ; le fort de Queuleu dirige une violente canonnade sur le Château.

Nos braves soldats s'avançent rapidement en lignes déployées sous la vive fusillade que viennent d'ouvrir les avant-postes ennemis ; à chaque pas des hommes tombent tués ou blessés, mais le mouvement en avant se continue toujours, les ouvrages défensifs élevés par les Prus-

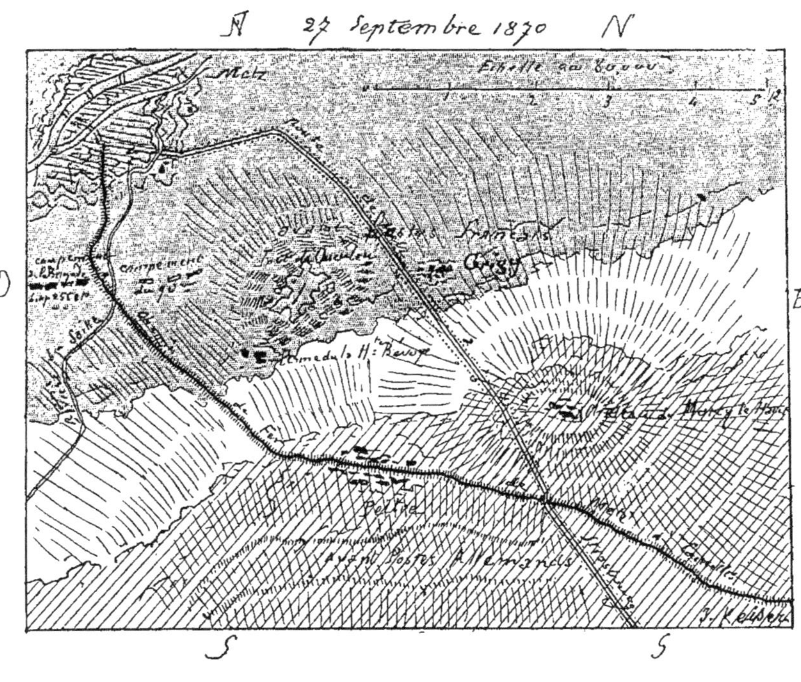
N
27 Septembre 1870
N
Metz
O
E
S
S
Avant Postes Allemands
Peltre
Crépy
Mercy le Haut
J. Keiser

siens sur le flanc de la colline, tranchées, abatis, barricades, sont successivement enlevés, tournés, et nous arrivons au point culminant devant le château, où l'ennemi s'est fortement retranché.

Une minute, les bataillons s'arrêtent pour reprendre haleine; puis la charge bat de nouveau; tout le monde alors crie : *En avant! à la baïonnette!* et sous une grêle de balles, mon vieux 90me se précipite sur le château.

A ce moment une balle, venant du village de Peltre, tue sous moi mon cheval, mon excellent Stop que vous connaissiez bien, avec lequel je suis allé plus d'une fois vous voir à Neuilly-sur-Marne, lorsque je tenais garnison au fort de l'Est. Ma chute a été rude; j'ai pu cependant me relever aussitôt, et reprendre, à pied, en tête de mon bataillon, la marche en avant.

Les barricades qui obstruent les abords et les différents passages du château sont renversées, franchies; en quelques minutes la position est enlevée. Un grand nombre de défenseurs prennent la fuite ou sont faits prisonniers; ceux qui résistent ou ne veulent pas se rendre sont impitoyablement massacrés.

Au plus fort du combat, je vois sortir du château un soldat de mon bataillon, un jeune Alsacien, la baïonnette teinte de sang, tenant à la main un superbe schapska en loutre. « *C'est*, me dit-il, *la coiffure d'un* « *capitaine Poméranien;* sur mon cri de se rendre, il « a levé sur moi son sabre, je lui ai enfoncé ma baïon- « nette dans la poitrine ».

Les obus de Queuleu ont mis le feu au château, les Prussiens qui s'y sont réfugiés ou barricadés périssent asphyxiés.

Au même signal du coup de canon du fort de Queuleu, la brigade Lapasset, qui pendant la nuit était venue s'établir dans la ferme de la *Haute-Bévoye*, enlevait brillamment le village de Peltre.

Malheureusement ces deux beaux faits d'armes ont été inutiles, au moins quant au but désiré. Les Allemands prévenus par un espion (1) avaient détruit dès le matin la voie ferrée, en sorte que la locomotive blindée a dû rentrer dans Metz.

A midi, le régiment a reçu l'ordre d'abandonner la position conquise; les compagnies ont évacué successivement le château sans être inquiétées. A 2 heures, nous avions repris nos emplacements sous Metz, ramenant avec nous une soixantaine de prisonniers et plusieurs chevaux. Ces chevaux ont été mis en vente ce matin; j'en ai acheté un pour remplacer ce pauvre Stop. C'est un bel alezan tout équipé, bride noire garnie de coquillages blancs, harnachement bleu ciel avec passementerie blanche; c'est évidemment le cheval du capitaine Poméranien tué par mon jeune alsacien. Ce cheval a reçu une balle dans la bouche, il a une dent brisée à la mâchoire supérieure. C'est un vigoureux animal, mais je regrette mon bon Stop. Mes soldats n'ont pas oublié l'endroit où il a été tué; ce matin au petit jour, ils sont allés lui faire une visite intéressée; ils l'ont rapporté au camp par quartiers. Il vaudra mieux pour eux que l'affreuse viande des chevaux maigres qu'on leur distribue; croyant me faire grand plaisir, ils m'offraient, dans un papier ensanglanté, le filet de mon pauvre animal, que j'ai refusé, vous le pensez bien.

Dans ce brillant fait d'armes, le 90me a eu sept sous-officiers et soldats tués, et quarante-six blessés, dont quatre officiers. Le capitaine Raynal, mon adjudant-major, est grièvement atteint d'une balle dans le coude.

Un résultat bien acquis par cette journée, c'est le parti que l'on peut tirer encore de ces vaillants soldats

(1) Cet espion, un juif allemand, nommé Jacobs, suivait le 97me depuis l'arrivée de l'armée sous Metz, vendant la goutte aux soldats, qui avaient grande confiance en lui. Dans l'avant dernière nuit, il disparut. Au moment où le 97me entrait dans Peltre, des soldats l'aperçurent au milieu des Allemands. Saisi, il fut ramené dans Metz et traduit comme espion devant un Conseil de guerre. Il avoua son crime et fut fusillé dans les premiers jours d'octobre.

pleins de confiance en eux-mêmes, prêts à tous les sacrifices, oubliant leurs soucis, leurs privations, dès que se présente l'occasion d'agir et de se battre.

Quand et comment cette lettre vous parviendra-t-elle, mon cher ami? je vais la joindre, sans la terminer, à celles qui attendent le départ d'un courrier, toujours annoncé et qui ne part jamais....

Le chef de bataillon KEISER.

Commandant le 3me bataillon du 90me de ligne.

28 Septembre

Interruption — momentanée, je l'espère, — de ma collection de l'*Éclipse* (après *La Lune*), du maître caricaturiste André Gill, (pseudonyme du comte Louis-Alexandre Gosset de Guinnes).

L'Éclipse s'est arrêtée sur son numéro 139 du 17 courant (dessin colorié : *Les Uhlans! Les Uhlans!*) numéro dans lequel elle dit à ses lecteurs :

« Voici l heure décisive où il nous faut quitter la plume et le crayon « pour le fusil du garde national ou la carabine du franc-tireur.

« Le blocus est imminent. Le rire lui-même ne sortira plus de Paris « — avant que le Prussien n'ait déguerpi.

« Pas adieu..... Au revoir. »

Elle s'écrie ensuite :

« Debout les Enfants! Debout les Vieillards!
« Sauvons la Patrie, il est temps encore!
« Surgissons de toutes parts,
« D'un long crêpe voilons le drapeau tricolore,
« Et pour vaincre ou mourir, courons sur les remparts!
. . . .
« Tous les moyens sont bons, sont acceptés d'avance,
« Un vieux fusil à pierre au pétrole enflammé;
« Pour conquérir l'indépendance
« Même avec rien l'on est armé!

« L'ongle peut déchirer, comme la dent peut mordre,
« Le poing brise un brigand qu'on tient sous ses genoux ;
« Si nos fusils lassés finissent par se tordre,
« Les ennemis en ont pour nous.

« Et s'ils prennent Paris avec leurs cavalcades
« De Uhlans, de bandits soldats,
« C'est derrière les barricades
« Que nous leur livrerons nos suprêmes combats !

Alexandre FLAN.

Ce numéro de l'*Éclipse* a été suivi de 5 suppléments, sur feuille simple, sans texte, donnant seulement les dessins suivants de Gill, d'une vigoureuse facture :

I. **Les 2 Compères** : Bertrand (Napoléon III) conduit Robert Macaire (Guillaume) à l'entrée de Paris

II. **Un vieux fou** : Dumanet, émergeant du fort de Bicêtre et tirant par l'oreille Guillaume, à qui il montre l'Hospice de Bicêtre, lui crie : « Pas « par ici, mon bonhomme ! par là ».

III. **On demande un boucher** : Guillaume, colossal boucher, moitié nu, aux biceps formidables, s'offre, une lardoire à la main et des coutelas à la ceinture.

IV. **Proclamation au Peuple Français** : Une affiche, devant laquelle Napoléon III présente son poupon, et derrière laquelle s'entrevoit Émile Ollivier au cœur léger : « Français ! l'Empire c'est la Paix ! etc. » Fait à Wilhemshoë, sur papier à cigarettes (1).

V. Le **Vainqueur** : Un squelette, verdâtre, horrible, avec lauriers et décorations.

Reddition de Strasbourg et de Toul.

---

(1) SEDAN !... Il y avait dans la ville un encombrement de soldats de toutes armes confusément rassemblés dans les rues et sur les places... moins une armée qu'un troupeau. Soudain un mouvement se fit dans cette masse. Une voiture parut attelée à la Daumont. Un homme en tenue de ville s'y faisait voir portant le grand cordon de la Légion d'Honneur ; un frisson parcourut nos rangs : c'était l'Empereur. Il jetait autour de lui ces regards froids que tous les Parisiens connaissent. Il avait le visage fatigué ; mais aucun des muscles de ce visage pâle ne remuait. Toute son attention semblait absorbée *par une cigarette qu'il roulait entre ses doigts.*

(RÉCITS D'UN SOLDAT, AMÉDÉE ACHARD
Revue des Deux-Mondes, 1er Juillet 1871).

Jeudi 29 Septembre.

Provisions de biscuits, pain d'épices, etc...

Depuis près de huit jours, l'ennemi se tient si loin de Paris qu'on n'aperçoit presque plus ses avant-postes. Est-il resté inactif ? — C'est peu probable — Nous pensons qu'il fortifie ses positions élevées, préparant ses batteries à longue portée. Ce temps d'accalmie n'a pas été perdu pour nous ; nos travaux de défense ont été continués avec une grande activité, principalement sur Saint-Cloud, Meudon et Châtillon, les trois points principaux de l'attaque imminente.

Vendredi 30 Septembre.

Plus d'huîtres ! plus de poissons, que de la Seine ! et de la Seine de Paris, des égouts, des hôpitaux, etc ! !

A l'école de tir pour la sixième fois.

Première grande sortie de nos troupes.

Affaire de **Chevilly** et **de l'Haÿ** (13me corps. Vinoy) :

Notre avantage du 23, à Villejuif, en mettant en notre possession le moulin Saquet et les Hautes Bruyères, qui couvrent nos forts d'Ivry de Bicêtre et de Montrouge, avait repoussé les Prussiens dans Chevilly et l'Haÿ, sur la route de Choisy le-Roi à Versailles. Il s'agissait aujourd'hui de conquérir ces deux villages pour être maîtres de tout le plateau et consolider ainsi nos nouvelles positions.

Nos troupes, qui s'étaient massées pendant la nuit devant les forts d'Ivry et de Bicêtre, sont sorties dès ce matin de leurs lignes. Reçues par une vive fusillade, elles ont attaqué furieusement, et repoussé l'ennemi pendant trois heures.

Chevilly et l'Haÿ sont brûlés, — pauvre petit l'Haÿ, ce gentil village où je me souviens maintenant être venu, il y a trois ans, principal clerc de Me de Madre, passer tout un dimanche, à la Mairie, pour procéder à une adjudication d'une cinquantaine de pièces de terre !

Dans ce meurtrier combat le général Guilhem a été tué à la tête de ses troupes. Le général Blaise a pénétré dans Thiais, et s'est emparé d'une batterie de position qu'il a été obligé d'abandonner, faute d'attelage. Et puis, comme toujours, les Allemands sont revenus en masses considérables et toutes fraîches, et nous avons été forcés de nous arrêter. Notre retraite s'est effectuée, sous le feu, en très bon ordre, avec un calme qui fait le plus grand honneur à nos jeunes mobilisés.

Pendant cette opération au Sud, de brillantes reconnaissances s'exécutaient à l'Ouest, à Bougival, par le général Ducrot, et à l'Est, vers Créteil et Bondy, par le général d'Exéa.

OCTOBRE

1870

Samedi 1er Octobre.

3 0/0 52 70.

Nord 975.

Décès : 2me sem. 1272.

« Paris assiégé, cerné, investi, séparé du reste du monde, qui l'au-
« rait dit? qui aurait pu le croire? C'est cependant un fait. Depuis
« près de quinze jours, l'ennemi campe autour de nous. Versailles,
« la ville royale, est devenue le quartier général des chefs de l'inva-
« sion, et le palais de Louis XIV sert d'hôtellerie au roi Guillaume!.....
« Il n'y a qu'une compensation dans cette suite d'épreuves, c'est que
« la France..... rendue à elle-même dans un jour d'angoisse patrioti-
« que....., a senti son courage renaître comme dans un accès désespéré
« en mesurant la profondeur de l'abîme où on l'avait précipitée.........

Ch. de Mazade (*Chronique*)

Visite de Charles de Mazade, fidèle à son aimable habitude de nous venir voir quand *La Revue* a paru, dès qu'il est libéré de son travail périodique, qui l'absorbe et le rend presque invisible les quelques jours d'avant le 1er ou le 15.

Ses vacances de deux mois (Août et Septembre) qu'il passe chez lui à Flamarens, et qu'il coupe d'ordinaire par un séjour d'une petite huitaine à Paris, ses bien aimées vacances ont été cette année réduites à moitié, les progrès de l'invasion l'ayant ramené et confiné dans notre grande et malheureuse prison.

« *Réquisition à Ronquerolles* (1).

Agnetz, 1er octobre.

« *Le maire d'Agnetz requiert rigoureusement M. A. de Mazade, ma-*
« *nufacturier à Ronquerolles, de fournir sur le champ un cheval et un*
« *homme, pour la conduite, pendant plusieurs jours, des bagages de*
« *l'armée prussienne. Le conducteur sera nourri et couché aux frais de*
« *l'armée prussienne. Il se rendra à midi précis à Clermont, sur la*
« *place du marché* ».

Dimanche 2 Octobre.

Temps radieux et doux, ironiquement beau, sans changement depuis quinze jours !

A défaut d'autre villégiature, nous faisons avec Céline tout le tour de Paris, par le chemin de fer de ceinture, en partant de la gare Saint-Lazare pour revenir au même point. Ce voyage de près de 3 heures, en *chemin de fer!* nous redonne l'illusion des temps heureux où on quittait Paris si souvent, sans en ressentir l'immense bienfait.

Au Trocadéro, astronomes ambulants faisant voir pour dix sous une sentinelle prussienne à Saint-Cloud.

Lundi 3 Octobre.

Vive canonnade des forts.

Bruit de la présence d'Henri V en Bretagne, et des princes d'Orléans sur la Loire.

Menées du parti extrême, dans les journaux et les réunions publiques pour renverser le Gouvernement de la *Défense Nationale.* — On le blague déjà : *Dépense* nationale ! *Démence* nationale ! !

Mardi 4 Octobre.

Ouverture de douze boucheries de cheval : Leurs enseignes portent fièrement en grosses et belles lettres rouges : « *Boucherie Hippophagique* ! » Le nombre des chevaux livrés par jour à la consommation qui était d'abord de 20 à 30 s'élève à 200 et 275.

---

(1) Cette réquisition (annexée à mon *Petit National* du 6 octobre) ne m'a été remise qu'après la guerre. Desjardins s'est exécuté : Henri Coppin et mon pauvre Pitt ont servi les Prussiens pendant plusieurs jours, à 8 lieues à la ronde.

Apparition de la viande d'âne, qu'on dit bonne, succulente même. Voyons!

Délai de trois mois accordé aux locataires.

Après déjeûner, je vais voir Camille Amiard, qui est de garde à son rempart, Porte de Montempoivre, courtine 7. bastion 6, l'antipode du mien. Son bataillon, le 53me, fait partie du 1er secteur (Bercy). On a de là de superbes vues d'automne, sur Saint-Mandé, Charenton, Joinville-le-Pont, Nogent-sur-Marne. C'est égal, je préfère encore la Porte Maillot, c'est plus chic.

Camille a dans sa poche une gentille lettre qu'il vient de recevoir d'Ernest Fabre, un de nos meilleurs camarades d'Henri IV, son ancien copain. Nous la lisons, assis sur le gazon du talus ; voici cette lettre, à laquelle Camille répondra ces jours-ci par ballon-poste.

« L'Homme d'Armes, 10 Septembre.

« Mon cher Amiard,

« C'est un peu tard que je t'accuse réception de ta « lettre m'annonçant la naissance d'une jolie petite « demoiselle Amiard; mais j'ai tellement voyagé depuis « quelque temps que j'ai à peine reposé ma tête sous « le même toit vingt-quatre heures. Aussi, depuis « deux jours installé à l'Homme d'Armes, près Mon-« télimar (Drôme), je m'empresse de liquider mon « arriéré de correspondance, et je commence par toi.

« Reçois donc une poignée de main éloquente et cor-« diale, comme on s'en donne dans ces bonnes occa-« sions là, et, en me rappelant au souvenir de Madame « Amiard, dis-lui qu'il y a de par le monde un bon « garçon qui prend part à votre joie et qui lui souhaite « un prompt rétablissement. Tu feras également nos « compliments à Madame Amiard, ta mère.

« Je t'envoie cette lettre à tout hasard; peut-être ne « te parviendra-t-elle pas? car peut-être auras-tu quitté

« Paris. Si tu la reçois, tu me feras plaisir en m'en-
« voyant un seul mot qui me dise où tu es, et si tu as
« réussi à mettre à l'abri du siège tous ceux qui te
« sont chers.

« Les miens sont en bonne santé à Lyon, et quant
« à moi, comme tu peux le voir, je suis *provisoirement*
« à l'abri du danger; je dis provisoirement, car, comme
« tu dois le savoir, je suis compris dans la catégorie
« des célibataires de 25 à 35 ans, et je m'attends d'un
« jour à l'autre à recevoir mon billet de départ; et je
« m'en irai, pas bravement et héroïquement, ça n'est
« pas dans mes allures, mais simplement, comme les
« camarades, et je tâcherai de faire peur aux Prussiens
« pour ne pas être obligé d'en tuer.

« Triste et ignoble affaire, va, qui transforme en
« bouchers tant d'honnêtes garçons. C'est écœurant.

« Tout à toi.

FABRE.

« Amitiés à Mazade.

« As-tu des nouvelles de Holtz, qui était à Verdun? »

Le canon gronde toute la journée.

Le soir, un régal: Sous la lampe, lecture à haute voix, dans le *Temps*, du Courrier de Paris de Francisque Sarcey.

Bien typique et vivant son tableau humoristique de notre Garde nationale; ceci, entre autres, que chacun de nous a pu voir :

— Après une nuit de garde au rempart :

« La diane a sonné! le camp s'éveille. Tous les gardes nationaux
« sortent dans des tenues impossibles; l'un s'est enveloppé dans une
« vaste robe de chambre et se promène gravement, la pipe à la bou-
« che, sous cet accoutrement peu guerrier; l'autre disparait sous une
« vaste couverture, d'où la tête émerge par un trou rond. Les plaids
« d'Écosse, les pardessus américains en caoutchouc, les peaux de bêtes
« roulées à la taille, les manteaux qu'on rejette sur l'épaule, tous les
« costumes les plus invraisemblables se sont donné là rendez-vous!

« Et quels visages! tous fatigués par une nuit d'insomnie; on est « morne, affaissé, et les dents claquent lugubrement. Ah! dame, ce « spectacle n'a rien d'héroïque, et si vous voulez prendre une haute « idée de la garde nationale, ce n'est pas à cinq heures du matin qu'il « faut la regarder.... »

Mercredi 5 Octobre.

Les tailleurs pour gardes nationaux travaillent jour et nuit et fournissent aux mairies 10,000 vareuses par jour.

Et les képis! Je ne quitte plus mon képi; je sors en képi; Tout le monde est en képi; l'épicier sert son poivre, son café, son sucre en képi, le coiffeur rase et *schampoigne* en képi, le chiffonnier farfouille en képi, le gentilhomme du faubourg Saint-Germain, en képi, conduit sa charrette anglaise, son Lefaucheux à ses côtés. Les berges de la Seine sont agrémentées de nombreux képis pêchant à la ligne.....

Et la bande rouge du pantalon! Elle tire les yeux jusque sous le tablier blanc du garçon de café.

Lecture du soir, dans la *Revue des Deux-Mondes*, de:

L'*Invasion de la Lorraine*, par Alfred Mézières (1).

Et trois poésies de l'académicien Auguste Barbier; **Devant l'ennemi** : I. *Les fils des Huns.* — II. *Aux Allemands.* — III. *Macte animo!*

Strophes de la seconde pièce :

« Qu'as-tu fait, Allemagne? en ce conflit nouveau
« Tu t'es mise à la suite
« D'un féroce ministre et de son Roi dévot,
« Bombardeur hypocrite.

« Toi, que l'on estimait parfum d'honnêteté
« Et fleur de poésie,
« Tu n'avais dans le cœur, sous masque de bonté,
« Que basse jalousie!

(1) Mézières, un de nos fidèles commensaux des dîners de Noël chez M. Elwall, avec Lenient, le Dr Péan, Hervé, Boutmy, etc.., (de l'Académie Française depuis le 29 janvier 1874).

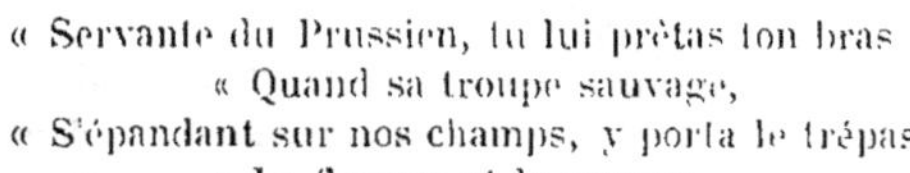
« Servante du Prussien, tu lui prêtas ton bras
« Quand sa troupe sauvage,
« S'épandant sur nos champs, y porta le trépas,
« La flamme et le ravage.

. . . .

. . . .

« Mais va, ton châtiment s'avance, car après
« Cette horrible campagne,
« Le venin de la Prusse en toi reste à jamais,
« Et morte est l'Allemagne!

Jeudi 6 Octobre.

Il n'y a plus de *sergents de Ville*. On en a assommé plusieurs et même jeté un dans le canal. Remplacés par des *gardiens de la paix*, (de quelle paix, mon Dieu?) On n'en voit plus. Le képi du garde national fait la police. D'ailleurs liberté entière. J'ai vu un képi tirer sur des pierrots, dans les arbres des Champs-Élysées. Souvent aussi, comme beaucoup d'autres, je fais mes courses avec mon fusil sur l'épaule, sans besoin et sans ordre, simplement pour une contenance, déjà une habitude!... et ça me semble tout drôle, à moi qui ne chasse pas, qui n'ai pas le moindre goût pour la chasse, uniquement parce qu'il me répugne de tuer..... de tuer quoique soit..... (si ce n'est par exemple, faut-il le dire?..... une puce...., dont l'écrasement — clac! — m'est une douce joie de vendetta!)

A Mesdames de MAZADE, Beaumont-sur-Oise.

(Par Ballon Monté) (1)

Paris, jeudi 6 Octobre.

Bonnes Sœurs,

Nous sommes toujours très inquiets et impatients d'avoir de vos nouvelles. Depuis que je vous ai quittées

(1) Cette lettre a été remise secrètement à tante Victoire, environ un mois après, un dimanche, pendant qu'elle allait à la messe, par un ancien facteur, Étienne, qui, déguisé en ouvrier fumiste, continuait son service patriotique, à la barbe des prussiens, en cachant les lettres dans un tuyau coudé, porté sur son épaule.

le 11 septembre, il y a bientôt un mois, nous n'avons eu que quelques nouvelles indirectes, et encore remontent-elles au passage des Prussiens. Nous voudrions savoir si vous n'avez eu à souffrir d'aucune façon; l'absence de nouvelles nous affecte beaucoup.

Nous, bien que tristement bloqués dans Paris, nous sommes tous en bonne santé, mais fort tourmentés à votre égard.

Quand donc pourrons-nous aller vous embrasser?

Je vous écris à tout hasard, très incertain que la présente lettre puisse vous parvenir; mais combien nous serions heureux, si vous pouviez nous faire tenir une bonne réponse! Informez-vous, prudemment, s'il n'y aurait pas moyen, par Tours, par pigeons voyageurs.

Nous vous embrassons avec la plus tendre affection.

L. DE M.

De Saint-Denis, 6 Octobre — *Service Militaire.*

Lettre de Tollemer me priant d'aller chez lui prendre une petite boîte contenant les portraits de ses parents défunts, sa montre, etc...

Vendredi 7 octobre.

Départ de Gambetta dans le ballon-poste *l'Armand-Barbès* avec Spuller, l'aéronaute Trichet, et des pigeons voyageurs (1).

---

(1) Ce ballon, après de nombreuses péripéties, après avoir essuyé le feu des ennemis à son passage sur Saint-Leu d'Esserent, Chantilly, Creil, est descendu, dans une situation très critique, sur un gros chêne, abattu depuis, du bois de Favières, commune d'Épineuse, près Clermont de l'Oise. Les voyageurs, sauvés et recueillis par M. Dubus, maire d'Épineuse, ont été conduits à Montdidier, d'où ils gagnèrent Amiens et Tours.

Un monument commémoratif a été élevé à Épineuse par souscription, et inauguré le 13 octobre 1889, par le même Spuller, alors ministre des affaires étrangères, assisté de l'académicien Janssen et de Wilfrid de Fonvielle, en présence du Préfet de l'Oise et du Sous-Préfet de Clermont, Chaudey, fils du malheureux Chaudey, un vrai républicain de la veille, une vieille barbe, que les communards ont fusillé en mai 1871! (Sous-préfecture donnée au fils à titre de réparation et de consolation de l'assassinat du père). Après la cérémonie d'Épineuse, dont les honneurs ont été faits par le principal survivant du sauvetage, M. Dubus, juge de paix à Mouy, un banquet par souscription a été offert au Ministre dans la grandiose salle des fêtes de l'Hôtel-de-Ville de Clermont. Victor Pillon-Dufresnes, conservateur honoraire de la Bibliothèque de la Ville, était un des convives.

Il va stimuler à Tours les trois délégués de la Défense Nationale, Crémieux, Glais-Bizoin et l'amiral Fourichon.

Ville assiégée, ville prise, dit-on, quand elle n'est pas secondée par une armée de secours! Or, nous avons en province deux armées de 80,000 hommes, qui marchent sur Paris à notre délivrance.

Promenade le soir sur les boulevards. — Orateurs en plein vent sur les bancs, discutant les nouvelles de toutes sortes... que des Dames de Versailles auraient dansé à un bal donné par les Prussiens, etc, etc.

A M. L. TOLLEMER, 9me compagnie des chasseurs à pied de la garde, 28me régiment de marche, à Saint-Denis.

Paris, 7 Octobre.

Mon cher Ami,

Je reviens de chez vous; la concierge avait reçu votre lettre annonçant ma visite. Un billet a été présenté; on a répondu que vous étiez parti pour l'armée; vous savez d'ailleurs que l'échéance de tout effet est, depuis le 14 août, prorogée de deux mois, délai qui va probablement être encore allongé.

J'ai emporté la boîte, j'y réunis l'argent de votre dépôt du 8 septembre, savoir,... etc..., et j'attendrai vos indications.

Au revoir, mon cher ami, nous vous souhaitons de tout cœur de ne recevoir aucune égratignure.

A. DE M.

Samedi 8 Octobre.
3 0/0 51.90
Nord 780.
Décès : 3me sem. 1483.

Une aubaine :

Le *Petit National* reproduit un journal de Rouen, apporté par un voyageur qui a pu traverser les lignes Prussiennes... « La province se lève en masse... »

Avec son aide..., et la notre, à bientôt la délivrance !

A 2 heures, j'entends battre le rappel. Je cours au balcon. Il passe déjà sur le boulevard une file interminable de gardes nationaux, la crosse en l'air, se dirigeant vers la rue de Rivoli. Je descends en hâte, et rejoins mon bataillon. Nous allons à la place de l'Hôtel-de-Ville, que nous trouvons pleine d'une énorme foule, menaçante, hurlant sur l'air des lampions :

La Commune! La Commune! Élections! Élections!

C'est l'œuvre de Gustave Flourens, le major Flourens, l'exalté, le forcené Flourens!

A 3 heures, nos bataillons, baïonnettes ôtées des fusils, refoulent la multitude, aux cris de : Vive la République! A bas la Commune!... et s'emparent de la place, qui se trouve bientôt nette, et entourée d'un épais cordon militaire. Le Gouvernement provisoire a pu ainsi sortir de l'Hôtel-de-Ville. Du discours de Jules Favre adressé à la foule, j'entends distinctement ces paroles :... « C'est la voix du canon qui tonne, et qui nous dit à tous où est le devoir. »

Ensuite les membres du Gouvernement font le tour de la place, aux acclamations unanimes.

La manifestation de la Commune est étouffée par la contre manifestation, par le concours spontané de la population, sans qu'il y ait eu de sang versé.

Dimanche, 9 Octobre.

Au *Journal de Paris*, Ed. Hervé soutient loyalement le Gouvernement et, tout en admettant la nécessité des élections municipales, il le félicite de les ajourner, « parceque, dans l'état des choses, elles se « feraient uniquement contre lui, non par un acte régulier de la vie « publique, mais révolutionnairement. »

Ch. Monselet, dans son Courrier de Paris du *Monde Illustré*, adresse un sympathique adieu au chansonnier Alexandre Flan, l'auteur des strophes enflammées que j'ai citées le 28 septembre, l'auteur aussi des *Rythmes Impossibles, etc...* qui vient de mourir encore jeune d'une mort restée mystérieuse :

« La guerre, déjà cause de la suspension de son journal hebdoma-
« daire *La Chanson Illustrée*, lui ferma les petits théâtres, où il trou-
« vait son pain quotidien. Alors, il tomba dans la tristesse et dans la
« douleur. Il erra pendant quelque temps à travers Paris pour y dis-
« tribuer ses dernières poignées de main. Puis, un jour, *le Caveau*
« apprit la mort de son président...

« Le Caveau ! je suis le seul qui y pense et qui en parle à l'heure
« qu'il est !..... »

Promenade avec Céline, à Saint-Denis. On a des appétits fous de campagne, d'échappée, d'envolée, quelque part, pas bien loin. Visite à Tollemer, qui accepte avec bonheur un pot de confitures de Ronquerolles. J'en emporte aussi, d'ailleurs, souvent au rempart, sans fausse honte, comme un collégien.

Continuation de la promenade dans l'Ile Saint-Denis.

A Tours, chaude Proclamation de Gambetta.

Lundi, 10 Octobre.

Convocation de ma Compagnie par le capitaine Salleix, pour jeudi matin, 8 heures, 25, rue Palestro, magasins de M. Leroux, à l'effet de procéder **à l'élection d'un Conseil de famille** qui devra être composé de : Un officier, un sergent, un caporal et **huit simples gardes nationaux.**

Combat toute cette nuit à Villejuif. Les Prussiens rejetés sur Choisy-le-Roi.

Grandes bottes d'égoutier pour monter mes gardes, 20 francs.

Mardi 11 Octobre.

Visite à Jules Claretie, dans son bureau, à l'Hôtel-de-Ville, dont la place est encore une fois occupée militairement, sur la menace, restée vaine, d'une descente des bataillons de Belleville, sous les ordres de ce diable de *major Flourens.*

Claretie a donné sa démission de Secrétaire de la Commission des Papiers de la famille Impériale. Il est chargé maintenant de fonder une Bibliothèque populaire dans chacun des arrondissements de Paris, ce qui ne l'empêche pas de faire, aux remparts et hors des bastions, son service de garde national, *trop galonné,* dit-il lui-même, dans l'État-Major.

Il me fait visiter en détail ce magnifique Hôtel-de-Ville, point de mire de toutes les Révolutions, avec tous ses services, bien accrus et mouvementés depuis la guerre.

Ed. Hervé, dans son *Journal de Paris,* ne cesse de répéter « qu'un « des premiers soins du Gouvernement de la Défense Nationale doit « être d'exercer sur l'Europe une action diplomatique aussi prompte « qu'efficace. »

Un des pigeons emportés par Gambetta rapporte une dépêche annonçant son arrivée à Montdidier.

Trop de visiteurs à Saint-Denis; on n'y entrera plus qu'avec un laissez-passer.

« *Après le combat d'Artenay, Von der Tann, avec le 1er corps Bava-« rois, une division d'Infanterie prussienne, et une division de cavale-« rie, occupe Orléans.* »

Mercredi 12 Octobre.

Ce matin, à 8 heures, le grand ballon, *Le Washington.* part de la gare d'Orléans avec 300 kilos de dépêches et 30 pigeons voyageurs.

Voilà nos lettres envolées! Nos tantes bien aimées vont peut-être recevoir de nos nouvelles! Pourront-elles nous en donner des leurs par un de ces pauvres chers petits pigeons échappé au tir impitoyable des Allemands, par un de ces amours de doux messagers de siége, que chante ainsi le grand poète :

. . . . « L'oiseau
« Ignore, et doux lutteur, à travers ce réseau
« De nuée et de vent qui flotte dans l'espace,
« Il vole, il a son but, il veut, il cherche, il passe.
« Reconnaissant d'en haut fleuves, arbres, buissons,
« Par dessus la rondeur des blêmes horizons.
« Il songe à sa femelle, à sa douce couvée,
« Au nid, à sa maison, pas encor retrouvée,
« Au roucoulement tendre, au mois de mai charmant;
« Il vole ; et cependant, au fond du firmament,
« *Il traîne à son insu toute notre ombre humaine;*
« Et tandis que l'instinct vers son toit le ramène
« Et que sa petite âme est toute à ses amours,
« Sous sa plume humble et frêle il a..... les noirs tambours,
« Les clairons, la mitraille éclatant par volées,
« La France et l'Allemagne éperdument mêlées,
« La bataille, l'assaut, les vaincus, les vainqueurs,
« *Et le chuchotement mystérieux des cœurs....* » (1).

Deux brillantes reconnaissances : à Avron par les mobiles du Tarn etc. (Reille), et au delà de la Malmaison par les mobiles Bretons, etc, (Ducrot) On ne reconnaît déjà plus les lourdauds d'il y a un mois.

La formation d'un corps d'amazones est interdite.

Monseigneur Darboy, Archevêque de Paris, autorise le gras les jours maigres.

Apparition des premiers timbres-poste à l'effigie de la République.

Jeudi 13 Octobre.

Procès verbal des élections du Conseil de famille de la Compagnie.

ÉLECTIONS DU CONSEIL DE FAMILLE

Le 13 Octobre 1870, 8 heures du matin, 25, rue Palestro.

Le bureau des élections a été composé : de MM. Salleix, capitaine en 1er, délégué par la Mairie du IIe arrondissement, Président ; Brézillon, capitaine en second ; Aigouy, sous-lieutenant ; Lécuyer, Lemerle, Gasse, gardes, scrutateurs.

(1) Victor Hugo *(L'Année Terrible)*.

Inscrits 221. Votants 189 (Scrutin secret).

OFFICIER

M. *Goury* Lieutenant *115 voix*

SERGENT

M. *Godard* *69*

CAPORAL

M. *Dumont* *64*

GARDES

1. — M. *Aucler* *150*
2. — M. *Giot* *127*
3. — M. *Leroux* *122*
4. — M. *Ledoux* *111*
5. — M. *Mazade* *105*
6. — M. *Vidal* *103*
7. — M. *Wolff* *98*
8. — M. *Zuccolini* *89*

Ce procès-verbal a été clos à 11 heures 1/2, signé par le bureau, et déposé à la Mairie du 11me Arrondissement, où le Conseil de famille a été déclaré régulièrement constitué.

Lettre de convocation pour demain 6 heures 1/2 du matin, en tenue de service.

Au *Journal de Paris*, Ed. Hervé, dit : « Flourens doit être puni; il « est garde national. — Il faut élever un mur entre le citoyen, dont le « premier droit est la liberté, et le soldat, dont le premier devoir est « l'obéissance. »

Très bien ! mon cher Hervé !

Dès le 2 de ce mois, le Gouvernement a décrété que la statue de Strasbourg, sur la place de la Concorde, serait coulée en bronze, sur le même emplacement, avec inscription commémorative des hauts faits de la résistance des départements de l Est.

Dans le *Petit National* d'aujourd'hui Th. de Banville donne à nos deux vaillantes cités de Strasbourg et de Toul, tombées le 28 septembre, les palmes du martyre :

LES VILLES SAINTES

« *Certes il luira sur nos fronts*
« *Ce grand jour de nos destinées*
« *Où nous vous ressusciterons,*
« *Saintes villes assassinées!*

« **Toul!** *nous te verrons resplendir*
« *Aux pieds de tes montagnes vertes!*
« *Et Toi, qui sus encor grandir*
« *Sur tes places de sang couvertes,*

« **Strasbourg!** *après tant de douleurs,*
« *Tes remparts, dont la voix s'est tue,*
« *Seront jonchés des mêmes fleurs*
« *Que ton héroïque Statue!*

Nous commençons à nous habituer peu à peu à la viande de cheval. Mais, Mlle Mirette, très délicate, n'en veut pas; quand on lui en offre, elle secoue sa patte blanche à côté, et s'en va. Elle en fait autant devant nos terrines de pâté de foie (pâté de quoi? de foie de quoi?) Nous, nous y allons de confiance, sans plus ample recherche.

Deuxième combat de Châtillon. — Reprise de **Bagneux**, enlevé par les mobiles de la Côte-d'Or, dont le commandant, le comte de Dampierre, est grièvement blessé, et meurt le soir même, en héros et en chrétien. Il a 33 ans.

« *A Tours, activité extrême de Gambetta et de Freycinet son lieute-*
« *nant. Le général La Motte Rouge (15e corps) 25,000 hommes, remplacé*
« *par le général d'Aurelle de Paladines, énergique et vigilant.*

« *Le 16me corps (20,000 hommes) est créé à Blois.* »

Vendredi 14 Octobre.

De garde aux fortifications, bastion 53, Porte Maillot. — Dinette avec les 5 camarades, Blazy, Lécuyer, Deschamps, Bégenne et Soulier. Nous savourons **un gras**, autorisé maintenant, qu'on peut qualifier **maigre**. Chacun apporte son plat, plus ou moins orthodoxe : « Passe-moi de ce que tu as, je te passerai de ce que j'ai ». En somme, petit festin très varié.

Armistice, de 11 heures à 5 heures, pour laisser les Prussiens enterrer leurs morts.

Le château de Saint-Cloud est en flammes !

A M. A. de M..., Paris.

Auxone, 14 Octobre.

Monsieur et Madame, (1)

Ayé la bonté de medire si vous avé recu ma lettre de Tour, si les lettre corresponde, j'ai été pour le 2me ouzave et l'on m'a reversé dans le 12me B^{llon} de chasseur à pied où nous somme pas tres bien pour le moment, on couche sur les planches. Je raconterais les misères de mon voyage à mon retour. Surtout ne manqué de me donner des nouvelles de Paris et Ronquerolles.

Galibardi est passé à Dijon le 12 courant pour aller à Épernet former l'armée de la Loire que nous espérons rejoindre sous peu, rien autre à vous dire pour le moment que je ne suis pas tres bien portant et que je m'ennuye beaucoup de mon petit Camil.

---

(1) Cette lettre n'a été reçue qu'après le siège de Paris.

Bien le bonjour à M. et Mme de Mazade père et à Mme Alexandre. Sur tout je souhaite bonne chance.

Votre dévoué serviteur,

MUTIN (Louis)

12me B^{llon} de chasseur à pied compagnie provisoir à Auxonne armée du Rhain réponse si vous pouvé.
Mort aux prussiens.

Samedi 15 Octobre.
3 0/0 52.90.
Décès 4me sem. 1610.

Malgré le sursis de la Loi, nous n'hésitons pas à payer notre terme. — Ce maudit siège ne sera pas éternel, que diable!

Jour de *La Revue*. J'y trouve :

L'*Invasion en Alsace* par A. Mézières.

Une Lettre de l'académicien Vitet sur la situation.

Et la suite d'une étude de Ch. de Mazade sur *Lamartine*, commencée le 1er août par *Sa Vie littéraire*. Aujourd'hui, c'est *Sa Vie politique, sous le Gouvernement de 1830.*

Dans la Chronique de quinzaine, je note ceci :

« Ce serait la puérilité la plus singulière de nous bercer encore de « toutes ces idées que tous les soldats Allemands, épuisés de misère, « envahis par la nostalgie ou découragés par les obstacles, n'aspirent « qu'à reprendre le chemin de leur pays, sans aller jusqu'au bout de « l'œuvre qu'ils ont entreprise ....

« Un mois perdu par la Prusse dans l'immobilité et l'inaction, ou, si « l'on veut, par des concentrations nécessitées par la distance.... c'est « un mois gagné pour nous... pour tous nos moyens de combat, qui se « régularisent et se décuplent... »

Chaudey, l'ami intime de feu notre cousin P.-J. Proudhon, est nommé maire du IXme arrondissement, en remplacement de Ranc, démissionnaire. Notre ami Auguste Thiébault, avoué, est membre du bureau de bienfaisance de cet arrondissement.

LA POPULACE

Qui t'aidera, prince ou bandit,
Qui veux te mettre à notre place?
Monsieur de Bismarck nous l'a dit :
Il compte sur la Populace,
Sur ce qui se vautre à genoux,
Sur ce qu'on pille et qu'on assomme!
— Nous n'avons pas cela chez nous,
Vous pouvez repasser, brave homme;
Ici nous sommes **Peuple,** *et non*
Populace (erreur n'est pas compte!)
Le doux mot **France** *est notre nom;*
Enfin, chez nous, Monsieur le comte,
L'enfant même, aux hommes pareil,
Porte en lui les biens qu'il adore :
L'Amour, clair rayon de Soleil,
Et la Liberté, cette Aurore!

BANVILLE *(Petit National).*

Dimanche 16 Octobre

A la Madeleine, service funèbre du commandant de Dampierre, tué à Bagneux jeudi dernier. — Une foule énorme malgré la pluie. — Émouvante allocution de M. le curé Deguerry.

Promenade au Point du Jour.

Lettre du général Trochu à Étienne Arago, Maire de Paris :

«... Je suivrai jusqu'au bout **le plan** que je me suis tracé, sans « le révéler »....

. . . .

Ayons confiance dans ce plan secret, qui doit être sage et bien muri, de Trochu *cunctator.*

Et toujours espoir, et plus que jamais patience, abnégation, courage!

Il nous parvient un numéro du *Standard* du 4 courant et un du *Globe* du 11 : Bazaine se bat et cherche un passage ; 300 canons venant d'Amérique sont arrivés à Bordeaux ; Garibaldi est à Tours, où il a reçu en même temps l'accolade de Crémieux et de l'Archevêque...

Boîte pour blanc d'Espagne, etc. 2
Couvre-képi et pompon de képi. 2.40.

Lundi 17 Octobre.

De garde aux Fortifications. Je commence à très bien m'y faire.

Rumeurs ! On dit que Bourbaki a quitté Metz avec un sauf-conduit prussien....

On critique vivement la mollesse du Gouvernement. Un garde dit : « *Trochu!* Un homme? Allons donc ! Otez l'*h!* voilà son vrai nom ! »

Création dans chaque bataillon d'une compagnie de marche de 150 volontaires. Les amis Glaçon et Le Roy en sont déjà.

Les légumes frais et les fruits commençant à manquer totalement, on organise des compagnies de pourvoyeurs, pour en récolter dans les environs de Paris.

Mardi 18 Octobre.

Les queues aux boucheries s'allongent... toujours calmes, silencieuses, sans plaintes, sans murmures.

Lettre très digne de J. Favre aux représentants diplomatiques à l'étranger, dans laquelle il rétablit les faits dénaturés par Bismarck.

Résistance héroïque de Châteaudun, *avec 1200 hommes de garnison, 800 francs tireurs, et 300 pompiers et gardes nationaux, pas un canon, pas un cavalier... contre 12,000 hommes et 24 canons de la 22me division Allemande. — Luttes à la baïonnette, corps à corps, tuerie, massacre, pillage, incendie de 225 maisons (1).*

---

(1) On peut en lire le sinistre récit sous le titre « Un anniversaire » dans le *Régional* de Beaumont-sur-Oise du 29 octobre 1891 (annexé à mon *Petit National* de 1870-1871).

(160 bis)

A Mmes DE MAZADE, Beaumont-sur-Oise (Seine-et-Oise).

Paris, 18 Octobre 1870.

Bonnes Sœurs,

Nous sommes toujours sans nouvelles de Beaumont, ce qui est notre plus grand tourment. Nous avons depuis quelques jours des *on-dit* très inquiétants sur divers faits qui se seraient passés au détriment de Beaumont et aussi de plusieurs habitants, même de M. le Curé, du Vicaire, enfin choses tout à fait alarmantes. Nous espérons que ce sont des nouvelles fausses, comme on en a déjà répandu sur divers pays depuis quelque temps; mais nous serions bien désireux d'avoir une certitude; car c'est à n'y pas tenir de rester si longtemps sans savoir positivement comment vous allez, comment vous vivez, si vous manquez de quelque chose, si vous avez encore assez d'argent; enfin si rien de malheureux ne vous est arrivé, soit à vous, soit aux domestiques et aux jardiniers.

La maison a-t-elle été endommagée? Nous espérons que personne chez nous n'a été hostile et qu'alors vous n'avez éprouvé aucune peine matérielle.

Les personnes de Beaumont que nous voyons ici sont comme nous sans aucune nouvelle certaine; ce qu'on dit n'a aucun caractère de vérité; mais l'incertitude est on ne peut plus pénible. Quand donc pourrez-vous nous envoyer de vos nouvelles détaillées?

Alexandre fait son service de garde national; il a descendu sa garde ce matin, venant de l'enceinte; ce service n'offre quant à présent aucun danger.

Édouard, à cause de sa chute de cheval, ne fait pas de service.

Céline et Marie vont bien.

Clarisse est fort inquiète sur vous, c'est ce qui la tourmente le plus; elle sait que Victoire n'était pas bien lors de mon départ de Beaumont; elle craint pour sa santé.

Et Fanny, comment va-t-elle?

C'est une constante et mortelle inquiétude de ne rien savoir.

Depuis que je suis revenu à Paris, je n'ai pas cessé de voir M. Devailly; il vient tous les huit jours. Je vais toujours de mieux en mieux. Cependant j'ai besoin de soins, je suis sans cesse oppressé; je me ménage, mais ne guéris pas complètement.

Nous n'avons aucune nouvelle de Ronquerolles, pas plus que de Beaumont.

Quand donc pourrons-nous vous embrasser?

Votre frère affectueux,

L. de Mazade (1).

---

(1) Cette lettre est annexée à mon Recueil de titres de Généalogie de la famille.

Mercredi 19 Octobre.

Par pigeon, dépêche de Gambetta, annonçant la présence de Bourbaki et l'arrivée prochaine de Thiers, à Tours.

Sellier, mobile de la Seine, qui chaque jour tue ou capture son Prussien, est mis à l'ordre de l'armée.

Jeudi 20 Octobre.

CONSEIL DE FAMILLE

92me BATAILLON. — 8me COMPAGNIE.

1re Séance.

Procès-verbal du **Jeudi 20 Octobre 1870**, à 1 heure, au domicile de M. Goury, faisant fonctions de président, en l'absence de M. Salleix, capitaine. — Présents : Dumont, Aucler, Giot, Leroux, Ledoux, A. de Mazade, Vidal, Wolff, Zuccolini.

Le Conseil décide :

1° De fixer à Soixante-quinze centimes par mois la **cotisation obligatoire** à fournir par chaque garde de la Compagnie, gradé ou non gradé, pour les dépenses nécessaires, telles que paiement des tambours et clairons, frais d'imprimés, etc, etc...

2° De créer **une caisse de famille**, au moyen d'une cotisation facultative mutuelle et mensuelle, pour former un fonds de secours. Le Conseil de famille sera juge souverain de l'emploi des fonds.

« Le Gouvernement vient de donner satisfaction à l'opinion pu-
« blique, en révoquant le maire du XIme arrondissement, Jules Mottu,
« qui s'est signalé par une déplorable campagne contre les crucifix et
« les Écoles Chrétiennes.

« (Ed. HERVÉ, *Journal de Paris*) ».

Il n'est question, depuis quelques jours, que de la nécessité immédiate d'augmenter à l'infini le nombre de nos canons. Nous allons tous y concourir. *Le Petit National* de ce soir en réclame ardemment par voix retentissante de son poète :

« *Des canons! des canons! que la fournaise fume!*
« *Que le rouge brasier dans le sable s'allume,*
« *Et qu'aux pieds du fondeur immobile et serein*
« *Coulent des flots de bronze et des ruisseaux d'airain!* »

« *Puisque c'est aux canons qu'appartient la victoire,*
« *Il en faut, pour chasser la horde immense et noire*
« *Qui convoite déjà Paris comme un butin!*
« *Eh bien! pour acheter du cuivre et de l'étain,*

« *Donnons notre or, donnons nos derniers sous de cuivre,*
« *Et que la flamme folle, ardente et de joie ivre,*
« *Coure et flamboie, et sous ses furieux baisers,*
« *Torde fiévreusement les métaux embrasés!*

« *L'or, l'inutile argent, les joyaux de nos femmes,*
« *Etc..., etc..*

Vendredi 21 Octobre.

Conseil de famille, 2me *Séance :* 9 heures du matin.— chez M. Leroux, rue Palestro, 25. — Présents : MM. Goury, lieutenant, faisant fonctions de président, en l'absence de M. Salleix capitaine; Godard sergent; Dumont caporal; Aucler, Giot, Leroux, Ledoux, de Mazade, Vidal, Wolff, Zuccolini, gardes.

Le Conseil nomme son bureau, le capitaine étant président de droit :

M. A. de Mazade, *secrétaire*;

M. Leroux, *trésorier*.

(Suivent les signatures).

A 2 heures, Élections par toute la Compagnie de son nouveau cadre, après la démission du capitaine Salleix.

Capitaines : en 1er Goury ; en 2me Verciat; *Lieutenants :* en 1er Labille, en 2me Godard (Jules) ; *Sous-Lieutenants :* en 1er Aigouy, en 2me Vetter (François); *Sergent-Major :* Cadet ; *Sergent-Fourrier :* Besomb ; *Caporal-Fourrier:* Deléage; *Tambour :* Godard (Zacharie); *Sapeurs :* Becker, Fromaget.

Les Prussiens fusillant les francs tireurs et tous prisonniers n'appartenant pas à un corps régulier, chaque garde national est porteur

TROCHU
Française
1870
Louis
1816
Garde Nationale
Bataillon
Compagnie
Paris

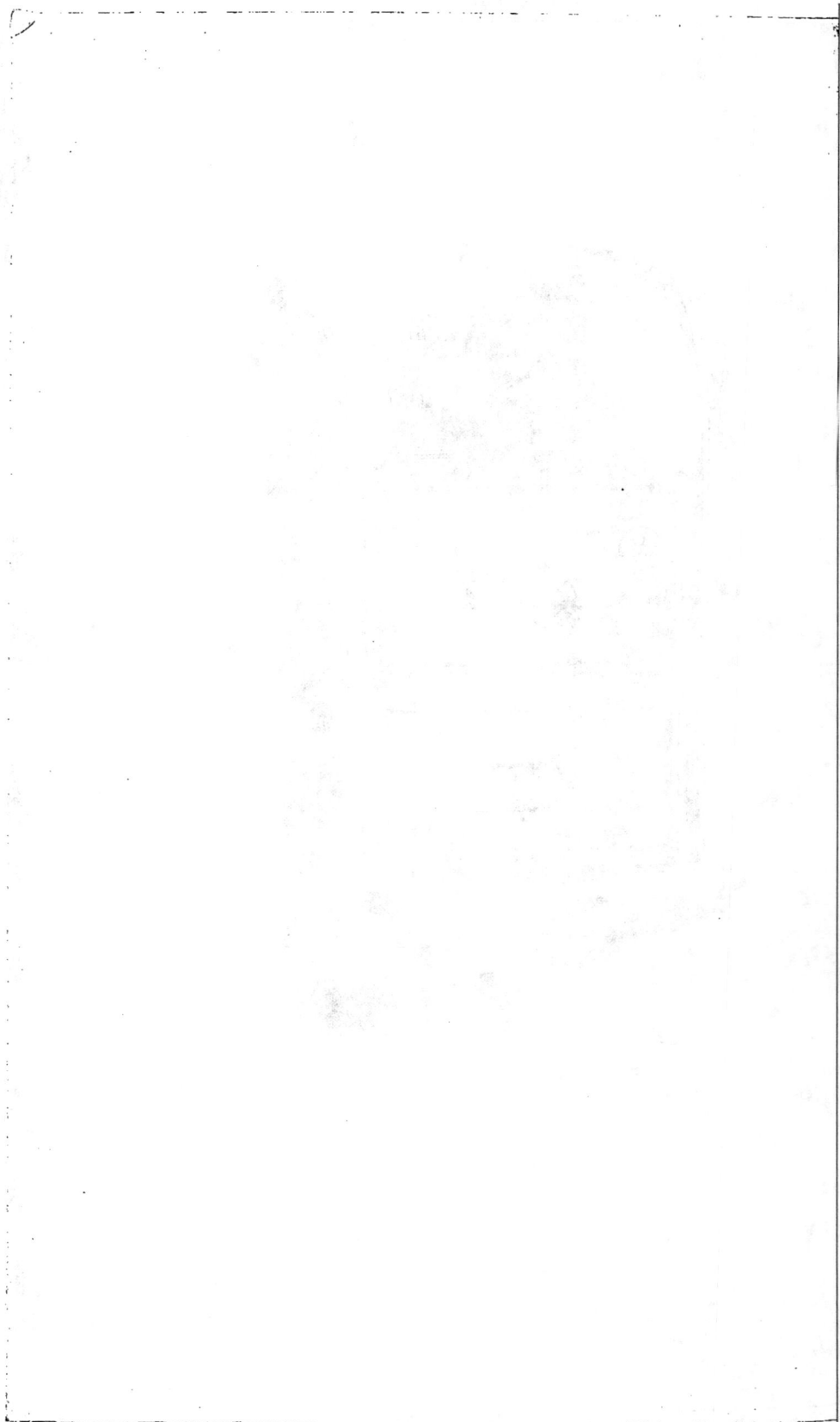

d'une **carte d'identité**, signée par le Commandant du bataillon et le Capitaine de la compagnie. Je fais faire et j'y joins ma photographie en garde national.

Bien jolie! un air crâne, presque féroce!

Affaire de la Malmaison et la **Jonchère.** (Ducrot).

Ch. de Mazade fils y prend part.

Héroïsme des zouaves, *qui se relèvent brillamment de leur mauvaise journée* du 19 septembre. Il s'en faut de peu que nous atteignions Versailles. — Les Prussiens sont chassés de la presqu'île de Gennevilliers.

Le soir, lecture à haute voix, mon père et ma mère présents.

Qu'il est donc amusant ce Sarcey!

Très drôle, son Courrier *du Temps* de ce soir. Et comme c'est ça!

« Paris ne s'est jamais si bien porté... C'est un plaisir de voir comme « les santés fleurissent en état de siège. Que voulez-vous? La misère, « monseigneur, disait Figaro... Nous ne mangeons pas, nous dévorons. « C'est un symptôme bien curieux à observer: jamais les Parisiens « n'ont manifesté un tel appétit que depuis qu'on leur parle de se rationner. Ah! mes amis, qu'il fait donc faim dans une ville assiégée! Je crois que c'est parce qu'on y pense. Qui de nous s'était jamais inquiété du menu de son dîner? Sauf aux jours de fête, on « mangeait au hasard, et l'on se reposait de tous les soins de la cuisine « ou sur la ménagère ou sur le domestique. Voilà que nous ne passons plus devant une boucherie, sans y jeter un regard de convoitise. « L'épicier, chez qui se rangent en file d'étincelantes boîtes en ferblanc, toutes pleines de mystères gastronomiques, nous fait l'effet « d'un ange descendu sur la terre; nous jetons sur son tablier blanc « un regard mouillé de reconnaissance.

« Et quelle bonne humeur!...,

« Il n'y que le soir... Ah! le soir on est triste... (1) »

Ma foi, non, maître Sarcey, on n'est pas triste, quand on a sous les yeux de quoi s'égayer comme ce soir.

Samedi 22 Octobre.
3 0/0 52.80.
Décès, 3me sem. 1746.

3me séance du Conseil de famille. — Règlement des conditions de la caisse de famille

---

(1) Ces Courriers ont été réunis en un volume paru en 1871 sous le titre: *Le Siège de Paris*. Impressions et Souvenirs.

Trève de part et d'autre. Chacun ramasse ses morts.

La rue du Cardinal Fesch prend le nom de rue de Châteaudun.

Hier, des insensés ont renversé et jeté à la Seine la statue de Napoléon Ier, du Rond-Point de Courbevoie (l'ancienne statue de la colonne Vendôme, à la redingote et au petit chapeau)!

Comme c'est bien l'heure d'insulter à nos gloires anciennes!

Le *Journal de Paris* dit, par la plume d'Ed. Hervé :

« Notre jeune armée de Paris s'aguerrit de jour en jour. Hier nos ba-
« taillons de mobiles et nos régiments de marche ont enlevé les hau-
« teurs de la Jonchère et réoccupé un instant Montretout. Sans ris-
« quer de grandes batailles, nous regagnons pied à pied sur l'ennemi
« le terrain qu'il nous avait enlevé un jour de surprise. »

---

4 boisseaux de pommes de terre, 12 francs.

•◆•◆•◆•◆•

Arrivée à Lille du général Bourbaki envoyé par le Gouvernement de Tours après sa romanesque sortie de Metz, pour prendre le commandement supérieur de l'armée du Nord (Ch. de M.) Rappelé presque aussitôt sur délation. (1)

A MM. les Membres du Conseil de famille de la 8me compagnie du 92me bataillon de la Garde nationale.

Paris, le 22 octobre 1870.

Messieurs,

Nous avons l'honneur de vous transmettre copie :

1° D'une lettre que nous adressons ce jour au capitaine de la Compagnie dont vous faites partie;

(1) Les faits imprimés en italiques, à la fin des journées, au dessous de ce filet •◆•◆•◆•◆• sont ceux que je n'ai connus qu'après le siège.

2° D'un ordre du Commandant supérieur des Gardes nationales de la Seine, en date du 11 de ce mois ;

3° D'un extrait du *Journal Officiel* de la République française, du 24 septembre dernier.

Nous vous prions de mettre tous vos soins à **la rectification de la liste des gardes ayant réclamé l'indemnité,** et nous comptons sur votre patriotisme pour nous aider à diminuer les charges de la République.

Recevez, Messieurs, l'expression de nos sentiments fraternels.

Les Membres du Conseil de contrôle
chargés de vérifier les comptes de la Garde nationale.

I. Lettre du Conseil de contrôle de la Garde nationale :

Au Capitaine de la 8me compagnie du 92me bataillon.

Paris, le 22 Octobre 1870.

« *Le décret du 12 septembre dernier, en permettant d'accorder une* « *indemnité de 1 fr. 50 cent. par jour aux gardes nationaux, a donné* « *lieu à des difficultés d'interprétation.*

« *D'abord on avait pensé qu'il en résultait un droit pour tous, et que* « *chacun restait libre de recevoir l'indemnité ou de l'abandonner au* « *profit de caisses communes, perdant ainsi de vue que cette indemnité* « *n'est due qu'aux gardes qui en ont fait la demande et qui en ont* « *réellement besoin. Mais on a bientôt reconnu que les plus fortes ré-* « *serves allaient se constituer dans les compagnies qui avaient à sub-* « *venir aux besoins du plus petit nombre. Telle n'avait jamais été d'ail-* « *leurs la pensée du Gouvernement de la défense nationale; son arrêté* « *du 23 septembre prescrivit les mesures nécessaires pour conserver aux* « *allocations leur caractère spécial.*

« *On s'écarterait donc de l'idée qui a inspiré le décret en conservant* « *pour d'autres destinations, même les plus légitimes, une partie des*

« *fonds provenant de l'indemnité journalière. On comprend, en effet,* « *que, pour maintenir l'ordre dans la comptabilité et empêcher des abus* « *très graves, il est nécessaire de laisser à chaque crédit sa destination.*

« *Les interprétations erronées ont en partie disparu à la suite des* « *explications contenues dans l'arrêté précité,* **à la suite du-** « **quel des restitutions ont été faites au** « **Trésor**. *Elles sont loin toutefois d'atteindre le chiffre auquel le* « *Gouvernement devait s'attendre ; et la dépense reste encore très élevée.* « *De même qu'il est devenu nécessaire de rationner nos subsistances, on* « *a dû prescrire des mesures pour ménager nos ressources financières.* « *Un premier examen des listes des gardes nationaux indemnisés a fait* « *voir qu'on pouvait obtenir une diminution de la dépense en réduisant* « *le nombre des demandes, avant de songer à réduire le montant de* « *l'allocation. Le Conseil de contrôle a donc été institué en vue de l'éli-* « *mination des gardes qui, grâce à d'autres ressources, peuvent se pas-* « *ser de l'indemnité.*

« *Mais, avant de déférer à la juridiction compétente la répression des* « *abus, le Conseil prie les capitaines de bien expliquer la pensée du dé-* « *cret du 12 septembre dernier aux hommes de leur compagnie, et de* « *rayer des listes tous ceux qui n'ont pas de motifs sérieux pour y fi-* « *gurer. Le Conseil espère qu'il ne sera pas fait en vain appel au patrio-* « *tisme des gardes nationaux, et que les hommes en état de se passer de* « *l'indemnité viendront d'eux-mêmes réclamer leur radiation.*

« *Dans le but d'uniformiser l'ensemble des états nominatifs sur les-* « *quels les agents du Trésor font le payement, vous êtes prié de faire* « *établir ces états à dater du 25 courant, avec l'aide de votre Conseil de* « *famille, dans les conditions suivantes :*

« *Les noms des gardes nationaux seront inscrits par ordre de rues et* « *de numéros de maisons.*

« *Les noms de ceux d'entre eux qui habitent des quartiers situés en* « *dehors de la circonscription de la Compagnie seront placés, à la fin* « *de l'état, par ordre alphabétique.*

« *On portera sur le titre des états, à côté des chiffres indicatifs du* « *bataillon et de la compagnie, le total de l'effectif de la compagnie.*

« *Les états de mutations seront établis d'après les règles ci-dessus in-* « *diquées pour les états complets, et, à l'avenir, ces derniers états, repré-* « *sentant la situation exacte du jour, seront dressés les 5, 15 et 25 de* « *chaque mois* ».

Les Membres du Conseil de contrôle
chargés de vérifier les comptes de la Garde nationale.

II. ORDRE DU COMMANDANT SUPÉRIEUR :

GARDES NATIONALES
DU DÉPARTEMENT
DE LA SEINE

ÉTAT-MAJOR GÉNÉRAL

ORGANISATION
DES
CONSEILS DE FAMILLE ET SOLDE

ORDRE (N° 413)

Le Commandant supérieur est souvent consulté sur l'interprétation à donner à l'article 7 de l'arrêté du 24 septembre, relatif à la solde des gardes nationaux nécessiteux.

Cet article est ainsi conçu :

« L'état nominatif sera, dans chaque compagnie, « soumis à l'examen du Capitaine, qui, **assisté « d'un Conseil de famille ÉLU,** *« aura tout pouvoir pour en faire la révision. »*

De cet article il résulte :

1° Que le Conseil de famille doit être élu dans les formes où le sont les officiers, c'est-à-dire sous la présidence du maire, d'un adjoint ou d'un délégué du maire, par les gardes nationaux de la compagnie, dont le vote secret peut porter indistinctement sur des officiers de leur compagnie autres que le capitaine, des sous-officiers ou caporaux, et **des gardes;**

2° Que le nombre des membres de ce Conseil de famille peut varier; cependant, il serait bon d'établir l'uniformité et d'en fixer, dans toutes les compagnies, le chiffre à six;

3° Que lorsque la liste des hommes se déclarant nécessiteux est établie, ce Conseil, composé de sept membres par l'adjonction du Capitaine, qui en est le président de droit, décide, à la majorité des voix, quels sont les hommes qui doivent être rayés comme n'étant réellement pas nécessiteux.

Le Commandant supérieur rappelle que les Conseils de discipline étant provisoirement suspendus et ne devant reprendre leurs fonctions que lorsque l'état de siège aura cessé, aucune amende, telle que retenue partielle ou totale de la solde, ne peut être prononcée contre un garde par un conseil quelconque organisé dans la compagnie.

Si un garde nécessiteux manque au service, le capitaine doit retenir sa solde de la journée et la restituer à l'agent du Trésor. *Rien de plus en dehors des peines disciplinaires. Si ce garde manque fréquemment aux services qui lui sont commandés, le Chef de bataillon a le droit, dont il jouit seul dans le bataillon, de désarmer et rayer des cadres ce citoyen inutile à la défense nationale, et qui, s'il est nécessiteux, cesse de toucher la solde.*

Il est recommandé au Chef de bataillon d'user de cette punition, qui est cruelle pour les nécessiteux, avec autant de modération que de fermeté. Chaque fois qu'il a recours à ce grave moyen de répression, il doit communiquer au maire de l'arrondissement le nom du garde rayé, afin que celui-ci ne puisse solliciter son incorporation ailleurs.

De graves abus sont signalés au Commandant supérieur, en matière de perception et de répartition de la solde. Il est d'autant plus résolu à appeler les rigueurs de la loi sur ces abus qu'elle punit très sévèrement, que le nombre des nécessiteux est chaque jour augmenté par l'interruption des travaux, et que c'est au préjudice de la masse de ces nécessiteux et de leurs familles que de tels détournements sont commis. Plus le devoir de soutenir les citoyens dénués de ressources est grand pour la République, plus elle est dans l'obligation de rechercher et de réprimer les gaspillages qui diminuent, au profit de quelques-uns, les ressources de la classe qui souffre.

Le Commandant supérieur fait appel sur ce point au patriotisme des Conseils de famille, dont il réclame le concours; à celui des trésoriers, dont il autorise et recommande l'institution dans chaque bataillon, et à celui des Chefs de bataillon et de leurs officiers, dont il sollicite la surveillance attentive.

Le Commandant supérieur des Gardes nationales de la Seine.

TAMISIER.

III. Extrait du *Journal Officiel* du 24 septembre *(Il est à sa date).*

A M. A. de M..., Paris.

Saint-Denis, 22 Octobre

Prière de m'adresser par la poste, 49 francs, drôle de chiffre, n'est-ce pas ? exprès, pour que la poste me paie en monnaie. Excusez ce chiffon, pas de papier, et nous partons faire une sortie.

Je vous remercie d'avance, etc.

Louis Tollemer.

Dimanche 23 Octobre.

Dépêche de Tours : « Gambetta déploie la plus grande énergie il est « parti pour trois jours à Besançon. L'armée ennemie est démoralisée. « La résistance de Paris remplit la France et le monde entier d'admi- « ration. Que Paris tienne bon, et le pays sera sauvé. »

« Steenakers »

Affreuse journée de pluie et de vent plaintif.

Grand Messe à Saint-Leu.

On ne sait que faire du reste de la journée. C'est déjà l'hiver ! noir, d'une accablante tristesse !

Je prends mon violon ! mon pauvre violon ! délaissé depuis bien des années, souvent plus de six mois sans être touché, puis joué avec acharnement tous les soirs pendant huit jours, et replongé dans le néant. Aujourd'hui je l'exhume, comme un enfant mort, de son petit cercueil ! Je tire d'un gros paquet de vieille musique les quelques morceaux de sa composition que m'a dédiés ou donnés mon ancien professeur et bon ami Michiels, *les Adieux, l'Angelus, le Rossignol, la Chasse* etc, ce malheureux Michiels, (bienheureux ! plutôt) qui n'a pas pu rentrer dans Paris ! il est, sans doute resté à Néris-les-Bains, dont il dirige tous les étés le Casino, et où cette fois l'investissement de Paris doit l'avoir retenu, avec sa femme et ses deux petites filles.

Je joue un quart d'heure, et mon bras retombe, inerte ;.... je n'y ai aucun goût..., je renferme instrument et musique, et je lis... les journaux ; mon Dieu, oui, les journaux, pas gais, non, pas gais du tout. On y rencontre de fulgurants éclairs de colère de Victor Hugo, qui vous renfoncent encore plus dans l'atroce réalité...

. . . .

« Sept. Le chiffre du mal. Le nombre où Dieu ramène,
« Comme en un vil cachot, toute la faute humaine.
« Sept princes, Wurtemberg et Mecklembourg, Nassau,
« Saxe, Bade, Bavière et Prusse, affreux réseau.
« Ils dressent dans la nuit leurs tentes sépulcrales.
« Les cercles de l'enfer sont là, mornes spirales,
« Hiver, haine, guerre, deuil, peste, famine, ennui,
« Paris a les sept nœuds des ténèbres sur lui.
« Paris devant son mur a sept chefs comme Thèbe.
« Spectacle inouï! l'astre assiégé par l'Erèbe! (1)

. . . .

A M. Tollemer, 1re compagnie du 4me bataillon du 28me régiment de marche (anciens chasseurs de la garde) Saint-Denis.

Paris, 23 Octobre.

Mon cher Ami,

Ci-inclus 49 francs, reste à vous 151 francs.

Rien de nouveau chez l'huissier.

Bonne chance dans vos sorties.

Bien à vous,

A. de M.

Lundi 24 Octobre.

Une oie grasse......................	20 fr.	»
Chocolat............................	5	60
Gilet de tricot.....................	12	»

De garde aux Fortifications, Porte Maillot, jusqu'à demain midi. M. Lebeault, pharmacien de la rue Palestro, nous prête son cheval et

(1) Vers publiés plus tard dans l'*Année Terrible*.

sa voiture, pour transporter, derrière nous, nos vivres et nos couvertures pour la nuit.

Le soir, une immense aurore boréale, tout le ciel est embrasé, écarlate. Le poste est en l'air toute la nuit, très vivement impressionné; on dit que ce phénomène inouï est signe de guerre, de feu, de sang! peut-être la fin du monde!

Mardi 25 Octobre.

Céline m'apprend qu'en voyant hier soir l'extraordinaire aurore boréale, elle a cru, comme tout le monde, à un gigantesque incendie de mon côté. Elle a fait rester dîner Eugène, et elle est venue, avec lui et Joséphine notre bonne, jusqu'au bastion, d'où elle est repartie sans m'avoir vu, bien entendu, mais rassurée. Elle est rentrée à minuit passé.

Boîte de petits pois conservés..........	5 fr.	50
Filet de cheval........................	1	45
Eau de Mélisse........................	0	85

GARDE NATIONALE DE LA SEINE

92me Bataillon. — 8me Compagnie

Reçu de Mr Mazade, 71, Bd Sébastopol, *la somme de* SOIXANTE-QUINZE CENTIMES *pour sa cotisation du mois d'* Octobre 1870.

Le Sergent-Fourrier,

Besomb.

Reçu semblable signé de Leroux, trésorier, pour la cotisation de la Caisse de Famille.

Ed. Hervé, qui a repris presque tous les jours le *Premier Paris* de son journal, s'exprime ainsi :

« M. Thiers est arrivé à Tours dans la nuit du 20 au 21. Nous ne

« savons pas s'il est permis de compter beaucoup sur les résultats de « sa tournée diplomatique, à Londres, à Saint-Pétersbourg et à Vienne. « En revanche, nous ne doutons pas que sa présence au siège de la « délégation ne rende les plus grands services. Par ses conseils, par « l'autorité de son âge et de son expérience, par son activité que les « années ont laissée aussi intacte que jamais, il concourra puissam- « ment à l'organisation de la résistance nationale. »

Mercredi 26 Octobre.

Pâté................................ 2 francs.

Pas cher, mais très mauvais, que Céline croit être du chien.

Quai Voltaire, rencontré Edmond de Goncourt. Toujours très pâle et très triste, abattu, terrassé par la mort récente de son frère. Il est entré à l'*Officiel*, allant voir sans doute Théophile Gautier, qui est revenu de Genève en septembre, tout juste pour se cloîtrer dans Paris, ou plutôt pour n'y pas abandonner ses deux sœurs qu'il n'a jamais quittées (1).

Gautier! Goncourt! ces deux noms ravivent de lointains souvenirs :

Souvenirs du Collège, où le fils de Théo a été, deux ans, de suite mon voisin d'*étude;* grand blondin chevelu, pâlot, délicat, timide, qu'il me

---

(1) Je ne me trompais pas. J'ai trouvé le récit pittoresque de cette visite dans le *Journal des Goncourt* (1870-71). Le voici :

« *Mercredi 26 Octobre*. — Je vais voir à l'*Officiel* Théophile Gautier, qu'on me « dit revenu de Suisse.

— « Pourquoi diable, ô Théo! êtes-vous rentré dans cette sinistre pétaudière ?

— « Je vais vous expliquer cela, me répondit-il, en descendant l'escalier du « journal « Le manque de monnaie, mon cher Goncourt... oui, cette chose bête « qu'on appelle *faulte d'argent*... Vous savez comment file un bilet de douze « cents... c'était tout ce que j'avais .. puis mes sœurs étaient à Paris, au bout de « leur rouleau, et voilà pourquoi je suis revenu.

« Au fond, cette révolution, c'est ma fin, c'est mon *coup du lapin*... du reste je « suis une victime des révolutions... sans blague. Lors des glorieuses de Juillet, « mon père était très légitimiste, et il a joué à la hausse sur les Ordonnances ! « Vous pensez comme ça a réussi... nous avons tout perdu : quinze mille livres de « rente... J'étais destiné à entrer dans la vie en homme heureux, en homme de « loisir; il a fallu gagner sa vie... Enfin après des années, j'avais assez bien arran- « gé mon affaire, j'avais une petite maison, j'avais une petite voiture, j'avais même « deux petits chevaux... Février met tout à bas... A la suite de beaucoup d'autres « années, je retrouve l'équilibre, j'allais être nommé à l'Académie.,. au Sénat. « Sainte Beuve mort, Mérimée crevard, il n'était pas tout à fait improbable que « l'Empereur voulût y mettre un homme de lettres, n'est-ce pas?... Je finissais par « me caser... Paf! tout fout le camp avec la République... Vous pensez bien que « maintenant je ne puis recommencer à faire ma vie... Je redeviens un manœuvre « à mon âge... un mur pour fumer ma pipe au soleil, et deux fois la soupe par se- « maine, c'est tout ce que je demande... ce qu'il y a de plus horrible, c'est l'espèce « d'hypocrisie qu'il faut maintenant que je mette dans les choses que je fabrique... « vous comprenez, il faut que mes descriptions soient *tricolores!*... »

semble voir encore. Lancé d'abord dans le journalisme, où il suppléait son père au feuilleton du *Moniteur*, traducteur d'Achim d'Arnim et autres, rédacteur au *Monde Illustré*, il a quitté les lettres pour entrer dans l'Administration. Après avoir été pendant peu de temps notre Sous-Préfet à Pontoise, il devint chef du bureau de la presse au ministère de l'Intérieur. Maintenant secrétaire particulier de Rouher, l'état actuel des choses doit lui être doublement cruel.

Souvenirs des *Concerts Pasdeloup*, au Cirque Napoléon, où presque chaque dimanche réunissait Amiard, Pillon, Husson et moi; où faisait toujours sensation l'entrée de Théophile Gautier et de ses éblouissantes filles, aux blonds cheveux flottants, Judith et Estelle, que ne quittaient pas leurs fiancés, Catulle Mendès et Émile Bergerat, poètes en herbe.

Souvenirs enfin de cette inoubliable olympiade, de 1862 à 1866,

Où nous étions clerc de notaire,
Quand voulait nous asphyxier
Cette âcre fadeur délétère
Qui monte de l'affreux dossier...

De cette vieille étude Leclerc, où l'on travaillait et riait ferme, avec Lamontagne, ce pauvre Doubledent, Amiard, Collardeau; où nous avions parfois aussi d'intéressantes distractions, fournies par la clientèle elle-même.

C'est ainsi que nous nous amusions beaucoup des entrées impétueuses, en coup de vent, de la gigantesque Mme Standish, née de Noailles, marchant comme un gendarme, une immense canne à la main, vers le cabinet du patron, où elle accompagnait le jeune duc de Mouchy, son neveu...

C'est ainsi encore que je ne pouvais me défendre d'une douce émotion, lorsque j'étais souvent témoin de la tendre et charmante intimité, de cet amour fraternel (rêve, hélas! délicieux!) des deux inséparables Edmond et Jules de Goncourt, déjà célèbres, dont je me trouvais avoir en mains les intérêts, désintéressés, de je ne sais plus quelle succession... Depuis quelques mois, Edmond est resté seul, inconsolable de la mort de Jules. Je le croise souvent (sans qu'il me reconnaisse) errant, entre le faubourg Montmartre et Auteuil, où est sa maison, l'œil hagard, un corps sans âme... il a juré, paraît-il, de ne plus toucher une plume...

Jeudi 27 Octobre.

4me Séance du Conseil de famille, 9 heures 1/2 matin.

I. Examen des Comptes du Sergent-Fourrier.

II. Vote d'une souscription pour la fabrication **d'un canon,** à offrir au Gouvernement par le 92me bataillon.

Un appel aux volontaires :

Sur la place du Panthéon est dressée une grande estrade, tendue de velours rouge, avec drapeau noir au centre et cette pancarte : **Citoyens! la Patrie est en danger!**

Foule énorme, applaudissant frénétiquement aux nombreux enrôlements qui se succèdent sans interruption.

Souscription pour l'offre d'un canon à la Défense nationale par ma 8me du 92me.

La *Pièce* porte en tête :

Les Membres du *Conseil de famille* soussignés autorisent Messieurs Gasse, Rougerie, Bégenne, à faire une quête à domicile.

Signé : Goury, A. de Mazade, Ledoux, Leroux.

Suit la liste des souscriptions, couverte de signatures.... et de nombreuses taches de pluie.

Émotion furieuse : *Le Combat*, de Félix Pyat, annonce, en très gros caractères encadrés de noir, cette effroyable nouvelle, fausse, espérons-le :

« **Le Plan de Bazaine**. Fait vrai, sûr, et certain, —
« que le Gouvernement de la Défense Nationale retient par devers lui
« comme un secret d'État, et que nous dénonçons à l'indignation de la
« France, comme une haute trahison : — **Le maréchal Bazaine a envoyé un**
« **colonel au camp du roi de Prusse, pour traiter de la reddition de Metz et de la**
« **paix, au nom de sa Majesté l'Empereur Napoléon III** ».

Était-ce simple intuition? fatale divination? pur hasard? ou secrète communication de source mystérieuse? toujours est-il qu'elle est de ce jour même, 27 octobre, cette abominable

CAPITULATION DE METZ !

avec 200000 hommes d'armée d'élite! 5 corps d'armée : le 2me (Frossard) le 3me (Le Bœuf, remplaçant Bazaine général en chef) le 4me (Ladmirault) le 6me (Canrobert) et le 8me (Bourbaki, garde impériale).

Vendredi 28 Octobre.

Les Francs tireurs de la Presse ont enlevé cette nuit **le Bourget** avec des troupes du général de Bellemare.

5me Séance du Conseil de famille, à 9 heures du matin.

I. Lecture des Ordres du Conseil du Contrôle du 22 courant.

II. Examen *nom par nom* de l'État nominatif des Gardes touchant la solde journalière de 1 fr. 50, actuellement au nombre de 100 sur l'effectif de 221 hommes de la Compagnie. Les noms, seuls connus des membres du Conseil, sont représentés sur cet état par de *simples numéros d'ordre*, afin de ménager autant que possible les susceptibilités individuelles.

Trente-six gardes, dont la situation nécessiteuse est suffisamment connue par un ou plusieurs membres du Conseil, sont maintenus. Quant aux autres, le Conseil délègue ses membres pour enquête et rapport à la prochaine séance.

III. Mode de distribution des fonds de la Caisse de famille, bons de rations des cantines nationales, etc...

Samedi 29 Octobre.
3 0/0 51.25.
Décès, 6me sem. 1878.

Pommes de terre longues, 7 francs.

Continuation des attaques violentes contre le Gouvernement par les journaux révolutionnaires et surtout par *Le Combat*, par la *Patrie en danger* de Blanqui, par le *Réveil* de Delescluze.

Le *Combat* confirme la capitulation de Metz du 27. Rochefort dément aigrement Félix Pyat de ses insinuations, Ils se renvoient hargneusement la balle.

On attend le retour de M. Thiers.

L'arrivée, au camp des Prussiens, des canons Krupp, que nous disions tant avoir été embourbés par leur énorme poids et totalement perdus, est annoncée comme un fait certain.

Vilaine pluie toute la journée.

Dimanche 30 Octobre.

Messe à Saint-Leu.

Temps un peu éclairci. On ne pense qu'au Bourget, lequel, paraît-il, les Prussiens nous auraient repris ce matin, n'ayant pas été fortifié et gardé par des troupes fraîches.

Nous montons, avec Céline, sur les Buttes-Montmartre, et braquons longuement nos lorgnettes sur le Bourget, dont on distingue à peine dans la brume la fumée de la fin de la bataille.

Lundi 31 Octobre

6me Séance du Conseil de famille, 9 heures matin.

Suite de l'examen de la solde. — Discussion générale. — Le Conseil prend note de *vingt-quatre* noms, auxquels il sera fait provisoirement la retenue de la prochaine paie, sans préjudice du résultat de la révision en travail.....

(Délicate responsabilité, dont on a l'air de vouloir me laisser la plus grande part).

Don à la quête des Francs tireurs, 2 francs.

« Les désastres succèdent aux désastres. Après la capitulation de « Sedan, celle de Metz. Il y a cependant une différence : La capitulation de Sedan était humiliante, celle de Metz n'est que douloureuse. « Le maréchal Bazaine et ses héroïques soldats se sont rendus quand « ils n'ont plus eu une livre de pain à manger, ni une cartouche à « brûler. Lorsqu'ils ont fait leurs trois sorties des 6, 7 et 8 octobre, « que les Prussiens ont eux-mêmes qualifiées de furieuses... c'est « alors qu'il fallait les secourir. On l'eût fait sans doute, si on l'avait « pu, car on devait comprendre, à Tours comme ici, que le salut de la « France était à ce prix. »

(Ed. HERVÉ. *Journal de Paris*).

L'exaspération devient extrême, causée par la reprise, malheureusement trop vraie, *du Bourget*, par la reddition de Metz, et aussi par l'armistice vague et mystérieux, que M. Thiers serait en voie de négocier à Versailles...

Félix Pyat réclame la *Commune*, et la nomination d'un *Comité de Salut Public*.

Flourens s'agite plus que jamais et descend à l'Hôtel-de-Ville avec ses enragés tirailleurs de Belleville.

Journée pluvieuse, sombre, et grosse d'émeute, presque de guerre civile.

A 2 heures, invasion de l'Hôtel-de-Ville, où tiennent séance les membres du Gouvernement. En vain Étienne Arago, maire de Paris, Floquet, adjoint, Trochu, Jules Simon, ont harangué successivement et cherché à calmer la foule, qui hurle : *A bas Trochu! Pas d'armistice! Vive la Commune! A bas les incapables! qu'est-ce que vous avez f..... du Bourget?...* Le Gouvernement reste toute la journée prisonnier dans l'Hôtel-de-Ville, à la merci de Félix Pyat, de Blanqui, de Delescluze, et de *Flourens*, (qu'on a vu longtemps, en képi à sept galons, en bottes à l'écuyère, criant et gesticulant, debout sur une table)... Ces forcenés sont devenus le nouveau Gouvernement, dont les noms, variant de minute en minute : Dorian, président ; Flourens, Ledru-Rollin, Pyat, Blanqui, Delescluze, Rochefort (à ce nom vives protestations) Schœlcher, Mottu, Martin Bernard, et même Victor Hugo, sont successivement jetés au peuple par les fenêtres. Sur la place, on hurle : *Démission ! Démission !* démission que refusent de donner Trochu, Jules Favre, et Jules Ferry, toujours sequestrés. Des femmes agitent une loque rouge au bout d'un bâton...

Je quitte la rue de Rivoli, écœuré et très attristé.

Jules Claretie, que sa mission appelle journellement à l'Hôtel-de-Ville, n'a pu pénétrer qu'à grand peine jusqu'au cabinet du Maire de Paris, Étienne Arago, qu'il trouve gardé à vue. Au moment où Claretie veut partir : **On ne passe pas,** lui crie un homme du bataillon de Millière, **à moins d'un mot signé de Blanqui!** » — Il n'en a pas ! Le voilà enfermé à son tour dans l'Hôtel-de-Ville! Il paie de sang froid, redescend avec deux amis, et s'approchant d'une sentinelle, il lui demande d'un ton bref : « — De quel bataillon êtes-vous? — » Sur la réponse de l'homme, « C'est bien ! » dit Claretie, et il passe.

A 10 heures du soir, on bat la générale sous nos fenêtres, et de tous les côtés. Je descends en armes et me joins à ma Compagnie, qui s'est réunie en hâte au Bataillon. Nous parcourons la rue de Rivoli, dirigés vers la place Vendôme, sans savoir où nous allons, ni à qui nous obéissons, tant sont contradictoires les avis de nos chefs et de nos hommes. Sur la place Vendôme, halte, l'arme au pied. Minuit, deux heures.,. Nous attendons...

Enfin nous apprenons :

« Que le 106me bataillon (commandant Ibos) a repoussé les bataillons « communeux, et est parvenu à pénétrer dans *la Salle du Conseil*, où « il a delivré les membres du Gouvernement ; que Trochu a été enlevé « de son fauteuil par un garde du 106me de taille herculéenne, qui, lui,

« ayant changé son képi galonné d'or contre un képi de simple garde,
« a pu ainsi le faire sortir de l'Hôtel-de-Ville, protégé par six cama-
« rades, malgré les cris furieux de : C'est Trochu ! Ne le laissez pas
« passer ! »

« Que presque en même temps se montraient les mobiles bretons,
« fusils chargés et baïonnettes en avant, arrivés par un souterrain re-
« liant la caserne Lobau à l'Hôtel-de-Ville.

« Et que, si on avait battu la générale à 10 heures, c'était sur l'ordre
« d'Ernest Picard, le seul des membres du Gouvernement qui avait été
« assez adroit pour s'esquiver à temps de l'Hôtel de-Ville, et se rendre
« en hâte au ministère des Finances, d'où il avait envoyé des ordres à
« l'État-Major, prescrit de battre la générale dans tous les quartiers
« pour réunir les bataillons fidèles de la garde nationale, fait occuper
« l'Imprimerie Nationale, avec défense au *Journal Officiel* de rien im-
« primer sans son adhésion.

A 2 heures du matin, le Gouverneur de Paris nous passe en revue sur la place Vendôme, et à 4 heures je rentre me coucher.

Le Gouvernement est sauvé encore une fois, et sans effusion de sang, du péril croissant de cette agaçante et insupportable *Commune*.

Qu'est-ce que cela signifie donc, *la Commune*, pour ces énergumènes ? à quoi prétendent-ils avec *cette Commune ?* si ce n'est à l'éternel : ôte-toi de là, que je m'y mette !

Journal des Goncourt. 31 Octobre.— « *Après dîner*
« *j'entends un homme du peuple dire à une marchande de tabac, chez*
« *laquelle je m'allume : « Est-il possible de se laisser rouler comme*
« *ça ? Vous allez voir un 93, qu'on va se pendre les uns les autres ! »*

« *Le boulevard est tout noir. Les boutiques sont fermées. Le passant*
« *n'existe plus. Quelques rares groupes de gens, le doigt coupé par une*
« *ficelle au bout de laquelle il y a quelque mangeaille empaquetée, se*
« *tiennent dans la projection du gaz des kiosques, des cafés, dont les*
« *maîtres vont et viennent sur la porte, incertains s'ils doivent fer-*
« *mer. Le rappel bat, la générale bat, un vieux garde national apoplec-*
« *tique passe, son képi à la main, criant : « Les canailles ! » Un officier*
« *de garde national appelle à la porte du Café Riche les hommes de*
« *son bataillon. Il circule le bruit que le général Tamisier est prison-*
« *nier de la Commune.*

« *Le rappel continue avec fureur ; pendant qu'un jeune garde natio-*
« *nal prend sa course au milieu de la chaussée du boulevard, criant*
« *à tue-tête : « Aux armes, nom de Dieu ! »*

« *La guerre civile avec la famine et le bombardement est-ce notre lot*
« *de demain.* »

Iambes (1) (bénins) de l'ami Deléage, notre fourrier-avocat,

« A L'ADRESSE DE GUSTAVE FLOURENS »

« C'est une trahison inexplicable, indigne,
« Ce que vous avez fait ;
« Les uns l'appelleront une folie insigne,
« Et d'autres un forfait.

. . . .

« Vous avez oublié par quels soins, quelles veilles,
« Les Élus de Paris
« Ont, à peine en deux mois, fait presque des merveilles...
Dont l'outrage est le prix.

. . . .

« Vous êtes, on le sait, vaillant, — et le sublime
« Vous rend fou ; mais ici,
« Avouez que jouer un rôle, même infime,
« Fut votre seul souci.

. . . .

« Moi, j'estime qu'ayant du cœur et l'âme haute,
« Vous comprendrez enfin
« Que rien ne vous absout d'une semblable faute,
« Quelle qu'en fût la fin.

. . . .

« Et vous ne voudrez point, pour le bruit éphémère
« Qu'on fait autour de vous,
« Lâchement exposer la France, votre mère,
« A périr sous vos coups !

Vous prêchez dans le désert, mon pauvre Deléage! il n'est pire sourd que celui qui ne veut point entendre!

---

(1) Ces Iambes (qui ont été dits par l'auteur au Club de la Porte Saint Martin le 2 novembre), sont annexés au numéro du *Petit National* du 1er novembre 1870.

DÉCRET DU GOUVERNEMENT DE LA DÉFENSE NATIONALE.

Article Unique. — La France adopte les enfants des Citoyens morts pour sa défense.

« Elle pourvoiera aux besoins de leurs veuves et de leurs familles « qui réclameront les secours de l'État. »

Entrée des Prussiens à Dijon.

NOVEMBRE

1870

Mardi 1er Novembre.

La Toussaint.

A la grand'messe, à Saint-Leu. — Beaucoup de monde..... et de recueillement.

La livraison de *La Revue* contient, entre autres articles :

Un mois aux remparts, par un officier de secteur (L. Simonnin).

La fin de l'Etude historique de Ch. de Mazade : *Lamartine et la République de 1848*.

Et la Chronique de quinzaine, qui commence ainsi :

« Notre situation commence à devenir étrange dans ses obscurités « inévitables et dans sa simplicité tragique. Paris, enfermé dans sa « cuirasse de fer, s'endort chaque soir comme un bon chevalier gar- « dant son armure jusque dans le repos, et chaque matin il se réveille, « se remettant à vivre de sa vie ordinaire, marquant seulement un « jour de plus dans la redoutable épreuve qu'il traverse sans faiblir.

« Paris se suffit à lui-même depuis un mois et demi ; il forme à lui « seul un état, une société, un monde, — un monde borné par Saint- « Denis et Clamart, par Saint-Cloud et Vincennes. Au delà de cet ho- « rizon, à ce qu'il paraît, *c'est la Prusse*... campée et immobilisée de- « vant le canon de nos forts.

« On croyait que Paris, la ville des plaisirs, des frivolités bruyantes, « ne résisterait pas à la première sommation d'une armée infatuée de « victoires... On s'est trompé ; Paris s'est fait tout de suite à la vie « sévère des sièges, et il s'en est imposé de lui-même toutes les ru- « desses sans hésitation. Il a fait trêve à ses réunions mondaines, il a « fermé ses théâtres sans murmure ; il a vu la cognée abattre les om-

« brages de son Bois de Boulogne et il n'a pas songé à se plaindre.
« S'il faut d'autres sacrifices, qu'on le sache bien, il est tout prêt......
« etc., etc.

Très joli! On apprend que, dans la fameuse journée d'hier, deux *délégués* se sont présentés au ministère des Finances, avec un bon signé Blanqui, un bon de *Quinze Millions!* Qu'à l'*Officiel*, les compositeurs se sont refusés à imprimer la copie des proclamations et des décrets du *nouveau gouvernement* d'occasion, qu'ils ont reconnu *aux fautes d'orthographe*...

Rochefort, vexé de sa querelle avec Félix Pyat, et fort embarrassé sans doute, a donné *sa démission* de membre du Gouvernement de la Défense Nationale.

Le soir, nous rendons visite à M. et Mme V. Pillon-Dufresnes. Victor était de garde hier à son bastion 54, au bout de l'avenue de l'Impératrice, désormais avenue Uhrich ; tout comme Camille Amiard était au sien, à Bercy. On le leur a fait quitter dans la nuit pour venir défendre leur quartier. Le même manège nocturne que moi.

La ration de viande va être fixée à 50 grammes par habitant.

Suppression d'un bec de gaz sur deux. Le soir, les rues et les boulevards sont sinistres; presque plus de voitures; silence de mort. Edmond de Goncourt dit qu'au passage des Panoramas, il « s'est cru dans le Tunnel sous la Tamise ».

Mercredi 2 Novembre.

Jour des Morts. — Année des Morts.

8 heures, matin. — 7me Séance du Conseil de famille de la Compagnie :

I. Plusieurs gardes, à qui la solde a été retenue, viennent séparément exposer au Conseil les raisons motivant leur prétention à la toucher : Les uns sont employés, privés de leur emploi; les autres sont établis, mais sans affaires presque depuis le début de la guerre... Lecture de la lettre d'un garde expliquant ses motifs... Rétablissement de la solde à 7 d'entre eux ; total à ce jour, 43 gardes maintenus.

II. Attribution de secours à 5 familles de gardes dans le besoin.

A 11 heures, messe, à Saint-Leu, de la Commémoration des morts.

Après-midi ; Visite, avec Céline et ma mère, au tombeau de nos grands parents Desvoyes, au Père-Lachaise: Une foule compacte se presse dans les allées et les sillons.

La tristesse de la journée s'augmente du regret de ne pas pouvoir aller, comme tous les ans, au cimetière de Beaumont, nous agenouiller sur la tombe de notre excellente tante Abadie, qui y repose depuis trois ans déjà. Nos chères tantes, Victoire et Fanny, font certainement aujourd'hui le pieux pèlerinage, toutes seules, pour elles et en notre nom! Nous serons privés aussi d'aller, comme chaque année vers cette époque, dans le Loiret, voir le père et la sœur de Céline, et donner une prière à la sépulture de sa bonne mère, que nous avons perdue, il y aura deux ans le 9 décembre prochain.

Devant Saint-Germain l'Auxerrois, encore une estrade d'enrôlements volontaires.

Le soir, lecture à haute voix, devant nos parents, de plusieurs journaux, dont *Le Petit National*, qui nous donne, sous le titre : *Les Martyrs*, des vers de Banville, en harmonie avec les tristes pensées du jour ; j'en relève les strophes suivantes :

. . . .

« *O Mobiles, gais et superbes,*
« *Si voisins de l'enfance encor,*
« *Avec vos visages imberbes*
« *Et vos cheveux aux reflets d'or!*

« *Cavaliers! Soldats de la ligne!*
« *Turcos par le soleil brûlés!*
« *Vétérans au courage insigne,*
« *Chasseurs d'Afrique aux fronts hâlés!*

« *Où dormez-vous? Pour vous sourire,*
« *Où peut-on se mettre à genoux,*
« *Héros qui voliez au martyre*
« *Et qui l'avez souffert pour nous?*

« *Nous l'ignorons. C'est là peut être?*
« *Qui peut le dire? Et c'est pourquoi,*
« *Lorsqu'enfin nous allons renaître,*
« *Pleins de bravoure et pleins de foi,*

« *Après ces longs jours de souffrance,*
« *De haine, et de meurtre exécré,*
« *Le sol tout entier de la France*
« *Nous sera désormais sacré.*

Jeudi 3 Novembre.

8me Séance du Conseil de famille ; 8 heures 1/2, matin.

I. Suite de l'examen de la solde. 10 gardes maintenus, 4 supprimés, à la majorité, après avoir été entendus.

II. Secours aux gardes nécessiteux. Informations à prendre sur leur manque de vêtements pour l'hiver, etc.

Aussitôt après le Conseil, je cours au scrutin, ouvert depuis 8 heures.

Élections générales pour le maintien **oui** ou **non**, du Gouvernement de la Défense Nationale. (L'armée vote).

Journal de Paris : Ed. Hervé, tout en blâmant le Gouvernement de plébisciter son maintien ou son remplacement, votera *oui* sans hésitation en faveur du maintien, *pour ne pas créer de rupture entre Paris et la France.*

Bien pensé. Moi aussi je vote *oui*, et pour bien d'autres raisons.

Presque tous les journaux d'ailleurs (25) conseillent le *oui*. Quatre font seuls exception : *Le Réveil*, *Le Combat*, *La Patrie en Danger* et *Le Tribun*.

RÉSULTAT DES ÉLECTIONS

Oui : 557,996 — dont 236,000 par l'armée.
Non : 62,638 — dont 9,000 par l'armée.

Le général Clément Thomas est nommé Commandant supérieur des Gardes Nationales, en remplacement du général Tamisier.

Rue de Rivoli, plusieurs bandes d'horribles *tricoteuses*, précédées d'un drapeau rouge, sont accueillies par des huées, et facilement dispersées.

Cresson, avocat, que j'ai beaucoup vu au Palais pendant mon stage d'avocat et ma cléricature d'avoué, est nommé Préfet de Police, en remplacement de Edmond Adam, démissionnaire.

C'est de lui que nous disions : « Cresson ! C'est un athée ! » — « Pourquoi ? » — Parcequ'il *ne croit*... qu'au bord des fontaines !!

Audience de rentrée de la Cour de Cassation, présidée par le président Bonjean.

Commencement du siége de Belfort, défendu par le colonel Denfert-Rochereau.

A M. A. de M..., Paris.

Briancon le 3 novanbr. (1)

Monsieure et Madame aléxandre

Voisi deut léttre que ge vous sait écrit, ge ne recoit pas de réponce je suit trés inquét de savoire de vos nouvélle ge crin quile ne vous soit arivét quélque aquecidans veullét je vous prie me faire reponce ci vous recevét ma léttre je vous dirais que nous savont quité auxonnes vus que nous nétion pas sarmé lés prusién été sure nous gavais demandét ce régimant vus quile été près de paris poure pouvoire prété mét bras a la france poure conbatre cét brigands mais je n'ai pas céte chance la me voila tous a loposét nous come trés malheureu nous savont eut eant route gusque a un metre de nége lhopitale ét plin de monde et ile anmeure bocoups ile ifait un frois ane pas itenire ile faut ésperét que nous nirés te ron pas lon témps que la paix se feras dune manière out de lautre ge ne puis plus itenire télemant ge mant nuie de mont peti camille ge ne reve qua luis gais tougours peure qui le andure dite mois ci le comérce a lère de vouloire reprandre ge devién fous de ne rién faire gai écrit a mosieure mase ge nai pas recut de réponse mat feamme réste pasage crépi ge ne cuit pas bién sure

(1) Cette lettre n'a été reçue qu'après le siége de Paris.

mais sat se trouve éant fase la porte de lhopitale St Louis n° 10 Madame Boullant ge fini éant vous sérant la main ét aut revoire sout peut bien le bongourre a Monsieure de mazade tea votre dame inci qua heugéne

Voici Mont adrés Mutin Louis Soldat aut 12ème Bataillon de chasseure a pièd abriyançon fort dés téte armé dus Rhin doné mois dés nouvelle de Ronquerolles sit vous sant navét ét de mont peti si vus pouvét ieanvoyét heugéne.

MUTIN (Louis).

Vendredi 4 Novembre.

9me Séance du Conseil de famille. 8 heures 1/2, matin.

I. Suite de l'examen de la solde. Elle est maintenue à 63 gardes.
Suppression ou abandon . . . . 8 gardes.
Sur les 100 primitifs, il reste . . . . 29 gardes.
à qui on écrira de se présenter pour fournir leurs explications.

II. Secours — Achat immédiat de bons de pain jusqu'à concurrence de 50 kilos.

III. Substitution d'un second tambour au clairon.

IV. Secret absolu de nos discussions et délibérations.

Baisse subite des denrées, depuis qu'on parle d'armistice. Elles semblent sortir de terre.

Filet de cheval.	1 35
Boîte de potage Liebig	3 50

Arrestation des principaux auteurs du *31 octobre*, Félix Pyat, Vésinier (dit Pipe en bois) Ranvier, Vermorel, Tibaldi, etc. — Blanqui et Flourens sont introuvables.

Samedi 5 Novembre.
3 0/0 51.30.
Décès, 7me sem. 1762

10me Séance du Conseil de famille. 8 heures, matin.

I. Suite de l'examen de la solde, 26 gardes se sont présentés. Solde maintenue à 18, dont 2 avec réserve de retenue pour les jours où le service de la Garde Nationale ne leur causerait pas une perte de salaire.

Total des maintiens de la solde : 81.

II. Renouvellement et périodicité des bons de pain, viande, etc.

Élections des Maires de Paris

Notre IIme Arrondissement : *Maire :* Tirard (1), ancien bijoutier, notre voisin, boulevart Sébastopol 89, 7,000 voix. (contre Thorel 5,000). — *Adjoints :* Brelay, Chéron, Loiseau-Pinson, notre ancien teinturier dégraisseur de la rue Bourbon-Villeneuve (depuis rue d'Aboukir).

Vautrain, *maire* du IVme (ami de M. Fromentin).

Lazare Carnot, *maire* du VIIIme (fils du grand Carnot, père de Sadi Carnot).

Desmarest, avocat, mon rapporteur lors de mon stage, *maire du* IXme.

Dubail, *maire* du Xme, (boulevart de Strasbourg), (ami de la famille Treunet).

Mottu, *maire* du XIme (le révoqué du 20 octobre).

Henri Martin, l'historien, *maire* du XVIme.

Clémenceau, *maire* du XVIIIme (Montmartre).

Delescluze, *maire* du XIXme (Belleville).

Ranvier, *maire* du XXme (Charonne), arrêté hier.

M. Thiers, venant de Tours, arrive à Versailles, pour tenter encore la négociation d'un armistice.

Dimanche 6 Novembre.

Un temps superbe.

Modeste partie carrée : Tout le tour de Paris en chemin de fer de Ceinture, avec Jules Treunet, sa femme et ses enfants.

(1) Ministre du commerce en 1879 ; Président du Conseil ; en 1887 (Finances) et en 1889 (Commerce, Industrie et Colonies).

Aperçu, en passant, beaucoup de dames en toilette, au pauvre Bois de Boulogne.

Dans l'ancienne propriété de M. Thiers, à Auteuil, on fait du charbon de bois pour la fabrication de la poudre.

Sous le viaduc du Point-du-Jour, campement pittoresque des mobiles bretons.

Sur toute la longueur du Viaduc, on s'attend à recevoir un obus des Prussiens, qui sont très près, sur les hauteurs de Saint-Cloud. On se demande pourquoi il ne tirent pas sur les trains qui passent, si bien à leur portée.

D'ailleurs, presque rien de la guerre depuis plus de huit jours.

En rentrant, une mauvaise nouvelle. Le dimanche est donc décidément le jour des mauvaises nouvelles :

C'est un dimanche que l'*Officiel* nous a appris Wœrth et Forbach ! Sedan, un dimanche ; Toul et Strasbourg, un dimanche.

Aujourd'hui, c'est l'annonce du refus de l'Armistice par la Prusse, malgré la pression de la Russie (1), et l'invitation de l'Angleterre, de l'Autriche et de l'Italie. Bismarck a repoussé *le ravitaillement* de Paris, et n'a admis qu'avec des réserves le vote de l'Alsace-Lorraine.

Allons ! c'est toujours la guerre, la défense acharnée, c'est la *trouée* nécessaire, très possible et prochaine maintenant, avec nos *trois armées* de Paris : le général Clément Thomas, commandant nos 266 bataillons de garde nationale ; le général Ducrot, commandant les trois corps Vinoy, Renault et d'Exéa; et le général Trochu, à la tête de 7 divisions !

Lundi 7 Novembre.
50me jour de siège.

11me Séance du Conseil de famille, 8 heures, matin.

I. Suite de l'examen de la solde ; maintiens 83. Trois nouvelles demandes d'admission.

---

(1) La Russie, à cette fatale époque, nous était elle vraiment si favorable ? On ne voit guères, ayant alors une franche sympathie pour nous, à la Cour de Russie, que la grande duchesse héritière, la princesse Dagmar, fille du roi de Danemarck (la tsarine actuelle) dont on raconte le trait suivant : « Froissée d'entendre l'éternel refrain à l'honneur des victoires allemandes, *qui lui rappelaient trop vivement l'humiliation de sa propre patrie*, elle avait déclaré que, dans son palais, la langue tudesque ne serait pas tolérée, et que quiconque prononcerait un mot d'allemand aurait à payer une amende de 100 roubles au profit des blessés Français. Un soir, on prenait le thé au palais d'Anitchkoff, lorsque le tsar Alexandre II entra, tout rayonnant de joie, et s'écria :

Wilhelm, der glückliche Kerl !.. noch eine Schlacht gewonnen !...

Guillaume, l'heureux gaillard !.. encore une bataille gagnée !...

« En tout cas, répondit la future tsarine, les blessés Français y gagneront 100 roubles de votre main. — Alexandre II fut contraint de s'exécuter » (Anecdote tirée de la publication récente : *Nos amis les Russes*).

Un tout petit, tout petit, poulet maigre. . . . . . 9 fr.
Viande d'âne, pour faire un pâté, qui est excellent. 6 fr.

Décidément, très-bon, l'âne... Sans compter qu'aujourd'hui il rend gai Théodore de Banville.

Écoutez :

L'ANE

. . . .

« Il nous croit bons, rêveur charmant!
« Nous flatte de sa longue queue,
« Et nous regarde tendrement
« De sa vague prunelle bleue.

« Tant de haine et tant de fureur
« N'ont pas troublé sa douceur d'ange,
« Et le laissaient dans son erreur :
« A présent, voici qu'on le mange!

« C'est que Bismarck et les destins
« Sont d'une humeur capricieuse !
« Et le pauvre être à nos festins
« Offre une chair délicieuse.

« Elle a conservé le parfum
« Du pré fleurissant qui verdoie,
« Et, malgré son léger ton brun,
« Sa graisse vaut la graisse d'oie.

« Comme, lorsqu'on prend des galons
« On n'en saurait jamais trop prendre,
« Nous, ingrats, nous nous régalons
« De ce manger bizarre et tendre.

« Ane, qui te protégera?
« Car, je le dis quoiqu'il m'en coûte,
« A l'avenir on mangera
« Toujours des ânes, sans nul doute.

« Pourtant rassurez-vous, pédants,
« Barnums, cuistres, faiseurs de banques,
« Spadassins, arracheurs de dents,
« Pitres, charlatans, saltimbanques?

. . . .

« Et tâchez de faire tenir
« Vos anciens plumets sur vos crânes :
« Jamais nous ne pourrons venir
« A bout de manger tous les ânes!

Victor Hugo déclare décliner toute fonction « pour mieux remplir dans toute leur plénitude les humbles et grands devoirs du citoyen ».

Le Théâtre de l'Ambigu a rouvert, avec un drame de circonstance, *Les Paysans Lorrains*.

Mort à Cannes de Prosper Mérimée, le charmant auteur de Colomba, *de la* Chronique de Charles IX, *des* Lettres à une inconnue, *etc.*

Mardi 8 Novembre.

Décret de mobilisation de la Garde nationale.

On détache de chaque bataillon 4 compagnies de marche, composées : 1° Des volontaires de tous âges ; 2° des célibataires de 20 à 35 ans ; 3° des gens mariés de 25 à 35 ans ; 4° des pères de famille, etc...

Visite, à l'Hôtel-de-Ville, à J. Claretie. La salle du Conseil est encore dans l'état de désordre où l'ont mise les envahisseurs du 31 octobre, pupitres brisés, bancs cassés ; dégât de la journée évalué 100,000 francs.

On apprend que, de Tours, Gambetta a lancé trois proclamations brulantes contre la *trahison* de Bazaine...

---

4 heures du soir. 12me Séance du Conseil de famille :

Toujours la solde. Le garde n° ... se présente ; ses explications sont jugées insuffisantes et la solde lui est supprimée, à la majorité.

Elle est maintenue à un autre sur informations...

Conserves de pois au beurre......................	2 50
Deux conserves de bœuf..........................	6 »
Carottes et salsifis, achetés à la Halle par Eugène, qui a fait la queue dès 4 heures du matin.......	3 60

Le soir, Concert à l'Opéra, très suivi. On y voit Rochefort en artilleur.

Mercredi 9 Novembre.

13me Séance du Conseil de famille. 10 heures, matin.

Toujours la solde. Maintiens à ce jour, 88 gardes.

Suppressions, 15 gardes.

Cette mission de la solde devient très délicate, et souvent pénible, parcequ'il est on ne peut plus difficile de pénétrer sûrement la réalité des besoins des gardes qui résistent.

Le corps de troupes de Saint-Denis est placé sous le commandement supérieur du vice-amiral La Roncière Le Noury.

Un nouvel exploit du sergent Hoff, qui vient encore de tuer deux Prussiens, après une trentaine d'autres. On l'a décoré.

Les Débats (Renan), *Le Figaro*, *Le Temps*, l'*Opinion Nationale* réclament impérieusement les élections, même sans armistice et ravitaillement, d'*une Assemblée Nationale*, seule capable de décider de la guerre ou de la paix.

A M. Tollemer, 1re compagnie du 4me bataillon du 28me régiment de marche (anciens chasseurs de la garde) Saint-Denis.

Paris, 9 Novembre

Mon cher Ami,

Nous sommes inquiets de ne recevoir aucune nouvelle de vous, surtout depuis la malheureuse affaire du Bourget, où l'on me dit que beaucoup d'hommes du 28me de marche ont disparu.

Écrivez-moi de suite, car voilà 5 ou 6 jours que je veux aller vous voir à Saint-Denis, sans en trouver le moyen, très occupé que je suis par le Conseil de famille de la garde nationale.

Tout à vous,

A. de M.

A MM. Liogier et Culty, Saint-Étienne.

Paris bloqué, 9 Novembre.

(Par Ballon Monté)

Chers et bons Amis,

Puisse ce mot de bon souvenir et d'amitié vous parvenir par un de nos ballons-poste !

Rien encore de nouveau dans notre situation. J'ai avec moi ma femme, ainsi que mon père et ma mère qui ont fui Beaumont. Nous nous portons bien, sauf mon père, qui est affecté d'un asthme, et d'une maladie de foie ancienne, prenant plus de gravité, mais que nous espérons guérir avec des soins et de la patience. Je suis très inquiet sur le sort de mes tantes et de l'usine.

Toute la journée, et souvent la nuit, sous les armes, je suis devenu un vrai soldat, prêt à tout.

Vous avez sur nous quelques renseignements ; nous, nous manquons presque absolument de nouvelles de la province. Avec un peu d'aide du dehors, nous sommes ici 550,000 hommes armés et pleins d'ardeur, qui pourrions bien changer la face des choses.

Nos respects et amitiés à vos dames et à toute votre famille, et à vous, chers amis, la plus sincère des poignées de main.

A. de M.

Les Prussiens sont toujours au-delà de nos forts ; pas encore de bombardement.

A M. Alexandre AUTHENAC, Toulouse.

(Par ballon-poste)

Paris bloqué, 9 novembre.

Chers Amis,

Un mot, par ballon monté, pour vous tranquilliser sur notre sort.

Tante Authenac et tante Victoire sont seules restées à Beaumont, avec les domestiques et les jardiniers ; aucune nouvelle d'elles depuis deux mois, non plus de ma fabrique ; tout cela nous cause la plus grande inquiétude.

Mon père et ma mère sont ici avec nous... Mon père souffre davantage de son asthme, qui s'est aggravé de son ancienne maladie de foie ; les événements ne sont pas faits pour le guérir promptement, mais nos soins finiront, je l'espère bien, par le rendre à la santé.

Nous vous embrassons avec notre cœur et espérons de toutes nos forces de meilleurs jours.

A. DE M.

Edouard a encore un peu mal au pied et est exempt de service.

Gros *poutous* (1) aux bébés, de Céline particulièrement.

Jeudi 10 Novembre.

Temps atroce ; la première neige ! — Neige fondante, glaciale.

Nous nous disons qu'elle fera plus de mal aux Prussiens qu'à nous.

(1) Baisers.

Absence complète de nouvelles du dehors. C'est un martyre de chaque jour.

Mitaines pour M. Brent........................... 1 80
Céleris raves..................................... 2 »

Toujours débats et tiraillements entre les partisans de la guerre et les partisans de la paix. Ed. Hervé écrit :

« Guerre ou Paix ? Cessation définitive de la lutte ou résistance « acharnée, désespérée, implacable ? Telle est la question qui se pose « depuis nos derniers désastres, et depuis l'avortement des négocia- « tions relatives à l'armistice. Nous n'avons pas, nous Paris, le droit « de la trancher sans la France, sans la convocation des électeurs des « départements non envahis et de Paris. Mais qu'on se hâte..., car si « l'on tarde encore un mois, il n'y aura plus de France ».

Les façades blanches des maisons du versant nord de la Butte-Montmartre servaient de point de mire aux Allemands ; on les peint en noir.

Cresson inaugure son entrée en fonctions par l'autorisation donnée aux cafés et marchands de vins de rester ouverts jusqu'à minuit, mais *sans gaz*. Les soirs de Paris vont peut être reprendre un aspect un peu moins lugubre.

Vendredi 11 Novembre.

On dit que la petite vérole sévit à Versailles, et fauche surtout les Saxons et les Bavarois.... Fallait pas qu'ils y aillent !

Une boîte de pois conservés...................... 2 25
Conserves de fruits, framboises, cerises etc, rafraîchissantes, en guise de légumes frais qui manquent absolument ; il faut éteindre le feu de la viande de cheval........................... 8 50

On a déjà mangé à Paris 27,523 chats, depuis le siège.

Le délai des effets de commerce est prorogé d'un mois à partir du 14 courant.

A M. A. de M..., Paris.

Saint-Denis, 11 Novembre.

J'ai reçu votre aimable lettre, à laquelle il m'a été impossible de répondre plus tôt. Le jour où je l'ai reçue, nous sommes allés à Villetaneuse, en grand'garde; nous sommes seulement revenus aujourd'hui, après avoir couché deux jours et deux nuits sur la terre, à 100 mètres des Prussiens Nous étions tellement près les uns des autres que, la nuit, nous les entendions chanter, et le jour, jouer de la musique. Je vous promets que je n'ai pas été fâché, non plus que les autres, que l'on vienne nous relever; car nous savions que les Prussiens étaient 20,000, et nous n'étions que 450 pour garder la position; cependant nous avions l'ordre de la garder quand même, et de ne pas battre en retraite, quoi qu'il arrive.

Je ne vous cache pas que l'affaire du Bourget m'a sensiblement refroidi au sujet de la guerre; j'ai eu bien de la chance de m'en tirer comme ça; la mitraille et les balles tombaient sur nous comme de la grêle, et, pendant 1 heure 1/2, on n'entendait que des cris de douleur des hommes qui couraient, blessés. Je vous garantis que, si ceux qui veulent la continuation de la guerre voyaient cela, ce spectacle leur donnerait à réfléchir. On a compté 508 hommes des mobiles de la Seine, tués, blessés, ou disparus.

J'ai bien reçu les 49 francs. Je vous remercie de l'empressement. Ayant quelques achats à faire pour l'hiver — car il ne fait pas chaud à passer les nuits, couchés dans les vignes — je vous serai bien obligé de me faire parvenir pareille somme...

Veuillez agréer, etc...

Tollemer

1re du 4me, 28me de marche, à Saint-Denis.

A M. C. Amiard, 3, rue Aubriot, Paris.

Étampes, 14 Novembre 1870.

Mon cher Camille (1),

Ta petite fille se porte très bien, elle est très gentille; elle commence à vouloir parler, mais on ne comprend pas son langage ; elle fait de belles petites risettes... Pour les nourrices, j'ai eu bien de la peine à en avoir; j'en ai une, installée depuis le 19 octobre, c'est une femme du faubourg Évezard, dont le mari est parti dans la réserve.

Nous n'éprouvons aucune privation pour la nourriture. Nous avons depuis un mois un officier Bavarois et son ordonnance; l'officier dine avec nous. Depuis huit jours, nous avons un vétérinaire et son domestique; ces deux derniers avaient un billet de logement à mon nom. En leur donnant ce qu'il faut, nous n'avons rien eu de désagréable avec eux...

Je t'embrasse de tout mon cœur, ainsi que ma chère Berthe.

Ta mère,

Veuve Amiard.

P.-S. J'ai reçu hier soir quatre lettres de toi, 22 et 26 septembre, 17 et 30 Octobre; ça m'a semblé bien bon de pouvoir lire ton écriture; je les ai lues et relues... J'avais espéré pouvoir vous faire passer une lettre par les Prussiens; on avait dit à mon frère qu'ils s'en chargeaient, mais quand il a porté la mienne écrite le 15 octobre, on lui a dit qu'on n'en prenait pas.

(1) Cette lettre, qui m'a été communiquée par Camille Amiard, n'a eté reçue par lui qu'après le siège; non affranchie, l'enveloppe porte 30 centimes, et divers timbres : Sermaises du Loiret, 13 novembre. Pithiviers, 14 novembre. Clermont, 16 novembre.

LA POSTE
PAR
PIGEONS VOYAGEURS
SOUVENIR
DU SIÈGE DE PARIS
TOURS BORDEAUX 1870-1871
LE NIEPCE PARTI DE PARIS LE 12 NOVBRE 1870 EMPORTANT MR DAGRON SES COLLEGUES ET TOUT SON MATERIEL POUR ETABLIR
LA REPRODUCTION DES DEPÊCHES SUR PELLICULES
NOTES EXPLICATIVES CHEZ L'AUTEUR ET CHEZ LES PRINCIPAUX LIBRAIRES
SPÉCIMEN IDENTIQUE
D'UNE DES PELLICULES DE DEPÊCHES PORTEES A PARIS PAR PIGEONS VOYAGEURS PHOTOGRAPHIEES PAR DAGRON SEUL PHOTOGRAPHE DU GOUVERNEMENT POUR TOUTES LES DEPECHES OFFICIELLES & PRIVEES SUR PELLICULE
MISSION CONFIÉE PAR MR RAMPONT
DIRECTEUR GENERAL DES POSTES
Reproduction interdite

CHAQUE PELLICULE ÉTAIT LA REPRODUCTION DE
12 OU 16 PAGES IN-FOLIO D'IMPRESSION
CENT MILLE DÉPÊCHES PESAIENT EN TOUT UN GRAMME
UN PIGEON EUT PU FACILEMENT LES PORTER
CHAQUE PELLICULE CONTENAIT EN MOYENNE 3.000 DÉPÊCHES

DAGRON & Cie
66, rue Neuve des Petits Champs
PARIS.

ON ROULAIT CES PELLICULES DANS UN TUYAU DE
PLUME, QUE LES AGENTS DE L'ADMINISTRATION
ATTACHAIENT A LA QUEUE DE CHAQUE PIGEON
LEUR EXTRÊME LÉGERETÉ LEUR SOUPLESSE ET
LEUR IMPERMÉABILITÉ LES RENDAIENT TOUT A FAIT
CONVENABLES À CET USAGE

Samedi 12 Novembre.

3 0/0 51.20.
Emprunt 52.25.
Décès 8me sem. 1855.

Dans le *Monde Illustré*, une gravure typique, saisissante par l'attitude et la ressemblance des personnages, représente l'entrevue, au Pont de Sèvres, de Jules Favre (très grand) et de Thiers (tout petit, très en colère) décidant ensemble la rupture des négociations relatives à l'armistice. Au second plan, sur le bord de la Seine, le général Ducrot attend, pensif, anxieux. Au troisième plan, deux casques pointus se promènent. Au fond, le pont, sur lequel flotte le drapeau blanc.

Je suis allé voir partir le ballon *Le Niepce*, emportant M. Dagron, photographe du Gouvernement, et ses collègues, avec tout le matériel pour établir la reproduction des dépêches officielles et privées, devenues photographiquement microscopiques, sur pellicules, portées par pigeons voyageurs entre Paris, Tours, et Bordeaux.

Chaque pellicule, reproduisant 16 pages in-folio d'impression, et contenant 3,000 dépêches en moyenne, est roulée dans un tuyau de plume, et attachée à la queue d'un pigeon.

A l'arrivée, le tout subit le grossissement primitif, et est distribué aux heureux destinataires.

Puissent ces chers messagers nous revenir bientôt avec des nouvelles !

Interdiction de la vente des gravures obscènes sur l'Empereur et l'Impératrice, dont l'exposition aux vitrines soulève l'indignation publique.

Visite avec Céline au Moulin Saquet et à la redoute des Hautes-Bruyères. Une balle prussienne, de *fusil de rempart*, partie du moulin de l'Hay, nous siffle aux oreilles, sur le viaduc d'Arcueil. Imprudence; nous nous sommes trop avancés; (ces fusils de rempart portent, dit-on, à 1,200 mètres). Il n'est que temps de rentrer dans Paris, on n'y est pas bien cependant.

Le soir, au Théâtre Déjazet, Représentation pour les blessés :

Une conférence de Jules Claretie.

La chanson suivante, une nouveauté qui fait fureur, est bissée quatre fois, avec le refrain entonné frénétiquement par toute la salle.

« **Le Sire de Fisch ton Kan** », paroles du citoyen Burani, musique de marche militaire, gaie et entraînante, du citoyen Antonin Louis.

LE SIRE DE FISCH-TON-KAN

BOUFFONNERIE

Paroles du citoyen Burani — Musique du citoyen Antonin Louis

1er COUPLET.

Il avait un' moustache énorme,
Un grand sabre et des croix partout,
Partout, partout!
Mais tout ça, c'était pour la forme,
Et ça n' servait à rien du tout,
Rien du tout!
C'était un fameux Capitaine
Qui t' nait avant tout à sa peau,
A sa peau!
Un jour, il voit qu' son sabr' le gêne,
Aux enn' mis il en fait cadeau,
Quel beau cadeau!

REFRAIN :

V'là le Sir' de Fisch-ton-Kan,
Qui s'en va-t-en guerre,
En deux temps et trois mouv'ments
Sens devant derrière...
V'là le Sir' de Fisch-ton-Kan,
Qui s'en va-t-en guerre,
En deux temps et trois mouv'ments,
Badinguet, fisch' ton camp :

L' pèr' la mèr' Badingue,
A deux sous tout l' paquet ! } *Bis*
L' pèr' la mèr' Badingue
Et l' petit Badinguet !

2e COUPLET.

Comm' diplomat' c'était un maître,
Il en r'montrait aux plus malins,
Aux plus malins!
Mais il ne l'faisait point paraître,
Pour pas humilier ses voisins,
Ses voisins!
La politiqu' c'est un' roulette
Rouler, on ne sort jamais d' là,
Jamais d' là!
Mais lui, roulait sa cigarette,
Puisqu'il ne pouvait rouler qu'ça,
N'ait Rouler qu'ça!

3e COUPLET.

Des pieds et des mains tout' sa vie,
Il avait tant fait qu' certain soir...
Qu' certain soir...
Sur le trône, objet d' son envie,
Il avait fini par s'asseoir,
Par s'asseoir!
Depuis, sans crainte et sans secousse,
Il veillait au Trésor surtout,
Sor surtout!
En y mettant quatr' doigts et l'pouce,
Histoir' d'avoir la main partout,
La main partout!

4e COUPLET.

Il était d'un' force incroyable,
Il inventa plus d' cent canons,
De cent canons!
Mais l' bruit lui f'sait un' peur du diable,
Puis ça troublait ses digestions,
Digestions!
Un jour pourtant, jour héroïque,
Il vit un pétard éclater,
Éclater!
Mais il en eut un' tell' colique,
Que tout l'monde en fut en-nuyé,
Fut en-nuyé!

5e COUPLET.

Un beau jour il avait pris femme,
Comme le sir' de Framboisy,
De Framboisy!
Et tout marchait sur la mêm' gamme,
C'était un ménage assorti,
Assorti!
Sur l'air connu d' la reine Hortense,
Ell' lui disait d' sa plus douc' voix :
D' sa douc' voix :
Ah! sacré nom! t'as tant d' vaillance
Que je te trouve l'air Dunois,
T'as l'air Dunois!

6e COUPLET.

Par un étrange phénomène
Voilà qu'il eut un héritier,
Un héritier,
Et pour prouver qu' c'était d' sa graine,
On en fit d' suite un p'tit troupier,
Un troupier!
Dans des bataill's pyramidales
On voyait l' pèr', mais pas d' très près,
Pas d' très près!
Et le p'tit ramassait des balles
Qu'on avait mis's là tout exprès,
Là tout exprès!

7e COUPLET.

Enfin, pour finir la légende,
De c'monsieur, qu'on croyait César,
Croyait César!
Sous ce grand homm' de contrebande,
V'là qu'on n' trouva plus qu'un mouchard,
Qu'un mouchard!
Chez c' bonhomm' là, tout était louche,
Et la moral' de c' boniment,
C'boniment!
C'est qu'étant porté sur sa bouche,
Il devait finir par Sédan,
Nir par Sédan!

A M. L. Tollemer, 1re compagnie 4me Bataillon, 28me régiment de marche, à Saint-Denis.

Paris, Samedi 12 Novembre.

Mon cher Ami,

Votre lettre nous tire d'inquiétude. Ci-inclus mandat sur la poste de Fr. 49; il vous reste ici 102 francs.

Tâchez donc de vous informer de M. Ethevenon (Abel) 6me compagnie 2me bataillon du 28me de marche.

C'est un *pays* d'Eugène, mon garçon de magasin, qui est très inquiet sur son compte.

Bonne chance toujours.

Tout à vous,

A. de M.

Dimanche 13 Novembre.

Par suite du décret de mobilisation de la Garde nationale, Camille Glaçon et Fernand Le Roy ont été versés dans une compagnie de marche de nouvelle formation. Le Roy est caserné au Fort de Noisy.

Ch. de Mazade fils a été détaché à l'État-Major du général Ducrot, à Neuilly-sur-Seine.

Arrivée d'un pigeon. Malheureusement n'apportant toujours rien à notre adresse.

Nous commençons à souffrir horriblement de nous sentir enfermés dans Paris comme dans une grande cage. Toujours avides de respirer d'autre air que celui des rues, nous allons à Saint-Denis, et dans l'Ile-Saint-Denis, le plus près possible des avant-postes. Nous nous attardons, et peu s'en faut qu'on nous laisse coucher en dehors de Paris, les ponts-levis *des cavaliers* de la Chapelle se levant déjà devant nous.

Nous trouvons, en arrivant, nos parents tourmentés de notre absence prolongée. Mais c'était si bon, une illusion de ciel de campagne, même au milieu de novembre !

O rus! quandò te aspiciam!

Depuis son retour, Théophile Gautier, donne, tous les huit ou dix jours (assez irrégulièrement, bien entendu, Gautier!) au *Journal Officiel*, sous le titre : *Voyages dans Paris*, une page exquise de ses sensations d'artiste et de philosophe sur les tristes étrangetés de notre siège. Après cinq articles déjà parus : *Une nouvelle madone* (la statue de Strasbourg) — *Navigation;* (traversée de Paris en bateau mouche) — *La place Saint-Pierre-Montmartre;* (les ballons) — *Un tour au rempart;* — *Le chemin de fer de ceinture.* — voici un extrait du sixième, au *Théâtre-Français*, dans l'*Officiel* d'aujourd'hui » :

. . . .

« Quelques théâtres ont entrebaillé leurs portes dans un but de « bienfaisance, et pour des représentations diurnes entremêlées de con- « férences et d intermèdes ; on a récité en habit de ville des fragments « de chefs d'œuvre. Beethoven, Mendelssohn, Mozart, Weber font « entendre de nouveau les voix mystérieuses et profondes de leur « orchestre. Pourquoi pas ? la musique sait parler à la douleur ; elle « a des consolations inarticulées, de vagues plaintes, des caresses dé- « licates et féminines qui n'offensent pas l'âme humiliée : à travers ses « soupirs, il semble qu'on entende chuchoter l'espérance, et parfois « retentir des appels héroïques ».

Tiens! Tiens! moi qui croyais que Gautier trouvait la musique *le plus désagréable des bruits*. Il continue :

« Aussi la foule a-t-elle été immense aux Concerts de Pasdeloup, et « n'y avait-il pas une place de libre au Théâtre-Français, à la repré- « sentation au bénéfice de l'héroïque cité de Châteaudun, et le lende- « main, au bénéfice des victimes de la guerre.

« Oui, cela est vrai, le drapeau de la Société internationale, avec sa « croix (de Genève) de gueules sur champ d'argent, flotte sur le « comble du Théâtre, et au balcon où l'on venait respirer un peu d'air « pur pendant les entr'actes. Des blessés gisent dans ce foyer qu'ar- « pentaient les critiques, quelquefois si occupés de questions d'art « qu'ils en oubliaient la pièce. Au premier abord, rien d'étrange « comme ce voisinage d'ambulance et de comédie, mais nous vivons « dans un temps de brusques contrastes. Les antithèses les plus inat- « tendues sont posées par les événements avec une hardiesse à effrayer « toutes les rhétoriques. Déjà l'on y est fait, et rien ne semble plus « naturel...

« Que Mlle Favart a été belle et touchante dans ce rôle *d'Androma-* « *que*, qui semble avoir été écrit pour elle...

Lundi 14 Novembre.

De garde aux *Fortifs*... nous disons maintenant *fortifs*, tout court. Courtine 52, dans la caserne mutilée, mutilée *par* nous.

A 3 heures, je reçois une visite de ma famille. On m'apporte un sac de marrons rôtis, brûlants, dont je me réchauffe, avec les camarades, et... des confitures ; c'est tout à fait comme au Collège — ça rajeunit.

A 4 heures, on colle sur le poste l'affiche suivante, qui nous rend fous de joie :

« Aux Habitants et Défenseurs de Paris.

« Mes chers Concitoyens,

« C'est avec une joie indicible que je porte à votre connaissance la « bonne nouvelle que vous allez lire. Grâce à la valeur de nos soldats, « la fortune nous revient, votre courage la fixera ; bientôt nous allons « donner la main à nos frères des départements, et avec eux délivrer « le sol de la Patrie.

« Jules Favre ».

Suit la dépêche de Gambetta annonçant la *Victoire* du général d'Aurelle de Paladines à **Coulmiers**, du 9 novembre, sur le grand duc de Mecklembourg et le général Von der Than, ainsi que la *prise d'Orléans* du 10.

On construit dans les ateliers du Chemin de fer du Nord des wagons blindés pour servir de machines de guerre dans la *trouée* projetée.

Mise en liberté de Félix Pyat.

Mardi 15 Novembre.

Jour de la *Revue des Deux-Mondes*. Nous y trouvons :

Propos d'un Franc-tireur, par Albane.

Un mois dans les Ardennes au milieu des armées, (août 1870) par Albert Dumont.

Une Lettre sur l'Armistice, pleine de bon sens patriotique, par L. Vitet, de l'Académie Française.

Une belle Ode de Sully-Prudomme :

LE SIÈGE

2me strophe :

. . . .

« *La voix sévère des batailles*
« *Discipline les fanfarons ;*
« *Les sceptiques vont aux murailles*
« *Portés par le vent des clairons.*
« *Le fer rajeuni se façonne,*
« *L'airain coule, s'allonge et tonne ;*
« *On s'enrôle en plein carrefour ;*
« *La jeunesse marche, aguerrie*
« *Par l'âpre amour de la patrie*
« *Qui fait des hommes en un jour* »

. . . .

La Chronique de Ch. de Mazade condamne sévèrement l'échauffourée du 31 octobre :

« Ceux qui l'autre jour se jetaient dans cette folle et coupable aven- « ture se sont-ils demandé ce qui aurait pu arriver, si par hasard les « Prussiens avaient saisi ce moment pour faire irruption dans nos « défenses..... Le pouvoir nouveau aurait suffi à tout, déjà il « se croyait en mesure d'envoyer à nos forts l'ordre de repousser les « attaques prussiennes... Qui a dit cependant à M. Blanqui et à « M. Flourens que leurs ordres auraient été obéis, que l'armée était « prête à reconnaître dans leur usurpation la volonté libre de Paris et « de la France ?...

Et plus loin...

« C'est à dégoûter de la République tous ceux qui ne vivent pas « murés dans l'exaltation solitaire de leur fanatisme, et voilà pour- « quoi ces singuliers républicains sont toujours les plus grands enne- « mis de la République, qu'ils s'efforçent de perdre au moment où « tout le monde ne demande pas mieux de la sauver et de s'y atta- « cher.

14me Séance du Conseil de famille, 5 heures, soir.

I. A partir du 1er décembre, la cotisation mensuelle sera portée à 1 franc, à cause de la réduction de plus du quart de l'effectif, par la formation d'une compagnie de guerre.

Abandon de la cotisation de novembre.

II. Examen de la solde. Une enquête.

III. Examen de la solde. Un rejet.

IV. La caisse des secours rembourse, à chacun de deux officiers, 30 francs pour les frais de leur habillement.

V. Le capitaine annonce que **notre canon** est prêt à être livré avec affût, avant-train, et caisson ; que son prix est de 8,900, sur lequel il manque 1200, dont 1/8me à fournir par notre compagnie est de 150 fr. pour lesquels une quête, à faire dès demain, est autorisée par le Conseil.

VI. Vérification des pièces justificatives fournies par les gardes sur leur âge, leur mariage, le nombre d'enfants, etc, pour la formation des Compagnies de guerre.

Dans tout Paris, enthousiasme indescriptible causé par l'annonce officielle de la *Victoire de Coulmiers* et de la *prise d'Orléans*. Nous sentons tous que la délivrance est proche.

Le *Petit National* a imprimé la nouvelle en caractères énormes, tenant toute la page, sur un papier jaunâtre, bien vilain, qui nous semble radieux, et nous disons avec lui :

« Hurrah pour l'*Armée de la Loire*, et vive la République ! »

Et je pense à mes deux bons amis Henri et Charles Duteuil, en lisant que les mobiles de la Dordogne sont cités à l'ordre de l'armée.

Pendant notre blocus, si plein d'illusions tenaces, quelles étaient les sensations de la province ? Il me semble qu'on pourrait en avoir une idée, juste et concise, en lisant les notes écrites au jour le jour, à la Châtre et à Nohant, par la grande penseuse, la puissante analyste du cœur et de l'âme, la profonde observatrice, l'étincelante et pure styliste, Georges Sand, notes que La Revue *a publiées les 1*^{er}*, 15 mai, et 1*^{er} *avril 1871, sous le titre :* Journal d'un Voyageur pendant la guerre. *C'est pourquoi, j'ai jugé utile, pour l'intuition d'ensemble de cette lamentable période de nos épreuves, de compléter ce recueil par quelques traits des plus saisissants du Journal du très regretté grand écrivain.*

Ce Journal a été commencé à Nohant le 15 septembre. En remontant de quelques jours, j'ai noté, au passage, les traits suivants :

« LA CHÂTRE, Mardi 11 Octobre. — *Deux ballons, nommés* Armand « Barbès *et* Georges Sand, *sont sortis de Paris ; l'un (mon nom « ne lui a pas porté grand bonheur) a eu des avaries, une arrivée « difficile, et pourtant a sauvé les Américains qui le montaient ; « Barbès a été plus heureux... amenant, au secours du Gouvernement « de Tours, M. Gambetta, un remarquable orateur, un homme d'action, « de volonté, de persévérance, nous dit-on. Je n'en sais pas davantage.*

« *mais cette fuite en ballon, à travers l'ennemi, est héroïque et neuve;*
« *l'histoire entre dans des incidents imprévus et fantastiques.*

« Mercredi 12. — ... *Si toutes les administrations sont dans l'anarchie, comme celle des intendances auxquelles nos levées et nos soldats ont affaire, ce n'est pas une guerre, c'est une débandade.*

« Dimanche 16. — ... *Quelqu'un, qui est renseigné, nous avoue que nos dictateurs de Tours sont infatués d'un optimisme effrayant. Je ne veux pas croire encore qu'il soit insensé... Je vois la guerre en noir. Je ne suis pas un homme, et je ne m'habitue pas à voir couler le sang; mais il y a une heure où la femme a raison, c'est quand elle console le vaincu, et ici il y aura bien des raisons profondes et sérieuses pour le consoler... L'Allemand est désormais le plus beau soldat de l'Europe, c'est-à-dire le plus abruti des citoyens du monde: il représente l'âge de bronze; il tue la France, sa sœur et sa fille; il l'égorge, il la détruit, et ce qu'il y a de plus honteux,* il la vole! *Chaque officier de cette belle armée, orgueil du nouvel empire prussien, est un industriel de grande route qui* emballe *des pianos et des pendules, à l'adresse de sa famille attendrie.*

« Lundi 17 Octobre. — *Le froid se déclare, et nous entrons en campagne. Pourvu qu'après la chaleur exceptionnelle de l'été nous n'ayons pas un hiver atroce. Ils auront aussi froid que nous, disent les optimistes; c'est une erreur... L'Allemand du Nord est, bien plus que nous, de la vie sauvage. Il n'est pas nerveux, il n'a que des muscles; il a l'éducation militaire, qui nous a manqué. Il pense moins, il souffrira moins.*

« *Je n'ai pas de vêtements d'hiver; ils sont à Paris, dont les Prussiens ont maintenant la clef. Je me commande ici une robe, qui fera peut être son temps sur les épaules d'une Allemande; car ils volent aussi des vêtements et des chaussures pour leurs femmes, ces parfaits militaires!*

« Mardi 18. — *Passage de troupes, qui vont d'un dépôt à l'autre. Depuis les pauvres troupes espagnoles que j'ai rencontrées en 1839 dans les montagnes de la Catalogne, je n'avais pas vu des soldats dans un tel état de misère et de dénûment...*

« Vendredi 21. — *Trois lettres de Paris par ballon! Enfin! chers amis, soyez bénis!... Ils sont résolus et confiants, ils ne souffrent de rien matériellement: mais il souffrent le martyre de n'avoir pas de nouvelles de leurs absents...*

« Samedi 22. — *Le Gouvernement de la Défense semble condamné à tourner dans un cercle vicieux. Il espère improviser une armée; il frappe du pied, des légions sortent de terre. Il prend tout sans choisir, il accepte sans prudence tous les dévouements, il exige sans humanité tous les services.* Il a beaucoup trop d'hommes pour avoir assez de soldats...

« Mercredi 26. — *Très mauvaises nouvelles! Ils brûlent, ils font le* « *ravage, ils s'étendent; nous sommes partout inférieurs en nombre* « *devant eux, et nous sommes* engorgés *de troupes* qui sont partout où on ne se bat pas! *L'artillerie nous foudroie; nous faisons* « *trois pas, nous reculons de douze.*

« Jeudi 27. — *Il pleut à verse; on fait des vœux pour que la Loire* « *déborde, pour que l'ennemi souffre et que ses canons s'embourbent;* « *mais nos pauvres soldats en souffriront-ils moins, et nos canons en* « *marcheront-ils mieux? Que c'est stupide, la guerre!*

« 29. — *Propos sans utilité, discussions et commentaires sans issue.* « *Tour de Babel! L'ennemi est à Gien, il ne pense ni ne cause, lui; il* « *avance.*

« 29, 30, 31 Octobre. — *Rien qui ranime l'espoir; trop de décrets, de* « *circulaires, de phrases stimulantes, froides comme la mort.*

« NOHANT, Jeudi 3 Novembre. — *On ne parle que de Bazaine. On* « *l'accuse, on le défend. Je ne crois pas à un marché, ce serait hideux.* « *Non, je ne crois pas cela: mais, d'après ce qu'on raconte, je crois voir* « *qu'il a espéré s'emparer des destinées de la France...*

« ... *M. Gambetta a une manière vague et violente de dire les choses* « *qui ne porte pas la persuasion dans les esprits équitables... Il est* « *verbeux et obscur, son enthousiasme a l'expression vulgaire, c'est la* « *rengaine emphatique dans toute sa platitude. Est-il organisateur,* « *comme on le dit? Qu'il agisse et qu'il se taise. Et si, pour mettre le* « *comble à nos infortunes, il était incapable et de nous organiser et de* « *nous éclairer! Avec la reddition de Metz, nous voilà sans armée;* « *avec un dictateur sans génie, nous voilà sans gouvernement.*

« Jeudi 10 Novembre. — *Ah! voici enfin un fait: Orléans est repris* « *par nous... Si nous pouvons lutter, l'honneur commande de lutter* « *encore; mais je ne crois pas, moi, que nous puissions lutter pour autre chose. Nous sommes trop désorganisés, il y aura un moment où tout manquera à la fois.*

« Vendredi 11.— *La victoire se confirme, et comme toujours, elle s'exa-* « *gère. Le général d'Aurelle de Paladines, singulier nom, est au pinac e* « *aujourd'hui. C'est, dit-on,* un homme de fer. *Pauvre général! s'il ne* « *fait pas l'impossible, il sera vite déchu...*

A M. A. DE M..., Paris.

Saint-Denis, 15 Novembre.

J'ai reçu la lettre et le bon de poste de 49 francs que vous avez eu l'obligeance de m'envoyer par retour. Je vous remercie beaucoup.

Je pensais presque avoir le plaisir de vous voir hier dimanche avec Madame et j'en étais très content ; malheureusement vous n'êtes pas venu. S'il faisait beau encore, une autre fois, je serais heureux d'une petite visite, si vous n'avez rien de mieux à faire.

Je me suis informé à mon sergent-major du voltigeur Ethevenon, 2me bataillon ; il est *disparu* à l'affaire du Bourget ; on entend par disparu : *prisonnier ou tué.*

Je pense avoir une permission pour aller à Paris cette semaine, j'en profiterai pour aller vous serrer la main.

Agréez, etc...

TOLLEMER.

Mercredi 16 Novembre.

Promenade militaire de tout le bataillon, musique en tête : gaieté exubérante, un entrain du diable ; on ne pense qu'à la victoire de Coulmiers, qu'au moment très proche où notre brave armée de la Loire va nous donner la main.

On monte au pas accéléré les Champs-Élysées, toute l'avenue de Neuilly (aujourd'hui de la Grande-Armée) ; au pont de Courbevoie, halte pour repos, manger et arroser un morceau ; et puis, *rompez les faisceaux, par file à droite, en avant marche,* le long de la berge jusqu'à Asnières, et rentrée à Paris par Clichy-Levallois.

Pendant toute cette promenade, quasi triomphale, nous n'avons pas cessé de chanter, avec ou sans musique, à tue tête, à perdre la voix pour tout l'hiver :

L' pèr' la mèr' Badingue,
A deux sous tout l' paquet.

Et le fameux refrain... anticipé :

Bismark, si tu continues,
De tous tes Prussiens il n'en restera guère ;
Bismark, si tu continues,
De tous tes Prussiens il n'en restera plus !

Et sur l'air de : *Asseyez-vous d'ssus ! et puis qu'ça finisse !*

En Prusse, à Bade, en Bavière,
Tapez-moi là d'ssus :
Nous boirons leur bière,
Tapez-moi là d'ssus
Et n'en parlons plus :

Et bien d'autres encore, que j'oublie ; c'est bien dommage.

Démission d'Étienne Arago, maire de Paris. Jules Ferry le remplace. Chaudey maintenu adjoint.

Arrivée d'un second pigeon, porteur d'un très grand nombre de télégrammes privés. Toujours rien de Beaumont, ni d'ailleurs.

Boucheries, florissantes, de chien et de rat.

Jeudi 17 Novembre.

Calme plat.

Les bataillons de marche s'équipent activement. On sent qu'une grande action décisive est imminente. 45,000 hommes inscrits; dépense 17 millions. Ce n'est rien, si le succès est au bout.

Grave et longue occupation :

Nettoyage de mon fusil à pierre, en le démontant selon la théorie : La bretelle — la baguette — l'embouchoir — la capucine — la vis de l'écusson de la culasse — les deux vis de la contreplatine — la platine — la grenadière — la sous-garde ou pontet — la détente — l'agrafe — les trois ressorts — le chien — le clou du chien — le corps de platine — le grand ressort — la bride — la noix — le ressort de la noix.

Remontage... en sens inverse.

Quelle vieillerie, hein? Quand nous donnera-t-on les fusils à tabatière annoncés? et quand des chassepots?

Le prince Frédéric-Charles arrive et s'établit à Pithiviers avec 6000 hommes aguerris venant de Metz, lesquels, réunis à l'armée du grand-duc de Mecklembourg, portent leurs forces à 110,000 hommes.

Vendredi 18 Novembre.

Les dépêches de Tours, par pigeons, disent que notre armée se fortifie dans Orléans.

Elle ne marche donc pas sur Paris?

La prise d'Etampes, qu'on affirmait, était donc un mensonge?

Projet de M. Quesnay de Beaurepaire (1), ancien magistrat devenu soldat, de créer un corps libre de 12 à 15000 volontaires pour forcer *la trouée.*

Fusillade meurtrière par les Prussiens des maraudeurs, hommes, femmes et enfants, qui sont allés aux légumes et aux fruits.

Samedi 19 Novembre.

3 0/0 53.85.
Crédit Foncier. 970.
Décès : 9me sem. 2064.

Au boulevard de Strasbourg, consultation, pour mon père, du docteur Barth, assistant M. Devailly. Les médecins ne se prononcent pas sur la maladie, mais nous donnent espoir de guérison, surtout si les soucis et les privations du siège ne doivent plus être de longue durée.

Autre dépêche de Gambetta, complétant les nouvelles relatives à la victoire d'Orléans, et donnant les indications les plus satisfaisantes sur l'état intérieur de la France.

Décidément, qu'est-ce qu'il faut croire?

Paris est informé que la viande fraîche va manquer et qu'on va nous mettre au régime des salaisons, alternant avec du cheval frais.

Un long *Ordre du jour* de Trochu, paternel et sévère en même temps, rappelle l'armée et la Garde nationale aux sentiments du devoir, et à l'observation de la discipline, qui vient d'être plus d'une fois enfreinte, même devant l'ennemi.

Il paraîtrait que des officiers de mobiles, auprès de Saint-Denis, auraient accepté un déjeûner offert par des Bavarois. Est-ce que c'est possible ?

Victoire de Riciotti Garibaldi sur Werder, à Châtillon-sur-Seine.

(1) Serait-ce le Procureur-Général-Romancier, (Jules Q. de B., romancier sous les pseudonymes Jules de Glouvet, Lucie Herpin, etc.) dont le fameux réquisitoire de 1889 a *tombé* le général Boulanger. Serait-ce Alfred Quesnay de Beaurepaire, auteur du livre : *Souvenirs d'un capitaine prisonnier en Bavière 1870-1871* ? Est ce un descendant du Beaurepaire de 1792, qui se fit sauter la cervelle plutôt que de rendre Verdun ???

Dimanche 20 Novembre.

15me séance du Conseil de famille; 9 heures, matin.

I. Compte-rendu par M. Goury, capitaine, du produit des diverses souscriptions de la Compagnie pour le **canon**, s'élevant à 1,396 fr. 30, somme versée à M. Hitier, lieutenant-trésorier du bataillon.

II. Invitations aux gardes retardataires pour la justification de leur état civil.

Quête pour les cantines	5 »
1 cierge à Saint-Leu	0 50
1 poulet	14 »
1 livre de beurre salé	16 »
Olives	0 70

Promenade au Bois de Boulogne, dont tous les arbres ont été coupés ou arrachés. Il est transformé en un vaste camp.

Visite à la belle batterie Mortemart. Elle est armée jusqu'aux dents, comme pour une grande attaque.

Feu très vif sur le Bourget. Combat heureux d'avant-postes à Villetaneuse.

Soirée de dimanche, en famille, au coin du feu, — (du feu, que l'on modère).

Lecture, dans le *Paris-Journal*, d'une touchante poésie de François Coppée. Ma mère et Céline ont des larmes dans les yeux. Ma mère me dit : « C'est charmant, cette lettre! tu devrais la couper, pour la joindre à tes notes ».

C'est ce que je fais; en voici quelques vers :

LETTRE D'UN MOBILE BRETON

« Maman, et toi, vieux père, et toi, ma sœur mignonne,
« Ce soir, en attendant que le couvre feu sonne,
« Je mets la plume en main pour vous dire comment
« Je pense tous les jours à vous, très tendrement,
« Très tristement aussi, malgré toute espérance;
« Car, bien qu'ayant juré de mourir pour la France,
. . . .

« On nous a tous portés à l'ordre de l'armée.
« Moi, j'ai tiré des coups de feu dans la fumée,
« Et j'ai marché toujours en avant sans rien voir.
« Enfin on a sonné la retraite, et, le soir
« Un vieux, à képi d'or, qui tordait sa barbiche,
« Et qui de compliments paraît être assez chiche,
« Nous a dit: « Nom de nom! mes enfants, c'est très bien! »
« Et quoiqu'il blasphémât, c'est vrai, comme un païen,
« Et qu'il lançât sur nous un regard diabolique,
« Nous avons tous crié : « Vive la République! »
— « Ce mot là, c'est toujours du français, n'est-ce pas? —

. . . .

« Maintenant, au revoir, chers parents, je l'espère.
« Si je ne reviens pas, ô ma mère, ô mon père!
« Songez que votre fils est mort en défenseur
« De notre pauvre France. Et toi, mignonne sœur,
« Quand tu rencontreras Yvonne à la fontaine,
« Dis lui bien que je l'aime, et qu'elle soit certaine
« Que, dans ce grand Paris, effrayant et moqueur,
« Je suis toujours le sien et lui garde mon cœur.
« Baise ses cheveux blonds, fais-lui la confidence,
« Que j'ai peur du grand gars qui lui parle à la danse;
« Dis-lui qu'elle soit calme et garde le logis,
« Et que je ne veux pas trouver ses yeux rougis...
— « Adieu. Voici pour vous ma tendresse suprême,
« Et je signe, en pleurant « Votre enfant qui vous aime: »

Lundi 21 Novembre.

Écœurant! *L'Officiel* de ce matin reproduit *Le Moniteur* de Versailles, journal prussien écrit en français! Le *Préfet prussien* de Seine-et-Oise!!... ordonne la réouverture des Écoles dans tout le département!

Hypocrites *humanitaires*, ces sauvages, qui ont osé brûler l'incomparable Bibliothèque de Strasbourg malgré les protestations indignées de tout l'univers savant... et qui s'apprêtent à bombarder Paris!

Et ceci, autre guitare :

Un comité de *citoyennes* du XVIIIme arrondissement, Louise Michel, Mme Collet, Adèle Esquiros, André Léo, et autres *membresses*, réclament la fonte des cloches pour faire des canons, l'abolition des ouvrières religieuses, des maisons de prostitution, le rationnement immédiat, etc...

Quelle salade! quel joli petit gâchis, si on les écoutait!

Malgré tout, les 2mes versements sur l'Emprunt s'opèrent avec empressement.

Fière réponse du Gouvernement à la circulaire décourageante de Bismarck.

A 4 heures. 16me Séance du Conseil de famille.

Examen des pièces justificatives d'état-civil, etc...

Le soir, Représentation extraordinaire au Théâtre de la Porte Saint-Martin, au profit de notre **canon.**

Nous y occupons une belle loge, avec Céline, mon père et ma mère.

Mon père, qui a vu avec bonheur ses pieds et ses jambes désenfler depuis hier, s'y amuse beaucoup.

L'acteur *Saint-Germain* est très drôle, dans *Le Cachemire X B T.*

Une cantate de l'ami Deléage, notre fourrier.

Quelques pages *des Châtiments*, l'EXPIATION, etc... lues avec feu par Berton père.

A côté des tablettes de G. Sand, austères, et assombries par l'âge, il ne sera certainement pas sans intérêt de trouver ici quelques extraits des Récits *captivants, et souvent amusants, de notre jeune humoriste académicien Ludovic Halévy, écrits sur le vif, aussi en dehors de Paris, et publiés sous le titre de l'* « Invasion ».

Après les premiers chapitres, où il parle successivement : — de Perl, *un petit village Allemand, que nous croyions déjà tenir, le premier jour de l'ivresse folle de Sarrebrück, et dont le nom avait donné lieu à un calembourg :* « c'est à qui qu'aura Perl » *sujet des fous rires, alors, de nos pauvres soldats, — puis de Frœschwiller, — de Forbach, — de Gravelotte, — de Saint-Privat, — de Sedan, — Ludovic Halévy passe* à Tours, *où il arrive le 21 novembre, à 7 heures du soir, et raconte ce qui suit :*

« *Dans la gare, mouvement extraordinaire de trains et de voyageurs..... Nous sommes assaillis par dix marchands de journaux :* Le Moniteur, La France, Le Constitutionnel, Le Pilori, Le Girondin, Le Français, *etc, etc...*

« *Tentatives infructueuses sur deux ou trois hôtels. Enfin, à l'Hôtel du Faisan, grande vieille maison d'autrefois, on nous accorde, à mon ami B... un lit dans le 38, et à moi un lit dans le 54, au 4*[me]*. Nous mourons de faim. Nous essayons de dîner. La table est immense, et pas une place. Il y a là au moins 150 personnes, qui, empilées comme des harengs, dînent au milieu d'un grand bruit et d'une grande gaieté...*

Après quelques pas dans la ville, « *Retour à l'Hôtel... Nous trouvons enfin deux places au beau milieu de cette table gigantesque. Curieux assemblage de gens. Des officiers, dans les accoutrements les plus sin-*

« *guliers, des aéronautes... des inventeurs de canons..., beaucoup de* « *méridionaux, qui tous répètent à satiété : « J'ai vu Gammbbetta ! J'ai* « *dit à Gammbbetta ! J'ai conseillé à Gammbbetta ! » A ma droite, un* « *vieux monsieur, chaque fois qu'il entend ce nom de Gambetta, fait un* « *petit soubresaut sur sa chaise. C'est un préfet révoqué de l'Empire...* « *En face de nous, un aumônier militaire, grande barbe grise, le bras-* « *sard de Genève et la croix de la Légion d'honneur sous sa soutane. Ce* « *prêtre est assis à côté d'une très-jolie, très-jolie blonde qui, bien* « *certainement, jouait la comédie l'hiver dernier sur un des théâtres de* « *genre de Paris, et la jolie petite blonde a pour voisin un joli petit* « *brun, tiré à quatre épingles. Tous les deux de temps en temps rient* « *bruyamment et de la façon la plus bête. Au milieu de ce tohubohu,* « *quatre ou cinq anglais, assistant à ce spectacle avec une curiosité* « *froide, tranquille et sérieuse.*

« ..... *De là, au* Café de la Ville ; *c'est le grand rendez-vous politique* « *et militaire. Foule compacte. Les nouvelles les plus inattendues et les* « *plus folles :* « Garibaldi est en Bavière. Il marche sur Berlin. Il a obli- « gé à déguerpir de leurs couvents toutes les religieuses des villes de « Bourgogne. D'ailleurs, de bonne volonté, la plupart de ces religieuses « sont parties comme cantinières dans l'armée Garibaldienne... Trochu « a fait enfin la **grande sortie** et a mis 40,000 Prussiens hors « de combat. Kératry a 80,000 Bretons bien armés et bien disciplinés « à Conlie. Il n'en a que 40,000. Il n'en a que 20,000. Il n'en a pas « 10,000, et ces 10,000 Bretons n'ont pas de fusils. ».... *J'entends soute-* « *nir ces quatre opinions avec une égale conviction et une égale chaleur.*

« *Un groupe bruyant entoure un vieux lieutenant-colonel d'artil-* « *lerie. Il ôte son képi. Tout le monde se précipite et examine le dessus* « *de sa tête avec beaucoup de curiosité. Grands éclats de rire. Je m'ap-* « *proche. Ce lieutenant-colonel est tonsuré. « Racontez-nous donc votre* « *évasion de Metz* ». — « *Très volontiers* », *et il commence :*

« *Huit jours avant la capitulation, j'ai bien compris ce qui allait se* « *passer... J'avais un ami dans le clergé de Metz, le curé de l'Église* « *Saint X... Il me donna une vieille soutane, un chapeau bas à larges* « *bords, des souliers à boucles d'argent. Sa gouvernante me tonsura.* « *Le curé me remit une lettre par laquelle il me recommandait à* tous « les curés du diocèse et à toutes les âmes chrétiennes. *Et le lende-* « *main de la capitulation, dès que les portes furent ouvertes, dans* « *le premier quart d'heure, je sortis de Metz au milieu du flot* « *des paysans qui étaient venus se réfugier dans la ville et qui* « *allaient retrouver leurs villages, ou ce qui restait de leurs villages.* « *Je m'en allai ainsi, à petites journées, à pied, en carriole, en charrette,* « *de cure en cure, où je couchais... jusqu'à Nancy... Je n'ai eu qu'un* « *moment d'embarras... chez le curé d'un village, à 5 ou 6 lieues de* « *Nancy ; à 6 heures du matin, il entre dans ma chambre : « J'ai ou-* « *blié de vous demander, me dit-il, à quelle heure vous vouliez dire*

« *votre messe.* — « *Ma messe?* » — *Oui, votre messe,..* » *Par bonheur,* « *je ne m'embrouillai pas trop. Je répondis que j'avais une dispense* « *pour toute la durée de la guerre...* »

Mardi 22 Novembre.

De garde aux fortifications. Querelles fâcheuses entre officiers et soldats.

La discipline! Ah! Où est-elle, la discipline? Pour relever un factionnaire, le caporal de pose est souvent longtemps à la recherche de ses hommes, qu'il trouve chez le *mastroquet;* il a peine à les arracher du zinc.

Et le factionnaire?... moi, quelquefois — il attend, parbleu! dans la boue, dans la neige, à la bise glaciale.

Dans la casemate, nuit sans sommeil, coupée par une garde d'une heure et demie, sur le bord du rempart, dans un noir de four (pas de lune, nouvelle lune), on n'entend que les : *Sentinelle! prenez garde à vous!* que nous nous répétons de l'un à l'autre.

Mercredi 23 Novembre.

Descente de garde des fortifications. Dans les Champs-Élysées, plusieurs camarades ne se gênent pas pour quitter les rangs. Le capitaine sévira.

Victor Pillon vient nous voir. Il ne se démonte pas, il sait orner de fleurs les murs de son cachot. Il est allé, hier, entendre à Saint-Eustache la belle messe annuelle de Sainte-Cécile : Le *Requiem* de Mozart exécuté par la Garde Républicaine... Madame Ugalde, etc...

A la bonne heure! *caro mio!* moi, je suis grincheux.

Visite aussi de Camille Glaçon dans son nouveau costume de marche : longue et chaude capote en drap bleu foncé, képi à bordure rouge, pantalon bleu gris à bandes rouges, sac en peau de vache. Il est très bien portant, très gai, très disposé pour le grand coup de main qui se prépare.

Sur le boulevard passe un marchand des quatre saisons, qui crie, à *quatre sous la livre*, du charbon de bois, qu'il pousse dans une voiture à bras. Il nous a semblé reconnaitre sa voix; nous regardons : c'est un petit commis d'un de nos clients passementiers.

Ce que doit coûter la prolongation de la guerre à l'Europe entière :

Une *Revue* commerciale anglaise constate que les transactions Anglo-Françaises de septembre n'ont été que de 4,500,000 francs, au lieu de 17,000,000 en septembre de l'an dernier.

Jeudi 24 Novembre.

Occupation de **Bondy** par le 4me bataillon des Éclaireurs de la Seine et le 72me de guerre, (c'est le baptême du feu de la garde nationale) sous le commandement du capitaine de frégate Massion, qui est blessé.

A 4 heures, le 72me bataillon s'est replié, sous le commandement de Brancion.

Notre Paris devient une place imprenable, retenant les Prussiens autour d'elle, tandis que, derrière eux, se lève toute la France!

Arrivée de 2 pigeons avec 1,100 dépêches. Rien pour nous! Toutes confirment les renseignements encourageants de Gambetta. « *Espoir, courage, confiance, on vient à votre secours!*

Espoir, surtout! nous l'aurons jusqu'au bout. Jean-Jacques n'a-t-il pas dit avec raison que *l'Espérance est la dernière chose qui nous quitte.*

Le Figaro annonce qu'un inventeur imaginatif propose un nouveau système d'aérostation :

« Un ballon remorqué par des aigles que l'on dirigera à volonté en
« plaçant devant eux de la viande fraîche qu'ils ne pourront jamais
« atteindre!!

J'ai la bonne fortune d'avoir, pour l'insérer à cette date anniversaire du 24 novembre, la lettre suivante, qui a précédé un trop court séjour avec nous, à Beaumont, de nos chers amis M. et Mme Pillon; elle a d'intéressants détails, locaux et personnels, sur l'un des nombreux combats héroïques, précurseurs de la bataille de Beaune-la-Rolande :

« A M. A. de M..., Beaumont-sur-Oise.

« Ladon (Loiret) 2 Octobre 1891.

« Mon cher Alexandre,

« Nous terminons notre voyage *Jurasso-Suisse* par « un *pélerinage*, pour moi du moins, dans un modeste « village du Loiret, qui a nom Ladon. C'est ici que, « jadis, j'ai été en nourrice; il y a longtemps de cela, si « longtemps, que je n'ose, par coquetterie, en fixer la « date précise; mais, malgré les nombreuses années « écoulées, j'avais encore des souvenirs de cette ex- « trême enfance, souvenirs que je n'étais pas fâché de « vérifier.

« Revenant par la ligne du Bourbonnais, nous nous « sommes arrêtés à Montargis, qui, avec ses petits « canaux hollandais et sa curieuse Église, méritait de « nous y retenir un peu.

« Ladon est un gros village, bien bâti, très confor- « table, qui n'a guère de curieux que sa vieille Église « Saint-Hilaire, du XVme siècle, et une grande Halle, « ouverte à tous les vents. Il est situé à 17 kilomè- « tres de Montargis, sur la ligne d'Orléans. Beaucoup « de choses de mon enfance m'y sont revenues, et j'ai « été très étonné et très charmé de reconnaitre encore « certains endroits, certaines places, dont l'image m'é- « tait restée bien présente, notamment la maison *nour-* « *ricière*.

« Mais ce qui m'a fortement intéressé et ému, c'est « la pensée que ce petit village avait été le théâtre « d'une lutte terrible dans notre malheureuse guerre « de 1870, où de modestes enfants de Ladon avaient « trouvé une mort glorieuse en défendant leur patrie. « J'ai rencontré là un habitant qui m'a raconté cette

« lutte héroïque, en me montrant les endroits où l'on « s'était battu. La maison, où j'avais passé ma première « enfance, avait reçu des balles.

« On m'a fait lire, dans l'*Indépendant* de Montargis « du 25 novembre 1871, une relation complète de l'an« niversaire de ce beau fait d'armes, cérémonie célébrée « la veille (24) dans la village, en présence des auto« rités, parmi lesquelles le docteur Pillard, qui était « en 1870, comme il est encore aujourd'hui, le maire de « Ladon. En voici un extrait : »

Dans l'église de Ladon, au milieu du chœur, était dressé un catafalque, sur lequel on lisait : Tout pour Dieu et pour la Patrie, *et aux quatre coins duquel seplacèrent un soldat de chaque arme et un sapeur-pompier. La messe fut dite par M. le curé de Bellegarde; M. Robotin, vicaire général, dit l'absoute, et prononça l'oraison funèbre, en prenant pour texte ces paroles :* ILLI VIRI SUNT QUORUM PIETATES NON DEFUERUNT (ceux-là sont des hommes, chez qui n'a pas péri le sentiment du devoir).

Au cimetière, trois discours ont été prononcés : par M. Driard, conseiller général, par le Sous-Préfet et par le docteur Pillard, maire de Ladon, dont la conduite et le dévouement, pendant ces douloureux événements, ont été, comme maire et comme médecin, au-dessus de tout éloge.

Le 24 novembre 1870, a dit M. Pillard, la commune de Ladon a été le théâtre du premier choc entre l'aile droite de l'armée de la Loire et l'armée allemande accourant à grandes journées de Metz au secours du général Von der Tann, vaincu à Coulmiers. Un peloton de chasseurs, un bataillon de ligne et de mobiles, avec quatre pièces de campagne, ont arrêté pendant trois heures une colonne de 8,000 Allemands, flanquée de quinze pièces d'artillerie, et en ont mis 1400 hors de combat. Les officiers prussiens eux-mêmes, qui commandaient la colonne, m'ont fait l'aveu de ce chiffre à leur retour (1700 à Beaune et 1900 à Lorcy, Mézières-en-Gatine, et Juranville........ Total 5,000...).

... *Je n'oublierai jamais l'instant qui a précédé l'attaque, lorsque les chasseurs, rangés autour de la halle, devant ma porte, attendaient le signal. Quelle ardeur! quelle impatience! quelle joie sur leur figure!* « Enfin! *disaient-ils,* nous allons donc les voir de près et nous mesurer avec eux! » *Jamais je n'oublierai cette charge à fond de train, aux acclamations enthousiastes de toute la population réunie sur la place et qui les suivait de ses yeux, de ses vœux et de ses espérances, hélas! si tôt déçues...*

« Pour perpétuer la mémoire de ce combat de mo-
« destes héros, on a élevé, dans la vieille église, par
« les soins du Maire, et inauguré le 24 novembre 1876,
« une chapelle commémorative, où se trouvent déposés
« les restes des soldats qui ont été tués :

« Sur un des murs de la chapelle on lit :

A LA MÉMOIRE

DES SOLDATS MORTS LE 24 NOVEMBRE 1870.

COMBAT DE LADON.

ILS SONT ICI,

SOUVENEZ-VOUS D'EUX,

ET IMITEZ-LES.

REQUIESCANT IN PACE!

« Dans dix travées se touvent inscrits les noms des
« soldats tués. 44 morts, 46 disparus.

« J'ai relevé seulement les noms des enfants de La-
« don : THILLOUX (Georges); ANCEAU (Désiré); BARRAULT
« (Louis); PINAUX (Charles), *disparu.*

« Là ne s'est pas borné le pieux hommage rendu au
« combat de Ladon. Sur la place de la Mairie, se

« dresse une pyramide, qui a été inaugurée le 24 no-
« vembre 1886 par le général Caillot, représentant du
« ministre de la Guerre. Sur la face on a inscrit :

1870

24 NOVEMBRE.

HONNEUR AUX 1430 CONTRE 8000.

MOBILES DE LA LOIRE ET DE LA HAUTE-LOIRE.

44me DE MARCHE. FRANCS-TIREURS DU DOUBS.

« Tu trouveras peut-être ces détails un peu longs; « j'ai pensé qu'ils pourraient t'intéresser; car, si les « souvenirs que j'évoque de cette épouvantable guerre « sont toujours tristes, il est cependant consolant de « voir que, dans nos malheurs et dans notre écrase- « ment foudroyant, le courage de nos soldats n'a ja- « mais fait défaut. Nous avions été, là comme partout, « écrasés par le nombre : 1,400 contre 8,000 Allemands ! « Luttes toujours inégales ! triste refrain de cette mal- « heureuse guerre, mais qui ont toujours démontré, tant « elles étaient vaillamment disputées, que le vieux sang « gaulois n'avait pas dégénéré. Il est donc à présumer, « sans trop de forfanterie, qu'avec de tels hommes, si « la guerre eût été conduite d'une façon intelligente et « sans les préoccupations dynastiques et politiques qui « ont été si funestes, le cours des événements eût pu « être singulièrement modifié. Mais à quoi sert de récri- « miner ?

« Après avoir parcouru Ladon dans tous les sens, « retrouvant de-ci de-là des fragments de ressouvenirs « enfantins, nous avons déjeûné à l'hôtel, car Ladon « possède un hôtel ! d'où je t'écris, pour t'annoncer notre « arrivée à Beaumont. Nous repartons dans une heure « pour Montargis, d'où départ pour Paris par le train « de 3 heures 49. Nous coucherons donc *cheux* nous ce

« soir et demain matin, nous prendrons le train de 10 h. 45
« pour Nointel-Beaumont, pour nous rendre à votre
« aimable appel. Notre séjour chez vous sera forcément
« écourté, par les raisons que je t'ai énumérées dans
« ma précédente lettre.

« J'ai bien bavardé, et me voilà loin du début de mon
« épître. Je terminerai en te disant que j'ai été person-
« nellement très heureux de revoir *mon village* et même
« très fier d'apprendre *de visu* qu'il avait fait son devoir.

« Laure va beaucoup mieux que lorsque nous sommes
« partis. Nous espérons que vous allez également bien,
« ainsi que votre vénérée tantinette Victoire. Nous
« vous transmettons à tous deux nos bien affectueuses
« amitiés. A demain donc...

« *Il tuo vecchio amico.*

« Victor Pillon-Dufresnes »

Vendredi 25 Novembre.

17me Séance du Conseil de famille.

I. Suite de l'examen des pièces d'état civil.

II. Deux quêtes ont produit 45 francs, sur les 100 francs que coûtera l'habillement de la cantinière (pantalon, jupe et corsage) commandé à la Belle Jardinière. On avisera au complément. Les bottes ont été fournies et payées en dehors.

III. Sur la demande de M. de Mazade, interprète du désir de nombreux gardes, le capitaine annonce que *le canon* ne peut être livré que vers le 28, et qu'aussitôt après sa livraison il sera offert au Gouvernement par tout le bataillon en armes.

IV. La solde, maintenue à 89 gardes, se trouve réduite à 71, par suite du départ de 18 gardes, passés dans la 4me compagnie de guerre.

V. Secours accordés à plusieurs gardes.

VI. Lettre de quatre gardes protestant contre la peine disciplinaire qui leur a été infligée le 23 courant, pour avoir quitté les rangs à la descente des fortifications. — Discussion. — Maintien de la peine, dont le secrétaire donnera connaissance aux quatre gardes.

Facture Lançon, notre pâtissier, 2 boîtes de filet de bœuf, 2 de veau . . . . 40 francs.
Nouilles, Riz . . . . 4 francs.

Fernand Le Roy vient aussi nous montrer son équipement de guerre, pareil à celui de Camille Glaçon. Il est également plein d'entrain; il a bon espoir dans l'issue de la guerre. Il fait partie du 50me de marche, avec son ami Gaudermen, et Dubuisson, jeune boucher, bien élevé, de la rue Saint-Denis, notre voisin. Ils sont casernés au Fort de Noisy. Ils ont pris avant-hier leur service aux avant-postes.

Il nous confirme que les villages des environs de Paris ne sont plus que des ruines. Les habitations, toutes abandonnées, ont été tour à tour la proie des Prussiens et, hélas! des Français (mobiles de la Seine, francs-tireurs, pillards et *chapardeurs*).

Journal de G. Sand. NOHANT, 25 Novembre. — ... « *Le* « *plus clair, c'est que, pour empêcher l'ennemi d'envahir toute la France,* « *on le laisse se fortifier autour de Paris, et que nous arriverons trop* « *tard, si nous arrivons!* »

Samedi 26 Novembre.

3 0/0	53.20.
Banque.	2700.
Suez.	236.
Décès, 10me sem.	1927
Froid.	10 degrés.

Un petit pain blanc pour notre père. 0 25
Quelques salsifis achetés par Eugène. 0 75

Il n'y a plus de pommes de terre; les pauvres seuls peuvent s'en procurer aux Halles, au pavillon de la volaille, pour 1 franc les 5 kilos. Manque presque absolu de lait; très grande mortalité d'enfants.

Banquet et Manifestation gastronomique de l'Académie des Sciences pour réhabiliter la viande du cheval, du chien, du chat, et surtout *du rat*, qui leur est trouvé incomparablement supérieur. Or, il y a en ce moment dans Paris vingt-cinq millions de rats, nourriture de haut goût assurée pour un an, s'il le faut!!

Ordre du Gouvernement, aux Maires des vingt arrondissements, de prendre des mesures rigoureuses pour empêcher les particuliers de nourrir leurs chevaux avec du pain.

La peine de mort, prononcée contre les fuyards de Châtillon du 19 septembre, est commuée en celle de 2 ans de prison.

Un nouveau pigeon a apporté 300 dépêches privées, dont plusieurs ont été communiquées aux journaux. Bonne situation en province.

Toute la journée, mouvements de troupes considérables. Nous approchons de la solution.

Rapide visite (un éclair!) de mon jeune filleul, (un filleul d'avant ma première communion) Alexandre Vivier, fils de l'ancien commis, puis associé, puis successeur de mon père. Incorporé dans le 183me bataillon de marche, tout fier de sa nouvelle tenue, (la même que celle de Glaçon et de Le Roy) il passait sous nos fenêtres avec son bataillon, qui va camper à Fontenay-sous-Bois, entre le fort de Nogent et le bois de Vincennes. Il s'est détaché des rangs au galop pour nous dire bonjour. Il vient de quitter ses parents, qui subissent comme nous les sourdes tortures de notre long siège, habitant un confortable appartement de la vieille rue Jean Beausire, à deux pas des souvenirs plus aimables de la maison de Ninon de Lenclos.

Journal de G. Sand. NOHANT, 26 Novembre. — « *Bonne lettre de Paris, c'est une joie en même temps qu'une douleur poignante. Ils demandent si nous allons à leur secours!... On dit qu'une action décisive est imminente. Il y a si longtemps qu'on le dit.* »

A Mesdames de MAZADE, Beaumont-sur-Oise (1).

Ronquerolles, 26 Novembre.

J'ai reçu votre lettre avec plaisir, voilà deux mois et demi que je n'ai pas de nouvelles de Paris. Nous

(1) Je n'ai connu, bien entendu, cette lettre qu'après le siège.

sommes bien inquiets. Veuillez avoir la bonté de nous en faire parvenir aussitôt que vous en aurez reçu.

La fabrique marche toujours avec les quelques ouvriers que je devais occuper, Léger et la famille Hochard. Nous n'avons pas arrêté de travailler, quoique les Prussiens occupent le pays depuis deux mois. Nous n'en avons pas encore eu à la fabrique ; nous n'avons pas à nous en plaindre, ils ne font rien à personne.

J'ai employé tout l'argent que j'avais entre les mains ; maintenant les ouvriers ne sont plus payés ; depuis un mois, on leur fait crédit sur leur journée de travail, avec grande difficulté. Veuillez en faire part à Monsieur Alexandre, aussitôt que cela sera possible, pour savoir ce que je dois faire.

Léda a eu neuf petits chiens ; on lui en a gardé un ; il ne vient pas bien, sa mère n'a pas de lait ; ma femme l'a baptisé *Misère* (1).

Bichette, la jument de M. de Mazade père, est très bien.

Des compliments à M. et Mme Alexandre, M. et Mme de Mazade, ainsi qu'à vous.

En attendant le plaisir de les revoir,

Je vous salue,

DESJARDINS.

Dimanche 27 Novembre.

A 8 heures, une messe, que Céline fait dire à Saint-Leu, 1 franc.

A 10 heures 1/2. 18me Séance du Conseil de famille.

I. M. de Mazade annonce qu'il a donné par lettre aux quatre gardes protestataires un extrait du précédent procès-verbal.

II. Communication d'une instruction de l'État-Major, interdisant la solde à tout garde incorporé seulement depuis le 1er Octobre.

(1) Nom prédestiné. Ce chien a été écrasé, en 1872, par un train, à la gare de Clermont.

III. Compte-rendu des secours accordés...
IV. La cotisation mensuelle rétablie à 0,75 centimes.

Vouloir sortir aujourd'hui de Paris serait inutile. Le bois de Boulogne lui-même n'est plus parisien ; Paris finit aux remparts ; plus de Saint-Denis, plus de Nogent, plus d'Arcueil, car c'est aujourd'hui que commence la fermeture définitive de l'enceinte, en vue des opérations militaires. Il paraît que, hier soir, à la tombée du jour, il y avait, à toutes les portes des fortifications, un encombrement inimaginable de gens qui avaient voulu profiter du dernier jour pour faire ample provision d'air... et si possible de légumes, dont l'absence complète devient une dure privation. Pour ne pas laisser cette malheureuse foule coucher à la belle étoile par un froid de 10 degrès, il a fallu concéder le quart d heure de grâce, quart d'heure qui a dépassé une heure.

Dernière visite, au Jardin des Plantes, aux animaux féroces, etc... qu'on va vendre pour la boucherie.

Toute la soirée et toute la nuit, grands mouvements de troupes. Sous nos fenêtres, passent plusieurs régiments en tenue de guerre, suivis d'artillerie formidablement montée, qu'on entend plus qu'on ne voit, dans la demi-obscurité du boulevard. Il est évident que nous sommes à la veille d'une bataille suprême et décisive.

Batailles : Prise de la Fère. — Villers-Bretonneux.

Un de nos amis, notaire à Clermont, a bien voulu nous communiquer la lettre suivante de sa femme, alors jeune fille, à sa cousine, contenant des détails émouvants sur la bataille de Villers-Bretonneux :

« Sèvres, 21 Mars 1871.

« Ma chère Louise,

. . . .
. . . .

« Pour nous, confinés dans un village de 300 habi-
« tants, Cachy-sous-Villers-Bretonneux, nous avons

« trouvé bien longs les six mois que nous y avons pas-
« sés. Il faut que je te mette un peu au courant des
« évènements qui ont eu lieu sous nos yeux, évène-
« ments qui n'ont pas eu heureusement de mauvaises
« suites pour nous.

« Le 27 novembre, à midi, (c'était un dimanche) les
« soldats Français, que nous avions à loger dans le
« village depuis une semaine, furent salués, à leur lever
« de table, par quelques balles prussiennes, qui sif-
« flaient très désagréablement à nos oreilles. Un tout
« jeune, mais bien brave officier (blessé, hélas! quel-
« ques instants après) nous avertit de rentrer dans nos
« maisons, et de nous mettre en sûreté. Bien entendu,
« il ne fut plus question du déjeûner, que nous lais-
« sâmes, pour nous réfugier dans la cave. C'est là que
« jusqu'à 4 heures 1/2 nous entendimes tout le tumulte
« d'une bataille livrée sur une étendue de 20 kilomètres.
« Les balles pleuvaient; les obus sifflaient au-dessus
« de nous; les blessés arrivaient en foule dans notre
« maison, convertie instantanément en une ambulance.

« Ces Messieurs, n'écoutant que leur courage et leur
« bon cœur, nous quittèrent alors, pour prodiguer leurs
« soins aux malheureuses victimes de la guerre. Dès
« lors notre inquiétude s'accrut; car nous entendions
« le fracas des vitres dans les salles mêmes où nos
« chers amis allaient et venaient.

« A travers les soupiraux de la cave, nous voyions
« les pantalons rouges et nous entendions tout ce que
« disaient les combattants.

« Je t'avoue que j'ai bien cru être à ma dernière
« heure; mais Dieu voulait sans doute que je revisse
« encore tous ceux que j'aime, et il m'a épargnée, avec
« toute ma famille.

« Ce n'est pas tout. Quand nous sommes remontés de
« la cave, le feu brulait aux quatre coins du village.
« Heureusement l'incendie n'a pas gagné les habita-

« tions ; quelques granges seules ont été la proie des « flammes.

« Jusqu'au mercredi suivant (30 novembre), nous « avons gardé une cinquantaine de blessés dans la « maison, et ce jour-là, les moins invalides furent éva- « cués sur un pays voisin. C'est alors que je commen- « çai à être la garde malade de ceux qui nous res- « taient. Il y eut douze amputations dans l'ambulance ; « quatre seulement furent heureuses. J'assistai à des « scènes déchirantes ; car tous ces soldats, enlevés, si « vigoureux, par de mortelles blessures, ne voulaient pas « finir pour la plupart ; leurs derniers moments étaient « terribles. J'ai vu aussi de pauvres mères, trouvant « morts, et même enterrés, ces chers fils qu'elles espé- « raient encore embrasser. Tout cela était navrant et « ne sortira jamais de ma mémoire. Pendant deux « mois, nous eûmes sous les yeux le spectacle de ces « misères ; après ce temps, le chirurgien partit et avec « lui les blessés qui pouvaient facilement retourner « chez eux. Il n'en resta que quatre à la maison, et nous « ramenâmes à Paris les deux derniers.

« Quant à l'ennemi, il ne nous a jamais causé beau- « coup de frayeur, grâce à l'ambulance, qui nous pré- « servait de le loger chez nous. Cependant, comme « nous étions chez le Maire du pays, nous voyions sou- « vent les Prussiens chargés des réquisitions. Ils n'ont « pas causé trop de dommages dans le pays ; mais ici « ce n'est pas la même chose... etc...

. . . .

« Ta toute dévouée,

Eugénie G.

Lundi 28 Novembre.

Pendant que le Gouvernement et nos chefs d'armées se préparent à une lutte gigantesque et suprême, Édouard Hervé, judicieux, prudent, prône toujours :

« Nous souhaiterions encore de voir, à côté du Gouvernement de la « Défense Nationale, un Parlement de la Défense Nationale ».

L'amiral Saisset avec 3000 marins enlève le plateau d'Avron.

Après le dîner, nous reconduisons mon père et ma mère chez eux, boulevard de Strasbourg, où nous restons une heure, vite écoulée dans la lecture de l'article de Théophile Gautier, paru dans l'*Officiel* de ce matin... *Bouts de Croquis*, dont j'ai découpé le suivant, enlevé sur le vif.

Presque tous, nous pourrions dire avec Gautier :

« L'autre soir, il pleuvait, et le désir de nous abriter nous avait « poussé sous les arcades du Palais-Royal. Une vieille habitude ma-« chinale ramena notre regard vers l'étalage de Chevet. O surprise! « à la place du célèbre magasin de comestibles, étincelait, avec l'éclat « blessant d'un décor de féerie lamé de paillon, une splendide bouti-« que de ferblantier. C'était toute une architecture de boites en fer « blanc, rondes, carrées, oblongues, rangées avec symétrie comme les « tuyaux basaltiques d'une grotte de Fingal..... Nous nous appro-« châmes. Hélas! C'était bien la boutique de Chevet, mais il n'y avait « plus de comestibles..... de comestibles frais du moins. — En déses-« poir de cause, on faisait donner le *landsturm* des conserves; conser-« ves de lait, de bosses de bisons, de langues de rennes, de thon, de « saumon d'Amérique, de petits pois, et même de simple bœuf à la « mode..... Nous les contemplâmes avec ce désintéressement qu'ins-« pirent les choses placées trop au-dessus de notre portée, en répétant « le mot philosophique de Bilboquet : « Je repasserai dans huit jours. »

A l'Opéra, nos amis M. et Mme Pillon assistent à une grande représentation au profit des blessés. Ils y entendent Taillade, Mlle Favart, les *Châtiments* comme partout.

On fait la quête dans un casque prussien.

Les marchands de contremarques, costumés en gardes nationaux!

Le canon tonne toute la nuit.

Nous sommes allés, ma mère, Céline, et moi, voir nos amis M. et Mme Alfred Elwall (1), 25, rue Gay-Lussac, près du Panthéon.

(1) Ma bibliothèque possède plusieurs livres anglais, dictionnaires, grammaires, etc, avec dédicaces de mon cher et regretté professeur et ami M. Elwall. Il est mort le 15 avril 1889. Voir la brochure des quatre discours prononcés sur sa tombe par MM. Grenier, proviseur d'Henri IV; Hatton de la Goupillière, directeur de l'École supérieure des Mines ; Lenient, professeur à la Sorbonne; et Blondel, vice-président de l'Association philotechnique.

J'ai trouvé M. Elwall dans son cabinet de travail, comme il revenait de la Mairie du Vme arrondissement. Dans l'intervalle de ses *cours et classes* d'anglais à l'École des Mines, et au Lycée Henri IV, (qui n'a plus d'internes ne pouvant les nourrir) il met son dévouement journalier au service de la municipalité pour les ambulances, les cantines, les secours de toute nature.

Il a envoyé ses quatre enfants en Angleterre, les ayant partagés, sans faire de jaloux, entre son frère et ses trois sœurs. *Anna*, l'aînée, est à Taunton-Field (Somerset), chez son oncle Frédéric, le colonel Elwall, — *Jane*, à Barnes, près Londres, chez sa tante Julia, — *George*, (7 ans) filleul de mon père et de ma mère, à Hastings (Kent), chez sa tante Clara — et la petite *Lala (Clara)* (4 ans) chez sa tante Rosa, à Tunbridge-Wells.

Il est tout heureux de nous montrer la bonne réponse reçue d'eux ces jours-ci par l'entremise amicale de M. Washburne, ministre des États-Unis, le seul ambassadeur dont les Prussiens laissent passer les courriers, réponse d'excellentes nouvelles aux deux lettres qu'il leur avait adressées par ballons, d'abord collectivement en français, le mardi 25 du mois dernier, en la personne de Jane, puis plus longuement, en anglais, à Anna, le vendredi suivant. Voici ces deux lettres :

I. — A Miss Jane Elwall, chez M. Kaye.

(Par Ballon)

à Barnes, près Londres.

Mes chers Enfants,

Il y a six semaines bientôt que vous nous avez quittés, que nous sommes sans vos chères nouvelles. Que nous voudrions vous avoir ici avec nous! Et cependant, que nous sommes heureux de vous savoir là-bas dans l'heureuse Angleterre! Ici, l'inquiétude qui nous ronge vous atteindrait aussi, assombrirait vos jeunes visages, et plus tard, quand les privations commenceront à se faire sentir, nous vous aurions vus pâlir et dépérir. Ces privations, nous ne les avons pas encore beaucoup senties; la viande devient rare, et nous n'avons droit chaque jour qu'à 60 grammes ou 2 onces, et encore faut-il attendre très longtemps son tour à la porte du boucher. Mais on peut encore facilement avoir du cheval, et je vous assure qu'il est très bon; mais le beurre, que vous aimiez tant, mes chéris, il n'y en a plus, on ne peut pas en avoir. Les ânes, que toi, Jeanne, tu avais peur de monter, on les mange aussi; mais ce doit être bien bon, car cela coûte 2 fr. 50 (2 shillings) par livre, et nous ne l'avons pas encore gouté; mais *horse steaks*, *roast horse* et *horse broth* (1) sont très bons. C'est égal, j'aime mieux le bœuf et le gigot.

Maman se porte assez bien et moi aussi. J'espère que cet hiver vous épargnera tous les quatre, et que Jeanne surtout n'en souffrira pas. Nous ne pouvons qu'espérer; nous ne pouvons savoir, chers anges, si vous vous portez bien; peut-être recevrez vous cette lettre, cela n'est pas sûr; mais il est certain que nous ne pouvons rien recevoir de vous, tant est bien tendu le filet autour de notre pauvre Paris. Cependant il ne faudra pas craindre de mettre de temps en temps une lettre à la poste. Qui sait? peut-être avec la bénédiction de Dieu, elle pourra nous arriver. Nous saurons bientôt diriger les ballons, et alors, quel bonheur pour votre mère et pour moi de savoir que vous êtes heureux, que vous êtes studieux, et sages surtout, et que là-bas, où vous êtes si loin de nous, tout le monde vous aime, et nous plaint d'être séparés de vous. Toi, Jeanne, tu travailles bien, n'est-ce pas; ma bonne cousine et Miss Beale sont contentes de vous à tous égards, et Mlle Sordes aussi, car vous travaillez aussi votre français.......
Et toi, mon cher George, apprends bien, lis beaucoup; lis du français aussi, et fais des dictées afin de bien connaître l'orthographe. Si tu es à Friar's Hill, — tu dois y être bien heureux — prie ta bonne cousine de t'apprendre tes verbes et prête toute ton attention à tes leçons. Prie, avec ton oncle et ta tante, pour ta mère et pour moi, et pour le malheureux pays de France. Prie Dieu de nous délivrer de cette terrible

(1) Bouillon de cheval.

guerre! Et toi, notre chère et bien aimée petite *Lala*, qu'il nous parait long depuis que nous avons entendu ton frais rire, ton joyeux petit babil, et baisé tes joues roses. Sois gentille avec tes tantes, chère enfant, pense à nous, et chaque soir, en te couchant, dis, en posant ta petite tête sur ton oreiller, dis : bonne nuit, petit père; bonne nuit, maman chérie, et chaque matin, dis nous bonjour.

Que Dieu vous bénisse tous, mes chéris, et vous conserve pour être rendus à vos affectionnés parents.

A. ELWALL.

II. — A Miss Anna Mary ELWALL, Taunton-Field, Somerset (Angleterre).

(Par ballon)

Dear Anna,

As I did not wish to put all my eggs in one basket, I wrote separately in the beginning of the week to your uncle Kaye, and to dear Jane, this letter addressed to all four of you, and to be sent on to you and from you to Tunbridge. Hitherto we are told that the balloons get over the Prussian lines in safety, so that I have great hopes none of my letters have miscarried, and that you have been free from all anxiety on our account. Alas! we are not so on yours. We receive no tidings from those who are so dear to us, and tho' we know how kindly you are all treated by your dear uncles and aunts, your mother's fancy is ever conjuring up fears of illness or accidents or what not, and these fears, which I strive not to partake, are hard to bear.

We are entirely without news from Mme Dedouvre. Has she gone to reside with her eldest son Edouard, and is Henry with her, or has Henry been compelled to join the army?...

Mr Dalmeida is here and full of zeal. He is a member of the scientific commission for the defense of Paris.

Mr B... left Paris with his wife, Mina, and his two children for Cayeux in the early part of september, and is, I am sure, very, very sorry at having done so, for a decree has appeared — will it really be carried into execution? I know not — which declares all members of the University absent from their post *démissionnaires*. Whatever befalls, you see, dear Anna, I did right to remain in Paris. It was evidently my duty so to do.

One thing is certain, no matter the subject on which we write or speak we must come back to the subject of eating. Your mother has entered a ladies' committee for trying to do good. They are going to get up some "*fourneaux économiques*" for the poor. Mme Lenient has been President this week, and I believe mamma is charged with the purchase of the coals, and has helped Mme Lenient this week with more than one nudge at the elbow. Mme *** celebrates her husbands' fête next week, and of course the Lenients are to be there at dinner, but Mme *** has requested her cousins to bring *their own meat*, and Mme Lenient hesitates much about going. "For, says she, if we take our meat, it will all be eaten up in a trice, and we shall be two days without eating any". Mr Lenient is not very well; he is "*très exalté*"; he mounts his guard on the city walls, and requires sustention. Your mother beguiled him once into eating horseflesh, he learnt it only two days afterwards, and had thought it delicious; but he refuses to eat it now; but horseflesh is growing scarce now, (it costs 14d and 16d per lib., and donkey half a crown) and in a fortnight's time, happy shall we be if we can get any!..... Mme C... had "*fait la queue*" at the butchers' for four hours together, and had been unable to get any meat.

Mr and Mme de Mazade, having left Beaumont, are in

Paris, near their two sons and daughters in law. Alexander is " a national guard ".....

Mlle Durand has opened the school, but four mistresses are absent, and like the colleges she only takes "externes".

. . . .

The end of the month is drawing near, and we shall soon know how we are to be paid at school. I hear we shall only receive our fixed salary, rather more than half our real; it will be welcome, for there are at home only a few frank pieces "running one after the other" as the french has it.

. . . .

I don't know where Alex. Fougery is. He is a lieutenant of dragoons, and will very likely be a captain at the end of the war.

You remember the gentleman on the 5th story opposite with the serpents. He is now *maire* of our arrondissement, and he is doing very great things.

How are you managing with regard to clothing? You must be in want of every thing, and mamma regrets sorely that you have not your "robe de chambre"; but you must make up your mind to do without what can be done without. You must learn to be economical. Learn to sew. Learn also a little cooking, pudding making, etc, etc....

Tell your uncle — read this letter to him — that my next shall be for him, and that I shall write it chock full of politics.

We are looking forward just now to two things: an opening of the road to Hâvre most likely, or if not of that to Lyons, and secondly to the bombardment by the Prussians in three or four days at the least. But our hearts are high — *sursum corda* — and we laugh at the threat. As I write the word, there goes cannon shot from the fort of Montrouge.

God bless you, darling, mamma t'embrasse tendrement.

Your fond father,

A. ELWALL (1).

---

(1) Traduction, que je fais exprès mot à mot, sans m'inquiéter du bon français.

Chère Anna. Comme je ne voulais pas mettre tous mes œufs dans un seul panier, j'ai écrit séparément, au commencement de la semaine, à votre oncle Kaye, et à chère Jane, cette dernière lettre adressée à vous quatre, pour être envoyée ensuite à toi, et par toi à Tunbridge. Dorénavant, on nous dit que les ballons passent au-dessus des lignes prussiennes en sureté, de sorte que j'ai grand espoir qu'aucune de mes lettres ne s'est égarée, et que vous avez été exempts d'anxiété sur notre compte. Hélas! nous ne le sommes pas sur le vôtre. Nous ne recevons aucunes nouvelles de ceux qui nous sont si chers, et quoique nous sachions combien tendrement vous êtes traités par vos chers oncles et tantes, l'imagination de votre mère est toujours à évoquer des craintes de maladie ou d'accidents ou que sais-je? et ces craintes, que je cherche à ne pas partager, sont dures à supporter.

Nous sommes entièrement sans nouvelles de Mme Dedouvre. Est-elle allée résider avec son fils aîné Édouard, et Henry est il avec elle, ou bien Henry a-t-il été obligé de rejoindre l'armée?....

M. Dalmeida est ici, et plein de zèle. Il est membre de la Commission scientifique pour la défense de Paris.

M. B... a quitté Paris avec sa femme, Mina, et ses deux enfants, pour Cayeux, dans la première moitié de septembre, et il en est, je suis sûr, fâché, très fâché; car il a paru un décret — sera-t-il mis à exécution? je ne sais — qui déclare tous les membres de l'Université, absents de leur poste, *démissionnaires*. Quoiqu'il arrive, tu vois, chère Anna, que j'ai eu raison de rester à Paris. C'était évidemment mon devoir d'agir ainsi.

Une chose certaine, c'est que, n'importe le sujet dont on écrive ou parle, il faut toujours en revenir au sujet du manger. Votre mère est entrée dans un Comité de Dames, qui a pour but de faire du bien. Elles vont s'occuper de l'établissement de Fourneaux économiques pour les pauvres. Mme Lenient a été présidente cette semaine, et je crois que maman a été chargée de l'achat du charbon. Elle a aidé Mme Lenient, cette semaine, de plus d'un coup de coude. Mme *** célèbre la fête de son mari la semaine prochaine, et naturellement les Lenient doivent être du dîner, mais Mme *** a demandé à ses cousins d'apporter leur propre viande, et Mme Lenient hésite beaucoup à y aller, « car, dit-elle, si nous prenons notre viande, elle va être toute mangée en un clin d'œil, et nous serons deux jours sans en manger. » M. Lenient n'est pas très bien; il est très exalté; il monte sa garde aux remparts et a besoin de soutien. Votre mère l'a trompé une fois en lui faisant manger du cheval, il ne l'a appris que deux jours après; il l'avait trouvé délicieux, mais il se refuse à en manger maintenant; cependant le cheval commence à devenir rare (il coûte 2$ et 3$ sous la livre, et l'âne une demi-couronne, 3 fr. 10) et dans une quinzaine, heureux serons nous si nous pouvons en avoir. Mme C... après avoir fait la queue pendant quatre heures, n'a pas pu avoir de viande.

M. et Mme de Mazade ont quitté Beaumont et sont à Paris, près de leurs deux fils et de leurs brus. Alexandre est garde national.

Mlle Durand a ouvert sa pension; mais quatre maîtresses sont absentes, et comme les collèges, elle ne prend plus que des externes.

. . . .

La fin du mois approche, et nous saurons bientôt comment l'on doit nous payer. J'apprends que nous ne recevrons que notre traitement *fixe*, c'est-à-dire un peu plus de la moitié de notre traitement réel. Il sera le bienvenu, car il n'y a plus à la

La bataille d'Autun, gagnée par Garibaldi le 26, préserve de l'invasion le Creusot, la vallée du Rhône et Lyon.

Bataille de Beaune-la-Rolande (18me et 20me corps français).

Journal de G. Sand. NOHANT, 28 Novembre. — « *Tous « ces bans, qui se succèdent si rapidement, me terrifient. On appelle les « hommes mariés pour le 10 décembre. Plus on a de bras, plus on en « demande; c'est donc que la situation s'aggrave au lieu de s'amé- « liorer !* »

Journal des Goncourt. 28 Novembre. — ...« *L'é- « trange rassemblement aujourd'hui que la composition d'un omnibus! « que d'hommes de guerre de toutes les espèces et de toutes les façons! Je « suis à côté d'un aumônier du Midi, aux yeux à la fois vifs et doux, « qui me dit que, depuis la fermeture des portes, le moral de l'armée et « de la mobile est complètement changé, que le découragement et la « démoralisation étaient à tout moment apportés par les maraudeurs « et les filles, allant des Français aux Prussiens, et des Prussiens reve- « nant aux Français; mais qu'aujourd'hui ils ont confiance, qu'ils « sont disposés à bien se battre...*

« *Je traverse le Luxembourg. Près du grand bassin, qu'on pêche avec « une immense* seine *pour nourrir Paris, une voiture chargée de ton- « neaux... dans lesquels on porte des carpes et de monstrueux cyprins...*

« *Le boulevard du Montparnasse est sillonné de canons et de caissons « qui rentrent dans Paris, tandis que des femmes maladives, ayant des*

---

maison que quelques francs qui « se courent l'un après l'autre » comme on dit en France.

. . . .

Je ne sais pas où est Alexandre Fougery; il est lieutenant de dragons, et sera probablement capitaine à la fin de la guerre.

Tu te rappelles le Monsieur du 5e de la maison d'en face avec ses serpents. Il est maintenant Maire de notre arrondissement et fait de très grandes choses.

Maintenant comment t'arranges-tu avec tes vêtements? Tu dois manquer de tout; et maman regrette vivement que tu n'aies pas ta robe de chambre; mais il faut se résoudre à faire sans ce dont on peut se passer. Il faut apprendre à être économe. Apprends à coudre. Apprends aussi un peu de cuisine, à faire la pâtisserie, pudding, etc, etc...

Dis à ton oncle — lis lui cette lettre — que ma prochaine sera pour lui, et que je lui écrirai une lettre toute pleine de politique.

Pour le moment nous nous attendons à deux choses : A une ouverture de la route du Hâvre très probablemant, ou si non, de celle de Lyon; et secondement au bombardement par les Prussiens dans trois ou quatre jours au moins. Mais nos cœurs sont hauts — *sursum corda* — et nous nous moquons de la menace. Comme j'écris le mot, il arrive un coup de canon du fort de Montrouge.

Que Dieu te bénisse, chérie, maman t'embrasse tendrement. Ton tendre père,

A. ELWALL.

« *figures de province, sont assises sur des bancs, frileusement encapu-*
« *chonnées...*

. . . .

« *Sur le boulevard d'Enfer, à de maigres arbres, écorcés jusqu'à 5 ou* « *6 pieds, sont attachés des chevaux, des ânes, et derrière ces rosses, se* « *tient une population finaude et rougeaude, le fouet passé autour du* « *cou. Maquignons octogénaires, et maquignons adolescents.. Une* « *grande fillette, à l'œil impudique et au madras placé en haut de che-* « *veux rêches, m'offre pour 350 francs un âne, qui m'a tout l'air d'un* « *âne de Montmorency.*

« *C'est l'avenue du marché aux chevaux — le Poissy du Paris du* « *jour — et j'entre dans le vrai marché, où les chevaux sont tellement* « *affamés, qu'ils mangent le bois de la traverse, dans laquelle est fixé* « *leur licol, s'efforçant, les pauvres bêtes, de ramasser à terre la sciure* « *que leurs dents ont faite. On les amène sur un pont balance... pesage,* « *examen, achat, marque au fer rouge sur la fesse du cheval, toute* « *fumante..... Après quoi, c'est de la viande de boucherie, qui a reçu* « *son passeport pour l'abattoir.* »

Mardi 29 Novembre.

En sortant dès le matin, pour nous rendre au bastion, nous lisons des affiches collées hier soir : *trois proclamations* annonçant l'action suprême pressentie depuis quelques jours, l'une du Gouverneur de Paris, l'autre signée de tous les Membres du Gouvernement, la troisième du général Ducrot, pleine de cœur et d'héroïsme, que voici en partie :

« Soldats ! le moment est venu de rompre le cercle de fer qui nous « enserre depuis trop longtemps et menace de nous étouffer dans une « lente et douloureuse agonie ! A vous est dévolu l'honneur de tenter « cette grande entreprise...

. . . .

« Pour préparer votre action, la prévoyance de celui qui nous com- « mande en chef a accumulé plus de 400 bouches à feu, dont deux « tiers au moins du plus gros calibre ; aucun obstacle matériel ne « saurait y résister, et pour vous élancer dans cette trouée, vous serez « plus de 150,000, tous bien armés, bien équipés, abondamment pour- « vus de munitions, et, j'en ai l'espoir, tous animés d'une ardeur irré- « sistible.

. . . .

« Courage donc et confiance ! Songez que, dans cette lutte suprême, « nous combattons pour notre honneur, pour notre liberté, pour le « salut de notre chère et malheureuse patrie ; et, si ce mobile n'est

« pas suffisant pour enflammer vos cœurs, pensez à vos champs dé-
« vastés, à vos familles ruinées, à vos sœurs, à vos femmes, à vos
« mères désolées. Puisse cette pensée vous faire partager la soif de
« vengeance, la sourde rage qui m'animent, et vous inspirer le mépris
« du danger.

. . . .

« Pour moi, j'y suis bien résolu, *j'en fais le serment* devant la nation
« toute entière : *Je ne rentrerai dans Paris que mort ou victorieux...*

« En avant donc ! en avant, et que Dieu nous protège !

« Le général en chef de la 2me armée de Paris,
« A. DUCROT. »

Cet élan superbe a fait courir un frisson dans nos veines, a fait sauter le cœur dans notre poitrine, raffermissant encore notre persévérance, enflammant plus que jamais notre ardeur d'en finir ; je me suis retourné, et j'ai vu que des camarades avaient, comme moi, des larmes dans les yeux.

Ah ! aujourd'hui, on a été grave. On a observé la discipline, on n'a pas quitté le poste, on n'est pas allé se désaltérer. On a entendu avec recueillement le canon tonner et la fusillade crépiter toute la journée.

Un Décret interdit aux Journaux le récit des opérations militaires.

Recensement dans Paris et la banlieue des chevaux, ânes et mulets.

Première sortie générale de la garde nationale. Le feu est ouvert sur plusieurs points en même temps : **à Choisy-le-Roi**, enlèvement de **la Gare aux bœufs** par le contre-amiral Pothuau (Armée de Vinoy) **à l'Haÿ**, aux Hautes-Bruyères, **à Vitry**, au **Port à l'Anglais**, etc...

L'artillerie de nos forts décime les Prussiens.

Au Champ de Mars, départ, depuis hier, des Ambulances de la Presse, avec une centaine de Frères de la Doctrine Chrétienne devant faire le service d'infirmiers et de brancardiers.

Ils sont réunis sous la direction de Monseigneur Bauer.

Le soir, rien encore de décisif. Nous aurions l'Haÿ, Chevilly, Thiais, Bezons même. On aurait entendu le canon du côté de Pontoise. Serait-ce Bourbaki ? Kératry ? si près de nous ?

A 10 heures sur les boulevards, foule énorme, d'une anxiété fébrile. Au coin de la rue Drouot, c'est à grand peine que nous pouvons passer, pour arriver à la Mairie du IXme arrondissement, où nous trouvons Auguste Thiébault, montant sa garde. A la porte de la Mairie, une cohue fourmillante, houleuse, prêtant l'oreille aux dépêches, qu'un garde national lit, ou plutot crie, monté sur une borne.

Journal de G. Sand. Nohant, 29 Novembre. — « *Dé-*
« *part de nos mobilisés par un temps triste comme nos âmes. Nous les*
« *attendons sur la route. Toute la ville les accompagne. Ils sont très*
« *décidés, très patriotes, très fiers. On s'embrasse, on rentre les larmes.*
« *Où vont-ils? que deviendront-ils? Ils ne le savent pas, ils sont prêts à*
« *tout. Il y a un reflux d'espoir et de dévouement. On croit que le salut*
« *est encore possible. Je ne sais pourquoi mon espoir est faible et de*
« *courte durée...* »

Occupation d'Amiens par le général Manteuffel.

A M. Ludovic et Mlle Alice Fromentin, chez M. C..., Niort (Deux-Sèvres).

(Par Ballon monté) (1).

Paris, 29 Novembre.

Mon cher Ludo, ma chère Alice,

Quoiqu'il ne soit pas certain que nos lettres vous arrivent, je continue cependant à vous écrire de temps en temps, espérant que, une fois au moins sur trois, vous recevrez de nos nouvelles.

Quelle bonne soirée a été pour nous celle du 29 no-

(1) Cette lettre a été reçue à Niort dès le 3 décembre.

vembre! Camille et moi nous étions dans notre petite salle à manger, quand tout à coup papa y entre, tenant à la main une dépêche. Ce pauvre père pleurait tellement que pendant un instant nous avons cru à une mauvaise nouvelle... c'était la trop grande joie. Je ne saurais vous dire, mes chers petits enfants, tout le plaisir que cette dépêche nous a causé, nous étions si impatients de savoir comment vous vous portiez. J'aurais bien voulu, je vous assure, embrasser le cher petit pigeon qui nous l'a apportée; malheureusement je ne le connais pas.

...Mes chers petits amis, soyez bien sages, et priez souvent le bon Dieu, afin que nous vous revoyions pour le Jour de l'An. Vous devez avoir bien envie de nous voir, si j'en juge par le désir que nous avons de vous embrasser. Espérons que nous serons bientôt délivrés de ces vilains Prussiens.

La semaine dernière, nous sommes allés jusqu'au haut de Nogent; mais une fois là, il nous a été défendu d'aller plus loin. Nous avons aperçu notre pauvre Neuilly, la maisonnette de l'éclusier, les arbres de notre bois, et au delà, les maisons rouges de Ville-Evrard, qui servent maintenant de repaires aux Prussiens. Le beau château de Petit-Bry est entièrement brûlé, c'est l'ennemi qui a fait ce beau coup. Plusieurs grandes propriétés de Nogent, qui donnent sur le versant de la Marne, ont été converties par nous en de véritables petites forteresses. Il ne reste plus un seul arbre sur la grande route. Après avoir vu tous les dégâts qui ont été faits à Nogent et aux alentours, nous sommes revenus un peu tristes d'avoir vu Neuilly, sans avoir pu y aller. Nous pensions pouvoir refaire cette promenade cette semaine, mais les portes de Paris sont fermées, et à l'heure où je vous écris, une grande action est engagée à Choisy-le-Roi. Tous les Parisiens sont pleins d'enthousiasme, et croient à une grande victoire de notre côté.

M. et Mme de Mazade, M. et Mme Pillon vont bien, et ne vous oublient pas.

Nous vous embrassons, etc.

Votre grande sœur,

Berthe AMIARD-FROMENTIN.

Journal des Goncourt. 29 Novembre. — « *La viande salée, délivrée par le Gouvernement, est* indessalable, *immangeable. J'en suis réduit à couper le cou à une de mes dernières petites poules, avec un sabre japonais. Ça a été abominable, cette pauvre petite poule voletant, un moment, dans le jardin, sans tête.*

« *Chez Brébant, on cause de la misère noire, dans laquelle sont tombés soudainement des gens qui avaient hier l'aisance de la vie. Charles Edmond raconte que sa femme, se trouvant chez leur boucher, avait vu une femme proprement vêtue, vêtue comme une femme de la société, entrer et demander un sou de* raclures de cheval. *Et Madame Charles Edmond lui ayant mis une pièce blanche dans la main, la femme, comme remerciement, s'était mise à fondre en larmes.* »

Mercredi 30 Novembre.

La Saint-André. Foires, Beaumont, Clermont?!...

19me Séance du Conseil de famille.

I. Remise des Bons de ration.

Plusieurs gardes demandent une augmentation de secours.

II. Une nouvelle demande de la solde par un garde, établi, ayant épuisé toutes ses ressources, s'engageant à restituer au Trésor, après la guerre, aussitôt qu'il le pourra. Admission, après engagement écrit.

Un garde renonce à la solde.

III. Instruction du commandant disant qu'il n'y a aucun moyen coercitif contre les gardes qui se refusent à payer la cotisation obligatoire.

IV. Communication du Décret du 28 accordant **0,75 par jour aux femmes** des gardes touchant la solde.

V. Lecture d'un avis du général Clément Thomas faisant appel aux ouvriers cordonniers... dont l'industrie est nécessaire;... dispense du service du rempart...

Grande bataille de Villiers-sur-Marne. Éclatante victoire de Trochu et de Ducrot.

Violente canonnade tonnant sans interruption de tous les côtés. Journée de bataille encore plus formidable que celle d'hier.

L'action engagée a été reprise sur un vaste périmètre, soutenue par les forts et les batteries de positions qui, depuis 24 heures, écrasent l'ennemi de leur feu.

A l'Est, un corps d'armée du général Ducrot **passe la Marne sur des ponts de bateaux** dont l'établissement avait été retardé par une crue subite, peut-être préparée par les Prussiens, qui auraient démoli des barrages. Il s'établit à Champigny et à Bry. La division Susbielle s'empare de Montmesly, position trop meurtrière, qu'elle est forcée d'évacuer.

Au Sud, l'amiral La Roncière s'avance sur la route de Lonjumeau.

Au Nord, une division de cavalerie, avec les mobiles de l'Hérault et de Saône-et-Loire, occupe Drancy dans la plaine d'Aubervilliers et pousse ses opérations jusqu'à *Groslay*. La brigade Henrion s'empare **d'Épinay**, où s'était fortement retranché l'ennemi (72 prisonniers, 2 canons, et munitions) ...

A l'Ouest, l'ennemi aurait passé en forces le pont de Bezons (fausse nouvelle). Notre artillerie était toute prête à le recevoir, et à défendre la presqu'île de Gennevilliers.

Tués : Le général Ladreit de Lacharrière ; le capitaine de Neverlée... Mortellement blessés : Le général Renault, le commandant Saillard, du 1er mobiles de la Seine....

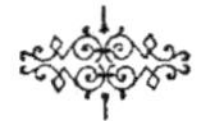

DÉCEMBRE

1870

Jeudi 1er Décembre.

« Ce siège de Paris, qui ressemblait à un rêve, est un fait qui dure « depuis plus de 70 jours déjà. Cet investissement, qu'on croyait impos- « sible, existe; on nous a sequestrés, on nous a enfermés hermétique- « ment, et même M. de Bismarck prétend nous interdire les airs, « comme il nous interdit l'eau et la terre. Ce gracieux geôlier proscrit « nos ballons qui passent par dessus sa tête en le bravant, — et nos « malheureux pigeons, ces aimables et trop rares messagers de bon- « nes nouvelles, si le ministre du roi Guillaume pouvait les prendre, « il les enverrait sûrement en Allemagne dans une forteresse pour les « traduire au besoin devant un conseil de guerre...

« La lutte à fond est engagée autour de Paris, et puisque dans cette « lutte suprême il s'est trouvé des hommes honnêtes et courageux qui « ont fait depuis trois mois plus qu'on ne pouvait attendre, qu'on ne « trouble pas leur action, qu'on les laisse à l'œuvre. Trève à toutes les « dissensions! que chefs et soldats qui combattent en ce moment « puissent marcher sans regarder derrière eux, le cœur rempli uni- « quement de la Patrie, assurés de ne pas se dévouer en vain et de « préparer par leur héroïsme la délivrance.

(Ch. de Mazade).

A noter dans *La Revue* de ce jour :

Le Siège de Metz, en 1870, par A. Mezières.

Les Clubs de Paris pendant le Siège, par G. de Molinari.

Les Bataillons de marche de la garde nationale, par G. Liébert.

Lettre de Vitet sur la prochaine Assemblée Nationale.

Un tout petit lapin vivant..................	7 »
Amandes..................................	2 10
Champignons...............................	0 80
Beurre salé...............................	9 »
Don à la Caisse de famille du Conseil.......	20 »

Visite à M. et Mme Ch. de Mazade, rue Saint-Jacques. Nous y trouvons notre jeune cousin Charles, au lit. Il est tombé malade ces jours derniers dans le service, et a été ramené chez ses parents, avec un congé. Fatigue et refroidissement. Nous espérons qu'il n'en sera rien de grave.

Nos troupes se barricadent et se retranchent sur les positions conquises hier et occupées cette nuit. Signé : général Schmitz, chef d'État-Major.

A la demande des Prussiens, suspension des hostilités pour enlever les blessés et enterrer les morts ; mais aujourd'hui seulement ; demain la lutte reprendra, sans trêve ni merci.

Spectacle navrant : Rencontre toute la journée de convois d'ambulance, tapissières, voitures de messageries et de déménagements, remplies de blessés, devant lesquels chacun se découvre. On dit que le carnage a été effroyable à Villiers, et que les zouaves, au parc de *Cœuilly* surtout, enlevé par eux à la baïonnette, ont été hachés.

Arrestation d'espions prussiens, des vrais, cette fois.

Journal des Goncourt. — *Dans l'omnibus, j'ai à « côté de moi un carabinier parisien, tenant sur les genoux un casque « prussien de la garde royale. Il parle de l'élan des troupes, des zouaves, « qui, à l'attaque de Villiers, ont été admirables, et d'une compagnie « dont quatre hommes seuls n'ont pas été touchés.* »

Le général Chanzy enlève Janville, Toury, Gommiers, Taminiers, Guillonville, Faverolles. — L'amiral Jauréguiberry, le château de Villepion. »

Vendredi 2 Décembre.

Herbe pour notre petit lapin, que nous allons tâcher d'engraisser	0 75
2 pieds de céleri rave	1 50
Biscuits	2 30
Un petit pain	0 25

Une dépêche d'Amiens annonce que l'armée du Nord est forte de 40,000 hommes et qu'un des fils de Garibaldi (Riciotti ou Menotti), a mis hors de combat ou fait prisonniers 800 Prussiens, à Châtillon-sur-Seine.

Un pigeon, tombé de fatigue dans la rue de Rivoli, est immédiatement porté au Gouvernement.

Grande Victoire de Champigny :

Les Prussiens ont attaqué ce matin avec une extrême violence nos positions conquises. On a reculé un instant devant ce foudroiement ; puis, d'un élan irrésistible, on les a débusqués, et on les poursuit jusque dans les bois, où ils se dérobent. Nous restons maîtres du vaste champ de bataille.

La voilà ouverte cette *trouée* si ardemment espérée !

Le général Trochu, en attaquant dès le 29 les assiégeants de tous les côtés à la fois, en les tenant sous le feu ininterrompu de nos forts, a déjoué leurs prévisions. Il a violemment enfoncé son coin dans les masses de l'investissement au point même qu'il a jugé le plus difficile.

C'était là évidemment *son plan* mystérieux, déposé chez un notaire, couronné enfin d'un éclatant succès ; succès d'autant plus efficace qu'il doit, d'après le même plan, coïncider avec une approche simultanée de l'armée de la Loire.

Bataille de Loigny, Patay : Général Chanzy. — Général de Sonis, Charette blessés. Le duc de Luynes tué ; il a 23 ans ! Des zouaves pontificaux de Charette, il en revient 60 !

Samedi 3 Décembre.

3 0/0 53.80.
Décès, 11me sem. 2282.
18° de Froid.

Le pauvre pigeon tombé exténué portait deux depêches : 1° de Gambetta, n'a reçu que le 29 la dépêche du ballon du 24, tombé à Christinia (Norwège). Situation excellente. 2° de Bourbaki, d'Amiens : Pas de Prussiens entre Amiens, Beauvais, Chantilly et Gisors.

Rien encore de l'action connexe de nos armées vers Paris !

20me Séance du Conseil de famille. 10 heures, matin.

I. Examen de la solde. Radiation d'un garde, parti dans la Compagnie de guerre du 87me bataillon. L'état est réduit à 69 gardes.

II. Secours. Bons de rations donnés à 2 gardes, l'un ayant avec lui sa femme et sa mère, absolument sans travail ; l'autre garde très chargé de famille.

III. Examen du compte du Trésorier ; reliquat en caisse 584.60. Le secrétaire remet au Trésorier 159.20 qu'il tient de M. Goury, capitaine démissionnaire, qui lui en a expliqué ainsi qu'il suit la provenance : — « L'affiche de la Représentation du 21 novembre au théâtre de la Porte Saint-Martin, dont le produit devait être affecté à la Caisse de Secours du bataillon, portait exprès : *Pour la fonte des canons*, afin d'avoir droit au gaz gratuit dans la salle. Le produit en a été partagé en deux parties : moitié pour former les premiers fonds de la *Caisse de Secours du bataillon*, et moitié, divisée en 8, (159 fr. 20 pour chacune des 8 compagnies).

IV. **Notre canon.** Le Secrétaire rend compte des informations prises auprès du commandant. Les marchés ont été conclus avec la maison Thiébault pour la fonte, et avec la maison Veuve Decoster pour le forage, l'affût et le caisson. Il devait être livré le 15 novembre. Le retard vient : 1° de ce que l'Administration du Génie a voulu faire passer ses commandes avant celles de l'initiative privée ; 2° de ce que l'affût, ayant été reconnu trop petit et de nature à nuire à la portée de la pièce, a dû être recommencé. A la suite d'une assignation lancée par le Commandant, la maison Decoster a promis de livrer le canon le jour qui serait fixé demain dimanche dans une séance spéciale du *Conseil de famille du bataillon.*

V. Compte du Trésorier.

VI. M. Aucler rend compte à notre Conseil des cinq premières séances du *Conseil de famille du bataillon*, dont il fait partie conjointement avec notre capitaine :

« Elles ont eu toutes pour objet principal **notre canon.**

« Malgré l'avis de M. A. de Mazade, qui voulait l'appeler **Le**
« **Quatre-vingt douze** (date glorieuse et numéro de
« notre bataillon) le canon a été baptisé **Le Républicain.**

« Le total des souscriptions a été d'environ 9,200 francs, chiffre dé-
« passant la dépense prévue, dont l'excédant trouvera facilement son
« emploi.

« Aussitôt la livraison, le commandant Roux demandera un attelage
« d'artillerie pour faire passer le canon devant le bataillon et on nom-
« mera une députation chargée d'aller l'offrir au Gouvernement de la
« Défense Nationale.

L'ambulance du foyer du Théâtre-Français, dont les sœurs de charité et infirmières sont les élégantes sociétaires et pensionnaires de la Comédie, Mesdames Madeleine Brohan, Favart, Reichemberg et autres, regorge de blessés de Villiers et de Champigny.

Même encombremont aux Ambulances de *l'Ancienne Cour d'Assises*, de l'*église Saint-Gervais*, du *Bal Bullier*, qui est succursale du Val-de-Grâce, et à toutes les autres nombreuses ambulances.

Le nouvel Opéra sert de magasin d'approvisionnements pour l'armée.

Le Cirque des Champs-Élysées (ci-devant de l'Impératrice !) est devenu un atelier de fabrication de cartouches.

Le plateau d'Avron continue son feu pour inquiéter les convois incessants de l'ennemi, vers Chelles.

Environ 800 prisonniers Prussiens, dont un groupe d'officiers, sont amenés dans Paris. Plus de 15,000 Allemands auraient été mis hors de combat ces derniers jours ; nos pertes approximatives seraient de 6,000 dont 1000 à 1200 tués.

Le marquis de Trécesson, le comte de Podénas, le vicomte de Grancey, colonel des mobiles de la Côte-d'Or, sont au nombre des morts, après tant d'autres noms illustres, de Dampierre, de Neverlée, etc...

Nobles héros de l'aristocratie française, tombés à côté de non moins nobles héros obscurs ! Banville les couronne les uns et les autres d'une seule et même auréole :

ROUGE ET BLEU.

Le peuple, fait d'âmes stoïques,
Ayant brisé son vieux lien,
S'envole aux trépas héroïques,
Et les marquis meurent très bien.

Ils vont où le plomb tue ou blesse,
Les uns font bien, les autres mieux ;
Et tous, populace et noblesse,
Ils sont dignes de leurs aïeux,

. . . .

Et conquérant d'égales tombes
Devant la batterie en feu,
Mêlent, sous les éclats des bombes,
Le sang rouge avec le sang bleu !

Une brusque et désespérante déception : on apprend que le général Ducrot, *a fait repasser la Marne* par notre armée victorieuse, abandonnant déjà le champ de bataille si vaillamment et sic hèrement conquis ! Il revient bivaquer autour de Vincennes !

Pourquoi? Pourquoi?

Adieu, hélas! une fois de plus, l'illusion de la délivrance! L'illusion n'aura été qu'un éclair!

Combat de Chilleurs-aux-Bois (Général Martin des Pallières). Les Allemands reprennent Orléans.

Dimanche 4 Décembre.

De service, quai d'Orsay, 103, à l'Administration du Mobilier National (Garde meuble). Un froid de loup. Pendant que je monte ma faction, de 2 heures à 4 heures, enveloppé de la grande capote grise au vaste capuchon relevé, allant et venant, en battant la semelle, devant ma guérite, le fusil sur l'épaule, Céline et sa cousine, Mlle Alexandrine Malbranche, viennent pour m'y voir, et me demandent au « factionnaire » qu'elles ne reconnaissent que lorsque, rabattant son capuchon, il leur dit : Le voilà.

Sur la Seine, un mouvement extraordinaire. Ces dames traversent le quai, et, en se penchant au-dessus du parapet, elles sont témoins d'un affreux spectacle :

Le débarquement des blessés ensanglantés, que les Bateaux-Mouches ramènent de Champigny. Ces malheureux, portés par des Frères de la

Doctrine Chrétienne, sont horriblement mutilés par les balles et les obus; ils ont les chairs labourées, les os brisés... Ne pouvant supporter plus longtemps cette horrible vue, Céline et Mlle Malbranche s'en vont, le cœur serré et les yeux remplis de larmes.

A ce Garde-meuble nous trouvons encore un peu de lait, du vrai lait! des vacheries ci-devant impériales, devenues *nationales*. Très drôles quelques camarades de ma Compagnie! il faut les voir remuer les magasins de fond en comble, en criant : « *C'est à nous, tout ça! plus à Badinguet! Tout ça, c'est à la République! c'est à nous! tout ça! tout ça!*

Mort du général Renault, et du commandant *Franchetti*, des Éclaireurs de la Seine, blessés dans les derniers combats.

Ordre du jour du général Ducrot, de Vincennes : « Après 2 journées « de glorieux combats, je vous ai fait repasser la Marne, parceque..... « parce que, en nous obstinant dans cette voie, je sacrifiais des mil- « liers de braves!... mais, vous l'avez compris, la lutte n'est que sus- « pendue pour un instant, Soyez donc prêts, etc..... »

Il parait aussi que nos pauvres troupes étaient harrassées et mouraient de froid, etc.,...

C'est égal, après le grand serment du 29 Novembre : « *Je ne rentrerai dans Paris que mort ou victorieux* (il est vrai qu'il est à Vincennes) c'est pour nous un rude coup de désenchantement et de désespérance que cette reculade! (1).

A M. A. de M..., Paris.

Dimanche 4 Décembre.

Mon cher Alexandre,

Excusez-moi de ne pouvoir venir. J'ai fait hier la sottise de subir un peu trop l'influence de cet affreux

(1) Pendant les quelques années qui ont suivi la guerre, j'ai vu au carrefour de la *Mal Tournée*, sur la route de Neuilly où nous allions chez nos amis Amiard et Fromentin, j'ai vu, dis-je, un *tableau-enseigne*, grossièrement peint au dessus de la porte d'un bouchon-restaurant, représentant Ducrot et Trochu, en blanchisseuses, un fer à la main, *repassant* la Marne à tours de bras.

temps, et aujourd'hui je suis réduit à rester au coin du feu, grippé et assez mal à l'aise. J'ai le mal de l'hiver qui ne me va guère. Je vous sais très bons tous les deux, et je compte sur votre amitié pour me pardonner.

Mon pauvre petit Charles a toujours une assez forte fièvre. Sa mère ne le quitte pas.

Je n'ai pas de nouvelles de mon frère Valentin, je ne sais pas s'il a quitté Crest. Mes deux beaux frères, Pagès, et Janus Przezdziecki, ainsi que leurs enfants, doivent être toujours, l'un à Flamarens, l'autre à Moissac.

Mes amitiés à la famille pour moi, comme pour Camille, qui ne peut sortir, elle non plus.

A vous, avec mes regrets et mes vives amitiés.

Charles DE MAZADE.

Évacuation d'Orléans par nos troupes.

Occupation de Rouen par les Prussiens.

Le général Faidherbe est appelé d'Afrique pour succéder à Bourbaki, dans le commandement des 22me et 23me corps (35 à 40,000 hommes).

Lundi 4 Decembre.

Miracle! Le citoyen Blanqui, dans sa *Patrie en danger*, ne conspue pas la retraite momentanée de Ducrot et de Trochu, après les deux victoires de Villiers et de Champigny!! « Cette lutte de trois jours, « dit-il, a dû démoraliser les Allemands!... Leur situation devient cri- « tique... Donc l'offensive, l'offensive continue, sans relâche, telle est « notre unique ressource. On ne peut pas assurément compter sur des

« victoires décisives, mais sept à huit affaires, comme celles du 30 no-
« vembre et du 2 décembre, contraindraient les Prussiens à plier ba-
« gage... »

D'autre part, Jules Claretie, qui a assisté aux deux batailles et à l'enterrement des morts, vient d'en adresser au *Temps* des relations saisissantes, avec la traduction de lettres qui ont été trouvées sur des Prussiens restés sur le champ de bataille :

L'une : « Mon cher Bernard, ...Je ne t'envoie pas ce que tu me de-
« mandes, parceque ces farceurs (*sic*) de Français pourraient le pren-
« dre et couper le convoi. — Je t'avais mis du musc pour te garantir
« contre l'épidémie de l'armée.— Il paraît que les Français reprennent
« décidément courage... nous avons remercié le Roi de ta croix... Il
« faudrait se hâter de bombarder Paris pour en finir...

« Ta sœur, Gabrielle ».

Une autre : « Nous commençons à être fatigués, las, et Trochu a in-
« venté de nouvelles mitrailleuses et des locomotives blindées qui sont,
« paraît-il, fort dangereuses. Il serait grand temps qu'on entrât à
« Paris, car l'armée souffre et se désespère de voir Noël avancer, sans
« que l'Allemagne se rapproche.

« Heureusement que Paris manque de vivres, qu'il n'en a plus que
« pour dix jours, et qu'il se rendra...; sans cela.... » (Cette lettre est restée inachevée).

« Ces coins de terre gais et charmants, écrit Jules Claretie, des jours
« de printemps et des jours d'automne, ces coteaux de Chennevières
« et ces bois de Cœuilly, ces bords de la Marne, Joinville, Nogent, cette
« route toute chantante aux matins d'avril, emplie de papillons et de
« passereaux, tout ce paysage si gracieusement parisien, je l'ai vu
« plein de sang, plein de grondements, plein de morts. La fumée des
« canons sortait des taillis ; on rencontrait, au coin des routes, quel-
« que carcasse de cheval eventré, quelque casque bosselé de Prussien,
« quelque cadavre tordu par l'agonie, ou frappé comme en pleine exis-
« tence, avec un geste encore vivant ».

Notre armée de la Loire est coupée en deux. De ces deux armées, l'une, composée des 15me, 18me et 20me corps, a pour général en chef Bourbaki ; l'autre, composée des 16me 17me et 21me corps, Chanzy. (Le 19me est en formation).

On nous délivre des *cartes de rationnement* de viande (de cheval)

Nous tenons enfin nos fusils à *tabatière!* Les sept premières compagnies du bataillon les ont *touchés*. C'est notre tour. La 8me compagnie est allée aujourd'hui au Champ de Mars, dans les magasins de l'École Militaire, où nous avons échangé *nos fusils à piston* (car c'est par amère ironie que je traitais le mien de fusil à pierre) contre des fusils à tabatière. Aussitôt rentré, j'examine scrupuleusement ma nouvelle arme, et je me dis que ce n'est pas encore celle-là qui, dans mes mains surtout, est appelée à *faire merveille*.

Ce sont de simples fusils à piston *transformés*. Sous le chien, on a coupé environ 6 centimètres du canon, pour y adapter un verrou, une fermeture culasse en forme de couvercle de tabatière, traversée par un percuteur à ressort à boudin, pour percussion centrale de la *cartouche;* car nous allons avoir des cartouches pour charger par la culasse, au lieu de bourrer par la bouche du canon! Et puis??

Journal de G. Sand. Nohant, 5 Décembre. — « *On* « *nous cache une défaite sérieuse. On dit que l'armée* se replie en bon « ordre. *Nous ne sommes pas si loin du théâtre des événements que nous* « *ne sachions le contraire. On nous trompe, on nous trompe! comme* « *si on pouvait tromper longtemps. Le Gouvernement a le vertige.* »

Notes de Ludovic Halévy. Etretat, 5 Décembre. — « *Ni lettres, ni journaux. A 9 heures du matin, un voyageur,* « *arrivant de Fécamp, apporte un exemplaire du* Nouvelliste de Rouen; « *la 3me page est en blanc... Il y a eu hier un engagement à Buchy,* « *devant Rouen. — A 10 heures, tambourinage dans les rues du village,* « *on se précipite, on fait cercle autour du crieur, et voici ce qu'il nous* « *lit:* « Par ordre de M. le Sous-Préfet, tous les gardes nationaux sé- « dentaires, armés ou non, de 20 à 40 ans, doivent être rendus au « Hâvre, demain, à la première heure, etc..., — *Des femmes se mettent* « *à pleurer, à crier :* « Faut-il que les Français soient lâches pour se « laisser ainsi mener à la guerre!! »

Entrée des Prussiens à Orléans.

Mort d'Alexandre Dumas, chez son fils, à Puys, près Dieppe.

Mardi 6 Décembre.

Facture Potin, épicerie......................	9 60
Petits-fours................................	1 85
Manchettes pour M. Brent..................	0 80

Démission de notre nouveau capitaine! M. Goury en a déjà assez. Ces diablesses d'indiscipline et de solde l'ont dégoûté. M. Goury est un homme d'environ 35 ans, de haute taille, bien bâti, mais sans muscles, modeste, très doux, l'air de ces bons chiens de Terre-Neuve. Cet inoffensif fabricant de corsets ne me parait pas avoir été militaire.

Son prédécesseur, M. Salleix, marchand de chaussons, est tout autre,

De cet âge incertain, qu'on nomme un certain âge,

maigre, nerveux, bilieux, irritable; de l'énergie d'ailleurs; je ne serais pas surpris que celui là ait été militaire. Il a tenu tant qu'il a pu, du 10 septembre au 28 octobre. Encore n'a-t-il pas eu à débattre la délicate question des *trente sous!*

Voilà nos deux capitaines successivement rentrés dans le rang.

Élection, par toute la Compagnie, de M. Verciat, déjà capitaine en second, au grade de capitaine en premier; c'est un employé comptable, jeune et gentil garçon, au visage ouvert, aux cheveux frisottants, sympathique à tous. Ira-t-il jusqu'au bout?

Tout le reste du cadre monte d'un cran.

Singulière communication: Une lettre du 5 est adressée par de Moltke à Trochu dans ces termes: « *Qu'il pourrait être utile d'informer votre* « *Excellence que l'armée de la Loire a été défaite hier près d'Orléans et* « *que cette ville est réoccupée par les troupes allemandes... Agréez, etc.* »

??... !!!

Personne n'avale *ce canard*. On hausse les épaules devant cette signature du Chef de l'État-Major allemand. « Oui! oui! on connait ça. Qu'il remette donc son brassard d'ambulancier pour aller espionner nos avant-postes!! ».

Trochu d'ailleurs lui répond tout de suite: « Votre Excellence a pensé « qu'il pourrait être utile etc... (les mêmes termes identiques)... com- « munication que je ne crois pas devoir faire vérifier par les moyens « que votre Excellence m'indique... Agréez, etc. »

Et le Gouvernement ajoute: « Cette nouvelle, qui nous vient de « l'ennemi, en la supposant exacte, ne nous ôte pas le droit de comp-

« ter sur le grand mouvement de la France accourant à notre secours.
« Elle ne change rien ni à nos résolutions ni à nos devoirs.

« Un seul mot les résume : Combattre! Vive la France! Vive la Ré-
« publique! »

Journal de G. Sand. Nohant, 6 Décembre. — « *Encore plus froid, 20 degrés dans la nuit, et nos soldats couchent dans « la neige... Chaque nuit, il y en a une vingtaine qui ont les pieds gelés, « ou qui ne s'éveillent pas!... Avant de les mener à la mort, on leur « fait subir les tortures de l'agonie.* »

Notes de L. Halévy. Étretat, 6 Décembre. — « *Ce « matin, à 6 heures, par une nuit noire et par un grand froid... « nous sommes dirigés sur Criquetot, 9 kilomètres, une promenade. « Dans tous les hameaux, sur le seuil des portes, derrière les haies et « les barrières des fermes, des femmes en larmes nous regardent passer. « Leurs* hommes *sont partis le matin... Rien de plus démocratique que « notre petite troupe, mais rien de moins militaire.... Et c'est au mo- « ment où les prussiens sont victorieux à dix lieues de nous, qu'on nous « pousse en avant, au hasard, comme un troupeau. A 9 heures, à Cri- « quetot, entrée triomphale... Contre ordres sur contre-ordres... A « 4 heures, rentrée solennelle dans Etretat!... J'entends un petit garçon « dire à son père :* « C'est déjà fini la guerre, papa? ça n'a pas été « long. Est-ce que tu as battu les Prussiens? »

Mercredi 7 Décembre.

21me Séance du Conseil de famille. 8 heures 1/2, matin. Présidée par M. Verciat, capitaine élu hier.

I. Le secrétaire a fait hier à toute la Compagnie un exposé des travaux du Conseil de famille depuis sa création, solde, secours, comptabilité, etc.

Il s'est élevé, pendant cet exposé, plusieurs observations : Plaintes de gardes sur l'insuffisance des rations, du manque de combustible au poste des Bains Saint-Sauveur; surveillance à exercer par le Conseil sur la restitution au Trésor des sommes indûment touchées pour la solde... etc.

II. M. Leroux expose : 1° Que le nombre des cantines est insuffisant pour l'arrondissement ; que journellement des bons de rations reviennent sans avoir été servis, après plusieurs heures de queue à la porte des cantines ; 2° que plusieurs gardes demandent des bons de combustible.

M. de Mazade, secrétaire, écrira à ce sujet à la Mairie.

III. Lecture d'une Lettre du fabricant-fondeur, qui s'engage à livrer **le canon** le 9 courant, sous peine de 50 francs d'indemnité par jour de retard.

IV. Admission de trois nouveaux gardes à la solde, avec engagement écrit de restitution ultérieure au Trésor.

V. Augmentation de 12 fr. 50 par mois *au tambour*, pour lui compléter 100 francs.

VI Les 7e et 8e compagnies se sont cotisées pour offrir ensemble incessamment un punch d'adieux, punch très modeste, à la 4e compagnie de guerre, ainsi qu'un fanion.

Une vilaine tache, qui heureusement ne ternit en rien notre digne et brave armée du siège : Les fameux tirailleurs de Belleville, par une lâche débandade, ont abandonné, le 25 novembre, à Créteil, le poste d'honneur qui leur avait été confié *sur leur demande*, à cent et quelques mètres des lignes prussiennes. Leur bataillon, qui ne cesse de donner le plus funeste exemple d'insubordination, *est dissous*. Flourens, leur commandant, et 61 de ses hommes, seront traduits devant un conseil de guerre.

Consommation quotidienne de 600 chevaux.

A Monsieur le Maire du 2me Arrondissement.

Paris, mercredi 7 Décembre 1870.

Monsieur le Maire,

Au nom du Conseil de famille de la 8me Compagnie du 92me bataillon de la garde nationale, je viens vous prier de vouloir bien me faire tenir la quantité et la mesure des secours que reçoit de la Mairie M. X... rue..... n°..... garde de la Compagnie.

Le Conseil de famille a besoin de ces renseignements sans aucun retard, afin de fixer les secours à accorder à ce garde sur nos fonds du Conseil.

Veuillez agréer, Monsieur le Maire, l'assurance de toute ma considération.

A. de Mazade.
Secrétaire du Conseil.

Au même :

Paris, 7 Décembre 1870.

Monsieur le Maire,

Au nom du Conseil de famille, je viens vous faire part d'une réclamation qui s'est déjà produite plusieurs fois et dont nous avons nous mêmes reconnu le fondement.

Le nombre des cantines nationales est insuffisant. Il arrive journellement que les bons de rations délivrés par notre Conseil aux gardes nécessiteux nous reviennent, sans avoir pu être servis par les cantines, même après plusieurs heures de queue.

Il est absolument urgent, Monsieur le Maire, que vous vouliez pourvoir, sans le moindre retard, à l'établissement de nouvelles cantines, ce qui doit être assez facile en ce moment, beaucoup de restaurateurs étant libres de leur temps et de leurs fourneaux.

Veuillez agréer, Monsieur le Maire, l'assurance de toute ma considération.

A. de Mazade.
Secrétaire du Conseil.

Au même :

Paris, 7 Décembre 1870.

Monsieur le Maire,

Au nom du Conseil de famille, je viens vous prier de

vouloir bien me dire où il sera possible d'avoir des bons de combustible, pour être délivrés par notre caisse de secours aux gardes nécessiteux de la Compagnie.

Veuillez agréer, Monsieur le Maire, l'assurance de toute ma considération.

A. DE MAZADE,
Secrétaire du Conseil.

Journal de G. Sand. NOHANT, 7 Décembre. — « *Ce*
« *soir, dépêche insensée! Je le sentais bien que le malheureux général qui*
« *a repris Orléans paierait cher sa courte gloire! Orléans est de nou-*
« *veau aux Prussiens. Notre camp est abandonné; nous perdons un*
« *matériel immense, nos canons de marine, des munitions considérables;*
« *notre armée est en fuite. Selon le général, le ministre a manqué de*
« *savoir et de jugement; le camp était mal placé, impossible à garder..,*
« *tout cela est exposé par le ministre lui-même, mais sur un ton d'a-*
« *mour propre blessé qui nous livre à tous les commentaires.* »

Notes de L. Halévy. ÉTRETAT, 7 Décembre. — « *Il*
« *neige... A midi 3,000 mobilisés arrivent de Dieppe. Les malheureux,*
« *dans quel état!... Ils mouraient de faim, et cependant un d'entre eux*
« *me disait : Voyez-vous, Monsieur, c'est encore meilleur de se chauffer*
« *que de manger... A 2 heures, nouveau passage de soldats... puisqu'il*
« *faut appeler cela des soldats, puisque c'étaient là nos armées.* »

Jeudi 8 Décembre.

Le ballon le *Denis-Papin* est parti cette nuit à 1 heure.

Le bon roi Guillaume condamnant à mort les voyageurs tombés des airs dans les lignes prussiennes, nos ballons ne partiront plus que de nuit.

Les aéronautes emportent avec eux une espèce de *lampe Davy*, alimentée par *l'étincelle électrique*, qui les éclaire sans qu'on les voie.

22me Séance du Conseil, chez M. Leroux. 8 heures 1/2, matin.

I. Solde. Admission (sur engagement écrit de restitution) d'un garde, fabricant de fleurs, ayant femme et enfant, ayant épuisé toutes ses économies, sans aucun travail depuis le 8 septembre dernier.

II. Le Secrétaire rend compte des trois lettres écrites à la Mairie, où il a eu une conférence avec le Maire :

« 1° *Sur la question des cantines nationales:* l'administration s'en est émue depuis quelque temps ; plusieurs nouveaux locaux ont été loués ; « des cantines vont y fonctionner.

« 2° *Combustible.* — Une commission en est chargée. Le Conseil recevra incessamment par lettre les indications demandées.

« 3° *Renseignements* à prendre, soit chez M. de Saint-Hilaire, payeur, soit à la salle Molière, passage du Saumon. Le Secrétaire y a pris des informations. La solde sera maintenue au garde réclamant.

III. Les sommes versées par les gardes mobilisés dans la 4me compagnie de guerre resteront dans la Caisse de famille.

IV. Le Conseil prie le Capitaine de faire un nouvel appel aux cordonniers.

Deux terrines de pâté de foie (???)...... 15 francs.

Quatre officiers prussiens prisonniers, ayant été l'objet d'insultes graves dans un restaurant, sont internés à la Roquette, afin d'éviter des sévices qui pourraient avoir de déplorables conséquences.

Gustave Flourens a été arrêté, cette nuit, vers onze heures, dans une maison abandonnée, en avant de Maisons-Alfort, et écroué à la Conciergerie.

La Patrie en Danger et *Le Tribun* cessent de paraître, faute d'argent et de lecteurs.

Sur les Boulevards, on n'allume plus qu'un bec de gaz sur quatre ; au-delà des anciennes barrières, on n'en allume plus du tout.

Journal des Goncourt. « *La famine est à l'horizon,* « *et les Parisiennes élégantes commencent à transformer leurs cabinets* « *de toilette en poulaillers.*

« *L'huile à brûler devient rare, les bougies sont à leur fin. Et pis que*

« tout cela, par le froid qu'il fait, on est tout proche du moment où on « ne trouvera plus ni charbon de terre, ni coke, ni bois. Nous allons « entrer dans la famine, la congélation, la nuit, et l'avenir semble pro- « mettre des souffrances et des horreurs, telles que n'en a vu aucun « siège. »

Journal de G. Sand, Nohant, 8 Décembre. — *« On « ne parle plus de Paladines ni de son armée. Le Gouvernement lance « des accusations capitales, et, n'osant y donner suite, passe à d'autres « exercices... Je commence à m'indigner, à me mettre en colère sérieuse- « ment, moi qui ai puisé dans la vieillesse une bonne dose de patience... « Ce soir, on décommande la levée des hommes mariés. Pourquoi l'avoir « décrétée? »*

Beaugency perdu par nous!

Vendredi 9 Décembre.

De garde au rempart.

Je dis à mon sergent : « Raynal, vous me monterez demain 100 kilos de bois et 6 margottins!

Mon sergent, c'est mon charbonnier.

Oseille pour la soupe	1 50
Pain d'épice	2 45
1 cierge à l'église Saint-Leu	0 25
1 petit poisson de Seine	3 »
1 pied de céleri rave	0 75

Dans la chapelle des Invalides, obsèques du général Renault, aux frais de l'État.

En quatre jours la population parisienne vient de mettre à la disposition de l'Administration hospitalière 6,430 lits pour les militaires convalescents. Le chiffre des lits offerts par les citoyens pour les blessés est actuellement de 25,826.

Le capitaine Q. de Beaurepaire réunit les 12,000 volontaires avec lesquels il compte franchir les lignes prussiennes.

Notes de L. Halévy. ÉTRETAT, 9 Décembre. — « *Ce* « *matin les nouvelles sont triomphantes : Paris, débloqué de trois côtés* « *à la fois, a reçu un convoi de dix mille bœufs. Le corps d'armée du* « *général Manteuffel a évacué Rouen précipitamment. 25,000 hommes* « *sortis du Hâvre poursuivent les Prussiens...* »

Samedi 10 Décembre.

3 0/0	53.65.
Banque.	2.684.
Crédit Foncier.	955.
Décès, 10me sem.	2684.

23me et dernière séance du Conseil de famille (ancien). 8 heures 1/2, matin. (1). Présidence de M. Vercial, capitaine.

I. La solde. Lettre d'un garde demandant son admission (établi gantier, une femme et deux enfants) s'engageant à la restitution dès que les affaires reprendront. Admis à la majorité.

II. Compte-rendu des démarches du Secrétaire, à la Mairie, à la salle Molière. etc. Informations prises, le garde n°... est admis à la solde. Dans deux ou trois jours, la Commission municipale des cantines donnera des bons de chauffage.

III. Le Trésorier remet au Secrétaire la facture acquittée de la maison de la Belle Jardinière pour l'habillement de la cantinière (100 francs).

Ici s'arrêtent les séances de notre Conseil, lequel sera remplacé par *un nouveau Conseil de Famille*, à élire sur les bases du Décret suivant de ce jour.

Décret du 10 Décembre 1870

« *Le Gouvernement de la Défense Nationale :*

« *Considérant que dans diverses compagnies des bataillons de la gar-*

(1) Le registre des procès-verbaux de l'*ancien* et du *nouveau* Conseil de famille est resté en ma possession et fait partie de ma bibliothèque avec toutes les pièces qui s'y réfèrent.

« *de nationale se sont établis des comités dits de délégués, qui élèvent la*
« *prétention de contrôler le commandement et de diriger l'Administra-*
« *tion;*

« *Considérant qu'aucune loi n'autorise la création de ces Comités et*
« *que l'action qu'ils croient pouvoir exercer est nuisible aux intérêts du*
« *service et de la défense;*

« *Considérant toutefois qu'il peut y avoir utilité à maintenir et à*
« *régulariser une institution que l'usage seul avait fait naître dans les*
« *compagnies de la garde nationale de la Seine, sous le nom de Conseil*
« *de famille.*

« *Que ces Conseils, exclusivement consacrés à la gestion des intérêts de*
« *la Compagnie, entretiennent l'esprit de solidarité et de fraternité mi-*
« *litaire, essentiel à ceux qui remplissent les mêmes devoirs et courent*
« *les mêmes dangers.*

« *Décrète :*

« ARTICLE PREMIER. — *Les Comités de délégués, établis dans les com-*
« *pagnies et les bataillons de la garde nationale, sont dissous.*

« ARTICLE 2. — *Il pourra être formé* dans chaque compagnie un
« Conseil de famille *chargé de gérer les intérêts de la compagnie, de*
« *venir en aide aux gardes nationaux nécessiteux ou malades et de*
« *leurs familles, et de régler amiablement les difficultés qui pourraient*
« *s'élever entre les membres de la même compagnie.*

« *Le Conseil de famille surveillera le service de l'indemnité allouée*
« *aux gardes sédentaires qui la réclament: il transmettra ses observa-*
« *tions au chef de bataillon, le tout sans préjudice des dispositions du*
« *décret du 14 octobre 1870.*

« ARTICLE 3. — *Le Conseil de famille se composera* des officiers élus
« de la Compagnie, du sergent-major, auxquels seront adjoints **deux**
« **gardes nationaux**, *nommés par la Compagnie à la ma-*
« *jorité des suffrages des gardes réunis sur la convocation des capi-*
« *taines.*

« ARTICLE 4. — *Les gardes ainsi élus le seront pour un an et pour-*
« *ront être réélus.*

« *Ils pourront être révoqués, comme les officiers eux-mêmes, sur le*
« *rapport du capitaine.*

« ARTICLE 5. — *Ils ne porteront aucun signe distinctif et n'exerceront*
« *aucune autorité.*

« ARTICLE 6. — *Toute décision prise par le Conseil de famille en*
« *dehors des attributions ci-dessus fixées pourra être annulée par le*
« *commandant supérieur, sur le rapport du chef de bataillon.*

« *Fait à Paris, le 10 décembre 1870.* »

Les pouvoirs des Conseils de famille élus jusqu'à ce jour expirent donc *de facto*, en vertu de ce décret du 10 décembre.

Facture Raynal, charbonnier :	100 kilos bois..	7 50
	6 margottins...	0 90

Par le temps qui court, ça n'est pas trop cher ; il est vrai que c'est mon *chargent*, mon petit *chargent !*

Harengs fournis par notre boucher, Gateau, (camarade de garde nationale).............	1 00

On ne peut plus avoir ni carottes, ni navets.

Le Beurre vaut 28 francs la livre. Une poule 25 francs, un dinde 80 francs.

Aucune nouvelle de la province.

La femme de Mutin rapporte terminées les housses que Céline lui avait données à faire pour l'occuper. Elle ne trouve plus de travail et voudrait obtenir la solde de 0,75 centimes par jour, accordée par le Gouvernement aux femmes des gardes nationaux.

Dans ce but je lui délivre le certificat suivant :

Je, soussigné, certifie que Louis Mutin est ouvrier chef teinturier dans mon usine, à Ronquerolles, près Clermont (Oise); qu'il est venu à Paris le 14 septembre dernier, qu'il est reparti le jour même à l'Usine, et que presque aussitôt il s'est engagé volontaire dans les zouaves. Depuis son départ, je n'ai reçu aucune nouvelle.

Sa femme est à Paris, sans ressources, avec son petit garçon.

Paris, 10 décembre 1870.

Signé : A. de Mazade.

Quand tous sont fermes à leurs postes,
Bismarck croit Paris condamné ;
De notre directeur des postes
Le nom l'a-t-il halluciné ?
Paris se fait tirer l'oreille,
Nous tiendrons comme des crampons ;
De Moltke en vain nous le conseille,
Nous ne dirons jamais : *Rampons !*

(Figaro).

Notes de L. Halévy. ÉTRETAT, 10 Décembre. — « *Ce « matin, les nouvelles sont désastreuses : La délégation de Tours a été « obligée de se replier sur Bordeaux. Le général Chanzy est en pleine « retraite. Le général Ducrot a repassé la Marne. Les Prussiens s'avan- « cent à marches forcées sur le Hâvre...*

« *A 2 heures, un homme arrive sur un cheval tout fumant et tout « blanc d'écume. C'est un sergent de ville de Fécamp. Il s'arrête un ins- « tant sur la place de la Mairie, nous crie :* Les Prussiens ! Les Prus- « siens ! Ils arrivent ! Je m'en vais prévenir au Hâvre ! *Et il repart « au même galop.* »

L. Halévy raconte comment, presque aussitôt, quelques minutes avant l'arrivée des Prussiens (dragons de la garde royale), le remorqueur l'Hercule, *qui amenait le ban des hommes mariés de Fécamp, 1,000 à 1,200, a repris le large avant de les débarquer, sur le sage avis du père Vatinel, vieux pêcheur de 75 ans, maire d'Étretat; comment le pauvre père Vatinel eut à répondre aux fantastiques réquisitions des dragons, etc, etc... comment une vieille femme, habitant depuis 60 ans Étretat, fut stupéfaite qu'un dragon connût parfaitement* la Fontaine aux mousses, *inconnue d'elle-même... comment enfin les Prussiens ont évacué Étretat le jour même, après que le capitaine, sans descendre de cheval, eût acheté, pour les joindre à sa collection, quelques photographies de ce* joli pays, *et les eût honnêtement payées, avec de l'argent français... de* **Metz.**

« *Le soir même, à 10 heures, arrive à pied, du Hâvre, un* homme « marié *de Fécamp, qui, le matin, avait manqué le départ de* l'Hercule. « *Cet homme nous apporte du Hâvre un journal, qui contient la dépêche « officielle suivante, datée de Tours, 9 décembre, 1 heure du matin, et « signée de M. Gambetta :*

« La translation du Gouvernement à Bordeaux a pour but d'assurer « la parfaite liberté des mouvements stratégiques ; la situation mili- « taire est bonne. Nos ennemis eux-mêmes jugent la situation critique. « J'en ai la preuve. Patience et courage. Nous nous tirerons d'affaire; « ayez de l'énergie et réagissez contre les paniques. Défiez-vous des « faux bruits, et croyez en la bonne étoile de la France. »

Et Ludovic Halévy ajoute : « ... Patience et courage! Réagissez contre « les paniques. Défiez-vous des faux bruits... Voilà, sans doute, d'excel- « lents conseils, mais difficiles à suivre pour des gens abandonnés, sans « défense et sans protection, à l'invasion prussienne. »

Du 7 au 10. — Quatre jours de lutte sur la Loire. Belle défense de Josnes. Pertes des Prussiens, 4,000.

Dimanche 11 Décembre.

A 2 heures du matin, on a lancé, de la gare du Nord, le ballon le *Général Renault* (de 2,000 mètres cubes).

---

2 petits fromages (une trouvaille)........... 3 50
(Le fromage, avec ou sans mites, est devenu mythe lui-même).

Beaucoup de neige. Notre square des Arts-et-Métiers représente une ville assiégée, attaquée et défendue à coups de boules de neige par deux armées grouillantes de gamins braillards.

Arrivée de deux pigeons, porteurs de fausses et ridicules nouvelles, dont la source prussienne, maladroitement mensongère, crève les yeux, signées par *André Lavertujon*... qui est présent à son poste à Paris, comme l'un des secrétaires du Gouvernement.

En échange des quatre officiers prussiens, internés provisoirement, le 8, à la Roquette, quatre officiers français du 16me corps (Armée de la Loire), faits prisonniers le 2 en avant d'Orléans, nous sont rendus.

Ils donnent des renseignements sur les combats du 1er et du 2 de ce mois à Loigny, Patay, Coulmiers, Cercottes, Chevilly, La Villeprévôt, Villepion, Saint-Péravy, etc... moral des troupes excellent, vivres et munitions en abondance, population des campagnes pleine d'une ardente sympathie, etc...

Un pillage de boulangerie à Belleville. Il y a des craintes sérieuses de famine, non soufflées par la mauvaise *Presse*. Car, en ce moment, il paraît y avoir accord presque unanime de tous les journaux, même les plus avancés, pour conseiller la persévérance et soutenir le Gouvernement.

Solennité de l'offre de **notre canon** *à la Défense Nationale.*

Notre *canon*, nouveau modèle, se chargeant par la culasse, nous est enfin livré. On n'a rien perdu pour attendre ; il est resplendissant. Le *Républicain* (puisqu'on persiste à l'appeler le Républicain) est attelé de 6 forts chevaux gris-pommelé, et suivi de caissons portant les munitions (un respectable nombre de boulets). En d'autre temps, on l'aurait fait bénir ; ce n'est plus de mode.

Tout le 92me, en armes, l'escorte, d'abord jusqu'à la Mairie du 2me arrondissement, et de là à la place Vendôme, où le général Clément Thomas le reçoit officiellement, au nom du Gouvernement de la Défense Nationale.

Il n'y a plus qu'à le mettre en batterie et à souhaiter que ses boulets, avec ceux de ses camarades, ne tardent pas à rompre le cercle infernal qui nous étrangle ; et je lui dis, comme le poète à son canon *le Victor Hugo* :

> O *Canon*, tu seras bientôt sur la muraille.
> Avec ton caisson plein de boîtes à mitraille,
> Sautant sur le pavé, traîné par huit chevaux,
> Au milieu d'une foule éclatant en bravos,
> Tu t'en iras, parmi les croulantes masures,
> Prendre ta place altière aux grandes embrasures
> Où Paris indigné se dresse, sabre au poing.
> *Là, ne t'endors jamais, et ne t'apaise point!*

Lundi 12 Décembre.

Sur la neige, un dur et glissant verglas est tombé cette nuit. Nombreuses chutes, épaules démises, jambes cassées. Chevaux abattus.

---

1 litre d'oignons............................	3 00
1 pigeon (presque un sacrilège)...............	4 50
1 petit pain blanc, pour mon père..........	0 30

Aux cris sinistres d'hier : *Le pain manque !* Le Gouvernement répond : *Le pain ne sera pas rationné.* Mais Jules Ferry a déjà interdit la vente de la farine, ce qui jette une grande inquiétude. A Belleville, on l'appelle Ferry-Famine.

Organisation de la légion des *brancardiers*, recrutée parmi les instituteurs laïques ou congréganistes. (Uniforme spécial, sous une blouse de toile grise.)

Échos de nos restaurants :

— « Garçon ! Je vous avais demandé du bœuf ; vous me donnez du « veau ! Voyez donc comme cette viande est blanche !

— « Monsieur, c'est du cheval ; le cheval était blanc.

Un autre consommateur, à côté :

— « Garçon ! Votre cheval est bien noir !

— « Pas étonnant ! Il nous vient des Pompes Funèbres.

Journal de G. Sand. NOHANT, 12 Décembre. — « *Dé-* « *gel. Après tant de neige, c'est un océan de boue. Autre lit pour nos* « *soldats !* »

Mardi 13 Décembre.

Après le verglas, dégel. — Une boue !!

---

16 litres de haricots, achetés à un camarade garde national	9 60
Conserves de filet de bœuf, pâté	12 00

Sur 47 sœurs de charité envoyées à Bicêtre pour y soigner les varioleux, 11 ayant succombé au fléau, 32 s'offrent pour les remplacer.

Entendu encore au restaurant :

— « Garçon ! Vous appelez cette horreur là du cheval marengo !

— « Mais, Monsieur, c'était un cheval de bataille.

*

A une table plus loin :

— « Garçon ! Ce n'est pas un reproche ; mais ce que je mange-là, « c'est *du cheval*, n'est-ce pas ?

— « Oui, Monsieur.

— « Eh bien ! donnez-moi *de la voiture ;* elle sera peut-être moins « coriace. »

Après huit jours de silence, l'Opéra rouvre, par le *Siège de Corinthe* de Rossini. Salle comble. La *Bénédiction des drapeaux* est frénétiquement applaudie.

Journal de G. Sand. NOHANT, 13 Décembre. — « *La* « *panique reprend et redouble autour de nous. Depuis que nous som-* « *mes personnellement menacés, nous sommes moins agités, je ne sais* « *pourquoi.... Les Prussiens ont occupé Vierzon sans faire de mal;* « *ils y ont rendu des cochons volés; ils entendent le commerce. Le gé-* « *néral Chanzy se bat rigoureusement du côté de Blois, cela paraît* « *certain. Châteauroux est encombré de fuyards dans un état déplorable.* « *Les Prussiens n'auraient fait que traverser Rouen. Le Gouvernement* « *est à Bordeaux.* »

Mercredi 14 Décembre.

Poissons (d'où ?)	5 00
Une betterave	0 80
Graisse	3 20
Choux-fleurs (difficiles à trouver)	3 00

Il ne revient plus de pigeons au colombier. Absence énervante de nouvelles.

Mon père et moi signons l'acte du règlement de compte de son concours et de sa participation dans mon industrie, lesquels ont cessé, sur son désir, le 1er juillet dernier. J'aurais voulu l'avoir encore longtemps avec moi, mais l'état de sa santé exige un repos absolu. Je n'aurai plus, à la reprise des affaires, si Dieu nous conserve, que ses bons conseils.

Nombreux clubs socialistes, de plus en plus incendiaires.

Leurs séances sont invariablement levées aux cris de : *Vive la Commune!* La Commune, la panacée universelle!!

Grande réduction du service des Omnibus, sur toutes les lignes. De fiacres, il n'y en a presque plus. Pas grand besoin du reste. On ne se visite guères. On rage. On se renfrogne.

Les Maires et Adjoints viennent de s'allouer 300 francs par mois. Deux ou trois seulement font l'abandon de ce traitement.

Par contre, Richard Wallace, l'héritier du célèbre lord Hertford, vient de donner 200,000 francs pour le chauffage des pauvres. Il a depuis longtemps recueilli, logé, nourri, et habillé toute la population groupée autour de son château de Bagatelle. La belle ambulance du boulevard des Italiens est son œuvre.

Deux *Nouvelles à la main* du Figaro :

Une danseuse de l'Opéra, au bras d'un Monsieur, côtoie un groupe où l'on dit que *le rat* est en hausse.

La sylphide, d'un ton de reproche : — « Tu entends, mon ami ! »

Dans un Cercle, un Monsieur, entrant tout effaré :

— « Ah! mes enfants! ne mangez jamais de chien.

— « Pourquoi donc?

— « J'en ai mangé à mon dîner. Eh bien! tout à l'heure, un passant « s'est mis à crier : *Fox!* Et aussitôt j'ai senti un tressaillement là! »

Un joueur de whist froidement : — « C'est qu'il n'était pas assez « cuit. »

Jeudi 15 Décembre.

Le canon a tonné toute cette nuit, comme maintenant toutes les nuits. On y est accoutumé, on ne s'en émeut plus; on se dit : C'est la grosse voix des forts qui nous gardent. **Les Forts !**

. . . .
Ils sont les chiens de garde énormes de Paris.
Comme nous pouvons être à chaque instant surpris,
Comme une horde est là, comme l'embûche vile
Parfois rampe jusqu'à l'enceinte de la ville,
Ils sont *dix-neuf*, épars sur les Monts, qui, le soir,
Inquiets, menaçants, guettent l'espace noir,
Et, s'entr'avertissant dès que la nuit commence,
Tendent leur cou de bronze autour du mur immense.
Ils restent éveillés quand nous nous endormons,
Et font tousser la foudre en leurs rauques poumons.
. . . .
Sommeil de tout un monde ! ô songes insondables !
On dort, on oublie... — Eux, il sont là, formidables,
. . . .
C'est que, dans les halliers, des yeux traitres flambloient...
Comme c'est beau, ces forts, qui dans cette ombre aboient !

V. HUGO).

Revue des Deux-Mondes :

La Morale de la Guerre de la Prusse. Kant et Bismarck, par Caro.

L'aérostation pendant le siège, par un officier de secteur.

Lettre de Vitet sur la situation.

Très courte chronique de Ch. de Mazade : Il s'explique, tout en le déplorant, le recul de nos vainqueurs de Champigny, après nos premiers pas heureux dans cette phase nouvelle de la défense, premiers pas « qui promettaient la victoire et réveillaient l'espérance... Si notre « armée a repassé la Marne, c'est parcequ'elle était sûre qu'elle allait « rencontrer désormais toutes les forces de l'ennemi concentrées devant « elle, parcequ'elle était appelée par ses chefs à reprendre la lutte sur « d'autres points ; elle a repassé la Marne pour ainsi dire en victo- « rieuse, en plein jour, sans être un instant inquiétée, prête à recom- « mencer le combat suprême. »

Après avoir vigoureusement réprouvé la singulière démarche « de « M. de Moltke, prenant sa plume la plus équivoque et la plus caute- « leuse pour nous informer, au lendemain de nos derniers succès sous « Paris, de la défaite de l'armée de la Loire et de la chûte d'Orléans, après avoir bien et dûment stigmatisé « le réseau de mensonges dont « Bismarck travaille depuis trois mois à envelopper la France, de « façon à la rendre méconnaissable à ses propres yeux, de façon à « tromper l'Allemagne elle-même peut-être aussi bien que l'Europe, » il termine par ces mots : « C'est aujourd'hui que la lutte peut devenir « grave pour l'Allemagne, engagée dans ce duel dénaturé contre le « droit et la liberté d'un peuple. »

Une conserve de bœuf (rue Vivienne)........	6 00
Gants fourrés..............................	3 00
Épinards...................................	1 25
1 poireau..................................	0 50
Pois fins..................................	3 25

Dissolution du bataillon *des Volontaires du 147*me, de la Villette, digne émule (et *ennemi intime*) du joli bataillon dissous des Tirailleurs de Belleville.

Le Trac, *Journal des peureux*, à 2 sous, sans mode indiqué de périodicité (*paraissant quelquefois*, comme disait l'autre) est tombé, après son 3me numéro. Au-dessous de son titre on lisait : En cas de bombardement, le *Trac* sera porté à domicile, jusque dans la cave des souscripteurs.

Chanzy se retire sur le Loir.
Bataille de Vendôme.

Vendredi 16 Décembre.

De garde au rempart, Porte-Maillot, bastion 52, dans la neige.

Un des camarades a apporté un chat mort (de quelle mort?) dont Mme Delphis, la cantinière-vivandière, nous cuisine une gibelotte, hardiment montée en épices. Ce simili-lapin est vieux, dur en diable, aussi *immâchable* que de la gomme élastique. Il s'avale tout de même, et... mon Dieu, oui ! s'est digéré. — Les estomacs perdraient leur temps à faire des manières !

A minuit, grande alarme : Une voix du dehors, dans le fossé, au pied des fortifications, supplie qu'on baisse le pont-levis. Tout le monde saute sur les fusils !

On apprend enfin que c'est un messager de Tours, qui a traversé la Seine à la nage, au milieu des lignes prussiennes. On le fait entrer et conduire à l'État-Major. Le pauvre homme est dans un état pitoyable.

Deux dépêches de Gambetta, du 5 et du 11, annoncent la perte d'Orléans, *la retraite du Gouvernement à Bordeaux*, les opérations de Faidherbe dans le Nord, les succès de Garibaldi entre Autun et Dijon.

Plus de gaz. Lampes au pétrole dans les réverbères. « Eh bien, nous mettrons des robes de... gaze, » auraient dit les petites dames du boulevard.

Récits de L. Halévy. **Journal d'un Infirmier.** VENDOME. — « ... *Le 1er décembre, une dame arrive à Vendôme, pour organiser une* « *grande ambulance dans le Lycée. C'était une dame de Paris, qui avait* « *soigné les blessés dans Metz pendant le siège... Des blessés continuaient* « *à arriver de tous les côtés. C'était au moment où le général Chanzy* « *reculait devant les Prussiens, par la forêt de Marchenoir, mais il re-* « *culait pas à pas, en se battant tous les jours... Vers le 10, en une* « *seule journée, nous avons reçu 340 blessés et malades... Les charrettes* « *passaient sous la voûte. Madame X..., une petite lanterne à la main,* « *allait de voiture en voiture. Avant de sortir les hommes des voitures,* « *on les interrogeait... Il y en avait quelquefois qui ne répondaient pas.* « *Alors un des autres blessés disait :* « *Ah! le camarade... il y a un* « *petit moment qu'il ne parle plus, je crois bien qu'il est mort.* » *Et* « *c'était vrai... Le 15, on se battait tout près de Vendôme. Le soir, des* « *corps français en déroute traversent la ville, beaucoup de blessés... Le* « *16, les Prussiens arrivent... à peine dans la ville, voilà une quinzaine* « *d'officiers dans la cour de l'Ambulance. Ils demandent si on a des* « *blessés à eux. On leur répond que oui. Alors ils demandent à les voir,* « *et commencent à dire qu'ils sont sûrs qu'on ne traite pas les blessés* « *Allemands aussi bien que les blessés Français. Ils nous supposaient de* « *la dureté, de la cruauté, enfin tous les mauvais sentiments; et cela, au* « *moment où il y avait deux sœurs françaises malades à en mourir,* « *pour s'être exténuées à soigner les Prussiens.* »

Reprise d'Orléans par notre armée.

Samedi 17 Décembre.

3 0/0	52.45.
Emprunt.	54.40.
Banque.	2395.
Décès 13me sem.	2728.

Départ, ce matin, à une heure, de deux ballons-poste, *le Guttemberg* et *le Parmentier*, construits par les frères Godard.

Il part encore des lettres de nous à nos tantes, à Desjardins, semblables aux précédentes ; lettres qui doivent arriver aux destinataires, puisqu'on connaît le sort des ballons, mais dont nous ne recevons toujours pas de réponses !

Notre gare du Nord est devenue une immense meunerie, pleine de beaux moulins à farine fonctionnant jour et nuit.

Apparition du pain bis, pas déplaisant, assez savoureux même.

---

4 tomates !! (une aubaine !)................... 2 60

Légumes frais introuvables. Sauf les conserves de légumes, encore assez abondantes, il y a rareté, plutôt que cherté, de toutes les denrées. Le vin (avec lequel se fait dans les ménages une bonne soupe sucrée réconfortante) le vin, dis-je, et les boissons paraissent ne pas devoir manquer de sitôt. Il y en a même trop. Exemple :

Un rapport du général Clément Thomas demande la révocation du chef du 200me bataillon, sorti pour occuper les avant-postes de Créteil :

« Chef de bataillon, ivre. La moitié au moins des hommes, ivres !....
« Obligation de faire relever leurs postes... Dans ces conditions, la
« garde nationale est une fatigue et un danger de plus. »

Fait (crime) unique heureusement ! Révoqué ! Clément Thomas est bien indulgent ! Un autre fusillerait ! d'autant plus qu'il est à parier que cet homme sera renommé aux prochaines élections.

Au plateau d'Avron. Une balle a traversé la joue d'un capitaine de mobiles.— « Çà n'est, a-t-il dit, qu'une légère blessure à la langue : allons ! Vite à l'ambulance de l'Académie Française ! »

Journal de G. Sand. Nohant, 17 Décembre — « ...*Il*
« *a passé dans la nuit environ 3,000 déserteurs de toutes armes. Ils ont*
« *couché emmi les champs, jetant leurs fusils, leurs bidons, et envoyant*
« *paître leurs officiers.* »

Dimanche 18 Décembre.

Messe à Saint-Leu.

Aujourd'hui, 3 mois de siège écoulés ; commence le 4me mois !

Belle journée claire, beaucoup de monde dehors, dans les rues, sur les boulevards.

Un petit poisson !	1 00
Sous-nitrate de bismuth	0 50
4 carottes et un navet (et je suis très-fier de les avoir trouvés).........................	3 50

Dépêches de Gambetta : « Organisation à Bourges des 15me, 18me et 20me Corps, avec Bourbaki. — Chanzy, *le véritable homme de guerre du moment*, tient en échec Frédéric-Charles. — Faidherbe a repris **La Fère**. — Retraite des Prussiens. — Ordre et obéissance partout.

Comme nous rentrons d'une promenade aux Champs-Élysées, où nous avons remarqué que Guignol y est encore, mais *sans son chat savant*??!! (qui sait ? c'est lui peut-être que nous avons mangé au rempart ?), nous lisons cette affiche, toute luisante de colle fraîche :

« A partir de demain, 19, à midi, les portes de Paris seront fermées. »

L'action va reprendre, plus violente que jamais, pour notre déblocquement, et notre jonction avec Chanzy, ou Faidherbe.

Journal de G. Sand. Nohant, 18 Décembre.— ...« *Le* « *Gouvernement s'installe à Bordeaux, Chanzy tenait encore il y a* « *trois jours autour de Vendôme, battant fort bien les Prussiens, à ce* « *qu'on assure, et ceci paraît sérieux. Bourbaki se serait replié sur* « *Issoudun... De toute façon, l'ennemi est fort près de nous. On s'y habitue,* « *bien qu'on n'ait pas la consolation de lui opposer la moindre résis-* « *tance. Il passera ici comme un coup de vent sur un étang. Je regarde* « *mon jardin, en attendant qu'on mette les arbres la racine en l'air;* « *je dîne, en attendant que nous n'ayons plus de pain ; je joue avec mes* « *enfants, en attendant que nous les emportions sur nos épaules, car on*

*« réquisitionne les chevaux, même les plus nécessaires ; et je travaille, en
« attendant que mes griffonnages allument les pipes de ces bons Prus-
« siens. »*

Deuxième bataille de Nuits.

Lundi 19 Décembre.

Extrait de viande Liébig 8 00

De nuit et de jour aux fortifications. La neige ne cesse pas.

Nous occupons la caserne du bastion 53. Par un froid sibérien, nous y sommes à toutes les bises, à toutes les rafales, ayant eu la sottise d'enlever d'abord, pour nous servir de tables, puis de démolir et de brûler à mesure, toutes les portes, et presque toutes les fenêtres.

En patrouille, la nuit : *Halte au falot? Qui vive!* le caporal s'avance, seul, le mot d'ordre se chuchotte à l'oreille. On se croise, on passe..... dans le silence morne et blafard de l'immensité de neige...

L'arbre de *Robinson*, à Sceaux, est un *observatoire* des Prussiens.

Hyacinthe, le nez légendaire du Théâtre du Palais-Royal, n'a plus sa trompette dans le dos, comme dans la *Mariée du Mardi-Gras.* Il tient le triangle dans la musique de son bataillon ! Le pauvre amusant comique vient d'être victime d'un assez grave accident : pendant *qu'il trianglait*, un cheval emballé s'est jeté au milieu du bataillon, l'a renversé, et blessé assez grièvement.

Récits de L. Halévy. Journal d'un infirmier. VENDÔME.
... *« A l'ambulance de Mme X. dans le Lycée;... Un jour, quand les Prus-
« siens étaient là, un capitaine français est mort dans l'ambulance...
« Alors un officier prussien est arrivé pour dire que son général savait
« qu'on allait enterrer un capitaine français, qu'il voulait lui faire*

« *rendre les honneurs militaires, qu'il enverrait une musique prussienne*
« *etc, etc... Madame X... a refusé. L'officier a insisté, il a dit que c'était*
« *comme ça que ça se faisait à Versailles... Madame X... n'a pas cédé...*
« *Et, en effet, nous avons fait l'enterrement nous-mêmes, aussi bien que*
« *possible, avec tout le personnel de l'ambulance, sans que les Prus-*
« *siens s'en mêlent.* »

Mardi 20 Décembre.

Le froid a repris, très rigoureux. La neige toujours.

Énorme mouvement de troupes. Une grande sortie doit avoir lieu demain avec les bataillons de marche, qui partent dès aujourd'hui *pour une destination inconnue*, disent les bulletins militaires. Beaucoup de femmes, de jeunes filles, d'enfants, les accompagnent jusqu'aux fortifications. Le Gouverneur de Paris va se mettre à la tête de l'armée.

« En avant les *moulins à café!* (les mitrailleuses) disent les artilleurs,
« et gare aux faux *outrançards* de Belleville! s'ils reculent, qu'on les
« fusille sur place! »

Édouard, mon frère, vient de voir, rue Vivienne, un gros rassemblement, du milieu duquel s'élevaient les cris lamentables d'un enfant.

C'était une pauvre petite fille, à qui un gamin, plus grand qu'elle, venait de voler un rat (or, un rat, c'est 0,60 à 0,75 centimes).

L'assistance a fait rendre le rat par le gamin à la petite fille.

Quête de la garde nationale .... 20 francs.

Chaudey, M. Poirier, notre fournisseur de drogueries fines pour la teinture, et autres, sont nommés membres de la Commission des houilles et cokes réquisitionnés.

Une jolie naïveté, ce me semble, de la récente circulaire de M. de Chaudordy, notre ministre des Affaires étrangères, à Tours :

« Serait-il vrai que nos ennemis veuillent réellement nous dé-
« truire??!!.

Retraite sur le Mans, où Chanzy réorganise l'armée.

Mercredi 21 Décembre.

Froid. 15 degrés.

Une poule pour bouillon, très marchandée...	29 00
3 conserves de bœuf et hachis de volaille....	20 00
Potage *of Meat*, Spont......................	5 50
Salade de réponses	0 80
Facture Bourquin, pâtes, gâteaux, etc......	21 80

Avec des *achetoirs* on a de tout, disent les marchands. D'abord, pas tant que ça! Et puis, ça diminue ferme, les achetoirs.

Combats de Neuilly-sur-Marne et de Ville-Evrard; 2me affaire du Bourget.

Appuyées par notre artillerie du plateau d'Avron (où campe en ce moment Fernand Le Roy) et par les feux incessants des forts de Nogent, de Noisy et de Rosny, nos troupes, commandées par les généraux Blaise et de Malroy, enlèvent Neuilly et la Ville-Evrard.

Sans un coup de feu trop précipité d'un mobile, nous prenions au gîte le prince de Saxe et son état-major, attablés à déjeûner dans le plus beau salon de Ville-Evrard. Au coup de feu, sauve-qui-peut général; les Allemands fuient, ils laissent argenterie, dessert, café, liqueurs, dont nos mobiles se sont consolés.

Le général Favé, commandant l'artillerie, est blessé. Malheur plus grand encore : Nos soldats avaient oublié de visiter les caves; des Saxons en sortent à l'improviste et tuent à bout portant le général Blaise.

Au nord, l'amiral de La Roncière, à la tête de ses héroïques matelots, de troupes de ligne et de mobiles de la Seine, pénètre dans **Le Bourget** et y fait une centaine de prisonniers. Sous le feu, non seulement de l'ennemi, mais aussi, erreur fatale! méprise inouïe! sous le feu de *nos propres forts, qui ignorent notre présence dans le village,* il est forcé de se replier sur Saint-Denis!

La ferme de *Groslay*, et *Drancy*, sont occupés par nos troupes.

Dès 9 heures du soir, on commence à faire la queue à l'épicerie Potin, 103, boulevard Sébastopol, pour se trouver à l'ouverture des magasins le lendemain matin. Cette queue part de la porte en pan-coupé, suit la rue Réaumur, tourne à gauche, longe la rue Palestro, et revient par la rue Grenéta sur le boulevard Sébastopol, presque toucher la tête. Elle entoure, comme un gigantesque boa, toutes les nuits, ce gros pâté de maisons.

Jeudi 22 Décembre.

Notre petit lapin étant mort, (et nous ne l'avons pas mangé!) j'ai trouvé à en acheter, pour 40 francs, aux Halles Centrales, deux autres, tout petits, vivants, très vifs, ayant à peine trois semaines. Mais nous avons bien du mal à les nourrir. Un peu de varech, avec les quelques bribes d'épluchures de légumes frais, que la bonne va ramasser le matin à la Halle.

Nos provisions de siège sont finies. Il ne reste plus que notre fameux *Jambon d'Yorck*, que j'ai réservé pour les dernières-dernières extrémités. Je ne voudrais pas y toucher encore. Mais, depuis longtemps déjà, mon père me répète tous les jours, en plaisantant : « *Et* « *ton jambon? tu verras qu'on le mangera quand les portes de Paris* « *seront ouvertes* ».

Aujourd'hui je ne résiste plus ; on entame le jambon! Jadis, je n'étais pas fou du jambon; j'étais idiot. C'est un délice.

L'*Officiel* annonce que la journée d'hier n'est que le commencement d'une série d'opérations.

Une distraction, qui nous vient du ciel :

Éclipse de soleil, en partie visible à Paris, éclipse de plein solstice d'hiver. Malgré de lourds nuages, qui traversent par moments l'atmosphère, nous pouvons la voir, du balcon, même à l'œil nu. Commencée à 11 heures 20, elle obscurcit à midi 1/2 le disque aux deux tiers, et finit à 1 heure 1/2.

Notre jeune astronome, M. Janssen, l'heureux mortel, un privilégié, un veinard! est parti en mission il y a quelques jours par le ballon *Le Volta*, pour aller l'observer *totale* dans le Sud de l'Europe.

Hier, dans un restaurant du boulevard, (je n'invente pas, je cueille dans le *National* de ce soir) une soixantaine de convives s'étaient réunis, afin de déguster quelques mets nouveaux, inconnus jusqu'alors chez Vachette, Brébant, Bignon, au café Riche et même à la Maison Dorée.

MENU

POTAGE

CONSOMMÉ DE CHIEN A LA BISMARCK

HORS D'ŒUVRE

SAUCISSON D'ANE A L'ALLEMANDE

QUEUES DE RAT A LA GUILLAUME AVEC DES CORNICHONS BAVAROIS

PIEDS DE CHEVAL WURTEMBERGEOISE

ENTRÉES

LANGUES DE CHIEN SAUCE DE MOLTKE

OREILLES D'ANE AVEC BOULETTES A LA SAXONNE

ROTIS

GIGOT DE CHIEN A LA PRUSSIENNE

COTELETTES D'ANE PANÉES A LA FAÇON DE NOTRE FRITZ

ENTREMETS

PETITS POIS CONSERVÉS A LA BARBE DES ALLEMANDS

SALADE ROMAINE A LA BERLINOISE

DESSERT

CROUTES IMPÉRIALES

Le tout a été proclamé délicieux; les honneurs ont été pour le *gigot de chien*, dont voici la recette :

Prenez le gigot d'un *rat-catcher* de belle qualité. Laissez *mortifier*. Piquez d'une vingtaine de gousses d'ail. Mettez à la broche. Servez avec un ragoût d'ail, d'échalotes, fortement épicé.

Émile de La Bédolière, qui était du festin, y a dit quelques couplets à propos de l'exquis gigot de chien. En voici deux, qu'on peut chanter sur cet air :

Étant à court de baridelles,
Et n'osant toucher aux pigeons,
Quoi ! ce sont nos amis fidèles,
Ces pauvres chiens, que nous mangeons !
Au milieu des rudes épreuves
Qu'impose ici le Prussien,
Il s'agit de donner des preuves
Que dans le ventre on a du chien. (*bis*)

Ayons du chien ! c'est la devise
Que tous nous devons adopter.
Point de parti qui nous divise;
Nous unir sera l'emporter.
La France, un moment endormie,
Retrouve son mâle maintien.
Pour chasser la horde ennemie
Il faut frapper un coup de chien ! (*bis*) (1)

. . . .

Journal de G. Sand. Nohant, 22 Décembre. — ... « *Petits combats dans la Bourgogne. Garibaldi est là, et annonce sa* « *démission. Je m'étonne qu'il ne l'ait pas déjà donnée, car, s'il y a des* « *héros dans ces corps de volontaires, il y a aussi, et malheureusement,* « *un grand nombre d'indignes bandits, qui sont la honte et le scandale* « *de cette guerre.* »

---

(1) Un souvenir d'enfance réveillé par l'air noté ci-dessus : C'est le couplet suivant, d'un membre du Caveau, que ma mère nous chantait quelquefois à cause de son originalité, *l'Adresse d'une lettre* au vieux père Louvet, simple employé d'un carrossier, et poète aussi à ses heures.

Ne va pas porter cette lettre
A Monsieur de Montalivet :
Ami facteur, cours la remettre
A mon cher collègue *Louvet*.
Ce buveur, noyant maint déboire,
Loge au *vingt-huit*, des *Gravilliers*.
C'est le chansonnier des Grégoire,
Le Grégoire des chansonniers ! (*bis*).

Vendredi 23 Décembre.

Froid. 14°.

4 flacons de compotes de framboises.......... 5 20
4 flacons de compotes de cerises............. 4 20
(Pour remplacer les légumes, absents totalement.)

La rigueur du froid interrompt les opérations militaires.
Des batteries françaises sont établies sur le canal de Bondy.

Le peintre X... rencontre sa petite camarade au bras d'un autre....
— « Que veux-tu? lui dit-elle, ce monstre là m'a réquisitionnée! »

(Figaro.)

Pas un artiste dans ma compagnie! A part Deléage, qui versifie, à part Blazy, qui crayonne de gentils fusains, à part trois ou quatre autres avec qui on n'est pas condamné à parler bouchon, bézigue, apéritif (inutile!) ou mêlé-cass...; rien, absolument rien! Pourquoi n'ai-je pas eu la chance de me trouver avec un ou plusieurs de mes amis intimes, ou bien de tomber sur un de ces bataillons égayés par la présence de quelques peintres, sculpteurs, littérateurs ou même acteurs, sur celui de notre jeune condisciple Henri Regnault déjà célèbre par son *Prim*, sa *Judith*, son *Exécution* et la *Salomé* du dernier Salon, ou encore sur le 19me bataillon, qui possède, rien que dans sa 7me compagnie, trois éminents sculpteurs :

Chapu, surtout, dont le *Salon* de ce printemps nous montrait le superbe plâtre inspiré : *Jeanne d'Arc à Domrémy* (agenouillée, les mains jointes, semblant prier d'avance pour notre malheureuse *Lorraine*).

Moulin, l'auteur du gracieux succès *du Salon* de 1864, *Une Trouvaille à Pompéi*, l'un des commensaux fondateurs du dîner mensuel de Plomeur, avec les peintres Lansyer et Jules Héreau, les poètes Albert Glatigny, José-Maria de Hérédia, Georges Lafenestre et aussi Amiard et Pillon.

Falguière, enfin, l'original et nerveux sculpteur et peintre toulousain, à qui nous devons déjà *Le Vainqueur au Combat de coqs*, *Le Petit Martyr*, *Ophélie*, etc...

L'arrêt des séances du Conseil de famille me laissant des loisirs, nous n'avons pas manqué d'aller à la *great attraction* du moment. C'est assez loin : au bastion 85, entre Gentilly et Bicêtre, sur le talus qui domine le cours de la Bièvre. *Deux statues de neige :*

La Résistance, par Falguière, dont mes doigts, gourds par l'onglée sous mes gros gants de laine, ont essayé en vain d'esquisser l'élégante et impressionnante silhouette.

Et **La République**, un buste colossal par Moulin.

L'*Officiel* du 12 a donné de ces deux œuvres, malheureusement éphémères, une brillante description de Théophile Gautier, dont la lecture vaudra mieux qu'aucun croquis de ma main :

« Falguière a compris qu'il s'agissait ici d'une Résistance morale « plutôt que d'une Résistance physique, et au lieu de la personnifier « sous les traits d'une sorte d'Hercule femelle prête à la lutte, il lui a « donné la grâce un peu frêle d'une parisienne de nos jours.

« *La Résistance*, assise, ou plutôt accotée contre un rocher, croise ses « bras sur son torse nu avec un air d'indomptable résolution. Ses pieds « mignons, s'appuyant, les doigts crispés, à une pierre, semblent vou- « loir s'agrafer au sol. D'un fier mouvement de tête, elle a secoué ses « cheveux en arrière, comme pour faire bien voir à l'ennemi sa char- « mante figure, plus terrible que la face de Méduse. Sur les lèvres se « joue le léger sourire du dédain héroïque, et dans le pli des sourcils « se ramasse l'opiniâtreté de la défense, qui ne reculera jamais. Non, « les gros poings d'un barbare n'attacheront pas ces bras fins et ner- « veux derrière ce dos d'une ligne si élégante. Cette taille souple rom- « pra plutôt que de ployer. La force immatérielle vaincra la force bru- « tale, et, comme l'ange de Raphaël, mettra le pied sur la croupe « monstrueuse de la bête.

« Au bas de cette statue improvisée, M. Falguière a eu la modestie « d'écrire en lettres noires sur une planchette : *La Résistance*. L'ins- « cription était inutile. En voyant cette figure d'une énergie si obstinée, « tout le monde la nommera, quand même elle n'aurait pas à côté « d'elle son canon de neige.

« Il est douloureux de penser que le premier souffle tiède fera fondre « et disparaître ce chef-d'œuvre, mais l'artiste a promis d'en faire, à « sa descente de garde, une esquisse de terre ou de cire, pour en con- « server l'expression et le mouvement.

« Sur le point le plus élevé de l'épaulement domine le buste colos- « sal de *La République*, de M. Moulin, dont le regard, par dessus le « bastion, semble plonger au loin dans la campagne... Quand l'artiste « y travaillait.., ses amis (Chapu sans doute) lui criaient d'en bas : « Rajoute du front, soutiens la joue, avance le menton, remets de la « neige au bonnet ! » Et l'artiste, perché sur son épaulement comme un « ouvrier grec au sommet d'un fronton, écoutait les indications et les « critiques, et le buste prenait une beauté majestueuse et terrible.

« Quelle admirable matière que ce Paros céleste qu'on nomme la « neige! Quelle blancheur immaculée! Quelle finesse de grain! « Quel scintillement de micas et de paillettes d'argent! Avec quelle « douceur les pâles figures modelées dans ce duvet soyeux se détachent « sur le fond d'ouate du brouillard.... »

Bataille de Pont-Noyelles *(de l'*Hallue, *pour les Prussiens).*

Samedi 24 Décembre.

3 0/0, 52.75. — Italien, 5 0/0, 54.— États-Unis, 6 0/0, 106.— Espagne, 29. — Turc, 41. — Banque, 2,395. — Crédit foncier, 937,50. — Nord, 980. — Lyon, 823. — Suez, 230. — Omnibus, 580. — Gaz, 757. — Oblig. Ch. de Fer, garanties, en moyenne, 300 (1).

Décès, 14me sem. 2728.
Froid. 15°.

A 6 heures sur pied, à la chandelle, à l'antédiluvienne chandelle, que j'allume avec une allumette chimique, dont, Dieu merci, Paris ne manque pas encore, Nous n'en reviendrons pas, je l'espère, au temps de mon enfance, où je vois encore tante Victoire trempant l'allumette soufrée dans le *flacon à phosphore*, qu'on ne trouvait jamais sous la main.

Il fallait un siège pour convaincre que la chandelle existe encore; elle existe même si bien, qu'un spéculateur achète, dit-on, toutes les chandelles de Paris pour la graisse des pâtés et des terrines. Plus de gaz; le pétrole est dangereux; la bougie, chère et devenant rare, se réserve pour les grandes occasions; donc, levé *à la chandelle.*

---

(1) Petit Tableau comparatif. — *Bourse du 24 Décembre 1891* (après 21 ans... de République).

3 0/0, 95.30. — Italien, 5 0/0, 92.70.— États-Unis, plus de dollars, dette éteinte. — Espagne (extérieure) 4 0/0), 67.20.— Turc, 18.55. — Russe 4 0/0 consolidé, 96. — Crédit Foncier, 1245. — Banque, 4580. — Nord, 1805. — Lyon, 1470. — Suez, 2735. — Omnibus, 1052. — Gaz, (actions dédoublées) 1421.— Oblig. Ch. de fer garanties (moyenne) 450. — *Figaro*, 1425. — *Petit Journal*, 1180. — Panama, 24.

Être matinal coûte peu, quand on s'est couché tôt; encore transgresse-t-on l'hygiénique précepte de l'École de Salerne :

> **Sex horas dormire sat est, juvenique senique,**
> **Septem horas pigris, porcis concedimus octo.**

Ce que mot à mot je traduirais :

> **Six heures pour dormir, c'est assez, jeune ou non;**
> **Sept heures paresseux, et huit heures cochon.**

Oh! *shocking!* Et,

> « Puisque le latin seul brave l'honnêteté,
> « Que le lecteur français veut être respecté,

Modifions le second vers, la rime y gagnera :

> **Sept heures paresseux; huit, ça n'a plus de nom!**

A 7 heures, je me rends en armes rue Palestro, pour répondre *présent!* à l'*appel* qui a lieu chaque matin, sur le pavé, dans l'eau, la boue, ou la neige, pour la lecture du *rapport*, qu'il y ait ou qu'il n'y ait pas d'exercice à faire, ou de garde à monter. En chemin, rencontre d'un voisin, qui s'en revient; il me jette, en passant : « *Y a pas d'pelle ce matin, M. Mazas!* — « Merci, Camarade! » — Je ne sourcille pas, je le connais; et je m'en retourne aussi.— « *Y a pas d'pelle!* » il est logique, puisqu'il dit souvent aux retardataires : « *La pelle est faite!* » C'est le même beau parleur qui métamorphose à plaisir tous les noms : Il dit rue de l'Araignée; rue Grand Butor; rue Robert le Camphre; rue des 28,000; les 3 Cadéros; place de Cadet-Rousselle, etc, etc. Il dit qu'il fait douze *degrés au mur;* il dit que sa concierge a pas d'chance, que la pauv' femme, déjà très malade d'un *concert dans la tête* (cancer au sein) a au lit son gosse qui s'est fendu l'*osquipu*, en tombant à la renverse sur le *crottoir;* il dit que l'épée de *Madame Oclès* est suspendue sur la tête de Guillaume, et que cette campagne sera sa *Belle-Résina*..., et bien d'autres.

La Seine charrie. Le jour de l'An va-t-il aligner ses boutiques dans le lit gelé du fleuve, comme nos parents m'ont dit l'avoir vu pendant le grand hiver de 1829-1830? Toujours est-il que, en dépit du désespérant blocus, des baraques commencent à se monter cahin caha sur les grands boulevards. Elles sont assez piteuses, n'ayant pour carcasse que les rebuts de nos baraquements militaires, quantités de planches de toutes sortes ayant été brûlées pour le chauffage.

A la Messe de minuit, à Saint-Leu. La Maîtrise, réduite de beaucoup, chante l'*Adeste fideles.... Venite Adoremus Dominum*... Le Noël d'Adam, etc...

« Divin Sauveur du Monde, soyez aujourd'hui l'humain Libérateur « de Paris! Petit Jésus, mettez-nous simplement cette fois dans la che- « minée... Chanzy, ou Faidherbe! »

Pas de réveillon, nous n'en avons pas l'habitude. Et puis, cette année, réveillon avec quoi, mon Dieu? des crêpes, je sais bien; mais nous en mangeons tous les jours, des crêpes.

A M. Dubail, maire du Xme Arrondissement de Paris.

Paris, 24 Décembre 1870.

Cher Monsieur,

Samedi dernier, vous avez bien voulu m'autoriser à vous écrire après huitaine, pour obtenir un supplément nouveau de ration de viande (1), pour mon père, malade, *85 bis, boulevard de Strasbourg*, qui n'en a malheureusement encore que trop besoin. C'est ce que je viens faire aujourd'hui.

Grâce à votre recommandation, j'ai eu la dernière fois deux suppléments, d'ensemble 350 grammes, à prendre les 16 et 19, et qu'on a pris en une seule fois le 19, pour faire un peu plus de bouillon.

Le Médecin de la Mairie n'est pas encore allé visiter mon père, et l'inspection n'a que le certificat de notre médecin, M. Devailly, 18, rue d'Hauteville.

Veuillez agréer, avec le renouvellement de mes remerciements, l'assurance de mes sentiments bien dévoués.

A. de Mazade.

(1) Viande de cheval. Il y a longtemps qu'il n'y en a plus d'autre.

A M. A. de M..., Paris.

Port-à-l'Anglais, Samedi 24 Décembre 1870.

Mon cher Ami,

Je vois qu'il n'est pas facile de nous joindre, c'est pourquoi ce mot te dira ce que je suis devenu, depuis le jour où je suis monté te voir, il y a environ un mois, avec mon équipement de guerre, tout battant neuf.

Nous sommes installés ici depuis les premiers jours de décembre; nous occupons, le long de la Seine, des maisons abandonnées de leurs propriétaires rentrés dans Paris, et nous sommes chargés de la défense des redoutes et fortifications avancées qui font face à Choisy-le-Roi.

Organisés militairement, nous recevons, en outre de la solde journalière de 1 fr. 50, des vivres en nature, pain, viande (de cheval), vin, eau-de-vie, etc.., que, en ma qualité de caporal, je vais toucher au magasin, pour en faire la distribution à mes hommes, avec le prêt.

Nous avons un commandant charmant, M. Richard Bérenger, grand propriétaire du Midi, qui, bien que marié et père de famille, a voulu servir avec les mobiles de son bataillon (le 18me).

J'ai quitté sans regrets mon bureau de la Caisse des Dépôts et Consignations, où l'on ne faisait presque plus rien, les opérations de la Caisse à Paris étant à peu près nulles, et une délégation, sous la conduite d'un sous-directeur, ayant été envoyée à Tours, pour expédier les affaires de la province.

Tous les deux jours nous passons 24 heures dans les tranchées. Dernièrement nous avons eu à y repousser une attaque des Prussiens. Ils avaient appris, nous ne savons comment, que notre redoute avait été dégarnie de ses canons, et ils venaient pour l'enlever. Ils avaient compté sans le retour inattendu de notre artillerie, et c'est à coups de canon qu'ils ont été reçus.

Le 21, mercredi dernier, au matin, nous avons bien cru que nous allions donner. Le réveil s'était fait avant le jour par des estafettes, le rassemblement sans clairon, et une fois en ligne, on nous avait remis des cartouches, pendant que des prolonges d'artillerie apportaient de nouvelles caisses de munitions. Toute la matinée s'est passée ainsi, l'arme au pied, et nous sommes rentrés dans la journée à nos campements, sans avoir vu un Prussien, et sans par conséquent avoir tiré un coup de fusil. Mais il nous est resté de cette alerte une impression assez singulière, l'attente d'un évènement qui ne se produit pas. On dit que c'est partie remise et que nous avons fait une démonstration pendant qu'on se battait d'un autre côté.

Ces deux petits incidents ont un peu rompu la monotonie de notre vie militaire. J'ai tenu à t'en faire part avant d'aller vous voir à notre retour à Paris, que l'on dit assez prochain.

C'est demain Noël, j'espère qu'il me sera permis d'aller embrasser mon père, qui va bien d'ailleurs.

Tout à toi,

C. GLAÇON.

Journal de G. Sand. NOHANT, 24 Décembre. — ... « *Quelle triste veillée de Noël! Je fais des robes de poupées et des* « *jouets pour le réveil de mes petites filles. On n'a plus le moyen de* « *leur faire de brillantes surprises, et l'arbre de Noël des autres années* « *exige une fraîcheur de gaieté que nous n'avons plus. Je taille et je* « *couds toute la nuit, pour que le père Noël ne passe pas sur leur som-* « *meil de minuit les mains vides. Nous étions encore si heureux l'année*

« dernière! Nos meilleurs amis étaient là, on soupait ensemble, on « riait, on s'aimait. Si quelqu'un eût pu lire dans un avenir si proche, « et le prédire, c'eût été comme la foudre tombant sur la table. »

Dimanche 25 Décembre. — *Noël.*

Grand Messe à Saint-Leu. L'Église est pleine. Dans la chapelle de la Crypte, sous le maître-autel, est une *crèche*, naïvement arrangée avec toute la représentation de la Nativité, Saint Joseph, la sainte Vierge, les 3 Mages, les Bergers, le bœuf, l'âne, et des petits moutons blancs en joujoux, beaucoup trop petits relativement au reste...

Les opérations militaires sont encore retardées par le froid (15°). Beaucoup d'hommes ont été gelés et ont succombé. Une partie des bataillons rentre dans Paris.

Après midi. Visite de nos amis Pillon :

En ce temps-là, diront les siècles futurs, on ne s'était pas plutôt abordé que la conversation s'engageait sur ce qu'on avait mangé, ce qu'on mangeait, ce qu'on mangerait, ou plutôt... ce qu'on ne mangerait pas... Thème unique, universel. As-tu déjeuné, Jaquot ? — Et de quoi ? — Oh ! Pas du rôti de Roi ! —

— « Nous, dis-je à Victor, après nos crèpes, déjà usuelles, à l'huile et au vinaigre, en guise de tête de veau, nous avons rogné un petit peu de notre fameux jambon, jambon sans omelette. — Et chez toi ?

— Chez nous ? Cinq anchois, des confitures, et du chocolat, ont composé ce qu'on appelle aujourd'hui un déjeûner à la fourchette. En revanche hier, c'était des côtelettes, et, je te le dis tout bas, des côtelettes de chien, que nous faisons passer à notre pauvre père pour des côtelettes de mouton. Il les trouve bonnes, après avoir déclaré hautement qu'il ne s'y résoudrait jamais

---

Cent jours de siège ! Nous voilà loin, n'est-ce pas ? de la calomnieuse prophétie de Lamartine, qui, lors de la discussion sur nos fortifications, avait osé dire que *Paris ne pourrait jamais rester huit jours sans fraises.*

Noël ! Dimanche et Grande Fête ! Jour de souvenirs joyeux ! Le *Christmas* anglais ! Les dîners annuels Elwall, de 16 et 18 convives, avec

Lenient, Péan, Hervé, une fois même avec Déjazet.... Le traditionnel plum-pudding, de la main de Madame et de Mesdemoiselles, (la cuisinière n'y touche jamais) pudding énorme, bastion imposant, du plomb dans la cuiller, un bonbon fondant, volatile, dans l'estomac, à tel point que je disais, en en acceptant à plusieurs reprises : « Étonnant ce pudding ! plus on en mange, plus c'est léger ! » Et la soirée ! musique, chant, diction, poésies ! les cantiques entonnés gravement par toute la famille Elwall ! Et, comme clôture, le solennel *God save the Queen !*

Aujourd'hui rien ! M. et Mme Elwall veulent laisser tomber cette triste année; on espère que 1871 sera plus clément, et, sauf avis contraire, la réunion, qui sera cette fois bien réduite, est remise au 9 janvier prochain.

Nos parents dinant chez eux, nous nous offrons un diner au *Bouillon Duval* du coin du boulevard Saint-Denis et du boulevard Sébastopol ; nous y emmenons même Joséphine, notre bonne. Il y a là encore, a-t-on dit, des côtelettes de mouton (de chien certainement) côtelettes minces, de petite viande serrée, grise, dure, nerveuse, sèche, sans suc, ni sang. Quoiqu'il en soit, ça se mange ; la sauce n'en est pas mauvaise, de l'aveu même de notre cuisinière.

Après le dessert, composé de simples confitures, voilà Joséphine qui se lève, et se met à desservir, à ranger les assiettes... « Qu'est-ce que vous faites donc, Joséphine ? — « Mais, Madame, j'ôte le couvert...» — « Rasseyez-vous, ma fille, aujourd'hui on l'ôtera pour vous. »

Après ce dîner des plus rudimentaires, nous allons chez mon père, passer ce qui reste de la soirée à lire dans *La Liberté* le feuilleton hebdomadaire de *Paul de Saint-Victor*. Aujourd'hui c'est une brillante étude de l'Art pendant le siège, dont il fait les premiers honneurs à l'œuvre nouvelle et déjà célèbre de *Puvis de Chavannes*, un de nos illustres devanciers d'Henri IV, élégante et émouvante composition qui a pour légende :

« LA VILLE DE PARIS INVESTIE CONFIE A L'AIR SON APPEL A LA FRANCE. »

« Une jeune et grande femme (figure toute moderne) vue de dos, « debout sur un monticule, s'appuie d'une main sur un chassepot ; de « l'autre, elle envoie un geste d'espoir à un aérostat qui plane dans le « ciel. Une longue amazone étreint, comme une armure, sa taille amai- « grie. Son profil perdu, tourné vers le ciel, laisse deviner, sous « son contour délicat, un visage macéré par les privations et par la « souffrance. Sa chevelure raccourcie, comme celle d'une veuve, fait « songer à la verdoyante couronne de feuillage que Paris a tranchée « sous le fer pour sa délivrance ! A ses pieds, se dressent les canons

« béants d'une redoute ; au-delà s'étend la plaine nue et dévastée, où « rampent quelques fumées d'incendie, et que surmonte à l'horizon « la masse carrée du Mont-Valérien. — L'impression est grande et « austère : une silhouette presque ascétique dressée au milieu d'un « site désolé. Mais l'espoir se dégage du geste qu'elle lance vers le « globe fragile qui porte à la France l'appel de Paris ; on le sent jail- « lir de son regard qui le suit à travers l'espace. »

Laissant un instant *La Liberté*, nous lisons avec non moins de plaisir une délicate appréciation artistique, par Théophile Gautier, de « cette touchante figure, qui, dit-il, appelle son pendant : *Paris serrant contre son cœur la colombe messagère qui apporte la bonne nouvelle* ». Pensée toute naturelle, qui nous était venue aussi à nous mêmes, toujours à l'affût du retour des chers pigeons, pensée que nous retrouvons divinement exprimée dans Paul de Saint-Victor :

« Vis-à-vis de l'aérostat qui s'envole, ajoute-t-il, j'aurais voulu que « Puvis de Chavannes nous eût montré, dans son tableau, un pigeon « voyageur revenant à tire d'aile. Il n'y aura pas dans l'histoire de « plus touchante et de plus belle légende que celle de ces oiseaux « sauveurs, rapportant à Paris les promesses de la France lointaine, « les tendresses et les souvenirs de tant de familles séparées. Ils sont « les colombes de cette arche immense battue par des flots de sang et « de feu. La frêle spirale de leur vol dessine, dans les airs, l'arc-en- « ciel qui prédit la fin des tempêtes. L'âme de la patrie palpite sous leurs « petites ailes. Que de larmes et que de baisers, que de consolations « et que d'espérances tombent de leurs plumes mouillées par la neige, « ou déchirées par l'oiseau de proie ! En revenant à leur nid, ils rap- « portent à des milliers de nids humains l'espoir, l'encouragement et « la vie. Plus que jamais, aujourd'hui, et dans le sens le plus pur du « mot, ils sont les oiseaux de l'amour. »

•◆•◆•◆•◆•

Journal de G. Sand. NOHANT, 25 Décembre. — « *La « neige tombe à flots... on retombe toujours dans l'effroi du lendemain.* »

•◆•◆•◆•◆•

Achèvement du tunnel du Mont-Cenis (12,250 mètres) commencé depuis 10 ans. Et le jour de l'inauguration, on a bu.... **A la Civilisation !**

Lundi 26 Décembre.
100me jour de siège!

Une petite botte de carottes................	4 50
Salsifis....................................	1 90
Épicerie Potin.............................	10 50
Fleurs......................................	0 60
Conserve de viande de chez Philippe (le restaurant de vieille renommée de la rue Montorgueil)...........................	9 00

Trois bataillons de mobilisés enlèvent la *Maison Blanche.*

Le Roi s'amuse! Victor Hugo, Lui aussi! fait joujou : Témoin ce sixain, qui saute aux yeux dans *Le Rappel :*

Tout pauvre qu'il est en fait d'herbe,
Paris attendra que Faidherbe,
Repoussant par un coup brillant
Le corps qui menace Briand,
Nous aide à terminer l'affaire
Avec les vainqueurs de la Fère.

Journal de G. Sand. Nohant, 26 Décembre.— « *Les* « *communications sont rétablies entre Vierzon et Châteauroux. On* « *saura peut-être enfin ce qui s'est passé par là.* »

Mardi 27 Décembre.

Une tranche de roastbeef (roast horse!) de chez *Buffon* (une autre espèce de naturaliste)................................ 3 francs.
restaurant, 1, rue d'Hauteville, où je déjeunais si bien pendant mes trois années de droit! Ses fameuses aubergines au gratin!! L'eau m'en vient à la bouche.

Formation de 32 régiments de marche. Le 29me régiment composé des 7me, 70me, 92me et 100me bataillons de guerre, est commandé par M. Martin du Nord, lieutenant-colonel, commandant le 7me bataillon.

Les Prussiens ont démasqué leurs batteries. Soixante-seize pièces de gros calibre foudroient Gagny, le Raincy, Noisy-le-Grand, et surtout le plateau d'Avron, et nos troupes du plateau subissent ce formidable assaut, sans pouvoir riposter ; — nos pièces, moins puissantes que les canons Krupp, dit le rapport militaire, renoncent à faire feu.

A la Brasserie des Martyrs : Un habitué à une habituée : « As-tu vu X..., armé en guerre, avec piquets et le reste ? »

Elle : « Oui, il est très bien. C'est la première fois que je lui vois le « sac. »

Journal de G. Sand. NOHANT, 27 Décembre. — « *On* « *ne le sait pas. Le froid augmente !* »

Mercredi 28 Décembre.

Rencontré notre aimable voisin de Ronquerolles, le vicomte de Plancy, député de l'Oise, et chatelain de Fay, près Clermont. Il est simple garde national (3me bataillon, 6me compagnie). Il n'a comme nous aucune nouvelle de là-bas.

Devant Potin, on fait cercle autour d'un banc, sur lequel est affaissé et sanglote un vieux commissionnaire. Chargé d'aller aux provisions, il s'est aperçu, en se mettant à la queue, qu'il avait perdu son argent. Un soldat de notre 2me bataillon du quartier (le 100me de marche), décoré de la Légion d'honneur, ôte son képi, y dépose une pièce de 1 franc, et improvise une quête dans la foule. La recette, assez abondante, a vite séché les larmes du pauvre homme.

Un échantillon du rigorisme des clubs : A la salle Favié (Belleville) :

— « Citoyens ! c'est sous l'empire d'une émotion violente que....

— « A la porte ! Il n'y a plus d'*empire !* A la porte ! A la porte !

— « Pardon, Citoyens ! je voulais dire : C'est sous la *Défense natio-*
« *nale* d'une émotion violente que... »

Sous le feu terrible des batteries allemandes, nos troupes sont forcées d'abandonner le plateau d'Avron. Vingt-quatre pièces d'artillerie sont ramenées intactes.

Fernand Le Roy, qui y campait avec ses camarades, vient nous apprendre le soir qu'ils sont rentrés dans Paris sains et saufs.

Pendant que l'ennemi fait rage sur Paris, avec la furie de ne pouvoir le prendre, comment se comporte-t-il dans les départements occupés? Ch. de Mazade nous en donne les beaux exemples suivants, dans sa Guerre de France *(tome II, page 14).*

« *Les Allemands ont eu le mérite d'inventer ou de perfectionner ce « qu'un écrivain étranger, qui ne leur est pas défavorable, le colonel « Rüstow, appelle « la guerre de terreur ». Ils ont notamment employé « deux procédés au moins étranges : L'un de ces procédés est le système « des ôtages, qui a été pratiqué dans la plus large mesure, et dont le « dernier mot a été l'envoi d'un membre de l'Institut de France, M. le « baron Thénard, en Allemagne, — sans doute par suite du respect bien « connu des Allemands pour la science ! Cet abus de la force généralisé, « appliqué à propos de tout, par prévention ou comme garantie, est-ce « un droit légitime de la guerre ? C'est une question d'équité et d'hon- « neur entre les peuples civilisés. Un autre procédé consistait à rendre « les villes entières, les villages responsables de la moindre mésaventure « d'un soldat allemand, à considérer comme des bandits de simples « gardes nationaux, à traiter la moindre résistance par le fer et le feu, « par la fusillade et le pétrole, à promener partout enfin une loi du « talion implacable et aveugle. C'était l'esprit de la guerre de Trente « ans se réveillant en plein dix-neuvième siècle, et mieux encore c'était, « selon le mot du colonel Rüstow, la destruction ordonnée de sang-froid, « dans le plus grand calme.*

« *Au même instant, dès le mois d'octobre, ce système éclatait dans « toute sa violence partout où passait l'invasion. Je ne parle pas des « villes ouvertes bombardées et brûlées après le combat, comme Château-*

« *dun. Dans le pays chartrain, le petit village d'Ablis était livré aux « flammes avec des raffinements cruels, en expiation du désastre d'un « escadron de hussards surpris par une bande française. Dans les Ar- « dennes s'accomplissait un drame qui s'est dévoilé depuis devant les « tribunaux.*

« *Un sous-officier allemand avait été tué dans un engagement avec des « francs-tireurs, non loin du village de Vaux. Le lendemain, une co- « lonne ennemie arrivait ; on s'empara de tous les hommes qu'on put « saisir, ils étaient quarante, et on les enferma dans l'église en les pré- « venant qu'ils allaient être décimés. Le chef du détachement allemand, « c'était un colonel de landwehr prussienne, tint une façon de conseil « de guerre au presbytère; il pressait le curé, pour en finir, de désigner « les trois plus mauvais sujets de l'endroit, qui seraient punis pour les « autres. Le curé se refusait énergiquement à cette complicité; il répon- « dait que dans son village comme partout il y avait du bon, du mé- « diocre et du mauvais, mais qu'il n'y avait aucun coupable, que per- « sonne n'avait fait le coup de feu, et le brave prêtre s'offrait lui-même « en sacrifice pour ses paroissiens. Touché de l'émotion et du dévoue- « ment de l'honnête ecclésiastique, le colonel s'écriait : « Pensez-vous, « monsieur le curé, que c'est avec plaisir que j'exécute cet ordre venu « de haut? » Dans l'embarras, les Allemands prirent un casque où ils « mirent des billets, et ils le firent passer aux prisonniers en leur disant « de tirer au sort. Que se passa-t-il entre ces malheureux enfermés dans « l'église pendant soixante-seize heures? Toujours est-il que trois vic- « times furent désignées, non par le sort, mais à la majorité des voix, « et un peu sans doute par un abus d'influence de quelques-uns des « prisonniers. Les trois sacrifiés, malgré leurs supplications et leurs pro- « testations, furent conduits auprès du cimetière, où ils furent fusillés, « en présence du curé, qui les accompagnait au supplice, et du colonel « prussien, qui était auprès du curé, le soutenant au moment de la dé- « tonation.*

« *Ce qui se passait à Vaux était à peu près justement ce qui arrivait « à Bazincourt après le combat de l'Epte. On avait réussi à préserver « le village de l'incendie, mais huit habitants furent saisis comme « bandits. On parvint encore, à force de démarches, à sauver trois des « prisonniers, qui reçurent la bastonnade. Les cinq autres furent impi- « toyablement fusillés. Il y avait parmi eux un vieillard septuagénaire « qui n'avait fait que se défendre dans sa maison. Peu après, les Prus- « siens, définitivement établis à Gisors, rayonnaient tout autour, allant « à Vernon, aux Andelys, à Hebécourt, à Écouis, et déployant partout « sur leur passage les mêmes procédés de violence. Ainsi se manifestait « cette invasion de la Normandie, conduite par un prince de taille « effilée, de santé assez frêle, qui suivait en ce moment-là une cure de « lait en ordonnant des exécutions, des bombardements et des réquisi- « tions !* »

Journal de G. Sand. 28 Décembre. — « *Lettre de* « *Paris du 22. Ils disent qu'ils peuvent manger du cheval pendant* « *quarante-cinq jours encore.* »

Jeudi 29 Décembre.

J'ai employé, depuis quelques jours, mes heures de loisir, et Dieu sait s'il y en a dans la vide et lugubre journée, à colorier, pour sa plus rapide compréhension, une grande carte de l'État-major, du département de la Seine.

Les routes sont en jaune clair, les rivières en bleu tendre, les bois en vert, Paris et ses forts en rose, les terrains en brun clair, le tout avec des tons graduellement plus foncés à mesure que le sol s'élève, en sorte que, les points culminants se trouvant presque noirs, le cercle des hauteurs entourant Paris frappe immédiatement les yeux.

De plus, j'ai découpé, sur carton fort, une petite échelle, espèce de règle graduée par kilomètre (de 1 à 10) échelle qui, promenée sur la carte, rend tout de suite compte des distances.

Cette carte, sur toile articulée, et son échelle s'enferment dans un étui de cuir, que j'emporte au rempart, et sur laquelle se suivent les péripéties de notre infernal investissement.

Il est immense, ce pourtour, et l'on a peine à s'imaginer qu'il puisse être *efficacement* gardé sur tous ses points.

Il me revient d'interminables discussions dans les wagons, entre Paris et Clermont, au début de la guerre. Des gens sérieux soutenaient imperturbablement qu'un siège d'un aussi vaste périmètre (de plus de 80 kilomètres ! de plus de vingt lieues !) ne s'était jamais vu, ne se verrait jamais ; qu'il faudrait, pour l'établir et le maintenir, des armées innombrables ; en un mot, qu'un siège du Paris actuel était matériellement et *mathématiquement* impossible, une pure et sotte plaisanterie !

Devant l'évidence d'aujourd'hui, c'est avec une sourde rage au cœur qu'on se dit : Toutes ces hauteurs, cette ceinture sombre, c'est bien l'ennemi, compacte, tassé, fortifié, formidablement retranché ; monstrueuse muraille vivante, sans issue et sans fin ! Et souvent, je reste penché des heures sur cette carte, la dévorant de mes inutiles calculs et de mes illusions. Il faut le fendre, il faut le crever, ce mur d'enfer ! Est-ce ici ? Est-ce là ? Ici ou là, n'importe ; avec nos masses énormes, poussées d'un seul bloc à la fois, comme un colossal et irrésistible bélier, avançant quand même, ne reculant jamais, il n'est pas possible que nous ne passions pas !

Nous l'avons eue, au 2 décembre, *la trouée;* nous l'avons manquée au 21; il faut la recommencer!

La misère augmente effroyablement.

Le Gouvernement affecte 500,000 francs à répartir par les Maires.

On compte à ce jour 471,754 nécessiteux assistés, inscrits dans les Mairies de Paris; c'est presque le quart de la population actuelle de Paris, qui est de 2,005,700, sans l'armée.

A M. A. de Mazade, Paris.

Créteil, 29 Décembre 1870.

J'espérais que la guerre aurait été finie et que j'aurais eu le plaisir d'aller moi-même vous présenter mes civilités à l'occasion de la nouvelle année; malheureusement il n'en est pas ainsi.

Je vous prie donc de les agréer ainsi que les souhaits que je fais pour vous conserver une bonne santé et beaucoup de prospérité. J'en profite aussi pour vous témoigner les vifs sentiments de reconnaissance que j'ai pour vous, pour l'intérêt que vous me portez et l'accueil si cordial que vous m'avez toujours fait.

Rien de nouveau de la guerre, surtout de notre côté; nous entendons la canonnade qui dure depuis quelques jours sur le plateau d'Avron dont nous ne sommes pas trop éloignés, car la 7me compagnie, dont je suis, fait en ce moment un service d'avant-postes et nous sommes en première ligne. Nous sommes de plus en plus mal nourris; on nous donne maintenant un pain de munition de 3 livres pour 2 jours et pour 3 hommes.

J'attends avec impatience que cela finisse d'une manière ou de l'autre. Nous attendons très incessamment un coup décisif; cela ne peut pas durer plus longtemps.

Il fait si froid que 3 hommes sont morts l'avant-dernière nuit dans les tranchées. Il y a eu aussi plusieurs factionnaires gelés. Vous pensez bien que cet état de choses nous fait désirer ardemment la fin de la guerre.

Je vous prie de présenter mes respects à Mme de Mazade, à M. votre Père et Mme votre Mère.

Excusez, je vous prie, mon griffonnage, car je vous écris de la tranchée et je vous promets qu'il n'y fait pas chaud.

Je vous serai bien obligé de m'adresser 40 francs par la poste, je vous remercie d'avance et vous prie d'agréer, etc...

L. Tollemer

Journal de G. Sand. 29 Décembre. — « *Il paraît, on « assure, on nous annonce, sous toutes réserves, — c'est toujours la « même chose. Les journaux en disent trop ou pas assez. Ils ne nous « rassurent pas, et ce qu'ils donnent à entendre suffit pour mettre l'en- « nemi au courant de tous nos mouvements. Le combat de Nuits a été « sérieux, sans résultats importants, — comme tous les autres!* »

Vendredi 30 Décembre.

Le Comité des subsistances de notre 2me arrondissement vient de prendre très au sérieux les nombreuses plaintes de la population. Le Maire fait placarder l'avis suivant :

1° Il est interdit *aux bouchers* de servir les cartes à d'autres heures que celles indiquées.

2° Aucun morceau ne doit être mis en réserve ; le choix entier doit être laissé au public.

3° Il est interdit aux bouchers d'envoyer la viande. Le client est prié de venir la chercher lui-même. On ne peut se présenter devant la boucherie avant l'heure indiquée sur la carte ; c'est le seul moyen d'éviter la queue...

Le soir, au Grand Café Parisien, rue de Bondy, (café mitoyen de notre domicile, de 1860 à 1866) *Punch d'adieux* offert par nous à nos camarades de marche.

Pas très d'accord, les camarades! Aux cris de : Vive la République! quelques uns d'entre nous (cinq ou six seulement) s'obtinent à répondre : Vive la France!

Débarquement à Carthagène du Prince Amédée, duc d'Aoste, deuxième fils du Roi Victor-Emmanuel, qui a accepté le 4 de ce mois la couronne d'Espagne, à lui offerte par le maréchal Prim, le faiseur de rois.

Même jour. Étrange coïncidence : Mort du maréchal Prim, succombant aux blessures reçues il y a deux jours des mains d'un assassin armé par les Républicains d'Espagne.

Journal de G. Sand. NOHANT, 30 Décembre. — ...« *Il* « *est impossible que nous triomphions, impossible! Savoir cela, le sen-* « *tir jusqu'à l'évidence, et apprendre que les Prussiens vont peut-être* « *bombarder Paris! Ils ont, dit-on, démasqué des batteries sur l'enceinte* « — avec pertes considérables, *dit succinctement la dépêche. Pertes pour* « *qui?* »

Samedi 31 Décembre.

3 0/0 51.80.

Décès, 15me sem. 3280. (552 de plus que la semaine dernière).

Une conserve de bœuf? de chez Philippe, déjà nommé	9 00
Une tranche de roastbeef de cheval de chez Buffon	3 00
2 sacs de marrons glacés pour étrennes	9 00

Départ du ballon-poste l'*Armée de la Loire*. Il emporte encore nos lettres. Combien de ballons sont déjà partis ainsi, sans que rien nous en soit revenu! L'année, la triste année, se ferme et toujours le noir de l'impénétrable silence.

« Que de souffles héroïques, disait Saint-Victor dans son feuilleton « de dimanche dernier, que de soupirs brûlants et tendres lance dans « l'espace cette sphère fragile, remplie des messages et des vœux d'un « peuple! L'ascension a remplacé l'évasion. Cerné par le fer, bloqué « par le feu, Paris, ne pouvant encore rompre ses chaînes, s'est créé « des ailes. Il a embarqué, sur un navire aérien, sa volonté, son éner- « gie, son courage, ses résolutions intrépides ; et chargée de ce lest « sublime, la nef imprenable les porte, par delà les horizons et les « nues, à la patrie rassurée. »

Les pièces de gros calibre des Prussiens sont rapprochées et atteignent Drancy, Bobigny, Bondy et Noisy-le-Sec.

Le soir, *Grand Conseil de guerre* réuni au Louvre : Trochu, J. Favre, et autres membres du Gouvernement. Généraux Ducrot, Vinoy, Frébault, Chabeau-Latour, Clément Thomas, Guiod, Bellemare, Noël, amiraux La Roncière, Pothuau, concluant à cette résolution :

Le Gouverneur de Paris ne capitulera pas (1).

L'Illustration d'aujourd'hui donne un récit de J. Claretie, témoin oculaire de la bataille du 21, dont j'ai coupé ceci :

« Le 21 décembre restera comme une date militaire dans l'histoire « du siège de Paris...

« Un parlementaire, envoyé *au Bourget* le lendemain du 21, demandait au général prussien qui commandait là si nos marins s'étaient « bien battus.

« En voici un exemple, répondit le Prussien : Nous n'en avons pas « fait *un* prisonnier, nous n'en avons pas relevé *un* blessé. Ils sont « tous morts, et presque tous frappés au front... »

---

(1) ... Avant que ce Conseil fût terminé, on touchait au premier jour de l'année 1871, qui se levait triste et chargée de terribles ombres pour Paris, tandis que Guillaume de Prusse recevait dans la salle des glaces au Palais de Versailles les députations de son armée, et que M. Gambetta prononçait au loin, à Bordeaux, du haut du balcon de la préfecture, des harangues par lesquelles il envoyait pour souhaits de bonne année *plus de déclamations que de secours* à ceux qu'il appelait ses « chers assiégés ! »

(Ch. de Mazade, *Guerre de France*, tome II, page 278.)

Ce même numéro de l'*Illustration* contient un vivant dessin de la statue de neige, *La Résistance*, de Falguière (voir au 23 courant).

Théodore de Banville n'a pas manqué non plus de la frapper au coin de son lyrique enthousiasme. Seulement il la chante dans des vers d'une facture audacieusement bizarre, aux seules rimes féminines, licence moderne, à laquelle, je l'avoue à ma honte, mon oreille est encore rebelle.

En voici les dernières strophes :

LA RÉSISTANCE

. . . .
. . . .

A cette tragique déesse,
Svelte et forte comme un jeune arbre,
Et si fière, il fallait, ô Grèce,
Mieux que ta pierre et que ton marbre !

Et c'est pourquoi, tel qu'un poète
Méditant sa divine stance,
Quand Falguière eut mis dans sa tête
De figurer la *Résistance*,

Il choisit la neige, — subtile,
Candide, étincelante, franche ;
La chaste neige en fleur, qu'Eschyle
Nomme *la neige à l'aile blanche;*

La neige, près de qui l'écume
De la mer qui vogue indécise,
Et le lys sont gris, — et la plume
Du cygne éclatant, parait grise,

Il se souvint, l'âme éblouie,
Que rien, pas même un lys céleste,
N'égale en blancheur inouïe
L'ardente vertu qui nous reste ;

Et, prenant la neige lactée
Pour la pétrir sous la rafale,
O Résistance, il t'a sculptée,
Dans cette matière idéale !

A M. L. TOLLEMER, Créteil.

Paris, 31 Décembre 1870.

Mon cher Ami,

Merci pour les souhaits d'amitié que vous nous adressez à l'occasion de notre misérable fin d'année.

Soyez assuré que nos vœux pour vous ne sont pas moins vifs.

Espérons que 1871 va nous apporter un peu de changement; nos souffrances morales et physiques nous y donnent bien droit.

Ci-inclus un bon de poste de 40 francs; il vous restera ici 42 francs.

Mon père ne va toujours pas bien, et les inquiétudes de chaque jour ne sont pas pour améliorer son état. Il vous prie, ainsi que ma mère et ma femme, d'agréer ses bons souhaits et souvenirs.

Bien à vous,

A. DE M.

« Adieu, 1870! Adieu, fatale année! Aussi lourdement que tu as « passé sur la terre, puisse la terre peser sur toi! Que toutes les pel- « letées que nous jetons chaque jour sur nos morts, s'accumulent sur « ta tombe et sur ta mémoire!

« *Débats*, John LEMOINNE. »

« Nous pouvons l'ensevelir en silence, nous ne l'oublierons plus, « cette année sinistre que rien n'effacera désormais de l'histoire, qui « restera éternellement l'année de la plus terrible guerre, d'une inva- « sion implacable, du siège de Paris, de l'effondrement d'un empire, « et aussi du réveil, de la régénération virile de la France sous le « coup des malheurs les plus éclatants, les plus imprévus...

. . . .

« Reste Paris, la personnification souveraine et saisissante de la « défense nationale, le point central autour duquel tout rayonne et « converge. Quelle était la pensée primitive des Prussiens lorsqu'ils « ont marché sur la capitale de la France?... Tous les moyens sur les- « quels ils comptaient leur, ont échappé. *Le bombardement,* ils l'ont « retardé de jour en jour comme s'ils reculaient devant cette mons- « truosité de la destruction d'une des premières villes du monde, et en « réalité peut-être tout simplement parcequ'ils n'étaient pas prêts... « *Le déchaînement des factions intérieures*, c'était leur grande espé- « rance, ils ne l'ont pas caché; mais voilà que Paris s'est avisé d'avoir

« plus d'esprit que M. de Bismarck en n'écoutant que le bon sens et le « patriotisme... *La famine*, ah! c'était là, en désespoir de cause, la « terrible, l'inévitable complice sur laquelle ils comptaient, sur la- « quelle ils comptent encore... Paris, non sans souffrir, mais résolu à « toutes les privations comme à tous les sacrifices, tient depuis plus « de cent jours, et il tiendra encore assez pour que les chefs de notre « défense puissent renouveler les actions meurtrières, pour que la « France virile tout entière ait le temps de se trouver sous les armes..

« Ch. de Mazade. »

Nous attendons que minuit sonne pour nous embrasser en famille et nous adresser, au seuil du nouvel et sombre Inconnu, les vœux annuels, bien timides cette fois, de santé et de bonheur??

??

Journal de G. Sand. Nohant, 31 Décembre. — « *Tou-* « *jours froid glacial. Nous sommes surpris par la visite de notre ami* « *S... avec son fils. Ils n'ont pas plus d'illusion que nous, et nous nous* « *quittons en disant : — Tout est perdu!*

« *A minuit, j'embrasse mes enfants. Nous sommes encore vivants, en-* « *core ensemble. L'exécrable année est finie; mais, selon toute appa-* « *rence, nous entrons dans une pire.* »

JANVIER

1871

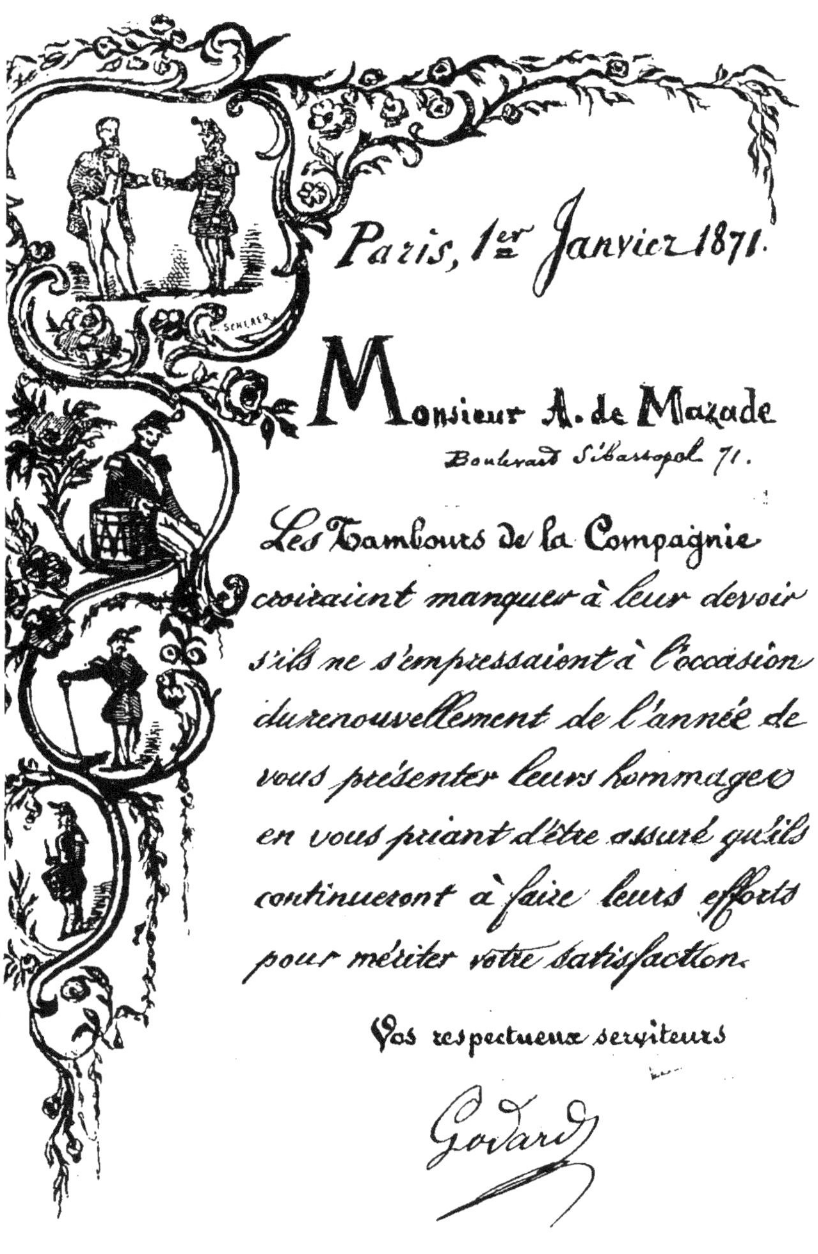

Paris, 1er Janvier 1871.

Monsieur A. de Mazade

Boulevard Sébastopol 71.

Les Tambours de la Compagnie croiraient manquer à leur devoir s'ils ne s'empressaient à l'occasion du renouvellement de l'année de vous présenter leurs hommages en vous priant d'être assuré qu'ils continueront à faire leurs efforts pour mériter votre satisfaction.

Vos respectueux serviteurs

Godard

Dimanche 1er Janvier 1871.

Froid. 5 degrés.

Aux tambours, au concierge, etc............ 25 00
Aux pauvres de Saint-Leu................. 10 00

A la Grand Messe, à Saint-Leu.

Prières du fond de notre cœur pour la guérison de notre père bien aimé, pour la continuation de la belle santé de notre mère chérie, et le bonheur de tous les nôtres ; pour nos chères tantes, dont nous n'avons pas de nouvelles ; pour notre prochaine délivrance ; enfin pour l'avènement d'une année heureuse, après une d'exécrable souvenir.

Feu incessant toute la nuit et toute la matinée.

Belle journée, froide, avec un soleil cerise, plaqué dans le ciel blanchâtre de brume, comme un gros boulet rouge sortant de la fournaise. Est-ce un présage ?

Assez triste promenade sur les boulevards, à badauder devant les boutiques et les piètres baraques du jour de l'An, où des marchands grelottants offrent les jouets d'actualité : Des Guillaumes, des Bismarcks et des de Moltkes, la trinité tudesque caricaturée en polichinelles, en pantins ; des canons Krupp, en carton ; des petites *canonnières Farcy* (1) ; de véritables étrennes utiles, des cuirasses portatives, des *pare-balles* pour les gardes-nationaux ; des poupées sérieuses, ayant au bras des brassards d'ambulance, auguste exemple pour les enfants ; le Caton Dupin ne crierait plus au *luxe effréné des femmes !*

Absence totale d'oranges.

Malgré la misère générale, tous les parisiens et parisiennes, de la capitale et de la banlieue réfugiée, hommes, femmes, enfants, sont en

---

(1) La vraie canonnière, chaloupe cuirassée du lieutenant de marine Farcy, repoussée jadis par le Ministère et le Conseil des Travaux de la Marine, exécutée depuis pour le Danemarck dans les ateliers de Saint-Denis, est un des plus vaillants champions de la défense de Paris. Elle sillonne la Seine jour et nuit, mitraillant sans crainte de représailles, les positions prussiennes.

l'air; foule affairée, grouillante, allant, venant, trottant, courant, endimanchée, pimpante ; ce jour-là tout le monde est riche ! !

Des Étrennes ! il y en a, quand même. Je parierais qu'aujourd'hui il y en a jusque dans l'Enfer ! Qui oserait d'ailleurs, en ce temps d'effroi du lendemain, qui oserait se dispenser des étrennes et imiter Arvers, le poète du fameux sonnet, qui, le jour de l'An, mettait à la craie sur sa porte : *Et à vous pareillement !*

Albert Delpit (1), citoyen des États-Unis, avait, dit-il lui-même, contracté deux dettes envers nous : Franc-tireur dans la légion Bombonnel (voir page 95), il a payé avec son fusil celle de sa patrie protégée et secourue par nous ; il paie la seconde, (dette personnelle de notre hospitalité depuis 10 ans) par ses chaudes *Poésies de Guerre* qu'il envoie aujourd'hui à la *Revue des Deux-Mondes*, commençant par :

LES ÉTRENNES DE PARIS

Allons ! pille, assassine, arrache, égorge encore,
O Temps inassouvi dont la faux nous dévore !
Entasse, dans tes jours plus longs qu'un siècle entier,
Les ruines sans nom que fait le Hun altier !
Va ! Va ! poursuis ton vol au milieu de nos plaines,
Où l'invasion monte en tempêtes humaines !
Fais couler, de la ville au pays du labour,
Le sang de Wœrth après le sang de Wissembourg !
Fais tomber cet espoir, qui toujours se redonne,
De Sedan qu'on trahit à Metz qu'on abandonne !
. . . .
Tu n'empêcheras pas que nous, vaincus d'hier,
Debout sous le grand ciel qui luit joyeux et clair,
Nous ne venions, du fond de ta ville cernée,
Te souhaiter, ô France, une superbe année !
. . . .

Autres Étrennes, plus substantielles :

Le Ministre de l'Agriculture et du Commerce a adressé au *Siècle* la lettre suivante :

Monsieur,

Les renseignements que vous donnez sur les distributions du Jour de l'An sont parfaitement exacts. Le Gou-

(1) J'ai fait l'agréable connaissance d'Albert Delpit, il y a une dizaine d'années, à Néris-les-Bains... dans la piscine.

Très gai, très gamin parfois, étonnant nageur, il s'amusait souvent à se faire donner des passades, filant dans l'eau sous moi, puis émergeant bientôt, à trois ou quatre mètres plus loin, comme un phoque.

vernement a pensé qu'il fallait inaugurer l'année 1871 par une mesure dont chaque citoyen profiterait et il m'a chargé de la mission très agréable de donner aux vingt arrondissements de Paris :

1° 104,000 kilogrammes de très-bonne viande de bœuf conservée (au lieu de viande de cheval).

2° 52,000 kilogrammes, haricots secs;

3° 52,000 — huile d'olive;

4° 52,000 — café vert en grains;

5° 52,000 — chocolat.

Vous voyez que nos magasins ne sont pas encore vides, quoique nous y puisions depuis le 17 septembre.

Nos ennemis ne nous empêcheront pas de fêter la nouvelle année, et d'avoir la foi la plus inaltérable dans notre délivrance et dans la régénération de notre patrie.

Croyez, Monsieur, etc.

J. MAGNIN.

N'est-ce pas là des Étrennes princières, royales, pour des étrennes républicaines... et obsidionales? Des douceurs, même ! ! Nous en remercions et félicitons sincèrement le Gouvernement, mais ne cherchons pas à y participer; laissons-les à de plus de malheureux encore que nous.

D'ailleurs, cela en vaut-il la peine? Nous connaissons une famille de cinq personnes, qui vient de recevoir, pour sa part, une demi-livre d'huile d'olive, trois tablettes un quart de chocolat, et un demi-litre de haricots secs, soit 50 grammes par personne.

Autres Étrennes encore : Décision du Conseil de guerre d'hier, associant la *Garde Nationale* à la garde mobile et à l'armée, pour la défense de Paris.

L'Académie Française a prorogé au 31 mars les concours des prix Montyon, Gobert, Bordin, Thiers, etc...

Vitet, directeur; Em. Augier, chancelier; pour ce trimestre.

Dans la *Revue des Deux-Mondes :*

La Guerre d'envahissement, (Louvois et M. de Bismarck) par Fustel de Coulanges.

Paris politique et municipal, la Commune et la Municipalité de la capitale, par Augustin Cochin, de l'Institut.

Le champ de bataille de Sedan, par J. Claretie.

Gœthe et les Allemands d'aujourd'hui, par A. Mézières.

L'Alimentation d'une grande ville assiégée, par G. de Molinari (ami de Proudhon).

Une curiosité : Remarqué ce matin qu'un *marchand de marrons* a ouvert boutique près de la Porte Saint-Martin. Des marrons! mais c'est du bon pain, ça! S'il en a assez, il va faire fortune. Je viendrai lui rendre quelques visites.

Nous dînons tous, même mon père qui se sent un peu mieux, chez Édouard, mon frère, avec la famille J. qui est nombreuse (neuf enfants vivants, dont l'aînée des cinq d'un premier lit est notre belle-sœur, que le siège n'éprouve pas autant qu'on l'aurait craint) — 20 convives.

Bon repas, eu égard à la force majeure, où chacun, bien entendu, a apporté son pain, repas terminé par les deux desserts inévitables : à un bout de la table, du riz au chocolat ; à l'autre bout, du chocolat au riz.

Voisin de table de Madame J..., et légèrement impatienté par son excessive indulgence pour l'Empereur, l'Impératrice et leur entourage, je prends un malin plaisir, en exagérant même un peu ma pensée, à jeter un tantinet d'eau froide sur son optimisme et ses illusions. Je dis que les miennes commencent à s'envoler une à une, que je n'ose plus compter sur un succès final ; et, faisant montre de mon pont-aux-ânes classique et historique, j'observe que la vie des peuples a dû être réglée par la Providence à l'image de la vie des hommes ; je rappelle que toutes les nations, Hébreux, Mèdes, Perses, Grecs, Romains, etc... ont eu, les unes après les autres, leur naissance, leur jeunesse, leur âge mûr plus ou moins brillant, puis leur vieillesse, enfin... leur mort, et qu'il est difficile de ne pas craindre que notre belle et pauvre France, dont le premier empire semble avoir été l'apogée, ne soit entrée, avec le second, dans une phase de déclin...

« — Mais, voyez l'Italie, objecte-t-on, l'Italie toute déchiquetée, qui semblait morte à jamais, voilà l'Italie qui renaît, qui se réagrège et se reconstitue! »

« — Oui! parlons de l'Italie, que, en vrais Don Quichotte, nous avons eu la sottise de relever... à nos dépens, en diminuant l'Autriche, contrepoids de la Prusse. Nous payons aujourd'hui les frais de la manie impériale des *Nationalités.* L'Italie se reforme, soit; d'ailleurs tout renaît de tout; une mort engendre une vie. Mais, ce n'est plus la même Italie, la même Rome; ce n'est plus le même empire Romain... Dieu merci! nous n'en sommes pas là, nous ne serons pas, je l'espère, de sitôt descendus à la dislocation italienne... Souhaitons-nous aujourd'hui *une paix honorable*, et surtout de ne jamais nous voir morceler... »

. . . .

Et nous portons un toast à *l'indivisibilité de notre chère patrie.*

Après le dîner, les hommes restent un quart d'heure dans la salle à manger, pour fumer, en prenant café et liqueurs (dont Paris ne manque pas). On passe au salon. La réunion est terne, presque morne; pour la ranimer, je récite pompeusement les vers suivants de Ch. Monselet, trouvés dans notre *Monde Illustré* d'hier :

« *O toi, qui t'es levé dans les horreurs du froid*
« *Et dans les tempêtes du bronze,*
« *Que nous apportes-tu dans ta robe au pli droit,*
« *An mil huit cent soixante et onze?*

« *Si tu viens du pays du meurtre florissant*
« *Pour donner des chaînes au monde,*
« *Fantôme au front glacé d'où ruisselle le sang,*
« *Retourne dans la nuit profonde !*

« *Mais alors l'An nouveau, prompt à se dépouiller*
« *De ses voiles que le deuil tisse,*
« *S'est écrié : « Regarde et cesse de trembler ;*
« *Voilà l'heure de la justice* »...

. . . .

« *S'il en doit être ainsi, Salut, ô nouvel An !*
« *Salut, ô frissonnante Aurore !*
« *Et toi, France, reprends ton énergique élan;*
« *Soldat de Dieu, debout encore !* »

C'est très joli, mais pas d'une gaieté folle ; ça n'a guères réveillé l'auditoire. Il faudrait pourtant tâcher d'égayer cette soirée de dimanche, cette première soirée de l'année... Ma foi ! tant pis! Je tire de ma poche *Le Sire de Fisch-Ton-Kan;* je dis un mot à Édouard. Il se met au piano, et avec le brio de ses excellents doigts, (car, s'il a encore un peu mal au pied, il n'a rien aux mains) il m'accompagne, en tapant ferme, les sept couplets drôlatiques de la bouffonnerie en vogue, et voilà cette bonne famille, très religieuse, quelque peu bonapartiste, (si on peut l'être à l'heure qu'il est!) qui s'entraine, et qui entonne en chœur avec moi l'endiablé refrain :

« L'pèr', la mèr' Badingue,
« A deux sous tout l' paquet!
« L'pèr', la mèr' Badingue,
« Et l' petit Badinguet! (1)

A 10 heures 1/2 on se quitte, avec une recrudescence de bons souhaits réciproques, et l'on rentre chacun chez soi, au bruit sourd et lointain de l'horrible canonnade.

Journal de G. Sand. NOHANT, 1er Janvier. — « *Pas* « *trop battus aujourd'hui; on se défend bien autour de Paris; Chanzy* « *tient bon, et fera, dit-on, sa jonction avec Faidherbe, que je sais être* « *un homme de grand mérite. Bourbaki dispose de forces considérables.* « *On se permet un jour d'espérance.* »

Lundi 2 Janvier.

Anniversaire du libéral — et fatal — ministère Ollivier.

Épicerie Potin, pruneaux, sucre, café, etc... 8 80

Des crêpes, en guise de pain. Le pain devient affreux, un amalgame de je ne sais quelles issues et grenailles, qui ne tient pas à l'estomac.

Le National affirme que nous sommes approvisionnés jusqu'au 15 mars.

Le froid, toujours très vif, n'a pas amené de pigeons depuis plus de quinze jours.

Rien à l'*Officiel*. — M. Washburne a reçu ce matin son courrier contenant les journaux anglais; mais, sur l'avis sans doute de l'aimable Bismarck, il ne nous les communique plus. M. Elwall reçoit par lui des lettres de ses enfants, mais aucune nouvelle de la guerre.

(1) La chanson est page 198.

Paris attend triste, silencieux, le vrai bombardement, qui n'a encore atteint que nos forts du Sud, et met toujours son espoir dans nos armées de province.

La Commission des barricades, Rochefort et Cie, invite chaque ménage à préparer dès maintenant deux sacs de terre, devant servir, soit à couvrir Paris de barricades nouvelles, soit à réparer les brèches.

Nous ne préparons aucun sac, nous ne pensons pas que les Prussiens donnent jamais l'assaut à Paris ; et cependant, cependant, nous venons d'acheter une chaîne de sûreté, que j'ai fixée derrière la porte d'entrée de l'appartement, pour pouvoir parlementer posément, en l'entrebaillant le révolver au poing, avec ces messieurs, s'il arrivait qu'il s'en présente.

Journal de G. Sand. Nohant, 2 Janvier. — « *On nous* « *dit qu'une dépêche de M. Gambetta est dans les mains de l'imprimeur,* « *qu'elle est très longue et contient des nouvelles importantes. Nous l'at-* « *tendons avec impatience, lui faisant grâce de beaucoup de lieux com-* « *muns, pourvu qu'il nous annonce une victoire, ou d'utiles réformes.* « *Hélas! c'est un discours qu'il a prononcé à Bordeaux, et qu'il nous* « *envoie comme étrennes. Ce discours est vide et froid. Il y a bien peu* « *d'orateurs qui supportent la lecture : l'avocat est comme le comédien,* « *il peut vous émouvoir, vous exalter même, avec un texte banal, etc..* »

Mardi 3 Janvier.

Deux médailles de *Sainte-Geneviève*, dont s'ouvre la neuvaine annuelle, entre le Panthéon et Saint-Étienne-du-Mont.......... 1 10

Visite à l'Église, un regard au merveilleux jubé, une prière devant la châsse de la Sainte, resplendissante de lumières et disparaissant sous les couronnes :

« O Sainte-Geneviève! chère mignonne patronne de Paris, daigne encore nous sauver, comme en l'an 451! repousse Guillaume Attila, et procure encore une fois des vivres aux malheureux parisiens affamés! »

Le feu des Prussiens se concentre, très violent, sur Nogent, Rosny, et Bondy.

Le général Ducrot, dans sa tournée d'inspection d'hier soir aux avant-postes, avait dit devant le commandant Poulizac, du 1er bataillon des Éclaireurs de la Seine :

— « Nous manquons de nouvelles. Messieurs les Prussiens seuls « pourraient nous en donner; il serait bien utile de faire quelques « prisonniers ; mais on prétend que c'est impossible....

— « Impossible! mon général! dit Poulizac; combien en voulez-« vous?

— « Ce que vous pourrez.

— « C'est bien. »

Et ce matin, à 4 heures, le Commandant, avec 50 hommes, se lançait sur les barricades qui protègent les avant-postes ennemis en avant de Groslay, tuait la sentinelle, pénétrait au milieu d'un corps de garde, et, après un vif combat à la baïonnette, qui a coûté la vie à de nombreux prussiens, ramenait 6 prisonniers, sur lesquels on a trouvé deux journaux anglais, qui disent que : « Chanzy joue avec Frédéric-Charles comme le chat avec la souris. »

Voilà tout ce qu'on saura pour aujourd'hui!

Dans le *Petit Journal*, une longue lettre de Louis Blanc à Victor Hugo, se terminant par ces mots : « *La gloire n'est pas de vaincre, mais d'être invincible.* »

Le *Réveil* publie un programme de la *Commune*, telle qu'il la croit nécessaire.

Le Jardin des Plantes demande 80,000 francs de son hippopotame; peu d'acquéreurs.

Vu, chez un bijoutier de la rue de Clichy, exposés, dans des boites à bijoux, des œufs frais enveloppés de ouate, étiquetés 3 francs.

A M. A. de M..., Paris.

Paris, 3 Janvier 1871.

(Sur une carte de visite).

Je n'ai pas pu aller encore vous embrasser, chers amis. Excusez-moi. J'ai été un peu fatigué tous ces jours-ci. Vous êtes bien assurés de mes meilleurs souhaits de bonne année et de mes amitiés ; Camille vous en dit autant. Notre pauvre Charles est mieux; le danger paraît écarté, mais il est toujours au lit, avec un peu de fièvre.

Comment va votre bon père? Faites-lui part de nos souhaits ainsi qu'à votre excellente mère.

En attendant de vous voir, etc.

Ch. DE MAZADE.

A M. A. DE MAZADE, Paris.

Maisons-Alfort, 3 Janvier 1871.

Cher Monsieur,

J'ai reçu votre aimable lettre et son contenu, je vous remercie beaucoup de votre obligeance. Je vois que, sur les 42 francs qui vous restent à moi, vous avez oublié de retenir les frais d'envoi; je vous serai obligé de vous les rembourser.

Je profite de la permission qu'a un chasseur d'aller à Paris pour vous prier de lui remettre *ma montre et ma chaîne* qui sont dans la petite boite; je puis en avoir besoin pour le temps de mes factions.

Je vous remercie d'avance et vous serre la main.

L. TOLLEMER.

Victoire de Bapaume, *remportée par le général Faidherbe (1) sur Manteuffel.*

(1) Le 27 septembre 1891, après plus de 20 ans, la statue de Faidherbe a été inaugurée à Bapaume, par M. Ribot, ministre des Affaires étrangères, en présence de la veuve et de madame Brosselard-Faidherbe, la fille du général, mort en 1888. Cette statue (Noël sculpteur) représente le général debout, en tenue de campagne, enveloppé d'une longue pelisse entr'ouverte par le vent, les bras croisés sur la poitrine; d'une main il tient une longue canne; de l'autre une lorgnette.

Mercredi 4 Janvier.

ÉLECTIONS DU NOUVEAU CONSEIL DE FAMILLE

Mercredi 4 Janvier 1871, 9 heures 1/2 du matin, la 8me compagnie du 92me bataillon, convoquée par M. Verciat capitaine en 1er, s'est réunie dans les magasins de M. Leroux, 25, rue Palestro, à l'effet de procéder à l'élection **de deux gardes de la Compagnie** à adjoindre aux officiers, pour composer le Conseil de famille conformément au décret du 10 décembre dernier.

Le bureau des Élections a été composé d'un Délégué de la Mairie du 2me arrondissement et de deux assesseurs : MM. Lécuyer, garde, 236, rue Saint-Denis, et Maître, sergent, 290, rue Saint-Denis.

Ont été nommés à *l'unanimité*, par *acclamations*, membres du Conseil de famille :

M. Leroux, garde ;

Et A. de Mazade, garde.

Que de fois parents et amis m'avaient dit : — « Prends garde à ces difficiles et dangereuses fonctions du Conseil de famille ; tu te feras inévitablement des ennemis. Ah ! c'est moi qui profiterais du Décret pour les envoyer promener, et m'exempter tout-à-fait de cette corvée ! »

Je répondais : — « Il est certain que, indépendamment du travail des procès-verbaux, ça n'est pas tous les jours des roses ; mais, ma foi ! j'y ai mis le plus de dévouement et aussi le plus de prudence possible. On dit : *Dans le doute, abstiens-toi !* J'ai fait le contraire ; dans le doute, j'ai toujours plutôt appuyé pour le maintien de la solde aux gardes qui insistaient. Dans cette noire tourmente, de siège, de froid, de famine, peut-on se baser sur l'apparence ? Qui pourrait se flatter de pénétrer si tel ou tel, rentier, propriétaire même, établi, ouvrier, ou employé, ne meurt pas de faim et de froid tout autant que tel autre ? L'État, lui, finira bien par se liquider. En attendant, s'il faut résister et combattre, avant tout il faut vivre, il faut rester debout. »

L'élection d'aujourd'hui, qui m'a sincèrement touché, nous a laissé, à M. Leroux et à moi, l'illusion que ni l'un ni l'autre ne nous sommes encore attiré de graves inimitiés.

Nous avons donc accepté, et on va continuer du mieux qu'on pourra, de concert avec les officiers.

Nouveau délai de trois mois accordé aux locataires.

Un crédit provisoire de 20 millions est ouvert au Ministère de l'Intérieur pour les gardes nationales de France.

Nogent reçoit plus de 1,200 obus, sans grands dommages.

Toujours silence de la province et du Gouvernement.

Le *Petit National* porte en très gros caractères :

Guerre à outrance ! Pas de capitulation !

Revue par le général Clément Thomas des gardes nationales mobilisées.

Un bon effet de l'attribution des 0,75 centimes aux femmes des gardes nationaux : Le nombre des mariages augmente.

Visite de M. et Mme Pillon-Dufresnes. En traversant les Halles, ils ont marchandé un lapin — 45 francs — et ne l'ont pas acheté ; un couple de maigres poulets, 60 francs ; 4 cochons d'Inde, 28 francs, etc. Ils ont passé devant, sans mépris pour leur frugal déjeuner : un peu de riz et une trempette dans du vin.

Ils ont remarqué aux Halles une industrie nouvelle : Tous les herbages avariés, feuilles de choux, déchets d'oseille, vert de poireaux, etc, etc, sont employés à fabriquer... des épinards !...

C'est même désolant, parce que Joséphine ne trouve plus d'épluchures à ramasser pour nos lapins. Nous leur donnons du varech de paillasse, qu'on mouille légèrement, faute de verdure.

Deboos, le propriétaire de la boucherie anglaise du boulevard Haussmann, a acheté, dit-on, 27,000 francs les trois éléphants du Jardin-des-Plantes. Il vend la chair 105 francs le kilo. Ces éléphants ont été tués par des balles explosibles dans l'oreille; 24 heures d'agonie.

On dit qu'on va manger les singes.

LA PÊCHE AU RAT

Réjouissez-vous, pauvres pêcheurs habitués des bords de la Seine, privés par le froid et les Prussiens de votre distraction favorite, réjouissez-vous! une pêche adorable, palpitante, fructueuse et remplie d'émotions fortes, vous est permise. La pêche aux rats!!!

Voici comment il faut s'y prendre :

Avoir une ligne *très forte*, armée d'un hameçon à brochet recouvert d'un morceau de chandelle; la suspendre au-dessus d'un endroit fréquenté par les rats, en l'agitant doucement.

Sûrement, au bout de quelques minutes d'attente, un rat viendra flairer, tourner longtemps avant de se décider à mordre; mais, quand il mordra, ne tirez que quand il emportera l'hameçon ; alors, un coup violent, et soutenez en l'air votre proie. Lutte épique : soubresauts convulsifs de la bête, qu'il faut surtout éviter de laisser approcher d'un trou... Au bout de cinq minutes, épuisé, pantelant, l'animal est à votre merci. C'est alors qu'il faut le tuer; ne le touchez qu'après vous être assuré qu'il est bien mort.

Excellent dîner rue Aubriot, 3, chez nos amis M. et Mme Camille Amiard-Fromentin. Nous y apportons chacun notre pain.

Pot au feu d'éléphant du Jardin-des-Plantes; bouilli du même, très tendre et très grassouillet.

Filet de chameau, du même Jardin-des-Plantes, sauce aux champignons conservés.

Rôti : belle poule, — *rara avis!* — gardée et nourrie dans les sous-sols des magasins, une des dernières de celles qui ont inspiré à l'excellent homme de peine de M. Fromentin, (on le garde tout de même jusqu'à des temps moins durs), cette parole mauvaise : « *Le bourgeois! qui nourrit ses poules avec du pain!* ». Ce qui n'est pas vrai. M. Fromentin avait apporté de Neuilly, 20 poules; 20 lapins; et 2 chèvres qu'il a encore ici. Il les nourrit comme il peut, mais pas avec du pain.

Pommes de terre, et même de la salade! de leur propriété de Neuilly-sur-Marne, où leur jardinier Édouard Receveur, réfugié rue Aubriot avec sa femme et ses deux garçons, est allé, la nuit dernière, les chercher, au milieu des avant-postes.

Poires et pommes d'*ibidem*, et surtout du bon et frais raisin du jardin de M. Fromentin, dont Céline emporte sa part pour notre pauvre père.

Jeudi 5 Janvier.

Le petit bras de la Seine est gelé, du Pont-Neuf à Notre-Dame.

Sucre (pour notre oncle Desvoyes).........	5 60
Une botte de 4 pieds de céleri.............	4 50

Nouveau Conseil de famille. — *1re Séance.* 9 heures du matin. Cabinet de M. Leroux.

Présents : Verciat, Nigon, capitaines; Labille, Godard, lieutenants; Aigouy, sous-lieutenant ; Besomb, sergent-major; Leroux, de Mazade, gardes.

I. *Constitution du bureau.* Le bureau se composera de :

M. Verciat, capitaine en 1er, *Président;*

M. Nigon, capitaine en 2me, *Vice-Président;*

M. de Mazade, garde, *Secrétaire.*

On ne nomme pas de Trésorier, la caisse de la compagnie étant tenue par le sergent-fourrier, et celle relative à la solde par le sergent-major.

II. *Conseil d'administration de la Caisse de famille.*

L'ancien Conseil, dissous par le Décret du 10 décembre, a créé le 20 octobre dernier une caisse de famille dont les fonds sont affectés à secourir en argent ou en nature les gardes nécessiteux de la Compagnie. Lors de l'élection des deux gardes appelés à faire partie du nouveau Conseil de famille, *la Compagnie a décidé* que cette Caisse, étant une institution privée et non soumise au Décret, continuerait à être administrée par les Membres de l'ancien Conseil élu, lequel fonctionnerait dès lors sous le nom et avec les attributions spéciales de *Conseil d'Administration de la Caisse de famille.*

III. *La Solde.*

Admission de nouveaux gardes et de leurs femmes.

Total à ce jour : 82 gardes ; 64 femmes.

Le Capitaine remet au Secrétaire sept lettres de gardes, (engagements de restitution ou demandes.)

Rejet d'un garde, marchand de vins, paraissant encore faire des affaires.

IV. Le Sergent-major est chargé de demander le compte du Sergent-fourrier Deléage, absent.

Conseil d'Administration de la Caisse de Famille. — *1re Séance*. Cabinet de M. Leroux. 10 heures du matin.

Présents : M. Verciat, capitaine en 1er, *Président:* A. de Mazade, *Secrétaire;* Leroux, *Trésorier;* Godard, Zuccolini, Ledoux, Dumont, Wolff.

Après l'Exposé... (Voir le paragraphe II de la Séance qui précède du nouveau Conseil de famille) le Conseil d'administration passe à l'ordre du jour.

I. *Compte du Trésorier*. Recettes 879.15, dépense 143.90, reste 735.25.

En décembre, il a été distribué 183 kilos de pain. Sur 332 bons de rations restant au 30 novembre, il en a été distribué 329; 400 achetés à nouveau; en caisse, 403 bons. Les divers secours ont été répartis sur onze gardes, etc, etc...

II. Les membres du Conseil feront rentrer le plus tôt possible les cotisations. M. Ledoux est délégué spécialement pour rechercher les besoins, etc...

III. Le Conseil délègue le capitaine-président, à l'effet de s'informer auprès de M. Brézillon, capitaine de la 4me Compagnie de marche, des besoins des gardes nécessiteux de cette compagnie.

IV. *Chauffage*. M. Zuccolini est délégué pour obtenir de la Mairie des bons de combustible.

Premier jour du bombardement de la Ville *intrà muros.*

Visite à Jules Claretie, à l'Hôtel-de-Ville; le Maire de Vanves vient d'y apporter un éclat d'obus tombé au Champ d'Asile.

Pendant que nous causons dans son cabinet du fatal bombardement, journellement appréhendé, de l'intérieur même de Paris, on frappe à la porte : — « Entrez! » — c'est un homme qui lui annonce que deux obus sont tombés rue d'Ulm, sur l'École Normale, un autre au cimetière Montparnasse.

Le premier projectile lancé sur Paris est entré par la cheminée dans le couvent des Dames de l'Adoration, rue des Feuillantines.

A midi et 1/2, un autre est tombé rue Lalande, 11, à Montrouge.

Le point de mire choisi par les Prussiens semble être le Panthéon.

Les forts d'Issy, de Vanves, de Montrouge sont bombardés toute la journée avec la plus extrême violence; obus de 22 centimètres de diamètre et de 55 de haut, hideux pains de sucre!

Décidément Bismarck et de Moltke trouvent que le fameux *moment psychologique* est arrivé!

Paris n'est pas du tout effrayé; il accueille cette infernale visite des bombes et des obus avec un magnifique sang froid, avec une héroïque impassibilité; c'est même une procession de curieux qui vont *voir ça*, dans les quartiers atteints, et ramasser des éclats de projectiles pour les garder, ou les vendre.

Ah! Bismarck! si tu pouvais voir l'attitude de cette *populace* que tu as traitée avec tant de dédain, tu devinerais bien vite l'issue certaine du siège de Paris. Ton bombardement nous a prouvé que tes Prussiens sont las, que tu désespères de nous prendre par la famine, que la province approche et que tu cherches à dissimuler *une retraite*. Plus grands seront tes efforts, plus grandes seront nos espérances.

Les clubs et les journaux avancés demandent la **sortie en masse**. Le *Réveil* réclame la démission du Gouvernement.

Réunion des Maires à l'Hôtel-de-Ville. — Delescluze proposait l'adoption immédiate et sans réserves des mesures ci-après :

« Démisssion des généraux Trochu, Clément Thomas et Le Flô ;

« Renouvellement des Comités de la guerre, et rajeunissement des « États-majors ;

« Renvoi au Conseil de guerre des généraux et officiers de tout « grade, qui prêchent le découragement dans l'armée ;

« Mobilisation successive de la garde nationale parisienne ;

« Institution d'un Conseil suprême de Défense où l'élément civil ne « soit plus subalternisé à l'élément militaire ;

« Intervention directe et permanente de Paris dans la gestion de ses « propres affaires.

« Enfin, toute mesure de salut public, etc... »

Cette proposition, retirée par son auteur, a été reprise par un autre, et définitivement écartée.

PROCLAMATION DU GOUVERNEMENT

« L'Ennemi ne se contente pas de tirer sur nos forts, il lance des « projectiles sur nos maisons, il menace nos foyers et nos familles.

« Sa violence redoublera la résolution de la cité, qui veut combattre « et vaincre.

« Les défenseurs des forts, couverts de feux incessants, ne perdent « rien de leur calme et sauront infliger à l'assaillant de terribles re- « présailles.

« La population de Paris accepte vaillamment cette nouvelle épreuve. « L'ennemi croit l'intimider, il ne fera que rendre son élan plus vigou- « reux. Elle se montrera digne de l'Armée de la Loire, qui a fait re- « culer l'ennemi, de l'armée du Nord qui marche à notre secours.

« Vive la France! Vive la République! »

Vendredi 6 Janvier.

Le bombardement redouble de violence. Les malades des ambulances du jardin du Luxembourg ont été transportés cette nuit au Val-de-Grâce par les habitants du quartier.

---

4 boîtes de conserves (Philippe).............	40 00
1 boîte de conserves (Potel et Chabot).......	7 00
2 tranches de *roast-beef* (de cheval) (Buffon).	6 00
Confitures de cerises.......................	1 15
Salade de barbe de capucin, qu'on dit cueillie dans les catacombes....................	2 00

De garde dans les baraquements du Champ-de-Mars. Un relâchement désolant dans la discipline ; la moitié des camarades dehors, chez le mastroquet, et dedans, des cris, des chants haineux : « *C'est la canaille! Eh bien! j'en suis!* — les officiers pas écoutés, moqués, presque insultés... tout cela est navrant.

Nouvelle proclamation :

« Au moment où l'ennemi redouble ses efforts d'intimidation, on « cherche à égarer les citoyens de Paris par la tromperie et la calom- « nie. On exploite contre la défense nos souffrances et nos sacrifices. »

« Rien ne fera tomber les armes de nos mains. Courage, confiance, « patriotisme!

« **Le Gouverneur de Paris ne capitulera pas!**

« Général TROCHU. »

J. Claretie écrit : « Il serait temps que l'incertitude cessât. Il serait « temps de trouver, d'essayer une solution. On a cherché dans les gre-

« niers et on a trouvé un total de 36,724 quintaux (en blé, seigle, « orge, avoine et riz). Paris en consommant 7,000 quintaux par jour, « il n'y aura donc plus, après le 20, que pour cinq jours de vivres ! « Alors !... Qu'arrivera-t-il ?....

« Lorsque la famine viendra, disait hier un ouvrier dans un groupe, « les excès seront permis. »

Garibaldi entre à Dijon, à la suite de combats heureux d'avant-postes à Noyers, Nuits-sous-Ravières, Montbard, Semur et Saulieu.

Journal des Goncourt. 6 Janvier. — « *En me pro-* « *menant dans le jardin... j'entends à tous moments des sifflements* « *d'obus... Cela, depuis hier, paraît si naturel à la population que pas* « *un ne s'en occupe, et que, dans le jardin à côté du mien, deux pe-* « *tits enfants jouent, s'arrêtant à chaque éclat, et disant de leur voix* « *encore à demi bégayante : « Elle éclate ! » puis reprennent tranquil-* « *lement leurs jeux.* »

Samedi 7 Janvier.

3 0/0 51.80.
4 1/2 76.50.

Après deux jours de bombardement, toutes les valeurs en hausse ! Serait-ce le commencement de la fin ?

Décès, 16me sem. 3680.

Le bombardement :

De 2 heures 1/2 à 6 heures du matin, 21 obus sur l'Observatoire, les obus pleuvent sur les rues du Val-de-Grâce, Soufflot, Gay-Lussac, le boulevard Saint-Michel....

Un marchand de vins est tué sur le seuil de sa boutique.

La Commission des barricades fait dépaver toutes les cours des maisons de Montrouge.

Nous tenons plus que jamais remplis d'eau nos grands tonneaux du balcon et de l'antichambre.

Par ordre supérieur, nos concierges tiennent entrebaillée la porte du boulevard, jusqu'à 11 heures du soir, afin que les passants puissent y chercher un refuge en cas de besoin.

Un lapin, un vrai lapin, pour en faire un pâté. 24 00

Ce pâté, préparé à la maison, après tous ceux innommés qu'on achète, nous semble exquis, exquis! exquis!!

Le *Monde Illustré* donne, entre autres dessins, une grande composition d'Edmond Morin : **Le Gâteau des Rois, à Versailles,** avec ce sous-titre : **Le Roi boit ! ô Roi! méfiez-vous des fumées vengeresses des vins de France!**

Une table somptueusement servie, que préside Guillaume entouré de notre Fritz, Bismarck, de Moltke et de ses féaux princes Allemands, dont plusieurs ont déjà roulé par terre; — et au-dessus, dans la fumée des vins et des candélabres, planent et fondent sur les convives des légions d'ombres, cuirassiers de Reischoffen, prisonniers d'Allemagne, affamés de Paris, ombres sanglantes, conduites par la France armée du fouet vengeur...

Ah! le Roi boit! Assez bu! Assez chanté la guerre! Le vin de France est trop capiteux pour toi. Retourne à ta bière, Gambrinus! Va-t-en, si tu ne veux pas que nos vignerons te chassent à coups de serpe, à coups de fourche, à coups d'échalas!

Journal de G. Sand. 7 Janvier. — « *Depuis douze « jours on bombarde Paris. Le sacrilège s'accomplit. La barbarie pour- « suit son œuvre : jusqu'ici elle est impuissante; mais ils se rappro- « cheront du but. Ils sont les plus forts, et la France est ruinée, pillée, « ravagée à la fois par l'ennemi implacable et les amis funestes.* »

Dimanche 8 Janvier.

Messe à Saint-Leu.

A la porte de l'Eglise, côté Sébastopol, est un mendiant, portant sur la poitrine cet écriteau :

AVEUGLE
Avec la permission de Mr le Curé.

Son caniche, assis sur un coussin, est couvert d'un vieux paletot de son maître, boutonné sous le cou, et tenant droit son petit panier à la gueule ; il nous regarde avec la gravité que commande un costume aussi honorable. La touchante sollicitude d'un pauvre homme envers sa bonne et fidèle bête, par un temps si dur, commande irrésistiblement notre aumône.

Grand conseil de guerre sous la présidence du général Trochu. Les membres du Gouvernement y assistent.

Le général Trochu, voyant que les Prussiens prennent l'hôpital du Val-de-Grâce pour objectif, y fait transporter tous les blessés allemands prisonniers.

La démission de Delescluze, maire du XIXme arrondissement et de ses adjoints, partisans de la Commune, est acceptée par le Gouvernement, et paraît favorablement accueillie par la population.

Toute idée de capitulation est repoussée ; chacun pense que l'heure est venue de frapper un grand coup.

Pendant notre promenade sur les boulevards, voilà plusieurs fois que Céline, en marchant, à mon bras, attrape avec ses pieds non seulement mes jambes, mais celles de personnes qu'elle croise, voire même d'un sergent de ville, qui s'est retourné avec des yeux furibonds!

— « Qu'est-ce que tu fais, lui dis-je, tu rues ?

— « Ma foi ! je le croirais, à force de manger du cheval ! »

Trois dîners (le ménage et la bonne) au Bouillon Duval du boulevard Saint-Denis.. 8 00
Une tranche de bœuf-cheval (Buffon)........................ 3 00

Journal des Goncourt. 8 Janvier. — « *Cette nuit je* « *me demandais, sous mes rideaux, s'il faisait un ouragan. Je me suis* « *levé, j'ai ouvert ma fenêtre. L'ouragan était l'incessant et continu* « *sifflement des obus passant au-dessus de ma maison.* »

Journal de G. Sand. Nohant, 8 Janvier. — « *Tempête* « *de neige qui nous force à allumer à deux heures pour travailler.* « *Toujours des combats partiels ; l'ennemi ne s'étend pas impunément.* « *Les soldats que les blessures ou les maladies nous ramènent nous disent* « *que le Prussien* en personne *n'est pas solide, et ne leur cause aucune* « *crainte.* On court sur lui sans armes et il se laisse prendre armé. *Ce* « *qui démoralise nos pauvres hommes, c'est la pluie de projectiles ve-* « *nant de si loin qu'on ne peut ni l'éviter ni la prévoir...* »

Lundi 9 Janvier.

Le bombardement est de plus en plus foudroyant.

Les obus tombés se vendent.

Cours actuels à la petite bourse des projectiles :

Un obus entier, chaud, 4.25 ; froid, 3.50 ; un éclat, de 50 centimes à 2 francs.

Confitures, en place de légumes............ 0 85

Heureuses nouvelles de la province reçues par pigeons : Chanzy au Mans reprend l'offensive. Faidherbe a battu les Prussiens à Bapaume et Bourbaki occupe une position excellente.

Nous voilà tout-à-fait gâtés : Après les bons dîners, du 1er janvier chez Édouard, du 4 chez Camille Amiard, voici que *le dîner projeté* a lieu chez M. Elwall, dans le plein du bombardement.

Neuf convives : M. et Mme Elwall ; M. Washburne, ministre des États-Unis ; Victor Duruy, ancien ministre de l'Instruction publique ; le docteur Péan (Madame est en Angleterre) ; M. et Mme Lenient ; M. et Mme A. de Mazade.

MENU :

Potage. — Julienne concentrée au consommé de cheval.

Filet de vrai bœuf, authentique (Mme Elwall a vu la bête).

Poulet rôti (échangé par Mme Elwall contre du fromage).

Salsifis (qu'elle a payés 2 fr. 50 la botte.)

Un délicieux plum-pudding !! fait avec du *biscuit* pilé, en guise de farine et de pain.

Enfin, un fromage de Hollande tout entier ! et du Gruyère !!! dont M Washburne, tout autant privé que nous-mêmes, a désiré emporter un morceau.

Tout en savourant ce succulent repas qui nous décarême, jusqu'à demain, hélas ! chacun raconte à qui mieux mieux ses fantastiques et diaboliques tribulations de chaque jour pour arriver à se mettre quelque chose sur la table et sous la dent.

C'est Mme Lenient, qui a trouvé pour 3 francs une betterave dont elle a fait des beignets, et pour 1 franc du mouron qu'elle a assaisonné en salade. Un autre jour, c'est M. Lenient lui-même, qui, étant allé à la découverte, a déniché au Palais-Royal chez le *Petit Véfour* des andouillettes, toutes noires, d'aspect bizarre, qu'on n'a pas pu avaler, parcequ'elles sentaient, non pas le rat, mais la souris.

« Ces jours derniers, ajoute M. Lenient, nous dînions chez notre ami « Lévêque, avoué. Le premier mot du Président du Tribunal, l'un des « convives, a été : « Est-ce que vous avez trouvé du fromage ? » Et, à la « fin du même dîner, une dame a demandé timidement la permission « d'emporter un petit bout de pain blanc, pour mettre le lendemain « matin dans son café — (pas au lait, il n'y en a plus). Du pain blanc, « innocente gourmandise dont elle est si privée depuis longtemps ! »

Les uns et les autres, nous avons tâté du corbeau (2 fr. 50), du phoque (1 franc la livre), du boudin de *tire-fiacre* (exécrable) 1 fr. 20, — du fromage d'Italie, mélange horrible de grattures d'étal des déchets de toutes sortes de bêtes — des confitures de groseilles faites avec du jus de betteraves, etc, etc...

Le docteur raconte qu'un de ses amis, assez gourmand, avait mandé son médecin pour de fortes coliques.

— « Vous avez mangé du chat ?

— « Oui, docteur, et du rat aussi. Ils font là-dedans une vie de po-« lichinelles.

— « Parbleu ! le chat court après le rat ; mangez vite du chien, pour « qu'il dévore le chat. »

A mon tour, je cite un trait caractéristique de la situation, que l'on me contait, ces jours derniers, d'un jeune ménage :

Minuit : Madame, toute frissonnante, ramenant la couverture sur ses épaules : — « Oh ! mon ami, qu'il fait froid ! j'ai la chair de poule ! »

Le mari à moitié endormi : « — Fais la cuire. »

Pendant tout le dîner, les obus n'ont pas cessé de tomber dans le quartier. Presque aussitôt après, on se sépare de nos chers amphitryons.

Il est dix heures. Rentrée lugubre et dangereuse. Le boulevard Saint-Michel est sinistre ; rares passants, dont plusieurs portent une petite lanterne à leur boutonnière. Grondement sourd du bombardement ; les obus sifflent et éclatent autour de nous.

Bataille de Villersexel. Armée de l'Est. — Bourbaki.

Journal de G. Sand. NOHANT. 9 Janvier. — « *Neige* « *épaisse, blanche, cristallisée, admirable. Les arbres, les buissons, les* « *moindres broussailles sont des bouquets de diamants. A un moment* « *tout est bleu. Chère nature, tu es belle en vain, etc...* »

Mardi 10 Janvier.

Le bombardement ne cesse pas de tonner.

Depuis que Bismarck sait que les prisonniers blessés sont dans le Val-de-Grâce, l'hôpital ne reçoit plus une seule bombe.

En revanche, le jardin et le musée du Luxembourg, l'Odéon, l'École Normale, de Droit, le palais des Thermes, le musée de Cluny, le faubourg Saint-Germain, les serres du Muséum, l'hôpital des Enfants-Malades (Enfant-Jésus) sont criblés. Grand nombre d'hommes, de femmes, d'enfants tués.

Il est tombé cette nuit plus de 2,000 obus sur Paris.

Protestations sur protestations des médecins.

Il faut agir, il faut en finir.

Messieurs les Prussiens escomptaient déjà la prise de Paris :

Un sous-officier bavarois, fait prisonnier par les éclaireurs Poulizac, a été trouvé porteur d'un billet de logement pour la caserne de la Pépinière ! Quel aplomb !

Le trajet quotidien, de chez lui chez nous, fatiguait mon père, qui est loin d'aller mieux. D'autre part, l'habitation séparée de mon père et de ma mère, sans domestique, leur devenait très difficile et nécessitait des allées et venues continuelles de Céline. Ils se décident à quitter tout-à-fait leur petit appartement du boulevard de Strasbourg et viennent loger avec nous, boulevard Sébastopol, où nous faisons apporter leur grand lit et quelques meubles. Nous transformons ainsi notre petit salon en chambre à coucher ; notre père occupera son lit et notre mère le grand canapé-lit, très confortable.

Nous sommes ainsi tous plus tranquilles, et nos parents auront nos soins constants du jour et de la nuit.

Nous n'avons plus de provisions ; à vrai dire nous avions négligé d'en faire de sérieuses, ne comptant pas sur un siège d'aussi longue et meurtrière durée.

C'est une chasse de tous les jours aux aliments *quelconques*.

En ruminant amoureusement mon délicieux dîner d'hier, dîner inespéré, paradisiaque, pantagruélique, digne de la fourchette de Monselet, et de notre arrière grand'oncle Grimod de La Reynière, l'auteur de l'*Almanach des Gourmands*, je tire des rayons de ma bibliothèque les 8 jolis mignons volumes de cet almanach (1803-1810) et j'en relis, en me léchant les babines, quelques pages affriolantes.

Le frontispice du premier volume est une gravure qui donne des frissons de gastronomique sensualité : « C'est *la Bibliothèque d'un* « *gourmand au XIXme siècle* ». Sur les tablettes on aperçoit, au lieu de livres, toute espèce de provisions alimentaires, un cochon de lait, des pâtés de toute provenance, d'énormes cervelas, d'autres menues friandises. Du milieu du plafond pend, en guise de lanterne, un monstrueux jambon de Bayonne. Sur le devant de la scène, une table chargée de mets très recherchés, servie pour plus de quinze personnes, et garnie seulement de deux couverts !

Je lis dans la préface :

« Après le bouleversement des fortunes, suite nécessaire de la *Révo-* « *lution*..., le cœur de la plupart des Parisiens opulents s'est tout à « coup métamorphosé en gésier ; leurs sentiments ne sont plus que « des sensations, et leurs désirs que des appétits. C'est donc les ser- « vir à leur gré que de leur donner les moyens de tirer, sous le rap- « port de la *bonne chère*, le meilleur parti possible de leurs penchants « et de leurs écus.

« Un estomac à toute épreuve est le premier principe de tout bon- « heur... l'art de tenir une bonne table est bien plus rare et bien plus « difficile que ne le croit le vulgaire... Nous ferons ensuite, dans « Paris, quelques *Promenades nutritives*, et nous nous arrêterons avec « complaisance dans ces magasins qui sont le plus faits pour exciter « l'appétit, par leurs assortiments, etc, etc... »

?? !!

Je m'arrête... ça rendrait fou !

On ne peut plus avoir de viande de cheval. (Paris mange 650 chevaux par jour.) Un de nos camarades de la Compagnie a trouvé à acheter *pour mille francs* la moitié d'un cheval, pas trop maigre. — Grand secret, les chevaux étant réquisitionnés pour la boucherie.

Nous nous réunissons dix camarades, et nous en faisons l'acquisition, en donnant cent francs chacun. Puis, il s'agit de nous partager notre demi cheval. On nous le monte par gros morceaux, en plusieurs fois, dans des grands paniers, au 5me étage, dans une mansarde de la maison rue Saint-Denis, n°... servant d'atelier à l'un de nous, et là, armés de couteaux, de hachettes, de petites scies et de balances, nous faisons *nous-mêmes* nos parts tant bien que mal, donnant à chacun un dixième du filet, du rumpsteeck, comme un dixième de la tête, un dixième des os, etc.

Nous en avons cédé pour 11 fr. 25 — il est resté pour nous 88.75.

Aujourd'hui, demain, et après, nous aurons du bouillon pour notre pauvre père chéri.

Pour comble de bonheur, Tollemer nous apporte un peu de pain *presque blanc* de son régiment.

Céline court souvent toute la matinée pour trouver un œuf frais. Une femme, qui garde une poule dans sa chambre au 4me étage rue Tiquetonne, lui réserve sa ponte moyennant 3 fr. 50 l'œuf.

De service, à partir de midi, au Palais des Tuileries. Dans ma compagnie, un déchaînement insensé de colères contre le Gouvernement de Paris, et d'enthousiasmes enragés pour Gambetta !

Faction, à 2 heures du matin, vers le milieu de la Terrasse du bord de l'eau. Nuit sinistre ; les obus prussiens sillonnent à chaque instant le ciel noir d'une fusée rapide. Rêvassant à tout et à rien, je m'amuse à écrire des noms, machinalement, mélancoliquement, avec mon doigt, dans la neige immaculée du parapet. Tout à coup, un bruit en bas, une ombre se glisse le long du mur, vers la grande grille fermée qui est tout près.

— « Qui vive !

— « Ami ! un soldat de la ligne, attardé par l'amour, qui voudrait bien rentrer à son campement du Jardin. »

— « Passe, va, mon pauvre vieux ! »

Il grimpe par dessus la grille, et saute en dedans, comme un chat...

Qui le croirait ? ma conscience est parfaitement tranquille.

LETTRE A UNE FEMME

(Par ballon monté)

Paris, 10 Janvier 1871.

Paris, terrible et gai, combat. Bonjour, Madame.
On est un peuple, on est un monde, on est une âme,
Chacun se donne à tous et nul ne songe à soi.
Nous sommes sans soleil, sans appui, sans effroi.
. . . .
Dans nos flancs toute bête, honnête ou mal famée,
Pénètre, — et chien et chat, le mammon, le pygmée,
Tout entre, et la souris rencontre l'éléphant.
Plus d'arbres ; on les coupe, on les scie, on les fend ;

Paris sur ses chenêts met les Champs-Élysées.
On a l'onglée aux doigts, et le givre aux croisées....

. . . .

Tantôt des chants, parfois de belliqueux appels.
La Seine lentement traîne des archipels
De glaçons hésitants, lourds, où la canonnière (1)
Court, laissant derrière elle une écumante ornière.
On vit de rien, on vit de tout, on est content.
Sur nos tables sans nappe (2), où la faim nous attend,
Une pomme de terre arrachée à sa crypte
Est reine, et les oignons sont dieux comme en Égypte.
Nous manquons de charbon, mais notre pain est noir.
Plus de gaz ; Paris dort sous un large éteignoir ;
A six heures du soir, ténèbres. Des tempêtes
De bombes font un bruit monstrueux sur nos têtes.
D'un bel éclat d'obus j'ai fait mon encrier.
Paris assassiné ne daigne pas crier.
Les bourgeois sont de garde autour de la muraille ;
Ces pères, ces maris, ces frères qu'on mitraille,
Coiffés de leurs képis, roulés dans leurs cabans,
Guettent, ayant pour lit la planche de leurs bancs.

. . . .

Dans un mois, nous comptons, mes deux fils et moi, vivre
Aux champs, auprès de vous, qui voulez bien nous suivre,
Madame, et nous irons en Mars, vous en prier,
Si nous ne sommes pas tués en février.

Victor HUGO.

Journal des Goncourt. 10 Janvier. — « *Le tir de* « *la matinée est si précipité qu'il semble avoir la régularité du bat-* « *tement d'un piston de machine à vapeur.* »

(1) La canonnière Farcy.
(2) Plus de blanchissage au dehors. On lave son linge chez soi.

Mercredi 11 Janvier.

Un cierge à Saint-Leu 0 50

Petits-fours pour suppléer au pain rationné. 2 50

(C'est l'application forcée du conseil du repus au famélique : « Si tu n'as pas de pain, mange de la brioche.) »

Du son pour nos lapins.................... 0 60

2me Séance du *Conseil d'Administration de la Caisse de famille.* 9 heures du matin. Cabinet de M. Leroux.

I. Réclamations des cotisations volontaires. Les membres du Conseil se répartissent entre eux les huit sections de la Compagnie.

II. Le Trésorier a acheté deux douzaines de passe-montagne, et deux douzaines de paires de gants, dont la majeure partie a été distribuée à des gardes de la compagnie de guerre.

On achètera trois douzaines de semelles fourrées destinées aux mêmes gardes, et des gamelles, pour être offertes aux mobilisés qui en demanderont.

III. Secours accordé à un douzième garde.

IV. *Combustible.* M. Zuccolini a été renvoyé aux adresses affichées à la Mairie. Le capitaine fera insérer dans *le Rapport* un appel aux gardes qui pourraient prêter cheval et voiture pour transporter le bois qu'on pourra trouver.

2me *Séance* du *Nouveau Conseil de Famille.* 10 heures du matin. Cabinet de M. Leroux.

I. *Compte du Sergent-fourrier* Deléage. — Reliquat : 40 fr. 45.

II. Réduction de la cotisation mensuelle obligatoire à 0,50 centimes. (Sera affichée au Rapport).

III. *La Solde.* — Gardes, 83 ; Femmes, 69.

Rejet de la demande d'un garde, charbonnier.

IV. Le Punch d'Adieux du 30 décembre. Le compte n'est pas terminé.

Le bombardement de Paris ayant commencé sans les sommations préalables, il paraîtrait que le Roi de Prusse, se ravisant, aurait dit à de Moltke de remplir ces formalités. — C'est un peu tard !

Dans le *Figaro*, un long article à sensation : *Le 4 Septembre aux Tuileries*, (*Départ de l'Impératrice*) par un Témoin oculaire. (Qui, cette fois, n'est pas Sardou, autre témoin oculaire.)

Le *Siècle*, par un entrefilet de quelques lignes, a soulevé une grande émotion. On parle mystérieusement de trahison. *L'Opinion Nationale*, en demandant que M. le Gouverneur de Paris choisisse mieux son État-major, insiste et ajoute : « *S'il faisait fusiller à propos quelques-* « *uns des chefs indignes*, et les remplaçait par des hommes jeunes « et énergiques, la défense de Paris n'y gagnerait pas moins que le « moral de l'armée, et bien des difficultés disparaîtraient comme par « enchantement. »

Vu à la vitrine d'un traiteur :

Rosse — bif.

Rat — goût de mouton.

Orthographe de la sincérité, qui me rappelle l'enseigne d'un marchand de vins de la rue des Grés, qui nous amusait tant quand on nous conduisait au Collège : *Vin à dix sous* et *eau dessus*.

A la grande *Vente de Charité* de ces jours derniers, présidée par Madame Jules Simon, au Ministère de l'Instruction publique, on remarquait *un superbe dindon*.

Un dindon au Ministère de l'Instruction publique! Veuillot aiguisait déjà une épigramme, lorsqu'on reconnut que ce dindon était un dindon chevronné, et qu'il datait du ministère Fortoul.

Dans le *Charivari*, qui a pour directeur et rédacteur en chef *Pierre Véron* (1), (ancien élève du collège Henri IV, dont il sortait quand j'y entrais), j'ai lu avec plaisir son *Bulletin politique* quotidien d'hier, et j'ai noté ce qui suit :

« Prim est mort. — Nous pensons que l'Espagne ne regrettera guère « cet agitateur vulgaire, cet ambitieux intrigant, qui n'a pas eu « assez d'élévation d'âme pour donner la liberté à ses concitoyens.

« Quant à la France, elle ne saurait oublier que Prim a été une des « chevilles ouvrières de cette affreuse guerre qui épouvante le monde.

---

(1) Il rédige aussi et depuis fort longtemps (dès avant la guerre) *Le Courrier de Paris*, au *Monde Illustré*, où il a succédé à Ch. Yriarte.

« Qu'il ait intrigué avec Bonaparte, comme beaucoup le supposent, « ou avec Bismarck, comme il est vraisemblable, peu importe ; c'est « toujours la même improbité politique.

« Prim tué dans une échauffourée est un exemple de plus des des- « tins pitoyables qui sont justement réservés à ceux qui font passer « leurs intérêts personnels avant les intérêts de leur pays. »

Et notre cher peintre, Henri Regnault, que doit-il penser du misérable sort du modèle de son chef-d'œuvre ? Je parierais qu'au fond il ne s'en soucie ni peu ni prou. Outre qu'il n'a dû s'intéresser au maréchal Prim que pour l'amour sacré de son art, séduit et inspiré qu'il était par l'aspect violent, tourmenté, quasi fatidique du sujet, Henri Regnault s'est, quant à présent, voué corps et âme à son rôle de modeste et ardent défenseur de Paris.

Au moment où éclata la guerre, il était à Tanger, tout entier à ses travaux et à ses projets. Son prix de Rome (1866) le dispensait de tout service militaire ; il pouvait y rester et travailler en paix ; il n'y songea même pas ; il laissa là son atelier, ses pinceaux, son soleil d'Orient, ses rêves, pour accourir à Paris, où il arrivait quelques jours avant l'investissement.

Il est et il veut rester simple garde national dans sa Compagnie de marche, témoin cette lettre à son capitaine, qui, frappé de son zèle, de son intelligence et de son courage, lui avait offert un grade d'officier :

« Mon cher Capitaine,

« Je vous écris afin de mieux vous exposer les rai- « sons qui m'ont fait persévérer, après mûre réflexion, « dans ma ferme résolution de rester simple garde. Je « vous remercie néanmoins de vos bonnes intentions « à mon égard, et je suis heureux de la confiance dont « vous voulez bien m'honorer. Je crois pouvoir la mériter « par mon entier dévouement et ma parfaite soumis- « sion, aussi bien en restant simple soldat qu'en deve- « nant votre sous-lieutenant.

« Je sais que les qualités de sang-froid et de respect « du devoir que vous me connaissez auraient fait de « moi, en peu de temps, grâce à votre bonne direction, « un officier passable. Mais je crains que mon peu

« d'expérience dans le service militaire ne m'expose
« à recevoir de temps en temps des leçons de ceux
« qui, sous mes ordres comme sous-officiers et capo-
« raux, en sauraient plus que moi, et qui, sous beau-
« coup de rapports, seraient plus dignes et aussi plus
« capables de remplir le grade que vous me proposez.

« Ensuite, je suis certain que je pourrai vous écou-
« ter encore mieux en restant simple garde. Mon
« exemple peut rendre encore plus de services que
» mon commandement. Décidé à supporter, sans bron-
« cher, les fatigues et les ennuis du métier, sans en
« éviter aucun, à être le premier aux corvées et le pre-
« mier au feu, j'espère entraîner à ma suite ceux de
« mes camarades qui seraient portés à se plaindre et
« à hésiter. Nous sommes plusieurs dans le même cas,
« animés des mêmes sentiments, mais nous ne serons
« jamais assez nombreux. Croyez-vous que la rési-
« gnation et la bonne volonté de M. Bethmont n'aient
« pas été d'un grand effet vis-à-vis de beaucoup d'entre
« nous?

« Je n'ai pas la prétention de le valoir, ni d'être
« doué d'une parole assez entraînante pour convertir
« en bons les mauvais. Seulement je suis plus jeune,
« j'ai meilleure santé, autant de courage, autant de
« patriotisme que lui, et le respect de la discipline.

« Vous avez en moi un bon soldat; ne le perdez pas
« pour en faire un officier médiocre....

« Votre tout dévoué,

« Henri Regnault. »

Depuis quelques jours, Henri Regnault vit filialement dans une famille, où un mariage, qu'il appelait de tous ses vœux, a été décidé. C'est là que, lorsqu'il rentre des avant-postes d'Asnières ou de Colombes, après les factions de nuit et les aubes glaciales, il vient reprendre au foyer de sa nouvelle famille un peu de chaleur, d'affection et de courage (1).

Jules Claretie écrit : « Une chose m'a frappé aujourd'hui, un mâle et « fier spectacle : la rencontre d'un régiment... formé de débris, lan-« ciers en manteaux blancs, carabiniers en manteaux rouges, dragons, « chasseurs, cuirassiers, anciens cent-gardes, un mélange d'armes et « de costumes, les cuirassiers commandés par des officiers de dragons, « les lanciers par des chasseurs, le pêle-mêle de la défaite arrivant à « recomposer une légion splendide de soldats ; grosses moustaches, « maigres visages, les casques dépolis, les collets relevés, les vête-« ments troués, ces débris s'amalgamaient et se fondaient dans une « unité admirable et résolue, et les curieux regardaient, avec une « expression de confiance, ces soldats à cheval, calmes et fiers, qui « passaient.

« Devant la Tour Saint-Jacques, cette troupe de cavaliers rencontre « des dragons portant leurs carabines et leurs fourniments, mis à « pied, incorporés dans l'infanterie faute de chevaux ; ils rient.

— « Oui, oui, font gaiement les autres, votre tour viendra ! »

Journal des Goncourt. 11 Janvier. — « *Fuyant le « bombardement, des populations effarées de femmes et d'enfants, char-« gées de paquets, traversent Auteuil et Passy, avec leurs ombres courant « derrière elles, le long des murs, sur des affiches annonçant la reprise « des concessions temporaires des cimetières.* »

Bataille du Mans. — *Chanzy.* — *Démoralisation de l'Armée de la Loire. Retraite sur la Mayenne.*

---

(1) Les détails qui précèdent ont été empruntés tant à une brochure intime de M. Arthur Duparc, le mari de la célèbre *Dame en rouge* du Salon de 1868, qu'à une étude émouvante sur Henri Regnault par A. Angellier, précédée d'un beau portrait à l'eau forte par Paul Langlois, l'auteur des 6 croquis de mon petit livre, *A Travers l'Italie.*

Le Capitaine Robert-le-Fort

« Dans un des corps improvisés pour la défense de la Normandie « se trouvait et est resté jusqu'au bout un jeune officier perdu dans la « foule pour servir son pays, inconnu de son général aussi bien que « de ses soldats, réduit à cacher le duc de Chartres sous le nom du « capitaine Robert le Fort.

« Le gouvernement avait refusé une place dans l'armée française aux « princes d'Orléans accourus à Paris au lendemain du 4 Septembre; « ils étaient repartis tristement pour l'Angleterre; seulement deux « d'entre eux étaient sortis par Boulogne pour rentrer par le Hâvre, et « tandis que le prince de Joinville se rendait à Tours, frappant à « toutes les portes, sollicitant sans se lasser le droit de combattrepour la « France, le duc de Chartres s'arrêtait à Rouen. Il avait d'abord voulu « s'engager dans un bataillon de mobiles, il n'avait pas de papiers à « produire. Il ne savait trop que faire lorsqu'il rencontrait dans les « rues de Rouen un officier qu'il connaissait, M. de Beaumini, attaché « à l'état-major de M. Estancelin. Les deux jeunes gens allaient aussitôt « ensemble chez le commandant des gardes nationales de la Normandie « Quelle que fut sa bonne volonté, M. Estancelin faisait remarquer au « duc de Chartres que le Gouvernement ne tolèrerait pas sa présence « dans l'armée française, que son nom était un obstacle à la réalisation « de son désir. — « Que m'importe mon nom? dit le prince; je veux me « battre pour mon pays; si vous ne voulez pas de moi, je trouverai des « officiers de francs-tireurs moins difficiles, et j'irai me faire casser la « tête avec eux. »

« Alors on concertait cette pieuse fraude de patriotisme qui est deve- « nue, comme on l'a dit, une des légendes de la guerre. Le duc de Char- « tres disparaissait, il ne restait plus que le capitaine Robert le Fort, « de famille lorraine, établi lui-même en Amérique et venu tout exprès « pour prendre du service. Dès le lendemain, le capitaine Robert le Fort « allait prendre le commandement des guides de la Seine-Inférieure « dans la forêt de Lyons, aux avant-postes, où il passait près de deux « mois, se battant en soldat qui avait fait la guerre en Italie et aux « États-Unis, montrant autant de zèle que de coup d'œil, prenant rapi- « dement, par sa bonne grâce, par son intrépidité, un véritable ascen- « dant sur tous ceux qui l'entouraient, qui reconnaisaient très volon- « tiers sa supériorité, et qui l'aimaient sans le connaître. Le secret « devait rester entre M. Estancelin, le colonel Hermel, son chef d'état- « major, et M. de Beaumini; il a été gardé jusqu'au bout.

« Ce qu'il y a de singulier, c'est que pendant cinq mois de guerre rien « n'ait trahi ce mystère du dévouement patriotique d'un jeune prince « abdiquant son nom et son rang pour servir obscurément son pays. On

« *répétait un peu partout, il est vrai, que le duc de Chartres était en*
« *France, même qu'il était en Normandie. Les journaux étrangers ra-*
« *contaient toutes sortes d'histoires. Personne ne savait la vérité, sauf*
« *ceux qui ne la disaient pas. A cette époque, un personnage allemand*
« *se rendait chez le duc d'Aumale à Londres, et il lui demandait s'il*
« *était vrai que le duc de Chartres fût en France, où il se trouvait,*
« *sous quel nom il servait : c'était un envoyé de la reine de Prusse qui*
« *désirait savoir ces détails pour que le prince pût être traité avec*
« *égard, s'il avait le malheur d'être pris ou de tomber blessé aux mains*
« *des Allemands. Le duc d'Aumale répondait qu'en effet son neveu était*
« *vraisemblablement en France, on ne savait où, que certainement il*
« *faisait son devoir là où il était, et qu'il n'avait rien de plus à désirer*
« *que de suivre la fortune de tous les soldats français exposés comme*
« *lui.*

« *Plus d'une fois cependant le duc de Chartres avait à passer par de*
« *dangereuses épreuves. Un jour, étant en service à Rouen pour quelques*
« *heures, il dînait chez M. Estancelin. Un des convives, le colonel La*
« *Perrine, commandant d'un régiment de mobilisés de la Seine-Infé-*
« *rieure, ancien officier de chasseurs d'Afrique, se mettait tout à coup*
« *à évoquer le souvenir de ses campagnes de l'Algérie et du duc d'Or-*
« *léans, sous lequel il avait servi. Il parlait avec attendrissement du*
« *prince, de ses qualités brillantes, de sa mort, de ses deux fils, qu'il*
« *avait vus tout enfants. Le duc de Chartres, la tête baissée, rouge*
« *d'émotion, avait de la peine à se maîtriser ; il se contint pourtant, et*
« *personne ne s'aperçut de son trouble. D'autre fois il avait à écouter*
« *dans les camps les plus étranges conversations sur sa famille, sur lui-*
« *même.*

« *Il mettait tous ses soins à ne point éveiller un soupçon; il était si*
« *bien inconnu que pendant ces quelques mois il a pu passer des guides*
« *de la Seine-Inférieure à l'État-major de l'armée de Normandie, puis*
« *à l'État-major du 19me corps, formé à Cherbourg, être régulièrement*
« *commissionné comme officier, être proposé pour le grade de chef d'es-*
« *cadron, pour la croix de la Légion d'honneur, sans que le général*
« *Briand, le général Dargent, le général Chanzy, M. Gambetta, le géné-*
« *ral Le Flô lui-même, aient su quel était l'officier qu'ils avaient auprès*
« *d'eux, qu'ils proposaient ou qu'ils nommaient.*

« *Un jour, à Bordeaux, M. Gambetta comme ministre de la guerre*
« *était dans son cabinet occupé à signer des promotions d'officiers dans*
« *l'armée de Normandie. Il était fort monté contre les princes d'Orléans,*
« *il les voyait partout, et tout en signant les propositions qu'on lui*
« *présentait, il répétait sans cesse : « Surtout pas de princes d'Orléans,*
« *pas de princes d'Orléans ! » Il signait toujours, et toujours grondant*
« *contre les princes d'Orléans, il signait la promotion du capitaine*
« *Robert le Fort au grade de chef d'escadron.* »

« *Ch. de Mazade.* Guerre de France, *t. II, page 19.* »

Jeudi 12 Janvier.

De minuit à deux heures, il est tombé un obus par minute dans le quartier Saint-Sulpice ; l'École Polytechnique en a reçu deux.

On s'habitue de plus en plus à l'horrible fracas.

Protestation des médecins de l'hôpital de la Salpêtrière, qui, bien que surmonté du drapeau de la Convention de Genève, a reçu 15 obus.

Pendant que M. Lenient faisait son cours de Poésie française dans le grand amphithéâtre de la Sorbonne, un obus a éclaté au milieu des auditeurs, qui jeunes et vieux se sont couchés par terre.

Sans se troubler M. Lenient leur a dit : « Messieurs, évitons un homicide de plus au roi Guillaume, et levons la séance. »

Il a suspendu son cours jusqu'à nouvel ordre.

Il devra se contenter de son rôle de simple garde national (50me bataillon (place Maubert) et de son fastidieux service à la barrière d'Italie.

Décret : « Tout Français atteint par les bombes prussiennes est assi-
« milé au soldat frappé par l'ennemi. »

Idem pour les femmes et les enfants, veuves et orphelins.

Trochu répond énergiquement et *paternellement* aux insinuations de trahison qui circulaient hier : « Une trame abominable, etc... J'inter-
« viens personnellement, moins parce que j'ai le devoir de protéger
« l'honneur de ceux qui, sous mes yeux, se consacrent avec le plus
« loyal désintéressement au service du pays, que parceque j'aime la
« vérité et que je hais l'injustice. »

On visait le général Schmitz, le général de Bellemare, et autres...

Cette note parait calmer l'émotion. — Mais presque toute la presse demande une tentative suprême.

Renouvellement de nos cartes de rationnement pour la boucherie, l'une pour 2 personnes (10me arrondissement) (mon père et ma mère) l'autre pour 3 personnes (2me arrondissement) nous et notre bonne.

On nous rapporte qu'hier un Monsieur, qui, dans un restaurant, déjeunait d'un hareng saur, voyant passer dans la rue un *bœuf, un vrai bœuf!* marchant lentement entouré de curieux ébahis, s'est levé de table, et est allé gravement frotter son pain sur ce rosbif vivant.

Journal des Goncourt. 12 Janvier. — « *Je vais* « *faire un tour dans les quartiers bombardés de Paris. Ni terreur, ni* « *effroi. Tout le monde a l'air de vivre de sa vie ordinaire, et des cafe-* « *tiers font remettre, avec le plus admirable sang froid, les glaces cas-* « *sées par les détonations d'obus.*

Vendredi 13 Janvier.

Paquet de lettres de gardes nationaux de la Compagnie, supposés aisés, qui déclarent être à bout de ressources en me réclamant la solde de 1 fr. 50 pour eux, et celle de 0,75 centimes pour leurs femmes. J'en référerai aux Conseils de famille et de la Caisse de Secours.

Nouvelle prorogation d'un mois pour les effets de commerce.

M. Tirard, maire du 2me arrondissement, interdit aux boulangers de vendre du pain à d'autres qu'aux porteurs d'une carte de boucherie.

Défense aux mêmes de fabriquer et de vendre du pain de luxe (Ceci pour Hédé, de la rue Montmartre, chez qui on trouvait encore des croissants).

Le bombardement continue ses ravages. On a déménagé l'École Polytechnique et l'Entrepôt des vins. La coupole de Saint-Sulpice est crevée.

On parlait d'ouvrir les Catacombes pour servir de refuge aux habitants de la rive gauche. On a reconnu le moyen dangereux et malsain, on se contente de descendre dans les caves.

Notre moulinier Sauret, qui habite Montrouge, et qui est obligé de fuir son domicile, nous raconte qu'un gamin de par là, qui était en train d'approprier une cave pour l'installation d'une famille, ayant vu entrer un obus par le soupirail, s'est écrié en rigolant : « Merci bien !

« A la bonne heure! en voilà un qui abrège ma besogne; il a balayé « toutes les toiles d'araignées. »

Les obus ont enlevé un énorme morceau de l'entablement de la Sorbonne et le chapiteau ionien d'une des colonnes de l'École de Droit; au coin de la rue Soufflot, ils ont arraché un balcon, qui pend, menaçant.

On dépave la place du Panthéon. Le gigantesque monument sert de refuge et d'asile pour les pauvres; ils couchent dans les vastes caveaux, devenus des dortoirs, sur les tombes de Voltaire, de Rousseau, de Lannes, et de beaucoup d'autres plus ou moins *grands hommes.* M. Vacherot, maire du 5me arrondissement, aidé de M. Elwall et d'autres, s'occupe activement de ces lugubres installations.

Les boutiquiers du quartier de l'Odéon ont blindé leurs devantures.

Visite du docteur Devailly à mon père.

Il nous cite ce trait :

Dans l'ambulance à laquelle il est attaché, on venait d'apporter un soldat décoré de la médaille militaire, la poitrine trouée d'une balle à la hauteur du sein.

« Pas de chance, lui dit le chirurgien-major, un mouvement de plus, « et vous n'aviez rien; la balle s'aplatissait sur le métal.

« Ah! mais pardon! a riposté le brave, en jetant un coup d'œil sur « sa poitrine mutilée, ça aurait abîmé ma médaille. »

On affirme que Chanzy est à 10 lieues de Paris, que Bourbaki marche sur Nancy.

Allons! une sortie générale! **la Trouée!** finissons-en! Passons tous, en masse! Est-ce donc impossible avec nos 260 bataillons, rien que de garde nationale, formant maintenant 59 régiments de guerre?

Journal de G. Sand. NOHANT, 13 Janvier. — « *Mau-* « *vaises nouvelles de Chanzy. Il a été héroïque et habile, tout l'affirme;* « *mais il est forcé de battre en retraite.* »

Samedi 14 Janvier

3 0/0 51.50.
Décès 17me sem. 4182.

Vilaine journée, brumeuse et froide.

L'*Officiel* publie le bilan du bombardement : Du 5 au 13, 189 victimes, dont 138 blessés, et 51 tués (21 hommes, 12 femmes, 18 enfants). Des enfants ont été écartelés, une jeune fille a eu les deux jambes emportées...

Le foudroiement nocturne ne discontinue pas. Il s'étend rue Monge, rue de Varenne, etc...

Mise en cave d'une pièce de vin, de Espirat frères	3 00
Un litre d'oignons	5 00
Un pied de cardons	4 50
Deux panais	0 90

Le sucre est taxé 1 franc la livre. Hauts cris des épiciers, qui l'ont acheté 1 fr. 40 et même 1 fr. 70 !

Mon père souffre et s'affaiblit de plus en plus. Il passe les mornes journées dans son fauteuil auprès du feu de la cheminée du magasin, causant soit avec moi, soit avec le père Brent, ne cachant pas ses appréhensions croissantes au sujet de Beaumont et de tout. Il s'inquiète des moindres choses ; il a constamment peur que notre chatte Mirette ne se noie dans nos grands tonneaux pleins d'eau....

Combats d'avant-postes (Vinoy, au Moulin de Pierre ; Pothuau à la Gare aux Bœufs).

Le *Figaro* reproduit un *fac-simile* du journal allemand hebdomadaire illustré *Le Daheim* (*A la Maison*) de Leipzig, du 10 décembre.

Une grande image tenant toute la première page : **Honneur au tambour du régiment Empereur-**

Alexandre : « A l'attaque du Bourget du 30 octobre, le sol « étant jonché de morts Allemands, le tambour, au casque pointu, ne « voyait plus devant lui que trois hommes, et pourtant, battant tou- « jours, il avançait à l'assaut avec eux! »

C'est donc une vertu bien rare chez nos ennemis que le courage individuel, pour qu'ils fassent de ce tambour mécanique un héros! Qu'est-ce qu'ils pensent donc de nos cuirassiers de Reischoffen, de nos marins du même Bourget, et de tous nos autres braves, jusqu'au dernier de nos petits pioupious?

Une autre image, agaçante celle là : **Passage du 6me Régiment des uhlans de Thuringe dans la forêt de Fontainebleau!**

Une troisième, **Les vendanges dans la Moselle par les Prussiens.** Oh! Cette troisième tout-à-fait ignoble : Des casques pointus se gorgent; il y en a un, couché sur le dos, qui se fourre gloutonnement dans sa grosse bouche une énorme grappe de raisin.

Et le texte! « Oh! les vins de France nous avaient toujours tentés. « Mais aussi, quel est le pays de vin qui égale celui-ci? La noble vigne « y occupe 79 départements sur 89... et en variétés si diverses que les « écrits les plus récents citent jusqu'à 1500 sortes de vignes en France! « Les vins français ont leurs lettres de noblesse sur les tablettes de « l'histoire. Au XIme siècle, le roi Henri, en partant pour la guerre, « chargea ses voitures de bagages de vin d'Orléans, auquel il attribua « une vertu miraculeuse au jour du combat. »

Voyez-vous ça? Mais, gros cruchons à bière que vous êtes, vous n'y connaissez rien, au bon vin. Avec ça que le vin d'Orléans est un crû renommé!

Mal à l'aise, grippé, souffrant aussi de l'estomac, je garde la chambre. Poursuivi par des idées noires, je cherche à les dissiper en ruminant le bon passé.

Feuilletant tristement mes agendas des dernières années, (mes agendas, une manie que mes amis plaisantent : « D'autres s'écoutent parler, toi, tu *t'écoutes vivre*), je m'arrête sur une soirée de joyeuse mémoire, contrastant fantasmagoriquement avec nos actuelles et mortelles angoisses.

Quand je songe qu'il y a six ans, à pareil jour, nous étions réunis, toute l'étude Leclerc, une douzaine de gais lurons, Amiard, Le Roy, Aufrène, Camax, et autres, avec le caissier et les expéditionnaires, chez Véfour, dans un copieux et succulent dîner, (dont j'aurais trop mal au cœur de rechercher le menu), le dîner des 500 francs d'étrennes dont nous gratifiait annuellement le patron.

Au champagne, après un toast à notre bon accord, je me levais et j'entonnais à tue-tête, sur l'air ronflant du *Baptême du Petit Ébéniste*, quelques couplets, dont les suivants :

REFRAIN

Que j'aime à voir, autour de cette *tabolo*,
Ce beau cordon de grands *artisses*,
Des clercs, des caissiers, des *copisses*,
Que c'est!... comme un bouquet de fleurs !

Cher *Président* (1) du Conseil des ministres,
En vain tu crois faire peur aux clients;
Les bons conseils que tu leur administres
Sont les baisers des bourrus bienveillants.
Que j'aime à voir...
. . . .

Toi, *petit Prince* (2), ainsi qu'on te baptise,
Ami du chic, des chasses, du Corton,
Peu fou du Code, on connait ta devise :
« *My dog, my horse...*, et ton taine ton, ton! »
Que j'aime à voir...
. . . .

L'inventeur du Notariat-Musique (3),
Dans nos contrats insinuant Mozart,
Aux gais accents de la *Flûte-Magique*
En clavecin changea le Corbillard (4).
Que j'aime à voir...
. . . .

Et *le Conscrit* (5), — ça fait plaisir à dire —
A sur la joue un reflet de son cœur,
Il perpétue, avec son bon gros rire,
Notre harmonie et notre belle humeur.
Que j'aime à voir... (6)
. . . .

Après ce dîner, dont la somptuosité ne parvenait pas à atteindre la moitié de la jolie somme que nous devions, par ordre du patron, manger en une fois, on laissait partir les plus sages, ainsi que les employés, leur réservant leur part de ce qui restait, et Messieurs les autres clercs allaient finir follement la soirée au bal masqué de l'Opéra.

C'est à celui là, je crois bien, que nous avons été témoins d'une assez drôle de scène :

Dans le foyer, au milieu d'un grand cercle de curieux, un sale et

(1) Amiard principal clerc. J'étais alors le 2me clerc; j'ai oublié de me chansonner. Venaient ensuite les couplets sur Pulleux, Vermond, Robin.
(2) Fernand Le Roy-Liberge, 6me clerc.
(3) Paul Aufrène, 7me clerc.
(4) Long bureau noir des jeunes clercs.
(5) Camax, 8me clerc.
(6) Cette chansonnette se trouve au complet, avec les caricatures crayonnées dans mon livre-album manuscrit: *Sparsa*.

vilain masque, titi de courtille, intriguait, agaçait, turlupinait, *engueulait* un jeune et élégant habit noir. Celui-ci, impassiblement assis sur un divan, lui ripostait avec beaucoup d'aplomb, de finesse et d'à-propos.

— « Toi malin, dit-il enfin au travesti pour s'en débarrasser, je te « mets au défi de faire comme moi.

— « Ah ! Malheur !

Le gandin releva le bas de son pantalon, retira sa bottine, sa chaussette, et montra un pied blanc comme un petit poulet !

Le titi s'était éclipsé...

A 2 heures, après avoir admiré le quadrille épileptique des clodoches, (*Clodoche*, Flageolet, La Comète et La Normande) on quittait l'Opéra et on allait couronner la fête par un fin souper chez Bignon !...

Où sont-ils, les soupers, les dîners, les déjeuners d'antan ?

A M. A. de M.... Paris,

Paris, 14 Janvier 1871.

Mon cher Alexandre,

Nous avons été très fâchés de ne pas nous être trouvés à la maison hier quand vous êtes venus. Je t'aurais appris du nouveau.

En vue de sauvegarder nos richesses pendant tout le temps que durera cet odieux bombardement, un service d'ordre et de garde vient d'être organisé par l'Administration à *la Bibliothèque nationale* pendant la nuit et nous avons été pour cela tous rappelés du service de la garde nationale. J'ai donc remis avant-hier à mon sergent-major la lettre administrative qui me rappelle à la Bibliothèque.

Ce service a commencé lundi soir par une première section composée de douze hommes sous les ordres de Messieurs Delaborde et Barbier. Hier c'était mon tour d'être de garde. Le sort m'avait désigné pour le poste de la salle publique de la rue Colbert, où j'ai passé une partie de la nuit à lire ou plutôt à essayer de lire *Claude Gueux*, car je n'étais guère à ce que je lisais. Il y a eu deux rondes, à minuit et à 6 heures du matin, faites par Rathery et Duplessis. J'ai couché sur deux bons matelas dans la salle des Globes, mais je n'en ai pas mieux dormi. Rien de particulier dans cette première garde, sinon un silence grandiose qui m'empoignait, en me promenant dans ces vastes salles. De temps à autre, un sourd hurlement lointain de canonnade.

Nous sommes allés voir Amiard et sa femme mardi. Ils ne vont pas mal. Nous avons appris par eux avec plaisir que tes parents se sont décidés à venir loger tout-à-fait avec vous; ton père, à qui j'ai rendu visite samedi dernier, me l'avait d'ailleurs annoncé. Ils seront ainsi plus à portée de votre sollicitude, si nécessaire en ces temps d'infinie tourmente, et ta chère femme, qui a pour ton père une si grande affection qu'il lui rend du reste de si grand cœur, pourra mieux encore l'entourer de ces mille soins assidus que l'on est si heureux de donner aux parents tendrement aimés.

Dimanche, nous étions, avec une foule d'enragés curieux comme nous, sur le Trocadéro, pour *voir le bombardement*. On n'apercevait que les lumières des coups, partant des hauteurs de Meudon et de nos remparts. Feu intense et continu, mais moindre encore que le tonnerre des nuits, des nuits que ces bêtes fauves préfèrent dans le vain espoir de nous effrayer davantage.

Nos respects à tes bons parents. je te prie, et nos bien affectueuses amitiés à tous deux.

V. Pillon-Dufresnes.

Dimanche 15 Janvier.

Froid. 10°.

« Laissez passer la civilisation prussienne! Elle achève de se dé-
« ployer dans toute sa splendeur; elle a des obus pour messagers,
« l'incendie, le pillage, et le bombardement pour auxiliaires. Elle
« avait certes dignement inauguré son œuvre à Strasbourg, à Château-
« dun et dans tant d'autres cités aujourd'hui en ruines, elle couronne
« ses exploits devant Paris... Le roi Guillaume, que disons-nous?
« l'*empereur* Guillaume, le chef du nouveau Saint-Empire, et son tout
« puissant ministre, tiennent à laisser des traces de leur passage sur
« cette terre de France, où ils recevaient, il y a 3 ans à peine, une
« prodigue et imprévoyante hospitalité; ils peuvent être tranquilles,
« on ne les oubliera pas... ils se sont dit sans doute que Paris y met-
« tait de la mauvaise volonté, qu'il tardait bien à mourir de faim, ou
« à tomber en révolution; puis l'Allemagne se fatigue, elle s'inquiète
« de cette immobilité de ses armées devant une ville qu'on lui avait
« promis de prendre au pas de course. Il lui faut un bombardement,
« et on a bombardé.

« Ch. DE MAZADE. *(Chronique)* ».

A voir en outre dans *La Revue* :

L'artillerie française avant et depuis la guerre, par le général Susane.

L'idée de la Patrie, ses défaillances et *son réveil*, par E. Caro.

L'hippophagie du siège et l'agriculture, par J.-H. Magne.

Les mobilisés aux Avant-postes, par Albert Dumont.

Lettre de Vitet.

La Banque de France vient de faire à l'État un nouveau prêt de 400 millions, destinés à la Délégation de Bordeaux !

Où allons nous, Seigneur ?

Richard Wallace propose à Jules Favre d'ouvrir une souscription pour les familles délogées par le bombardement, et s'inscrit en tête de la liste pour 100,000 francs.

Lamentable spectacle que l'émigration des habitants de la rive gauche vers le centre de Paris, où les Maires leur ont fait préparer des abris dans les locaux vides; pauvres gens transportant sur leur dos ou dans des voitures à bras leur petit mobilier, lit, matelas, draps, commode, pendules, cages avec serins, etc... l'homme tirant, la femme poussant..., et les enterrements sans fin d'enfants tués par l'anémie ou par la foudre des bombes!... Ce cri de Banville est dans tous nos cœurs :

. . . .
« Avec des fureurs imbéciles
« Nous restons là devant nos seuils
« A regarder en longues files
« Passer les tout petits cercueils.
. . . .

J'ai rapporté, l'autre jour, comme bien souvent, de ma chasse aux victuailles une petite terrine *de conserves*. Céline commence à en être tellement dégoûtée qu'elle ne peut plus en avaler.

On vend depuis quelque temps une substance soi-disant nutritive, qu'on appelle l'*osséine*, du jus d'os de cheval. J'en ai apporté aussi une petite boite. Malgré toute notre bonne volonté, ça n'a pas pu dépasser le gosier. Ce doit être un extrait de sabot de cheval.

A dîner, un régal, deux livres de vache (de la vraie vache qui a été vue vivante) achetée par l'intermédiaire de M. J... 12 francs.

Ce soir, grande représentation au Théâtre-Français de l'*Amphitryon* de Molière, pour fêter le 249e anniversaire de sa naissance.

Nous n'y allons pas, bien entendu.

« Le terme! voici le terme! comment allons nous payer le terme?... « Depuis cinq mois nous ne faisons rien! Nous n'avons rien reçu, rien « livré, rien vendu! L'industrie est à bas! Le commerce à bas! Le tra- « vail à bas!...

« Plus d'ouvrage, plus d'argent, plus de ressources! Le terme est « échu; les tailles sont pleines; les couverts d'argent, les bijoux des « femmes, la montre du mari, le plus beau du linge, tout est au « Mont-de-Piété! Comment pourrons-nous encore payer le terme? « Comment ferons-nous pour vivre?...

« Serait-il donc injuste que les locataires obtinssent des propriétaires: « 1° un ajournement du terme; 2° une remise sur le montant des « loyers?....

. . . .

Ce n'est pas moi qui parle ainsi : C'est Pierre-Joseph Proudhon. C'est ce qu'il écrivait le 15 Juillet 1848 au *Représentant du Peuple*.

Et combien actuels, plus que jamais actuels, ces cris de misère, de douleur, de révolte !

L'ajournement, la remise même du terme nous sont acquis de par la loi ; mais la vie de chaque jour, sans nourriture et sans feu, en est-elle plus possible pour les malheureux ?

Dieu merci ! nous, personnellement, nous n'en sommes pas là ; nous tenons même à payer notre terme (ne fût-ce que pour sacrifier jusqu'au bout au fier amour de *l'indépendance*). Et pourtant les ressources s'épuisent, et qui sait ce qui nous attend ? Depuis notre terrible siège, chaque journée nous a apporté du pire.

Cette page de P.-J. Proudhon me remet en mémoire quelques traits intéressants de sa vie privée, dont nos relations d'alliance m'ont fait témoin ou auditeur, et que j'ai plaisir à consigner ici, au passage de mes souvenirs, parcequ'ils sont très-certainement inédits.

Le 31 décembre 1849, Proudhon, étant à la prison de Sainte-Pélagie, en sortait quelques heures pour venir, à la mairie du Château-d'Eau, (du 5me arrondissement d'alors) contracter mariage avec notre cousine Euphrasie Piégard, cousine germaine de ma mère (enfants de deux sœurs) la troisième fille, ô bizarrerie des destinées ! d'un invétéré légitimiste, mon grand'oncle Piégard, petit passementier de la rue Saint-Denis, (passage Aubert), ex-fournisseur de la cour de Charles X, impliqué en 1832 dans la conspiration ? royaliste de la rue des Prouvaires, et condamné à 5 ans de prison, dont il n'avait fait d'ailleurs que deux ans, interné au Mont Saint-Michel. — Amour platonique, pas le moins du monde récompensé, de la Légitimité ! !

Me trouvant en congé de Jour de l'An du Lycée ci-devant *Henri IV*, devenu alors *Napoléon*, après avoir été un peu *Corneille* en 48, j'ai pu assister à ce mariage tout d'exception, qui m'intriguait et m'intéressait au plus haut point. Le marié avait pour témoins deux de ses amis qui lui sont toujours restés fidèles, MM. Mathey et Jallasson, ce dernier riche propriétaire. Du côté de notre jeune cousine, il y avait là : mon père qui était un de ses témoins, ma mère ; les père et mère Piégard et leurs autres enfants : M. et Mme Michaud (Élisa Piégard) avec leur fille Clarisse, d'à peu près mon âge, filleule de nos parents ; M. et Mme Desvoyes (Théodorine Piégard, mariée à Théodore Desvoyes, son cousin germain, notre oncle, frère de ma mère) ; Eugène Piégard ; et M. et Mme Auguste Piégard.

Mes yeux de treize ans considéraient la mariée, charmante en vérité, assez grande, avec sa taille d'une extrême minceur sous un buste bien pris et des épaules larges et effacées, avec surtout d'admirables cheveux blonds, et je me disais *in petto* que l'austère philosophe n'avait pas toujours regardé que ses bouquins et ses paperasses pour avoir su si bien choisir sa compagne.

Pendant la lecture de l'acte de l'État-civil, au moment où le Secrétaire a prononcé : « *Mademoiselle Euphrasie Piégard*, **sans profession** », Proudhon l'a interrompu rudement : « **Ouvrière !** » a-t-il dit très haut ; *sans profession* l'offensait.

Après cette cérémonie du mariage, qui resta purement civile (ce qui m'effarouchait d'autant plus que je n'étais pas très loin de ma première communion) Proudhon et sa femme se rendirent rue de la Fontaine-Saint-Marcel, où notre cousine avait loué un logement donnant sur la prison, des fenêtres duquel elle pouvait voir les signes que lui faisait son mari à travers les barreaux de sa cellule.

Dès le lendemain, le marié réintégrait la prison, d'où il avait d'ailleurs d'assez fréquents jours de sortie.

De Sainte-Pélagie, Proudhon écrivait au journal *Le Peuple* ses ardents et profonds articles révolutionnaires, dont un, jugé trop violent, le fit mettre *au secret*, et transférer à Doullens. Sa jeune femme alla le rejoindre dans cette ville, où elle prit une chambre à l'hôtel. Elle avait obtenu à grand'peine du Ministère l'autorisation de communiquer avec lui ; mais elle subissait, avant et après chaque entrevue, un examen des plus minutieux, obligée de se laisser déshabiller par des femmes, qui allaient jusqu'à dénouer sa longue et abondante chevelure pour s'assurer qu'elle n'avait sur elle aucun papier, apporté ou emporté.

L'emprisonnement à Sainte-Pélagie a duré de 1849 à 1852.

Enfin libre, Proudhon alla habiter avec sa femme et ses deux filles, Catherine, âgée de deux ans, et Marcelle âgée de quelques mois, rue d'Enfer, 83, un simple et gentil appartement, encore très présent à ma mémoire, au rez-de-chaussée, à gauche, dans un jardinet. C'est là que je me rappelle être allé leur faire plusieurs visites pendant mes dernières années de collége. Je vois encore Proudhon installé à sa table de travail, dans un cabinet entouré de simples rayons en bois blanc pleins de livres, vêtu d'une grande robe de chambre en flanelle bleu foncé, et coiffé d'une petite calotte de velours noir. Il me recevait affablement et me donnait des conseils. Je n'ai pas oublié cette parole du sentencieux cousin : « Mon ami, étudiez la philosophie; c'est la base de tout. » — Justement je n'y mordais guères à cette belle science... occulte, ce qui ne m'a pas empêché d'être pas mal *philosophe*, (mais philosophe... *sans savoir*, sinon sans *le* savoir.)

Proudhon a passé là cinq années de tranquilité relative, au moins politiquement. Là naquit, en 1853, Stéphanie, sa troisième fille ; en 1854, il faillit mourir du choléra qui lui enleva sa petite Marcelle, alors que lui-même était à toute extrémité ; il eut, en 1855, une quatrième fille Charlotte qui n'a vécu que six mois. Pendant ce même séjour de la rue d'Enfer, il a publié son livre : « *De la justice dans la Révolution et dans l'Église* », ardente polémique avec monseigneur Mathieu, cardinal-archevêque de Besançon (son berceau) au sujet des mensonges de sa « Petite Biographie » (1) par Eugène de Mirecourt.

Après la condamnation du livre *De la justice*, il s'exila volontairement à Bruxelles, où, à côté de fidèles amis, parmi lesquels M. Bourson, directeur du *Moniteur Belge*, il resta quatre années, continuant en paix ses travaux et publiant différents ouvrages.

En 1862, il est rentré à Paris et prit un appartement, grande rue de Passy, n° 10, où il est mort d'une hypertrophie du cœur, à 56 ans, le 19 Janvier 1865, à 2 heures du matin, entre les bras de sa femme, de sa belle-sœur (notre tante Desvoyes) et de Langlois, son intime ami et exécuteur testamentaire, en ce moment lieutenant-colonel à la tête de notre 18me régiment de garde nationale mobilisée.

C'est toujours là que demeure notre cousine sa veuve, avec ses deux jeunes filles, Catherine et Stéphanie. Mais le 18 septembre dernier, jour même de notre investissement, sur les instances pressantes du vieil ami et défenseur de Proudhon, Madier de Montjau, à qui la chute de l'Empire avait rouvert la France et Paris, elles sont parties pour Bruxelles, où il est probable qu'elles sont auprès de la famille Bourson. Ni nous, ni notre oncle et notre tante Desvoyes qui viennent nous voir souvent, n'avons d'elles aucune nouvelle.

Je ne veux pas quitter les souvenirs proudhoniens, qui m'arrivent en foule, sans faire revivre quelques petites anecdotes.

Un jour (on était alors rue d'Enfer) madame Proudhon, rentrant de chez la modiste avec un nouveau chapeau, trouve comme presque toujours son mari assis à sa table de travail, et lui demande si ce chapeau lui va bien. Il se retourne, la regarde un moment avec une véritable satisfaction, et lui dit le plus sérieusement du monde : « *Femme ! ce chapeau vous va à ravir ; faites vous en faire une demi-douzaine.* »

Un autre jour, vers la même époque, revenant d'un tour de promenade au Luxembourg, Proudhon raconte à sa femme cette singulière aventure :

« Assez fatigué, et ayant très chaud, je m'étais adossé, presque assis, « sur le rebord de la grille du jardin ; j'avais ôté mon chapeau, que je « tenais de mes mains appuyées sur ma canne, et je restais là, im- « mobile, pensant à je ne sais quoi, la nuit tombante, lorsque, tout-à- « coup, je suis réveillé de ma méditation par quelque chose qui tombe « dans mon chapeau. Je tâte, c'était une pièce de dix centimes !... J'ai

(1) Voir dans ma bibliothèque cette biographie annotée par Proudhon. Voir aussi ses œuvres presque complètes, et les 14 volumes de sa Correspondance que m'a gracieusement donnés notre cousine Proudhon, correspondance recueilie, classée et publiée par les soins de sa fille ainée Catherine, femme du docteur Félix Henneguy, seule survivante des enfants de Proudhon, Stéphanie étant morte le 23 septembre 1873.

« couru après le passant ; je l'ai rattrapé, et lui rendant sa pièce·

« — Monsieur ! Vous vous trompez !

« — Ah ! Pardon !

« Il était plus confus que moi. »

A propos de Proudhon, je lisais dernièrement dans le *Journal des Goncourt*, à la date du 9 novembre :

« Ce soir, je me cogne contre Nefftzer, qui m'emmène boire un verre « *d'aff* chez Frontin. Nous descendons dans la cave, hantée par les dé- « mocrates... Sur un mot que je dis de Victor Hugo..., il me parle de « sa complète inconscience en fait de nourriture : Proudhon, dit-il, et « un autre de mes amis, s'étaient rationnés à des dîners qui coûtaient « dix sous... »

Ce n'était même pas dix sous, — mais neuf sous, *l'ordinaire à 0,35 centimes*, ce qui, avec 10 centimes de vin, faisait un total de neuf sous, — Proudhon l'a répété souvent à sa femme.

Edmond de Goncourt ajoute :

« Moi, continue Nefftzer, je fais la distinction des bonnes et mauvai- « ses choses, mais je me résigne aux mauvaises. Lui, Hugo, rien ! Je « me rappelle, un jour, où il était en retard, et où nous ne l'attendions « plus. Nos restes avaient été jetés dans un coin : un infâme *arlequin*, « un mélange de choses, comme de la blanquette de veau et de la raie « au beurre noir... Eh bien, Hugo s'est jeté là-dessus. Nous le regar- « dions avec stupéfaction... et vous savez qu'il mange comme Poly- « phème... Très amusant, alors, Hugo, c'était au moment de l'élection « du Président... On se tenait chez moi. Hugo venait y caresser de « paroles Proudhon ; mais au fond, *Proudhon avait pour lui le mépris « qu'il aurait eu pour un musicien.* »

Est-il vrai que Proudhon ait tant que cela méprisé musique, musiciens, et même Victor Hugo ?

C'est à tort qu'on s'est plu à faire de Proudhon une sorte de rustre, de grossier personnage, de croquemitaine, d'avale tout. Ce n'était certes pas un fashionable, un homme du monde ; je ne sache pas qu'il ait jamais mis un habit et une cravate blanche. Il paraissait avoir horreur du monde, si on entend par monde celui des bals, des soirées ; dans celui là, je crois bien qu'il n'a jamais mis les pieds. Mais, dans l'intimité, c'était un causeur aimable, et même très galant homme pour les dames, lorsqu'il se trouvait en leur compagnie, leur baisant à l'occasion la main comme le plus parfait gentilhomme.

En dédaignant de se conformer à l'étiquette et à la mode, il a donné prise aux railleries. En 1848, on l'a représenté dans une grande houppelande lui descendant jusqu'aux talons. Après 48, Courbet, forçant le réalisme aux dépens de la réalité, s'est plu à faire de lui *un Portrait* en blouse et en sabots, blouse et sabots qu'il n'a peut-être jamais mis.

Il avait plutot l'aspect d'un *bon bourgeois*, comme l'a désigné, à l'audience de la Cour d'assises, Collignon, le cocher assassin de M. Juge habitant la même maison, lequel Collignon avait été arrêté, après son crime, par Proudhon, sorti au bruit de la détonation.

Quant à la poésie, Proudhon avait aussi la sienne, et une des plus charmantes, celle du cœur. On peut s'en convaincre en lisant certaines lettres touchantes à ses nombreux amis et autres, lettres d'une délicatesse et d'une émotion exquises, dans sa volumineuse Correspondance (1).

Mrs Bethune, for miss A. M. Elwall, 18, Phillimore-Gardens. Kensington-London.
(Angleterre).

Paris, Friday, 13th January, 71.

My dear Anna,

Je t'ai écrit hier *par ballon monté*, tu recevras peut-être cette lettre en même temps, car je ne sais pas s'il est parti un ballon cette nuit, pour te recommander de ne pas avoir peur si tu entends dire que l'on bombarde notre quartier et surtout notre rue, d'abord parceque la maison où nous demeurons n'est pas, pour le présent au moins, dans la ligne des projectiles, et 2° parceque, tout en y demeurant le jour, nous n'y restons que sur le derrière, et que la nuit nous couchons chez M. Lévêque, avoué, 21, rue des Bons-Enfants, près du Palais-Royal, qui a été assez aimable pour mettre une chambre à notre disposition, où nous sommes très bien. C'est un grand ami de M. et Mme Lenient, qui te disent bien des choses. Mme Lévêque t'écrira peut-être pour te prier de copier cinq ou six lignes que tu me transmettras dans la première lettre que tu m'écriras, aussi longue que tu voudras, adressée non pas à moi, mais à M. Washburne, comme ci-dessous....

(1) On peut lire dans le *Figaro* du 9 Janvier 1892 une curieuse page inédite de Champfleury sur les prétendues rustauderies de Courbet et de Proudhon

Dans notre rue, le couvent Saint-Michel, de l'autre côté de la rue Saint-Jacques, en montant vers la rue des Feuillantines, a reçu plusieurs obus et a été assez endommagé ; l'épicerie Gallais a reçu l'épouvantable visite hier à trois heures, Mme Gallais et une autre personne ont été blessées et toute la boutique a été ravagée et détruite. Notre ancien appartement de la rue de Tournon a reçu une bombe ; un soldat, qui était allé faire une commission pour nous, a rapporté un éclat qui était tombé tout près de lui, et qu'il avait évité en se jetant par terre. J'ai passé la nuit de mercredi à jeudi à la Mairie, et je vais en faire autant cette nuit, pour veiller à la réception des blessés, et pour tout autre service auquel je sois bon.

L'autre nuit j'ai fait deux rondes dans *les caves du Panthéon,* où s'étaient réfugiés au moins cinq cents individus, hommes, femmes, enfants — il y en aura bien plus cette nuit — tous couchés sur de mauvais matelas ou sur une simple couverture posée sur les dalles nues. C'était navrant à voir, et cependant jamais une plainte, un murmure. — Plusieurs avaient soif, je n'ai pu leur donner de l'eau qu'à cinq heures du matin, et j'ai dû aller avec un sergent de la garde nationale à au moins dix minutes de distance pour avoir l'eau.

L'attitude de la population de Paris, en présence de cette *inutile barbarie,* est admirable. Nul ne songe à capituler; nous irons jusqu'au bout.

Il est à peu près certain que dans deux ou trois jours il sera imprudent de venir ici dans la journée; tant qu'il n'y a que des obus, c'est ennuyeux et dangereux, mais il est à craindre qu'ils ne se mettent à lancer des *bombes incendiaires,* et alors on désertera le quartier et on le laissera brûler.

C'est une honte ineffaçable pour l'Allemagne, et elle le paiera cher; mais c'est aussi une honte pour mon cher pays, et une faute politique, et lui aussi, je le crains, aura à en répondre. Que Dieu en détourne le châtiment !

Chère Anna, dans les leçons que tu reçois, apprends à être une femme, et une femme qui dise toujours la vérité. Ne dédaigne pas la couture, le travail des mains; rappelle-toi que la femme qui a laissé une belle réputation dans le monde restait chez elle et filait de la laine.

Ta mère est occupée à serrer le peu de choses que nous avons; nous transportons les effets de femme chez M. Lévêque; aussi elle ne t'écrit pas; elle t'envoie à toi, à Jeanne, à George, et à Lala mille baisers affectueux, ainsi que moi. Donne notre amour à tes oncles, à tes tantes, et à tes cousines. Nous avons ici bon courage. Qu'ils prient pour nous.

Ton affectionné père,

A. Elwall.

P. S. — Adresse tes lettres toutes les semaines, en les envoyant toujours *par la même voie*, à : *Senator E. B. Washburne, minister Plenipotentiary of the United States of America*, *Paris*, et mets seulement au bas de la première page, M. A. Elwall. Adieux.

Journal de G. Sand. Nohant, 15 Janvier. — « *Rien,* « *qu'une angoisse à rendre fou !* »

Lundi 16 Janvier.

Nuit de dégel, noire, sinistre.

Le bombardement — du 13 au 16 — 85 victimes dont 56 blessés, et 29 tués (19 hommes, 3 femmes, 7 enfants).

C'est aujourd'hui *la Saint Guillaume*.

LA FÊTE DU ROI GUILLAUME

Il jubilait le vieux Guillaume,
Ses yeux brillaient... et cependant,
S'il est comblé par son royaume,
Paris s'est montré regardant.

Paris si grand ! Paris si riche!
Paris qui connaissait ses gouts,
Paris, qu'on aurait cru moins chiche
Pour ce bon père et bon époux,

Ayant devant lui deux soirées,
N'a pu fournir, pingre hideux !
Rien que trois femmes éventrées,
Et sept enfants coupés en deux.

X...

Notre cousin Alphonse Wohlgemuth, mari de Clarisse Michaud, nous fait l'amitié de venir partager notre semblant de déjeuner ; histoire de causer un peu en famille. Je n'avais pas encore eu l'occasion de parler de lui. Il est seul à Paris, ayant envoyé en sûreté sa femme et sa fillette Isabelle à Saint-Romain de Colbosc, près le Hâvre, et il remplit ici son devoir de citoyen-soldat.

Très ferré sur la théorie et sur le maniement de tous les fusils, qu'il a appris pendant un long séjour en Algérie, il a été nommé depuis le siège sergent instructeur dans un bataillon de marche. Il habite, tout à côté du Panthéon, 27, rue de la Vieille-Estrapade, sa maison, ou plutôt les caves de sa maison, dans lesquelles se réfugient chaque soir, à 6 heures, quand commence d'ordinaire le bombardement, une quarantaine de personnes, entre autres la jeune fille, très malade, de Gissot son concierge, qu'on y descend sur un matelas.

La conversation de Wohlgemuth, vive, originale, imagée, nous apporte, en ces jours de morne abattement, à notre pauvre père surtout, quelques bons moments d'animation et presque de gaieté.

Notre cousin est émerveillé de la vue de nos deux petits lapins vivants ; il leur passe avec amour la main sur le dos pour se convaincre que la race n'en a pas complètement disparu.

A table, devant nos sardines, nos crêpes à la vinaigrette, et notre mince beefsteak de cheval, il nous raconte cette épopée d'un poulet :

« Dernièrement, nous dit-il, mon bataillon avait été commandé pour une petite marche, préparatoire d'une sortie. Avant la porte de Montrouge, nous fîmes halte ; nous en profitâmes pour emplir les bidons chez un marchand de vins traiteur dont l'étalage montrait à nos regards jaloux un magnifique poulet, une merveille! étant donnée l'impossibilité d'établir de comparaison. Ce solitaire avait au-dessus de lui des boîtes de conserves en panoplie, vides il est vrai, mais resplendissantes, et à ses côtés deux feuilles de choux, tristement défigurées, mais dont vos petits lapins feraient encore peut-être leurs choux gras. »

« Lorsque nous entrâmes, deux artilleurs, probablement du Fort d'Issy, réglaient au comptoir. Tout en emplissant nos bidons, le marchand de vins nous demande si nous avons regardé son étalage et vu de près son poulet, qu'il avait payé 24 francs, car il avait le lendemain pour dîner un Comité qui s'occupait spécialement du bien être des travailleurs, et, la bouche en cœur, il court soulever les rideaux de son exposition. Stupéfaction! plus rien dans le plat! Dévalisé! »

« Il ouvre la porte, s'élance sur la route, et file dans la direction de Paris... »

— « C'est égal, dis-je à mon camarade, le coup a été prestement « fait! Qu'en dites-vous ?

— « Ma foi, je n'ai rien vu du tout!

— « Ça ne peut être que les artilleurs. Si vous voulez, nous revien- « drons savoir la suite de l'évènement.

« Deux jours après :

— « Eh bien, mon brave, le poulet ?

— « C'était ces bougres d'artilleurs!

— « Vous a-t-il été rendu ?

— « Ah! c'est toute une histoire. V'là, en deux mots. J'courais « comme une flèche, j'm'adresse à un brave homme, qui m'dit qu'il a « vu passer deux artilleurs, avec un paquet dans un mouchoir bleu; « j'cours plus loin; on a vu 2 canonniers monter dans l'omnibus qui « partait d'la station. Chien d'sort! Trop tard! J'me r'tourne; quelle « chance! Un fiacre! J'croyais qu'y en avait pus; j'grimpe à côté du « cocher.— « Si t'es un bon zig, que j'lui dis, faut rattraper l'omnibus, « tu sais l'chemin qu'elle prendra... » Y part, j'y raconte tout. Et au « galop! Nous dépassons les ponts. — « T'nez, qu'y m'dit au bout de « dix minutes, v'là vot' affaire ». Et y m' sembl' voir tout au fond de « l'omnibus un bout d'pantalon d'artilleur. Ni une ni deux, j'dégrin- « gole du siège et j'm'enfourne. — « Ah! j'vous tiens, bougres de « chapardeurs! » — Il était temps; y venaient d'vendre ma volaille à « un bourgeois assis en face d'eux, qui la tenait sur ses genoux. Moi, « j'veux reprendre mon poulet, l'Monsieur s'fâche et fait d'la résis- « tance. — « Ah! c'est comm'ça, mon bonhomme, que j'lui dis, nous « allons un peu voir! » — Y voulait toujours pas lâcher. Alors j'commence

« à lui rationner l'champignon. Pendant que j'assommais l'bourgeois, « les artilleurs voulaient s'cavaler; moi, j'veux pas; y m'bousculent, « j'cogne dans le tas, et c'était ça! — Et un potin dans l'omnibus! « l'conducteur siffle deux sergots qui s'baladaient, et qui viennent po« liment nous inviter à descendre. On m'réclame six sous, qu'y faut « payer quand même. On va tous chez le Commissaire; on m'rend « mon bien; l'bourgeois s'en r'tourne penaud et pas mal défraîchi; « quant aux artilleurs, j'leur ai dit d'aller s'faire pendre ailleurs; mais « y en a un des deux qui s'rappell'ra d'moi quand y mangera d'la vo« laille; j'ty ai dessiné un lorgnon sur l'œil, garanti bon teint. Et v'là! « Et si vous saviez comme j'ai été heureux de n'pas avoir raté mon « dîner du Comité! » —

« Nous l'avons complimenté de son énergie et de son succès.

— « A propos, il devait être tendre votre poulet, après les coups qu'il a reçus dans la bagarre? »

— « Oh! une vraie rosée! »

« En nous en allant, nous pensions au montant de la note qu'avaient dû avaler les excellents philanthropes qui s'étaient délectés du fameux poulet, en buvant à la santé des meurt-de-faim... »

Notre aimable cousin nous raconte encore, avec son entrain, qu'une certaine nuit, au redan de la Porte-de-Châtillon, très embarrassé pour loger tous ses hommes dans une tente dont on avait cassé le montant, il sauva la situation en doublant les sentinelles, avec faction réduite à une demi-heure, à cause du froid, ce qui donna large place à tout le monde; que cette même nuit, pendant sa ronde, par un splendide clair de lune, il avait vu, en passant près d'un petit égout, quelques rats qui n'y rentraient que pour en sortir; il disposa deux grosses pierres ne laissant entre elles que la place juste des noctambules, émietta un biscuit dans ce couloir, et se mit en embuscade, armé d'une baïonnette; mais, comme cet affût d'un nouveau genre n'était pas tenable longtemps par un froid de loup, il a dû se contenter de cinq victimes, qu'il a rapportées triomphalement par la queue. Ce fut à qui de ses hommes en aurait; mais, toujours impartial, il tira le gibier au sort... Il est retourné à cette chasse quelque temps après, malheureusement il n'y avait plus de rats; le bon temps était passé!

« Le plus beau cadeau que j'aie fait de ma vie, continue notre cousin, cadeau accueilli avec des larmes aux yeux, a été une grosse pomme de terre entortillée d'un papier de soie, qu'un horticulteur, à qui j'avais rendu service, avait bien voulu m'offrir. Deux petits choux raves de la grandeur d'une pièce de cinq francs m'ont aussi permis de faire deux heureux... »

Nous en étions au café, lequel, il faut en convenir, n'avait été précédé de presque rien; la causerie trompe la faim; d'ailleurs les estomacs, habitués à se resserrer, n'ont plus tant d'appétit. Wohlgemuth, qui mange à peine, se taisait. Ma mère lui dit :

— « Oh ! Alphonse, encore quelque chose ; dites-nous encore une his-
« toire de vos gardes nationaux. Notre vie est si triste ! Ça nous sem-
« ble si bon de nous dérider un peu ! »

Et comme mon père, Céline et moi nous nous mettions de la partie :

— « C'est que, mes chers cousins, je ne vois plus rien... à moins que
« je ne vous conte mon festin « *à la réjouissance publique.* »

— « Oui ! Oui ! le festin à la réjouissance publique ! »

— « Eh bien ! Voici :

« Un de mes vieux camarades, qui tenait une table d'hôte, se voyant délaissé de ses clients, m'a, vers Noël, envoyé une invitation à dîner. Une invitation à dîner ! Chose inouïe ! je n'y comprenais rien ! Je cours chez lui.

— « Merci, lui dis-je, mais en l'honneur de quel saint invites-tu à dîner ?

— « C'est que je me vois forcé de dépendre ma crémaillère, me dit
« ce pauvre ami, qui n'a plus pour se distraire que son grade de ser-
« gent dans ma compagnie, et les quatre agrafes ornant sa médaille de
« Crimée. Je te voudrais à l'enterrement ; j'espère que plus tard tu
« viendras à la rependaison.

— « Soit.

« A l'heure militaire, tous présents ; effectif, 10 estomacs.

« Après un petit verre de Madère — pas nécessaire du tout comme apéritif, — une grande soupière surgit sur la table. Les points cardinaux étaient représentés par quatre petits oignons qui naviguaient sur une surface liquide, constellée de larges taches noires et huileuses ; en se penchant on pouvait voir dans le fond une poignée de macaroni, attendant patiemment son sort. Et un parfum ! à plein nez un goût de lampions, qui rappelait *les réjouissances publiques !*

« Pendant qu'on avalait tant bien que mal ce potage à la graisse de lampions, on apercevait, à travers une épaisse fumée de la cheminée, trônant majestueusement sur un gril, à la flamme des éclats d'une caisse de Saint-Galmier, un gigantesque boudin de cheval... »

A ce mot de boudin de cheval, notre mère fait un saut sur sa chaise. Notre pauvre mère, qui s'était forcée à en manger ces jours derniers, en avait eu une forte et sérieuse indigestion qui l'avait rendue très malade.

— « Ce n'est rien, dit-elle, continuez, Alphonse ! du moment que je
« n'en mange pas, ça m'est égal. — »

Wohlgemuth reprit :

« Le malheureux consommé nous revenait, on tâcha de le refouler par un second Madère.

— « Ah! Mais c'est trop fort! dit un vieux de la vieille qui surveil-
« lait la cuisson de la pièce, dites donc, Ronod, il fuit?

— « Qu'est-ce qui fuit?

— « Parbleu! le boudin!

— « Ah! le lâche! c'est, ma foi, vrai.

— « Jugez donc!...

« En effet une eau roussâtre serpentait de la cheminée au milieu de la chambre; les dernières larmes du boudin éteignaient le feu, qui ne se fit pas prier. Il restait encore assez du boudin de cheval pour constater qu'il était aussi à la réjouissance publique.

« Le mot est resté de tradition dans la Compagnie; quand le bataillon est en marche, avec de la neige jusqu'à mi-jambes, on entend les loustics hurler : « Ous'qu'est le potage à la réjouissance publique? »

Sur ce, notre cousin nous quitte pour aller en grand'garde, et à bientôt.

Au fort de Montrouge, le lieutenant de vaisseau, Edgard de Saisset, fils unique de l'amiral Saisset, est tué, à 24 ans, par un éclat d'obus.

Une députation d'habitants bombardés prie Jules Favre d'aller représenter la France au Congrès de Londres. Il répond qu'il espère partir aussitôt les difficultés pendantes résolues.

Réunion des Maires, présidée par Jules Favre. L'un d'eux propose la transformation des Églises en casernes ; M. Tirard, notre maire, celle de la Bourse en ambulance...

On y règle la question des subsistances, qu'on prétend assurées jusqu'à fin février. Comment peut-on savoir? Toujours on prétend! On prétend!

On parle de faire du pain avec la fécule de *marrons d'Inde* tombés dans nos jardins publics.

Voici qui est plus fort : Un citoyen aurait signalé au Gouvernement qu'il existe à Paris un nombre infini d'oiseaux, de chiens, et de chats empaillés, qu'on pourrait peut-être utiliser pour l'alimentation publique!

On lit dans le *Soir* :

« M. Washburne a reçu ses journaux et n'a pas voulu les communi-
« quer, même à ses plus intimes amis. » Et M. Elwall ?

A Mme A. de M..., Paris,

Lundi soir, 16 Janvier.

Ma chère Céline,

Vous cherchez donc encore des pommes de terre? En vérité vous en faites une consommation !..

Enfin, il parait que vous pourriez en trouver chez madame B... O... faubourg Poissonnière, 5, au prix de 25 francs le boisseau. Vous pourriez vous recommander de mademoiselle D... qui a fait confidence de cette trouvaille à maman. Seulement le précieux tubercule n'est pas de première qualité, *a-t-on-dit*, et maman préfère que vous voyiez la marchandise avant de vous décider.

Au revoir, ma petite Céline, priez un peu pour la mère et l'enfant.

Édouard et moi vous embrassons bien tendrement ainsi que notre mère, notre père, et Alexandre.

Votre sœur dévouée,

Marie de M...

Il faudrait s'enquérir des pommes de terre le plus tôt possible.

Traduction d'un passage d'une lettre en anglais de M. Elwall à l'une de ses sœurs d'Angleterre :

Paris, Lundi 16 Janvier 1871.

Ma chère Julia,

. . . .
. . . .

Nous sommes très tristes ici, mais non découragés.

La canonnade a été intense toute la nuit, spécialement de notre côté (sud) de Paris; mais le bombardement, — au moins, dans le quartier du Panthéon — a considérablement diminué. J'espère que cette nuit sera aussi calme, car je la passe à la Mairie.

J'ai le regret de vous dire que ma femme a pris un rhume et n'est pas assez prudente pour garder la chambre comme elle le devrait; mais elle persiste à venir à la maison pour ses repas et à s'en retourner le soir. Le fait est que accepter à manger et boire et à avoir un feu dans sa chambre dans la maison d'un autre est une chose délicate. Personne n'en a trop pour soi-même. Quoique nous trouvions encore de quoi manger, cela demande du temps et de l'ingéniosité pour y arriver, sans compter l'argent pour l'acheter. Aujourd'hui, pour déjeûner, nous mangeons un petit morceau de *chair d'éléphant!* un présent... et très friande elle était, je puis vous le dire. Ainsi, vous voyez que si l'adversité vous fait connaitre d'étranges compagnons, un siège vous fait connaitre d'étranges plats. J'aimerais pourtant avoir un morceau de rat, je n'en ai pas encore mangé.

Mais il faut que je finisse ma lettre, car on m'attend. Avec tendre amour pour tous, croyez-moi,

Votre affectionné et reconnaissant frère,

A. Elwall.

Journal de G. Sand. Nohant, 16 Janvier. — « *La* « *peste bovine nous arrive. Plus de marchés. Beaucoup de gens aisés* « *ne savent avec quoi payer les impôts..., etc...*

« *On admire la belle retraite de Chanzy, mais c'est une retraite.* »

Mardi 17 Janvier.

Bombardement — du 16 au 17 — 14 victimes.

Une carotte..............................	1 25
Un tout petit poisson (perche) pour mon père.	2 50
Bourrelets de calfeutrage..................	2 55
Un œuf..................................	3 00
Une poire...............................	1 50
Aux pauvres..............................	0 50

Simple fait navrant ! On a réquisitionné, dit-on, une génisse à cinq pattes, toute la fortune d'un pauvre saltimbanque.

Après le billet de banque de 25 francs, voici enfin le billet de 20 francs mis en circulation. L'or se cache.

Tous les journaux, même les plus dévoués au Gouvernement, réclament instamment une offensive.

Les ateliers d'armurerie du Louvre transforment directement en chassepots nos anciens fusils à piston, sans les faire passer par les *tabatières*. Pourquoi ne l'a-t-on pas fait tout de suite ?

A M. Verciat, capitaine en 1er, 92me Bataillon, 8me Compagnie.

Paris, 17 Janvier 71.

Mon cher Capitaine,

Je suis encore retenu depuis trois jours, cette fois par un refroidissement.

Il me serait agréable qu'un des médecins de la Compagnie voulût bien passer me voir pour le constater.

Dès que je pourrai je me hâterai de reprendre le service.

Veuillez agréer, mon cher Capitaine, l'expression de mes sentiments les plus dévoués.

A. de M.

Même lettre à M. Besomb, sergent-major, avec sentiments de confraternité.

15, 16, 17 Janvier. — Bataille de trois jours. — Héricourt. Armée de l'Est. Bourbaki.

Journal de G. Sand. Nohant, 17 Janvier. — « *Notre « ami Girerd, préfet de Nevers, est destitué pour n'avoir pas approuvé « la dissolution des Conseils généraux...*

« *Dégel, vent et pluie. Tous les arbustes d'ornement sont gelés. Les blés, « si beaux naguère, ont l'air d'être perdus. Encore cela ? Pauvre paysan, pauvres nous tous.*

« *Nous avons des nouvelles du camp de Nevers, qui a coûté tant de « travail et d'argent. Il n'a qu'un défaut, c'est qu'il n'existe pas. Comme « celui d'Orléans, il était dans une situation impossible. On en fait un « nouveau, etc...* »

Mercredi 18 Janvier.

Bombardement : 20 victimes, dont 14 blessés et 6 tués (4 hommes, une femme, 1 enfant). 5me, 6me, 15me et 16me arrondissements, rue Notre-Dame-des-Champs, 43 maisons atteintes.

Ça n'empêche pas les gavroches des quartiers bombardés de chanter, à chaque détonation, sur *l'air* de la *Belle Hélène* :

Voilà l'o — bus qui s'avance,
Bus qui s'avance,
Bus qui s'avance!

Je relisais ceci l'autre soir dans les *Lettres Persanes* :

« Les princes ne pouvant plus confier la garde des places aux bour-
« geois, qui à la première bombe se seraient rendus... »

Eh bien! que penserait de nous Montesquieu? L'insouciance de Paris devant ces obus lâches n'a-t-elle pas sa grandeur? N'est-il pas vrai que notre brave Paris, comme dit si noblement Leconte de Lisle,

« *Offre sa libre gloire et sa grande agonie*
« *Comme un exemple à l'univers?* » (1)

Les vivres se raréfient. Voilà maintenant le pain pétri de son et de brins de paille.

L'Académie des Sciences s'occupe du *lait artificiel*, et de *l'utilisation des eaux d'égout.*

On est au bout du rouleau. Il faut, coûte que coûte, frapper un grand et dernier coup.

Sur les murs, cette affiche du Gouvernement, indice d'une suprême tentative :

« Citoyens,

« L'ennemi tue nos femmes et nos enfants; il nous bombarde jour
« et nuit; il couvre d'obus nos hôpitaux. Un cri, aux armes! est sorti
« de toutes les poitrines.

« Ceux d'entre nous qui peuvent donner leur vie sur le champ de
« bataille marcheront à l'ennemi; ceux qui restent, jaloux de se montrer
« dignes de l'héroïsme de leurs frères, accepteront au besoin les plus
« durs sacrifices comme un autre moyen de se dévouer pour la patrie.

« Souffrir et mourir, s'il le faut, mais vaincre.

« Vive la République. »

Mais, partons donc tous, nous tous qui sommes armés! Partons en masse. Sous le poids de notre multitude compacte, innombrable, s'écroulera la muraille allemande. Sédentaires, partons avec nos cama-

(1) Dans ma bibliothèque (Siège de Paris). Le Sacre de Paris, Leconte de Lisle, strophes dites par mademoiselle Agar, de la Comédie-Française.

rades de marche ; il faudra bien que nous la fassions cette brêche, et que nous y passions, morts ou vifs. Assez souffrir! Cent fois plutôt la mort! Voilà un siècle qu'on se ronge, qu'on se mine, qu'on se consume à petit feu. Emmurés dans ce grand Paris, nous étouffons! Oui, plutôt la mort cent fois!

Depuis les quelques jours de mon malaise, autant moral que physique, les pensées sombres m'envahissent et ne cessent de hanter jour et nuit mon cerveau torturé. Je sonde l'au-delà de notre mystérieuse vie; l'éternelle question, l'insoluble problème se dressent, obsédants, devant ma pauvre foi, bornée, flottante, inquiète, et ma mélancolie s'exhale en ces interrogations de ténébreuse et irritante métaphysique :

En somme, qu'est-ce que la mort
Sur longue ou brève jouissance,
Si non l'obscur retour au sort
Du néant d'avant la naissance?

Reprendre ou quitter ce néant,
N'exister plus ou ne pas naître,
Rien après comme rien avant,
Résumant tout l'orgueil de l'être!

Que serons-nous, tous, dans cent ans?
Une année avant moi qu'étais-je?
Un point noir dans la nuit des temps,
Zéro dans l'infini cortége!

Que sera, qu'était cette chair
Après la vie, avant de vivre?
Atomes d'eau, de terre, d'air?
X de l'indéchiffrable livre!

Faut-il en conclure ceci,
Que notre traversée humaine
D'une minute de souci
Ne vaut pas seulement la peine?

. . . .

Pourtant ce souffle, âme des corps,
L'âme, essence immatérielle
D'éternité, — l'âme, dehors,
D'où vient-elle? où retourne-t-elle?

Anime-t-elle aveuglément
La bête? l'arbre?... alors tout autre,
Sans parole, sans jugement,
Sans les dons propres à la nôtre.

La nôtre a les abstractions :
Beauté, Devoir, Honneur, Justice,
Arts, Lettres... pures relations
Dont seule au monde elle jouisse ;

Elle a la Charité, la Foi,
L'Espérance tant caressée,
L'idéal enfin !... et ce *Moi*
Qui crée et transmet ma pensée.

Je vois, j'entends, je sens, je suis,
Je raisonne, j'ai conscience
De mon *Moi*, simple... Et je poursuis,
Scrutant et nature et science.

Vains efforts ! Dès les premiers pas
Je me perds. — Il est trop de choses
Que je vois... et ne comprends pas !...
Explique, Savant, si tu l'oses,

Explique nous pourquoi ce brin
D'herbe, né d'une infime graine,
Produit au centuple le grain
Qui couvrira l'immense plaine ;

Pourquoi regerment, opulents,
Des grains de blé, sève endormie
Pendant trois ou quatre mille ans
Dans le cercueil d'une momie ;

Explique l'amour du Soleil
Pour la Terre ivre de sa gloire
Et les rêves de ton sommeil,
Et les replis de ta mémoire.

Explique-nous comment tu vois,
Comment il t'est donné d'entendre,
Ton goût, tous tes sens, et ta voix
Qu'à ton gré tu fais grave ou tendre.

Explique-moi le feu, savant,
L'éclat du lys, l'odeur des roses ;
Explique donc ce qu'est le vent ;
Je sais, ... les courants ! mais les causes ?

La magique électricité,
Dont notre siècle affolé tire
Tant de superbe vanité,
Ce qu'elle est, peux-tu me le dire?

Dis pourquoi le grand Ouvrier
A jeté l'Univers au moule;
Dis seulement qui le premier
Parut, de l'œuf ou de la poule;

Pourquoi tous ces mondes, roulant
Dans l'incommensurable espace;
Pourquoi toujours étincelant
Ce ciel, devant l'homme qui passe.

Sais-tu, pauvre cerveau concret,
Le destin d'une simple étoile?...
Va! L'Infini tient son secret,
Tu ne lèveras pas son voile!

. . . .

Pour moi, c'est l'éblouissement...
L'âme, sans délaisser la terre,
Reste-t elle dans l'élément
Par la transfusion? — Mystère!

Est-elle indivise et partout,
Absorbée aussitôt que libre,
Inséparable du grand Tout
Pour l'universel équilibre?

Ou, perfectibles passagers,
Nos esprits — rêve des poètes —
Vont-ils, en des corps plus légers,
S'épurer dans d'autres planètes?

Est-il vrai que les âmes sœurs
Se retrouveront, attirées
Par les ineffables douceurs
De ne plus être séparées??

. . . .

Mon âme enfin, après l'adieu
A cette énigmatique vie,
Pourra-t-elle approcher de Dieu?
. . . .

Je veux le croire, et je l'envie.

Après une bonne nuit, je me sens mieux ; j'ai repris mes forces. Je voudrais partir, mais aucun ordre ne vient pour notre 92me bataillon, 8me compagnie; on ne veut pas de la 8me du 92me!

La vieille inertie, désespérante, tuante, s'éternise. Il faut rester-là, inutile, à attendre. Et cependant il paraît que dans l'Est Bourbaki est vainqueur, qu'au centre et dans l'Ouest Chanzy retient l'armée de Frédéric-Charles, que dans le Nord Faidherbe occupe à la Fère celle de Manteuffel. A nous de retenir le plus de Prussiens possible sous Paris. C'est le moment ou jamais de pousser une attaque formidable. On l'annonce pour demain ; mais pourquoi n'en sommes-nous pas tous ?

M. Roux, notre commandant, est promu lieutenant-colonel pour le commandement du 29me régiment, en remplacement de M. Martin du Nord, passé à la tête du 2me régiment.

Toute la sainte journée, défilé interminable sous nos fenêtres d'innombrables bataillons de garde nationale mobilisée, se dirigeant, le sac au dos, en tenue de campagne, clairons sonnants, tambours battants, chantant la *Marseillaise*, vers la rue de Rivoli et les Champs-Élysées.

Voici le bataillon de Fernand Le Roy ; il s'en détache un instant pour monter nous serrer la main, et nous dire... au revoir... Il est très gai, vaillant, très fier d'aller au combat.

Camille Glaçon a quitté depuis quelques jours le Port-à-l'Anglais pour son casernement du quai Voltaire, d'où il doit sans doute partir aussi.

Alexandre Vivier est venu, ce matin, nous annoncer son départ de l'Hôtel-de-Ville ce soir, pour la *grande sortie*. Il était plein de courage ; mais, en nous disant « au revoir » le cher enfant dissimulait mal une furtive petite larme. Il fait partie du XIme régiment (division du centre)

Dans cette division sont aussi Henri Regnault et son ami Clairin, XVIme régiment (69me bataillon, 1re compagnie). Les deux peintres partent rayonnants d'enthousiasme, avides d'en finir par un coup décisif.

Regnault, pressentant qu'il allait à une bataille suprême, a fait coudre sur la doublure de sa capote cette carte :

Henri Regnault

Peintre

Fils de Regnault (de l'Institut)

Et au-dessous il a mis l'adresse de la maison qu'il habite, celle de cette chère famille d'adoption qu'il espère bientôt revoir, en rapportant à sa fiancée la nouvelle du triomphe final. Car il compte bien cette fois voir la fin de ces fatigues excessives qu'il lui dépeignait récemment dans la lettre suivante :

« *A Mademoiselle G. Bréton, Paris.*

« ... *Enfin! cette nuit interminable est finie! O ma* « *pauvre amie, c'était horrible! Mais je ne veux pas me* « *plaindre, parce qu'il y en a qui auront plus souffert* « *que moi. Nous avons dans la journée levé et posé trois* « *fois le camp. Les autres bataillons étaient partis en* « *reconnaissance avec M. de Brancion et nous avaient* « *laissés à la garde des avant-postes. Les factions de nuit* « — *six heures immobiles!* — *allaient nous échoir de* « *nouveau, quand enfin une compagnie est venue nous* « *relever. Un vent glacial menaçait à chaque instant* « *de nous enlever nos tentes. Nous étions entièrement* « *exposés à cette tempête de glace; tout gelait dans les* « *bidons; les pieds étaient devenus insensibles. Dans* « *une tente voisine de la nôtre, on entendait geindre un* « *de nos pauvres camarades, Nourrisset, tombé à mi-* « *nuit et demi dans la carrière, à une profondeur de* « *80 pieds. Il n'est pas encore mort, mais n'en vaut* « *guère mieux. La veille, pendant que nous gelions sur* « *le Port-aux-Anglais, un autre homme de notre batail-* « *lon était déjà tombé à cette même place et s'était brisé* « *le fémur. Nuit horrible!*

« *On va nous emmener, je l'espère, d'un autre côté :* « *Nous sommes de toute part entourés de carrières à* « *découvert, et il arrivera quelques accidents encore, si* « *l'on ne décampe. Oh! je puis parler sciemment du* « *froid, et sais ce matin ce qu'est une nuit sur la terre* « *dure, exposé à une bise glaciale. Quatre hommes chez* « *nous gelés, dont un sergent : on est parvenu à les* « *rendre à la vie. Assez là-dessus. Je me réchaufferai à* « *votre foyer. Je vous aime, j'aime mon pays, et cela* « *me soutient. Adieu...* . . . .

« *Henri Regnault* » (1).

(1) Cette lettre est extraite du livre de M. Arthur Duparc : *Correspondance de Henri Regnault.* (Charpentier, 1872).

A Mme A. de M..., Paris,

Paris, 18 Janvier 1871.

Ma chère Céline,

Les pommes de terre sont tellement bon marché que nous avons eu beaucoup de peine à nous les faire livrer. Enfin elles sont depuis ce matin au bureau d'Édouard, et c'est là qu'Eugène pourra venir les prendre aussitôt que vous voudrez. J'espère que notre père est mieux portant et qu'il pourra bientôt venir dîner à la maison.

Édouard et moi vous embrassons tous bien affectueusement.

Marie de M.

Le roi de Prusse est proclamé Empereur d'Allemagne *dans la grande Galerie des Glaces, au Palais de Versailles, par ses alliés les Princes des États Secondaires.*

Journal de G. Sand. Nohant. 18 Janvier. — « *Le « bombardement de Paris continue, etc... Je crois plutôt que Jules « Favre voit la prochaine nécessité de capituler, et qu'il espère encore « une paix honorable. Ce mot* honorable, *qui est dans toutes les bou- « ches, est, comme dans toutes les circonstances où un mot prend le « dessus sur les idées, celui qui a le moins de sens. Nous ne pouvons pas « faire une paix qui nous déshonore après une guerre d'extermination « acceptée et subie si courageusement depuis cinq mois, etc... C'est «* ruineuse *qu'il faut dire. Ils nous demanderont surtout de l'argent, ils « l'aiment avec passion. On parle de 3, de 5, de 7 milliards. Nous aime- « rions mieux en donner 10 que de céder des provinces qui sont deve- « nues notre chair et notre sang... etc...*

« *Ce serait le moment d'une belle fusion, si, par tempérament, les*

« *rouges n'étaient pas irréconciliables avec tout ce qui n'est pas eux-*
« *mêmes. C'est le parti de l'orgueil et de l'infaillibilité. A cet effet, ils*
« *ont inventé le mandat impératif que des hommes d'intelligence, Ro-*
« *chefort entre autres, ont cru devoir subir, sans s'apercevoir que c'était*
« *la fin de la liberté et l'assassinat de l'intelligence...* »

Jeudi 19 Janvier.

Une pièce de vin, Espirat frères..........	175 00
2 boisseaux de pommes de terre..........	50 00
10 bouteilles d'eau d'Alet.................	8 70

Bataille de BUZENVAL

Notre armée, concentrée depuis hier et forte de cent mille hommes, est partagée en 3 colonnes principales, composées de ligne, de mobile et de garde nationale mobilisée, incorporée pour la première fois dans les brigades.

Ces 3 colonnes, ayant évidemment Versailles pour objectif, sont disposées comme l'indique **le plan** sommaire ci-contre.

Celle de gauche (général Vinoy) doit enlever la redoute de Montretout, les maisons de Béarn, Pozzo di Borgo, Armengaud et Zimmermann.

Celle du centre (général Carré de Bellemare) l'est du plateau culminant de la Bergerie et le front du mur du parc de Buzenval.

Celle de droite (général Ducrot) l'ouest du parc de Buzenval et la Porte de Longboyau, pour se porter sur le Haras Lupin.

DISPOSITION SYNOPTIQUE :

Général VINOY	Général de BELLEMARE	Général DUCROT
Montretout	**La Bergerie**	**Buzenval**
Les Maisons :	(Est du Plateau)	(Ouest du Parc de)
de Béarn, Pozzo di Borgo,	*et le front du mur*	*Longboyau,*
Armengaud,	*de*	*Rueil,*
et Zimmermann.	**Buzenval**	*Haras Lupin.*

BUZENVAL
Montretout

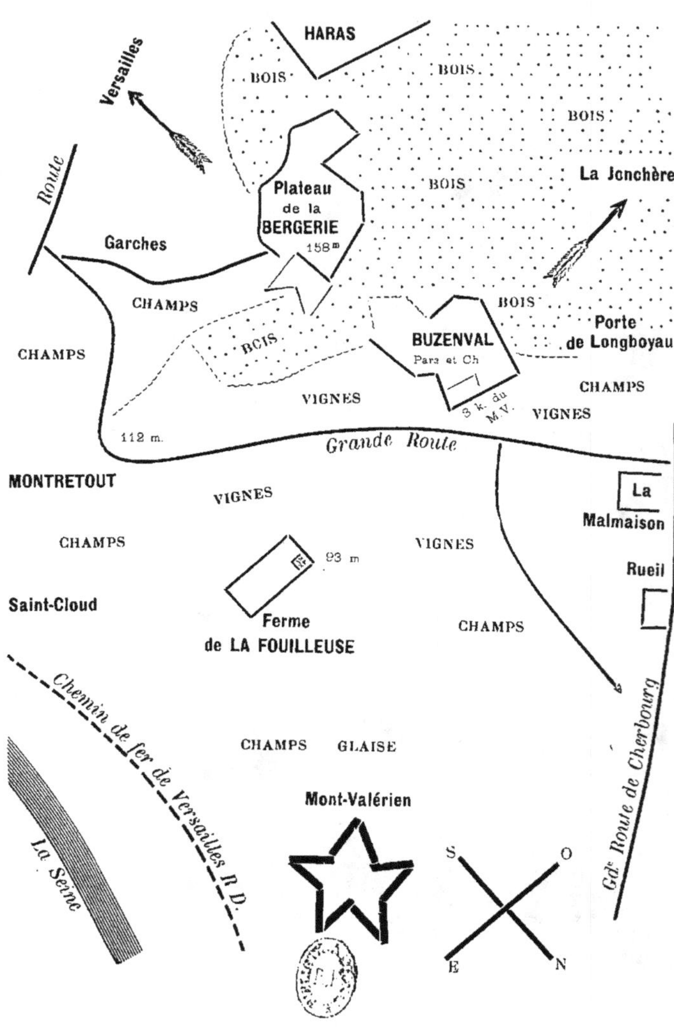
HARAS
BOIS
BOIS
BOIS
Versailles
Route
Plateau
de la
BERGERIE
158 m
BOIS
La Jonchère
Garches
CHAMPS
BOIS
BOIS
BUZENVAL
Parc et Ch
Porte
de Longboyau
CHAMPS
VIGNES
3 k. du
M.V.
CHAMPS
VIGNES
112 m.
Grande Route
MONTRETOUT
VIGNES
La
Malmaison
CHAMPS
93 m
VIGNES
Rueil
Saint-Cloud
Ferme
de LA FOUILLEUSE
CHAMPS
Chemin de fer de Versailles R.D.
CHAMPS
GLAISE
Gde Route de Cherbourg
Mont-Valérien
La Seine
S
O
E
N

Dès onze heures du matin, la redoute de *Montretout* et les maisons désignées sont conquises par Vinoy.

Au centre, Bellemare, deux fois repoussé, a enlevé à la baïonnette la ferme de *la Fouilleuse*, la maison dite *du Curé*; il est maître de la crête de *la Bergerie*, mais il attend vainement l'appui de la droite, et ne se maintient qu'en employant sa réserve.

Ducrot arrive enfin, mais avec un retard de *deux heures* (chemin très long, 12 kilomètres à travers la plaine boueuse de Gennevilliers pendant une nuit obscure, voie défoncée, obstruée, que sais-je? — En somme *deux heures trop tard !*

L'action s'engage avec une extrême violence par l'aile gauche sur Garches, et par l'aile droite sur la Jonchère et la *Porte de Longboyau*, où elle rencontre une résistance acharnée, en arrière de murailles et de maisons crénelées qui bordent le parc. A plusieurs reprises, Ducrot, au milieu d'un brouillard intense, ramène à l'attaque la ligne et la garde nationale, sans pouvoir gagner du terrain.

Deux heures trop tard! Deux heures trop tard!! (1).

Vers 4 heures, un violent retour offensif des Prussiens contre notre centre et notre gauche fait un moment reculer nos troupes.

Mais elles s'élancent de nouveau, gravissent encore avec la furie française les pentes ardues et glissantes, où les pieds se collent comme dans de la poix, reconquièrent une seconde fois leurs positions, et attendent de l'artillerie pour pouvoir s'y maintenir.

Malédiction! L'artillerie ne vient pas; elle est embourbée dans les glaises et ne peut pas tirer parcequ'elle décimerait nos propres troupes. Des masses ennemies énormes arrivent, renouvelées, toutes fraîches, soutenues par la formidable batterie de Garches, (toujours le simpiternel et fatal refrain de toute cette guerre insensée) et criblent de leurs feux nos malheureux soldats, épuisés, harassés par douze heures de combat, et... n'ayant rien mangé depuis 24 heures! Oh! la triste intendance que la nôtre! La jolie hécatombe de *riz-pain sel* qu'il y aurait à faire!

Il faut battre en retraite, redescendre ces pentes qu'on avait montées avec tant d'élan. (2).

(1) Le surnom de *Général deux heures trop tard* en est resté, dans le peuple, au général Ducrot.

(2) Seuls M. de Lareinty et une compagnie des héroïques mobiles bretons qu'il commandait, oubliés dans la retraite, restèrent cernés et combattirent 36 heures dans la maison Zimmermann qu'ils avaient enlevée à la baïonnette après le parc Pozzo di Borgo. Leur drapeau étant resté au bataillon, ils en plantèrent sur la maison un autre improvisé par leur chef, avec une queue de billard pour la hampe, deux cravates de soldat pour le bleu, un morceau de drap de lit pour le blanc, et un lambeau de velours de banquette pour le rouge (ce drapeau, M. de Lareinty l'a conservé comme une relique). Ce n'est que le lendemain soir que, devant une batterie installée contre eux, ils durent se rendre. Leurs nombreux morts empilés sur le billard et un peu partout en imposèrent aux chefs ennemis, qui traitèrent cette poignée de braves avec égards et les firent conduire prisonniers à Versailles, puis à Dresde. On peut voir le récit de cette défense dans le *Figaro* du 19 Janvier 1892.

On les redescend, du moins pas à pas, avec des retours de colère(3).

Henri Regnault est des derniers à partir. Il ne peut s'arracher de ce sol ; il veut brûler ses dernières cartouches.

Tout à coup Clairin, qui a été à ses côtés pendant toute la journée, ne l'aperçoit plus. Il le cherche en vain dans les rangs, il retourne sur ses pas, entre dans le petit bois qui se trouve en avant du mur, et l'appelle. Il a beau crier : Henri ! Henri ! — Rien !

La nuit est venue. Désespéré, Clairin rejoint son bataillon, va de l'un à l'autre, interroge, et apprend enfin que, vers 4 heures, au moment où l'on sonnait la retraite, on avait vu Regnault marcher vers le mur derrière lequel se cachaient les Prussiens ; qu'on l'avait rappelé et qu'il avait crié : « Je tire mon dernier coup de fusil et je reviens. » On pensait qu'un moment après c'était lui qu'on avait vu tomber.

Peut-être n'est-il que blessé ; un espoir reste encore ; mais il faut attendre à demain pour continuer les recherches.

Journal de G. Sand. NOHANT, 19 Janvier. — « *On a* « *des nouvelles de Paris du 16. Le bombardement nocturne continue.* « Nocturne *est un raffinement. On veut être sûr que les gens seront* « *écrasés sous leurs maisons. On assure pourtant que le mal* n'est pas « grand. *Lisez qu'il n'est peut-être pas proportionné à la quantité de* « *projectiles lancés, et à la soif de destruction qui dévore le saint* « *Empereur d'Allemagne ; mais il est impossible que Paris résiste long-* « *temps ainsi, et il est monstrueux que nous le laissions résister, quand* « *nous savons que nos armées reculent au lieu d'avancer...* »

Protestation *de Henri V contre le bombardement de Paris :*

« *Il m'est impossible de me contraindre plus longtemps au silence.*

« *J'espérais que la mort de tant de héros tombés sur le champ de ba-* « *taille, que la résistance énergique d'une capitale résignée à tout pour* « *maintenir l'ennemi en dehors de ses murs, épargnerait à mon pays*

(3) Lire, dans le Supplément illustré du *Petit Journal* du 7 novembre 1891, une émouvante nouvelle, « La Peur » (épisode de Buzenval) par André Theuriet.

« *de nouvelles épreuves; mais le bombardement de Paris arrache à ma* « *douleur un cri que je ne saurais contenir.*

« *Fils des rois chrétiens qui ont fait la France, je gémis à la vue de* « *ses désastres. Condamné à ne pouvoir les racheter au prix de ma vie,* « *je prends à témoin les peuples et les rois, et je proteste, comme je le* « *puis, à la face de l'Europe, contre la guerre la plus sanglante et la* « *plus lamentable qui fut jamais.*

« *Qui parlera au monde, si ce n'est moi, pour la ville de Clovis, de Clo-* « *tilde et de Geneviève; pour la ville de Charlemagne, de Saint-Louis,* « *de Philippe-Auguste et de Henri IV; pour la ville des sciences, des* « *arts, et de la civilisation?*

« *Non! je ne verrai pas périr la grande cité que chacun de mes aïeux* « *a pu appeler :* Ma bonne Ville de Paris.

« *Et puisque je ne puis rien de plus, ma voix s'élèvera de l'exil pour* « *protester contre les ruines de ma patrie; elle criera à la terre et au* « *ciel, assurée de rencontrer la sympathie des hommes en attendant la* « *justice de Dieu.*

« *HENRI.* » (1)

« *7 Janvier 1871.* »

Vendredi 20 Janvier.

Bilan du bombardement — du 19 au 20 — 9 victimes.

Devant les dangers croissants du bombardement, M. et Mme Elwall, M. et Mme Lenient ont quitté tout à fait le quartier latin, pour la rue des Bons-Enfants, au Palais-Royal.

M. et Mme Ch. de Mazade tiennent bon rue Saint-Jacques. Des obus sont tombés à côté d'eux sur le Musée de Cluny; mais leur maison paraît jusqu'à présent épargnée. Quoiqu'il en soit, ils ont par prudence fait transporter leur fils non encore rétabli chez leur docteur, rue Castex, derrière l'Hôtel-de-Ville.

Le pain devient horrible, jaunâtre, noirâtre, plein de son, de paille; on le dirait pétri avec de la boue. Il ne nourrit pas; on a constamment faim, avec un feu au creux de l'estomac.

---

(1) Dans ma bibliothèque. Le comte de Chambord, correspondance de 1841 à 1871, etc...

Nous mangeons force crêpes. Hélas! quand donc reverrons-nous du bon vrai pain?

Le chien est ouvertement vendu à 3 fr. 50 la livre. Un chat vivant 12 francs. Vu plusieurs boutiques avec cette enseigne : *Boucherie canine et féline*. Il s'y débite des rats.

Une dinde vaut 180 francs. Une oie 140 francs.

Ordre du jour du général Clément Thomas, se terminant par ces mots :

« Dans la journée du 19 janvier la garde nationale de Paris, comme « l'armée et la mobile, a fait dignement son devoir. »

Cependant, du Mont-Valérien, Trochu envoie cette consternante dépêche :

« Il faut, à présent, parlementer d'urgence à Sèvres pour un armis-« tice de deux jours qui permettra l'enlèvement des blessés et l'enter-« rement des morts.

« Il faudra pour cela du temps, des efforts, des voitures très solide-« ment attelées, et beaucoup de brancardiers. Ne perdez pas de temps « pour agir dans ce sens. »

C'est donc un désastre effroyable que cette malheureuse journée d'hier? (1) Le voilà donc le résultat de cette colossale sortie, sur laquelle nous comptions tant! Nous ne sommes pas plus avancés qu'avant-hier, pas plus qu'il y a huit jours, pas plus qu'il y a quatre mois! au contraire! Maintenant c'est la lugubre désespérance, l'appel à la sourde résignation!

De notre balcon nous assistons, avec des serrements de cœur, au retour sinistre, à la lugubre procession, dans un délabrement qui fait pitié, des restes mêlés des bataillons de garde nationale que nous avons vus partant avant-hier si radieux d'enthousiasme.

Ils sont couverts de boue et de sang, se traînant, boitant, les uns la tête enveloppée d'un mouchoir ensanglanté, d'autres le bras en écharpe, beaucoup d'autres portés sur des brancards, blessés, morts en en route peut-être.

Nous avons revu passer Fernand Le Roy qui nous a fait signe; il semblait exténué, à bout de forces.

Mais que sont devenus Glaçon, Alexandre Vivier, et les autres?

(1) Buzenval nous a mis 2400 hommes hors de combat.

Trêve, pendant toute la nuit et la journée, pour enlever les blessés et les morts de Montretout et de Buzenval.

On a inutilement cherché Henri Regnault. Ce n'est que vers 5 heures du soir qu'un ambulancier, parcourant le petit bois, aperçoit, dans une des allées, un soldat étendu, la face contre terre. Il le retourne sans pouvoir distinguer la figure, qui est couverte d'un masque de sang et de feuilles sèches. Il ouvre la capote de drap marron et lit sur une carte cousue à la doublure :

> *Henri Regnault*
> Peintre
> *Fils de Regnault (de l'Institut)*

Et son adresse au-dessous.

C'en est donc fait ! Plus d'espoir ! Plus aucune illusion ! Henri Regnault a été tué ! Mort, notre pauvre jeune ami ! perdu à jamais, et avec lui, pour nous et pour la France, un rayonnant avenir de gloire ! Mort ! de la mort stupide de la guerre, d'une guerre exécrée, à jamais maudite !

L'ambulancier a pris ce qu'il a trouvé sur le corps, et a continué ses recherches de blessés, pensant bientôt revenir là ; mais, l'armistice expirant, il a été forcé de quitter le champ de bataille. Il rentre à Paris où il annonce que Henri Regnault n'est ni blessé ni prisonnier, et remet à sa famille les objets recueillis : Une petite chaînette qui porte une médaille, et une larme d'argent. Cette larme, souvenir de longs deuils, lui avait été donnée par sa fiancée, qui, en la lui remettant, lui avait dit : « Maintenant que je suis heureuse, prenez-la, mais vous me « la rendrez, je le veux, la première fois que vous me ferez pleurer. »

. . . .

Va-t-on seulement maintenant pouvoir retrouver le corps de celui qui nous fait tous pleurer ?

J. Claretie, après un récit émouvant de Buzenval, écrit à la date d'aujourd'hui :

« A six heures, levé. Je vais au champ de bataille...

. . . .

« Il paraît que les Prussiens ne laissent pas approcher des murailles. Tout à coup un appel de clairon se fait entendre de leur côté. On n'y répond point. Il se renouvelle. Nul ne bouge chez nous. J'appelle des officiers de la ligne. « On nous appelle, messieurs, il faut y aller. — « Allez-y si vous voulez! » « Soit. » Je prends un clairon avec moi. Nous montons. Nous allons du côté de l'ennemi. Mon clairon répond à l'appel. Les autres font la sonnerie : cessez le feu ! J'avais à la main le drapeau de Genève. Nous montons toujours. Je me trouve bientôt en face d'un tout jeune homme, aide de camp du général Kirckbach, je crois, qui commande là. Uniforme bleu de ciel à parements noirs. Il porte la main horizontalement à la visière de son képi.

« Monsieur, dit-il, le général vous offre deux heures pour relever vos morts. Si vous voulez avertir les brancardiers, ils peuvent entrer dans le parc et faire leur besogne, qui sera longue. »

« J'appelle. Les brancardiers montent. Je suis l'officier jusqu'au parc. En route je lui demande son avis sur les gardes nationaux qui ont combattu hier.

« Des gardes nationaux ? dit-il. Ah! nous croyions que c'était de la troupe de ligne. »

« — Non, ce sont de simples bourgeois, boutiquiers, ouvriers, artistes ou gens de lettres. Il sont comme cela quatre cent mille, décidés à tout, à la lutte quand même. »

« Nous revenons à Rueil. Des omnibus de chemin de fer, des tapissières, ramènent des cadavres entassés. Ces voitures s'arrêtent devant la Mairie, et l'antithèse de ce bâtiment élégant, à la moderne, c'est-à-dire ridicule, et de ces morts est affreuse. Les cadavres empilés les uns sur les autres, officiers, soldats, gardent leurs attitudes roides. Les pieds boueux des uns s'appuient sur les faces livides des autres et les écrasent. .. »

Encore un tableau à briser le cœur celui que l'on a sous les yeux, le matin surtout, quand on s'éloigne un peu du centre de Paris. Ce sont les longues et lamentables queues des femmes, à la grille des boucheries, à la porte des boulangeries, des chantiers de bois, des cantines municipales ! Il a beau pleuvoir, neiger, geler à pierre fendre, la ménagère est là, transie, hâve, mais courageuse et patiente, les pieds dans la boue glacée, attendant des heures que son tour vienne d'obtenir la ration de cheval, morue, hareng, deux misérables buches, un pauvre bol de bouillon...

Et, parmi ces femmes du peuple, une délicatesse parfois, dont je ne sais si nous autres hommes serions capables ! Hier je voyais, placée au centre d'une queue interminable, une pauvre mère, jeune encore, tenant entre ses bras son petit enfant, tout pâle de froid. Comme les autres, elle attendait patiemment, avançant de quelques mètres tous les quarts d'heure. L'enfant grelottait et elle l'enveloppait de son mieux dans son châle. — « Allons ! ma petite mère, passez devant », lui dirent ses voisines prises de pitié. Et on la fit de l'une à l'autre passer à la première place, sans qu'aucune malheureuse ait protesté.

Et toutes celles qui apportent au mari, au père, au fils, au frère, de garde au bastion, la maigre pitance du siége et qui s'en retournent à la maison déjeuner ou dîner, aussi elles, qui sait de quoi, mon Dieu ?

Et les *sœurs de France*, et toutes celles, vieilles et jeunes, qui se consacrent aux ambulances !...

L'histoire pourra dire bien haut que les Parisiennes auront été les héroïnes du siége de 1870.

Une affiche placardée cette après-midi a annoncé des succès de Bourbaki? et de Faidherbe? en même temps que la retraite de Chanzy. — Plus un mot de Gambetta!

Ces nouvelles, vraies ou fausses, n'ont plus le don de nous captiver; elles nous laissent presque indifférents; la cruelle désillusion nous gagne, avec la défiance et le dégoût de tout ce qui arrive ou peut arriver.

Les clubs s'agitent; les journaux avancés lancent de violentes attaques contre le Gouvernement.

La relation suivante nous frappe et nous émeut vivement :

« A l'ambulance des Dominicains d'Arcueil, du Collége du Grand-« Albert, dit le *National*, nous voyons du sang à l'entrée; nous son-« nons, et nous sommes reçus par un de ces braves pères, avec sa robe « blanche, tachée de boue et de sang.

« On vient d'apporter trois blessés de la petite redoute qui se trouve « à gauche de la maison Millaud, devant le chemin de fer de Sceaux. « Ce sont trois artilleurs de la 18me batterie, 11me régiment. Le même « projectile les a blessés tous les trois; c'est un obus de 12 qui leur « est arrivé d'une batterie basse entre Sceaux et Fontenay.

« Le premier a les chairs de la cuisse traversées, mais facilement « guérissables, le fémur étant intact.

« Le second est mort presque aussitôt arrivé.

« Le troisième est un jeune officier, un lieutenant. Sa vue nous re-« pose du cadavre que nous venons de voir. Il est blessé au bras droit « que le chirurgien en chef est en train de panser. Il a une figure inté-« ressante, intelligente, et supporte en souriant la douleur de sa bles-« sure qui, nous l'espérons, n'aura pas de suites graves.

« Nous avons demandé le nom de ce courageux officier à un des « artilleurs, il n'a pas pu nous le dire... »

Avec le pressentiment que ce lieutenant pourrait être un de nos jeunes amis, Charles de Tavernier, brillant élève de seconde année de l'École Polytechnique, que nous savons incorporé dans l'artillerie et de service dans ces parages, je cours aux nouvelles chez ses parents, boulevart du Prince Eugène, et j'y apprends que notre crainte n'était que trop réelle. Le troisième artilleur grièvement atteint est bien Charles de Tavernier.

Son père et son jeune frère Fernand, qui ont servi un mois à côté de lui comme simples artilleurs, n'étaient pas là quand il a été blessé; ils sont maintenant de service au bastion 69.

Outre deux blessures moins graves à la tête et à la jambe, Charles de Tavernier a l'avant-bras droit broyé. En dépit de ses souffrances, il n'a voulu quitter son poste que lorsque les servants blessés eurent été enlevés et dirigés sur l'ambulance des Dominicains, où il a été apporté lui-même, en attendant qu'on le transporte incessamment chez ses parents.

A M. A. DE M..., Paris,

Paris, 20 Janvier 71.

Mon cher Alexandre,

Ne pouvant pas aller te voir, je t'écris tout de suite du quartier, où je viens de rentrer *sain et sauf* de Buzenval, mais accablé de fatigue, et.... complètement découragé. Tu vas voir :

Partis avant-hier matin du Luxembourg avec les bataillons qui formaient notre régiment de marche *pour une destination inconnue*, nous avons gagné Courbevoie par les Champs-Élysées et l'Avenue de la Grande-Armée, après de nombreuses haltes, pour laisser passer soit des mobiles, soit de la ligne, soit des batteries d'artillerie. Installés le soir dans des maisons abandonnées, nous avons reçu quelques provisions, et pris un peu de repos.

Et hier, avant le jour, nous repartions vers le Mont-Valérien pour redescendre après-midi à la ferme de la Fouilleuse enlevée le matin aux Prussiens et occupée par le général Carré de Bellemare. De là, on nous fait monter à travers les vignes au Parc de Buzenval; des balles égarées frappent quelques hommes de notre bataillon, qu'on transporte en arrière, pendant que nous nous abritons derrière le mur du parc.

Au moment où nous franchissons une brèche, une

salve de coups de fusils nous accueille, sans nous faire grand mal ; plusieurs d'entre nous répondent, mais sont arrêtés aussitôt par la sonnerie de : *cessez le feu;* cette sonnerie indique que nous ne sommes qu'en seconde ligne, pouvant tuer ou blesser des camarades qui se trouvent en avant de nous. Le lieutenant-colonel nous fait alors passer sur la droite, où nous attendons de nouveaux ordres...

Et toute cette triste et sombre journée s'est passée ainsi, dans une incertitude complète et poignante sur l'issue de la bataille, dont les bruits ont fini par se perdre dans le brouillard, puis dans la nuit. Ce n'est que fort tard que nous recevons l'ordre... non pas de marcher en avant, comme tu peux croire... mais *de nous replier* sur Courbevoie !... où nous sommes arrivés ce matin, exténués de fatigue et de privations.

Là, nous avons appris par des zouaves l'issue fatale de la journée ; après un léger repos, on nous a ramenés dans nos quartiers respectifs.

Je ne te ferai pas de grandes phrases sur cette affaire, à laquelle je n'ai rien compris, pas plus que mes camarades ; nous en verrons les suites plus tard ; pour moi, je crois que tout est fini. *Consummatum est !*

Ton bien dévoué ami,

G. GLAÇON.

Bataille de Saint-Quentin perdue par Faidherbe.

Journal de G. Sand. NOHANT, 20 Janvier. — « *Nos « généraux ne combattent plus que pour joûter. Ils n'ont pas la fran- « chise de d'Aurelle de Paladines, qui a osé dire la vérité pour sauver « son armée...* »

Samedi 21 Janvier.

3 0/0 50.75.

Décès 18e sem. 4465

Son pour les lapins........................ 1 20
Facture d'épicerie Potin.................. 10 80

C'est le tour de Saint-Denis, dont le bombardement a commencé violemment ce matin à 9 heures.

Le *Monde Illustré* donne un dessin d'après nature de notre camarade d'Henri IV, Émile Laborne : *L'aspect des belles Serres du Jardin-des-Plantes;* effroyablement déchiquetées par la grêle des obus.

Il contient aussi les portraits de Faidherbe, et du général Cremer commandant en chef à la bataille de Nuits.

Visite de M. Vivier père, qui nous apprend qu'Alexandre est rentré sans blessure, mais qu'il a besoin de deux ou trois jours de repos, et que, s'il ne peut pas venir, il nous écrira des détails sur cette déplorable journée de Buzenval et de Montretout.

Le jeune Godefroy Cavaignac, qui, à 17 ans, s'est engagé pour la guerre, reçoit la médaille militaire pour sa bravoure au plateau d'Avron et à Buzenval. Fils du général Président de la République de 48, du proscrit du 2 décembre 51, c'est lui qui, il y a trois ans, lauréat du Concours général pour le premier prix de version grecque, fut l'auteur du fameux petit esclandre à la distribution des prix de la Sorbonne en refusant sur un signe de sa mère de se laisser couronner par le Prince Impérial, et fut pour cela même l'objet d'une ovation de la part de la jeunesse universitaire (1).

Richard Wallace et l'amiral La Roncière sont reçus par acclamation membres du *Jockey-Club*.

---

(1) En 1882, député de Saint-Calais (Sarthe). En 1885, député de la Sarthe, au scrutin de liste. Ministre la Marine dans le cabinet Loubet du 27 février 1892.

Parmi les victimes de Buzenval, à ajouter au long martyrologe de cette odieuse guerre, nous remarquons :

Le colonel *Langlois* (l'ami intime de Proudhon) blessé au bras d'un éclat d'obus.

Didier Seveste, le jeune pensionnaire plein d'avenir de la Comédie-Française, ami de la famille Pillon, officier des carabiniers parisiens. Il est tombé, la cuisse traversée, après la prise de Montretout, à l'altitude 112. Il a subi, dans la nuit même, une amputation dont on redoute beaucoup les suites.

Gustave Lambert, le promoteur de l'expédition au pôle Nord, volontaire au 119me de ligne, blessé mortellement.

Le lieutenant d'*Estourmel*, blessé mortellement.

Le *fils de Lesseps*, ramené par son père qui est attaché aux ambulances.

Tués : *Ch. Bernard*, 1er prix de violoncelle au Conservatoire.

Francis Mitchell, fils de Robert Mitchell.

Philippe de Montbrison (dont le beau château est voisin de Flamarens), tué à la tête des mobiles du Loiret, en s'élançant à l'attaque de Longboyau.

Le colonel *de Rochebrune*, tombé à l'assaut de Montretout; Rochebrune le tigre, Rochebrune le chef des zouaves de la mort, Rochebrune le héros de la dernière guerre de Pologne, tué par une balle Polonaise!

Le marquis *de Coriolis*, volontaire de 67 ans, du 15me bataillon de la garde nationale, frappé, près de la Malmaison, par deux balles, l'une à la tête, l'autre au cœur.

« Le marquis de Coriolis, dit Augustin Cochin dans *le Français*, « restera un type et un exemple. » Il était vieux, et il a donné l'exemple aux jeunes gens, auxquels il aurait volontiers répété :

« *Donnez-moi vos vingt ans si vous n'en faites rien.* »

« Il était de grande naissance et il est mort simple citoyen et simple soldat. »

A la chapelle expiatoire de la rue de l'Arcade, on n'oublie pas le service anniversaire de la mort de Louis XVI.

D'après le *Moniteur Universel*, il n'y a plus dans Paris que à peine 300 fiacres, 100 voitures de remise au plus ; les omnibus sont réduits à moins d'un tiers, avec surcroît de travail pour le peu de chevaux qui restent.

Par le ballon le *Général Bourbaki* (c'est le 50me qui part de Paris depuis le siége) j'envoie un mot de souvenir à MM. Liogier et Culty à Saint-Étienne, sur une **Lettre-Journal**, *Gazette des Absents*, achetée 15 centimes (Éditeur Jouaust).

C'est une feuille de papier à lettre (pelure) dont les deux premières pages contiennent imprimé très-fin le résumé de nos principaux faits du siége et dont le reste est réservé blanc pour écrire la lettre.

---

5 heures du soir. — Cabinet de M. Leroux.

3me Séance du *Conseil d'Administration de la Caisse de Famille.*

I. II. III. Attributions de Secours.

IV. Pour le transport du bois, on a trouvé une voiture. Mais impossibilité de trouver un cheval, à cause de la réquisition qui pèse sur les chevaux, très rigoureusement observée.

Si on peut trouver du bois, on avisera à son transport par voitures à bras.

V. Gamelles achetées et remises au Capitaine.

VI. Par suite de l'Arrêté de rationnement du pain, *à 300 grammes par tête et par jour*, les Bons de pain seront libellés à l'avenir :

Bon pour .... centimes, représentant .... rations de pain.

VII. M. Leroux est autorisé à payer les notes de médecin et de pharmacien des gardes nécessiteux malades.

Le Gouvernement se décide à publier un fragment des opérations militaires de la province, et le fait suivre de cette mention usuelle des feuilletons de romans : *La suite à demain !...*

Hier et aujourd'hui Conseils sur Conseils de guerre. Le Gouvernement réunit les généraux pour leur demander ce qu'ils croient encore possible.

Les Maires interrogés déclinent toute responsabilité.

Réunion des Maires chez Bonvalet, l'un d'eux, l'ancien restaurateur!

Propositions fantastiques d'un plan de capitulation *sui generis* par le citoyen Victor Considérant.

La démisssion de Trochu, qui se dépopularise chaque jour, et Clément

Thomas avec lui, à force de temporiser, cette démission, réclamée depuis longtemps par les plus impatients, devenait imminente.

En effet :

On lit ce soir sur les murs :

« Le Gouvernement a décidé que le commandement en chef de l'ar-
« mée de Paris serait désormais séparé de la présidence du Gouverne-
« ment.

« M. le général de division Vinoy est nommé commandant en chef de
« l'armée de Paris.

« Le titre et les fonctions de *Gouverneur de Paris* sont supprimés.

« Monsieur le général Trochu conserve la présidence du Gouverne-
« ment. »

Belle défense de Belfort par Denfert-Rochereau.

Du 7 au 21, Garibaldi fortifie Dijon.

Journal des Goncourt. 21 Janvier. — « *Une phrase*
« *bien symptomatique. Une fille, me marchant dans le dos, rue Saint-*
« *Nicolas, me jette à l'oreille : — « Monsieur, voulez-vous monter chez*
« *moi... pour un morceau de pain?* »

Journal de G. Sand. 21 Janvier. — « *Tours est pris*
« *par les Prussiens.* »

Dimanche 22 Janvier.

127me jour de siége !

Messe de 11 heures à Saint-Leu.

Une conserve de viande hachée............	8 00
Un pâté... de... atroce (de rat sans doute)...	5 50
Facture d'épicerie Potin (*Le sucre est taxé 1 franc en dépit des épiciers*)...	3 50
Nouvel essai d'osséine (infructueux) le gosier n'en veut pas........................	3 25
Lait artificiel, dit lait obsidional, de M. Dubrunfaut (détestable)	2 00
Aux pauvres..............................	0 50

Suite et fin des opérations de la province...! du Roman, quoi !

J'ai trouvé ce matin, à mon adresse, chez notre concierge (qui en a reçu aussi pour d'autres locataires) un avis brûlant, d'une trentaine de de lignes, non signé, imprimé sur carton, disant notamment :

« L'heure du péril suprême... est-elle prévue?. . . . .

« N'oublions pas que c'est le peuple Allemand qui se rue sur le « peuple Français jusqu'à l'extermination ; c'est donc le carnage, le « viol, le pillage et l'incendie qui désoleraient la cité.

« N'attendons pas la dernière heure, ne laissons aucune part à l'im- « prévu ; que dès aujourd'hui chacun connaisse exactement son rôle et « n'ait qu'à prendre sa place dans le rang au premier signal... »

Il n'a pas tort, le *factum* ; pour mon compte, je suis tout prêt ; mais on ne m'appelle pas.

Le Club de l'École de Médecine prévient Jules Favre que, s'il va à la Conférence de Londres, sa maison sera rasée.

Le bruit court que des troubles sérieux ont lieu à Belleville et à l'Hôtel-de-Ville.

A midi, on affiche ceci :

A la garde nationale

Le Commandant supérieur des gardes nationales de la Seine.

« Cette nuit une poignée d'agitateurs a forcé la prison de Mazas, et « a délivré plusieurs prévenus, parmi lesquels M. Flourens.

« Ces mêmes hommes ont tenté d'occuper la mairie du 20me arron- « dissement et d'y installer l'insurrection ; votre commandant en chef « compte sur votre patriotisme pour réprimer cette coupable sédition.

« Il y va du salut de la cité.

« Tandis que l'ennemi la bombarde, les factieux s'unissent pour « anéantir la défense.

« Au nom du salut commun, au nom des lois, au nom du devoir « sacré qui nous ordonne de nous unir tous pour défendre Paris, « soyons prêts à en finir avec cette criminelle entreprise ; qu'au pre- « mier appel la garde nationale se lève toute entière, et les perturba- « teurs seront frappés d'impuissance.

« CLÉMENT THOMAS.

« Le ministre de l'Intérieur par intérim.

« JULES FAVRE. »

Une autre affiche du Gouvernement :

« Citoyens,

« Un crime odieux vient d'être commis contre la Patrie et contre la « République, etc...

. . . .

« Le Gouvernement ne faillira pas à son devoir. »

Ordre du Jour du général Vinoy.

« Le Gouvernement de la Défense Nationale vient de me placer à « votre tête ; il fait appel à mon patriotisme et à mon dévouement ; je « n'ai pas le droit de me soustraire. C'est une charge bien lourde, « je n'en veux accepter que le péril, et il ne faut pas se faire d'illusions.

« ... Nous voici arrivés au moment critique...

« ... A l'intérieur, le parti du désordre s'agite et cependant le canon « gronde. Je veux être soldat jusqu'au bout, j'accepte ce danger, bien « convaincu que le concours des bons citoyens, celui de l'armée et de la « garde nationale ne me feront point défaut pour le maintien de l'or-« dre et le salut commun.

« Général VINOY. »

Poussés par notre incorrigible curiosité de prisonniers, nous allons, après le déjeuner (si ça peut s'appeler un déjeuner), oh! rien de ces tranquilles déjeuners, qui se perdent dans la nuit des temps, dont notre père se plaisait à dire, si souvent, dans notre jeunesse, avec un bon rire, après son café qu'il appelait « son affaire » : *encore un que les Prussiens n'auront pas!...* nous allons, dis-je, Céline et moi, vers 1 heure, malgré la boue et la pluie, faire un tour rue de Rivoli pour savoir et voir, s'il se peut, ce qui s'est passé.

Arrivés à la Tour Saint-Jacques, où la foule est grande, on nous dit qu'on vient de se battre sur la place de l'Hôtel-de-Ville et qu'il est encore impossible d'en approcher. Dans les groupes, nous écoutons, le cœur navré, les détails de cette guerre civile, honteuse sous le feu de l'ennemi, une tache, et une tache de sang, sur l'honneur de Paris :

Les insurgés, après avoir forcé la prison Mazas et délivré Flourens, ont envahi cette nuit la mairie de Belleville, y ont pris 2,000 rations de pain au risque de réduire à la famine la population indigente du quartier, y ont bu une barrique de vin réservée aux nécessiteux, pendant que les camarades pillaient une épicerie. Flourens s'est, paraît-il, retiré, déclarant qu'on n'était pas en nombre, et qu'on reviendrait. Quelques compagnies de gardes nationales de l'ordre ont fait évacuer la mairie sans effusion de sang, et à 6 heures et demi ce matin, il ne restait plus rien de l'échauffourée de la nuit.

Tout paraissait tranquille, lorsque vers midi, une centaine de gardes nationaux de l'émeute, dont la plupart du 101me bataillon (Flourens n'y est pas!) débouche à l'improviste sur la place de l'Hôtel-de-Ville, encombrée de manifestants et de curieux, au moment où le colonel Vabre, commandant militaire, reconduisait deux députations successivement introduites auprès de la Municipalité et que venait de recevoir Chaudey. Ils se sont disposés par pelotons séparés, et tout à coup, mettant le genou à terre, ils ont fait feu sur le commandant et sur les officiers du bataillon du Finistère, qui se tenaient sur le trottoir, entre la grille et la façade, exhortant la foule au calme. En voyant tomber plusieurs de leurs officiers, les mobiles bretons ont tiré; sauve-qui-peut général, la place a été instantanément vidée. Mais alors une vive fusillade est partie des maisons environnantes, fusillade de balles explosibles et de petites bombes fulminantes, dirigées sur les fenêtres de l'Hôtel-de-Ville, où avaient été vus les mobiles bretons.

Un quart d'heure après, on crie que la Garde Républicaine vient de mettre en fuite les émeutiers, et qu'une vingtaine d'individus ont été arrêtés dans les maisons de la fusillade.

Il n'y a plus de danger ; nous nous dirigeons vers la place de l'Hôtel-de-Ville. Cette grande place, que je voyais ces jours derniers si animée par le grouillement pacifique du marché aux rats, nous la trouvons absolument nette, et entourée presque de tous côtés par un cordon de troupes.

Nous nous disons — ce qui n'est peut-être pas d'une extrême prudence — qu'on ne prendra pas pour des émeutiers une Dame et un Monsieur (par extraordinaire sans uniforme) passant innocemment bras dessus bras dessous, et nous traversons la place, depuis la rue de Rivoli jusqu'au quai de Gesvres, que nous prenons tout de suite à droite, pas fâchés de nous éloigner. Nous passons le pont Notre-Dame, enfilons la rue Saint-Jacques, montons voir un instant nos cousins de Mazade, chez qui rien de nouveau ; et n'entendant que par intervalles assez longs le grondement de la canonnade, nous continuons à monter la rue Saint-Jacques, et tournons à droite sur le boulevard extérieur jusqu'aux premières maisons de l'avenue d'Orléans (Montrouge). Les dégâts du bombardement y sont plus épouvantables encore que nous n'aurions cru...

Sur les volets d'une boutique fermée, nous remarquons écrit grossièrement à la craie :

« Faut pas vous inquété si sort de la fumé par la cave, ces nous
« qui font la cuisine. »

A 6 heures nous rentrons dîner avec nos parents, qui, cette fois, ne sachant pas où nous étions allés, n'ont pas eu d'inquiétude.

———

Un joli feuilleton de Paul de Saint-Victor, dans la *Liberté* sur l'anniversaire de Molière du 15 courant au Théâtre-Français, où ont été dits des vers d'Edmond Gondinet, et... sur *Paris... grand hôtel*, avec cette très juste observation :

« Paris sait maintenant ce qu'il lui en coûte d'avoir été si longtemps
« l'hôtel garni des deux mondes. Il peut compter les serpents qu'il
« a réchauffés dans son sein... »

———

Le journal le *Soir* nous apprend que parmi deux cents cadavres de gardes nationaux qu'on a ramenés hier de Buzenval, et qu'on a transportés aujourd'hui au Père-Lachaise, on a enfin retrouvé et reconnu, par le numéro et l'inscription de la tunique, le corps de notre cher grand artiste Henri Regnault.

Au cimetière, Clairin, presque fou de douleur, a essuyé avec des baisers le sang et la boue qui couvraient son visage méconnaissable. La tempe gauche porte le trou de la balle qui lui est restée dans le cerveau.

C'est là aussi que la jeune fille, à laquelle il avait lié sa destinée, est venue le regarder pour la dernière fois, et lui apporter, pour être enterrés à jamais avec lui, son bonheur et tous ses espoirs.

Journal des Goncourt. 22 Janvier. — « *Le soir,* « *le boulevard présente l'aspect des plus mauvais jours révolutionnaires.* « *Des discussions toutes prêtes à en venir aux coups. Des mobiles Pari-* « *siens accusant les gens à* Trochu *d'avoir tiré sans provocation ; des* « *femmes criant qu'on assassine le peuple. Nous voici aux dernières* « *convulsions de l'agonie.* »

Lundi 23 Janvier.
128ᵐᵉ jour du siége.

Un radis noir............................ 1 50

Le bombardement, plus lent cette nuit sur Vaugirard et Grenelle, a repris ce matin avec vigueur. L'Asile Saint-Anne atteint.

Protestation des médecins.

Du 20 au 23 — 36 victimes dont 10 tués (4 hommes, 3 femmes, 3 enfants) et 26 blessés.

Rue du Val-de-Grâce une maison a reçu 15 obus dans l'espace de 24 heures.

Suppression des Clubs.

Suppression du *Réveil* et du *Combat*, pour excitation à la guerre civile.

Il n'y a plus à nous illusionner, Paris est à bout de forces.

C'est avec un amer soulagement que nous apprenons qu'un plénipotentiaire est envoyé à Versailles, avec une lettre de Jules Favre à Bismarck.

Parmi les victimes de l'échauffourée d'hier, nous remarquons le nom du docteur Coindet, médecin principal de 1re classe, tué dans son appartement par une balle d'émeutier; nous nous demandons si ce docteur ne serait pas le fils de l'ancien pharmacien de Beaumont.

Un journal publie la réhabilitation du sergent Hoff, décoré pour sa bravoure extrême, (voir page 191) accusé ensuite d'être l'instrument des Prussiens !

Journal des Goncourt. 23 Janvier. — « *Un curieux* « *tableau! Dans les restaurants encore ouverts les dineurs apportent* « *leur pain sous le bras...*

« *... Je vais voir Duplessis, à la Bibliothèque, et dans l'obscurité de* « *cette salle des Estampes, où mon frère et moi avons passé tant d'heu-* « *res d'études, un employé est obligé de m'indiquer qu'il faut me garer* « *d'une cuve d'eau ou d'une pile de cartons. C'est aujourd'hui une cave,* « *où toutes les richesses uniques qui font l'envie de l'Europe sont empi-* « *lées comme pour un déménagement — et j'ai peur d'avoir dit le* « *mot.* »

Journal de G. Sand. Nohant, 22 et 23 Janvier. — « *Toujours plus triste, toujours plus noir. Paris toujours bombardé!* « *on a le cœur dans un étau. Quelle morne désespérance! On aurait* « *envie de prendre une forte dose d'opium pour se rendre indifférent* « *par idiotisme.* »

Mardi 24 Janvier.
129me jour de siége.

Dans l'*Officiel*, cet avis :

« Toute victime du bombardement ayant besoin d'un secours devra faire constater à sa Mairie le dommage éprouvé, etc... »

Comme si les Prussiens redoutaient un autre retour offensif, ils viennent d'installer de nouvelles batteries en arrière de la gorge de Montretout, *idem* contre Nogent, contre Drancy et Aubervilliers, contre Montrouge, en somme de tous les côtés à la fois.

Vin de quinquina........................	1 50
Chocolat................................	3 00
Une petite poignée d'oseille................	1 75
Confitures..............................	1 50

Un de nos amis nous a indiqué un nouveau plat de quasi-légumes qu'il dit excellent : *des bégonias au jus;* seulement nous ne trouvons ni bégonias, ni jus. Il a mangé du salmis de rats ; on aurait cru, dit-il, manger un salmis de petits oiseaux. Nous n'en essaierons pas, quoiqu'on trouve encore, parait-il, en cherchant bien, du rat. La viande de chien, toute filandreuse qu'elle est, et celle du chat se font plus rares. Il ne reste plus guères que les animaux qu'on aime et que, dût-on mourir de faim à côté d'eux, on ne se résoudra jamais à tuer ou à vendre. Mirette, par exemple.

A Wohlgemuth on a eu l'audace d'offrir 80 francs de son cher Médor, bien que la bonne bète ne soit plus qu'un tréteau, auquel on aurait habilement adapté une queue et une tête ! (1)

3me Séance du nouveau Conseil de famille. 9 heures du matin. Cabinet de M. Leroux.

I. *La solde.* Le capitaine remet au secrétaire :

1° Lettre d'engagement de restitution d'un garde ;

2° Trois lettres d'un garde, fabricant établi, expliquant que sa situation est devenue chaque jour plus critique, qu'il est à bout et n'a plus de quoi vivre, ne trouvant même plus à emprunter ; qu'il restituera au Trésor après la guerre.

Admis sauf engagement.

3° Une lettre du garde charbonnier (rejet précédent). Il a été obligé de fermer sa maison faute de marchandise, et de renvoyer son employé faute d'aliments.

Il est admis à la solde, et sa femme admise au subside de 0,75.

Admission d'autres gardes et femmes.

Total : Gardes, 87. — Femmes, 72.

(1) Ce chien s'est remis bien vite, et mourut gras dix ans après.

Un garde, dont la demande a été rejetée parce que son *incorporation était postérieure au 1er octobre*, a renouvelé sa demande au Capitaine. Sa réclamation sera, suivant l'ordre de l'État-Major, transmise au Commandant du bataillon, et par celui-ci au Général commandant les Gardes Nationales.

II. *Restitution au Trésor*. Le Sergent-major a versé à M. Hitier, officier-payeur, la somme de trente francs, représentant cinq paies de 6 francs, non touchées par un garde, qui est malade et comme tel ne faisant pas son service.

Le soir, un tour sur les boulevards. Mille bruits se croisent dans les groupes qui stationnent : Les armées de province auraient subi de graves échecs ; Gambetta se serait brûlé la cervelle ; le Roi de Prusse serait mort d'une attaque d'apoplexie ; Vinoy tenterait de nouveau de reprendre le plateau de Châtillon, vers lequel on a vu se diriger des forces considérables ; le Gouvernement serait en pourparlers d'un armistice avec Versailles, etc, etc.

A M. A. de M..., Paris.

Paris, Mardi 24 Janvier.
30, Quai des Célestins.

Mon cher Parrain,

Dans l'impossibilité de m'absenter, je t'envoie, comme papa te l'a annoncé, le récit de ma participation à la malheureuse tentative du 19. Et d'abord je n'ai rien. Dieu soit loué !

Tu te rappelles que mon bataillon (le 183me, XIme régiment) avait été cantonné au 9 novembre à Fontenay-sous-Bois, entre le bois de Vincennes et le fort de Nogent.

En décembre on nous a envoyés à Arcueil-Cachan. C'était le bon temps, car j'en suis à regretter un gai réveillon dans la salle de la Mairie, où nous étions logés, près de la Bièvre...

Mercredi dernier, c'est de l'Hôtel-de-Ville de Paris, que mon bataillon s'est mis en marche, à 4 heures du soir, pour aller, nous a-t-on dit, prendre nos cantonnements à Courbevoie ; nous n'y sommes arrivés qu'à 11 heures et demie du soir, alors que le trajet aurait dû s'effectuer en 3 heures à peine ; mais l'encombrement était si grand dans l'Avenue de Neuilly, au passage du pont, qu'il nous a fallu six heures pour faire un kilomètre.

Les pieds dans la boue de neige, la pluie glacée nous fouettant le visage, nous étions très fatigués, et pour comble d'infortune, nous avions très faim, parceque n'ayant eu, avant l'heure de la convocation, aucun indice sur son motif, nous n'avions pris aucune précaution.

Notre piétinement dans de telles conditions était un supplice, avec notre sac au dos, garni de 300 grosses cartouches de fusils à tabatière, notre fourniment de campagne, du linge et divers ustensiles, dont les gardes nationaux n'ont pas encore, comme le soldat, appris à se passer. Tout cela pesait bien lourd sur nos épaules, meurtries par les courroies.

Arrivés au rond-point de Courbevoie, on nous donna l'ordre de prendre nos cantonnements dans les maisons abandonnées. Quoique non ravitaillés, nous avons pu nous reposer un peu, mais bien peu.

A 3 heures du matin, le clairon sonne. « Sac au dos! » On nous distribue à la hâte du lard, du riz, du café... etc... Et en marche! sans pouvoir rien faire cuire; sans pain, pas même de biscuit.

Nous approchions du Mont-Valérien, lorsque, vers 5 heures du matin, une calèche passa, nous obligeant à doubler nos files. Elle portait le général Trochu. Quelques-uns, en langage gavroche, lui adressent leurs compliments peu flatteurs, lui criant la vieille scie : que *l'h est de trop* à son nom, etc... Mais la majorité se tait, semblant se recueillir, comme si chacun pesait à part soi les chances du combat qu'il pressent, eu égard aux capacités et à la fortune de celui qui va le diriger.

La calèche est entrée au Fort. Nous voyons trois bombes d'artifice éclater dans l'air, c'est le signal de l'attaque. Quelques minutes après, commence le feu des tirailleurs ; puis suivent les feux de pelotons.

Nous laissons le Fort à notre gauche. Des factionnaires, échelonnés à courtes distances, servent à tracer la route. Nous descendons du Mont-Valérien dans une vallée, où nous traversons une *grande ferme*, dans laquelle sont installées des ambulances.

Arrivés au pied d'une colline, nous sommes sur le champ de bataille, où l'action s'est engagée.

Le clairon sonne. Le pas de gymnastique — et de temps en temps « Couchez-vous. » — Des morts, des mourants et des blessés sont là sur notre passage. Les brancardiers en enlèvent ; un prêtre console ceux qui peuvent l'entendre encore.

Au milieu de ces malheureux, nous avançons, et le coteau gravi, nous sommes sur la lisière d'un petit bois, à l'un des angles d'une grande propriété, qu'on nous dit être le *Parc du Château de Buzenval*. Les balles pleuvent dru ; on se couche. Une balle s'aplatit sur une pierre à quelques centimètres de ma tête, après avoir coupé une petite branche.

On nous fait partir en tirailleurs à travers le bois. Jusqu'alors pas un coup de fusil n'a été tiré par notre compagnie. Pourquoi tirerait-on ? Nos fusils portent difficilement à 600 mètres ; un ennemi, que nous ne voyons pas, nous mitraille à longue portée tout à son aise, et peut-être au hasard.

Nous avançons toujours. A l'extrémité du plateau, nous voyons au-dessus de nous un cimetière ; plus loin, un village qu'on me dit être Garches. Les Prussiens y sont, et tirent sur nous. Enfin, nous ripostons, mais encore sans effet, nous sommes à 800 ou 900 mètres. C'est à ce moment que 5 hommes de mon bataillon sont frappés mortellement, beaucoup d'autres blessés, sans que nos armes aient pu atteindre ceux qui nous déciment.

Voilà que des mobiles bretons, arrivés après nous en tirailleurs, confondent nos capotes marron avec des uniformes prussiens, et tirent sur nous. Mon lieutenant et moi, nous courons nous faire reconnaître. Mais impossible d'être compris, leur langage différant du nôtre. Enfin, nous apercevons un jeune lieutenant, qui anime ses hommes avec un zèle digne d'un meilleur but que le dos de ses compatriotes, et il tombe des nues en apprenant ses prouesses.

Mon lieutenant prend avec lui notre sergent porte-fanion et quelques gardes, dont je fais partie, pour reconnaître le flanc droit de notre position. Nous sommes à l'extrémité de l'aile gauche. En obliquant un peu sur notre droite, à travers le bois, au milieu d'un monticule est un gros arbre. Nous avançons jusqu'à lui ; alors, à 20 mètres, nous voyons des Prussiens. Dès qu'ils nous aperçoivent, ils tirent sur nous en s'avançant. Nous nous replions sur la compagnie ; notre sergent reçoit une balle dans l'avant-bras. L'ennemi, ne jugeant sans doute pas à propos de venir plus loin, se retire, en faisant feu.

A 2 heures, deux pièces de 4, qu'on a montées à grand peine, sont mises en batterie, à l'angle du parc, dont on a abattu un pan de mur, et sont confiées à notre garde. Les artilleurs tirent au jugé sur Garches ; nous ne pouvons voir l'effet des coups, les arbres nous cachant le but.

Enfin, à l'abri d'un mur, nous pouvons nous reposer un peu. Nous mourons de soif, et pas une goutte d'eau, à défaut de liquide plus réconfortant. Nous sommes à jeun, ou à peu près, depuis la veille midi. Un des artilleurs me donne la moitié d'un biscuit.

Le jour baisse. L'artillerie s'en va. La fusillade crépite, beaucoup plus vive et plus rapprochée. Alors arrivent une centaine de zouaves, peut-être le restant d'un bataillon, ayant à leur tête un commandant, qui les lance par la brèche, dix par dix, pour se disperser en tirailleurs. La fusillade continue, assourdissante. Le mur est percé de créneaux, mais, comme on ignore la position des combattants, on nous défend d'y faire feu. Les balles passent au dessus du mur, et font tomber une grêle de branches.

Les tirailleurs reviennent. Un lieutenant parle au commandant, qui cette fois s'adresse à nous :

« Allez vous-en, mes enfants! Dépêchez-vous! Nous allons protéger votre retraite. »

Sur ce, les zouaves se mettent aux crénaux, et nous partons, en nous repliant vers le point de notre entrée en ligne, la grande ferme citée plus haut. Là on fit l'appel, et nous nous remîmes en marche sur Courbevoie. Il faisait nuit.

Il y eut alors une confusion extrême. Les compagnies se disloquaient du bataillon, les hommes perdaient leurs compagnies, et en débandade, la plupart regagnèrent leur cantonnement de la nuit précédente, sans savoir si c'était là le point de ralliement.

Un de mes camarades et moi avons passé la nuit dans une maison isolée; beaucoup d'autres ont dû faire comme nous.

Le jour venu, nous avons regagné le cantonnement dont nous n'étions qu'à dix minutes, mais que l'obscurité nous avait empêchés de retrouver.

Nous pûmes enfin prendre quelque nourriture, et à 4 heures du soir, vendredi, nous rentrions à Paris, exténués, mais encore plus abattus par le triste résultat de cette fatale journée que par nos souffrances.

A 6 heures, j'arrivais chez mes parents. On se revit,

non sans joie, mais avec l'appréhension du lendemain.

Ce matin, notre bataillon a été convoqué pour assister à l'enterrement de nos camarades tués à Buzenval. Cinq cercueils, portés sur les épaules par les hommes du 183me, défilèrent depuis Notre-Dame jusqu'au Père-Lachaise.

Il m'a été dit que cette manifestation avait été demandée à notre Commandant pour réagir sur les esprits et les préparer à l'acceptation de cet armistice, dont on parle et qui sera si chèrement payé. Ce qui me donne à supposer que cette assertion était fondée, c'est que notre Commandant a été décoré quelques heures après, sans avoir rien fait, ma foi, qui pût lui mériter cette distinction.

Notre sergent porte-fanion a la médaille militaire, mais lui, au moins, l'a payée de son sang.

Je termine ce long récit, mon cher parrain, en t'embrassant, ainsi que Mme Alexandre de M..., et ton père et ta mère.

Ton filleul dévoué,

Alexandre Vivier.

Journal des Goncourt. 24 Janvier. — « *Vinoy remplaçant Trochu, c'est le changement des médecins près d'un malade à l'article de la mort.*

« *... Le pain actuel est d'une qualité telle que la dernière survivante de mes poules, une petite poule cailloutée, toute drôlette, lorsqu'on lui en donne, gémit, pleure, rognonne, et ne se décide à le manger que tout-à-fait sur le soir.* »

Journal de G. Sand. NOHANT. 24 Janvier. — « *Nos*
« *trois corps d'armée sont en retraite. Les Prussiens ont Tours, le*
« *Mans; ils auront bientôt toute la Loire. Ils paient cher leurs avan-*
« *tages, ils perdent beaucoup d'hommes. Qu'importe au roi Guillaume?*
« *L'Allemagne lui en donnera d'autres. Il la consolera de tout avec le*
« *butin, l'Allemand est positif; on perd un frère, un fils, mais on re-*
« *çoit une pendule, c'est une consolation...*

« *Paris se bat ; sorties héroïques, désespérées, etc...* »

Mercredi 25 Janvier.

130me jour de siége.

Le bombardement — du 23 au 24 — 12 victimes (5 hommes, 4 femmes, 3 enfants).

Potages Moussu, du Passage Colbert.... 6 francs.

Ayant su que, chez un épicier de la rue des Panoramas, les personnes munies de leurs cartes de rationnement pourront avoir pour deux sous (au maximum) de fromage de gruyère, je m'y rends dès huit heures du matin. J'y trouve une queue déjà très longue et très large, débordant du trottoir; je m'y mets quand même et j'attends, armé de patience et d'espérance, mes deux sous de fromage; car les morceaux qu'on a pour deux sous et que je vois emporter sont vraiment très gentils. A onze heures, je touche au but, je n'ai plus devant moi que trois personnes, quand un garçon sort du magasin et nous crie : « Il n'y en a plus ! » Je me retire en rage, avec plus de cent des mécontents de derrière moi.

Tollemer nous apporte encore de sa caserne un peu de *pain blanc* pour notre père. Notre pain à nous, rationné à 300 grammes pour les adultes, à 150 grammes pour les enfants au-dessous de 5 ans, est devenu repoussant, à manger avec 30 grammes de viande, (rationnement de la viande de cheval depuis le 15 décembre) notre pain, dis-je, l'*Officiel* en a donné dernièrement la composition :

Blé...........	30	pour cent.
Riz...........	30	— —
Seigle........	20	— —
Avoine........	20	— —

Composition qui ne peut pas être vraie ; le pain est noir, pierreux, plein de son, de paille, de chènevis, de sable, *de terre* (1).

Le bruit court que Faidherbe, battu avec une perte de 10,000 hommes, est bloqué dans Lille ; que Bourbaki, ayant échoué devant Belfort, se voit sur le point d'être acculé à la frontière Suisse.

Le Gouvernement, devant l'horreur de la famine imminente, se déciderait à traiter d'un armistice de trois semaines avec Versailles par l'entremise de lord Lyons, ambassadeur d'Angleterre, avec possession de nos forts par l'ennemi, et ravitaillement de Paris. L'émotion de la population est à son comble ; on entend partout des cris de révolte et de résistance quand même, jusqu'à la dernière extermination.

Quant à nous, tout-à-fait désillusionnés depuis Buzenval, découragés par la désespérance absolue d'aucune armée de secours, nous sentons que désormais toute résistance est impossible, et nous appelons de tous nos vœux le succès des négociations, s'il est vrai qu'elles soient entamées.

« Edgar Quinet écrit : « Bourbaki, maitre de Dijon... était dans la « situation du général qui tient dans ses mains les destinées de son « pays... Quelle a été sa résolution ? Il avait à choisir entre deux ob- « jectifs : Paris ou Belfort... Qui pourra expliquer jamais les motifs « de guerre pour lesquels le général Bourbaki a négligé Paris pour « Belfort...? Lorsque son armée aurait pu être sous nos murs, et se « mêler à nous dans notre dernière sortie du 19, elle s'est trouvée, par « un cruel miracle, à l'extrémité du département du Haut-Rhin ! »

---

(1) J'en ai gardé un morceau, spécimen conservé dans ma bibliothèque.

« ... Au fond le mouvement de Bourbaki est de la même nature que « celui de Mac-Mahon dans la dernière période. Mac-Mahon à Châlons « n'avait qu'à marcher devant lui pour venir couvrir Paris. » (2)

Jeudi 26 Janvier.
131me jour!

Le bombardement ne se ralentit pas. — du 24 au 26 — 25 victimes.

Confitures et Chocolat 2 50

Confirmation des nouvelles désolantes de la province; Chanzy, le lion du jour, battu! Faidherbe, Bourbaki battus!

Partout, sur les boulevards, dans les rues, l'anxiété est générale, de plus en plus poignante, tout le monde est consterné, on sent que tout espoir de salut a disparu, et que la famine étend sa main livide sur nous, sans nous laisser le temps de terminer la lutte par un coup de désespoir ; c'est l'agonie, après quatre mois de combats et de souffrances.

Malgré le froid redevenu très vif, une foule agitée, comme hallucinée, du passage Jouffroy à celui de l'Opéra; discussions violentes.

— « Trochu nous a laissé pourrir! Ah! si nous avions eu Gambetta!

— « Allons donc! un rhéteur! qui a voulu singer 92 ! Où sont-elles « ses armées ?

— « Taisez-vous donc, *capitulard!*

— « Pas plus capitulard que vous! Si vous voulez faire une trouée, « j'en suis.

— « Eh bien! faisons-la, mais pour de bon! tous ensemble! Paris est « imprenable. Paris ne peut pas capituler!

— « Hélas! dit un vieux monsieur, vous ne songez donc pas que « nous n'avons plus de pain, qu'il n'y a plus à compter sur une armée « de secours, que c'est l'écroulement de tous nos espoirs; que Paris « est seul, livré à lui-même; que pour deux millions de personnes c'est « la famine dans trois jours! »

. . . .

Et cependant, on a délivré ce matin à nos parents une nouvelle

(2) Edgar Quinet; *Le Siége de Paris.*

Carte de Rationnement (onzième boucherie municipale) dont le *fac-simile* est ci-contre :

Nous y voyons avec une épouvantable stupéfaction que cette affreuse carte rouge, couleur de sang, a *des cases qui vont du lundi 6 février* **jusqu'au Vendredi 28 Avril !!** Effroyable perspective !

J'ai été voir Auguste Thiébault et Camille Amiard. Ils sont comme nous-mêmes sous l'impression de la plus complète désespérance, et désirent ardemment le succès des négociations d'armistice.

Qu'on nous traite de pantouflards tant qu'on voudra, nous en avons assez, assez, assez !

Journal de G. Sand. Nohant. 26 Janvier. — « *Encore* « *une levée, celle des conscrits par anticipation !...* »

Arrivée dans l'Est de Manteuffel, devenu libre après la défaite de notre armée du Nord. — 18 degrés de froid. — La faim, la misère. Bourbaki, sentant la situation désespérée, tente de se suicider. Le général Clinchant nommé à sa place

Vendredi 27 Janvier.

132me jour !

Le bombardement — du 26 au 27 — 13 victimes.

---

30 bouteilles de vieux Bordeaux bombardé à Bercy..................................	33 00
Nougat	1 50

On crie dans les rues et j'achète le numéro 1 d'un journal, feuille

RÉPUBLIQUE FRANÇAISE

Mairie du Dixième Arrondissement

Le Code pénal punit toute fausse déclaration, de 6 mois à 3 ans de prison.

RATIONNEMENT

Toute carte perdue ne sera pas remplacée.

Bon pour *deux* Rations

Nom *Mazade*

Demeure *85 boulevard de Strasbourg.*

NOMBRE de Bouches. Hommes *1* Femmes *1* Enfants

RATIONS *2*

N° MATRICULE : *1,364* | **11e** BOUCHERIE MUNICIPALE

FÉVRIER		MARS		AVRIL	
LUNDI	VENDREDI	LUNDI	VENDREDI	LUNDI	VENDREDI
6 *364*	10 *14*	6	10	3	7
13 *64*	17 *114*	13	17	10	14
20 *164*	24 *214*	20	24	17	21
27 *264*	— *314*	27	31	24	28

Signature du Titulaire.

AVIS IMPORTANT

1° La ration simple et la 1/2 ration seront livrées en une seule fois, le jeudi pour toute la semaine. Au-dessus on sera servi deux fois par semaine, par moitié exacte.

2° Les cartes seront servies, par séries de numéros appelés alternativement les premiers et les derniers.

3° Toute personne ayant laissé passer son numéro est rejetée à la fin de la distribution du jour.

4° Toute personne ayant laissé passer son jour perdra son droit à la distribution de ce jour.

BOULANGERIE

FÉVRIER		MARS		AVRIL	
1	17	1	17	1	17
2	18	2	18	2	18
3	19	3	19	3	19
4	20	4	20	4	20
5	21	5	21	5	21
6	22	6	22	6	22
7	23	7	23	7	23
8	24	8	24	8	24
9	25	9	25	9	25
10	26	10	26	10	26
11	27	11	27	11	27
12	28	12	28	12	28
13	»	13	29	13	29
14	»	14	30	14	30
15	»	15	31	15	»
16	»	16	»	16	»

COMBUSTIBLE

FÉVRIER	MARS	AVRIL

DIVERS

simple à 5 centimes, *Le Salut de Paris*, indiquant des mesures radicales et extrêmes pour la *Lutte à outrance*.

Je le garde et je le joins à mon recueil du *Petit National*, à titre de document curieux pour notre malheureuse histoire.

Car, tout est fini !

L'Officiel nous l'apprend ce matin dans une note d'un douloureux laconisme :

« **La famine désarme Paris!** »

Les membres du Gouvernement se sont réunis cette nuit en Conseil extraordinaire au Ministère des Affaires Étrangères, et se sont entretenus avec Jules Favre revenu de Versailles dans la soirée.

Pour la première fois depuis bien longtemps, la nuit a été silencieuse, le feu des batteries prussiennes et de nos forts a complétement cessé. La pluie de fer s'est arrêtée.

On peut presque en conclure que l'armistice est un fait accompli.

Cette nouvelle fait sortir comme de dessous terre toutes sortes de produits alimentaires dont on ne soupçonnait pas l'existence. Aux Halles, reparaissent des légumes, avec des prix presque raisonnables.

A l'église Saint-Augustin, j'assiste au service funèbre de notre pauvre Henri Regnault.

Le deuil est conduit par son oncle, (son père étant absent de Paris) et par MM. Bréton, Hachette, et Clairin père et fils.

La vaste basilique ne suffit pas à contenir la foule, dont une partie a dû rester dehors, sur les marches ; l'Institut, la Sorbonne, l'École des Beaux-Arts, se sont donné rendez-vous à cette déchirante cérémonie.

Sa jeune fiancée, enveloppée d'un grand voile de deuil, se tient, tout le temps de la messe et de la longue procession qui a suivi l'absoute, agenouillée ou plutôt abîmée auprès du catafalque ; elle a ensuite le courage d'accompagner le cercueil dans la chapelle souterraine où la chère dépouille mortelle est provisoirement déposée.

Je reviens de cette navrante messe, le cœur serré, les yeux gros de larmes, bouleversé pour toute la journée.

Avant de rentrer, je vais serrer la main à Pillon, que je trouve assez fatigué par sa 3me garde de nuit à la Bibliothèque, montée en compagnie de son collègue Bertal. Il est fort triste et tout autant découragé que moi, que Thiébault, Amiard, et bien d'autres.

Grande fermentation sur les boulevards depuis le faubourg Poissonnière jusqu'à la Madeleine. Des attroupements, composés d'officiers appartenant à la garde nationale sédentaire, se forment sur plusieurs points, et, après s'être concertés pendant quelques instants, se dirigent vers le faubourg Saint-Honoré ; ils parviennent en masse jusqu'au Palais de l'Élysée, dont les grilles se ferment à leur approche. Là, ils se mettent à crier : « La résistance !... Ouvrez les portes ! » Le général Clément Thomas, informé de ce qui se passe au dehors, ordonne sans hésiter qu'on fasse entrer les réclamants, et leur adresse une courte allocution dans laquelle, tout en rendant justice au sentiment patriotique qui les anime, il les invite au calme et à la résignation qu'impose la situation. Sur la place de l'Hôtel-de-Ville, militairement occupée par la mobile, tout se passe en très bon ordre, après une protestation du même genre que celle de l'Élysée. Au ministère des Affaires Étrangères, une députation apporte une offre de service jusqu'à la mort, couverte de plus de cinq cents signatures d'officiers de la garde nationale.

Ces messieurs sont reçus, à défaut de Jules Favre absent, par MM. Ernest Picard, André Lavertujon et quelques maires.

Après les avoir remerciés de leur offre généreuse qui pourrait être utilisée dans un avenir prochain, M. Picard leur a répondu « que chaque minute de retard amènerait la mort de milliers d'innocentes victimes; que l'état de nos subsistances ne dépassait pas six jours; que par conséquent, le devoir du Gouvernement, quelque douloureux qu'il pût être, était d'éviter ces malheurs ; que leur devoir à eux, officiers de la garde nationale, était d'user de leur influence sur la population pour la maintenir dans le calme et la dignité nécessaires, afin de n'avoir pas la douleur plus grande encore de voir la police de Paris faite par les caporaux prussiens ! »

En somme, nulle part l'ordre n'est troublé ; tout se borne à des discussions plus ou moins vives.

Par le 53me ballon, le *Richard Wallace*, j'écris deux mots à Toulouse à Alexandre Authenac, et à Ribérac et à Libourne aux amis Duteuil, sur des feuilles de la *Dépêche-Ballon* paraissant les mardis et vendredis matin, feuilles à peu près semblables à ma Lettre-Journal du 21 courant. J'en conserve un spécimen que j'annexe à mon *Petit National*, avec des plans divers du Siège de Paris.

Journal des Goncourt. 27 Janvier. — « *Je vais ce* « *matin à l'enterrement de Regnault.*

« *Il y a une foule énorme. On pleure sur ce jeune cadavre de talent* « *l'enterrement de la France. C'est horrible, cette égalité devant la mort*

« *brutale du canon ou du fusil, qui frappe le génie ou l'imbécillité,*
« *l'existence précieuse comme l'existence inutile.*

« *J'avais rêvé de faire faire par lui un portrait de mon frère... Mon*
« *frère ne revivra pas par ce talent de coloriste, dont j'entends le* De
« Profundis *dans une sonnerie de clairon ou un roulement de tam-*
« *bour...* »

Samedi 28 Janvier.
133ᵐᵉ jour du siége!
Décès, 19ᵐᵉ sem. 4376. (1).
3 0/0 52.50.

Temps froid. — Ciel sombre.

Confitures et Chocolat 3 25

Cette nuit, ce n'est plus le canon qui gronde, mais le tocsin qui sonne sur les 3 heures, à Saint-Nicolas-des-Champs, à quelques pas de nous. Nous croyions à un incendie. Il y en a eu autant à Saint Laurent. C'était le fait de forcenés outrançards, désespérant de s'emparer de l'Hôtel-de-Ville.

On prétendait que le général Noël, les amiraux Pothuau et Saisset se refusaient à rendre les forts, que Saisset même avait promis de faire sauter le fort de Montrouge. Toute cette nuit, des groupes de gardes nationaux ont parcouru les rues sombres, frappant aux portes et criant: *Allons! citoyens, aux armes!*

La tentative a échoué, et ce matin tout paraît être au calme et à la résignation.

La poste va remarcher; on dit que les lignes du Nord et d'Orléans sont les seules en état de servir immédiatement au transport des vivres. Ce sont justement celles qui nous intéressent le plus.

Bien nommé très bien nommé, *Général Cambronne*, notre 54ᵐᵉ ballon du siége, probablement le dernier! En passant au-dessus des lignes

---

(1) En temps ordinaire, il meurt en moyenne à Paris un millier de personnes par semaine. La statistique médicale de 1890 a indiqué 56,660 décès, soit pour une semaine 1038.

prussiennes, lâche leur, brave Cambronne, des milliers et milliers de fois, *le mot* et *la chose* de ton énergique exclamation! (1)

Le *Petit Journal* et autres paraissent **encadrés de noir,** en reproduisant cette note de l'*Officiel* :

« Tant que le Gouvernement a pu compter sur l'arrivée d'une armée « de secours, il était de son devoir de ne rien négliger pour prolonger « la défense de Paris... Nous avons perdu tout espoir que nos armées « puissent se rapprocher de nous et l'état de nos subsistances ne nous « permet plus d'attendre.

« Dans cette situation, le Gouvernement avait le devoir absolu de « négocier... »

DÉCLARATION DU GOUVERNEMENT

Citoyens!

« *La convention qui met fin à la résistance de Paris* « *n'est pas encore signée, mais ce n'est qu'un retard de* « *quelques heures...*

« *L'ennemi n'entrera pas dans l'enceinte de Paris. La* « *garde nationale conservera son organisation et ses* « *armes. Une division de 12,000 hommes demeure in-* « *tacte; quant aux autres troupes, elles resteront dans* « *Paris... Les officiers garderont leur épée.*

« *... La résistance a duré jusqu'aux dernières limites* « *du possible...*

« *Le siége de Paris a duré quatre mois et douze jours;* « *le bombardement, un mois entier. Depuis le 15 janvier* « *la ration de pain est réduite à 300 grammes; la ration* « *de viande de cheval, depuis le 15 décembre, n'est que*

---

(1) Voir dans ma bibliothèque *(Siége de Paris)*. Les ballons en 1870 par Nadar (ce qu'on aurait pu faire).

« *de 30 grammes. La mortalité a plus que triplé. Au*
« *milieu de tant de désastres, il n'y a pas eu un seul*
« *jour de découragement.*

« *L'ennemi est le premier à rendre hommage à l'éner-*
« *gie morale et au courage dont la population parisienne*
« *toute entière vient de donner l'exemple. Paris a beau-*
« *coup souffert; mais la République profitera de ses*
« *longues souffrances, si noblement supportées. Nous*
« *sortons de la lutte qui finit, retrempés pour la lutte à*
« *venir. Nous en sortons avec tout notre honneur, avec*
« *toutes nos espérances, malgré les douleurs de l'heure*
« *présente; plus que jamais nous avons foi dans les*
« *destinées de la patrie.* »

Par ordre du général Clément Thomas, sur 200 morts recueillis à à Buzenval et exposés au Père-Lachaise, 140 seulement ayant été reconnus, les 60 autres, dont les photographies resteront à l'Élysée pour les familles absentes, sont inhumés ensemble, avec les honneurs militaires rendus par un bataillon de gardes nationaux.

Dans la *Liberté* de ce soir, un très remarquable feuilleton de Paul de Saint-Victor sur l'œuvre magistrale d'Henri Regnault, de ce martyr de 27 ans, dont J. Claretie rappelait l'autre jour que « la nature mettrait longtemps pour produire un coloriste aussi merveilleusement doué, qui broyait du soleil sur sa palette. » Après avoir déploré la fin héroïque du jeune grand peintre, Paul de Saint-Victor dit :

« Une fatalité si cruelle donne l'idée d'un crime commis par la mort.
« Lorsqu'il immole de pareilles victimes, le crime inconscient de la
« guerre fait l'effet d'un assassinat. »

Et plus loin il décrit ainsi le beau portrait de la *Dame en rouge :*

« La dame, vêtue d'une robe rouge, se détache debout, sur un rideau écarlate et
« caresse du revers de la main le cou tendu d'un grand lévrier. Cette fanfare de
« couleur donne à la figure quelque chose de hardi et de triomphal. Les bras nus
« sont d'un jet superbe et d'un ton vivant. Le peintre de tempérament et de race se
« révélait déjà dans ce beau portrait, dont la grâce toute moderne est rehaussée
« d'une nuance de grandeur (2).

(2) J'ai eu l'occasion de revoir et d'admirer tout récemment ce magnifique portrait chez M. Duparc, le mari du modèle, mon collègue du Cercle Volney. Ce portrait, commencé à Paris en Juillet 67, n'a été terminé qu'à Rome, où ses accessoires ont subi beaucoup de transformations, et est arrivé à Paris juste à temps pour le Salon de 1868. (Voir Correspondance H. Regnault par A. Duparc.)

Saint Victor passe ensuite en revue les principaux tableaux du maître, depuis son homérique *Automédon*, son fatidique et violent *Maréchal Prim*, son éblouissante *Judith*, sa fantastique et charmeuse *Salomé*, jusqu'à son *Exécution sous les rois de Grenade*, sa toile dernière, où son imagination d'artiste apparaît toute ensanglantée, étalant, comme par un sinistre pressentiment, aux pieds de l'exécuteur, une large tache de sang, peinte en trompe-l'œil, de manière à produire une effrayante illusion !

Hier soir, au Théâtre-Français, (où je ne suis pas allé, pour bien des raisons) des vers touchants d'Eugène Manuel, répondant à l'émotion universelle, ont fait pleurer par la voix vibrante de Coquelin. J'en recueille les strophes suivantes :

HENRI REGNAULT

. . . .

Ils l'appellent en vain ; leurs voix jeunes et franches
Se perdent le long du chemin ;
Les balles ont sifflé de nouveau dans les branches :
Quelqu'un manquait le lendemain !

Quelqu'un ! — Le plomb stupide et la mitraille infâme
Pourraient faucher un siècle encor,
Avant de nous ravir deux fois une telle âme
Et deux fois un pareil trésor !

Qui que tu sois, posté derrière un tronc de chêne,
Ou qu'un mur crénelé masquait,
Vainqueur obscur, qui tins, une minute à peine,
Sa tête au bout de ton mousquet ;

Toi, qui n'auras été qu'une inepte matière,
Un aveugle instrument de mort,
Sans quoi l'éternité — sache-le — tout entière,
Serait trop peu pour ton remord,

Maudit sois-tu, soldat, toi, ton peuple, et la guerre,
Et ton vieux roi tout le premier,
Puisqu'il n'aura fallu qu'un paysan vulgaire,
Fils de l'étable et du fumier,

Quelque bouvier pétri pour les œuvres serviles,
Marchant sous la crosse et les coups,
Un balayeur peut-être échappé de nos villes,
Encor puant de nos égouts,

Pour trouer au hasard, bêtement, cette face,
Comme par un défi moqueur,
Pour trancher dans sa sève abondante et vivace
Tout ce génie et tout ce cœur ! (1)

---

(1) A notre premier banquet des anciens élèves d'Henri IV qui a suivi la guerre, le 1er février 1872, chez Véfour, notre camarade Jules Barbier, Vice-Président de l'Association amicale, nous a profondément émus avec les vers suivants :

O muse, en évoquant ces vers, spectres livides,
Me viens-tu demander des efforts superflus ?
— « Non ; je viens avec toi compter les places vides,
« Et boire cette larme à ceux qui ne sont plus. »

Dauban, Roussel, Maurin, Pradier, chers camarades,
Salut et souvenir à vous tous !... noms sacrés,
Égaux par l'héroïsme, inégaux par les grades !
Amis par des amis également pleurés !

Toi du moins, Reischoffen, ô sinistre hécatombe,
Champigny, Gravelotte, à cette France en deuil
Vous laissiez un espoir sur le bord de la tombe !...
Mais toi, toi, Buzenval, tu scellais le cercueil ;

Ah ! je n'oubliais pas ce nom plein d'épouvante,
Buzenval, où Paris entier voulait périr ;
Il est beau de mourir pour la France vivante ;
Pour prouver qu'elle est morte il est dur de mourir !

Salut et souvenir à toi, Regnault, !... victime
D'une parade offerte au peuple frémissant,
Entre toutes ces morts la tienne fut un crime,
Et l'instrument de paix est signé de ton sang.

O pauvre grand artiste, âme d'enfant, cœur d'homme !
Né pour vivre dans l'art et la sérénité !
Tu serais là, contant les merveilles de Rome
Et ce que tes pinceaux en avaient rapporté.

Puis, retournant de Rome aux vieux murs du collége,
Alors que tu rêvais à tes futurs destins,
Tu nous dirais comment ce crayon sacrilége
Du profil de ton maître ornait tes vers latins.

Gaité, jeunesse, gloire, adieu !... Le plomb te frappe ;
Ton génie abandonne un corps inanimé ;
La mort voile tes yeux, et ton pinceau s'échappe
De ces doigts qui venaient de peindre *Salomé !*

Je bois à toi, Dauban ! à vous, ses frères d'armes,
Maurin, Roussel, Pradier, morts dans la même foi !
Soldats du droit, à vous ces vers, à vous ces larmes !...
Martyr de Buzenval, Regnault, je bois à toi !

En 1876, inauguration du beau monument de *la Jeunesse*, par Chapu, élevé dans le Palais des Beaux-Arts à la mémoire d'Henri Regnault et des élèves de l'École, tués pendant la guerre. Albert Delpit y a dit une poésie inspirée, qu'on peut lire dans le *Monde Illustré* du 12 août 1876.

Guerre entre la France
ET LA
Prusse
Déclaration de la Guerre le 15 Juillet 1870
Combats des Départements
Capitulations
Capitulation de Strasbourg
Capitulation de Paris
1870 Paris Bloqué 1871
Du 18 Septembre 1870 au 28 Janvier 1871
Combats sous Paris
Constatations Médicales
Victimes du Bombardement
Prix des Denrées

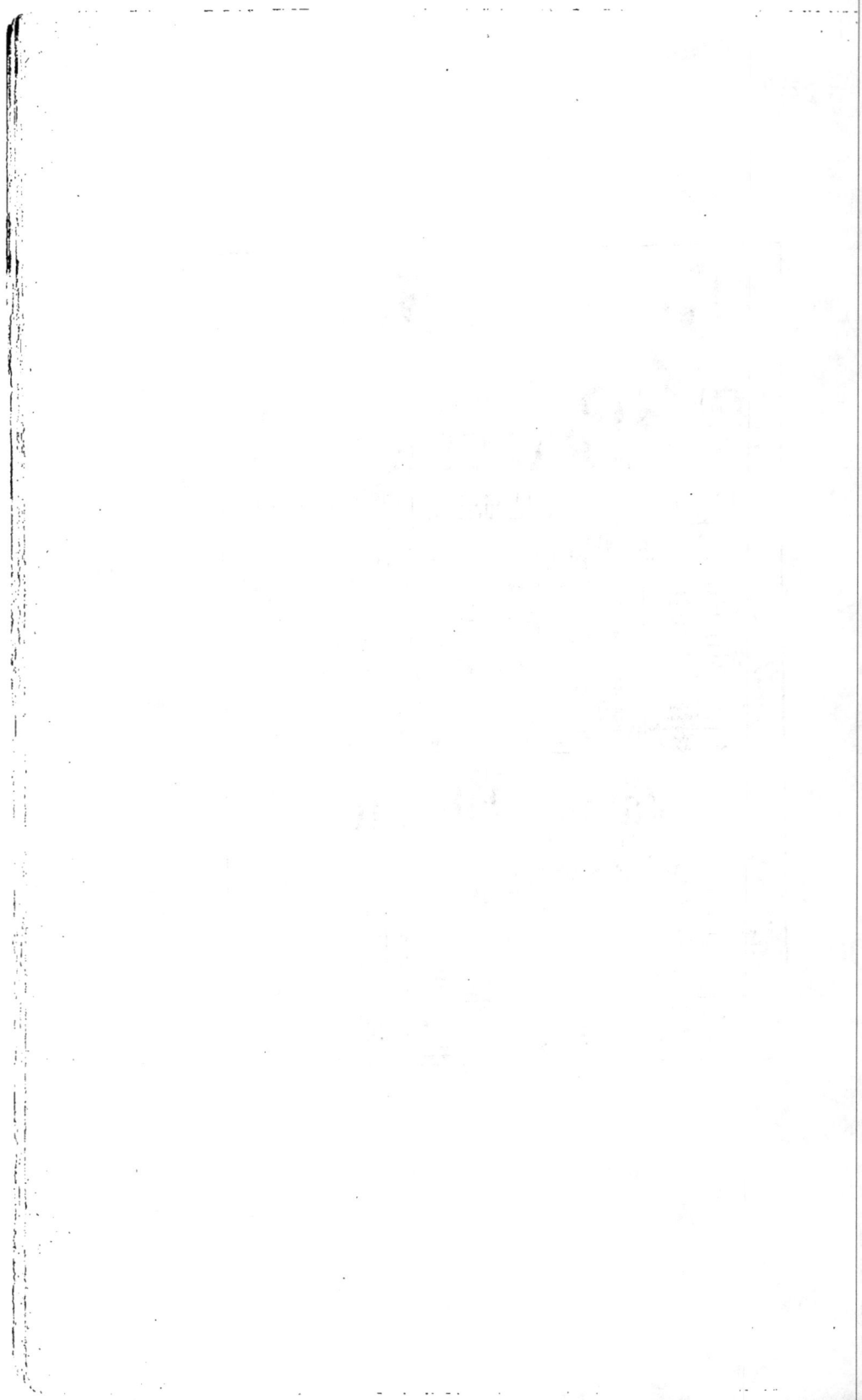

L'Armistice signé à Versailles excepte de la trêve les trois départements de la Côte d'Or, du Doubs et du Jura, c'est-à-dire toute notre armée de l'Est! Est-ce exprès? Une infamie de Bismarck ou de de Moltke?? — Un simple oubli de Jules Favre??? En tous cas, inouï!!

Dimanche 29 Janvier.
134me jour de siége!

Nous lisons dans l'*Officiel* :

« C'est le cœur brisé de douleur que nous déposons les armes. Ni
« les souffrances, ni la mort dans le combat n'auraient pu contraindre
« Paris à ce cruel sacrifice. Il ne cède qu'à la faim. Il s'arrête quand il
« n'a plus de pain...

« Une Assemblée Nationale est convoquée. La France est malheureu-
« se, mais elle n'est pas abattue. Elle a fait son devoir, etc...

« Voici le texte de la Convention signée, ce soir à 8 heures à Ver-
« sailles, entre Bismarck et Jules Favre. »

Suit le texte de la Convention... (1)

Décret convoquant les colléges électoraux à l'effet d'élire l'*Assemblée Nationale* pour le 5 février dans le département de la Seine, et pour le 8 février dans les autres départements.

Il s'agit maintenant de découvrir en six jours 43 hommes qui, par leur intelligence, leur honorabilité et leur dévouement aux intérêts de la patrie, méritent d'obtenir nos suffrages.

Journal de G. Sand. NOHANT. 29 Janvier. — « *C'en*
« *est fait! Paris a capitulé, bien qu'on ne prononce pas encore ce mot*
« *là. Un armistice est signé pour 21 jours, etc...* »

---

(1) On trouvera ce texte *in extenso* soit dans la *Guerre de France* de Ch. de Mazade, (tome II, pièces justificatives), soit dans le *Journal du Siége* par un Bourgeois de Paris, soit dans J. Claretie (*Révolution de 70-71*), dont le premier volume contient aussi, à la fin, une bibliographie assez étendue sur la Guerre, le Siége et la Commune. Pour les faits succinctement relatés jour par jour on peut consulter Borel d'Hauterive (Les Sieges de Paris).

Lundi 30 Janvier.

Secondes lettres semblables, à Mesdames de M..., à Beaumont et à Desjardins à Ronquerolles.

Aux Halles, **pillage** des denrées nouvellement reparues.

Le *Journal de Paris* parait encadré de noir, donnant le texte de la Convention.

Journal de G. Sand. NOHANT. 30 Janvier. — « *A*
« *présent nous savons pourquoi Paris a dû subir si brusquement son*
« *sort. Encore une fois nous n'avons plus d'armée! Tandis que celles de*
« *l'Ouest et du Nord sont en retraite, celle de l'Est est en déroute; le*
« *malheureux Bourbaki, harcelé, dit-on, par les exigences, les soup-*
« *çons et les reproches de la dictature de Bordeaux, s'est brûlé la cer-*
« *velle... Ce nouveau drame est navrant. Celui-là ne trahissait pas qui*
« *s'est tué pour ne pas survivre à la défaite!* »

A M. CRESSON, Préfet de Police, Paris.

Paris, 30 Janvier 1871.

Monsieur le Préfet,

Conformément à votre avis de ce jour,

Je soussigné, ALEXANDRE-LOUIS DE MAZADE, fabricant à Ronquerolles, près Clermont, (Oise) demeurant à Paris, boulevart Sébastopol, n° 71.

Ai l'honneur de vous prier de me faire délivrer un *permis d'aller et retour* pour *Clermont* (Oise) et pour *Beaumont-sur-Oise* (Seine-et-Oise) (même ligne du Nord), afin de voir par moi-même *ma famille* et *mon usine* dont je suis horriblement inquiet, n'en ayant aucune nouvelle depuis cinq mois.

J'ai l'honneur d'être avec respect, monsieur le Préfet,

A. DE MAZADE.
Manufacturier, Licencié en droit,
Vice-Président de Chambre syndicale.

Ci-inclus, pièces d'identité :

1° Patente de 1870 ;

2° Ancienne carte d'électeur.

Je tiens à votre disposition toutes autres pièces que vous pourriez désirer : acte de naissance, diplômes, quittances de loyer, de contributions, etc, etc.

Mardi 31 Janvier.

Un petit pain (blanc) nous est vendu en cachette par notre boulanger pour notre père 1 25

Il nous vend aussi 5 livres de farine, en attendant qu'il nous arrive du vrai pain.

Proclamation de Gambetta. BORDEAUX. 31 Janvier.

. . . .

« *On a signé à notre insu, sans nous avertir, sans nous consulter, un*
« *armistice dont nous n'avons connu que tardivement la coupable légè-*

« *reté, qui livre aux troupes prussiennes les départements occupés par*
« *nos soldats, etc...*

. . . .

« *Jurons simplement comme des hommes libres de défendre envers et* « *contre tous la France et la République.* »

« *Aux Armes!*

« *Vive la France!*

« *Vive la République!* »

Journal de G. Sand. NOHANT. 31 Janvier. — « *Dépê-* « *che officielle.* — Alea jacta est! *La dictature de Bordeaux rompt avec* « *celle de Paris. Il ne lui manquait plus, après avoir livré par ses* « *fautes la France aux Prussiens, que d'y provoquer la guerre civile* « *par une révolte ouverte contre le Gouvernement dont il est le délégué.* « *Peuple, tu te souviendras peut-être cette fois de ce qu'il faut attendre* « *des pouvoirs irresponsables! etc.* »

Gd DINER PARISIEN
Les Clients devront apporter leur Pain
POTAGES
Purée Crouton-Impérial
HORS-D'ŒUVRES
ENTRÉES
Andouillettes & Boudins de Dada
Rats à la Crapaudine
Haricot de Chien
Cheval à la Mode
Civet de Lapin de gouttières
ROTS
Filet d'Éléphant
POISSONS
LÉGUMES
SALADES
ENTREMETS
Bombes glacées à la Krupp
Crêpes au Suif
Plum-pudding à la graisse de bosse de Chameau
DESSERTS
Mendiants assortis
Confitures de Gélatine
CAFÉ & LIQUEURS
1870-71
PAIN DE SIÈGE

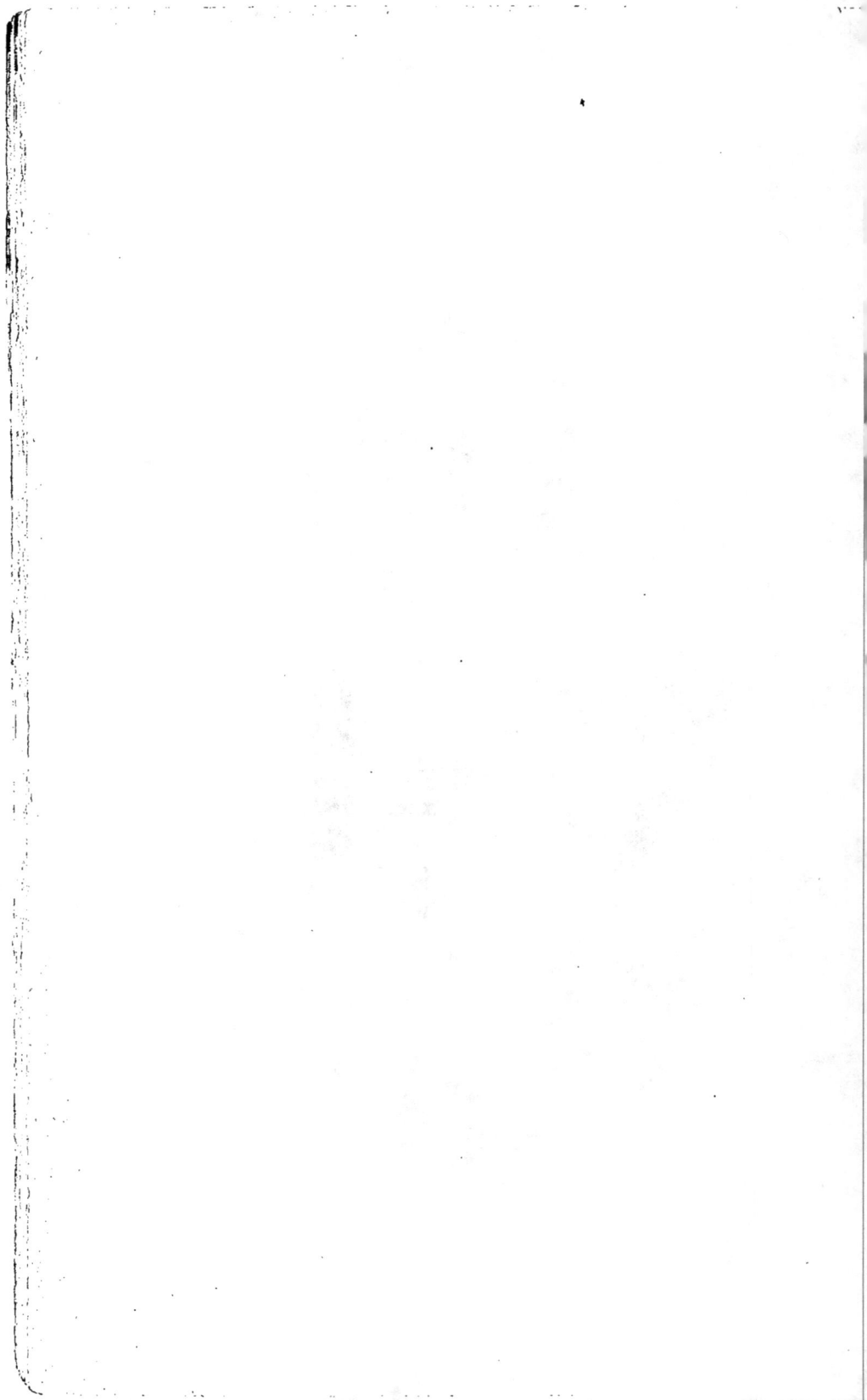

FÉVRIER

1871

Mercredi 1er Février.

« Il y a des heures d'une indicible amertume pour tous les cœurs « fidèles à leur pays. Nous sommes à un de ces instants où la réalité « cruelle et décevante produit l'effet d'un rêve sinistre. La fatalité qui « nous poursuit n'avait point épuisé ses coups, elle nous réservait une « nouvelle épreuve. Paris, à son tour, Paris lui-même a été obligé « d'entrer en négociation avec son terrible ennemi, et de s'avouer « impuissant à rompre le cercle de fer qui l'entourait ; Paris n'est pas « tombé, il est vrai, devant une attaque de vive force, il a été réduit « à traiter, à demander un armistice parce qu'il n'avait plus de vivres.

« Plus de 130 jours de siége n'avaient pu avoir raison de sa con- « stance, un mois de bombardement meurtrier n'avait pu ébranler son « courage, et avait à peine altéré sa sérénité...

« Il n'a rendu les armes que devant la faim redoutable qui s'appro- « chait, lorsqu'il s'est vu en face du dernier morceau de pain qui lui « restait.

« Ch. de Mazade. »
« Chronique (*Revue des Deux-Mondes*). »

4me Séance du *Conseil d'Administration de la Caisse de famille*. — 8 heures 1/2 matin. Cabinet de M. Leroux.

I. Compte du Trésorier. — Délivrance de 225 bons de rations.

II. Don de 10 francs en espèces à un garde pour payer quelques menues dettes de ménage. Il est admis à la participation aux secours. C'est le 13me.

Admission d'un 14me garde.

III. M. Leroux a une petite provision de bois à brûler qu'il tient chez lui pour les besoins de la Caisse de famille.

Beaucoup de monde aux Halles Centrales, dont quelques pavillons sont ouverts au public. Celui de la viande est encore le seul approvisionné ; dans les autres, quelques rares marchandises de graisse ou de charcuterie ; mais de légumes, absence complète. Cependant, du côté de l'ancienne halle aux draps, une longue queue, maintenue par la garde nationale, queue dont chacun entre et ressort avec une botte de barbe de capucin.

---

11 heures 1/2.

Enfin !

Notre tante Authenac arrive de Beaumont... Nous pleurons tous de joie. Mon père, très affaibli, fond en larmes ; il ne peut pas s'arrêter de pleurer.

Tante Authenac ne tenait pas d'impatience ; toujours vive comme la poudre, elle s'est échappée de Beaumont avec la première voiture qui est partie pour Paris.

Elle apporte un gros mannequin, que tante Victoire et elle ont bourré de provisions :

Du Pain ! *Oh ! du pain blanc comme de la neige !*

Du Bœuf, *tout cuit.*

Un Poulet *cru, etc, etc...*

Et aussi du sel, du poivre, du sucre, du chocolat et .. même des allumettes, cinq choses dont nous n'avons pas manqué.

Et nos deux petits lapins sont encore vivants, et pas mal grossis tout de même : on les emportera à Beaumont ; on ne les mangera jamais ; on les laissera mourir de vieillesse.

Les questions, les réponses se précipitent, se croisent..., se résumant ainsi :

« Nos tantes chéries, outre leurs inquiétudes de tous les jours, (on « nous faisait passer pour morts) ont été toutes les deux un peu ma- « lades ; elles vont très bien maintenant. »

« Elles ont reçu nos lettres envoyées par ballons, remises en ca- « chette des Prussiens par Étienne Lemembre, qui, comme je l'ai dit, « les colportait comme il pouvait, notamment sur son épaule dans un « tuyau coudé de fumiste ; mais il leur était absolument impossible de « répondre par pigeons, les Prussiens, toujours présents, empêchant

« toute communication avec une ville qui reçût et renvoyât des pi-
« geons.

« Quant à Ronquerolles, tante Authenac nous apporte deux lettres « reçues de Desjardins (voir page 222); elle pense qu'il n'y a eu là bas « aucun dommage sérieux.

« Pendant tout le temps de notre siége, elles ont eu la maison, affectée « d'ailleurs à l'ambulance, encombrée d'Allemands (Prussiens, Saxons, « Bavarois, Wurtembergeois; ils ne leur ont causé aucun mal. Malgré « la présence des domestiques et des jardiniers, ils ne voulaient pas « croire que ces dames, si simples, tante Authenac surtout avec son « bonnet de lingerie, fussent les maitresses. Elles sont parvenues par « miracle à leur cacher l'existence de la salle de billard (les imbéciles « ne comptaient pas les fenêtres) et surtout de la deuxième cave « murée, contenant des meubles, des vins fins et ce fameux champa- « gne qu'ils demandaient constamment, se refusant à admettre que « cette grande maison n'eût pas de champagne.

« Le jour de l'arrivée des Prussiens, le vendredi 16 septembre comme « le dit la lettre de M. Léger notaire, du 24 septembre (page 117), lettre « que nous n'avons reçue qu'hier, nos tantes ont vu passer Goret de- « vant la maison, dans sa carriole, escortée par des cavaliers Prus- « siens, le pistolet au poing. Elles ont cru qu'on allait le fusiller. Ils « l'emmenaient comme guide jusqu'à Méry; là, ils ont forcé M. Bélier, « le maire, à leur fournir sur le champ une voiture, un cheval, « 12 hommes, 12 pioches, et 12 haches pour aller couper le Chemin de « fer à Pierrelaye, après quoi ils ont relâché Goret, qui est rentré à « Beaumont avec son cheval et sa voiture, et a raconté à son retour « son pénible voyage forcé.

« Le lundi suivant, dans la matinée, est arrivée le 27me régiment de « ligne Prussien.

« La place de l'Hôtel-de-Ville et les rues attenantes en étaient « pleines. Malgré les punitions infligées aux soustracteurs (car on « a vu plus d'une fois, notamment dans le jardin Canu de la Com- « mandature, *deux soldats attachés dos à dos à un arbre*, pendant « deux heures, par les plus grands froids, pour vol ou autres méfaits), « il paraît que ce jour là les soldats ne se sont pas gênés pour voler « impunément dans les boutiques. Un épicier de la place, à chaque « bouteille de liqueur escamotée, venait se plaindre au colonel con- « férant avec ses officiers, et le tirait par le pan de sa tunique ; celui- « ci se contentait de le repousser, sans lui répondre. A la troisième « fois, « — *Fous m'empêdez! à la rin!..* et le brutal allongea une gifle au « malheureux épicier, tout en ordonnant de cesser les soustractions.

« On a reconnu, parmi les soldats donnant aux chefs des indications, « un nommé Charles, qui avait été avant la guerre employé à la bras-

« serie Martin Heyberger, à Persan. C'est lui qui a dû signaler les « maisons à *vin de champagne*.

« Nos tantes croient que *Louis*, le neveu des époux Blaise Meyer, « nos anciens domestiques, qui après le départ de son oncle avait été « jardinier chez nous quelque temps avant la guerre, n'était autre « qu'un espion prussien.

« Le colonel a, aussitôt l'arrivée, exigé qu'on fît servir à déjeû- « ner à lui et à ses 500 hommes sur la place du Château ; on y a « dressé des espèces de tables, enlevées de gré ou de force chez les « marchands de vin, et chaque habitant a dû apporter là des vivres, « qui du pain, qui du vin, qui de la viande, qui des légumes, qui du « fromage, etc... chacun dans la limite de son possible. Mes tantes « pour leur compte ont envoyé un vieux lapin, assez bon pour ces gou- « jats. C'était comme un banquet sur le Château.

« Elles ont été d'ailleurs bientôt témoins de la façon assez répu- « gnante dont mangent la plupart des soldats Prussiens, tapant leur « viande crue sur le fourneau de la cuisine, la hachant en une pâtée « et l'avalant telle quelle, presque sans pain, avec leurs doigts. C'est « avec ces mêmes doigts qu'ils se mouchent, s'essuyant après sur « la manche.

« Un drapeau a été arboré aux deux grilles de notre maison ; on y « faisait la paie ; le jardin était le plus souvent rempli de soldats, qui « le souillaient de leurs ordures, au point qu'on ne savait plus où « mettre le pied.

« Une dizaine de soldats couchaient dans le grand salon, dont ils ont « rôti le marbre de la cheminée par les énormes feux de bûcher qu'ils « y entretenaient constamment.

« Dans le bureau, nos tantes ont soigné pendant quinze jours un sol- « dat bavarois qui a été très malade et est parti guéri. »

« Le 20 décembre, Eugénie Breton a mis au monde une fille, Marthe, « née dans la petite chambre des domestiques donnant sur la rue, et « emmenée huit jours après à Eve, près Dammartin, sous la protection « des Prussiens, par son grand père qui était venu la chercher (1).

« Le 26, lendemain de Noël, la femme de Charles Guibert le jardinier « est morte (de la poitrine) dans son logement sur la cour.

« Nos tantes se trouvant à court d'argent ont dû accepter l'offre gé- « néreuse de M. Thiberge, qui leur a prêté mille francs.

« En outre de MM. Godin et Léger, les premiers du Conseil municipal,

---

(1) Marthe Breton est entrée en religion à la fin de 1891, au couvent des sœurs de l'Assomption, garde-malades des pauvres. Son frère cadet, Paul, est au petit séminaire de Versailles, se destinant à la prêtrise.

« et de Goret, non conseiller, lesquels ont eu pendant ces cinq mois la
« pénible et périlleuse direction des pauvres intérêts de la Ville et ont as-
« sumé presque seuls les tristes charges de l'occupation, étaient encore
« restés, avec M. Hermel, secrétaire de la Mairie, les autres conseillers
« municipaux suivants : Meunier père, de Bernes : Lefebvre, ancien
« secrétaire de la Mairie ; Bonnefoy père ; Emery (Victor-Louis) ; Fé-
« lix Fortrait : Drouillet ; Vincent Levasseur : Henneguy bourrelier ;
« Lefèvre ; Levasseur aîné : Damoy (Baptiste) : Collot ; Lebrun : Raux
« père : Grignon ; enfin le docteur Mercier, alsacien, parlant l'alle-
« mand, qui portait le brassard de la Convention de Genève et donnait
« forcément ses soins indistinctement aux malades français et prus-
« siens. Il y avait encore à Beaumont : M. le Curé Panier, qui à grand
« peine avait décidé beaucoup d'habitants à ne pas partir : l'abbé Gou-
« pil, son vicaire ; les Sœurs de Nevers à l'Hospice et au Pensionnat ;
« M. Longueñe, receveur de l'Enregistrement, qui a enfoui dans les
« caves murées des *Minimes* (maison Locré) ses registres pour sous-
« traire à l'ennemi des sommes importantes à recouvrer ; MM. Legrand
« notaire ; Vernier huissier ; Vernier architecte : Duhamel chef d'ins-
« titution ; Dupont instituteur primaire ; Rossignol pharmacien ; Mignot
« pharmacien : Chéron-Moignet distillateur ; Frémont imprimeur, avec
« deux de ses fils, Albert l'aîné et Paul le plus jeune, (Jules le cadet
« était à Paris, dans les mobilisés de Seine-et-Oise, (présent à Buzen-
« val) ; M. et Mme Billiard, direction des Postes, dont le service, très
« patriotique, n'a pu être que dissimulé (la Poste prussienne fonc-
« tionnait dans la maison Rouzé) ; MM. Thiberge ; Feuquère ; Som-
« maire ; Touzet ; Davenne... et autres que ma tante ne connaît pas
« ou ne se rappelle pas.

« Le *Château* de Beaumont, loué à Mme Séret, belle mère du compo-
« siteur Diémer, a été respecté, comme d'ailleurs toutes les maisons
« restées habitées par leurs propriétaires ou locataires eux-mêmes.

« Le Château de Nointel n'a aucunement souffert. Les Allemands
« avaient peur de s'éloigner des centres.

« Chambly, Neuilly-en-Thelle, et toute la rive droite de l'Oise ont
« été pour ainsi dire indemnes d'ennemis ; les trop curieux venaient
« des diverses localités jusqu'à Beaumont *pour voir des Prussiens.*

« A Fresneau Montchevreuil, près Mère, était un camp retranché,
« en communication quotidienne avec Beaumont par un service de pa-
« trouilles.

« Un matin, un petit sous officier de dragons, nommé Wolff, qui, par
« parenthèse, se prétendait cousin d'Albert Wolff, dit à M. Frémont,
« chez qui il était logé : — « Nous allons vaire une gommizion ! » —
« et il partit vers Chambly avec une escouade d'une douzaine de dra-
« gons et le coupé de la propriété Caun. Quelques heures après, on
« les voyait revenir et passer, emmenant dans la voiture, pour le con-

« duire on ne sait où, l'imprimeur de Méru, Cauchois, directeur du « *Journal de Méru*, (s'imprimant alors sur papier d'affiches), ledit « Cauchois coupable d'avoir annoncé une grande victoire de notre « armée de Paris, avec 200,000 Allemands mis hors de combat..... »

Lettre apportée

A M. et Mme A. de M..., Paris,

Onville, 1er Février 1871.

Mes chers Enfants,

Votre première lettre, après tous ces malheurs, tous ces désastres, nous a fait un bien grand plaisir. Nous avons été si longtemps privés de ce bonheur, et tant de fois nous avons pensé à vous qui souffriez, en plus de la souffrance morale, de la faim. Et puis le pauvre père d'Alexandre qui, d'après votre lettre, est très gravement malade, nous espérons que la tranquillité d'esprit va contribuer, avec vos bons soins et l'aide de Dieu, à le guérir.

Nous vous envoyons un ravitaillement. Nous avions ici tout à très bon marché; c'est révoltant de voir ces animaux de Prussiens se gaver; nous en avons deux chez nous jusqu'au 26 de ce mois; ils sont là comme chez eux, ils se font des pâtées comme pour des chiens, avec de la bonne et belle viande crue, alors que vous, vous n'avez eu que du cheval et très peu même, dit-on, pendant si longtemps. Ils hachent tout ce qu'ils mangent; tout cela nous dégoûte fortement.

Votre tante Désirée est toujours bien inquiète de Lucien son troisième garçon, elle n'en a pas de nouvelles depuis le mois d'octobre. Tâchez-donc de savoir où est, ou plutôt ce qu'est devenu, son régiment.

Votre pauvre mère est bien heureuse de ne pas avoir vu tout cela! Nous avons été bien des nuits sans dormir, la canonnade ne cessait pas. Quand serons-nous donc débarrassés ?

Nous allons tous bien. Tes frères, ma chère fille, ne se sont pas battus; mais ils étaient de la garde nationale comme tous les hommes. Ta sœur Louise se joint à moi pour vous embrasser tous les deux.

Votre père qui vous aime tendrement.

Étienne Sagot-Beaufort.

A M. A. de M..., Paris.

Néris-les-Bains, 1er Février 1871.

Mon cher Alexandre,

. . . .

Les communications vont être rétablies et nous en profiterons bien vite pour retourner à Paris, heureux de revoir tous ceux que nous aimons, parents et amis, et vous ne serez pas le dernier à recevoir notre visite.

En attendant ce plaisir, que je vous dise comment nous sommes restés ici tout cet affreux hiver.

Vous savez, mon cher ami, que ma saison artistique se termine le 1er septembre; les malles se préparaient donc, et, tout en ayant l'inquiétude dans le cœur, nous voulions revoir notre Paris que nous croyions inviolable. J'arrive à la préfecture de Moulins pour toucher ma subvention, qui m'était très utile, la saison thermale ayant été mauvaise, vû les événements; on me dit que tout est en retard dans les bureaux de paiement, etc... Le 10, enfin, je la touche, et nous continuons nos préparatifs de départ malgré les bruits sinistres qui nous arrivent de tous côtés. Ma femme préférait partager les inquiétudes, les épreuves de la famille et des amis, plutôt que de rester éloignée d'eux ; moi, je pensais aux enfants, je voyais l'avenir sombre, j'avais peur pour mes chères fillettes ; ma femme insistait, moi aussi ; figurez-vous, mon cher Alexandre, que ce ménage, qui vous doit son union et son bonheur, *se disputait* ; Lucie allait jusqu'à m'appeler lâche... D'autre part, des familles, parties en toute hâte de Paris, sachant notre indécision, tâchaient de nous influencer... Nous hésitions encore, lorsque la Providence voulut que ma femme se blessât légèrement au pied, souffrant assez pour être obligée de rester étendue, sans pouvoir songer à partir. Voilà les portes de Paris fermées ; nous sommes forcément devenus Nérisiens, et quelques jours après, Lucie me disait : « Tu avais raison. »

Logés chez l'instituteur, près de la Mairie, derrière le parc des Arènes, nous arrivons jusqu'aux premiers jours d'octobre avec nos vêtements d'été. Bientôt la neige tombe et mes chéries sont en robes de barège ; il faut aller à Montluçon pour trouver quelques vêtements ; mais tout service est interrompu, les chevaux ayant été réquisitionnés. Nous faisons cinq lieues à pied (aller et retour) pour nos modestes achats ; les petits magasins de la ville sont déjà presque dévalisés. Nous allons à l'économie, ne sachant pas si notre réserve sera suffisante ; aussi votre professeur et ami endosse bravement le paletot de 25 francs et les galoches du Bourbonnais. La bonne est supprimée ; nos fillettes aident leur maman au ménage et à la cuisine. A propos d'argent, il faut que je vous raconte un trait qui m'a vivement touché, sachant que les choses du cœur ont toujours un écho dans le vôtre.

La famille L..., qui était venue prendre les eaux, redoutant les rigueurs d'un siége pour leur mère qui est très âgée, est restée aussi à Néris tout l'hiver. Ils ne sont sympathiques à personne ; leur mise plus que simple les fait traiter d'avares, car ils sont riches ; ils vivent tout-à-fait à part, ne parlant jamais aux gens du pays; moi-même, je ne puis me défendre d'une légère antipathie pour cette famille que je ne connais que de vue.

Un jour, on sonne à notre porte, c'était chose rare, les visites n'étant pas nombreuses à Néris en hiver. Je suis tout surpris de reconnaître M. L.; nous causons longuement des tristes échos de la guerre, il gagne beaucoup dans mon estime; mais je le trouve gêné pour me quitter, je crois deviner que ce monsieur a quelque chose à me communiquer, et je ne sais comment l'y engager. Arrivé à la porte du jardin, mon visiteur me dit enfin : — « Je sais qu'en général les artistes ne « sont pas riches, vous avez dû faire une mauvaise sai- « son... j'ai une assez forte réserve, puisez dedans, « monsieur Michiels, vous me ferez plaisir, et surtout « ne vous inquiétez pas, vous me rendrez quand vous « pourrez, quand vous voudrez... »

Je ne savais, ma foi, comment remercier ce grand cœur; toute ma pensée passa dans un serrement de main. Je répondis que j'avais compté avec les événements, et que j'espérais rentrer à Paris avec un reste d'argent, d'autant plus que les vivres sont pour rien à Néris, toutes les volailles engraissées pour Paris restant pour compte à leurs propriétaires. Nous ne pouvons mettre le couteau dans ces bons rôtis sans éprouver d'amers regrets de ne pouvoir les envoyer à nos chers assiégés, souffrant de la faim... et du froid! Ici l'eau gèle dans les chambres malgré le bon poêle que nous y avons monté. La cabane des poulets que ma fillette élève est couverte de chaume, et cependant un matin les pauvres petites bêtes ne répondent pas à l'appel du grain. Lucie inquiète les caresse, elles ne bougent plus, leurs yeux sont ouverts, mais leurs pattes sont immobiles, elles ont été gelées par la plus froide des nuits. Nous pleurons en pensant à nos malheureux soldats morts de froid dans la neige.

Ces cinq mois d'attente nous ont paru des années,

toujours avides de nouvelles qui nous parvenaient difficilement et qui, annoncées bonnes le matin, étaient démenties le soir.

Trop tôt pourtant la triste vérité s'est fait connaître par de nombreux blessés qu'on installa tant bien que mal dans l'établissement des Bains. Les Thermes se sont tranformés en une vaste ambulance; chaque baignoire de marbre noir est recouverte d'une planche sur laquelle se dresse un lit. Ces lits ressemblent à autant de sépulcres. Tous les maîtres des hôtels se distribuent leurs diverses fonctions, leurs femmes s'occupent du linge, qu'elles fournissent, et de l'organisation des des couchettes; médiocres ambulancières, mais elles y apportent tout leur bon vouloir et tout leur zèle. Ma femme et les enfants effilent de la charpie, et déchirent des bandelettes; toutes les dames aussi, mais cela suffit à peine. Tout est prêt pour recevoir les blessés qu'on apporte chaque jour dans de lugubres charrettes toutes teintes de sang; plusieurs rendent le dernier soupir à l'arrivée; on l'entend souvent, la cloche de la petite église de Néris, et cela nous met à nous aussi la mort dans l'âme; c'est le seul honneur rendu à nos pauvres martyrs!

Que de scènes déchirantes, mon cher ami! Il y en a une que je n'oublierai jamais : Une pauvre mère arrive à Néris affolée de douleur; elle a vainement cherché dans plusieurs ambulances son fils mortellement atteint et la voilà dans la nôtre faisant le portrait de son enfant; ce portrait répond à celui d'un blessé mort la veille; il lui faut maintenant le corps de son fils, elle insiste, on retrouve le cercueil, et elle repart, étouffée par les sanglots, avec ce cadavre, emportant toute sa vie entre quatre planches de bois blanc...

Au milieu de ces douloureux spectacles et des amères inquiétudes de chaque jour, j'ai trouvé quelque adoucissement dans mon cher violon, auquel je donnais presque tout mon temps. J'ai composé un quatuor pour deux violons, alto et basse, et une sonate pour violon et piano. J'allais souvent au salon jouer des duos, accompagné par ma petite Lucie, qui devient très forte pianiste..

Oh! qu'il nous tarde de vous revoir tous et de revoir notre pauvre bien aimé Paris!...

. . . .

Je vous serre la main avec le cœur,

M. F. MICHELS.

A M. A. DE M..., Paris,

Stargard (Poméranie) ce 1er Februar 1871.

Mon cher Alexandre,

Il y a quelques jours encore j'étais à Coblentz, lorsque nous reçumes, un grand nombre de mes camarades et moi, l'ordre de partir sur le champ pour une ville beaucoup plus éloignée, que tu trouveras sur une carte au N.-O. de Berlin.

Après un voyage, qu'on a trouvé le moyen de faire durer trois jours, nous sommes arrivés à Stettin où nous avons appris, par les affiches de la gare et des drapeaux, la capitulation de Paris.

Est-ce bien vrai? notre malheur, le malheur de la France est-il tel? Dans quel état étiez-vous à Paris? La misère était-elle bien grande? Les vivres manquaient-ils complétement, comme ils nous avaient manqué à Metz? Donne-moi des nouvelles de toute la famille et en même temps dis-moi tout ce que tu pourras sur l'état de Paris, et les termes de la capitulation, que nous ne connaissons que par les dépêches Allemandes.

Nous avons ici un froid de 20 dégrés; mais on s'y fait; je n'ai souffert réellement qu'en voyage.

J'ai fait la campagne sans encombre à l'armée de Metz, où j'étais seul officier de mon régiment, avec un détachement de 200 hommes que je conduisais au 5me corps dont je dépendais et que je n'ai pas pu rejoindre, ayant été coupé à Metz dans la première quinzaine d'Août.

Englobé dans la capitulation de Metz, j'ai d'abord été dirigé sur Coblentz où l'on m'a laissé pendant trois mois et ce n'est que le 27 que l'on nous a dirigés de Coblentz sur Stargard, où nous sommes beaucoup moins bien.

J'ai fait déjà depuis longtemps, et fait faire par mon père, des démarches pour etre échangé, si par hasard on fait des échanges de prisonniers, et surtout si la guerre doit continuer.

En tous cas, sois assez aimable pour me dire tout ce que tu pourras savoir sur le 4me bataillon du 49me de ligne, qui était à Paris. Tâche de t'informer du chef de bataillon, M. de Poulpiquet, ou de l'adjudant-major, M. Taulier, et dis-moi ce que je suis devenu, ou plutôt ce que l'on a fait de moi, dans ce bataillon où j'étais avant la campagne le plus ancien lieutenant. Sache me dire en même temps ce que l'on t'apprendra des divers officiers de ce bataillon.

Sur ce, je te serre la main de tout mon cœur, et je te dis : à *revoir*, dans des circonstances meilleures.

Ton cousin et ami,

Ch. Mont-Refet
Lieutenant au 49me de Ligne.

P.-S. Ne m'oublie pas auprès de tous les tiens, non plus auprès de l'abbé Gaston, s'il est à Paris.

Le commandant Carcanade, qui était à Coblentz avec moi, se porte bien.

A M. A. de M..., Paris,

Paris, 1er Février 1871.

Alleluia!

Mon beau-frère Emmanuel de Coulange bien portant! pas prisonnier! et n'ayant pas *signé le revers!* A été grièvement blessé, mais est en voie de complète guérison à l'hôpital de Bruxelles. Bref, sauvé, avec à peine un tiers de ses tirailleurs algériens et officiers (683 hommes sur 2333 et 31 officiers sur 92).

A *Wissembourg*, ce massacre des turcos, les balles et les obus tombaient si dru qu'après il se tâtait, surpris de ne rien avoir, et se faisait l'effet d'un homme sorti par une pluie battante sans parapluie et rentrant sans être mouillé.

A *Frœschwiller (Wœrth)* où vous vous rappelez que les turcos se sont fait hacher, son cheval Ali a été tué; Emmanuel écrit que lorsqu'il a senti sa pauvre bête, frappée au poitrail, s'effondrer sous lui, il a eu la singulière impression de *s'enfoncer dans la case...*

Enfin, à *Sedan*, où il avait eu le pressentiment qu'après avoir échappé deux fois il *attraperait une prune*, sans être tué, il a eu le péroné de la jambe gauche brisé en deux endroits. On l'a transporté en Belgique sur un cacolet. Bien soigné depuis six mois par un excellent docteur belge, un peu trop brusque....

Félicia a reçu de ses nouvelles par l'intermédiaire des journaux et de M. de Courtefrai, qui l'a assurée qu'elle reverrait son mari.

Bonnes nouvelles de mes parents et de Marie-Louise

à Montauban ainsi que de Charles Virenque et Gabrielle à Milhau.

Une petite fille à Avignon.

Votre dévoué cousin,

Abbé Gaston DE MANAS.

A M. A. DE M..., Paris,

Non Cachetée

Saint-Étienne, 1er Février 1871.

Cher Monsieur,

Nous avons reçu vos lettres par ballons...

. . . .

Aujourd'hui que l'armistice a rétabli les communications avec Paris par *lettres non cachetées*... hâtez-vous de nous rassurer... Nous vous en prions instamment.

Une bonne nouvelle :

Notre stock est à peu près tout écoulé ; dites-nous si votre fabrique de Ronquerolles a souffert.

Vos bien dévoués,

LIOGIER et CULTY.

A M. A. DE M..., Paris,

Paris, 1er Février 71.

Monsieur Mazade,

Vous m'excuserez de la liberté que je prends pour vous écrire; c'est que j'ai reçu une lettre de mon ami

Mutin qui me dit que ça lui ferait bien plaisir de savoir de vos nouvelles. Si toutefois vous voulez lui écrire, voilà son adresse :

Mutin Louis, soldat au 1er chasseurs à pied, 2me compagnie, provisoirement à Toulouse, caserne Saint-Charles.

J. Chevallet
Ouvrier teinturier.

« *Cette nuit dans une pauvre chambre d'une misérable maison de* « *village a été signée une convention réglant le passage de l'armée fran-* « *çaise en Suisse. Aujourd'hui même, bataille de* La Cluse, *victorieux* « *combat décimant les Prussiens, et courant d'un dernier lustre cette* « *triste retraite de 80,000 hommes à travers les neiges!* (Ch. de Mazade, « La Guerre de France).

Jeudi 2 Février.

Tante Authenac reste avec nous jusqu'à Dimanche. On lui a dressé un lit de camp dans la salle à manger.

Elle va voir Édouard et sa femme qui ont eu dès hier leur part des heureuses provisions.

Temps clair et froid.

Rue de Rivoli, beaucoup de marchands installés sur les trottoirs des numéros pairs, comme au jour de l'An ; des chanteurs — de la foule partout — des soldats de toutes armes, qui flânent, n'ayant pour le moment rien de mieux à faire.

Devant le n° 144, un rassemblement devant un *ruisseau de vin* (barrique de la maison Claudon défoncée par un accident de voiture). On bouche avec du sable l'entrée d'un égout, et, à quelque chose malheur est bon, car des soldats se procurent des vases et avec leur quart remplissent leurs bidons de campagne.

On annonce la prochaine entrée à Paris d'un troupeau de 2.000 moutons, réunis tout près de la Ville.

⁂

Dans le *Charivari*, une bonne caricature de Cham, avec cette légende :

— « Mame Putois ! j'aurais tout de même jamais cru que vous tueriez votre chien pour nous en faire manger.

— « Il a bien fallu... il était enragé ! »

A M. A. de M..., Paris,

Paris, 2 Février 71.

Mon cher Alexandre,

Je n'ai pas pu aller te voir hier, comme je te l'avais promis, ayant voulu assister aux obsèques de ce pauvre Didier Seveste.

Blessé, tu le sais, à Montretout par une balle dans la cuisse droite qui lui avait brisé le fémur, il a été transporté dans l'ambulance du Théâtre-Français, et là, dans ce *Foyer des artistes*, témoin de tant de rires, il a dû en subir, la nuit même, la fatale amputation ; depuis lors, son mal a toujours empiré.

Pour consoler le pauvre garçon, autant que pour honorer son courage, le général Trochu l'a nommé chevalier de la Légion d'Honneur ; c'est *in extremis* que cette croix, si vaillamment gagnée, lui a été apportée sur son lit de douleur.

Lui si gai, il avait pris très sérieusement son nouvel état de soldat ; engagé volontaire dans les carabiniers Parisiens, il était vite passé lieutenant.

Comme Henri Regnault, la fatalité a voulu qu'il fût un des héros martyrs de cette néfaste journée du 19, où il s'est battu comme un lion.

Élève de Régnier, son premier prix de comédie au Conservatoire lui avait ouvert la scène du Théâtre-Français, où son talent consciencieux et sa verve rendaient déjà de grands services.

Il avait débuté le 10 novembre 1863, dans le rôle de Petit-Jean des *Plaideurs* ; puis il avait joué tout l'ancien répertoire. Sa dernière création, qui ne manquait pas d'originalité, avait été le Curé Briffaut dans *Maurice de Saxe*, de Jules Amigues.

Très reconnaissant de l'accueil tout paternel que lui avait fait jadis mon père à la Bibliothèque du Louvre, lorsqu'il sortit du collège et qu'il voulait compléter ses études par de bonnes lectures, Seveste avait monté, au Théâtre de la Tour d'Auvergne, une pièce anecdotique de mon père, intitulée : *Molière à Pézénas*, qui fut jouée le 15 janvier 1864, anniversaire de la naissance de Molière.

Je le vois encore, ce brave Seveste, sous le vestibule du Théâtre, avant la représentation, alors que mon père lui demandait s'il était content de *sa troupe*, si elle marcherait bien, etc. — « *Je l'espère*, lui répondit Didier, *mais, vous savez, Monsieur Pillon, c'est si jeune!* » Lui-même avait alors à peine 18 ans ! La pièce de mon père marcha parfaitement, avec beaucoup d'ensemble, grâce à Didier Seveste, qui y obtint beaucoup de succès dans un rôle de bravache qu'il avait composé d'une façon très originale. *Il brûlait les planches.*

Que ces temps sont déjà loin ! et qu'il est triste de penser que tant d'espérances, tant d'intelligence, devaient être arrêtées brutalement par une stupide balle prussienne !

Telles étaient les pensées qui m'assiégeaient, en me rendant au Théâtre-Français, et de là à l'église Saint-Roch, où plus de deux mille personnes étaient venues rendre un dernier hommage à cette noble victime de son devoir.

Le Théâtre-Français a fait relâche hier. Tout le personnel de la Maison de Molière accompagnait son excellent et glorieux camarade au cimetière Montmartre.

Au bord de la tombe, le capitaine des carabiniers parisiens a prononcé un petit discours, empreint d'une bravade, qui détonnait un peu. Tout ce qu'il a dit de Seveste était bien, nous étions tous avec lui pour glorifier le courage du vaillant; mais pourquoi parler là *de revanche*, avec menace? Hélas! nous en sommes loin ! Ce n'est pas quand nous avons encore l'ennemi chez nous qu'il faut lancer ce mot là. Il eût été aussi prudent que digne de se taire.

La douleur de la pauvre mère et de la sœur de Didier faisait mal; il était pour elles le soutien, le conseil, en un mot le chef de famille... et plus rien!

Je te serre la main, cher ami.....

V. Pillon-Dufresnes.

Vendredi 3 Février.

Deux braves lignards (ils nous font penser à mes trois soldats du déjeuner du 7 septembre, que nous n'avons jamais revus) se présentent avec des billets de logement. Ne pouvant pas les garder chez nous, je les envoie à nos frais chez Bégenne, camarade de la Compagnie, qui tient un hôtel, avec son débit de vins, rue Palestro.

Les médecins les plus autorisés recommandent aux familles qui ont des parents ou amis (surtout femmes et enfants) loin de Paris de ne pas les faire rentrer immédiatement à cause des maladies régnantes.

Parait *Le Vengeur*, journal de Félix Pyat.

Un saisissant *Daumier* dans le *Charivari* :

La France blessée, gisant à terre ; au-dessus d'elle va s'abattre une nuée de corbeaux.

Légende :

Autres Candidats.

GARDE NATIONALE DE LA SEINE

92e Bataillon. — 8e Compagnie

Reçu de M. *Mazade*

Cinquante

la somme de ~~SOIXANTE QUINZE~~ CENTIMES *pour sa*

cotisation du mois d *Janvier 1871*

Le Sergent-Fourrier,

A. Deléage

Je reçois mon **Laissez-passer**, dont ci-après la teneur, pour sortir de Paris ; je partirai demain pour Beaumont et Ronquerolles.

RÉPUBLIQUE FRANÇAISE

LAISSEZ-PASSER

Nom : *de Alazade*

Prénoms : *Alexandre-Louis*

Profession : *manufacturier*

Domicile : *boulevard Sébastopol, n° 71*

Age : *34 ans*

Objet du voyage : *affaires de famille et d'intérêt privé*

Aller et retour : *de Paris à Clermont (Oise) et à Beaumont-sur-Oise (Seine-et-Oise) et de Clermont et Beaumont à Paris*

Direction suivie : *Route de Lille.*

Paris, le *2 Février* 1871.

Vu par le Préfet de Police :

Cresson

Par autorisation du Gal en Chef :
Le Gal Chef d'État-Major général

Gal de Valdan

Article 10 de la Convention

Toute personne qui voudra quitter la ville de Paris devra être munie de permis réguliers délivrés par l'autorité militaire française et soumis au visa des avant-postes allemands. Ces permis et visa seront accordés de droit aux candidats à la députation en province et aux députés à l'Assemblée.

La circulation des personnes qui auront obtenu l'autorisation indiquée ne sera admise qu'entre six heures du matin et six heures du soir.

Article 2 du Règlement militaire :

Les personnes qui auront obtenu la permission de franchir les avant-postes allemands ne pourront le faire que par les lignes suivantes : route de CALAIS, LILLE, METZ STRASBOURG, BALE, ANTIBES, TOULOUSE, n° 189 (ISSY).

Ponts de la SEINE comprenant ceux de SEVRES, de NEUILLY, d'ASNIÈRES et de SAINT-CLOUD.

Französische Republik

Passinschein

Name : *de Mazade*

Vornamen : *Alexander Ludwig*

Stand : *Fabrikant*

Wohnsitz : *boulevard Sebastopol, 71*

Alter : *34 Jahre*

Zweck der Reise : *Familien und Privatsachen*

Hin-und Rückreise : *Von Paris nach Clermont (Oise) und nach Beaumont-sur-Oise (Seine et-Oise).*

Richtung : *Strasse nach Lille*

Paris, den *2 Februar* 1871.

Gesehen von dem Polizie-Präfekten,

Im Auftrage des Oberbefehlshabers :
Der Chef des Generalstabes der Armee,

Artikel 10 der Uebereinkunft über einen Waffenstillstand

Iedwede Person welche die Stadt Paris zu verlassen gedenkt muss mit einer regelmässig von der französischen Militärbehörde ausgestellten Erlaubniss versehen sein; dieselbe untersteht dem Visa der deutschen Vorposten. Besagte Erlaubniss und besagtes Visa sind von Rechtswegen den Persönlichkeiten die sich als Kandidaten zur nächsten französischen Nationalversammlung präsentiren, respective den Mitgliedern der Nationalversammlung, zu ertheilen.

Das Ueberschreiten der deutschen Linien ist nur von 6 Uhr Morgens bis 6 Uhr Abends gestattet.

Artikel 2 des Militärreglements :

Die Personen, denen die Erlaubniss ertheilt sein wird die deutsche Vorpostenlinie zu überschreiten, können dieselbe nur nach folgenden Richtungen benutzen : Strasse nach Calais, Strasse nach Lille, Strasse nach Metz Strasse nach Straszburg, Strasse nach Basel, Strasse nach Antibes, Strasse nach Toulouse, Strasse n° 189 (l-s.).

Brücken ueber die Seine, bei Neuilly, bei Svères, bei Asnières und bei Saint-Cloud.

Visite de Camille Amiard; il est dans la joie, venant enfin de recevoir de bonnes nouvelles de sa mère et de sa petite fille; deux lettres, une hier de son oncle Clovis Angot, et la suivante aujourd'hui de sa mère :

Étampes, 2 Février.

« Mon cher Camille,

« Tu as dû recevoir ce matin une lettre de mon frère. « Il avait su au Cercle qu'un membre de la Commis- « sion de l'approvisionnement de Paris partait le len- « demain, et il lui a confié deux mots pour toi...

« Ta petite Adeline va bien, mais j'ai eu de grands « ennuis avec les nourrices... le vaccin, qu'elle a eu « à deux mois, a très bien pris... depuis le 15 janvier « elle est en robe... bien contente de pouvoir remuer « ses petites jambes; elle se tient bien, assise et sur le « bras; elle est très gentille, très gaie; elle a de beaux « yeux bleus, elle n'a pas encore de dents...

« ... Nous n'avons pas eu à souffrir de privations; « mais les deux derniers mois m'ont paru bien longs; « si je n'avais pas eu la petite, je ne sais pas ce que je « serais devenue, je n'étais occupée que d'elle. Je ne « savais plus ce que c'était que d'élever un enfant; on « a bien de l'inquiétude, mais aussi que de plaisir à le « voir rire et grandir; l'enfant se couche grognon, on « se demande ce qu'il peut avoir; une demi-heure « après, il s'éveille en souriant...

« Il me tarde que Berthe et toi puissiez la voir...

« Bien des choses à M. Fromentin, et aux familles « Angot, Pillon, Mazade, etc. Ta mère,

« Veuve Amiard. »

Décret ajournant les Elections de Paris au 8 courant.

De 9 heures à 11 heures du soir, j'assiste, dans le sous-sol d'un café de la rue Palestro, à une réunion électorale, très bruyante, plus qu'agitée. Ce n'est pas le parti des modérés qui parait devoir triompher, au vote de mercredi prochain, même dans notre relativement bon arrondissement.

A Mme A. de M..., Paris,

Onville, 3 Février.

Ma chère Céline,

Je t'envoie une caisse contenant le petit ravitaillement annoncé par papa : un pot de beurre, du fromage, du riz, trois pots de conserves d'alouettes, du sel, de la bougie, etc. On nous a dit aussi que vous manquiez de sucre, il y en a un sac.

Papa gronde tout le temps après les Prussiens, dont nous sommes empestés, et il est toujours à écouter leur musique ou à tourner autour d'eux quand ils font leurs manœuvres ; je lui dis : « Je crois que ça t'amuse ! alors il se met en colère, furieux après moi ; hier, il fumait avec eux ; enfin, ce bon père, il n'est plus jeune ; il se porte bien, c'est tout ce que je lui demande. Après la mort de notre pauvre mère, il a été si malade ! Remercions le bon Dieu, car pendant toute la guerre il a été bien, sauf l'inquiétude qu'il avait sur vous.

Un ballon était tombé à deux lieues d'ici, mais les Prussiens ont pris toutes les lettres... Ta sœur,

Louise Sagot-Beaufort.

Samedi 4 Février.

3 0/0 50.85.

Décès de la semaine. 4671.

Mon frère, avec M. et Mme J. s s beaux-parents, va voir, à Pierrefitte, la propriété de ces derniers. Ils trouvent la malheureuse maison et le chalet dans un état horrible de dévastation, tout saccagé, tout brisé; plus de parquets, les prussiens et nos mobiles ont fait du feu avec tout... Chez Mme Stévens la belle galerie de tableaux a disparu

---

A une heure, après un déjeuner modeste (il faut recommencer doucement, petit à petit), je pars de Paris, en bourgeois, avec mon sauf-conduit, passeport franco-prussien, à pied jusqu'à Saint-Denis. Un va-et-vient extraordinaire. La plaine Saint-Denis n'est plus qu'un grand lac, ayant été et étant restée inondée comme moyen de défense depuis les premiers jours de l'investissement.

Après Saint-Denis, un maraicher consent à me conduire dans sa charrette, en me détournant de ma route, jusque chez lui, à Saint-Leu-Taverny. De là, à Méry et à Mériel à pied. Inquiété par personne.

A Mériel, à la porte d'une des anciennes fabriques de mon père, un médecin me prend dans son cabriolet et m'emmène jusqu'à l'Isle-Adam. Oublié de lui demander son nom !

Les casques pointus que j'aperçois m'exaspèrent.

Ils ne m'ont rien demandé.

A l'Isle-Adam, mangé avec délices, me défiant de ma gloutonnerie, un morceau de fromage de brie sur une tartine, blanche comme neige, que me donne un paysan.

9 heures et demie. De l'Isle-Adam, je repars, à travers la forêt, sous une belle pleine lune, mais dans la neige fondante, sans rencontrer un chat, ni français, ni allemand, jusqu'à Mours.

Enfin **Beaumont**, où j'arrive à 11 heures, et j'embrasse, à la manger, ma chère petite tantinette Victoire, qui m'attendait déjà depuis hier, la table mise dans le bureau de mon père.

Les domestiques, Léon et Eugénie Breton, et Charles Guibert, le jardinier, sont aussi là, m'attendant avec anxiété.

Je n'ai pas faim, la joie m'étouffe; j'écris tout de suite à Paris.

Beaumont, 4 Février. Minuit.

Cher Père, chère Maman, chère Céline,

Me voici à Beaumont, où j'embrasse bien gros tante Victoire.

J'y suis arrivé moitié à pied, moitié en charrette, non

par la route ordinaire de Pierrefitte, Moisselles et Presles, mais par Mériel et l'Isle-Adam.

Grâce à nos chères tantes, la maison a été tout-à-fait préservée; je suis enchanté de son état; le salon quoique vide est très propre et respectable; le billard n'est pas démonté; la salle de billard et ton bureau sont comme tu les as laissés, tout le reste de même.

Il n'y a ici en ce moment que deux cavaliers prussiens et leurs chevaux.

Je profite du départ, demain dimanche, d'un matelassier pour Paris, pour vous envoyer un pot au feu, un gigot, des côtelettes dont vous pourrez gratifier Édouard et Marie (une ou deux côtelettes ne feront pas peur à Marie,) quelques œufs, un tout petit peu de fromage, des légumes, quelques fruits; nous n'avons malheureusement pas de carottes.

Je partirai dès demain pour Chantilly et Clermont, par une voiture de louage, ou autrement, comme je pourrai.

Chère Maman, j'ai ta broche, je te l'apporterai.

Mes longs baisers à tous trois.

A. DE M.

P. S. Tante Authenac est attendue ici demain dimanche dans la journée; tante Victoire, sachant les difficultés pour sortir de Paris, ne s'était pas trop inquiétée.

A M. A. DE M..., Paris,

Paris, 4 Février 71.

Monsieur Mazade,

Veuillez, je vous prie, m'excuser, si je prends la liberté de vous écrire, mais je ne le fais qu'avec peine, c'est la nécessité qui m'y oblige. Me trouvant malade depuis quelques jours, atteint de fièvre horrible, je me trouve dans l'impossibilité de m'acheter les médicaments nécessaires à mon rétablissement ; j'aurais voulu faire moi-même cette démarche, mais je suis d'une faiblesse extrême et ne puis quitter le lit ; j'ai pensé qu'en votre qualité de secrétaire du Conseil de famille, c'était à vous qu'il fallait s'adresser pour cette demande qui me coûte beaucoup.

M. Deléage sergent-fourrier, chez lequel j'étais comme planton, pourra vous affirmer ce que j'avance.

J'étais allé chez le docteur Loquet, que je n'ai pas rencontré ; je pense le voir demain.

J'espère, Monsieur, que vous ferez droit à ma demande ; car, comme vous devez le penser, ne travaillant pas actuellement vû les circonstances, je ne pourrais me soigner, faute de quoi acheter les médicaments.

Je vous remercie d'avance et suis avec respect votre dévoué serviteur.

Élie BERNHEIM
Garde 92me 8ole.

Dimanche 5 Février.

A Beaumont.

Sur pied de très bonne heure ; après un savoureux, velouté bol de lait, (sans chocolat, dont on est saturé) je vais tout d'abord, selon le désir d'Auguste Thiébault, voir l'état de la maison de sa mère, laissée inhabitée depuis l'invasion. Elle a été mise à sac ; c'est un affreux massacre, une salade d'objets mobiliers épars, un fouillis de linge, vêtements, chaussures, grands chapeaux de dame de 1820, 1830, etc..., par tas, au milieu des chambres. On me dit que les Prussiens se sont amusés avec ces hardes de toutes formes et couleurs, se déguisant avec des châles rouges, verts, jaunes, des jupons Pompadour, des énormes chapeaux de toutes les époques, sortant ainsi affublés sous des parapluies et ombrelles les plus fantastiques ..

En sortant de ce chaos, je vais voir et embrasser notre cher et bon ami M. le curé Panier, que nous avons cru fusillé, et qui me revoit avec joie apportant des nouvelles de nous tous.... Après la Messe de 8 heures, à l'église de Beaumont, je ne manque pas non plus de faire la visite, recommandée tout spécialement par ma mère, à la sœur Valentine, Supérieure de l'*Hospice*, et à la bonne sœur Anastasie qui a enseveli notre tante Abbadie : — « Les sœurs n'ont pas été « inquiétées, mais elles ont eu beaucoup de fatigue, due au grand « nombre de blessés et de malades, que la Chère-Mère évalue à 2,000 « journées. C'était un mouvement continuel de blessés, que les Prus- « siens emportaient au bout de quelques jours, aussitôt qu'ils étaient « transportables. Le 30 septembre, jour du combat et de l'incendie de « Parmain, on a apporté à l'Hospice une douzaine de blessés prussiens, « parmi lesquels était un chirurgien-major, le corps traversé d'une « balle. On est venu les enlever peu après. Il n'est mort à l'Hospice « qu'un simple soldat allemand, protestant, enterré dans le cimetière.

« Quant au *Pensionnat*, ayant pour Supérieure la sœur Philippine, « il n'y était resté que deux ou trois élèves. Il a été fermé en tant « qu'études, et transformé en une ambulance, qui a fonctionné, comme « ambulance privée, tout-à-fait indépendamment de l'Hospice. »

Après une courte visite à M. Duhamel, et à M. Vernier architecte, je descends le vieil escalier édenté, faisant face au portail de l'Église, et je vais remercier et rembourser M. Thiberge ; puis visiter successivement MM. Godin, Léger et Goret, que nos tantes appellent *les sauveurs de Beaumont*.

Des diverses conversations, je recueille quelques nouveaux détails sur l'occupation de la Ville :

Le matin de l'inoubliable vendredi 16 septembre, la population de Beaumont était sur le qui-vive, s'attendant à voir apparaître l'ennemi, qu'on savait à Chantilly et à Senlis. Les yeux se tournaient de tous les côtés ; une douzaine de personnes étaient montées dans le clocher ; sur le *Château* un certain nombre d'habitants, parmi lesquels étaient M. Léger et M. Godin, sondaient anxieusement du regard la plaine de Bernes, Bruyères, jusqu'à Crouy à l'horizon. Bientôt apparut entre Bernes et Bruyères un groupe de cavaliers ; ils s'avancèrent sur le pont de Beaumont, où ils se trouvèrent arrêtés par la rupture de la grande arche Sainte-Catherine. On les vit alors au bout du pont parlementer environ un quart d'heure avec M. Martin-Heyberger, de la brasserie du bord de l'eau à Persan, lequel, étant d'origine alsacienne, leur expliquait en allemand que le pont sauté n'était pas le fait des habitants de Beaumont, mais de l'autorité militaire, etc....

Le croirait-on ? Pendant ce colloque, un tout jeune officier, descendu de son cheval, ramassait des grosses pierres de l'arche sautée et s'amusait en riant, ayant l'air de se moquer du monde, à les lancer dans l'Oise pour faire des ronds.

Puis on vit ces Prussiens rebrousser chemin et on s'en crut débarrassé, pour le moment du moins. On quitta le Château, mais à peine arrivait-on sur la place de l'Hôtel-de-Ville, qu'on voyait au bout de la rue du Beffroi, déboucher, au grand galop, la lance en avant, de la rue de Senlis, un escadron de uhlans, qui se dirigea sans hésitation sur la Mairie, le pistolet au poing. En même temps d'autres faisaient irruption de partout, par toutes les rues.

Sur les marches de l'Hôtel-de-Ville, toujours le pistolet au poing, ils demandèrent le Maire. M. Godin se présenta.

« Il faut que vous nous répondiez de la population, que personne « ne tirera sur nous, etc..., à la moindre tentative de rébellion, vous « êtes mort ; on vous garde à vue ; faites nous d'abord livrer toutes vos « armes... etc... »

C'est alors qu'ont eu lieu la livraison et le bris des vieux fusils de pompiers, dont parle la lettre de M. Léger...

Beaucoup de monde sur la place. Un nommé Alzard, marchand de moutons, en partait dans son cabriolet, lorsque les Prussiens l'arrêtèrent pour leur servir de guide ; mais il en a fallu deux ; Goret, qui était à la Mairie occupé au recensement des habitants pour la répartition du pain, recensement fixé définitivement à 527, s'est dévoué, a attelé sa carriole et est parti, escorté comme ma tante Authenac nous l'a raconté vendredi.

M. Vernier avait à loger un officier du génie, avec un soldat son ordonnance, et un chirurgien-major, flanqué aussi de son ordonnance (aide pharmacien).

Le surlendemain de leur arrivée, l'officier du génie, qui parlait très bien français, dit à M. Vernier : « — *Nous allons à Paris ; ça va être* « *terminé ; vous n'avez plus d'armée, plus de défense possible ; on va* « *arranger la chose ; c'est l'affaire de quelques jours, et heureusement* « *nous ne tarderons pas à rentrer dans nos foyers.* (1) » Le chirurgien surtout, médecin civil dans son pays, *hachant* à peine quelques mots de français, paraissait radieux de cette fin de la guerre, car il regrettait amèrement sa famille... et sa clientèle.

Ils partirent, mais revinrent bientôt, n'étant allés que jusqu'à Argenteuil, où ils ont vu que Paris n'était pas si facile à cueillir qu'ils l'avaient cru.

Sont ensuite arrivées les troupes énumérées dans la lettre de M. Léger, avec les exigences de leurs réquisitions. (Armée du duc de Mecklembourg.)

Le dimanche matin, après le départ d'un des corps d'invasion, on a pu se rendre compte des horreurs dont les soldats avaient été capables : dans la maison Talon, magasin de nouveautés et de modes, les lits, les corridors portaient de nombreuses traces de mauvaises diges-

(1) Voir un propos analogue d'un officier à M. Godin, page 129 de l'*Histoire de Beaumont-sur-Oise* par Ch. Simon.

tions, et, pis encore, les cartons à chapeaux et autres étaient pleins de.. ... ce qui ne porte pas toujours bonheur. Le pétrin d'un boulanger, chez qui les soldats avaient été furieux de ne rien trouver, a eu le même sort débordant. « — *Change ton pétrin!* lui répétait depuis sa clientèle, en manière de scie... bien qu'on sût le pétrin remplacé dès le départ des saligauds.

La ville se trouvant, pour un moment, non occupée, deux cultivateurs arrivent à Beaumont amenant un soldat du train allemand monté sur son cheval; ils l'avaient capturé, dirent-ils, sur les *coutumes* ou *garennes* de Presles. Ce soldat ne savait pas un mot de français; la population s'attroupe autour de lui, on se demande : — « Qu'est-ce que nous allons en faire? — « Il faut le tuer. » — « Non, gardons-le prisonnier. » — « Il sera bien embarrassant, objectent plusieurs voix dont celle de Goret, ne vaudrait-il pas mieux simplement le renvoyer ? » — Cette opinion prévalut. Goret monta dans un bateau avec le prussien et on traversa l'Oise; le cheval, que son cavalier tirait par la bride, suivit à la nage. Sur la berge de Persan, autre attroupement de 10 à 12 personnes : — « Ne le lâchons pas! Tuons-le! » — Sans perdre son sang-froid, Goret observa que se mettre à douze pour tuer un homme sans défense serait une indigne lâcheté. » — On laissa partir cavalier et monture, dont on n'a plus entendu parler.

Le jeudi 29 septembre, pendant que l'artillerie allemande bombardait Parmain des hauteurs de l'Allée des Marronniers, à l'Isle-Adam, au-dessus de Nogent, faisant payer cher à ce hameau l'héroïque défense du pharmacien Capron et de sa petite troupe de 200 gardes nationaux et francs-tireurs des environs (1), un millier de Prussiens (infanterie de ligne) arrivèrent de Mours jusqu'au bord de l'Oise qu'ils traversèrent sur des grosses chaloupes destinées à construire un pont de bateaux, allant prendre à revers, par Champagne, les défenseurs de Parmain.

Des deux côtés de la rivière, ils se répandirent dans la campagne, et s'échelonnèrent tout le long des berges, pour surveiller la position. Devant la maison Auger, à l'angle de la route nationale et de la rue de Pontoise, le chef s'arrêta, fit appeler *Messieurs les Maires*. MM. Godin et Goret s'étant présentés, on les somma de faire ouvrir la maison; impossible, on n'avait pas les clefs. L'officier a forcé la grille en faisant sauter la serrure; on prit dans les appartements un fauteuil et des chaises, sur lesquels s'assirent le chef et les autres officiers, devant la porte, au soleil; le temps était superbe. Ils gardèrent là Godin et Goret otages pendant près de trois heures.

Les *pionniers*, venant de Crépy, fatigués et affamés, étaient arrivés.

(1) Voir dans ma bibliothèque *La défense de Parmain*, par Capron (Dentu, 1872). (Brochure reliée avec autres dans le recueil *Le Siège de Paris*.)

Le soir de ce même jour, à 8 heures, à Beaumont, l'*ordonnance* de l'officier du génie logé chez M. Vernier est venu demander une lanterne à la cuisine; et à 10 heures et demie, l'officier rentrait avec lui, en disant à M. Vernier : — « C'est fait, notre pont de navires est jeté! la « cavalerie et l'artillerie passeront dessus demain matin. » Ce pont avait été établi, à une centaine de mètres en amont du Pont de pierre, en moins de trois heures, par les prussiens seuls, sans le concours d'aucun habitant, mais avec notre matériel français pris en Alsace.

La passerelle de l'arche sautée n'a été construite que plus tard.

Le vendredi 30, les défenseurs de Parmain ayant été forcés de se dérober, les Prussiens entrèrent dans le village, qu'ils brûlèrent; trente-deux maisons furent détruites. Ils y arrêtèrent une dizaine d'habitants, pour la plupart des vieillards, les attachèrent deux à deux, et, les forçant d'aller pieds nus, les conduisirent ainsi jusqu'à Pontoise.

Ayant rencontré les armes à la main M. Desmortier, ancien juge d'instruction au Tribunal de la Seine, âgé de 71 ans, lequel, pendant toute la durée de la lutte, s'était vaillamment battu, et le sieur Édouard Maître, ouvrier carrier de Jouy-le-Comte, âgé d'une trentaine d'années, ils les garrottèrent et les emmenèrent avec eux en les maltraitant. A Beaumont, on les a vus arriver de l'Isle-Adam avec un convoi de 12 à 15 autres prisonniers, deux par deux, les mains liées derrière le dos, escortés par de la ligne et par une compagnie de uhlans qui est venue se ranger en bataille à droite du pont de pierre sur le quai, devant les bains Cagnet. Le même jour, le convoi et son escorte passèrent l'Oise sur le pont de bateaux établi la veille au soir, et s'arrêtèrent à la maison Bordat.

Le lendemain, samedi 1er octobre, Desmortier et Maître, après avoir subi un simulacre de jugement, ont été fusillés, presqu'en face, dans un champ de betteraves, où leurs bourreaux les enfouirent à peine.

La cérémonie funèbre des deux héroïques victimes exhumées a eu lieu le 22 décembre, après un premier service à Persan, dans l'église et au cimetière de Jouy-le-Comte (1).

---

(1) Un MONUMENT commémoratif, dont la photogravure est ci contre, érigé près du pont de Beaumont, côté de Persan, non loin du champ de l'exécution, a été inauguré le 16 octobre 1887. C'est une pyramide en marbre gris de Lourdes, entourée de quatre canons reliés par des chaines et dont la face porte ces inscriptions: En haut, Honneur et Patrie; au-dessous, Courage et Dévouement; et dans le soubassement, A la Mémoire des deux patriotes Desmortier et Maitre, pris par les Prussiens à la défense de Parmain et fusillés par eux sur cette place, le 1er Octobre 1870!

Chaque année, à la Fête Nationale, les Sociétés de Beaumont et de Persan, et la population, viennent en cortége y apporter des couronnes.

Le 14 Juillet 1890, Lucien Dupuis, (M. Victor Paquet, directeur du *Régional*), y a

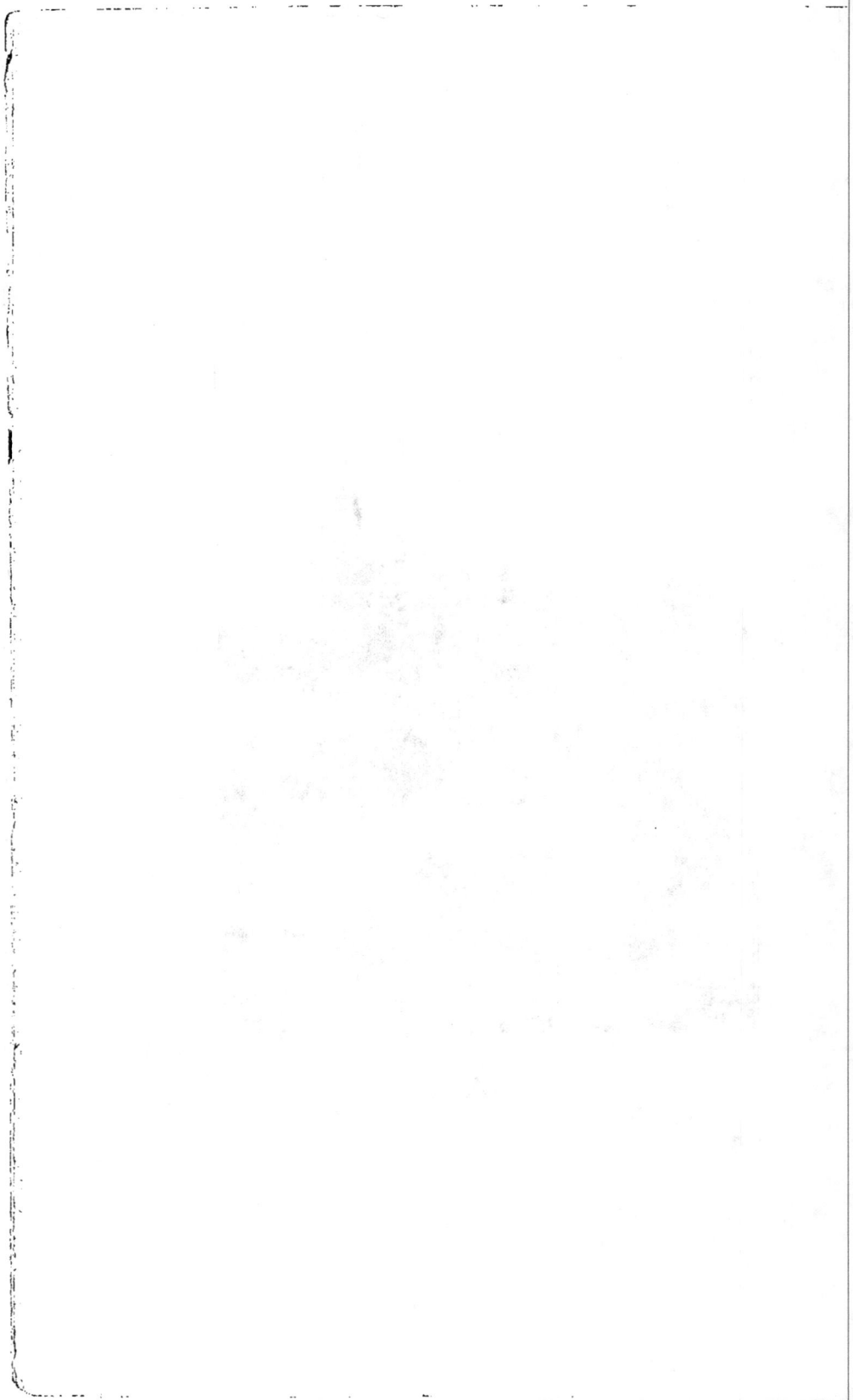

Le 11 novembre, après deux ou trois jours de tranquillité, passage de la *garde royale*, soldatesque plus désagréable encore que toutes les autres ; grande rafle dans les maisons abandonnées et notamment chez

---

dit une pièce de vers, vibrante d'émotion patriotique, reproduite dans l'*Histoire de Beaumont-sur-Oise*, par Ch. Simon.

Un **MONUMENT** a été élevé aussi à l'Isle-Adam, entre deux ponts à la mémoire d'autres victimes de la défense de Parmain.

La Lorraine, l'Alsace, et la moitié de notre chère France sont semées de ces monuments de pieux et cruels souvenirs.

Voici une suite d'anniversaires et inaugurations les plus mémorables :

WISSEMBOURG. — *1 Août 1871.* — Anniversaire. — Monument au milieu du cimetière.

VERDUN (Cimetière de Bar-le-Duc). — *6 Août 1871.* — **Aux Enfants de la Meuse morts pour la Patrie.** (Rochers superposés, surmontés d'un lion gardant un drapeau).

18 Août 1872. — Monument à Verdun.

FORBACH. — *6 Août 1871.* — Cérémonie prussienne, sur le plateau de Spicheren.

18 Août 1872. — Dans le cimetière, inauguration du Monument Commémoratif, à laquelle assistent les femmes en noir, les enfants en blanc, les hommes portant les couleurs tricolores, devant les Prussiens qui respectent leur douleur.

METZ. — *7 Septembre 1871.* — Dans le cimetière monument de 12 mètres de hauteur, se composant d'un soubassement surmonté d'une haute pyramide couronnée d'une urne cinéraire.

Inscriptions :

METZ

1re face

AUX SOLDATS FRANÇAIS

MORTS DANS SES MURS POUR LA PATRIE.

A LA MÉMOIRE DE 7203 SOLDATS FRANÇAIS MORTS
DANS LES AMBULANCES DE METZ.

Côté gauche	Côté droit
SERVIGNY, 30 Août	BORNY, 14 Août.
PELTRE, 27 Septembre.	GRAVELOTTE, 16 Août.
LADONCHAMP, 7 Octobre.	SAINT-PRIVAT, 18 Août.

4me face

Inscriptions empruntées aux Orateurs sacrés, signifiant :

« L'OCCUPATION PRUSSIENNE N'EST QU'UN TEMPS D'ÉPREUVES
« QUE LE PATRIOTISME FRANÇAIS S'IMPOSE LE DEVOIR DE FAIRE FINIR
« AU PLUS TÔT. »

CHATEAUDUN. — *18 Octobre 1871.* — Cérémonie présidée par le général de Cissey, ministre de la Guerre. — Église paroissiale, allocution du père Monsabré. — Au cimetière : Pose de la première pierre du Monument (dû au ciseau de Clésinger). Après la cérémonie distribution des croix, dont une est donnée à une jeune fille de 20 ans, qui a fait vaillamment le coup de feu derrière les barricades.

LE BOURGET. — *26 Octobre 1871.* — Cérémonie à l'Église. Après l'office, Monseigneur Duquesnay, nouvellement évêque de Limoges, a conduit la foule jusqu'à l'extrémité du village, à l'endroit où reposent les héros du Bourget et où devait être élevé le monument commémoratif.

M. Jules de Lesseps, de couvertures, de matelas, etc... réquisition de toutes les voitures pour transporter les objets près de Paris... Goret dut encore aller avec eux jusqu'à Groslay.

Discours de Monseigneur Duquesnay, qui a causé la plus vive émotion, en présence des généraux de Bellemare, Hanrion, etc...

30 Novembre 1872. — Cérémonie religieuse dans la chapelle du Monument, élevé non loin de l'Église sur la grande route de Flandre.

COULMIERS. — *9 Novembre 1871.* — Cérémonie, avec récit du dernier épisode de la bataille.

LADON.— *21 Novembre 1871.* — Anniversaire.

21 Novembre 1886. — Inauguration du Monument place de la Mairie (voir page 218).

CHAMPIGNY. — *2 Décembre 1871.* — Service commémoratif célébré au Tremblay, en présence de Monseigneur Guibert, archevêque de Paris, du général Ducrot (Discours).

Le même jour, à PETIT-BRY, inauguration du Monument élevé à la mémoire du brave commandant Franchetti, sur un terrain, dont le propriétaire, M. Mortet, cultivateur, a refusé d'être payé. (Cérémonie Israélite en présence du Grand Rabbin).

Allocution de M. Benoit-Champy.

2 Décembre 1872. — Inauguration, sur le plateau de Cœuilly, d'une pyramide carrée, surmontée d'un chapiteau, etc.....

BAPAUME. — *3 Janvier 1872.* — Cérémonie d'anniversaire, en présence de Monseigneur l'Évêque d'Arras, de M. de Rambuteau, préfet du Pas de-Calais. Monument très simple, sur une assise de rochers revêtue de lierre; croix de granit dont les bras soutiennent une couronne d'immortelles.

VENDOME. — *22 Juin 1872.* — Sur la route de Blois, pyramide sans sculpture, portant cette inscription : 1870-1871. Défense nationale. Souvenons-nous.

BRIEY. — *18 Août 1872.* — Dans le cimetière, pyramide de 5 mètres de haut surmontée d'une urne voilée. — Inscription : A nos frères morts en combattant pour la Patrie.

1872. — Monuments à LONGWY.
» » PASSAVANT (Meuse).
» » COLMAR.
» » LA CLUSE — Pyramide.

BUZENVAL. — *19 Janvier 1873.* — Cérémonie dans l'église de Rueil. — Inauguration, en présence du colonel Langlois de l'Assemblée Nationale, chef du 106me bataillon, de Victor Lefranc, de M. Tirard, du Maire de Garches, etc — Pyramide de granit élevée sur le plateau de la Bergerie à la lisière du bois, dans un paysage mélancolique, à deux pas de la *Maison du Curé*, près de laquelle ont été frappés tant de braves.

Inscription sur la façade orientale de la pyramide, couverte de couronnes d'immortelles :

ARMÉE DE PARIS

GARDE NATIONALE

Les Gardes du XIme Bataillon

A LA MÉMOIRE

DE LEURS CAMARADES

MORTS EN COMBATTANT

LE 19 JANVIER 1871.

Les Prussiens partant sur Paris avaient ordre d'emporter leurs couvertures; cela donnait lieu à des scènes déplorables de violence, batailles, cris, lamentations des pauvres femmes surtout qui ne voulaient

---

REISCHOFFEIN. — *6 Août 1873.* — Inauguration sur les hauteurs de Morsbronn (Alsace) d'un Monument funéraire.

Pyramide de 10 mètres, dominée par une croix nimbée, au pied de laquelle est sculptée une couronne d'immortelles entrelacée par une branche de laurier avec ces mots : Aux Cuirassiers de Reischoffen.

Cette pyramide repose sur un motif habilement sculpté, représentant un casque et une cuirasse au milieu de trophées d'armes, le tout porté par un socle majestueux, où sont gravées ces paroles :

MILITIBUS GALLIS HIC INTERIMPTIS
DIE 6 AUGUSTI 1870
(DEFUNCTI, ADHUC LOQUUNTUR)
EREXIT PATRIA MŒRENS 1873.

(Aux soldats français exterminés ici le 6 Août 1870, (Morts, ils parlent encore) la Patrie en pleurs a élevé cette pierre).

Sur les faces latérales sont sculptés les noms des régiments qui ont donné dans cette lutte gigantesque, dans la proportion de 1 contre 6.

C'est le 180me MONUMENT que l'Œuvre des Tombes, présidée par le père Joseph, a fait ériger, tant en Allemagne que sur les champs de bataille de l'Alsace.

BELFORT. — *21 Octobre 1873.* — Dans l'Église. Inauguration et bénédiction par Monseigneur Freppel, évêque d'Angers, d'origine Alsacienne (Obernai).

Au cimetière improvisé entre le Fort de la Mi tte à gauche et le Fort de la Justice à droite, où sont ensevelies 1500 victimes du bombardement, inauguration d'une pyramide triangulaire en grès rouge. L'une des faces porte :

1870-1871
BELFORT
A SES DÉFENSEURS MORTS PENDANT LE SIÈGE.

Sur la place d'armes est le beau groupe Quand Même! d'Antonin Mercié, sur le socle duquel est sculpté le médaillon des deux profils réunis de Thiers et de Denfert-Rochereau.

Dans le roc, sous la citadelle, est le colossal Lion de Belfort de Bartholdi.

VERNON. — *26 Novembre 1873.*

LE MANS. — *11 Avril 1874.* — Monument d'Auvours, à 10 kilomètres du Mans, commémoratif de la bataille du Mans du 11 janvier 1871.

Grande pyramide surmontée d'une croix, inaugurée en présence des évêques du Mans et de Saint-Brieuc.

NANCY. — *13 Août 1874.* — Au cimetière de Préville, colonne pyramidale, très simple.

CHARLEVILLE. — *Dernier Dimanche de Septembre 1874.* — Inaugurati n du Groupe de L'Invasion du sculpteur Croisy, monument érigé à la mémoire des Ardennais morts pour la Patrie.

BAGNEUX. — *13 Octobre 1874.* — Monument orné d'un buste en marbre du commandant DE DAMPIERRE.

Etc..., etc...

NOTA. — Les dessins et relations de ces Monuments se trouvent à leurs dates respectives dans le *Monde Illustré*.

pas se les laisser enlever ; il fallait voir la mère Simon (des cultivateurs voisins de l'Église), exaspérée, tirant d'un bout sa couverture, qu'un prussien tirait de l'autre.

Chez nous, ils ont emporté plusieurs couvertures, et plus tard ils en ont oublié et laissé deux allemandes, à bords noirs.

Le chalet de Lesseps a été des plus éprouvés ; en outre des couvertures pillées, des pendules et objets d'art emballés et chargés sur une voiture tellement bourrée qu'elle n'a pas pu passer sous la grande porte, les glaces ont été crevées à coups de révolver, la belle vaisselle a été brisée en miettes, et amoncelée au milieu du jardin, spectacle qui a arraché au Chef, survenant, cette exclamation presque de pitié :

— « *Pourquoi on a déchiré tout le vaisselle ?* »

Réponse :

— « *Lesseps, cousin de l'Empereur! Capout!* »

Beaumont a été presque constamment occupé par une garnison de mille hommes environ, composée de soldats de la landwher, de 29 à 35 ans. On a calculé que la Ville a dû avoir à supporter un total de 150,000 journées de logement.

Indépendamment de sa garnison, la Ville subissait, presque chaque jour, des passages de troupes allemandes s'y arrêtant une nuit. C'était une cause de tiraillements pénibles par suite de la difficulté de les loger et de leur fournir le complément de leur nourriture, réclamations et plaintes par les soldats à leurs officiers, disputes entre les habitants et les soldats, menaces par les officiers aux autorités, obligées d'être en permanence à la Mairie pour tout concilier.

C'est à Beaumont que s'effectuaient les livraisons des réquisitions opérées dans les communes environnantes : Un certain dimanche il s'en est fait une de 120 vaches, 300 à 400 moutons ; la rue Nationale était encombrée dans toute sa longueur. Un autre jour, c'était un porc, deux moutons, des volailles, que des soldats apportaient du château Lyon-Allemand, à Persan, qui se trouvait transformé en une espèce de camp de bohémiens, butin dont ils ont fait cuisine et ripaille sur la place du Château de Beaumont.

Le mercredi matin, 30 novembre, MM. Godin, Léger et Gorel sont partis dans la carriole de ce dernier à la recherche de cultivateurs réquisitionnés, dont l'absence prolongée inquiétait leurs familles. Ils arrivèrent, sans en avoir de nouvelles, par Moisselles, Montlignon, Eaubonne, Soisy, au château de M. Dolfus-Davilliers, dont M. Chouquet, régisseur, connu de M. Léger, leur facilita l'abord du commandant Prussien ; de Soisy à Enghien, où toujours sans renseignements précis, ils déjeunèrent chez un marchand de vins avec les provisions dont ils s'étaient munis. D'Enghien ils montèrent à Montmorency, s'enquirent vainement auprès du chef, et arrivèrent par Groslay à Saint-Brice, dépôt d'artillerie et siége de la Commandature. Là, on leur dit : « Vos hommes doivent être à Piscop, où se trouve un dépôt d'a- « voine et de fourrage. » Les cultivateurs étaient en effet à Piscop, mais en tournée ; il fallut attendre jusqu'au soir leur retour. On les ramena, mais, comme leurs chevaux allaient au pas, on ne rentra avec eux à Beaumont qu'après minuit.

Dans les premiers jours de décembre, M. Godin, très fatigué par toutes ces tribulations, fut atteint d'une fluxion de poitrine dont il faillit mourir. Il a même reçu l'extrême-onction (1).

Vers la fin de décembre, injonction fut faite à la ville de Beaumont d'avoir à payer entre les mains du Sous-Préfet allemand à Pontoise les cinq douzièmes des contributions que les contribuables n'avaient pas pu verser au percepteur français. A cette injonction, M. Léger répondit que c'était impossible, parcequ'il ne restait à Beaumont que les habitants pauvres, à qui on pouvait à peine procurer du pain. L'injonction ayant été réitérée avec menace d'exécution militaire, M. Léger s'adressa au général et obtint l'abandon de cette réclamation. Beaumont a été une des rares communes de l'arrondissement qui ne payèrent pas l'impôt aux Prussiens.

En janvier, les habitants n'ayant plus de ressources pour eux-mêmes,

---

(1) Après la guerre M. Godin a été maire de Beaumont jusqu'en 1877, mais la reconnaissance de ses concitoyens n'a pas été éternelle ; le 2 janvier 1878, lors du renouvellement du Conseil municipal, dont il se sentait évincé par le courant politique, M. Godin se voyait forcé de leur rappeler tous ses services et son dévouement dans une circulaire qui disait :

« Et lors des tristes évènements de 1870....

« N'étais-je pas dans les rues nuit et jour, faisant les plus grands efforts pour « défendre vos intérêts ?....

« Aucun ne peut oublier les 15 premiers jours de cet envahissement : cent fois « j'ai été brutalisé, menacé ; et pendant que je cherchais à vous préserver ainsi que « vos maisons, la mienne n'a-t-elle pas été pillée deux fois, et n'ai-je pas trouvé « mon beau père, vieillard de 80 ans, renversé dans mon grenier, le pistolet sous la « gorge ?

« Je n'ai jamais évité les charges de logement et de nourriture ; j'ai toujours eu « des officiers, soldats et malades : car, quand j'étais embarrassé pour le placement « de ces derniers, je les prenais chez moi.

« Enfin, épuisé de fatigue, d'humiliation, de désespoir, pleurant le triste sort de « mon pays et de notre chère patrie, j'ai failli payer de ma vie ces terribles luttes « au-dessus de mes forces, car ma santé en sera ébranlée pour toujours.... »

. . . .

M. Godin est mort le 10 septembre 1890. Ses obsèques, où presque tout Beaumont assistait, (on a rarement vu une telle affluence) ont été une juste, quoique tardive, réparation. Les cordons du poêle étaient tenus par MM. Léon Say, député, ancien ministre ; Paul Béjot, maire de Nointel ; Auguste Berthier ; Léger, notaire honoraire ; Vernier, architecte, et Goret. Trois discours : de MM. Chéron, maire, Léon Say et Léger.

L'extrait du *Régional* du 18 septembre 1890, relatant ces obsèques et les discours, est annexé à mon album de voyage de 1890, avec la circulaire de M. Godin du 2 janvier 1878.

et ne pouvant plus contribuer à la nourriture des soldats, M. Léger se rendit à Dammartin auprès du général, lui exposa la situation et obtint de lui un secours, dont le montant lui a été versé en Thalers-papier par le trésorier du Corps d'armée à Chantilly, et dont la répartition a été faite entre les habitants.

Pendant la durée de ces cinq longs mois, on a vécu à Beaumont dans un isolement complet ; il n'y avait plus pour les habitants ni administration, ni justice (le Juge de paix était parti, le Tribunal de Pontoise resté à son poste ne tenait pas d'audiences), ni police, ni gendarmes. On s'est gouverné et administré soi-même, sans direction supérieure, sans autre autorité que celle de la raison, sans autre mobile que l'intérêt commun (1).

A 2 heures, parti de Beaumont, seul dans une charrette louée, laissée avec son cheval à Précy.

De Précy à Saint-Leu d'Esserent, à pied, dans la neige fondue ; 9 heures, nuit sombre, malgré la pleine lune voilée par d'épais nuages, de Saint-Leu à Creil, encore à pied, dans la boue glaciale. La nuit est lugubre. Le pont de Laversines (pont du chemin de fer sur l'Oise), est sauté, les Prussiens l'ont remplacé à côté par un pont de bois, qu'on devine presque à fleur d'eau, au niveau des berges (2).

Arrivée à 10 heures et demie à Creil, à l'Hôtel du Chemin de fer du Nord. La salle de la table d'hôte est pleine d'officiers Prussiens, riant, criant, faisant grand tapage. Soupé seul dans un petit cabinet, à côté. Le pain est éclatant de blancheur ; je ne me lasserai pas de dire qu'on le croirait de neige ; on a beau m'affirmer que ce pain est absolument le même qu'avant la guerre, je ne me rappelle pas avoir jamais vu de pain aussi blanc ; *le pain blanc* que Tollemer apportait à mon père serait noir à côté de celui-ci.

Assez mauvaise nuit dans une affreuse mansarde, tout le reste de l'Hôtel étant pris par les Prussiens.

A M. A. de M..., Paris,

Paris-Charonne, 11, rue de Bagnolet, 5 Février 71.

Je m'adresse franchement à vous et à Mme de Mazade ; vous savez que pendant le siége de Paris ceux qui n'a-

(1) La guerre a coûté à la Caisse municipale de Beaumont 58,000 francs. (*Histoire de Beaumont-sur-Oise* par Ch. Simon).

(2) Ce pont provisoire, très solide, a servi à tous les transports de la Compagnie du Nord pendant au moins deux ans jusqu'à la reconstruction du pont du Chemin de fer.

vaient pas de provisions ont été et sont encore très malheureux, surtout ceux qui ont une nombreuse famille comme moi et qui n'ont depuis six mois pour toute fortune que 1 fr. 50 par jour à dépenser pour six personnes.

Comme je suis persuadé que la guerre n'est pas encore finie, et qu'un petit approvisionnement est peut-être très nécessaire, je viens vous demander et vous prier s'il n'est pas possible de m'envoyer quelque chose de Beaumont, afin d'améliorer ma position, car ma femme et deux de mes enfants sont déjà tombés malades par suite des grandes privations qu'ils ont endurées jusqu'à présent; dans mon quartier on ne peut seulement pas obtenir du pain, malgré que j'aie des bons en quantité.

Si je vous demande quelque approvisionnement, je vous prie de prendre bien note que je vous le rembourserai aussitôt qu'il me sera possible, soit en argent soit en travail, et je n'y faillirai pas, croyez-le-bien.

Si je suis assez heureux pour que ma demande soit prise en considération, vous n'auriez qu'à avoir la bonté de me l'expédier par chemin de fer, vous me feriez plaisir.

Vous m'avez fait dire par mon garçon, qui est malade et bien malade en ce moment, que ma tante Fanny était restée à Beaumont et que vous n'aviez pas de ses nouvelles. Veuillez m'en donner, je vous prie, ainsi que de sa sœur.

M. Mazade père va-t-il mieux?

Tout à vous d'amitié,

Auguste AUTHENAC, comptable.

Lundi 6 Février.

6 heures du matin. Départ de Creil pour Clermont par le Chemin de fer, devenu prussien. La gare de Creil est transformée en gare allemande. Toutes les inscriptions, affiches, etc. françaises ont été rem-

placées par de l'allemand. On se trouve tout d'un coup transporté en Allemagne. Le cœur se déchire de douleur et de rage devant cet atroce spectacle. Les autorités militaires prussiennes encaissent le prix habituel du billet, sans bien entendu tenir compte de mon abonnement à l'année.

A pied de Clermont à Ronquerolles.

Je ne saurais dire avec quel plaisir je foule cette petite route plane, si joliment bordée; à gauche, la montagne d'Agnetz avec son église gothique à mi-côte; à droite, dans son beau parc bordant la ligne d'Amiens, le château de Fitz-James, qui n'appartient plus à la famille de ce nom (ayant été, au dire des gens du pays, perdu au jeu dans une nuit par un Fitz-James, il y a environ cent ans). Il appartient à M. de Beaumini (peut-être l'ami de Robert Le Fort?)

Ramecourt, que les plaques administratives s'obstinent toujours à écrire Ramécourt.

Le moulin Lessier.

7 heures et demie. Enfin **Ronquerolles!** mon cœur bat à se rompre.

A mon arrivée dans la rue (unique) de Ronquerolles, une de nos jeunes ouvrières, Octavie Coppin, la fille de Henri Coppin notre charretier, sort d'une grande porte de ferme, me saute au cou, et m'embrasse comme du pain. Je retrouve en bonne santé Desjardins, sa femme, ses deux garçons, Léger, sa femme, ses deux garçons et ses deux filles.

On me trouve très maigri. Ce n'est pas la première fois qu'on me le dit.

Notre bon Pitt et notre pensionnaire Bichette sont en parfait état.

Pendant que nous pâtissions à Paris, des monceaux de pommes de terre, que nous ne trouvions pas même à 25 francs le boisseau, se sont accumulés à Ronquerolles.

Desjardins est tout heureux de m'offrir un guéridon, qu'il a assez joliment tourné de ses mains pendant ses longs loisirs.

Les Prussiens sont arrivés le 27 septembre, comme il est dit aux pages 124 et suivantes, mais n'ont pas séjourné à Ronquerolles, hameau isolé, dans un fond, trop près de la forêt de Hez. Ils y avaient peur des francs-tireurs, peur illusoire, si Mutin était resté je ne dis pas, car en septembre, avant de s'engager, ayant déjà vu des *lanciers* (uhlans) sur la route, étant de garde au poste du moulin Queste, il a arrêté un espion prussien déguisé en ouvrier boulanger, voulait lui *faire son affaire* tout de suite et s'est résigné à grand peine à le conduire à Agnetz d'où on l'a stupidement, disait-il, laissé échapper.

L'enclos de l'ancienne scierie abandonnée, de Gourguechon frères, sur le chemin de Gicourt, est rempli de canons; il est devenu tout récemment un formidable parc d'artillerie

Joseph Sistenich, notre ancien contremaître, natif d'Eupen, frontière belge, Prusse Rhénane, a refusé de servir d'interprète aux Prussiens, malgré le bon salaire, 8 francs par jour, qu'ils lui offraient. — « Il y a, leur a-t-il dit, 25 ans que je gagne ma vie en France, je la reconnais comme ma patrie. » — Il ramasse des cailloux pour l'entretien de la route, et se cache dans une cave.

Les Hochard, ces français de Boulay, ces français de notre pauvre chère Lorraine, cette misérable famille que nous avions recueillie autant par charité que par besoin d'ouvriers, (voir page 13) les Hochard ont fait pour la France tout le contraire. A part Jean et Nicolas, appelés au service, les autres ont trahi leur patrie, en servant les Prussiens. Dès le 8 janvier, François n'a plus reparu ; il est employé à la gare de Clermont, servant d'interprète aux Allemands ; les autres sont encore là ; mais, comme on les sait de connivence avec l'ennemi, personne du village ne leur parle.

Depuis la guerre l'Usine a travaillé comme suit :

Du 14 au 28 Août, quinzaine de journées complètes ; tout le monde, 11 heures.	
Du 29 Août au 4 Septembre : Mutin et Constant Maillard, teinturiers ; Ch. Poiré, mécanicien ; Achille Léger, retordeur, sa femme et son fils Charles ; les deux fils de Desjardins ; Geneviève, femme Sistenich ; et toute la famille Hochard ; journées complètes. (Tout le reste des ouvriers et ouvrières suspendu). Paie	149 70
Du 5 au 11 septembre, les mêmes, sauf Ch. Poiré (tambour de la garde nationale). Paie	95 55
Les semaines suivantes, de même, sauf Nicolas Hochard, appelé dans la mobile le 11, avec Eugène Autin (Ch. Poiré est revenu un peu en janvier). Paies (non compris Léger, que je règle à part.)	374 85
Il ne reste aujourd'hui occupés par la Fabrique que Léger père ; Ch. Poiré ; Hochard père et ses enfants, Louis, Louise et Marie ; la mère ne travaille pas.	
Total des Paies	620 10

Desjardins donne le détail de son compte :

Le 30 Octobre : 170 kilos d'avoine à 34 francs les 150 kilos (notre provision étant épuisée), il en est dû à d'autres		38 50	
9 Décembre : Café et eau-de-vie pour les Prussiens	5 75	7 75	
4 Janvier : Café et eau-de-vie pour les Prussiens	2 »		
Divers		5 60	51 85
Total			671 95
Il avait reçu (dont 200 en bons, voir page 110)			600 »
Reste			71 95

que je lui redois ; je le rembourse, et lui verse en même temps les 200 francs, pour qu'il retire les bons.

On est très bien à Ronquerolles ; on respire un bon air de liberté. Il faut pourtant le quitter et retourner au plus vite à Paris, en repassant par Beaumont. Mais cette fois, ce ne sera ni à pied, ni par le Chemin de fer prussien, ce sera avec notre bon Pitt, attelé à la carriole chargée de provisions.

A midi, aussitôt déjeuné, (un œuf sur le plat, une côtelette rebondie, joufflue, saignante, et du petit fromage de Gournay), je repars.

J'ai pour compagnons Desjardins et Henri Coppin... et ma fidèle carte d'État-major pour guider notre route.

Nous passons devant le petit pavillon d'entrée du grand moulin Queste, devenu le poste prussien.

Le grand Gicourt; Montée d'Agnetz traversée par la route de Mouy. Pente très raide, plateau très élevé, d'où s'aperçoit l'affreuse dévastation.

Auvillers, deux fermes brûlées, (à droite Ansacq), Cambronne-lès-Clermont, la ferme Mahieux, occupée par les Prussiens, la ferme Hodant, occupée. A gauche, à la *poste* de Rantigny, maison Duvoir brûlée.

Rousseloy, à droite la ferme de Follemprise. Descente dans une gorge très resserrée, pittoresque même, si on avait le cœur à ça.

Mello. Le château du baron Sellières. Tournant à droite, nous traversons la ligne du Chemin de fer de Creil à Beauvais, et prenons à gauche la route de Clermont à Beaumont.

Le Tillet. On laisse à gauche Ercuis, résidence du fameux *Monseigneur* Pillon, le curé fabricant de couverts Ruolz.

Neuilly-en-Thelle, le grand dévidage de soie. Nous passons entre Morangles, chasse favorite de notre père, et Fresnoy-en-Thelle; je montre à Desjardins et à Coppin l'endroit où, il y a quelque dix ans, comme mon frère et moi revenions d'une promenade à cheval, j'ai passé par dessus la tête de ma monture abattue.

La monotonie de la route est émaillée du verbiage coloré d'Henri Coppin. Ce n'est plus le genre de mon garde national parisien, qui disait encore l'autre jour dans les rangs : « qu'un camarade du boule-« vard de *la reste à Paul* l'avait invité à la fortune du *pauvre* ; que « sa concierge est comme un *âne en plaine*, ayant perdu son gosse, mais « que le temps est un *grand maigre ;* que, quant à son *concert*, tout « ce qu'elle y fait, c'est comme un *notaire* sur une jambe de bois ; « que son mari n'a plus sa place au *colosse de Rodez*, etc...... »

Non, Henri Coppin a des mots sérieux, des néologismes, des désinences d'une certaine hardiesse. Il a le même féminin pour tous les adjectifs en *er*, ou *ert : léger, fier, vert*. Exemples : « La carriole est un « peu trop *légerde ;* j'aime bien Madame parcequ'elle n'est pas *fierde ;* « la campagne n'est pas encore *verde ;* de même pour *amer*..... » Qui disait donc que *perde* n'avait qu'une rime ?

Il mène notre brave Pitt tout doucement, préférant, dit-il, *la doucesse* à la *rudoyauté*.

A Paris, il admire la *rondité* de la chaussée des rues et des boulevarts, etc.....

Traversé le ***Mesnil-Saint-Denis***, laissant à gauche Bernes et Bruyères (chasses).

Arrivée à 8 heures du soir à Beaumont, où tante Victoire a fait préparer un gentil dîner, que je savoure lentement, en tête à tête avec elle (potage divin, poulet froid dans une gelée exquise).

Desjardins et Coppin soupent avec Léon et Eugénie.

Et toi, mon pauvre Pitt, couche dans le bûcher, l'écurie est occupée par deux chevaux, tes ennemis!

Don patriotique de denrées par l'Angleterre à la France.

Remise gratuite aux ouvriers des outils engagés au Mont-de-Piété.

A M. A. de M..., Paris,

Toulouze le 6 fervrer 71

Monsieure té madame aléxandre

je profite de location de lamistise poure vous sécrire je vous sait écrit 4 tre léttre mais je présume que vous ne lés savét pas recut le plus grand motife séte de savoire sit lénemi avait fait dus tord a la fabrique jais écrit a monsieure mase ét a des gardin ile ne mont pas répondus ile ni a que constan qui mat fait réponse mais ile me parle pas de la fabrique monsieure aléxandre je ne pancét guére revoire ronquerolles le mois de déscanbre étan canpé devan orléan surtous dus premiér jusque aut 4re ous gais été bléssét mais pas gravemant gais eut deut bléssure a la ganbe mais je suit présque guéris gais quité lanbulance les 28 dganviér lon mat ranvoyét a Toulouze aut désto du 19éme ét gapartin aut 12éme je suit tougoure a linfiremeri mais je vais sortire la semaine prochaine peutére poure partire revoire ronquerolles.

ét mont pauvre peti camille je mantnui a mourire de ne pas cavoire ce quile fait tous ce que ge crins cét quile andure de fin si gavais peut luis écrire je luis aurait anvoyét un cértificat de présance sout lés drapau sa mere aurait recu un fran pare goure poure luis tous lés pére de famille qui été aut 19éme ont anvoyét dés sértificat a leure fememe elle touche 30 fran pare mois jais écrit a chevalét je lais chargét dallet voire ce quile font jatan une réponce avéque impasianse jéspère bién le voire sout peut cit sat vat come on le dit ce que je désire tous lés goure je fini eant vous sérant la main bién le bongours a votre dame inci qua monsieure ét madame de mazade suretous de vos nouvélle cit cét posible je vous savait écrit cét gours dérnier ét lon ma dit quile falait affranchire gais récrit de nouvaut.

MUTIN LOUIS.

Mardi 7 Février.

Dès le matin, départ de Beaumont pour Paris dans la même carriole, attelée du même Pitt, portant les mêmes voyageurs plus tante Victoire qui va enfin revoir tous ceux qu'elle aime, après avoir désespéré d'eux.

Presles. — *Moisselles*, où on nous demande pour deux oies, oh! les belles oies! un prix si exhorbitant que nous les laissons, malgré leur chair tentatrice.

Poncelle. Déjeuné chez le cabaretier Boutagnon, qui vient de retrouver son trésor, qu'il avait caché sous la marche de la porte de son jardin, en partant pour Paris, où il a passé tout le siége.

Saint-Brice. Le village est brûlé, abandonné, une pitié! Le cheval a soif, et pas d'eau.

Pierrefitte. Maison de campagne de M. J.... entièrement dévastée par les Prussiens et les Français à tour de rôle.

Saint-Denis. — **Paris,** où nous arrivons à deux heures. Petite tante Victoire, avec des transports de joie, nous retrouve tous réunis et ne se lasse pas de nous embrasser.

Nous avons grand peine à caser notre Pitt. La grande auberge du Compas d'Or, rue Montorgueil, est plus que pleine et le refuse. A force d'explorer le quartier, nous le faisons descendre par une pente douce dans l'écurie-cave d'une très drôle d'auberge, 62, rue Quincampoix, qui doit dater de plusieurs siècles.

En rentrant à la maison, je trouve mon père, auprès du feu du magasin, plongé dans la lecture d'un journal. C'est demain les fameuses Élections, dont il se préoccupe beaucoup.

— « Tiens, me dit-il, en me tendant le journal avec des larmes dans « les yeux, lis ça ! c'est simple et superbe ! je t'attendais avec impa« tience pour que tu lises ces lettres du prince de Joinville et du duc « d'Aumale, tes royaux devanciers d'*Henri IV*. Voilà des hommes ! « Voilà des cœurs de Français, dont s'est montré digne leur brave « neveu Robert le Fort ! Ces noms aimés réveillent mes vieux souve« nirs du règne paisible et fécond de leur père et grand-père Louis« Philippe, heureux temps aussi de ma jeunesse et de l'élan de ma « prospérité... Ah ! C'est bien cette honnête famille d'Orléans, « où « les femmes sont chastes et les hommes sont braves » qu'il nous « faudrait pour nous relever de notre effondrement. »

Ma mère et Céline viennent s'asseoir auprès de nous, et, voyant que mon pauvre père en aura grand plaisir, je leur lis tout haut les deux lettres suivantes :

La première est du prince de Joinville (1), adressée à un destinataire inconnu et datée de Twickenham, 24 janvier 1871 :

---

(1) Dès nos premières défaites d'août, le prince de Joinville avait, ainsi que son frère le duc d'Aumale et ses neveux, le comte de Paris et le duc de Chartres, vainement demandé à l'Empereur d'être employé, n'importe à quel titre, dans l'armée active, et avait écrit à l'amiral Rigault de Genouilly, son ancien camarade, pour le prier de l'aider dans ce but. (Demande repoussée le 11 août).

Au lendemain du 4 Septembre il avait quitté Bruxelles avec le duc d'Aumale et le duc de Chartres, et s'était rendu à Paris, considérant la loi d'exil comme abrogée par le seul fait de la chute de l'Empire. Le Gouvernement de la Défense les renvoya en Angleterre.

Il revint secrètement en France, et sous le pseudonyme américain du *colonel Lutherod*, il assista au combat du 15me corps en avant d'Orléans, servit dans une des batteries de la marine, et ne quitta la ville qu'avec les derniers soldats.

C'est le 22 décembre que le colonel Lutherod fut présenté au grand quartier général du Mans par le général Jaurès commandant le 21me corps, incorporé, puis arrêté, comme le prince le dit lui-même.

« J'étais en France depuis le mois d'octobre. J'y « étais allé pour offrir de nouveau mes services au « Gouvernement républicain, et lui indiquer ce que, « avec son aveu, je croyais pouvoir faire utilement « pour la défense de mon pays. Il me fut répondu que « je ne pouvais que créer des embarras.

« Je n'ai plus songé dès lors qu'à faire anonymement « mon devoir de Français et de soldat. Il est vrai que « je suis allé demander au général d'Aurelle, de me « donner, sous un nom d'emprunt, une place dans les « rangs de l'armée de la Loire, et il est vrai aussi « qu'il n'a pas cru pouvoir me l'accorder, et que ce « n'est qu'en spectateur que j'ai assisté au désastre « d'Orléans. Mais, lorsque plus tard j'ai fait la même « demande au général Chanzy, elle a été accueillie. « Seulement, en m'acceptant au nombre de ses soldats, « le loyal général a cru devoir informer M. Gambetta « de ma présence à l'armée et lui demander de confir- « mer sa décision.

« C'est en réponse à cette demande que j'ai été ar- « rêté le 13 janvier par un commissaire de police, con- « duit à la préfecture du Mans où on m'a retenu cinq « jours et enfin embarqué à Saint-Malo pour l'Angle- « terre. Je n'ai pas besoin d'ajouter que, quels que « soient les sentiments que j'ai éprouvés en étant arra- « ché d'une armée française la veille d'une bataille, je « n'ai tenu aucun des propos que l'on me prête sur « M. Gambetta, que je n'ai jamais vu.

« François D'ORLÉANS,
« Prince de Joinville. »

La seconde lettre est adressée par le duc d'Aumale aux Électeurs de l'Oise, par l'intermédiaire de l'*International* de Londres :

Messieurs les Électeurs,

« Il y a quatre mois plusieurs d'entre vous m'ont « offert leurs suffrages ; j'ignore s'il vous convient de

« me les donner aujourd'hui. Je ne puis d'ailleurs vous « parler aussi complètement, aussi librement que je le « voudrais, et il me faut refouler dans mon cœur tous « les sentiments qui en débordent.

« Je ne sais même pas si ces quelques lignes arrive« ront jusqu'à vous. J'essaierai cependant de vous les « faire parvenir, car, à ceux qui voudraient encore me « choisir pour les représenter à l'Assemblée Nationale, « je crois pouvoir donner quelques explications sur « deux questions capitales qui seront posées à cette « Assemblée : La question de paix ou de guerre, la « question Constitutionnelle.

« Sur le premier point, comme je n'ai aucune part « de responsabilité directe ou indirecte dans les événe« ments ou les actes qui ont préparé la guerre et la « situation actuelle, je dois stipuler mon entière liberté « d'appréciation ou de réserve. J'y suis encore autorisé « par l'inaction qui m'a été imposée alors que je ré« clamais avec instance le droit de combattre pour mon « pays.

« Sur le second point, je m'expliquerai avec une « complète sincérité. Quand je considère la situation « de la France, son histoire, ses traditions, les événe« ments des dernières années, je reste frappé des avan« tages que présente la Monarchie constitutionnelle ; « je crois qu'elle peut répondre aux légitimes aspira« tions d'une société démocratique, et garantir, avec « l'ordre et la sécurité, tous les progrès, toutes les li« bertés. C'est avec un mélange de fierté filiale et de « patriotique douleur que je compare la France, en son « état actuel, à ce qu'elle était sous le règne de mon « père.

« Cette opinion, j'ai le droit de l'avoir comme homme « et je crois avoir aujourd'hui le devoir de l'exprimer « comme citoyen, mais je n'y mêle aucun esprit de « parti, aucune tendance exclusive. Dans mes senti« ments, dans mon passé, dans les traditions de ma

« famille, je ne trouve rien qui me sépare de la Répu-
« blique. Si c'est sous cette forme que la France veut
« librement et définitivement constituer son Gouverne-
« ment, je suis prêt à m'incliner devant sa souverai-
« neté, et je resterai son dévoué serviteur.

« Monarchie Constitutionnelle ou République libérale,
« c'est par la probité politique, la patience, l'esprit de
« concorde, l'abnégation, que l'on peut sauver, recons-
« tituer, régénérer la France.

« Ce sont les sentiments qui m'animent.

« Henri d'Orléans »
« Duc d'Aumale. »

« 1er Février 1871. »

Renfermant ma pensée intime : que cette pauvre famille d'Orléans n'effacera ni le coup de couteau porté à Louis XVI, ni le croc-en-jambe donné à Charles X, et que, si la monarchie redevient possible, elle n'a qu'un chef légitime, au passé pur comme le présent, le comte de Chambord, dont le droit divin ne peut pas se soumettre au suffrage de son peuple, je réponds à mon père :

« — C'est en effet très bien, très digne, très patriotique, et si les
« princes se présentaient à Paris, je serais heureux de voter pour eux
« des deux mains.

« Dans l'Oise, si le reste du département est dans le même esprit
« que celui que nous connaissons à Clermont et environs, le duc d'Au-
« male, propriétaire de Chantilly, de la forêt de Hez, etc.., a bien des
« chances d'être nommé.

« Quant au prince de Joinville, on dit qu'il est candidat et dans la
« Manche et dans la Haute-Marne. Ayons bon espoir dans son succès.
« La présence et l'autorité des princes d'Orléans, à la Chambre, compte-
« raient certainement aux yeux des autres nations parmi les meilleurs
« appoints du relèvement de la France. »

———

Une dépêche assure que l'héroïque cité de Belfort, à laquelle a été signifiée la capitulation de Paris, persiste dans sa résistance.

« — La France, ont dit les assiégeants, n'a plus d'armée, plus de « gouvernement. »

« — C'est possible, a répondu le colonel Denfert-Rochereau, mais « ici, les soldats républicains ne se rendront pas. »

Encore une typique caricature de Cham dans le *Charivari* :

Un bon bourgeois montrant de la main droite des chiens, des chats, des rats, une tête de cheval, pendus dans la vitrine d'une boutique, indique, de la main gauche, son gros ventre, où est écrit en capitales :

CABINET
D'HISTOIRE NATURELLE

Journal des Goncourt. Mardi 7 Février. — *Un cu-« rieux défilé, que celui de tous les gens, hommes et femmes, revenant « du pont de Neuilly. Tout le monde est bardé de sacs, de nécessaires, « de poches gonflées de quelque chose qui se mange.*

« *Des bourgeois portent sur l'épaule cinq à six poulets faisant contre-« poids à deux ou trois lapins. J'aperçois une élégante petite femme, « rapportant des pommes de terre dans un mouchoir de dentelle. Et rien « n'est plus éloquent que le bonheur, la tendresse, dirai-je presque, « avec laquelle des gens tiennent dans leurs bras des pains de quatre « livres, ces beaux pains blancs, dont tout Paris a été privé si long-« temps.*

. . . .

« ..... *Un écœurant spectacle, que ce Paris avec tous ces mobiles, qui y « traînent leur oisiveté et leur dépaysement, semblables à ces bestiaux « stupides et effarés qu'on voyait errer au commencement de la guerre « dans le bois de Boulogne ; plus écœurant encore, le spectacle de ces « officiers gandins garnissant les tables des cafés des boulevards...*

... « *Ces uniformes, si peu héroïques, se font trop voir, ils manquent « de discrétion....* »

Mercredi 8 Février.

Le *Journal Officiel* annonce que Gambetta a donné sa démission de membre du Gouvernement, de ministre de l'Intérieur, et de Délégué du ministre de la Guerre.

Emmanuel Arago est nommé ministre de l'Intérieur ; le général Le Flô, ministre de la Guerre, part pour Bordeaux.

ÉLECTIONS
des 43 Députés de la Seine.

Sans avoir égard, plus que de raison, à la liste avancée du 92me bataillon, qui évince Thiers ! (et il y en a de pires !) et qui porte les noms suivants, dont j'ai souligné les seuls qui m'agréent :

1. Edmond Adam ; 2. Peyrat ; 3. Henri Brisson ; 4. Em. Brelay ; 5. *Louis Blanc ;* 6. *Amiral Pothuau ;* 7. Ase. Coquerel ; 8. Martin Bernard ; 9. Bonvalet, maire du 3me arrondissement ; 10. Blanche fils, manufacturier, à Puteaux ; 11. Delescluze ; 12. Colonel Schœlcher. 13. *Desmarets,* maire du 9me arrondissement ; 14. *Krantz,* ingénieur ; 15. Ch. Floquet, 16. *Edgar Quinet* ; 17. Gambetta ; 18. Greppo ; 19. Grévy ; 20. *Hiélard,* négociant ; 21. *Henri Martin ;* 22. *Havard père ;* 23. P. Joigneaux ; 24. Colonel Langlois ; 25. Édouard Lockroy ; 26. H. Murat ; 27. Cohadon, fondateur de la Société des maçons ; 28. P. Broca, chirurgien ; 29. Jean Brunet ; 30. Barral, chimiste et agronome ; 31. Mâlon ; 32, *Alfred Ollive ;* 33. *Victor Hugo ;* 34. Ranc ; 35. Rochefort ; 36. Turpin, négociant ; 37. Vacherot ; 38. *Farcy,* lieutenant de vaisseau ; 39. Marc Dufraisse ; 40. Poirrier, produits chimiques ; 41. *Général Frébault ;* 42. Colonel Lavigne ; 43. La Pommeraye.

Sans tenir non plus un compte absolu de la liste conservatrice du *Journal de Paris,* qu'Hervé fait reparaître avec ses deux feuilles (4 pages primitives ne coûtant toujours qu'un sou), liste, dite de l'*Union nationale*, différant peu de celles des *Débats* et du comité Dufaure, etc, et qui rentre mieux dans mes aspirations, étant ainsi composée :

1 Thiers, ancien député de Paris.
2 Jules Favre, ancien député de Paris.
3 Ernest Picard, ancien député de Paris.
4 Victor Hugo, ancien député de Paris.
5 Casimir Périer, ancien député de Paris.
6 Roger (du Nord), ancien député de Paris.
7 John Lemoinne (des *Débats*).
8 Jules de Lasteyrie, ancien député.
9 Edgar Quinet.
10 D'Haussonville, (de l'Académie française).
11 Général Vinoy.
12 Général Uhrich.
13 Général Frébault.
14 Amiral Saisset.
15 Amiral Pothuau.
16 Fleuriot de Langle.
17 Commandant Pothier.
18 De Crisenoy, lieutenant-colonel de garde nationale.
19 Lamothe-Tenet, capitaine de vaisseau.
20 Vitet, (Acad. française).
21 Hauréau de l'Institut.
22 Henri Martin, maire du 16e arrondissement.
23 Vacherot, maire du 3e arrondissement.
24 Arnaud (de l'Ariége), maire du 7e arrondissement.
25 Desmarets, maire du 9e arrondissement.
26 Édouard Hervé (*Journal de Paris*).
27 Lanfrey, publiciste.
28 Le Berquier, avocat.
29 Sebert, président de la chambre des notaires.
30 Denormandie, ancien président de la chambre des avoués.
31 Léon Say, administrateur du chemin de fer du Nord.
32 Sauvage, directeur du chemin de fer de l'Est.
33 Alfred André, banquier, adjoint du 9e arrondissement.
34 Vautrain, maire du 4e arrondissement.
35 Bournet-Aubertot, négociant.
36 Pernolet, maire du 13e arrondissement.
37 Édouard Odier, propriétaire.
38 Tenaille-Saligny, maire du 1er arrondissement.
37 Edmond de Pressensé, publiciste.
40 Adrien Hébrard, (du *Temps*).
41 Dietz-Monnin, de la maison Japy frères, juge au Tribunal de commerce.
42 Louis Ratisbonne, publiciste.
43 Berthelot, professeur au Collége de France.

Sans écouter le *Figaro*, qui engage les électeurs à ne nommer ni un avocat, ni un journaliste.

Sans rejeter d'emblée la profession de foi de Jules Claretie, bien qu'elle me semble un peu trop ardemment républicaine, prématurément surtout, (car il faudra, avant tout, la voir à l'œuvre cette jeune République née du malheur), profession de foi tant soit peu aventureuse avec ces belles phrases d'illusions justicières :

. . . .

« Il faut des hommes pris dans ces générations nouvelles qui ont « supporté le poids de ces dernières années sans avoir commis de « fautes; il faut des hommes qui n'ont rien du passé que la grande « tradition du vieil honneur national... qui n'ont point rendu l'Empire « possible, qui ont, au contraire, toujours combattu cette tyrannie; des « jeunes hommes, comme il s'en trouve tant, même parmi les ignorés, « aux jours pleins d'espoir de 89....

« ..... Je serais fier de représenter à la Chambre la génération dont « je suis et qui est la réserve de l'avenir.

« Je mets au service de la République, qui replacera la nation à son

« rang dans le monde, ma foi patriotique dans sa destinée, et mon dé-
« vouement le plus profond.

« Le but que je me proposerai, après avoir travaillé à obtenir la « paix, la paix féconde, mais une paix honorable et fière, ce serait de « consacrer ma vie entière à cette tâche dont le succès sera comme la « revanche de la patrie.

« Refaire la France, lui donner des mœurs qui la fassent honnête. « lui assurer des lois qui la rendent libre. »

Sans faire fi de la candidature d'un ouvrier sérieux et intelligent dont les connaissances pratiques doivent être utiles à une Assemblée de législateurs :

Sans oublier enfin que le côté industriel et commercial est pour nous d'un intérêt majeur, et qu'il faut mettre à l'œuvre tous les genres de capacités ;

Je dépose dans l'urne **le bulletin** mâché et remâché, multicolore, panaché, que voici :

		ÉLUS
1	THIERS, historien, ex-député	20me
2	JULES FAVRE, membre du Gouvernement	34me
3	ERNEST PICARD, membre du Gouvernement	
4	DORIAN, ministre du Commerce	16me
5	TENAILLE-SALIGNY, maire du 1er Arrondissement	
6	VAUTRAIN, maire du 4me Arrondissement	
7	L. CARNOT, maire du 8me Arrondissement	
8	DESMARETS, avocat, maire du 9me Arrondissement	
9	HENRI MARTIN, historien, maire du 16me Arrondissement	12me
10	LOUIS BLANC, ancien représentant	1er
11	VICTOR HUGO, ancien représentant	2me
12	EDGAR QUINET, historien, publiciste	4me
13	Amiral SAISSET	6me
14	Amiral POTHUAU	13me
15	Général FRÉBAULT, du Comité d'artillerie	26me
16	Général FAIDHERBE	
17	Général CHANZY	
18	LÉON SAY, administrateur du Chemin de fer du Nord	37me
19	SAUVAGE, directeur du Chemin de fer de l'Est	21me
20	SOLACROUP, directeur du Chemin de fer d'Orléans	
21	PIERRARD, directeur du Chemin de fer de l'Ouest	
22	AUGUSTIN COCHIN, de l'Institut, administ. du Ch. de fer du Nord	
23	BARTHÉLEMY-SAINT-HILAIRE, de l'Académie des Sciences	
24	HAURÉAU, de l'Académie des Inscriptions et Belles-Lettres	
25	H. SAINTE-CLAIRE DEVILLE, de l'Académie des Sciences	
26	KRANTZ, ingénieur en chef des Ponts-et-Chaussées	

27 FARCY, lieutenant de vaisseau........................... 43me
28 DENORMANDIE, ex-président de la Chambre des Avoués......
29 LOTZ, ouvrier mécanicien, chef du dépôt des machines au Chemin de fer de l'Est.............................
30 Docteur GONNARD..
31 EDMOND DE PRESSENSÉ, publiciste.........................
32 JOHN LEMOINNE (des *Débats*)............................
33 ÉDOUARD HERVÉ, (du *Journal de Paris*)...................
34 LANFREY, publiciste (des *Débats*)........................
35 ADRIEN HÉBRARD, (du *Temps*)............................
36 ALFRED ANDRÉ, banquier.................................
37 JULES CLARETIE...
38 JEAN DOLFUS, manufacturier, à Mulhouse..................
39 DIETZ-MONNIN, manufacturier (Bas-Rhin)..................
40 HAVARD, père, négociant, Paris..........................
41 ALFRED OLLIVE, négociant, Paris.........................
42 BOURUET-AUBERTOT, négociant, Paris......................
43 HIÉLARD, négociant, Paris (mon collègue des Chambres Syndicales)...

Dans l'après-midi, je mène tante Victoire faire ses visites parisiennes, en carriole..., à mon frère, à notre oncle Desvoyes, etc, avec du ravitaillement.

La carriole de Ronquerolles! modeste équipage! on ne songe pas le moins du monde à se pavaner.

Nous lisons dans le journal :

« Hier soir, vers 7 heures et demie, un rentier, âgé de 54 ans, rue « du Cherche-Midi, sortait de table, où il venait de dîner copieusement, « quand on le vit tout-à-coup chanceler et tomber sur le parquet sans « connaissance.

« Appelé en toute hâte, un médecin, qui habite la même maison, ne « put que constater le décès par suite d'une attaque d'apoplexie, « causée sans doute par une nourriture trop succulente depuis quel- « ques jours, et que son estomac, affaibli par les privations du siége, « ne pouvait plus supporter.

« Ce n'est pas, du reste, le seul décès de ce genre qui se soit produit « depuis le ravitaillement. Bien des personnes se sont trouvées plus ou « moins gravement incommodées pour avoir mangé, si non avec excès, « du moins avec une sorte d'intempérance relative, après le long jeûne « que nous venons de subir. »

A M. A. DE M..., Paris.

Toulouse le 8 fevrier 71.

Monsieure ét madame aléxandre

Je vous sécrit cét quelque ligne poure vous faire savoire de mét nouvélle ét minformét dés votre je vous sait écrit 4 léttre je ne sait si vous lés savét récue mois je nait pas reçu de réponce mais gais recut dés séclat de marmite dés prussién mais éle nont pas touchét aut bon éandroit je lés sait recut a la ganbe mais savat bién mieux minten jais quité lanbulance de isoudun le 15 ganvier ét lon ma éanvoyét eant subsistanse aut déspaut dus 19eme chasseure ét japartién aut 12éme je suit éancore a linfiremerie mais je vais sortire mardi et peutetre repartire desuite ci la paix né pas cigné ce que ge soite de tous cœure car gan nai mon plin caque ét tous le monde aut ci lés troupe nan veule plus a a tous prit je ne sait vrémant pas ce qui vat résulte avéque céte sale guére veuliét je vous prie me dire sit lés prusién ont fait dus male a la fabrique a Ronquerolles je suis vrément inquét de savoire quante je réprandrai mét paurv're sabaut l'on dit que sa vat finire sout peu mais ge ne le croit pas daprés la tournure que cat prand aveque tous cét parti qui ce montre éant france monsieure jais écrit a chevalét quile me done dés nouvélle de mont pauvre peti que je mant nui tan de ne pas le voire jésperé que ce gours ci désziré vindrat un gour poure mois ci ge nait pas trovét la mort ce nété pas mont cheure care ge lai echape bién dés fois mais mét soufrance ont ete inutile et de ceut qui conbatu come mois poure sauvét lhoneure de la france mais on la vandus quante méme

Monsieure aléxandre cit vous recevét ma léttre veullét me faire réponce ge vous prie vous me ferais un grand plaisire je nait recu qune pauvre léttre de puis que je suit parti de constan jais écrit a Monsieur mase a désgardin il ne mont pas répondus je nais pas récrit crinte que lés prusién voie quile savait dés coréspondance aveque la troupe nous voilat bin tau touse prusién nous pouron coréspondre libremant malheureusemant poure tous le monde je finis cant vous serant la main inci qua toute votre famille ét a eugaine voici mont adrése Mutin Louis aut 19éme chasseure a pied à la 2éme compagni provisoire a toulouse casérme saint charle je soite que ma lettre vous trouve éant bone sante

MUTIN.

A Mme A. DE M..., Paris,

Bordeaux, 212, Cours des Fossés, 8 Février 71.

Ma chère Céline,

. . . .

Comment Dieu a-t-il permis que vous passiez ces longs jours d'épreuves? Bien des fois, hélas! en pensant à vous, l'inquiétude nous bouleversait; loin de vous, nous sentions toutes vos douleurs, toutes vos privations, et, sans aucun indice pendant ces longs mois, nous comptions les minutes. Maintenant encore nous pleurons sur le sort de la malheureuse cité.

Vous m'écrirez, n'est-ce pas; car, quelque triste que puisse être votre réponse, elle sera plus qu'un soulagement à notre angoisse. Avez-vous reçu des nouvelles de votre fabrique, de cette bonne fabrique que nous aimons toujours autant que si elle était encore la nôtre? Qu'est-ce qu'ils en ont fait? Et mon pauvre *pape* (1), qu'est-il devenu? Je lui écris aussi pour me

(1) M. Brent, notre vieux comptable anglais.

rassurer sur son sort, car je n'ose y penser, lui si faible déjà quand je l'ai quitté ! Je le prie de me donner des nouvelles de notre appartement depuis cinq mois que nous l'avons abandonné. S'il peut le faire, j'espère qu'il ira le voir, s'en informer, pour nous en dire quelque chose ; mais c'est le plus petit de nos chagrins que l'éloignement du foyer, à côté des immenses désastres qui accablent la patrie.

Parties de Paris, comme bien des femmes inutiles à la guerre, nous sommes depuis deux mois à Bordeaux, attendant l'avenir, comme nous l'avons fait à Tours puis à Poitiers depuis notre départ ; malades de chagrin, abattues, encauchemardées, si on peut dire, autant par la vérité qui s'imposait que par ces alternatives démoralisantes, où la politique Gambettine prodiguait ses dépêches pour le même fait, aujourd'hui la victoire et demain la défaite réelle, préparant ainsi les voies, involontairement, je veux le croire, à d'autres rencontres malheureuses, par un déplorable état d'esprit, continuellement soulevé qu'il était en de folles espérances, ou retombé en des déceptions cruelles, d'autant plus détestable état que nous n'étions plus un. La province, que nous parcourions, ne se gênait pas pour cacher ses joies mauvaises et ses secrètes rancunes ; on sentait que la ville assiégée n'avait qu'à se bien tenir et à se tirer seule d'affaire. J'ai appris en ces jours ce qu'il peut y avoir de jalousie et d'abandon haineux dans le sens de ces mots *centralisation* et *décentralisation* accompagnés d'amers sourires en parlant d'eux et de nous.

Ne croyez pas, ma chère amie, que j'exagère ; il y au fond du cœur de la province quelque chose d'amer, de misérable et de méchant contre cette ville, qui attire ses enfants, qui les garde s'ils grandissent, ou qui les lui renvoie amoindris, et elle les y voit souffrir avec jouissance ; il est vrai qu'ils sont ainsi à peu près à jamais perdus pour elle, mais est-ce une raison pour haïr son propre sang? Prenez que ç'a été deux des multiples causes de nos défaites et de l'abandon de Paris.

J'attends quelques mots de vous pour me rendre l'espoir; car Dieu, qui semble nous reprendre la France, n'a pas dû répandre le vide autour de nos amis.

Je vous embrasse, avec toute la sincère affection de mon cœur, ainsi que ma mère, qui se joint à moi pour serrer la main à M. Alexandre.

Votre amie,

Maria GIELEN.

Jeudi 9 Février.

Tante Victoire repart pour Beaumont dans la carriole avec Desjardins et Coppin, qui demain regagneront Ronquerolles.

Notre cousin Wohlgemuth nous communique les nouvelles qu'il reçoit enfin de sa femme et de sa fille, lettres et dépêches de toutes dates lui arrivant à la fois...

D'abord une charmante lettre enfantine de sa fillette; après notre dévorante tristesse, c'est comme une rosée de printemps.

Ma mère, marraine de Clarisse sa mère qui a été élevée en partie à côté de nous, presque comme une sœur, a désiré en prendre copie :

— « DE SAINT ROMAIN, Septembre 1870. — *Mon cher pépère,* —
« *Comme je sais que cela te fait plaisir... alors je continue mon journal.*

« *Il fait un très beau temps; j'ai été avec mémère et nos bons amis*
« *dans le bois pour cueillir des noisettes; j'ai trouvé un petit ro-*
« *cher, qui est assez grand pour contenir une fleur, et madame Toutain*
« *a eu la complaisance de me donner une toute petite Reine-Marguerite.*

« *Nous sommes allées au Hâvre, mercredi, dans un break... nous* « *avons appris que* Le Taureau, *très grand navire de guerre cuirassé,* « *allait faire son entrée dans le port, mais il n'a jamais pu passer,* « *faute d'eau... il avait un éperon de 15 mètres qui sert à percer les* « *vaisseaux ennemis; je n'en avais jamais vu, que de ta construction,* « *dans ton assiette. Quant au* Napoléon III, *il fallait 50 centimes par* « *personne, on s'en est passé...*

« *Nous avons visité l'*Aquarium... *c'est très beau; j'ai vu une pieuvre* « *qui s'est mise en pelote, et qui s'est cachée derrière un petit rocher...* « *des phoques... un qui me suivait, il était très gentil...*

« *A Saint-Romain, je désirais avoir des petits sabots où l'on met de* « *la paille; je crois que mon rêve se réalisera bientôt.*

« *Tu sais, si des fois dans tes connaissances tu trouvais des personnes* « *qui aient besoin de se faire coiffer, tu me les enverrais; j'ai fait trois* « *papillottes qui ont pris ..*

« Sidi *nous manque, nous nous vengeons en embrassant tous les petits* « *chiens.*

« *Je t'écrirais bien plus longtemps, mais je n'ai plus de papier que* « *pour t'embrasser.*

« *Isabelle Wohlgemuth.* »

Puis des lettres de Clarisse :

— « Du Havre, 24 Décembre 70. — *Mon cher Alphonse. — Je suis* « *au Hâvre, comme tu le vois; les Prussiens étant venus à Saint-Romain,* « *j'ai dû me retirer ici depuis le mois d'octobre. Nous étions réunies aux* « *dames Monnet; mais, aujourd'hui, M. Monnet vient de Montmorency* « *chercher sa femme et sa fille pour les y remmener, et cela malgré les* « *vexations de toutes sortes qu'il a subies et qu'il peut craindre encore,* « *de la part des Prussiens, car il a déjà payé cher de n'avoir pas voulu* « *abandonner son poste de Secrétaire de la Mairie. Les Prussiens ont* « *manqué le fusiller; ils lui ont infligé quatre jours de prison, au pain* « *et à l'eau, parce que, une nuit, étant souffrant, il avait allumé sa* « *bougie; tout comme les parisiens, ils ont prétendu qu'il faisait des* « *signaux. Le pauvre homme nous a raconté avec grands détails les tri-* « *bulations diaboliques que lui a causées cette belle paire de pistolets,* « *auxquels il tenait tant, tu sais bien, ce présent d'un de ses élèves* « *quand il était instituteur; ces malheureux pistolets, il ne savait qu'en* « *faire; il les a d'abord enterrés dans son jardin, puis cachés successi-* « *ment... dans sa cave sous une pile de bouteilles de vieux vin... sous une*

« *gouttière avec les nids d'hirondelles... dans le corps de cheminée de la* « *chambre de sa fille..., enfin, à bout de terreurs de tous les instants,* « *des horribles cauchemars de la nuit, etc, il s'est résigné à les jeter...* « *dans la fosse d'aisances ..*

« *Donc nous redevenons seules ; ne t'inquiète pas, je me crois en* « *sûreté ; nous sommes logées, place Louis-Philippe, 7, chez Mme veuve* « *Lebourgeois, une dame extrêmement bien sous tous les rapports.*

« *Depuis quelques jours, il fait très froid ; avant hier, je n'ai pas* « *pu laver le pavé de notre chambre ; l'eau gelait entre mes doigts.*

« *Autant pour m'occuper que pour gagner quelque argent, je confec-* « *tionne des pantalons de mobiles, à 1 fr. 20 de façon, cousus à la main;* « *mais, n'étant pas habituée à ce dur et grossier ouvrage, j'y mets beau-* « *coup trop de temps, souvent j'entends sonner minuit sans avoir fini* « *ma tâche, Bébé dormant depuis longtemps.*

« *Mlle Élisa a trouvé des journées à 40 centimes ; elle en revient le* « *soir très gaie, avec toujours le mot pour rire...*

« *Tes lettres par ballons, presque toutes à ce que je puis croire, datées* « *de 3 en 3 jours, me sont parvenues, quoique irrégulièrement ; mais* « *aucune ne me dit que tu aies reçu la moindre des miennes, ni la pe-* « *tite carte (avec réponse), que tu m'avais envoyée, ni mes dépêches par* « *pigeons voyageurs... Si tu peux venir nous chercher comme tu nous le* » *promets, cela mettrait le comble au bonheur de te voir ; en aurais-je* « *long à te dire !...*

« *Ta femme qui t'aime,*

« *Clarisse Wohlgemuth.* »

— « Du Havre, janvier 1871. — *Mon cher Alphonse. — J'ai bien fait* « *de quitter Saint-Romain; il y a eu 80 Prussiens chez le papa Toutain* « *qui se sont très mal comportés, au point que ces braves gens ont été* « *obligés de fuir à Saint-Vincent. Par le fait, Saint-Romain a eu son* « *bombardement, qui n'a duré heureusement que quelques heures, mais* « *cela n'a pas empêché les Prussiens d'aller et venir continuellement ;* « *ainsi la maison du père Toutain est un poste français, c'est là qu'est* « *la démarcation entre les deux armées ; je le sais par une lettre, car* « *il est impossible d'y aller...*

« *Il y a eu un combat à Bolbec, où nos troupes ont été victorieuses ;* « *on les repoussait toujours : maintenant qu'il y a un général pour* « *commander les troupes du Hâvre, on a bon espoir. Du reste, le Hâvre* « *veut contribuer pour beaucoup à la délivrance de Paris...*

« *J'ai emprunté à M. T. la somme de... et avec cet argent nous* « *vivons; nous avons une modeste chambre; Mme T. et Mme F. nous ont* « *prêté de la vaisselle, nous faisons notre petite cuisine; une brave* « *dame du Hâvre m'a prêté un lit pour Bébé, etc...*

« *En face de nous, sur la même place, est une excellente famille de* « *Saint-Denis, dont la petite fille était à la pension de Bébé (1). Elle a* « *treize ans, elles sont donc en rapport d'âge. Cette famille se compose du* « *père, de la mère et trois enfants, plus d'un beau-frère, d'une belle-sœur* « *et de deux autres enfants; tout ce monde forme un ensemble charmant.* « *Le papa de l'amie de Bébé leur donne ensemble des leçons de gram-* « *maire, de géographie, etc...*

« *Il y a ici une quantité de monde de Montmorency, d'Enghien, de* « *Soisy, Margency, etc... ainsi : M. M.; M. le propriétaire de Mme X,* « *qui, par parenthèse, n'est pas fusillée, ni son mari ; nous le savons* « *par M. Monnet, qui nous en a bien raconté sur le séjour des Prussiens* « *à Montmorency. Nous n'y avons plus rien chez nous; cela est un dé-* « *tail; nous n'aurons plus autant de ménage à faire; et puis, va, je* « *t'assure, la misère avec toi, mon bon ami, est tout ce que je désire.* « *Nous travaillerons, s'il le faut, et nous nous en aimerons davantage* « *si c'est possible...*

« *Ce pauvre M. Monnet ne pouvait pas s'empêcher de pleurer en ra-* « *contant ce dont il a été témoin; on a déjà bombardé Montmorency et* « *beaucoup de maisons sont démolies; il n'y a plus que 2,500 Prussiens ;* « *ce qu'ils craignent c'est que l'on vienne par les* Champeaux; *aussi* « *battent-ils la forêt tous les jours ; ils sont inquiets et concentrent leurs* « *troupes du côté de Seine-et-Marne. Beaucoup de personnes rentrent à* « *Montmorency, faute d'argent.*

« *C'est le 28 décembre que M. Monnet a remmené sa femme et sa fille;* « *il m'a été bien pénible de les voir partir.*

« *J'ai prié M. Monnet, s'il pouvait ramasser quelques épaves de notre* « *mobilier, de les mettre de côté, et aussitôt la sortie des Prussiens, de* « *fermer les portes...*

« *Notre pauvre Sidi nous fera bien défaut, car je ne peux pas croire* « *que l'on ne l'ait pas forcé à le faire tuer, ce pauvre petit.*

« *Clarisse Wohlgemuth-Michaud.* »

---

(1) Pension Couderc à Villiers-le-Bel.

Suit un mot de la petite Isabelle :

« *Tu nous dis, mon cher pépère, de toujours bien prier le bon Dieu ;*
« *je t'envoie une petite prière que nous récitons le soir avec Maman :*

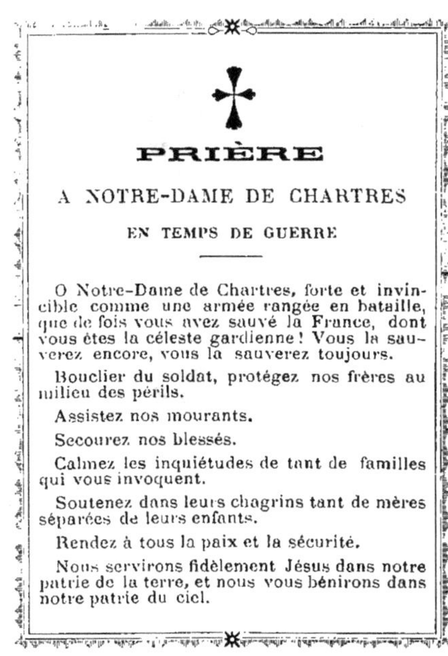

PRIÈRE

A NOTRE-DAME DE CHARTRES

EN TEMPS DE GUERRE

O Notre-Dame de Chartres, forte et invincible comme une armée rangée en bataille, que de fois vous avez sauvé la France, dont vous êtes la céleste gardienne ! Vous la sauverez encore, vous la sauverez toujours.

Bouclier du soldat, protégez nos frères au milieu des périls.

Assistez nos mourants.

Secourez nos blessés.

Calmez les inquiétudes de tant de familles qui vous invoquent.

Soutenez dans leurs chagrins tant de mères séparées de leurs enfants.

Rendez à tous la paix et la sécurité.

Nous servirons fidèlement Jésus dans notre patrie de la terre, et nous vous bénirons dans notre patrie du ciel.

— « DU HAVRE. 1er Février 1871. — *Mon cher Alphonse. — Je suis si*
« *heureuse de pouvoir t'écrire avec la pensée que maintenant ma lettre*
« *te parviendra, que je ne sais par où commencer.*

« *D'abord la santé de mon pauvre père (1) que tu me dis en danger....*
« *j'en suis bien tourmentée, et je voudrais savoir la vérité...*

« *Bébé a beaucoup gagné en science aux leçons que le Monsieur de*
« *Saint-Denis lui donne en même temps qu'à sa fille ; elle se trouve tous*
« *les jours en contact avec cette bonne famille, et toujours sous ma sur-*
« *veillance, puisque c'est en face de chez nous. Elle se porte bien et a*
« *beaucoup grandi. Nous avons pu nous procurer à grand peine un*
« *catéchisme de notre diocèse ; elle en apprend chaque jour un ou deux*
« *chapitres.*

(1) Notre cousin Emile Michaud, mort à Vincennes en février 1871.

La suite de cette lettre est écrite par la petite Isabelle, dont la plume et le style se sont étonnamment transformés depuis cinq mois :

« *Avant de commencer ma lettre, je vais bien t'embrasser, mon cher* « *pépère, ainsi que mon cher papa Mile dont la rechute nous in-* « *quiète beaucoup...*

« *Je prends des leçons, comme te le dit maman, avec le papa d'une de* « *mes amies de pension ; ce sont des leçons de géographie et de cosmogra-* « *phie ; je suis très heureuse d'avoir ces enfants pour me désennuyer ; je* « *ne sais presque plus écrire à force de prendre des notes, car ce Monsieur* « *nous explique le mot à mot ; nous allons prendre notre leçon le matin* « *à 10 heures et demie, et à 2 heures nous faisons nos devoirs jusqu'à* « *4 heures ; alors nous jouons, et à 5 heures maman vient me chercher ;* « *nous allons souvent sur le bord de la mer pour voir entrer et sortir* « *les navires de l'État, il y en a de toutes les façons ; c'est surtout pour* « *changer d'air, car il y a beaucoup de maladies contagieuses dans le* « *Hâvre. Maman, encore très faible, marche lentement, je lui donne la* « *main ; j'ai l'air d'un jeune chien tirant son maître.*

« *Nous avons été témoins d'un affreux spectacle ; rien n'était plus* « *triste que la retraite des soldats chassés de Rouen, qui venait d'être* « *pris par les Prussiens. Depuis 7 heures du soir jusqu'à 2 heures du* « *matin des bateaux descendaient la Seine, débarquant au Hâvre ces* « *pauvres soldats qui n'avaient pas mangé depuis vingt-quatre heures.* « *Leurs tuniques étaient pleines de boue ; ils demandaient asile dans* « *les écuries, dans les hangards, suppliant, implorant la pitié des per-* « *sonnes qui pouvaient les loger.*

« *Un jour une grande marée a apporté à nos pieds une grande* « *quantité de croix peintes en noir ; elles devaient provenir d'un navire* « *naufragé ; si tu avais vu, cher pépère, ces vagues les apportant du* « *large, les unes brisées, les autres entières, c'était lugubre... et des* « *gamins sur la grève, les jambes nues, les ramassaient en en faisant* « *des fagots.*

« *Un autre jour, je me promenais avec Maman sur la plage en atten-* « *dant la sortie du navire* La Protectrice ; *ce vaisseau, chargé de muni-* « *tions et de soldats, partait pour faire sauter un pont. A peine levait-on* « *l'ancre, que le vaisseau coula à fond ; les soldats, dont la plupart* « *savaient nager, se cramponnèrent aux mâts ; un grand nombre* « *de barques se dirigèrent à l'endroit où le navire avait disparu. Ils* « *eurent le bonheur d'être ramenés tous au rivage à l'exception d'un* « *seul ; on retrouva son corps au fond du bateau, quelques personnes* « *allèrent le visiter à marée basse... Des marins de* La Protectrice *nous* « *ont assuré avoir vu un homme signer un engagement et s'embarquer* « *sur le navire, et l'on pense que c'est lui qui fit le trou qu'on découvrit* « *au fond.*

« *C'était probablement une vengeance de prussiens, car nous aussi,*
« *nous avons eu à nous plaindre d'eux; ils pillaient, incendiaient les*
« *villages, du Hàvre à Bolbec. Ils ont brûlé un château avec les meubles*
« *et les papiers des propriétaires; aussitôt que le feu fut allumé, ils*
« *dansèrent en rond autour.*

« *Les dépêches étaient très rares et presque toujours démenties le len-*
« *demain.*

« *Nous allions visiter les places où se trouvaient les machines inventées*
« *pour exterminer beaucoup de monde à la fois...*

« *Les Hàvrais parlaient beaucoup et promettaient de faire des mer-*
« *veilles, mais le moment arrivé, ils se sauvaient comme les moutons de*
« *la fable, à l'approche du loup. Les journaux étaient remplis des noms*
« *des gens qui désertaient et qui allaient être fusillés; à peine voyaient-*
« *ils le fusil des Prussiens qu'ils battaient en retraite.*

« *Il y avait aussi des gens disposés à combattre, mais leur nombre*
« *était si faible que leurs bons avis n'étaient pas écoutés.*

« *Par exemple, je ne sais pas trop, cher pépère, dans quelle catégorie*
« *ranger les braves de Saint-Romain. Il faut que je te conte leur fameuse*
« *revue. C'était sur la place du marché; nous la regardions d'une fe-*
« *nêtre au premier étage, maman très triste et fatiguée, assise dans un*
« *fauteuil, et moi, curieuse, penchée sur le rebord. Ils arrivent derrière*
« *leur fanfare, qui joue un pas redoublé très entraînant. M. l'adjoint,*
« *entre deux pompiers à casques, porte gaillardement un drapeau trico-*
« *lore; ils sont presque tous en blouse, avec leurs parapluies roulés,*
« *sous le bras ou à la main. Ils font le tour de la place, et s'alignent,*
« *pas trop mal, sur deux rangs, de distance en distance... Au comman-*
« *dement de :* Portez-armes ! *voilà tous ces parapluies de cotonnade de*
« *toutes couleurs qui se dressent. en guise de fusils... C'était comique.*
« *Un monsieur, riche et élégant, qu'on appelait M. de L..., sur un beau*
« *cheval alezan qui caracolait, caracolait, à cause de la musique, passe*
« *la revue. Tout à coup un gros nuage crève, et alors, c'est encore plus*
« *drôle; tu penses bien que pour une averse ils ne vont pas abandonner*
« *leur poste, on est soldat ou on ne l'est pas, ils se décident presque tous à*
« *ouvrir leurs parapluies, ne gardant de la manœuvre que la main sur*
« *la couture du pantalon. Et M. l'Adjoint ? il restait isolé au milieu de*
« *la place, avec son drapeau trempé; presque aussitôt nous voyons*
« *accourir sa bonne enjambant les flaques d'eau, éclaboussant et bous-*
« *culant tout le monde, et l'abriter sous un parapluie, juste au moment*
« *où un grand coup de tonnerre disperse toute l'armée, qui se réfugie*
« *dans les cabarets.* « *— Ah! les lâches! s'écrie maman, fuir pour un*
« *coup de tonnerre! que serait-ce donc s'ils entendaient le canon?*
« *Hélas! ce n'est pas encore ceux-là qui sauveront mon pauvre Paris!* »
« *— Allons! Allons! Madame, dit Mlle Élisa, ne vous faites donc pas*

« *tant de mauvais sang ! ça ne changera rien d'abord; tenez, regardez*
« *plutôt s'ils ne sont pas cocasses, l'adjoint et sa bonne, restés là, seuls,*
« *sur la place. Le fait est que moi, ça m'amusait joliment.*

« *Mais maman était toute pâle; elle répétait qu'elle n'avait plus de*
« *confiance; et le soir, quand je l'ai embrassée, j'ai vu qu'elle pleurait..*

« *Mais, tout ça, c'est fini, n'est-ce pas, cher pépère? au revoir bientôt,*
« *bientôt, bientôt, je t'embrasse.*

« *Ta fille qui t'aime de tout son cœur,*

« *Isabelle Wohlgemuth.* »

Et c'pauv' tit? comme on dit.

Wohlgemuth leur avait écrit, par ballon :

Le 20 Janvier,

« *Que ces quelques mots, mes chers enfants, fortifient*
« *votre courage et vous évitent la nostalgie, qui est une*
« *maladie, à laquelle l'homme le plus fort ne peut résis-*
« *ter! Priez, et ayez confiance en la Providence. Je rêve*
« *souvent à vous, mais quelle triste déception au réveil!*
« *Espérons, mes chers enfants, que bientôt nous serons*
« *réunis, oh! mais pour ne plus nous quitter...*

Le 28 Janvier,

« *Incontestablement nous allons nous embrasser avant*
« *peu... mon âme est avec vous.... la délivrance est*
« *proche....* »

Et avant-hier, par la poste, sans cacheter,

. . . .

« *J'ai dit souvent qu'avant peu nous serions réunis,*
« *pour ne plus nous dissoudre, quelques privations que*
« *nous puissions être appelés à supporter.*

« *Nous nous portons bien... Je regrette de dire que*
« *papa Mile est on ne peut plus mal...*

« *Je viens de voir le père Laurent, tu sais, ma chère*

« *Clarisse, notre propriétaire à Montmorency ; il revenait* « *à pied, dans un état pitoyable, d'Amboise! pour* « *voir...* ce qui n'existe plus !

« *Vous pouvez écrire! cela me parviendra. Ne pas* « *cacheter la lettre.*

« *A bientôt, mes chers enfants, mais ne risquez pas* « *le voyage sans mon autorisation.*

« *Espérons, mes chers bons amis, et prions Dieu, je* « *vous supplie! J'ai la ferme conviction qu'avant peu* « *nous serons réunis, et pour toujours!.....*

« *Alphonse Wohlgemuth.* »

Enfin aujourd'hui, il va mettre à la poste la lettre non cachetée que voici :

« *J'embrasse en ce moment vos écritures pour la* « *première fois.*

« *J'avais reçu par dépêche de pigeon une carte où* « *l'employé avait jugé à propos de mettre, aux réponses* « *des questions, un zéro (jugez de ma peine). J'ai été à* « *un bureau, où l'on a bien voulu m'expliquer que les* « *zéros étaient des O, voulant dire* Oui *(jugez de ma* « *joie!). Voici que je reçois comme un torrent toutes les* « *lettres et cartes, etc...*

« *Je viens de la Préfecture de Police pour avoir un* « *laissez-passer. M. Bouteillier, dans sa prudence, m'a* « *conseillé d'attendre encore un peu, pour plus de sû-* « *reté... avant peu, je serai au Hâvre ; connaissant votre* « *adresse, j'y vais filer au plus tôt... mais non comme por-* « *teur de bonnes nouvelles ; il est bien entendu que nous* « *n'avons plus rien,* mais rien, *à Montmorency.....*

« *Du courage et de la religion, sans elle je crois que* « *vous n'auriez pas le bonheur de me revoir.....*

A bientôt,

« *Alphonse W.* »

ÉLECTIONS DE LA SEINE

RÉSULTATS DU VOTE

Électeurs inscrits	515.605
Votants	328.970
Suffrages exigés	68.200

1	*Louis Blanc*	216.530	23	Marc Dufraisse	
2	*Victor Hugo*	214.169	24	Greppo	
3	Garibaldi	200.065	25	Langlois	95.756
4	*Edgar Quinet*	199.008	26	*Général Frébault*	95.235
5	Gambetta	191.211	27	Clémenceau	95.048
6	*Amiral Saisset*	154.347	28	Vacherot	
7	Delescluze	153.897	29	Brunet	
8	Joigneaux		30	Floquet	93.438
9	Rochefort	153.248	31	Journet	
10	Schœlcher		32	Tolain	
11	Félix Pyat	141.118	33	Littré	87.780
12	*Henri Martin*	139.155	34	*Jules Favre*	81.126
13	*Amiral Pothuau*	138.142	35	Arnaud (de l'Ariège).	
14	Lockroy	134.635	36	Ledru-Rollin	76.736
15	Gambon		37	*Léon Say*	75.930
16	*Dorian*	128.197	38	Tirard	75.178
17	Ranc		39	Razoua	
18	Malon		40	Edmond Adam	
19	H. Brisson		41	Millière	73.145
20	*Thiers*	102.945	42	Peyrat	
21	*Sauvage*	102.690	43	*Farcy*	69.798
22	Martin Bernard				

De mon bulletin de vote n'ont été élus que les 13 noms en italiques. Mon père est encore moins que moi satisfait du résultat, qu'il trouve ultra-révolutionnaire, et non exempt d'inquiétudes.

Ed. Hervé n'a pas passé, J. Claretie non plus.

En province, c'est heureusement l'élément réfléchi qui parait dominer.

Le duc d'Aumale est élu dans l'Oise, le 2me, par 52,270 voix, avec le comte de l'Aigle, le comte de Kergorlay, le marquis de Mornay, MM. Auguste Labitte, Albert Desjardins, Leroux, et Perrot.

Le prince de Joinville est élu à la fois dans la Manche et dans la Haute-Marne; il opte pour la Haute-Marne, où il est sorti de l'urne le premier avec 45,648 voix.

J. Claretie obtient dans la Haute-Vienne 17,454 voix, sans être élu.

M. **Thiers,** que beaucoup de départements ont porté spontanément, est élu à de fortes majorités dans *vingt-six*. (Nord, 225,115 voix) Il opte pour Paris.

A M. A. de M..., Paris,

Hopital Lariboisière, 9 Février 71.

Monsieur M...,

J'ai reçu votre petit mot ainsi que les 10 francs. Je vous remercie beaucoup de votre bonté.

Je suis ici salle Sainte-Marie n° 7, atteint de la petite vérole, je crois pourtant pouvoir m'en tirer.

Si vous avez occasion de voir M. Verciat le capitaine, je vous serai obligé de lui souhaiter le bonjour de ma part. Je suis très faible et ne puis vous écrire davantage...

Votre dévoué serviteur,

Élie Bernheim.

A M. et Mme Pillon-Dufresnes, Paris.

Paris, 9 Février 71.

Mes bons Amis,

Voici mon tout petit cadeau, des fruits de notre pauvre terre de France.

Céline vient de rentrer. Elle regrette on ne peut plus, comme vous pensez bien, de ne pas s'être trouvée là pour vous voir.

Tout à vous de cœur,

A. de M.

A M. Louis Mutin, au 19me Chasseurs à pied, 2me Compagnie, caserne Saint-Charles, *Toulouse*.

Paris, 9 Février.

Mon pauvre vieux Mutin,

J'ai reçu ce matin votre lettre du 6, comme je revenais de Ronquerolles, que j'ai heureusement trouvé en bon état. Mais Maria Desjardins a perdu sa mère et sa sœur Mathilde, qui sont mortes, à cinq jours de distance, de la petite vérole, au commencement de Janvier.

Ici, où nous avons eu avec nous mon père et ma mère tout le temps du siége; nous avons extrêmement souffert. Vous savez que mon père était déjà malade ; sa situation s'est beaucoup aggravée; nous sommes très inquiets.

J'ai vu souvent votre petit Camille. Il va bien.

Ah! mon pauvre Mutin, comme on voit maintenant que Ronquerolles c'était le bon temps ; il reviendra bientôt, je l'espère, avec la paix.

A Toulouse, allez voir notre cousin Alexandre Authenac, propriétaire de l'hôtel Carcassonne, 55, rue du Taur. Il vous recevra bien.

Votre ami Chevallet répondra à votre lettre.

Une bonne poignée de main.

A. de M.

A M. Alexandre Authenac, Toulouse.

Paris, 9 Février, 71.

Mon cher Ami,

Merci de ton affectueuse lettre.

Nos tantes sont en parfaite santé; tante Authenac est venue à Paris, repartie, et doit revenir demain.

Beaumont ni la fabrique n'ont subi de malheur.

Comme tu le dis, nous avons pâti des privations du du siége, excepté pourtant notre pauvre père, pour qui nous trouvions toujours quelque chose de bon, à prix d'or, à cause de son état de maladie, qui a toujours empiré depuis six mois, et qui nous donne les plus grandes craintes. Sauf lui, Céline, ma Mère, Édouard et Marie, et moi, nous nous sommes toujours assez bien portés malgré nos tourments.

Merci non, mon bon Alexandre, pour tes charmantes offres, car nous espérons bien que la paix sera signée. Nous acceptons, par exemple, avec joie, *le petit panier de denrées*, qui sera le bien venu, tu peux le croire, dès que tu te seras assuré qu'il peut nous parvenir sans difficultés.

Nous vous embrassons tous, ta femme et toi; gros *poutous* aux enfants.

Probablement tu recevras la visite d'un de mes ouvriers qui est à Toulouse.

Tout à toi,

A. de M.

A MM. Liogier et Culty, Saint-Étienne.

Paris, 9 Février 1871.

Mes chers et bons Amis,

Notre fabrique n'a éprouvé aucun dommage, non plus que la propriété de mon père à Beaumont.

Une seule chose maintenant nous inquiète; c'est la santé de mon pauvre père, dont l'affection paraît augmenter tous les jours.....

Nous sommes enchantés de la vente de votre stock. Ce seront les seules affaires faites depuis cinq mois. J'ai beaucoup de marchandises d'avance et tout ce qu'il faut pour le renouveler. Donnez-moi une note complète de ce que vous voulez pour le reconstituer. J'en ferai un fort envoi dès que les communications le permettront.

Nos respects à M. Blache, en lui disant qu'il peut nous expédier le vin demandé, dès que la circulation sera garantie.

Un souvenir à tous nos bons clients.

Vous ne me dites pas laquelle de mes lettres vous avez reçue. Je vous en ai envoyé plusieurs.

Tout à vous,

A. de M.

Vendredi 10 Février.

Depuis le 3, le Chemin de fer du Nord a amené 57 trains de ravitaillement, comprenant ensemble 1987 wagons de farine, riz, biscuit, salaisons, poisson, denrées diverses et combustible.

Dans la journée des 8 et 9 il est arrivé en gare des Batignolles 39 trains de ravitaillement venant de l'ouest.

Par décret, le rationnement du pain cesse à partir d'aujourd'hui.

Dans la matinée, visite à Alphonse Wohlgemuth, pour lui rendre les lettres qu'il nous a confiées hier. Je le trouve en compagnie d'un tout jeune maréchal des logis fourrier d'artillerie, au visage énergique, coloré, mais un peu maigre et fatigué, empreint surtout d'une évidente tristesse... Alphonse me dit :

« — Alexandre, je vous présente mon jeune cousin, Charles Kam-
« merlocher, un échappé de Sedan, un débris du néfaste 5me Corps du
« général de Failly ; engagé à dix-sept ans, (il n'en a pas encore dix-
« neuf) vous voyez qu'il n'a pas tardé à partir en guerre.

« Il est arrivé s'enfermer à Paris, avec un cheval *de cavalerie* enlevé
« à la grande débâcle ; il a retrouvé ici son vieux père, et ses sœurs
« qui venaient d'assister à une messe pour le repos de son âme.

« C'était le surlendemain de la retraite du Corps d'armée de Vinoy,
« dans lequel il a pris part à tous nos combats sous Paris, Chevilly,
« l'Hay, Villiers-Champigny où sa batterie a été décimée, Le Bourget,
« Buzenval. Depuis l'armistice, il est baraqué au Champ-de-Mars...

« Le pauvre garçon a aujourd'hui le cœur bien gros ; il venait
« m'apprendre, presque en pleurant, son désarmement ; car sa batte-
« rie est allée remettre aux Prussiens, au fort de Nogent, mardi der-
« nier ses canons, et hier ses armes portatives (mousquetons, pistolets
« et sabres)..... »

Et nous nous mettons à causer tous les trois de la désastreuse campagne, dont le récit, pris sur le vif par un des participants, me captive d'autant plus que les journaux nous ont depuis longtemps sevrés de vérité.

« — Puisque Charles vous intéresse tant, me dit Wohlgemuth, de-
« mandez-lui donc s'il voudrait vous montrer son journal de guerre
« où il a noté les principaux faits quotidiens de sa vie militaire...

« — Oh ! Vous seriez bien aimable, dis-je vivement au jeune homme,
« si toutefois il n'y a pas d'indiscrétion......

« — Pas la moindre, répond le fourrier, mais d'abord, mon cahier
« est au baraquement, et puis vraiment, ce ne sont que des notes suc-

« cinctes, prises à la volée du souvenir de la journée, pour moi tout seul « et sans intérêt pour un tiers.

« — Je suis bien sûr du contraire; laissez-moi vous accompagner, « vous me confieriez jusqu'à demain votre manuscrit : je le lirais ce « soir à notre pauvre père qui est très malade et que nous cherchons « à distraire par tous les moyens; il n'a pas entendu, lui, vos sou- « venirs de tout à l'heure; ce journal l'intéressera mieux que quoi que « ce soit en ce moment, parce que ce doit être l'accent de la simplicité « vraie, dont nous sommes avides depuis six longs mois..... »

Nouvelle résistance, dont je ne désespère pourtant pas de triompher, et la causerie continue sur autre chose..... sur la triste excursion que viennent de faire à pied, aller et retour, Wohlgemuth et Gissot son concierge, à la maison de Montmorency, qu'ils ont trouvée entièrement vide de son mobilier..... sur la visite à M. Monnet, qui recherche les meubles et tâchera de les réintégrer si possible.....

Il est 10 heures. Le fourrier et moi serrons la main à notre cousin commun, et tout en conversant et en sympathisant de plus en plus, j'accompagne le jeune sous-officier jusqu'au Champ-de-Mars. Là je renouvelle ma demande, et je finis par obtenir de lui la communication du cahier, que je lui renverrai demain.

.....

A 8 heures du soir, tante Authenac, qui était retournée à Beaumont pour y remplacer tante Victoire, revient par la digilence Varé, qui n'a été que jusqu'à Saint-Denis; elle y a laissé en consigne ses bagages, avec provisions, pain blanc, veau, beurre, fromage, etc, etc.... Notre pauvre petite tante nous arrive mouillée, trempée...

La soirée se passe, jusqu'à minuit (mon père ne pouvant pas obtenir de sommeil) à lire, à haute voix, en famille, le manuscrit du maréchal des logis d'artillerie :

Journal de Guerre
du fourrier d'Artillerie Kammerlocher

11 Septembre 1869. — *Engagement au 14me d'artillerie monté, à Toulouse.*

---

(1) Ch. Kammerlocher est devenu notre cousin, par son mariage avec Isabelle Wohlgemuth, (29 août 1881.) sous-lieutenant 1874; lieutenant en 1876; capitaine d'artillerie 1882, puis sous-intendant militaire à Bône, à Biskra, à Constantine (Algérie), grade correspondant à celui de Commandant.

16 Mars 1870. — *Brigadier.*

20 Juillet. — *Parti dans la 11me batterie du 11me pour l'armée du Rhin (5me corps, de Failly; réserve d'artillerie, colonel de Fénelon).*

23 Juillet. — *A Bitche.*

24 Juillet. — *A Sarreguemines, où se forme le 5me corps. Attaché au capitaine-commandant pour transmettre ses ordres aux divers éléments de la batterie.*

2 Août. — *Démonstration sur le territoire allemand, pour appuyer le 2me corps, à la prise de Sarrebrück.*

5 Août. — *Au matin, quitté Sarreguemines, avec le 5me corps, pour aller vers Bitche et Niederbroon, appuyer le 1er corps, qui se trouve isolé, et dont une division a été refoulée hier à Wissembourg. A Rohrbach, arrêt fatal du 5me corps tout entier pour y passer la nuit. Le motif de cet arrêt est, paraît-il, qu'une patrouille ennemie est venue le matin à la gare de Rohrbach couper les fils télégraphiques.*

6 Août. — *Quitté Rohrbach à 11 heures du matin; on entend déjà distinctement le canon, cependant fort éloigné, de Reischoffen (Wœrth, Frœschwiller). Nous ne parvenons le soir qu'à Bitche, à une vingtaine de kilomètres du champ de bataille, sauf une brigade, qui, envoyée au pas de course, est arrivée juste pour assister à la déroute. L'arrêt de 24 heures à Rohrbach a eu de funestes conséquences, incalculables, en ce qu'il a privé nos combattants de Reischoffen de l'appoint des 33,000 hommes et des 72 canons du 5me corps.*

A la tombée de la nuit, parti de Bitche avec ma batterie vers l'ouest, (Vosges et Lorraine). Croyant aller au-devant de l'ennemi vainqueur et non battre en retraite, on a laissé à Bitche le personnel et le matériel de notre réserve (caissons, forge et fourgons) y compris huit jours de vivres, en sorte que, pendant huit jours, sans distributions, nous ne vivons que des rares morceaux de pain donnés par les paysans dans la traversée des villages, ou des pommes de terre arrachées le soir, autour du bivouac.

17 et 18 Août. — *Arrivée et séjour du 5me corps à Chaumont; (premier jour de repos depuis le 3). La journée du 18 est employée à embarquer en chemin de fer la majeure partie du 5me corps pour le camp de Châlons...*

21 Août. — *La ligne de Troyes à Châlons paraissant avoir été coupée, le train qui emporte la dernière batterie, précisément la 11me, va jusqu'à la gare de Pantin, pour prendre la ligne du Nord, par Soissons et Reims.*

22 Août. — *La 11me batterie débarque à Reims. Inutile de pousser jusqu'au Camp de Châlons, qui vient d'être évacué.*

Du 23 au 26 Août. — *Marche générale de l'armée de Châlons (1er, 7me, 12me corps, auxquels s'est réuni le 5me) dans la direction de Metz, en tirant vers le Nord, avec étapes, pour le 5me corps, à Pont-Faverger, Amagne, et le Chesne-Populeux.*

27 Août. — Combat de Buzancy. — *La tête de colonne du 5me corps rencontre l'ennemi pour la première fois; simple engagement de cavalerie (12me chasseurs) contre cavalerie (3me dragons, Saxon), mais arrêtant notre marche en avant, et nous faisant rétrograder de 10 kilomètres, et bivouaquer le soir près du village de Châtillon.*

28 Août. — *Le 5me corps est déployé toute la journée en ligne de bataille, sous une pluie battante, et n'avance guère dans cette formation que d'une dizaine de kilomètres, arrêté dans sa marche par quelques cavaliers ennemis, dont on aperçoit les silhouettes sur les crêtes des collines environnantes, mais qui se tiennent prudemment hors de portée de nos coups.*

Campé le soir près du château de Belval, Bois-des-Dames.

29 Août. — Combat de Bois-des-Dames. — *Dans l'après-midi, entre la tête de colonne du 5me corps, le 17me de ligne, appuyé par deux batteries divisionnaires (une de mitrailleuses et une de 4) et un ennemi à peu près de même force.*

Vers le soir, les obus ennemis arrivant dans nos troupes, alors que nos obus de batteries divisionnaires, à trop faible portée, n'atteignent pas les leurs, le général en chef fait avancer la 11me batterie; j'ai le baptême du feu. *Il n'y a plus alors en face de nous qu'une batterie ennemie, sans infanterie ni cavalerie visibles; le combat se réduit à un duel entre deux batteries; la victoire reste à la nôtre, qui, par un tir à 3,200 mètres bien dirigé, chasse prestement la batterie allemande.*

Pendant ce combat sans importance, le 5me corps, renonçant à sa direction primitive, s'est remis en mouvement vers le nord, dans la direction de Beaumont-en-Argonne.

Le soir, la 11me batterie quitte le champ de bataille et se dirige à son tour vers Beaumont, que nous atteignons par une nuit obscure vers une heure du matin; étant les derniers arrivés, nous bivaquons dans un champ voisin de la route, à 4 ou 500 mètres en deçà de Beaumont, nous trouvant ainsi plus rapprochés de nos ennemis de tantôt que le reste du 5me corps.

30 Août. — Surprise de Beaumont. — *La matinée est employée, partie au repos, partie à la recherche de vivres et fourrages, par les propres moyens de chacun, l'administration militaire ne faisant aucune distribution. Les conducteurs étant allés, sous la conduite d'un lieutenant, couper avec des faucilles du fourrage dans les champs, les servants de leur côté cherchant à se procurer dans Beaumont, à prix d'argent, du pain, de la viande et des légumes, il ne reste guère au camp que les gardes d'écurie, les cuisiniers, les ordonnances, les hommes de garde, et quelques gradés; les chevaux tous dessellés et attachés à la corde; le*

terrain du bivac est une pente douce, en haut de laquelle est une crête masquant la vue du plateau, par où on peut s'approcher de nous jusqu'à une centaine de mètres sans être aperçu par suite de l'absence complète de grand'garde...

Vers midi, un coup de canon, suivi du sifflement d'un obus, qui éclate à dix mètres de moi, et brise les jambes d'un cheval du 12me chasseurs... et presque aussitôt une pluie de projectiles.,. on court aux chevaux, on les selle, on les harnache en toute hâte; par malheur, la plupart des conducteurs ne sont pas revenus du fourrage, et beaucoup ne reviendront pas... Nous apercevons quelques braves chasseurs à pied qui, sans chef, viennent se placer, genou en terre, près de la crête, et de là tirent à volonté sur l'ennemi; mais que peuvent ces quelques tirailleurs, une vingtaine au plus, en face d'un corps d'armée!

Au moment où je finis de brider mon cheval, il reçoit un éclat d'obus dans le flanc; la pauvre bête marchera quand même, je n'ai pas le temps de la soigner.

Cependant quelques conducteurs parviennent à harnacher leurs attelages, et vont atteler nos pièces, du moins cinq d'entre elles, car la sixième a eu son essieu rompu hier au combat de Bois-des-Dames, et comme l'affût de rechange est resté avec la réserve, cette pièce reste brêlée sous son avant train, devenant inutile, et même encombrante. Grâce à la rentrée rapide de quelques conducteurs et servants, on parvient à sortir du bivouac, avec les chevaux ou à bras, les cinq pièces utilisables, et à commencer le feu. Mais quel désordre! chaque pièce agit pour son compte, avec deux ou trois servants.

Le capitaine-commandant, parti avec les deux premières pièces avant d'avoir donné d'ordres, est presque aussitôt séparé du reste de la batterie par l'infanterie qui vient se former en masse; il est absolument introuvable, de sorte que chacun agit de sa propre initiative. L'adjudant dirige une seule pièce de sa section, la fait traîner à bras près de la crête et la fait charger..... mais pas de tire-feu..... en passant près de là, nous lui en procurons un à grand peine.

Cherchant toujours le capitaine, nous nous approchons de la crête, d'où nous apercevons très distinctement les batteries ennemies à 4 ou 500 mètres au plus.

L'arrivée de notre infanterie sur notre gauche, attirant sur elle et peut-être ralentissant le feu de l'ennemi, procure aux artilleurs une accalmie relative dont ils ont le plus grand besoin pour se reconnaître.

Alors commence le mouvement de retraite, en désordre; une véritable cohue se précipite vers le village, où chacun espère trouver un abri derrière les maisons; mais l'ennemi vient d'allonger son tir, et une grêle d'obus fait bientôt dans les rues un carnage indescriptible; fuyards, blessés et mourants encombrent les rues au point d'arrêter le mouvement de retraite de l'artillerie, qui subit, là encore, des pertes cruelles.

Enfin, après de grands dommages, le corps d'armée se trouve à peu près réuni de l'autre côté du village, sur un terrain incliné faisant face à celui que nous venons d'abandonner.

Delà nous apercevons notre camp abandonné, les tentes-abris encore dressées, les petites cuisines fumantes, toujours garnies de marmites contenant le repas du matin, que l'ennemi mangera sans doute; car, à ce moment, il envahit notre pauvre camp.

Le désarroi du premier moment a été tel que le 5me corps ne peut arrêter l'ennemi; il ne peut que le contenir, tout en battant en retraite vers Mouzon.

Le personnel de la 11me batterie du 14me est très dispersé; d'un côté le capitaine et le lieutenant en premier avec deux pièces, dont une seule parvient à se dégager; le lieutenant en second, revenu du fourrage, n'a pu rejoindre ses deux pièces restées à l'ennemi faute de chevaux, et s'efforce de grouper autour de lui les débris du personnel de la batterie que la perte du matériel condamne au rôle de simples spectateurs.

Nuit du 30 au 31 Août. — *En retraite sur la route entre Mouzon et Douzy.*

31 Août. — *Arrivée à Sedan à midi. Le 5me corps est placé, à l'est, sur une colline dominant la Ville. Quelques hommes, égarés depuis la surprise de Beaumont, nous rejoignent dans l'après-midi.*

1er Septembre. — Bataille de Sedan. — *Dès le matin, le capitaine fait faire l'appel. Il ne reste de la batterie que 40 hommes sur 107 et 30 chevaux sur 95. Le capitaine en second manque; il a été tué à Beaumont, au moment où il montait à cheval.*

Le matériel de la batterie ne comprend plus qu'un canon et deux caissons, auprès desquels le capitaine groupe son personnel...

Jusqu'à midi, rien d'anormal dans la batterie, qui occupe d'ailleurs, en arrière de la ligne de bataille, une position secondaire. Mais, vers midi, l'ennemi vient de fermer à peu près le cercle de fer et de feu dans lequel il essaie depuis le matin de nous enserrer. Alors les obus, arrivant jusqu'à nous de plusieurs directions à la fois, produisent sur chacun de nous une impression indicible.

Ravages terribles dans nos rangs déjà bien éclaircis. Un maréchal-des-logis et plusieurs canonniers du groupe des désœuvrés sont tués ou blessés, à côté de moi.

Un instant après, on dit que le général Liédot, commandant l'artillerie du 5me corps, vient d'être tué; en effet nous voyons le colonel de Fénelon le remplacer dans le commandement; arrivé près des désœuvrés de notre batterie, il s'informe auprès du capitaine et lui dit de ne pas exposer ainsi inutilement leur vie et lui prescrit de tenter de les faire sortir du champ de bataille, en les dirigeant, soit sur Mézières, soit à la rigueur sur la frontière belge qui est très proche. Nous partons donc, une ving-

taine, sous la conduite d'un maréchal-des-logis, presque tous à cheval, même les servants à pied, qui se sont pourvus de montures dans le trajet de Beaumont à Sedan; ce sont, soit des sous-verges empruntés ou soustraits à des conducteurs, soit des mulets du train, soit même des chevaux de cavalerie; mais nous avons à peine fait quelques pas qu'une grêle d'obus met le désordre dans notre petite troupe, et qu'un quart d'heure après notre départ je me trouve seul, monté sur mon cheval d'officier de cavalerie. Me voyant dans l'impossibilité absolue de percer les lignes ennemies à moi tout seul, et tenant à me rendre utile, je me dirige rapidement vers une batterie montée en position sur le plateau de Floing, et me présente au capitaine, qui décline mon offre, poliment d'ailleurs. J'allais renouveler l'offre de mes services dans une autre batterie, lorsque j'aperçois, dans une dépression de terrain, une masse de cavalerie rangée en bataille de pied ferme. J'approche et je vois l'un des groupes rompre en colonne par quatre; ce sont les débris du 7me chasseurs, suivis de ceux du 12me, en tout 300 chevaux environ. En tête marche un général de brigade, le général de Nansouty, je crois, accompagné d'un officier d'État-major. Où vont-ils? se battre évidemment... Puisque je ne puis plus rien dans l'artillerie, je me dis en somme que je monte un cheval de cavalerie, que j'ai un sabre et un pistolet, que les sous-officiers de cavalerie n'en ont pas davantage, et que pour sabrer j'en vaudrai bien un autre; et, sans plus de façon et sans rien solliciter cette fois, je me place à la queue de la colonne, malgré la résistance bientôt vaincue d'un sous-officier serre-file.

Cette colonne part bientôt au grand trot et suit d'abord une direction indécise, longeant les positions ennemies vers le sud, puis s'engage, du côté de Givonne, dans un ravin aboutissant au ruisseau encaissé de la Givonne où accourent chercher un refuge, illusoire hélas! des fuyards de toutes armes.

Au moment où nous traversons le ruisseau pour entrer sous bois, nous apercevons, en face de nous, sur une crête qui nous domine, de l'infanterie prussienne postée à 200 mètres à peine. Son feu nous fait quelque mal, et ses balles viennent battre l'eau du ruisseau comme le feraient des poignées de gravier.

Nous voilà néanmoins sous forêt, à l'abri des vues et même des coups de l'ennemi. Par ordre venu de la tête de colonne, chaque peloton se forme en colonne par un, afin de pouvoir pénétrer et marcher sous bois, en dehors des chemins et sentiers tracés, et d'échapper plus facilement aux recherches de l'ennemi, qui nous a évidemment vus sortir du champ de bataille et doit être à notre poursuite.

En effet, après bien des péripéties, que seraient trop longues à rappeler, une chute dangereuse avec mon cheval dans un ravin escarpé, — une véritable chasse à l'homme dans laquelle je passe dans la même après midi deux fois en Belgique, et manque d'être pris par un parti de cava-

lerie ennemie qui me poursuit et ne me manque que d'une vingtaine de mètres) je me trouve le soir à 6 heures 3/4 sur la place de la Mairie de Charleville, après un parcours à cheval que j'estime à 70 kilomètres.

N'ayant plus la force d'aller plus loin, je cherche dans Charleville un abri pour moi et pour mon cheval. Après plusieurs essais infructueux, je frappe à la porte d'une institution de jeunes garçons, au-dessus de laquelle flotte un drapeau d'ambulance. Elle est absolument vide, ses élèves étant en vacances. On refuse de me donner un asile, que je ne demande que pour une nuit, alors qu'aucun malade ou blessé n'occupe encore l'établissement. J'insiste... On finit par me laisser attacher mon cheval dans la cour, et on m'offre, comme gîte pour ma personne, une niche à cochon, dont le dernier locataire est parti ce matin même, laissant des traces humides et nauséabondes de son séjour.

C'est là, sur ce fumier puant, auprès d'une cinquantaine de bons lits vides, que je passe la nuit, partageant ma couche peu luxueuse avec un servant à pied de ma batterie, nommé Felzine, qui, perché sur un cheval de lancier, dont le paquetage ensanglanté disait éloquemment le sort de son cavalier, avait suivi pas à pas son brigadier, qui ne l'avait aperçu que fort tard, dans toutes les tourmentes de la journée, se cramponnant tant bien que mal sur ce coursier trop ardent pour lui.

Vendredi 2 Septembre. — *Dès le matin il faut s'occuper de manger quelque chose, de nourrir aussi les chevaux et les faire referrer; or, nos deux porte-monnaie réunis contiennent 8 sous... Grâce à l'obligeance d'un maréchal-ferrant civil, ému au récit de nos infortunes, les deux chevaux sont ferrés gratis, et les deux cavaliers sont même gratifiés d'un morceau de pain et d'un verre de vin.*

Vers midi, Felzine et moi nous montons à cheval; nous nous présentons à la porte de Mézières, où un garde d'artillerie nous arrête et s'oppose à notre entrée dans la place... En vain j'expose notre cas, et notre désir de prendre du service dans une batterie quelconque, quitte à renoncer à nos montures, auxquelles nous tenons cependant beaucoup; le garde nous répond que, par ordre du Commandant de place, aucun des nombreux isolés venant de Sedan ne doit être admis, à cause de l'approvisionnement qui est très limité; il nous incite à prendre la route de Flandre et à nous diriger sur Lille, où l'on doit, dit-il, constituer une nouvelle armée.

Nous revoilà abandonnés à nos propres et plus que maigres moyens. Nous partons néanmoins, Felzine continuant à suivre volontairement son brigadier, en l'initiative duquel il dit avoir une foi aveugle.

Cette route de Flandre a une physionomie bizarre et bien triste à la fois; troupiers de toutes armes, marchant isolément ou en groupes; les fantassins montés sur des chevaux ou des mulets, et par contre beaucoup de cavaliers à pied; par-ci, par-là quelques détachements du train encore organisés et encadrés, ayant, par ordre, dès hier matin, quitté le champ de bataille de Sedan, avant que l'ennemi eût fermé le cercle autour de l'armée française.

Bientôt se joint à nous un troisième artilleur, également un servant à pied monté sur un cheval du train trouvé sur le champ de bataille. Nous faisons étape à Maubert-Fontaine. (Ardennes)

3 Septembre. — *Étape à Hirson (Aisne).*

4 Septembre. — *Étape à Avesne (Nord).*

5 Septembre. — *Étape à Maroilles (Nord).*

6 et 7 Septembre. — *Séjour à Maroilles, nécessité par un abcès au pied. Mes deux compagnons continuent leur marche sur Lille.*

8 Septembre. — *A peu près guéri, je reprends seul la route du Nord, et j'arrive à Landrecies, où le Commandant de place me fait donner du fourrage pour mon cheval et un peu d'argent, en me prescrivant d'aller m'embarquer immédiatement à la gare pour Paris, avec un détachement du train.*

9 Septembre. — *Arrivée à Paris par le chemin de fer avec mon cheval.*

11 Septembre. — *Après deux jours de repos chez mes parents... je me rends au bureau de la Place pour solliciter un emploi de mon grade dans une des batteries de l'armée de Paris On m'envoie à Vincennes, où n'y trouvant qu'une batterie à pied de mon régiment, je me rends à la Porte Maillot, où bivouaque la 3me batterie montée du 13me (canons de 8) dont presque tout le personnel m'est connu. Cette batterie fait partie de la réserve d'artillerie (colonel Hennet, du 13me corps, général Vinoy). Elle est arrivée avant hier seulement avec le corps d'armée de la mémorable retraite de Mézières.*

Du 25 Septembre au 29 Octobre. — *La batterie occupe la redoute du Moulin-Saquet.*

Le 16 Octobre, *j'ai été promu au grade de maréchal des logis fourrier.*

2 Décembre. — *A la bataille de Champigny, je remplis les fonctions d'adjoint au lieutenant-colonel Lucet, commandant la réserve générale d'artillerie de la 2me armée, en remplacement du capitaine d'artillerie, titulaire de cet emploi, lequel a été atteint d'aliénation mentale, dès le début de l'action, avant-hier matin.*

C'est dans l'exercice de ces fonctions que j'ai assisté sur le plateau de Villiers à la charge à la baïonnette commandée et dirigée par le général Ducrot en personne, pour essayer de dégager nos batteries très compromises. Pendant que je descends ce plateau, une balle ennemie pénètre dans ma selle, à deux doigts de ma cuisse.....

Samedi 11 Février.

Dès le matin, je vais à Saint-Denis, avec tante Authenac, et Eugène muni de son crochet, chercher les paquets et paniers laissés hier soir.

Les étouffements de notre père chéri deviennent intolérables. Dans son malaise, dans des demi-délires, il entremêle ses pensées, ses désirs, ses espoirs, ses soucis... même... sur Mirette. « Vous verrez « que cette bête se noiera dans les tonneaux », puis, sur la paix probable, sur l'avenir de la France, sur l'inconnu de cette nouvelle République, qui, espère-t-il, ne sera pas plus défavorable à notre industrie que ne l'a été pour lui celle de 48, où ses affaires ont prospéré..... et revenant toujours à son espoir en la famille d'Orléans.....

Visite du docteur Devailly, qui le soulage, hélas ! momentanément... le médecin ne nous le cache pas.

Lettre à M. Masse, propriétaire, principal clerc de Me Gamblon, notaire à Liancourt (Oise), lui donnant des nouvelles de Ronquerolles, et lui demandant rendez-vous pour acquitter nos deux termes de loyer.

Dimanche 12 Février.

A M. l'Abbé Panier, curé de Beaumont-sur-Oise.

Paris, 12 Février 71. Dimanche, 4 heures du soir.

C'est à vous, notre cher et excellent ami, à vous qui nous aimez nous et notre famille d'une vieille et solide affection, c'est à vous le premier que je viens faire part de notre douleur. Notre père bien aimé n'est plus !

Depuis ma visite de dimanche, et par tout ce que vous en ont dit nos tantes cette semaine, vous avez dû pressentir l'issue fatale de cette inexorable maladie dont les progrès de chaque jour nous ont accablés, surtout depuis notre horrible siége. Comme l'état de notre père devenait de plus en plus alarmant, notre vénéré ami, l'abbé Duquesnay, curé de Saint-Laurent, qui, vous vous le rappelez, nous a fait faire, étant aumônier à Henri IV (1), notre première communion à Édouard et à moi, et qui avait plusieurs fois visité notre père pendant cet affreux hiver, est venu vendredi dans l'après-midi lui donner l'Extrême-Onction. Notre bon père a reçu les Sacrements avec une édifiante piété, on peut même dire avec une exemplaire ferveur, en présence de notre mère, de ma femme, et de moi, agenouillés tous les trois devant une petite table dressée en autel, comme le jour où vous avez administré notre chère tante Abbadie. (Ma tante Authenac n'est revenue à Paris que le soir).

Après la pieuse cérémonie, que nous avons suivie le cœur gonflé de sanglots étouffés, M. Duquesnay étant toujours là, nous avons embrassé notre père et reçu ses embrassements en retenant nos larmes, pénétrés de cette consolante pensée que ce sacrement allait être, comme il est souvent, un soulagement à la fois spirituel et corporel, le prélude d'un prompt retour à la santé. — Hélas ! Dieu ne l'a pas voulu. Hier notre père était de plus en plus oppressé. Maman et Céline, qui le veillaient chacune une partie des nuits, avaient été effrayées des progrès du mal. La nuit dernière a été plus calme ; un demi sommeil, entrecoupé de paroles perçues à peine...

Ce matin, à 9 heures (j'étais auprès de lui dès avant le jour) l'oppression a recommencé plus haletante ; il ne pouvait plus rester couché, je l'ai porté sur le grand canapé, où il s'est tenu presque assis, le dos appuyé sur des oreillers. Céline revenait d'une messe basse à Saint-Leu. Très inquiets, nous avons envoyé chercher

(1) Premier aumônier jusqu'au 7 octobre 1851, jour où, nommé aumônier de l'École Normale, il a été remplacé par M. Darboy, son second aumônier, depuis le 14 janvier 1846 ; M. Darboy est devenu archevêque de Paris, et M. Duquesnay évêque de Limoges, puis archevêque de Cambrai, où il est mort le 11 septembre 1884.

mon frère. Dans une espèce de rêve de délire, notre pauvre père proférait encore quelques mots, très bas, difficiles à saisir; on distinguait pourtant : Je vous aime... mon Dieu... la France... changement... les d'Orléans... Cette parole a été la dernière; presque aussitôt elle a été suivie d'une longue expiration... puis rien!... plus rien! pour toujours!....

Au même moment, 10 heures, ma mère et ma tante Authenac rentraient de la messe. Mon frère arrivait. Je lui ai dit en pleurant et en l'embrassant : « Nous n'a-« vons plus de père, mon pauvre Édouard! nous « perdons notre lien sacré, notre plus sûr et meilleur « guide! » Et devant le corps de notre père chéri, dont l'âme nous entendait peut-être encore, nous nous sommes dit, en embrassant nos larmes et la main serrant la main: « Nous ne pouvons plus maintenant « que tâcher de l'imiter; que sa vie de travail, d'ordre, et « de droiture soit toujours notre exemple... »

Puis, silencieusement, tous les deux, seuls, l'avons enseveli et reporté doucement dans son lit (1).

Après demain, mardi matin, à 9 heures, aura lieu le service à l'église Saint-Leu, après lequel Édouard et moi nous devons l'emmener à Beaumont; si j'obtiens les autorisations, que j'espère malgré les craintes légitimes de notre bon curé, M. Lartigue, qui insiste pour nous faire accepter de préférence le dépôt provisoire dans les caveaux de l'Église, nous pensons arriver vers 1 heure et demie ou 2 heures. Nous vous serions très reconnaissants de vouloir bien, en nous excusant de la liberté, prendre la peine de faire préparer tout ce qu'il faut pour les obsèques, tant à la maison qu'à la Mairie, à l'Église, et au cimetière.

---

(1) Une étrange destinée a voulu que notre père vint mourir au boulevart Sébastopol, dans la maison du fond de l'*Impasse des Peintres* qui donne rue Saint-Denis, entre les numéros 112 et 114, à l'endroit précis pour ainsi dire où il a passé, à 18 ans, sa première nuit de Paris, en arrivant de Toulouse, le 18 juin 1823.

Nous reposant sur votre paternelle affection, mon cher et bon M. Panier, nous vous renouvelons l'expression de notre respectueux dévouement.

A. de M.

Lundi 13 Février.

Nuit passée auprès du lit mortuaire, avec notre oncle et notre tante Desvoyes.

Étude
De Me Leclere, Notaire,
Rue St-Martin, 88.

A M. A. de M..., Paris.

Paris, le 13 Février 1871.

Mon cher Ami,

. . . .

Chacun de nous est bien éprouvé : Je viens d'apprendre la mort de M. Lebel, mon beau père, jeudi, à Trouville ; j'espère pouvoir partir demain matin, mardi, c'est pourquoi je ne pourrai aller vous serrer la main, etc...

Veuillez, etc...

E. Leclere.

Mardi 14 Février.

A 9 heures, service à l'église Saint-Leu. Malgré l'absence de beaucoup de monde de Paris, l'église est remplie ; un grand nombre de gardes nationaux de la Compagnie assistent à la messe...

A 10 heures, sortie de Paris avec Édouard et notre tante Authenac, dans le coupé du fourgon des Pompes funèbres, qui, après nos nombreuses démarches d'hier, et malgré les difficultés provenant de la rareté des chevaux, est venu exactement prendre le cercueil.

Traversée, souvent contrariée et pénible, des lignes prussiennes, en dépit de nos nouveaux sauf-conduits et de l'évidence de notre deuil et

RÉPUBLIQUE FRANÇAISE.

LAISSEZ-PASSER.

Nom : de Mazade, sa Dame, la mère de sa ... et Cocher

Prénoms : Alexandre, dans une Voiture et un Cheval

Profession : Négociant

Domicile : Boulevard Sébastopol, 71

Age : 34 ans

Objet du voyage : pour aller visiter son frère (négociant)

Aller et retour : Oui

Direction suivie : à Beaumont-sur-Oise (Seine-et-Oise)

Paris, le 14 février 1871.

Vu par le Préfet de police :

Par autorisation du Général en chef :

Le Général, Chef d'Etat-Major général,

Art. 10 de la Convention :

« Toute personne qui voudra quitter la ville de Paris devra être munie de permis réguliers délivrés par l'autorité militaire française et soumis au visa des avant-postes allemands. Ces permis et visa seront accordés de droit aux candidats à la députation en province et aux députés à l'Assemblée.

La circulation des personnes qui auront obtenu l'autorisation indiquée ne sera admise qu'entre six heures du matin et six heures du soir.

Art. 2 du Règlement militaire :

Les personnes qui auront obtenu la permission de franchir les avant-postes allemands ne pourront le faire que par les lignes suivantes : routes de Calais, Lille, Metz, Strasbourg, Bâle, Antibes, Toulouse, n° 189 (Issy).

Ponts de la Seine comprenant ceux de Sèvres, de Neuilly, d'Asnières et de Saint-Cloud.

14. 2 71

Französische Republik.

Passirschein.

Name: Herr [illegible], seine Frau, seine Mutter [illegible]
Vornamen: [illegible] Ludwig — [illegible] Pferd und [illegible]
Stand: [illegible] [illegible] und Wagen
Wohnsitz: Boulevard Sebastopol N. 71
Alter: 34 Jahren
Zweck der Reise: für seinen Vater zu begraben, [illegible]
Hin- und Rückreise: Hin und zurück
Richtung: nach [illegible] [illegible]

Paris, den 14 Februar 1871.

Gesehen von dem Polizei-Präfekten.

Polizei-Präfektur · Französische Republik · Cabinet des Präfekten

Cresson

Im Auftrage des Oberbefehlshabers:
Der Chef des Generalstabes der Armee,

[illegible signature]

Artikel 10 der Uebereinkunft über einen Waffenstillstand

Jedwede Person, welche die Stadt Paris zu verlassen gedenkt, muß mit einer regelmäßig von der französischen Militärbehörde ausgestellten Erlaubniß versehen sein, dieselbe unterliegt dem Visa der deutschen Vorposten. Besagte Erlaubniß und besagtes Visa sind von Rechtswegen den Persönlichkeiten die sich als Candidaten zur nächsten französischen Nationalversammlung präsentiren, respective den Mitgliedern der Nationalversammlung, zu ertheilen.

Das Ueberschreiten der deutschen Linien ist nur von 6 Uhr Morgens bis 6 Uhr Abends gestattet.

Artikel 2 des Militarreglements.

Die Personen, denen die Erlaubniß ertheilt sein wird die deutsche Vorpostenlinie zu überschreiten, können dieselbe nur nach folgenden Richtungen benutzen: Straße nach Calais, Straße nach Lille, Straße nach Metz, Straße nach Straßburg, Straße nach Basel, Straße nach Antibes, Straße nach Toulouse, Straße Nº 189 (Issy).

Brücken über die Seine bei Creteil, bei Neuilly bei Asnières und bei Saint-Cloud.

de notre mission. Devant un poste, pourtant, à Saint-Brice, le chef allemand salue et fait présenter les armes au passage du convoi.

A 1 heure et demie, arrivée à Beaumont. Nous avons tenu, mon frère et moi, à ce que notre père entrât encore une fois dans cette propriété de Beaumont, qu'il a créée, tant animée et tant aimée, et nous avons fait faire au char le tour de la maison, par la grande allée, depuis la grille des communs jusqu'à la grille principale... Le cortége (conseillers municipaux, société de secours mutuels, etc... se rend ensuite à l'Église, et de là au nouveau cimetière, où a lieu l'inhumation provisoire, en attendant la chapelle que notre mère doit faire construire, et où l'on transportera aussi, après exhumation de l'ancien cimetière, les restes de notre tante Abbadie.

M. Lefebvre, conseiller municipal, ancien secrétaire de la Mairie, et qui l'était tout le temps des fonctions de notre père, a prononcé au bord de la tombe, au nom de la ville de Beaumont, avec une émotion profonde, des paroles pleines de regrets et d'affection.

. . . .

Édouard repart à Paris. Je reste à Beaumont; ma mère et Céline y sont arrivées, presque en même temps que nous, dans une voiture de louage difficilement trouvée.

A M. A. de M..., Paris.

Libourne, 14 Février 1871.

Mon cher Alexandre,

Je ne puis te dire quelle peine m'a faite, au milieu du deuil général de notre chère France, la triste nouvelle que nous recevons. J'ai pensé bien souvent à vous pendant ce long siége qui nous séparait de vous, et j'ai longtemps espéré pouvoir vous revoir tous à la suite du blocus de Paris. Hélas! Dieu, et aussi la lâcheté des Français, ne l'ont pas permis !

. . . .

. . . .

Que de fois, depuis le siége, j'ai recherché ton nom dans les sortes de réponses si concises que donnaient les journaux aux missives envoyées par pigeons! As-tu reçu la lettre que je t'écrivis, quelques jours avant l'investissement complet de Paris, pour offrir à ta femme et aux tiens un asile hors de Paris et de la famine? Ce n'est pas probable...

. . . .

A l'approche de la guerre, j'ai été peu enthousiaste ; j'avais voté *non* au plébisciste, malgré les instances du clergé de Libourne, qui, sachant républicain le nouveau docteur, avait été très disposé à l'accueillir, mais n'a pu l'empêcher de *fàre da se*.

Toutefois, la guerre décidée, j'ai été assez fou pour espérer un succès. Hélas! mon peu d'estime pour le régime impérial ne m'avait pas suffisamment mis en défiance ; les événements m'ont prouvé que mon instinct ne me trompait pas.

Après Forbach commence le désenchantement; la fièvre patriotique ne me quitte plus ; peu ou point de sommeil ; des supputations constantes de nos chances chaque jour diminuées, des plans de batailles imaginaires, des inventions d'explosifs, etc. ., en un mot toutes les divagations d'un esprit malade et d'un cœur ravagé.

Je ne tenais plus en place. Je voulais partir, sans savoir où diriger mes pas, pour utiliser mes forces, quand, le 16 décembre, je suis appelé par le Sous-Préfet de la Défense Nationale, et chargé par lui d'organiser à Libourne des ambulances de passage et autres :

« Organisez d'urgence, me dit-il, des ambulances et « des hôpitaux pour 3,000 malades ; vous avez plein « pouvoir. »

Et alors mon activité trouva un large emploi. Il fallait tout créer, les locaux, les matelas, les couvertures, les cuisines, le personnel, etc... Ce fut l'affaire d'une huitaine de jours.

Du 9 au 27 janvier j'ai reçu, en quatre convois, 1058

malades. J'ai eu environ 6,000 journées de maladies à mes ambulances de Libourne, pendant qu'ont duré les évacuations, c'est-à-dire jusqu'après la capitulation de Paris.

Cette colossale besogne a été pour moi une véritable bonne fortune. Trop peu de temps pour songer, d'une façon renversante de la raison, à nos malheurs, une constante application à faire de mon mieux, tout cela a remis un peu d'équilibre dans ma pauvre cervelle.

Pendant ce temps ma belle-mère passait ses jours et ses nuits à l'ambulance, dame de charité, autant que les bonnes sœurs à cornette, affrontant le cœur content les contagions diverses des maladies auxquelles elle a échappé, et la vermine qui l'a au contraire chaque jour un peu mangée pendant quelques heures.

A l'heure où je t'écris, la Chambre doit être réunie à Bordeaux pour entendre enfin la communication des clauses de la paix. Pauvre France! Nous ne savons encore rien, et les journaux ou le télégraphe vous l'apprendront presque aussitôt qu'à nous. Nous vivons dans un triste temps. Paris a mérité la reconnaissance de la France par son énergie et nous a perdus par ceux qu'elle a choisis pour lui commander à lui et à nous. La province s'est montrée ce qu'elle est, monstrueuse de sottise et de lâcheté, et nous voilà sur la même croix que la Pologne. Reste-t-il encore assez d'hommes de cœur pour qu'on puisse espérer une résurrection? Hélas! j'en doute, et ces pensées me navrent.

Adieu, mon cher ami, excuse moi d'ajouter peut-être à tes chagrins en te disant mes angoisses et crois à l'amitié sincère de ton bien sincère ami et des siens, pour toi, Mme Alexandre et ta bonne mère.

Docteur Ch. Dufeuil

A M. A. DE M..., Paris,

Saint-Étienne, 14 Février 71.

Cher Monsieur et Ami,

. . . .

Nous avons eu aussi nos misères ; notre sieur Culty, parti en Allemagne le 1er décembre, avec trois autres personnes dévouées de notre ville, pour porter des secours, surtout en vêtements chauds à nos malheureux prisonniers, a été arrêté à Hambourg le 18 janvier dernier avec deux de ses collègues, M. Palluat du Besset et l'abbé Monnier (1).

Jusqu'à présent M. Palluat seul a été relâché; quant aux deux autres, malgré toutes les démarches et l'enquête qui à notre connaissance n'a rien trouvé à leur reprocher, ils sont encore retenus en prison. Vous pouvez juger des inquiétudes bien naturelles et du désespoir de Mme Culty.

... De son côté, l'écrivain a été malade...

. . . .

Relativement à votre stock chez nous, voici approximativement sa situation...

Veuillez, etc...

LIOGIER.

P. S. — Nous attendons d'un jour à l'autre M. Blache ; nous lui ferons votre commission.

Si vous désirez quelques provisions, telles que jambons, saucissons et autres subsistances que vous pour-

(1) Curé de Sainte-Blandine à Lyon en 1878.

rez nous désigner, nous nous ferons un plaisir de vous les expédier; beaucoup de Parisiens se font adresser des denrées de Saint-Étienne par leurs amis. Ne vous gênez donc pas, et usez de nous sans réserves.

Mercredi 15 Février.

« Le moment viendra bientôt, nous l'espérons, où la France, délivrée « de l'irritante surveillance d'un implacable ennemi et laissée seule « en tête-à-tête avec elle-même, pourra sonder ses misères et songer « à les réparer. Ce moment n'est pas venu, notre sol n'est pas libre, « nos cœurs sont sous le poids de l'invasion et nous pouvons à peine « voir des yeux de l'esprit au-delà de cette sphère restreinte où nous « vivons captifs depuis cinq mois.

. . . .

« Jamais en effet une Assemblée française ne se sera réunie dans « des circonstances plus cruellement exceptionnelles; de quelque côté « qu'elle tourne ses regards, elle ne rencontre que le deuil et l'incer- « titude: le pays submergé jusqu'à la Loire par le flot de l'invasion « allemande, nos citadelles occupées, Paris réduit à vivre depuis le « 28 janvier sous la menace des canons prussiens et retranché en « quelque sorte de la patrie française, d'innombrables armées traî- « nées en captivité jusqu'au fond de l'Allemagne ou contraintes à « passer en Suisse, la France enfin meurtrie, sanglante, surprise de « sa propre infortune, mais assez fière encore pour ne pas subir le « déshonneur, si on voulait le lui imposer. Cette Assemblée..., etc...

« Ch. de Mazade *(Chronique)*. »

De garde aux Tuileries. La Compagnie est réduite de moitié. Les gardes qui restent sont les plus pauvres, les plus malheureux, partant les plus exaltés, respirant la vengeance et la haine. L'indiscipline est plus audacieuse que jamais; on n'écoute plus les chefs. Dans la Salle des Gardes, cris, chants, la *Marseillaise*, et surtout la chanson d'Alexis Bouvier : *C'est la Canaille! Eh bien! j'en suis...*

Je rentre écœuré, et profondément triste.....

Dans sa séance d'hier, l'Assemblée nationale, à Bordeaux, a réservé la validation des élections du prince de Joinville et du duc d'Aumale.

D'autre part, Garibaldi, mal accueilli par la majorité de l'Assemblée, où sa présence a été l'objet d'un grand tumulte, a donné, dès le 13, sa démission de député et de commandant de l'armée des Vosges (1).

A Mme A. de M..., Paris,

Paris, 15 Février 1871.

Chère et bonne Amie,

. . . .

. . . .

Permettez-nous de vous offrir un tout petit souvenir du ravitaillement, lait concentré, etc, qui aurait dû vous être remis beaucoup plus tôt, si nos ennemis y avaient mis plus de courtoisie, en n'empêchant pas d'arriver depuis douze jours ce qui nous était envoyé de Londres...

. . . .

Laure Pillon-Dufresnes.

A M. A. de M..., Paris,

Beaumont-de-Lomagne (Tarn-et-Garonne), 15 Février 71.

Mon cher Cousin,

Je réponds à votre lettre du 3, arrivée ici le 14. Je vous remercie de tout cœur de votre témoignage de

---

(1) Après bon nombre de discussions, longues hésitations, appréciations contradictoires des services rendus par Garibaldi à la France, on s'est décidé en 1891 à lui ériger une statue et un monument sur une des places de Nice, française, sa ville natale...

bon souvenir. J'en ai éprouvé d'autant plus de plaisir que mes craintes sur la position de votre famille étaient plus grandes ; à Paris ou à Beaumont, elle devait se trouver également exposée : dans Paris, à tous les malheurs et à toutes les souffrances que devait entraîner un siége d'aussi longue durée ; à Beaumont, aux déprédations et aux insultes d'une soldatesque qui paraît les avoir héritées de ses ancêtres, les Huns et les Vandales ; enfin je me réjouis de vous savoir en bonne santé et je vous en fais mes bien sincères compliments; le plaisir que j'éprouve serait complet si je n'apprenais en même temps que votre père est bien souffrant. Veuillez lui dire la peine que j'en éprouve. Les misères de la vieillesse ne me sont pas étrangères, mais que faire à notre âge? l'extraordinaire n'est pas d'avoir des infirmités, mais bien de n'en pas avoir; pour mon compte j'en suis atteint d'une, bien douloureuse, qui par moment me tourmente rudement. Vous voyez que sous le rapport des souffrances je puis serrer la main à mon pauvre cousin dont je suis l'aîné de bon nombre d'années; si encore cette triste communauté pouvait lui procurer, je voudrais dire du soulagement, mais au moins de la résignation, mes maux auraient été bons à quelque chose.....

Mes frères, Alexandre (1), à Montfrin, et Armand à Montauban, et leur famille, ainsi que Victor à Philippeville, vont bien.

A Philippeville, ma fille aînée, Marie Rouden, a pris l'initiative de la quête pour les prisonniers; elle en a été très aimablement remerciée par des lettres de Mme Thiers et de Mlle Dosne.

Almaïde et son mari n'ont pas quitté Dieupentale, dont Boistel est toujours le Maire. Trop loin du théâtre de la guerre, le concours de mon gendre s'est forcé-

(1) Le parrain de M. Alexandre de Manas (et aussi le mien à plus de 30 ans de distance) était Georges-Alexandre de Mazade, mon grand'père.

ment borné à rassembler des fonds pour les blessés et à prêter les hangards de sa briqueterie pour l'instruction des gardes nationaux mobilisés, instruction qui n'a pu, hélas! servir à rien, malgré toute notre effervescence méridionale. Nos corps francs surtout, qui se formaient à l'infini, étaient toujours prêts, au dire des chefs, à terrasser l'ennemi, mais parvenaient rarement à l'approcher. Un jour, une de ces bandes est arrivée de Montauban à Dieupentale, après une marche de 18 kilomètres, dans un tel état de fatigue (presque tous les hommes avaient les pieds entamés) que mon gendre, pour en débarrasser le village, leur a payé leur retour à Montauban en chemin de fer.

Notre cousin, M. Charles de Mazade, dont j'ai lu la *Lettre aux Électeurs de Tarn-et-Garonne*, aurait, j'en ai la conviction, attiré à lui les sympathies de la majorité des électeurs, s'il eût pu venir par sa présence appuyer les sentiments élevés dont il est animé et dont ses écrits font foi ; il est depuis longtemps estimé comme écrivain des plus remarquables, pour son bon sens et sa haute moralité, par tous les hommes instruits de notre païs, où son nom conserve d'ailleurs de fortes attaches ; mais, comme je viens de le dire, il aurait fallu sa présence aux réunions qui arrêtent la liste des candidats ; avec cette condition il aurait réussi et nous nous en réjouirions ; la disposition des esprits lui était favorable. Je regrette vivement qu'il n'ait pas pu venir.

Si vous venez dans le midi, lorsque les orages de toute espèce qui pèsent sur notre pauvre France seront dissipés, n'oubliez pas que je suis à Beaumont, je vous en serai très reconnaissant.

Veuillez être, mon cher Alexandre, notre interprète etc...

Une poignée de main, et je vous prie de me croire votre bon cousin.

Dominique DE MANAS aîné.

A M. A. de M..., Paris,

Ronquerolles, 16 Février 71.

Monsieur,

La famille Hochard est partie de Ronquerolles, par le chemin des affronteux, *emmenée, à ce qu'on dit, par les Prussiens.* Quand je suis arrivé de Paris, je n'ai plus trouvé personne ; ils ont vendu tout leur mobilier ; je ne peux pas vous dire où ils sont allés ; les clefs de la maison ont été apportées ici par une femme du pays.

Rien autre chose à vous dire, que le pays est bien débarrassé de cette famille.

Il ne reste, travaillant à la fabrique, que Ach. Léger et Ch. Poiré.

Je vous salue.

Desjardins.

A M. A. de M..., Paris,

Toulouse, le 16 Février 71.

Mon cher Alexandre,

Ta lettre nous a refait le moral ; nous aurions voulu que toutes vos nouvelles, sans exception, fussent bonnes... Résignons-nous, supportons avec courage tous nos malheurs, et nous pourrons malgré nos revers relever fièrement la tête, c'est notre droit... mais que fais-je ? J'oubliais que nous avions toute liberté pour dire ce que nous voulons que l'on sache et pas autre chose ; aussi je me tais.

Je t'envoie deux caisses de provisions, une moyenne, et une petite.

Dans la première tu trouveras :

2 Saucissons de Milan.

2 Saucissons de Toulouse.

1 Mortadelle de Bologne.

1 Fromage de Roquefort.

4 Boites de sardines sans arêtes.

2 Pots de salé de dindons.

2 Langues fourrées.

1 Jambon glacé.

Dans la deuxième :

6 Pots de gelée.

4 Terrines pâté.

24 Oranges.

Je n'ai pas pu t'envoyer de viandes fraiches, car on ne garantit pas de délai ; mais sous peu je t'enverrai des chapons, de la volaille grasse et quelqu'autres petites choses ; ne te gêne pas, tu dois me connaître. Si quelque chose te faisait plaisir, écris-moi, et tu l'auras par le plus proche courrier.

J'ai eu avant-hier la visite de ton ouvrier Mutin ; il a diné avec moi, c'est un véritable type ; on l'a mis sapeur dans son bataillon, il en remplira parfaitement l'emploi. Il doit venir de temps en temps se refaire à la maison, vu qu'il n'a pas toujours de quoi se satisfaire.

. . . .

Eugénie va un peu mieux. Rosa et Louis regorgent de santé ; l'hiver ne les a pas contrariés, malgré ses 15 degrés de froid.

Adieu. Si tu peux nous écrire ce qui se passe à Paris tu nous feras plaisir ; car nous craignons chaque jour que la guerre civile n'ait éclaté. Rassure nous; ici tout est tranquille. *Souloman fan parti toutis lès homès non maridats ; à Bourdéoux, y a uno armàdo complèto.* Tant mieux, si c'est vrai.

Tout à toi,

Alexandre AUTHENAC.

Vendredi 17 Février.

De bon matin, départ de Beaumont avec Céline, qui s'est munie de fortes chaussures pour marcher longtemps. A pied, de Beaumont à Chantilly, par *Noisy*, *Asnières*, *l'Abbaye de Royaumont*, *Baillon*, *La Morlaye*, laissant à gauche le *Parc du Mont-de-Pô*, (1) et la belle route princière, royale, *de Chantilly*.

De Chantilly à Creil par le chemin de fer *prussien*, debout dans les bagages, assez cher tout de même.......................... 4 00

Dîner et coucher à Creil, Hôtel du Chemin de fer du Nord, encore encombré d'officiers allemands...................... 11 50

Sur les murs des villages que nous traversons, nous crèvent les yeux, comme à Beaumont depuis hier, des grandes affiches portant :

M. GAMBETTA

A DONNÉ

SA DÉMISSION.

(1) Propriété d'un ami, le peintre Balfourier, ancien élève du collège Henri IV.

A Bordeaux, M. Thiers est élu à la presque unanimité Chef du pouvoir exécutif.

A Mme Vve L. de Mazade, Beaumont-sur-Oise.

Caen, 17 Février 71.

Ma bonne sœur,

. . . .

De mon côté, chère sœur, je n'ai pas de bonnes nouvelles à t'annoncer. Tu n'as pas reçu mon mot envoyé par pigeons; le 14 décembre j'ai eu, moi aussi la même douleur; mon mari est mort sans avoir même la conscience de sa position. Je me trouvais seule à ce triste moment, mes trois fils étant soldats....

Mon chagrin était doublé de n'avoir aucune nouvelle de vous tous, et de voir mon mari mourir sans avoir pu serrer ses enfants dans ses bras...

. . . .

Ta toute dévouée sœur,

Veuve Lanoix (1).

Samedi 18 Février.

Dans l'impossibilité de trouver une voiture quelconque, nous nous décidons à partir de Creil à pied pour Clermont. A moitié chemin de Rantigny (Liancourt) un paysan, conduisant un veau au marché de Clermont, veut bien nous prendre dans sa charrette... pas pour rien... 5 francs.

---

(1) Madame veuve Lanoix, née Esther Leclergue, sœur aînée utérine de notre mère, a été appelée auprès d'elle et de nos tantes à Beaumont, où, après plusieurs années de vie commune, elle est morte le 11 mai 1876.

Chemin de Clermont à Ronquerolles à pied. Dans le bas de Clermont et même dans notre petit Ronquerolles, toujours ces mêmes affiches :

> M. GAMBETTA
>
> A DONNÉ
>
> SA DÉMISSION

Preuve qu'on veut la paix ! La paix ! si misérable qu'elle soit, franchement nous ne l'aurons pas volée ! (1)

---

(1) Dans son *Paris Assiégé*, Jules Claretie donne un tableau effroyablement éloquent de ce qu'a coûté d'hommes, depuis un siècle, « cette chose hideuse, dont « trop longtemps s'est éprise la France, et qui s'appelle la *gloire militaire* :

« De 1792 à 1815 on tue 5,350,000 hommes ; rien qu'à la Moskowa, tués ou blessés « 80,000.

« De 1815 à 1864, on tue 2,762,000 hommes ; à Solférino, tués ou blessés, 27,000.

« A Sadowa, 28,000, etc., etc.

« Chiffres atroces et inoubliables, dit-il, qu'il faudrait écrire au socle des statues « de tous ces gens de guerre, égorgeurs de peuples, les Bonaparte, les Guillaume, « etc., etc... . Il n'est pas un de ces héros, qui, couvert de sanglante gloire, ne « tombe directement sous le coup d'un article de l'humble code pénal : Vol à main « armée, assassinat avec préméditation, etc... »

Et j'ajoute : Que Dieu préserve le monde des guerres futures, qui menacent d'être des exterminations universelles de plus en plus foudroyantes, avec les fusils sans fumée portant à 2,000 mètres, avec des canons qui portent à 6 kilomètres, avec les machines et engins à dynamite, mélinite, sébastite, roburtite, que sais-je, et toutes les infernales trouvailles du progrès humain.

Avec la mélinite surtout (notre fameuse poudre blonde sans fumée) c'est à peine si on ose songer à ce que seront les tueries à venir. Nous avons entendu plus d'une fois notre ami le général Keiser rappeler la terrible catastrophe suivante. Ah ! ce jour-là, elle a fait ses preuves, la mélinite !

Le 10 Mars 1887, alors que le général commandait la place de Belfort, toute la ville a été ébranlée, un peu avant midi, par une formidable explosion à l'Arsenal, où l'on chargeait depuis quelques jours avec la nouvelle poudre mélinite des obus de 32, pesant 98 kilos.

Le général et madame Keiser finissaient de déjeuner à leur hôtel de la Brigade, dont les fenêtres font face à l'Arsenal... Il descend en courant. Un de ces obus, — sans doute incomplètement dégagé de l'ancien vernis, bon pour la poudre ordinaire, nuisible pour la mélinite — venait d'éclater dans une vaste cour où travaillaient vingt et un artilleurs artificiers, en avait tué neuf du coup, et blessé plus ou moins grièvement tous les autres, à l'exception d'un seul. L'engin, par l'immense force explosive de la mélinite qui agit également sur toute la surface de la paroi de l'obus, avait éclaté par milliers de petits fragments de mitraille, lancés en rayonnant *horizontalement*, coupant, hachant, fauchant tout sur leur passage, contrairement aux effets de la poudre noire qui divise le projectile en quelques gros morceaux lancés en l'air. Au moment où le général entrait sous la voûte, deux ou trois artilleurs mutilés en

A M. A. de M..., Paris.

Toulouse, 18 Février 71.

Mon cher Alexandre,

. . . .

Tu sais si j'ai longtemps été — je ne l'ai jamais oublié, je ne l'oublierai jamais — comme l'enfant de la maison; ce que tes parents et toi-même avez été bons, prévenants, dévoués envers moi, est un de mes meilleurs souvenirs de jeunesse. C'est au nom de ces souvenirs si profondément gravés dans mon âme que je m'associe à votre douleur.

Il n'en fut jamais de plus légitime; M. de M... avait, si je puis parler ainsi, la passion de la famille, tout ce qu'un père peut mettre d'affection, de zèle, d'ardeur au travail, pour le bien-être des siens; tu le sais mieux que moi. Mais j'en ai été assez témoin pour comprendre combien grande doit être votre tristesse, aujourd'hui que vous ne pouvez plus lui en témoigner votre reconnaissance que par des pleurs.

Ces pleurs, mon pauvre ami, ne seront pas stériles. Dieu les voit, les apprécie et les tient pour les prières les plus efficaces que nous puissions lui adresser. C'est dans ces idées que je prends part à votre peine, avec la ferme croyance que ce père si regretté recevra au ciel la récompense de tout le bien qu'il a fait ici bas.

---

sortaient, allant à la fontaine toute voisine pour laver le sang dont ils étaient inondés; l'un d'eux criait : « Ils sont tous morts! le malheureux tenait dans sa main droite sa main gauche en bouillie sur sa poitrine; il était à peine à la fontaine qu'il est tombé; porté chez le pharmacien à côté, il est mort aussitôt; il avait le ventre et la poitrine ouverts. Dans la cour c'était une horrible boucherie telle qu'on n'en a jamais vu de semblable sur un champ de bataille. Le sol jonché de cadavres mis en pièces, affreusement criblés, des membres épars de tous côtés... un maréchal des logis avait la tête enlevée comme par un coup de hache, la mâchoire inférieure seule pendait sur sa poitrine; le bras d'un autre gisait à un mètre du corps auquel il ne tenait plus que par des tendons... les débris de deux hommes pulvérisés, impossibles à reconnaître, ont été recueillis, et réunis n'ont pas fait le poids d'un homme!

Tu voudras bien, mon cher Alexandre, être l'interprète de mes sentiments auprès de ta bonne mère, et lui dire qu'à la première occasion, je serai heureux d'aller l'embrasser, comme je le fais ici de cœur.

Cette occasion, quand se présentera-t-elle? Pour le moment, il n'y faut pas songer. Mes occupations me retiennent à Toulouse, et d'ailleurs l'heure n'est pas encore au plaisir. Notre grand bonheur est de savoir sains et saufs ceux qui nous ont causé tant d'inquiétudes pendant si longtemps. La paix a été conclue à des conditions léonines, c'est malheureusement vrai ; mais à voir ce qui se passait ici, il semble qu'on doive néanmoins s'en féliciter.

Du bruit, des fanfaronnades, des tripotages, surtout des tripotages, ce n'était guère là de quoi inspirer quelque confiance dans l'avenir. Dieu sait ce qu'étaient la veille la plupart des gens galonnés le lendemain sur toutes les coutures, et pour lesquels la guerre à outrance a été le plus sûr moyen de pêcher en eau trouble. Leurs sous-ordres étaient de la même catégorie. Ainsi, par exemple, en passant devant la succursale de la Banque de France, je remarquais des factionnaires, dont les mains, pour un tel lieu, me semblaient fort crochues, et qui certainement, entre chien et loup, auraient fait bien meilleure figure au coin d'un bois. Il ne faut pas juger les gens sur l'apparence; s'ils viennent du Danube, je le veux bien; mais en somme les physionomies ne sont pas aussi trompeuses que le prétend le Fabuliste.

Que Dieu protège la France et la délivre des Prussiens et du dedans et du dehors !

A toi, mon cher Alexandre, à ta bonne mère, à ton excellente femme et à toute ta famille ma vieille amitié avec les meilleurs sentiments de tous les miens.

GISCARO.

Dimanche (gras) 19 Février.

De bon matin nous partons de Ronquerolles, Céline et moi, seuls, dans la victoria de mon père, attelée de sa jument Bichette.

Arrêt à Rantigny, où nous entendons la messe. La *Poste de Rantigny;* maisons brûlées, en ruines, en cendres.

Tout au bout de Creil, dans une auberge, à gauche, au pied de la côte de la route de Chantilly, arrêt pour déjeuner à la hâte.

Sans dételer la jument, l'aubergiste met devant elle un tonneau debout, avec de l'avoine, et la débride en lui dégarnissant complètement la tête, imprudence à laquelle nous ne prenons garde, et nous allons nous mettre à table.

Tout à coup, un grand fracas au dehors. Nous sortons et nous voyons le tonneau renversé et notre bête emportée avec la voiture sur la route de Chantilly. Je cours après, nous courons, tout le monde court, impossible bien entendu de rattraper la folle. A quelques cents mètres on la voit tourner à gauche, et disparaître..... c'est une carrière, où elle a dû tout briser et se tuer.....

Nous y arrivons, nous voyons Bichette arrêtée, en sueur, tremblante, inerte, devant un gouffre; mais rien, ni à elle, ni à la voiture! Un vrai miracle!

Nous la ramenons doucement à l'auberge, où, elle et nous, nous pourrons enfin déjeuner.

A 3 heures. Retour à Beaumont, par Gouvieux, la forêt du Lys, Boran, Bruyères et Bernes. Course rapide; la bête est fringante, mais docile.

L'armistice, qui devait expirer aujourd'hui, est prorogé jusqu'au 24, avec faculté de prorogation si les circonstances l'exigent.

A Bordeaux, M. Thiers compose son premier cabinet : J. Favre (Affaires Étrangères), Picard (Intérieur), J. Simon (Instruction Publique), Dufaure (Justice), Pouyer-Quertier (Finances), Le Flô (Guerre), Pothuau (Marine), etc...

Lundi (gras) 20 Février.

Journée à Beaumont, passée en grande partie à écrire des lettres aux parents et amis de province.

Une Lettre **d'Alphonse Karr**, publiée par le *Salut Public*, de Lyon :

« *Mon cher Confrère,*

« *En passant par Lyon, un peu de place, s'il vous* « *plaît.*

« *Assez de phrases.*

« *La France n'a plus le temps d'écouter, ni le temps* « *d'entendre.*

« *Je viens de passer huit jours dans les pays occupés* « *par les Prussiens. — J'ai vu entrer en Suisse l'armée* « *de Bourbaki.*

« *J'ai vu. — Je sais.*

« *J'ai bien des vérités à dire ; elle seront dites dans* « *quelques jours.*

« *Mais dès aujourd'hui j'en veux dire deux :*

« *Je demande que l'Assemblée de Bordeaux appelle* « *dans son sein, — fût-ce à titre de renseignements —* « *quelqu'un qui ait vu nos prisonniers, nos blessés, nos* « *malades, nos mourants ; ils ont, je crois, le droit* « *d'être représentés.*

« *Je demande qu'un registre soit placé sur le bureau* « *du Président de l'Assemblée et que tout député, qui* « *parlera de voter la continuation de la guerre, com-* « *mence par inscrire son nom sur ce registre : ce sera* « *le registre matricule d'un régiment d'avant-garde qui* « *aura l'honneur de marcher le premier à l'ennemi.*

« *A bientôt la suite.*

« *Alphonse Karr.* »

Mardi 21 Février.

Voyage à Paris. On ne se douterait guère que c'est le *Mardi gras*.

Au boulevard du Prince Eugène, visite à Charles de Tavernier, dont nous ne savons rien depuis sa blessure du 19 janvier.

Transporté chez lui, il a été l'objet des soins assidus de sa mère, qui, avec une patience angélique du jour et de la nuit, a pu conserver à son fils sa main, et même intégralement son bras. Cette pauvre main était fermée, crispée, impossible à rouvrir, les doigts presque entrés dans la chair; sa mère parvint dès le premier jour à y glisser un bout de bois, de la grosseur d'un crayon, entouré de linge, et chaque jour elle grossissait cette tige par des bandes de toile. Peu à peu la main s'est détendue, aujourd'hui elle est presque ouverte. Quant au bras, un morceau du cubitus d'environ 12 centim[tres], complètement disparu par l'ablation successive et délicate d'une infinité d'esquilles, se remplace naturellement par un cartilage osseux, qui selon le chirurgien devra rendre au membre mutilé l'apparence et presque la force du bras gauche. Toutefois le malade ne pourra guère être sur pied et sortir que dans un mois.

Thiers quitte Bordeaux et repart pour Versailles avec la mission douloureuse de discuter et négocier les conditions de la paix.

Mercredi (des Cendres) 22 Février.

Dans le *Charivari*, un dessin de Cham :

Un gamin de Paris apostrophe ainsi Monsieur *Carême*, un grand vilain diable décharné.

« Ah ben non! Vous pouvez vous en retourner. Nous sortons d'en prendre! »

VILLE DE PARIS

2e Arrondissement

GARDE NATIONALE SÉDENTAIRE

92e Bataillon. — 8e Compagnie.

Paris, 22 Février 1871.

Monsieur MAZADE,

Monsieur Verciat notre capitaine, ayant été chargé de choisir six gardes pour contrôler les demandes de solde dans notre Compagnie, vous prie de vouloir bien accepter d'être un de ces gardes.

Votre tout dévoué,

BESOMB
Sergent-Major.

Je réponds que cela ne m'est plus possible, que tout mon temps le plus précieux et le plus utile est pris par la réorganisation de ma fabrique de Ronquerolles.

A MM. LIOGIER et CULTY, Saint-Étienne.

Paris, 22 Février 1871.

. . . .

. . . .

Dès qu'il n'y aura plus aucun danger, vous pourrez m'adresser un chèque sur Paris. A force de dépenser et de ne rien recevoir, le vide s'est fait, et l'argent sera le bienvenu.

Nous avons maintenant sous la main largement toutes

les provisions dont nous avons tant manqué, — merci de tout cœur de votre offre amicale. — J'espère, mon cher M. Liogier, que vous êtes totalement rétabli.

Je vous prépare un envoi de marchandises.

Tout à vous,

A. DE M.

A M. A. DE M..., Paris,

Auffay (Seine-Inférieure) 23 Février 71.

Mon cher Alexandre,

J'attendais impatiemment le rétablissement des communications postales...

Il nous a été très pénible, croyez-le bien, de n'avoir pas reçu de réponse à la lettre que je vous ai adressée en septembre, silence évidemment forcé par l'envahissement de votre département. Notre tour est venu le 5 décembre après un combat où je me suis rendu, à trois lieues d'Auffay, à la tête d'un tas de gardes nationaux très disposés à exécuter un tour de conversion à la vue de l'ennemi.

Mais, avant de causer des misères de notre contrée et réciproquement des vôtres, je me borne à vous dire que, quoique pillés, épuisés, appauvris par les exactions de toutes sortes, nous sommes tous bien portants...

Vite donc de vos nouvelles et croyez à notre amitié...

Docteur RABEC.

Vendredi 24 Février.

Anniversaire du 24 février 48.

Toute la journée, grande manifestation populaire à la Colonne de Juillet, place de la Bastille.

Sur le piédestal on dépose des couronnes d'immortelles entourées de crêpes, qu'enveloppe de ses plis un grand drapeau noir attaché tout en haut, au pied du Génie de la Liberté.

Défilé de bataillons de gardes nationaux, tambours et musique en tête, apportant des fleurs et des couronnes, et faisant le tour du monument.

Chacun, en s'en retournant, emporte comme souvenir une branche d'immortelles.

Le soir la Colonne est illuminée du haut en bas. Torches et lampes.

Vers 10 heures, une députation de citoyens vient attacher un *drapeau rouge* au pied de la colonne faisant face à la rue Saint-Antoine...

Un orateur, monté sur le pourtour, est interrompu par le cri de : « A bas les gueulards! » puis bousculé, et en fin de compte, entraîné au poste.

A M. A. de M..., Paris,

Bruxelles, 24 Février 1871.

Chez M. Bourson,
Directeur du *Moniteur Belge*
(Rue Notre-Dame-aux-Neiges).

Chers Cousin et Cousine,

Nous avons écrit à ma tante Desvoyes, à mon cousin Wohlgemuth, pour avoir de vos nouvelles à tous, et, n'obtenant de réponse ni de l'un ni de l'autre, nous avons recours à vous, espérant être plus heureux et comptant sur votre bonne amitié pour nous dire comment vous avez passé ce si long et si cruel hiver. Nous savons déjà par M. Neveu, qui a bien voulu aller aux informations, que mon oncle Michaud n'est plus, que ma tante Théodorine a été indisposée et que quelqu'un de chez vous est malade.

Oh ! si vous le pouvez, donnez-nous vite des détails plus complets.

Nous espérons rentrer à Paris dans quelques jours ; mais une lettre de vous a bien certainement le temps d'arriver avant notre départ, les bons amis chez lesquels nous sommes depuis six mois ne voulant pas encore que nous les quittions.

En attendant le plaisir de vous revoir, nous vous embrassons toutes les trois de tout cœur.

Votre cousine,

Catherine Proudhon.

Dans quel état, mon Dieu ! doit se trouver la maison de Beaumont, et dans quel état aussi doit être celle de mon cousin Alphonse !

Du Jeudi 23 au Samedi 25 Février. — 3 0/0 51.20 à 51.80.

Ronquerolles. Réorganisation de la fabrique. Cinq ouvriers travaillent depuis le commencement de la semaine. Dix ou douze viendront lundi ; quelques commandes arrivent.

•—•—•—•

Journal des Goncourt. — 12 Février. — « *Je monte « chez Théophile Gautier qui s'est réfugié de Neuilly à Paris, rue de « Beaune, au cinquième, dans un logement d'ouvrier.*

« *Je traverse une petite pièce, où je trouve assises sur le rebord de la*

« *fenêtre, ses deux sœurs, dans de misérables robes, avec leurs couettes*
« *de cheveux blancs, sous une fanchon faite d'un madras.*

« *La mansarde, où se tient Théo, et qu'il remplit tout entière de la*
« *fumée de son cigare, tant elle est petite et basse, contient un lit de*
« *fer, un vieux fauteuil en bois de chêne, une chaise de paille, sur la-*
« *quelle passent et s'étirent des chats maigres, des chats de famine, des*
« *ombres de chats. Deux ou trois esquisses se voient accrochées de tra-*
« *vers aux murs, et une trentaine de volumes sont culbutés sur des*
« *planches en bois blanc, posées à la hâte.*

« *Théo est là, en bonnet rouge à cornes vénitiennes, dans un veston*
« *de velours, autrefois fait pour la petite tenue de Saint-Gratien, mais*
« *aujourd'hui si taché, si graisseux, qu'il semble la veste d'un cui-*
« *sinier napolitain.*

. . . .

« *Pendant qu'il parlait, qu'il parlait, comme devait parler Rabelais,*
« *je songeais à l'injustice de la rémunération dans l'art... etc... (1).*

A M. A. de M..., Paris,

Castres, 27 Février 1871.

Mon cher monsieur Alexandre,

Votre lettre m'a bouleversé, je n'avais pas connu la maladie de votre père et l'annonce de sa mort m'a fait grand mal. Depuis l'invasion je pensais souvent à vous tous et j'en parlais chaque jour à mes enfants. J'avais toujours peur que Beaumont ne fût ravagé. Cependant nous n'avons rien vu sur les journaux touchant cette ville, et cela m'avait rassuré.

J'ai perdu l'ami le plus sincère et le plus dévoué que j'aie connu dans ma vie. Ils sont rares les hommes aussi bien doués que lui tant du côté du cœur que de l'esprit. Je l'ai connu dans la détresse et dans l'opu-

---

(1) Théophile Gautier est mort à Neuilly-sur-Seine, le 24 Octobre 1872.

lence, (1) et jamais ses sentiments et ses affections n'ont varié. J'avais pour lui l'attachement le plus vif et le plus sincère, aussi je puis dire sans vous offenser que sa mort m'est aussi pénible qu'à vous tous.

Pour moi, je mène depuis quelque temps une triste existence ; je suis condamné à un repos presque absolu ; j'en suis certes un peu dédommagé par l'attachement que me témoignent mes enfants.

Comme vous l'avez appris, Emile est à Coblentz depuis la capitulation de Metz. Il a assisté à plusieurs batailles et à divers combats sans une égratignure. A la bataille de Gravelotte il a passé la journée au milieu d'une pluie d'obus et de mitraille qui le couvraient de poussière et de boue. Il fut porté à l'ordre du jour pour sa belle conduite et proposé pour lieutenant-colonel et la croix d'officier. Tout cela est perdu.....

CARCANADE père.

---

(1) Fils de magistrat, près Toulouse,
Mon aïeul, en quatre-vingt-douze,
En bonne compagnie est noblement à sec ;
Sa particule dans sa poche,
Il part, volontaire de Hoche,
Et laisse à ses enfants l'honneur, mais rien avec.

Dès qu'il a dix-huit ans, mon père
Vient à Paris, à pied, préfère
L'essor de l'industrie aux langueurs d'un emploi,
S'arme d'un tenace courage
Et confie au rude tissage
Sa bonne instruction, son corps frêle, et sa foi.

Indomptable ouvrier, il tisse
Le galon sur la *haute-lisse*,
Aux vingt marches d'alors, si dure avant Jacquard !
Que de fois il m'a dit la peine
Qu'il avait à lever la chaine
Avec sa jambe fine et trop courte d'un quart !

Mais, dix ans après, il est maitre :
Et bientôt sous ses pas fait naitre
Trois fabriques qu'il tient de son poignet d'acier !
Il met ses deux fils au collége ;
— Du savoir heureux privilége !
Nous ne saurons jamais trop l'en remercier. —

(A. de M. — *A Trav. l'Italie*).

Dimanche 26 Février.

Depuis le 24, le *Comité Central* de la fédération républicaine de la garde nationale, composé des Comités de vigilance des arrondissements de Paris, semble vouloir s'arroger le droit de diriger la population, se disant l'élu de 200 bataillons.

Une partie de notre bataillon (pas moi) va chercher **notre canon** au parc d'artillerie de la place Wagram, le traîne à bras, et vient le remiser, loin de la vue des Prussiens, dans la cour du passage Lemoine, rue Saint-Denis, n° 380.

Après la messe de 8 heures à Saint-Leu, j'ai préféré aller voir Wohlgemuth. Il a de bonnes nouvelles de son jeune cousin, le fourrier, toujours campé au Champ-de-Mars. Il ne s'est pas encore décidé à aller chercher ni même à laisser venir sa femme et sa fille; il ne le croit pas prudent; il pense partir au Hâvre aussitôt après l'évacuation prussienne de Paris.

Il leur a écrit plusieurs lettres dont il a gardé copie :

« ..... *Ne pensez pas revenir avant ma visite; pour moi je n'ai pas* « *peur des Prussiens, je pourrais leur expliquer en allemand que* « *l'amitié est le seul mobile de mon voyage, et qu'on peut en véri-* « *fier la véracité; mais c'est l'itinéraire : aller à Gonesse, prendre là le* « *train pour Amiens, de là revenir sur Rouen, de Rouen au Hâvre; et le* « *retour, mes chers enfants! patientez encore..... Je m'étonne d'être* « *bien portant, je crois le devoir à ma religion et à vos prières; car je* « *suis entouré de malades, de mourants et de cadavres... X..., X..., X...,* « *le cousin Mazade... Jean Ratte... le docteur Deschamps... et tout ce que* « *nos parents et amis ont perdu... Ah! la guerre !.....*

« ... *Je suis allé plusieurs fois à Montmorency. Notre pauvre maison,* « *où nous avons été si heureux, ma chère Clarisse, notre pauvre maison* « *n'est plus que l'ombre d'elle-même. Le premier jour que j'y suis arrivé,* « *des décombres, des détritus en obstruaient l'entrée; après escalade, je* « *me trouve dans la salle à manger, en face d'une énorme pipe de por-* « *celaine, à laquelle est soudé un homme, recousant une selle au milieu* « *d'un épais brouillard de fumée, un bourrelier, s'il vous plaît, installé* « *là, chez nous, sans façon, sans le moindre souci de faire enregistrer* « *son bail. Dans le salon, trois chevaux, dont les oreilles touchent au* « *plafond, grâce à une couche de fumier d'un bon mètre, mangent l'a-* « *voine dans les tiroirs de notre chiffonnier en bois de rose...*

« *Au premier, plus rien du tout.*

« *Dévastation complète du jardin, qui était le si tendre objet de mes* « *soins de tous les jours...*

« *Pendant mon triste pèlerinage, trois ou quatre soldats, guidés par*
« *notre locataire le sellier, viennent interrompre nos méditations.*

« — *Qu'est ce qué fous vaire izi? me dit un sergent, dans un français*
« *à lui.*

« — *Eh bien! Et vous? que venez-vous faire chez moi? lui dis-je*
« *en allemand.* und sie, was machen sie bei mir?

« *Cette simple phrase, comprise de tous, m'a permis de me retirer en*
« *bon ordre. Je suis allé à la Mairie, où j'ai accepté l'hospitalité du*
« *bon M. Monnet, qui avait pu sauver, de la rapacité des voisins restés,*
« *des tableaux de famille, une armoire sans glace, et notre bois de lit,*
« *veuf de son sommier et de ses matelas. Grâce à lui, notre logement*
« *nous fut rendu, le sellier s'éclipsa...*

« *Une après-midi, à près d'un kilomètre de chez nous, j'entends les sons*
« *d'un instrument; il me semble reconnaître ceux de notre piano.*

« *Je m'approche de la maison d'où partait la musique, je la dépasse,*
« *puis, obsédé, je reviens sur mes pas, et, par une fenêtre du rez-de-*
« *chaussée, j'aperçois notre piano! oui, notre piano! Je franchis les*
« *deux marches, et j'entre dans ce qui fut un salon. Mais quel spectacle!*
« *un Allemand, renversé nonchalamment sur le dossier moelleux d'un*
« *superbe fauteuil, fumait sa pipe, les bras croisés, et exécutait avec les*
« *talons de ses bottes des variations sur je ne sais plus quel motif! Sept*
« *ou huit camarades chantaient, semblant savourer un gros plaisir. Mon*
« *apparition de* Statue du Commandeur *jette un froid. Qu'est-ce que*
« *cet intrus?...*

« *Je n'ai pas de peine à leur faire comprendre, en allemand, que ce*
« *piano est à moi. — « Qu'ils s'en servent si c'est leur bon plaisir,*
« *mais je les prie de ne pas le détériorer davantage. Le malheureux!*
« *ses touches n'étaient plus blanches; le séjour des bouts de cigares non*
« *éteints les avait bistrées,* culottées. *Ma prière ne fut pas repoussée,*
« *bien mieux ils m'ont offert à boire... de mon vin peut-être? j'ai remer-*
« *cié et je suis parti. Les Prussiens, quand ils vont en promenade mili-*
« *taire ou tirer à la cible, ont toujours leur bagage complet, tout prêt,*
« *parce qu'ils ne savent pas s'ils doivent ou non revenir; j'ai choisi,*
« *deux jours après, le moment d'une de ces promenades; je suis allé*
« *chercher trois braves habitants, qui ont bien voulu me prêter leurs*
« *robustes épaules, et moi le quatrième, nous avons transporté comme*
« *une plume le piano à la maison... Sa caisse était un vrai cimetière*
« *plein de débris de pipes, de bouts de cigares, et d'une quantité innom-*
« *brable de bouchons (1).*

---

(1) Ce vénérable piano, bien et dûment réparé après en avoir vu de dures, charmait, vingt ans après, de ses accords les Arabes de l'oasis de Biskra.

« *Notre voisin le chapelier G., que nous avons vu si souvent dans les « vignes du seigneur, n'a pas eu tant à se plaindre de l'occupation. Tu « te rappelles son enseigne, le grand chapeau haut de forme, peint en « rouge, qu'il avait à sa porte. Il paraît que, le jour de la fête du Roi « Guillaume, les officiers prussiens, mis en joie par de copieuses liba- « tions, avaient à qui mieux mieux, à coups de sabre, réduit le chapeau « rouge à l'état d'accordéon et d'écumoire. Le bonhomme désespéré a eu « l'aplomb d'aller se plaindre à eux, au dessert, pendant qu'ils pre- « naient le café. Sa face joviale et ses grotesques lamentations les ont « tellement égayés qu'ils ont fait entre eux une collecte, qui a produit « 180 francs. — « Si j'avais su ça, aurait dit G., en s'en allant, j'aurais « mis un second chapeau rouge de l'autre côté de la porte !* » —

« *... Outre que ces prussiens ne sont pas aussi bonasses avec tout le « monde, j'ai peur... de la réaction. Restez donc où vous êtes, mes chers « petits, et supportez la misère de l'absence. . restez où vous êtes, je vous « en prie, pour l'amour de Dieu... Priez toujours et confiance en ma « très prochaine visite...*

. . . .

« *... Malgré votre grand désir d'aller vous réfugier à Montmorency... « ne pensez à rentrer que lorsque les conditions de la paix seront signées... « les Prussiens sont encore là et à Saint-Denis; je ne vois pas pourquoi « vous vous en approcheriez avec tant de plaisir après vous en être « éloignés avec tant de frayeur. Quant au séjour de Paris, il est infect « et très pernicieux pour des personnes qui ont vécu au grand air. Je « vous dirais bien d'aller à Vincennes, mais le poste prussien est à la « Pyramide. Restez donc, prenez patience ; croyez-bien que la prudence « me dirige ; car j'ai un grand désir de vous embrasser, mes chers « enfants. Je suis bien triste, mais je crois que je le serais davantage si « je supposais que vous ne fussiez pas raisonnables.....*

« *Le ravitaillement ne nous a pas été désagréable ; un exemple : on « payait un œuf 3 fr. 50 ! Juge, mon cher bonhomme, du prix d'une « omelette !...*

« *Voici à peu près l'emploi de mon temps, je vais presque tous les « jours à l'enterrement, ou je suis de service... je passe mes soirées chez « X*** ou X***, je rentre, je me couche, j'embrasse Sidi, quel plaisir il « aura à vous voir ! il est redevenu gras comme un moine ; il a pour- « tant passé par de rudes épreuves...*

« *J'aurais voulu écrire plus longuement, mais il faut que j'aille à un « enterrement...*

« *Étant accoutumé toujours à de tristes déceptions, je ne t'écris qu'en « tremblant, ma chère Clarisse, que j'ai été proposé au général pour la « médaille militaire. Que je serais heureux si je pouvais la mettre sur « tes genoux en t'embrassant !...*

FRANCE
par
DÉPARTEMENTS
Échelle 1: 4.400.000.
HACHETTE ET Cie PARIS
Imp. Dufrenoy

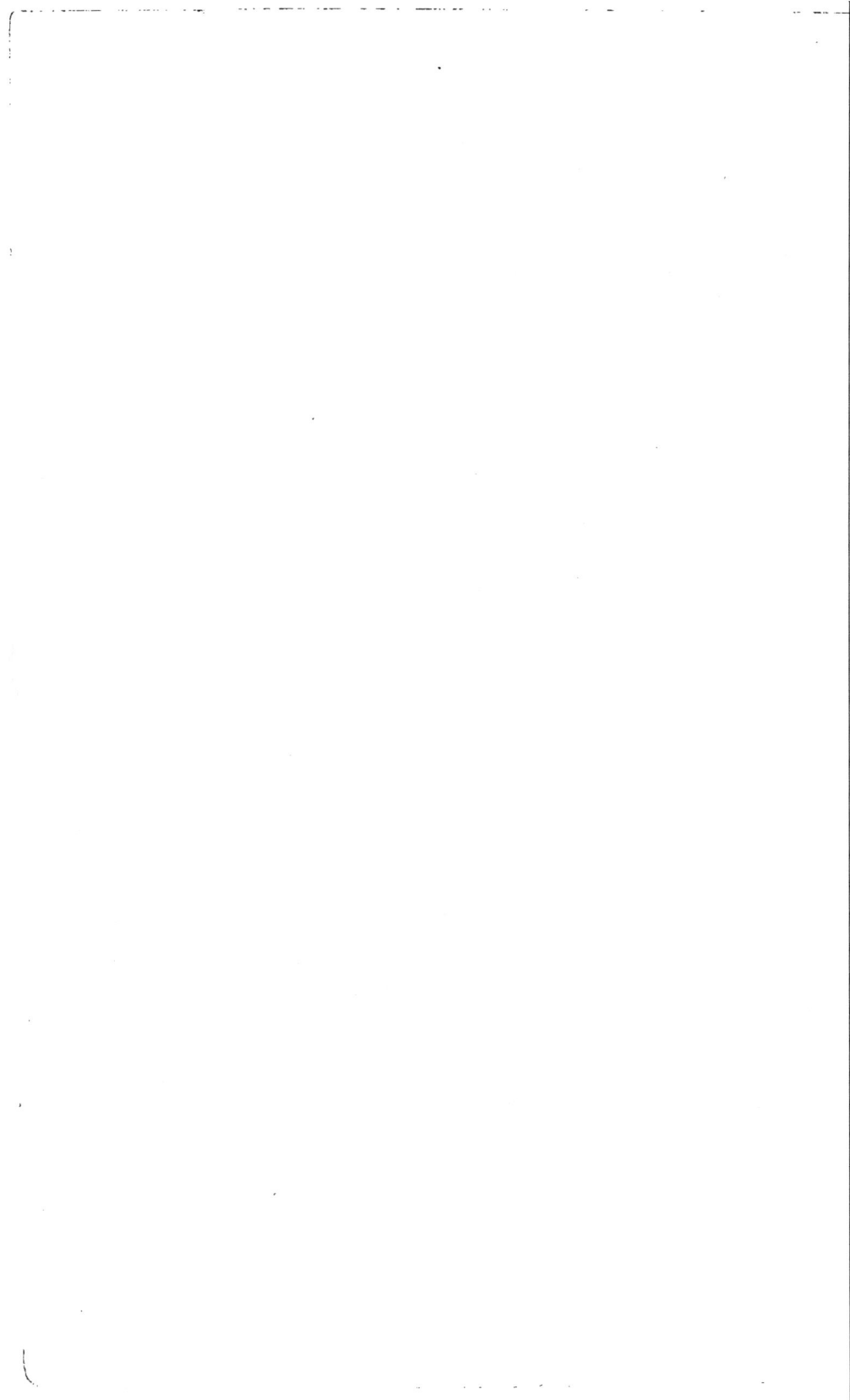

« Je reviens de la poste où l'on n'a pas voulu encore accepter mon « argent, je l'apporterai moi-même...

. . . .

« Voici maintenant le nouvel itinéraire : de Paris à Trouville, et la « traversée de Trouville au Hâvre... Avant peu j'irai vous surprendre, « et je dirai comme à mon retour d'Afrique : « Mes enfants, me voilà! « pour toujours vous aimer! Louons Dieu!...

« Alph. W. »

Expiration de l'armistice.

Signature des **Préliminaires de Paix**, entre Thiers et Jules Favre d'une part, et Bismarck d'autre part, dans la petite maison occupée par ce dernier, rue de Provence, à *Versailles*.

Bismarck signe ces préliminaires avec *une plume d'or* que les dames allemandes lui ont envoyée pour cette circonstance mémorable !

Ce traité porte en substance :

Article premier. — Abandon de la Lorraine et de l'Alsace, sauf la ville de Belfort.

Article 2. — Paiement de 5 milliards dont 1 milliard en 1871, et le surplus dans le délai de trois ans.

Article 3. — Évacuation progressive, à partir de la ratification par l'Assemblée de Bordeaux, etc... (1).

---

(1) Que sont devenus, après 21 ans, les signataires de cette triste et fatale conclusion de la guerre? Où sont les autres principaux acteurs de notre terrible drame ?

Ce *Bismarck*, que la morgue de ses succès insolents laissait croire inviolable, Bismarck subit la disgrâce écrasante de Guillaume II, petit-fils de Guillaume Ier; — Thiers est mort le 3 septembre 1877. Jules Favre, le 20 Janvier 1880.

SONT MORTS AUSSI :

Allemands. — Steinmetz 1877; Von Gœben 1880; Prince Frédéric-Charles, Manteuffel 1885; Von Werder 1887; *Guillaume Ier*, 9 mars 1888; son fils, l'ex-prince royal, *Frédéric III*, trois mois après, 15 juin 1888; De Moltke, 1891.

Français. — *Napoleon III*, 9 janvier 1873; Frossard, 1875; d'Aurelles de Paladines, 1877; Cousin-Montauban, 1878; Félix Douay, 1879; Vinoy, 1880; De Gramont, 1880; Ducrot 1882; *Gambetta*, 31 décembre 1882; Chanzy, 1883; Rouher, 1884; Le Flô, 1887; Faidherbe, Bazaine, Le Bœuf, 1888.....

SONT SURVIVANTS :

Mac-Mahon, Trochu, Canrobert, Bourbaki, Ladmirault, Wimpffen ; prince Albert de Saxe (Roi en 1873) ; Von der Thann.....

Le reste a été fauché dans la grande moisson des hommes.

Lundi 27 Février.

Dans la nuit 50,000 gardes nationaux se sont rendus aux Champs-Élysées, prêts à défendre l'Avenue contre l'ennemi.

Thiers se résigne à la cruelle et courageuse mission de présenter le déplorable traité de paix à l'Assemblée de Bordeaux, qui se débat en vain contre la nécessité de subir l'énorme rançon de 5 milliards, et la perte de deux de nos plus belles provinces.

Il termine son discours, souvent entrecoupé de larmes, par ces paroles :

— « J'ai engagé ma responsabilité, il faut engager la vôtre. Tous « nous devons prendre notre part de responsabilité. »

Journal des Goncourt. — Lundi 27 Février. — « *Quelque chose de sombre, d'inquiet, est sur la physionomie parisienne;* « *on y sent la préoccupation anxieuse, douloureuse de l'occupation.*

A M. A. de M..., Paris,

Rastadt (Grand-Duché de Bade) 27 Février 1871.

Cher Monsieur,

. . . .

Bien sûr que vous me croyez mort, ou passé en Suisse ; non, je suis prisonnier, jusqu'à demain, Dieu merci ! prisonnier depuis le 31 janvier, un *des quatre cent mille français*, parait-il, captifs en Allemagne, dont plus de onze mille officiers ! est-ce bien vrai ?

Je me trouvais dans un des trois départements qui ont été oubliés par la faute de Jules Favre, et je combattais encore à *la Chaux-des-Crotenoy* (Jura), où le général Cremer m'avait envoyé avec vingt hommes, lorsque, cernés de toutes parts, il a bien fallu nous rendre. Si je n'avais pas eu la chance de parler l'allemand, nous étions fusillés !

Notre brave corps franc était des mieux composés, noblesse de la Côte-d'Or, ardents légitimistes, M. de Puységur, et autres... Bombonnel m'avait pris en affection ; je lui servais d'aide de camp, et j'ai pu assister à ses prouesses ; ainsi, en défendant le passage de l'Oignon, près de Besançon, il nous désignait, malgré la distance, le cheval qu'il abattrait, et, alors, épaulant ce même fusil qui avait tué tant de lions et de panthères, il ne manquait jamais son coup.

Je n'ai été blessé qu'une fois, à la main droite, en octobre, dans un petit combat contre la cavalerie ennemie, aux portes de Ligny-en-Barrois (Meuse). J'ai dû aller me soigner en Suisse dans ma famille, et sitôt guéri, en novembre, je suis retourné me battre. Ne pouvant retrouver *la légion*, j'ai été mis à la disposition de l'armée Garibaldienne ; à Saint-Jean de-Losne (Côte-d'Or) vif engagement, où nous avons repoussé les Badois. Au commencement de décembre, je retrouvais enfin la Légion dans la vallée de l'Ouche, aux portes de Dijon ; le Jour de l'an même, nous entrions les premiers dans cette ville. A la fin de janvier, on me charge du transport à Besançon de quelques prisonniers et d'un télégraphe de campagne ; encore une fois je perds la trace de la Légion, par suite de la retraite de l'armée de Bourbaki ; je gagne avec mes hommes Saint-Laurent-en-Grandvaux (Jura) et là j'apprends la conclusion de l'armistice et la fameuse erreur de nos gouvernants qui nous en excluent.

A demain départ pour mon cher petit village d'Alsace. On me remet, avec 15 francs 56 centimes, cette feuille :

Promémoriá

Solde de captivité pour 1 mois.	Fr.	36.56
Moins.........	Fr.	21.00
	Fr.	15.56

M. Franck lieutenant.

Le Chargé d'Affaires d'Angleterre fait payer aux officiers français, prisonniers de guerre en Bade, par l'entremise de la Banque Royale à Stuttgard, la différence entre la somme mensuelle qui leur est versée par le Gouvernement Badois et la solde de captivité qui leur est allouée par le Gouvernement de France.

Dans le présent paiement cette somme est calculée du jour où l'officier a été fait prisonnier jusqu'au 28 février 1871.

Carlsruhe, le 1871.

Je vous avoue que je ne comprends pas grand chose à cette tartine ; je ne vois pas trop ce que l'Angleterre, dont nous n'avons guère eu à nous louer, vient faire là-dedans... mais je me laisse faire... Qu'en pensez-vous ?...

A bientôt, etc...

Henri Franck.

A M. Ludovic et Mlle Alice Fromentin,
chez M. C... Niort (Deux-Sèvres).

Paris, Lundi 27 Février 1871.

Mon cher Ludo,

Alice et toi vous nous avez écrit bien des fois, malheureusement nous n'avons reçu aucune de vos lettres pendant le siége, elles nous sont toutes arrivées depuis dix jours... elles nous prouvent que vous pensez à nous, et que vous nous aimez bien.

Comme je ne peux pas vous écrire à tous deux la même chose, je donnerai à Alicette des nouvelles de votre petite nièce qui est très gentille, et à toi, mon cher ami, je te parlerai de Neuilly et de Paris.

..... Nous avons été très malheureux à Paris pour la nourriture et surtout pour le pain. Votre papa, que vous verrez bientôt, vous en apportera des échantillons.

Nous avons mangé du cheval, de l'âne, du mulet, et trois fois du chameau et de l'éléphant. Nous avons même un soir invité ton père à manger avec nous des côtelettes de chien qui étaient ma foi très bonnes.

Heureusement que tout cela a changé depuis l'armistice. Maintenant nous en avons trop; poisson, viande, beurre, on ne voit plus que ça, et dans les premiers jours de cette abondance, succédant à la disette, presque tout le monde a été dérangé.

Mercredi dernier, Jour des Cendres, nous avons pu louer un cheval moyennant trois bottes de foin; on l'a attelé à la grande voiture, et le matin, de bonne heure, nous sommes partis pour Neuilly, avec M. Fromentin et Berthe. Ton pauvre Neuilly est bien abimé, mon cher Ludo! La maison des Anglais, celle de M. Hervé, celle des Vinaigriers, et celle de M. le Curé ne sont plus que des monceaux de ruines, tout a été effondré, brûlé par les obus; les planchers sont écroulés, les murs éventrés; c'est un affreux spectacle. On va de chez ton papa chez madame Grisard en traversant tous les jardins par des brèches faites aux murs. Et malgré cela, celle de ton papa est une de celles qui ont le moins souffert. Notre chambre à coucher a reçu une bombe qui a percé la muraille près de la cheminée et de l'armoire de droite..... Il manque bien des carreaux; cependant nous avons pu déjeûner tous les trois dans la salle de bains, sur un volet, posé sur des tréteaux qui nous servaient de table, et assis sur des chaises de l'Église, dont il y a un grand nombre à la maison.

L'orangerie a reçu une bombe. Une autre a éclaté dans la basse cour, du côté des Anglais; nous en avons rapporté le haut et le bas. Il y en a eu une autre dans le grenier, et 5 ou 6 dans le jardin.

Ton pauvre rocher, mon cher petit Ludo, a été démoli. On a fouillé la cachette où tu avais enfoui toute ta chimie, mais on n'a pas pris grand chose.

Tous les murs sont percés de meurtrières. Les

beaux orangers n'ont pas été coupés, mais comme ils sont restés dans le jardin tout l'hiver, ils sont sans doute gelés et perdus. Heureusement que l'on n'a pas abattu un arbre et que les bâtiments ont seuls souffert. Une fois les réparations faites et l'été venu, on ne s'apercevra plus de rien.

Les Saxons font l'exercice deux fois par jour dans le petit champ, mais ils ne cassent rien.

..... Dis-nous ce que tu fais, ce que tu apprends, si tu as communié déjà à Niort, et n'appelle pas tes maitres d'étude des *pions*, ce n'est pas bien.....

Ma chère petite Alicette,

. . . .

La semaine dernière, nous avons pu, Berthe et moi traverser les Prussiens et aller à Étampes voir ta petite nièce, qui est maintenant une belle petite fille Elle est bien blanche et bien rose, elle rit toujours, ne crie presque jamais et dort toute la nuit. Elle a bien été un peu surprise de nous voir, mais elle s'est tout de suite habituée à nous. On voit qu'elle voudrait parler ; quand nous sommes partis, après deux jours passés avec elle, on voyait clairement qu'elle nous disait mille choses aimables pour son oncle et pour sa tante, elle se remuait, elle devenait toute rouge..... Enfin, quand nous avons dit que nous comprenions ce qu'elle voulait dire, elle s'est calmée et nous a fait de belles risettes. Comme tu vois, tu as là une jolie petite nièce, et qui pousse bien. Elle n'est plus en maillot, mais en robe, etc.... (1).

Vous allez embrasser très prochainement votre papa, et quant à nous, nous aurons le plaisir de vous embrasser à ta première communion.....

. . . .

Votre frère qui vous aime bien tous les deux.

C. Amiard.

---

(1) Camille Amiard a eu aussi un fils, Louis, né à Paris le 4 Avril 1872.

DÉPARTEMENT
DE
LA DORDOGNE

SOUS-PRÉFECTURE
DE
NONTRON

Nontron, le 27 Février 1871.

A M. A. DE M..., Paris,

Cher Camarade,

. . . .

Bien des fois depuis nos désastres et l'investissement de Paris, ma pensée s'était reportée vers vous! Je me figurais que tes parents et ces dames étaient tous partis pour Toulouse, que vous seriez restés seuls à Paris, Édouard et toi. — Qu'étiez-vous devenus?...

Il est triste que je reçoive des nouvelles par une lettre de deuil. Je vois encore d'ici ton pauvre père, dont la constitution semblait garantir la longue vie et dont le fanatisme impérial était si prompt à éclater contre les républicains. Comme il a dû être malheureux des désastres publics et de l'effondrement de l'Empire qu'il croyait si fort et jugeait si bon! — As-tu oublié nos petites disputes?

Écris-moi donc quelques lignes si tu en as le temps, dis-moi si vous avez beaucoup souffert dans vos personnes et dans vos intérêts.

Aussitôt que je le pourrai je ferai le voyage de ce cher Paris, que j'aime moins depuis l'invasion, dont j'admire plus la résignation que l'actif et l'agissant courage, et où je serai malgré-tout heureux de repêcher les bons amis des temps meilleurs. N'est-il pas vrai que Paris aurait pu éviter l'investissement? C'est ici l'opinion générale. Quant à la province, désorganisée et confondue, puis stupéfaite, elle s'est débattue, avant le découragement, dans des efforts, hélas! stériles; la masse a manqué de patriotisme.

Il me semble que nous aurons à échanger là dessus

bien des idées pour nos causeries du premier moment possible.

Chez les miens, dans le cercle étroit de la famille, je n'ai à t'apprendre aucun changement important. Nous sommes toujours les bons campagnards que tu connais. Seul j'ai provisoirement quitté la robe d'avocat et je suis, pour peu de temps très probablement, titulaire d'une modeste Sous-Préfecture. Je ne désespère pas de reparaître bientôt au barreau, où ma place est restée vide.

Mes sœurs sont toujours demoiselles, et moi garçon. Impropre à la mobilisation pour myopie, je me suis efforcé de rendre quelques services administratifs et j'y ai travaillé de mon mieux. Charles qui t'a écrit peu de temps avant le commencement du siége est installé à Libourne comme médecin et — comme toi sans doute? — il est sans enfants.....

Henri DUTEUIL.

P. S. Pourquoi ne viendrais-tu pas bien vite prendre quelques gorgées de notre bon air ? J'ai à ma Sous-Préfecture, où je suis seul, logement pour vingt.

A Mme Vve L. DE M..., Beaumont-sur-Oise.

Toulouse, 27 Février 71.

Madame et chère Cousine,

J'avais appris par M. Authenac la maladie de notre cousin....

Charles, du fond de la Poméranie où il est captif, me demandait, dans chacune de ses lettres, si j'avais de vos nouvelles; il s'intéressait de savoir si ses cousins, qui devaient être sur les remparts, avaient eu quelque mal. Je vais lui écrire...

Il est à Stargard, à 9 lieues de Stettin, avec 30 et 35 degrés de froid. Enfin, si la paix est faite, nous le reverrons bientôt..... Veuillez. ...

E. MONT-REFET père.

Mardi 28 Février.

On lit dans l'*Officiel* :

« Pendant qu'une foule nombreuse, laissée à toute sa liberté, mani-
« festait place de la Bastille, un certain nombre d'individus ont assailli
« des gardiens de la paix.

« Un de ces gardiens a été attaché sur une planche, jeté dans le
« canal, et pendant qu'il s'efforçait de regagner la rive, repoussé à
« coups de pierre et de crocs au milieu de l'eau, où il a trouvé la mort.
« Un magistrat, venu à son secours, a été obligé de se réfugier dans
« une caserne. Un peu plus tard, un employé de chemin de fer a failli
« être la victime de misérables qui affectaient de le prendre pour un
« ancien sergent de ville.

« La justice militaire recherche les auteurs de ces crimes. »

Journal des Goncourt. — Mardi 28 Février. —
« *Impossible de rendre la tristesse ambiante qui vous entoure. Paris est*
« *sous la plus terrible des appréhensions, l'appréhension de l'inconnu.*

. . . .

« *Sur la place Louis XV, les Villes de France ont la face voilée de*
« *crêpe. Ces femmes de pierre, avec la nuit de leur visage, dans le soleil*
« *et le clair jour, font une protestation étrange, lugubre, fantastique-*
« *ment alarmante.* »

A Mme A. DE M..., Paris,

Beaumont-sur-Oise, 28 Février 1871.

Ma bonne chérie,

Je suis revenu de Ronquerolles à Beaumont, où j'apprends que Paris m'est fermé, à cause de l'entrée annoncée des Prussiens pour demain. Entre nous, je t'avoue que je ne suis pas fâché de ne pas voir ça. Je reste donc ici jusqu'à ce que je puisse aller te rejoindre; je vais probablement utiliser ce temps d'attente à aller encore à Ronquerolles, où la fabrique commence à remarcher.

N'aie aucune inquiétude; nous nous portons tous bien. — Et toi, ma bonne amie, enferme-toi et ne sors pas, s'il y a menace de troubles; fais coucher Eugène dans le magasin si tu entrevois le moindre danger.

J'ai fait commencer les commissions de conduit de stores bleu, des franges n°s 12 et 20 etc..., je tâcherai d'en apporter à mon retour; mais c'est assez difficile, le Chemin de fer n'acceptant aucun bagage, à cause du transbordement, à pied, du pont de Saint-Ouen-l'Aumône.

Il est possible que je laisse *Bichette* à Beaumont à Panayoty. Dans tous les cas, je ne pense pas revenir dessus, puisque le Chemin de fer marche maintenant de Beaumont à Paris.....

Encore une fois, ne sors pas, le soir surtout, à cause des troubles. Écris-moi de suite un mot, qu'Eugène porterait au Chemin de fer, au départ du seul train pour Beaumont, *midi 15 minutes*, et qu'il remettrait à une personne qui voudrait bien laisser cette lettre à Beaumont, ou bien encore à un conducteur d'un train de marchandises passant par Beaumont, en lui donnant un pourboire.

Maman te remercie de tes beaux poissons ; elle et mes tantes t'embrassent de tout cœur; reçois mes meilleurs embrassements.

Alex.

Lettres de condoléance de M. Marius Duchesne fils, de Marseille, et autres à Madame veuve L. de M.

A M. A. de M..., Paris,

Saint-Étienne, 28 Février 1871.

Aussitôt que vous pourrez nous faire un envoi de marchandises, n'y manquez pas.....

Relativement à votre demande d'argent, que nous comprenons très bien, nous allons vous établir un relevé général au 28 février ; mais en attendant, si vous pouvez trouver un banquier qui veuille vous escompter une traite de fr. 5,000, vous pouvez fournir cette somme sur nous à deux jours de vue.....

Liogier et Culty.

« Le jour se fait par degrés sur nos tristes affaires, les voiles tombent « peu à peu ; de cette obscurité où nous sommes restés plongés pen- « dant cinq mois, se dégagent, dans un éclair sinistre, nos malheurs, « nos méprises, les erreurs peut-être inévitables, les fautes qu'on aurait « pu éviter, tout ce qui nous a conduits à ce sombre et douloureux « dénouement sur lequel il n'y a plus à se méprendre, que les plénipo- « tentiaires de la France ont dû aller disputer, avec plus de courage « que d'espoir, au camp du vainqueur.

« C'était la première, la grande et inexorable nécessité en présence « de laquelle se trouvait l'Assemblée de Bordeaux aussitôt après s'être « constituée elle-même, après avoir créé un Gouvernement. L'As- « semblée, elle s'est constituée en se donnant pour président M. Jules « Grévy. Le Gouvernement, il existe aujourd'hui ; l'acclamation qui « a fait sortir 28 fois de l'urne électorale le nom de M. Thiers désignait « assez d'avance celui qui dans toutes les pensées était le mieux fait « pour conduire les affaires de la France, et M. Thiers à son tour s'est « hâté de former un ministère, qui est l'image fidèle des nuances di- « verses de l'Assemblée, où des hommes comme M. Dufaure, M. de « Larcy, mettent leurs efforts en commun avec M. Jules Favre, « M. Ernest Picard et M. Jules Simon.

« ...... C'est la France debout et vivante dans son Assemblée, dans « son Gouvernement..... ayant seule le droit de disposer d'elle-même « dans cette effroyable crise où l'imprévoyance l'a plongée, où une

« fatalité implacable ne lui laisse maintenant que le choix des périls « et des sacrifices. Or, dans cette situation nouvelle, pour tous ceux « qui aiment leur pays, c'est le moment de prendre un parti, de re- « garder en face toutes ces sombres réalités qui nous pressent, c'est « le moment de savoir ce que la France peut sauver d'elle-même..... « d'opter entre la guerre et la paix.

« Cette question de la paix ou de la guerre, hélas! elle n'est plus « entière; à dire vrai, elle était fatalement tranchée dès le jour où les « armes tombaient de nos mains, où Paris succombait, non seulement « parce qu'il était arrivé à son dernier morceau de pain, mais parce que « la défaite de toutes nos armées de province brisait notre dernière « espérance.

. . . .

« Parmi les conditions qui nous sont faites, il en est dont le seul « énoncé doit brûler les lèvres françaises. Il nous faudra livrer les « membres palpitants de nos plus chères provinces, trouver dans un « pays ravagé de quoi suffire à de colossales indemnités..... »

Ch. de Mazade récapitule ensuite avec une grande et sereine hauteur de vues les impossibilités de notre situation, les indifférences voulues à notre égard de l'Angleterre, de la Russie, de l'Autriche, et de l'Italie, la dure nécessité de la paix, et il s'écrie :

« Ah! certes, elle est sans pitié, cette loi du vainqueur; elle est ter- « rible cette paix, qui restera comme le souvenir d'une des heures les « plus néfastes de notre histoire. L'Alsace et une partie de la Lorraine « abandonnées à l'ennemi, cinq milliards d'indemnité, l'occupation « d'un des quartiers de Paris jusqu'à la ratification des préliminaires « de paix par l'Assemblée...

. . . .

« Assurément, après un siége comme celui qu'il a soutenu, Paris « avait le droit de s'attendre à être traité comme une ville qui n'a pas « été prise par les armes, qui s'est fait respecter jusqu'au bout. Le « vainqueur lui devait le prix de sa patriotique constance, il se serait « honoré lui-même en honorant des vaincus. Puisqu'il n'a pu en être « ainsi, etc...

« Ch. DE MAZADE *(Chronique).* »

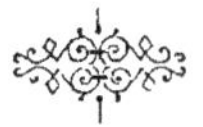

MARS

1871

Mercredi 1er Mars.

Entre 9 heures et midi, entrée de 30,000 Prussiens à Paris par la barrière de l'Étoile, mais non sous l'Arc-de-Triomphe, qu'on a eu soin de barricader avec des pavés et débris de toutes sortes, et que d'ailleurs l'ennemi croit miné.

Les troupes allemandes occupent les Champs-Elysées, jusqu'à la place de la Concorde, dont le Commandant supérieur fait le tour comme pour en prendre possession.

Les huit statues allégoriques des Villes de France

BREST.		LILLE.
ROUEN.		**STRASBOURG.**
NANTES.		LYON.
BORDEAUX.		MARSEILLE.

ont la tête voilée.

Une main inconnue leur a couvert la face d'un voile noir, très épais, affectant la forme d'un masque. A celle de Strasbourg on a enlevé les drapeaux tricolores (1).

---

(1) Aujourd'hui en 1892, et jusques à quand ? hélas ! la statue de Strasbourg, la tête toujours voilée d'un crêpe, est couverte de couronnes, la plupart desséchées ou

Journal des Goncourt. — 1er Mars. — « *Maudit*
« *Auteuil! cette banlieue aura été privée de communication avec le reste*
« *de Paris, saccagée par les mobiles, et elle aura encore la malechance*
« *de l'occupation prussienne!*

« *Ce matin, Paris n'a plus sa grande voix bourdonnante, et le silence*
« *inquiétant des heures mauvaises est tel que nous entendons sonner*
« *onze heures à l'église de Boulogne.*

« *L'horizon est comme vide, comme inhabité. On n'a encore vu que*
« *quelques uhlans fouillant avec toutes sortes de précautions le bois de*
« *Boulogne...*

« *De mon jardin, à travers la grille, j'aperçois deux casques dorés*
« *s'arrêter devant ma maison, et en la regardant un moment,* hacher
« de la paille... *ils passent.* »

A Mme A. de M..., Paris,

Ronquerolles, 1er Mars 1871.

Ma bonne chérie,

. . . .

A moins d'empêchements nouveaux venant de Paris, je compte arriver demain jeudi soir, à 6 heures, gare du Nord.

Envoie Eugène à ma rencontre; qu'il s'informe si les

---

pourries, au milieu desquelles éclate un écusson portant : *Spes*. Au dessus de la porte du piédestal, un autre écusson : *Qui Vive? France!* L. D. P. (Ligue des Patriotes).

Lire dans le *Figaro* du 1er Mars 1892 : Souvenirs du 1er Mars 1871. (Annexe à mon *Petit National.*)

Les *Contes du Lundi*, d'Alphonse Daudet, contiennent, entre autres épisodes du siège et de la guerre, une émouvante nouvelle : Le *Siège de Berlin*. C'est l'histoire d'un ancien colonel de cuirassiers du premier Empire, foudroyé par une attaque d'hémiplégie à la nouvelle de la défaite de *Wissembourg*.. revenu à une demi-raison par le coup de joie folle de la *fausse victoire de Reischoffen*.... vieil entêté de gloire et de patriotisme... à qui sa petite fille, restée seule auprès de lui, son père étant parti pour la guerre, réussit à laisser croire pendant tout le siège qu'il s'agit de Berlin longuement assiégé par Bazaine... jusqu'à cette exécrable journée du 1er Mars, où le vieillard se traîne jusque sur son balcon des Champs Élysées pour assister à la rentrée triomphale de notre armée, et où il tombe mort en entendant un cri, un cri terrible : « *les Prussiens!* »

trains arrivent à la gare des voyageurs, comme je l'espère, ou s'ils s'arrêtent à la gare des marchandises à la Chapelle; ne t'inquiète en rien, si par hasard j'étais empêché.

Si tu avais une lettre urgente pour la fabrique, le seul moyen est de la remettre, à la gare de Paris, à quelqu'un partant par le train de midi 15, qui la laisserait à la gare de Clermont.

On va bien à Beaumont.

A bientôt.....

Alex.

Bonne lettre intime du docteur Boudou, de Montech. (Montech, berceau de notre famille où nos arrière-grands-pères étaient, de père en fils, capitaines-forestiers du Roi.

Également de M. Calippe-Gautier, 14, rue Saint-Jacques, à Grenoble, tant en son nom qu'au nom de sa sœur Marie Calippe, (cousins germains maternels de notre père). Souche des familles Mayet, Marmuse, etc...

A M. A. de M..., Paris,

Toulouse, 1er Mars 1871.

Mon cher Alexandre,

. . . .
. . . .

Je craignais que ces maudits Prussiens n'eussent pris mon petit envoi, car à Toulouse on ne répondait de rien.

Si je pouvais obtenir une réquisition comme on me

l'a proposé, à condition toutefois que les affaires s'arrangeassent au mieux de notre honneur, je pourrais aller vous serrer la main, mais je crois qu'il ne faut guère y compter quant à présent, vû le traité de paix humiliant proposé à la Chambre.

Je ne crois pas qu'il soit encore opportun de faire circuler de l'argent ou des effets de commerce ; j'aime mieux attendre un moment plus propice ; car ici on ne se charge pas encore des valeurs pour Paris, et, d'autre part, la Poste ne te garantirait pas ce que tu voudrais bien nous envoyer. Remercie toujours notre bonne tante Fanny de son attention.

J'apprends à l'instant que le fils de M. Deldébat, tailleur, rentre de Belfort avec une jambe de moins.

Tout à toi.

Alexandre AUTHENAC.

Jeudi 2 Mars.

Les Prussiens parqués dans les Tuileries. Leur visite au Louvre (1).

---

(1) ..... Il n'y avait pas moyen d'enlever aux Prussiens cette journée du 2, qui était la plus grave précisément, parce que, aux yeux des Parisiens, elle ressemblait à une prolongation abusive de l'occupation, à un excès plus criant de la force.

« Les Allemands voulaient au moins profiter de cette dernière journée pour exercer un droit que le roi Guillaume avait tenu à leur réserver, celui de visiter les Invalides et le Louvre. Dès le matin du 2, un officier du Roi, le prince Putbus, arrivait pour réclamer et régler l'exécution de cette condition. Quant aux Invalides, le général Vinoy faisait observer qu'on pouvait les visiter, si on voulait, puisqu'on en avait le droit, mais qu'on allait se trouver en dehors de la zône d'occupation, dans un quartier agité, exalté, où tout était possible, et que, pour lui, n'ayant pas de troupes, il ne répondait de rien. Après avoir insisté un moment, l'envoyé du Roi de Prusse convenait en effet que « *le feu était près des poudres* » et on abandonnait les Invalides.

« Quant au Louvre, le général Vinoy eut beau faire remarquer que la visite serait sans intérêt, que la plupart des tableaux avaient été enlevés ; les Prussiens y tenaient, il fallut s'exécuter, et cette visite au Louvre était, à vrai dire, la scène la plus grave de l'occupation. De jeunes officiers allemands, parcourant les galeries, eurent la malencontreuse idée de paraître aux croisées. Aussitôt la foule amassée autour du Louvre éclatait en cris furieux ; l'exaspération était à son comble. Les Allemands à leur tour mettaient leur orgueil à braver cette multitude, à répondre injure pour injure. D'un autre côté les mêmes scènes se reproduisaient dans le jardin des Tuileries entre des officiers prussiens paradant avec leurs escortes

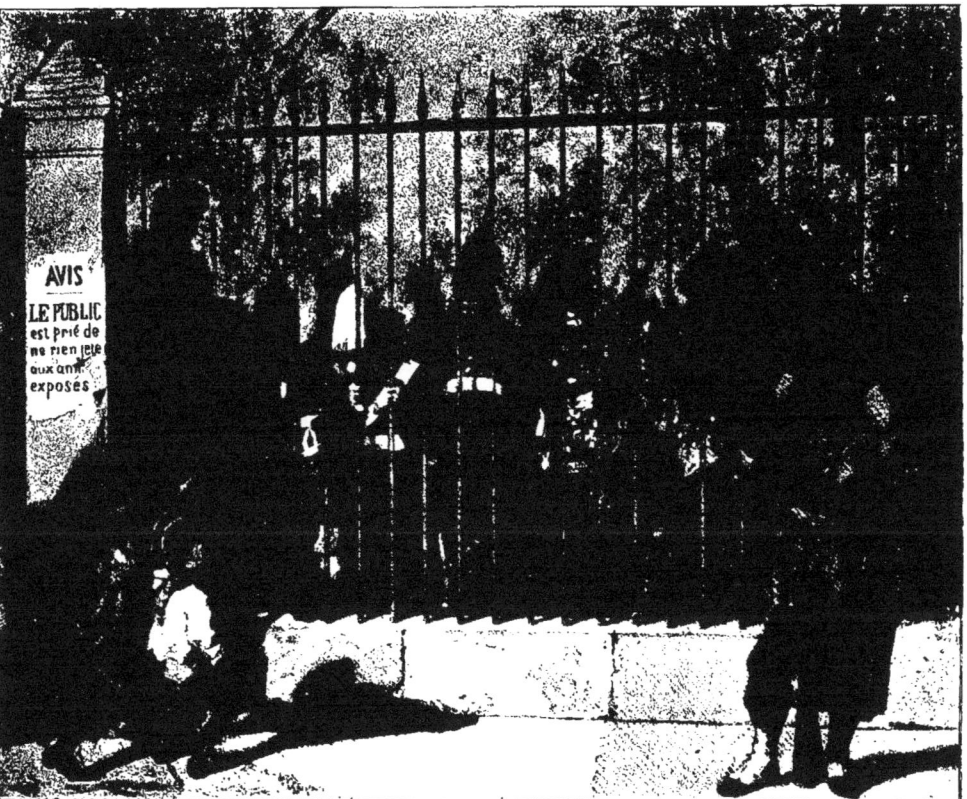

Entrée Triomphale des Prussiens a Paris

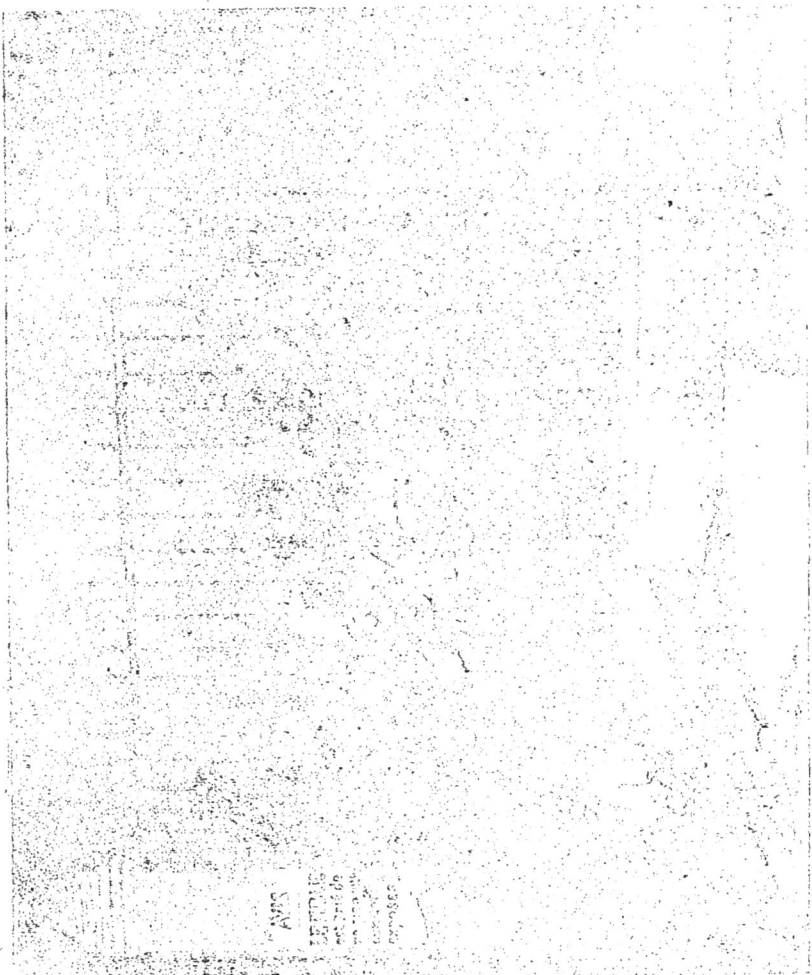

ENTRÉE TRIOMPHALE DES PRUSSIENS A PARIS

RENTRÉE TRIOMPHALE A BERLIN

Dans sa séance d'hier [illegible] a ratifié les Préliminaires de Paix [illegible] :

Edmond Adam, [illegible] fils, Clémenceau, Delescluze, [illegible] Victor Hugo, Keller, Koechlin, Langlois [illegible] *d'Henri IV*), Millière, Peyrat, [illegible] Tirard, Tolain, etc.

Deux discours [illegible]

A M. A. [illegible]

[illegible]

Mon cher Ami,

Ton absence forcée de Paris t'aura au moins évité les angoisses douloureuses [illegible] nous avons passé hier et [illegible] si dure envers nous [illegible] épargner. Paris du reste a été très [illegible] journée, si appréhendée pour les [illegible] terribles qu'elle pouvait avoir, s'est beaucoup mieux passée que nous n'eussions osé l'espérer d'après l'effervescence générale des esprits. Toutes les boutiques étaient et sont encore [illegible] : le café de la Régence l'est pour *cause de* [illegible] quatre théâtres [illegible] avec la ment[illegible]

Beaucoup [illegible] Presque

[illegible]

RENTRÉE TRIOMPHALE A BERLIN

Dans sa séance d'hier, l'Assemblée Nationale à Bordeaux a ratifié les Préliminaires de Paix par 546 voix contre 107, parmi lesquels 107 :

Edmond Adam, Emmanuel Arago, Louis Blanc, Brisson, Carnot fils, Clémenceau, Delescluze, Dorian, Farcy, Floquet, Gambetta, Victor Hugo, Keller, Kœchlin, Langlois, Lockroy, de Mahy (ancien élève *d'Henri IV*), Millière, Peyrat, Félix Pyat, Rochefort, Edgar Quinet, Tirard, Tolain, etc...

Deux discours retentissants, de Thiers *pour*, de Victor Hugo *contre*.

A M. A. de M..., Ronquerolles-Clermont (Oise).

Paris, 2 Mars 1871.

Mon cher Ami,

Ton absence forcée de Paris t'aura au moins évité les angoisses douloureuses par lesquelles nous avons passé hier et aujourd'hui, et que la destinée, si dure envers nous, eût bien dû nous épargner. Paris du reste a été très digne, et cette journée, si appréhendée pour les conséquences terribles qu'elle pouvait avoir, s'est beaucoup mieux passée que nous n'eussions osé l'espérer d'après l'effervescence générale des esprits. Toutes les boutiques étaient et sont encore fermées ; le café de la Régence l'est pour *cause de deuil national*; les affiches des trois ou quatre théâtres ouverts en ce moment encadrées de noir avec la mention : *1er Mars 1871. — Relâche.*

Beaucoup de drapeaux noirs aux fenêtres. Presque

« armées et la foule qui grossissait dans la rue de Rivoli, qui menaçait de briser les « grilles. Le général Vinoy, prévenu à temps du danger, se hâtait de prendre des « mesures au Louvre comme aux Tuileries, en interrompant visites et promenades.

(Ch. de Mazade. *La Guerre de France*, tome II, page 372.)

J'annexe ici les *fac-simile* réduits de deux gravures qui ont fait tellement fureur alors qu'on les a interdites :

Entrée triomphale des Prussiens à Paris.

Rentrée triomphale à Berlin. Guillaume, Bismarck, de Moltke, etc ... etc...

aucun journal n'a paru. Une foule immense parcourt silencieusement les boulevards que nous remontons depuis la rue de la Paix jusqu'à la Bastille, en revenant par les rues Saint-Antoine et de Rivoli ; les issues par la rue de Rivoli et le quai sont barricadées formidablement; partout même foule, très surexcitée contre les espions. De temps à autre on rencontre une patrouille formée d'une compagnie entière avec tambour et officiers en tête; le fanion et le tambour ont un crêpe, et les sourdes batteries sont d'un effet lugubre. Le soir, un très beau clair de lune éclaire sinistrement les boulevards, dont pas une boutique, pas un café ne sont ouverts. En somme cette entrée de nos ennemis dans une Ville qu'il n'ont su ni pu prendre... que par la famine, ne sera pas une page très glorieuse pour eux, parqués qu'ils sont, pour si peu de temps, dans les Champs-Elysées et les Tuileries, où le patriotisme fait le vide autour d'eux, et qu'ils doivent évacuer demain.

Rapporte-moi le plus de journaux de province de ces derniers temps que tu pourras te procurer ; ce doit être curieux de voir comment la triste période que nous traversons est jugée par la province.

A bientôt donc, etc...

Ton ami,

V. Pillon-Dufresnes.

A Mme L. de M..., Paris,

Paris, 2 Mars 1871.

Ma bonne Mère chérie,

J'aurais bien voulu, comme Alexandre, pouvoir aller à Beaumont pour t'embrasser ainsi que les bonnes tantes, mais tu sais que le moment de la réalisation de notre espoir approche, etc, etc.

. . . .

... Les Prussiens sont entrés hier à Paris; ils sont campés aux Tuileries; ils n'ont pas le droit de circuler au-delà de la ligne formée par la rue Royale, la rue et le faubourg Saint-Honoré, le Jardin des Tuileries et la Seine. Paris est très calme et très digne; toutes les boutiques, toutes absolument, depuis le magasin de gros jusqu'au plus petit café, sont fermées en signe de deuil. Mais la paix est signée. Demain probablement il n'y aura plus un seul Prussien à Paris.

Reçois, bonne mère chérie, pour toi et nos bonnes tantes nos tendres baisers, etc...

Édouard.

Ma bonne Mère,

Je ne vous envoie qu'un petit mot parce que je suis toujours fatiguée quand j'écris. Je veux seulement vous dire que nous pensons beaucoup à vous et que nous vous aimons bien tendrement. Je vous remercie mille fois de tout ce que vous faites pour notre bébé...

...Mille tendresses, ma bonne Mère, etc...

Marie.

Priez un peu pour moi, n'est-ce pas, et à bientôt, j'espère.

Seconde lettre de notre cousin Dominique de Manas aîné, de Beaumont de Lomagne, à la fin de laquelle il se plaint que tous ses enfants sont loin de lui, arrivé près du terme de la vie; que sa femme et lui sont réduits au tête-à-tête conjugal, et que cependant ils avaient espéré que l'un des quatre au moins leur servirait de bâton de vieillesse..... qu'il faut se résigner à cette triste condition de vivre et de mourir loin de ceux qu'on aime...

A M. A. de M..., Paris,

Paris 2 Mars 71.

Mon cher Alexandre,

. . . .

Je vous envoie une lettre de *master George* que je vous prie de faire parvenir à votre bonne mère. . J'espère qu'elle et madame Alexandre sont un peu revenues de leur chagrin et de leurs fatigues. Ma femme se joint à moi...

Je n'aime pas la physionomie de la rue, et je crains bien que, la paix signée et les Prussiens hors de Paris, la guerre ne recommence, et je ne vois chez les modérés nulle velléité de résistance.

Tout à vous,

Alfred Elwall.

Vendredi 3 Mars.

Départ des Prussiens. A onze heures du matin une foule de gamins se précipitent derrière les derniers dragons bleus, allument de grands feux pour consumer jusqu'à la dernière trace du hideux séjour, et brûlent du sucre, pour purifier l'air.

Parmi les députés de Paris, H. Rochefort, Ranc, Malon, Delescluze, Razoua, Cournet ont donné leur démission.

Félix Pyat motive la sienne par une lettre violente de protestation contre la paix.

Lettre à Alexandre Authenac à Toulouse. Remerciements de son gastronomique envoi, partagé en trois (Beaumont, Édouard et nous).

A MM. Liogier et Culty, Saint-Étienne.

Paris, 3 Mars 71.

J'ai vos deux lettres du 28 février contenues sous le même pli. Merci de vos bonnes et affectueuses paroles de consolation, elles nous ont fait du bien, au milieu de nos tristesses.

J'ai passé ces derniers jours soit à Beaumont auprès de ma mère, soit à la fabrique que je remonte petit à petit.....

. . . .

Je ne fais pas de traite sur vous, n'ayant pas l'habitude d'escompter ; je préfère attendre le chèque que vous pourrez m'envoyer, très prochainement sans doute, maintenant que l'évacuation au sud de Paris est imminente.

Agréez, etc...

A. de M

Samedi 4 Mars.

3 0/0 51.10.

Le général d'Aurelle de Paladines, impopulaire à Paris, destitué par l'idole Gambetta, nommé par M. Thiers au commandement en chef de la garde nationale, arrive de Bordeaux.

A M. A. de M..., Paris,

La Ferté-Alais (S.-et-O.) 4 Mars 71.

Cher Monsieur et Ami,

Merci de votre aimable rappel à l'*Inventeur du Notariat-Musique*. Ma foi, non ! les horreurs du siége ne sont pas parvenues à l'arracher de son violon, — car c'est tout juste si je ne l'emportais pas au rempart; j'étais bien sûr que, que plus que jamais, vous auriez délaissé le vôtre. — Depuis bientôt un mois, je puis enfin adresser mes arpèges et mes trilles aux échos longuement évoqués de la chère campagne paternelle. Mais que nos épais et avides vainqueurs y sont donc lourds à nos épaules! Notre garnison de landwher n'avait été que de l'eau de roses à côté des *chasseurs verts* qui viennent de nous rendre visite inopinément, et pas pour nos beaux yeux, mais pour ceux de notre cassette.

Selon les Allemands, tout le monde est riche aux environs de Paris. Figurez-vous que ces Messieurs ont occupé le pays, défendant d'en sortir à pied, en voiture ou en bateau. Ils ont obligé les habitants à illuminer leurs fenêtres toute la soirée, et ne sont partis qu'après avoir fait souscrire des billets à ordre aux autorités. Je me demande quel huissier les protestera...

Nous sommes pourtant en armistice; ce procédé de percevoir des impôts rappelle assez bien celui de l'Empereur du Maroc...

Nous voici enfin débarrassés, et réduits à notre ordinaire de Bavarois, ce qui est plus que suffisant.....

Vous savez sans doute que Fernand Le Roy et son ami Gaudermen sont à Nogent-sur-Marne, où ils viennent de louer une villa pour se *désassiéger* au printemps qui s'avance, ça n'est pas bête du tout.

A vous cordialement,

Paul AUFRÈNE.

Dimanche 5 Mars.

Au *Journal de Paris*, Ed. Hervé :

« La voilà donc signée cette exécrable paix, digne conclusion d'une « exécrable guerre !... »

Nouveau laissez-passer, avec le français et l'allemand sur la même feuille :

RÉPUBLIQUE FRANÇAISE.
Französische Republik.

LAISSEZ-PASSER. — Passirschein.

Nom : de Mazade
Name :

Prénoms : Alexandre Louis
Vornamen :

Profession : Manufacturier
Stand : Fabrikant

Domicile : Paris Boulevt Sébastopol 71
Wohnsitz :

Age : 34 ans
Alter : 34 Jahre

Objet du voyage : Visite à ses parents et à sa propriété
Zweck der Reise : Besuch seiner Eltern und Landhaus

Aller et retour : chaque jour
Hin- und Rückreise : jeden Tag

Direction suivie : Ch. de fer et route du Nord Beaumont s/Oise / Clermont (Oise)
Richtung : Eisenbahn und Strasse Nord Beaumont s/Oise / Clermont (Oise)

Vu par le Préfet de police :

PRÉFECTURE DE POLICE RÉPUBLIQUE FRANÇAISE CABINET DU PRÉFET

Cresson

Paris, le 5 Mars 1871

Par autorisation du Général en chef :

Le Général, Chef d'État-major général,

ARMÉE DE PARIS ÉTAT-MAJOR GÉNÉRAL

A M. A. de M..., Paris,

Stargard (Poméranie) 5 Mars 1871.

Mon cher Ami,

Je n'ai pas encore reçu ta réponse, mais je sais que tu as eu ma lettre par des nouvelles que j'ai déjà de la commission dont je t'avais chargé. Merci...

Je compte que cette lettre sera la dernière et qu'on ne tardera plus à nous ramener en France ; j'espère bien passer par Paris....

Je comprends, nous comprenons tous, combien vous avez dû souffrir de votre long siége ; nous (je ne parle pas, bien entendu, de nos généraux qui presque tous ont failli plus ou moins), nous, soldats ou officiers subalternes, nous vous avions devancés dans la lutte, en supportant le premier choc de ces hordes innombrables. Après avoir passé à Metz par les mêmes angoisses que vous à Paris, nous avons eu de plus un exil qui ne nous aurait pas semblé trop dur, ni trop long, si la chute de la France n'avait pas été aussi effroyable ; un avenir prochain condamnera je l'espère comme ils le méritent ceux qui nous ont poussés à ces désastres, que l'on ne peut envisager sans horreur. Je te dirai seulement que nous avons appris avec bonheur que par son attitude ferme et surtout tranquille Paris avait commandé le respect à ces ennemis qui n'eussent pas hésité devant une destruction complète de la capitale, si on leur en eût fourni le moindre prétexte.

J'aime à croire que tout le monde en France éprouvera le besoin de se serrer les uns contre les autres, que tous seront amis, à quelque parti qu'ils appartiennent, et que tous les efforts concourront à une régénération qui sera le premier acheminement vers la force, c'est-à-dire vers la vengeance.

Comme jadis en Allemagne, il faudrait fonder en France une association du « *Tugend Bund* (Ligue du Bien) et mieux encore qu'en Allemagne, en faire tous partie.

Que te dirai-je de plus, mon pauvre ami? qu'il fait froid encore ici sous ce ciel gris, que nous aspirons plus que jamais à rentrer en France, et que les heures de l'exil sont bien longues.

En dehors de cela, et au physique, cela ne va pas mal, sauf quelques douleurs, rhumatismales je crois, que j'éprouve depuis quelques jours, et qui seront sans doute tout ce que j'aurai retiré de cette malheureuse campagne.

Je te serre la main de tout cœur,

Ton cousin et ami,

Lieutenant Ch. MONT-REFET.

P. S. J'ai écrit à Paris à MM. de Poulpiquet chef de bataillon et Taulieu adjudant-major au 49me.

Pas encore de réponse.

Lundi 6 Mars.

Conférence des trois maires-députés de Paris, Henri Martin, Tirard, et Clémenceau, chez Ernest Picard, ministre de l'intérieur; on y convient que les Maires de Paris consacreront leurs efforts à décider la garde nationale à rendre les canons qu'elle a fait enlever pour les parquer et les garder.

Je lis avec peine dans le *Petit National*, sous la rubrique : *A travers les départements*. — Des environs de Poitiers, 25 Février. — une divagation politique du charmant auteur d'*Un mariage scandaleux*, *André*

Léo (Madame Champceix), terminant ainsi : « La campagne de 1870-71 « est bien une trahison, un épisode de plus dans la vieille histoire des « peuples trahis par leur aristocratie. »

Protestation de Napoléon III.

« .....L'Assemblée Nationale a prononcé la déchéance de ma dynastie « et affirmé que j'étais seul responsable des calamités publiques.

« Je proteste contre cette déclaration injuste et illégale :

« Injuste, car, lorsque la guerre fut déclarée, le sentiment national, « surexcité par des causes indépendantes de ma volonté, avait produit « un entraînement général irrésistible.

« Illégale, car l'Assemblée, nommée dans le seul but de faire la paix, « a outrepassé ses pouvoirs.....

. . . .

« Napoléon.

« Wilhelmshœhe, 6 Mars 1871. »

A M. A. de M..., Paris.

Toulouse 7 Mars 71.

Mon cher Alexandre,

. . . .

Je crains de ne pouvoir encore réaliser mon projet d'aller vous voir avec Albrighi, qui en aurait profité pour faire quelques affaires.

Eugénie va mieux. Rosa et Louis vont très bien et se développent de même, surtout Louis qui parle déjà mieux que sa grande sœur.

Rosalie et mon neveu se portent à merveille.

Finou (1) travaille toujours avec madame Bouzigues à la campagne.

---

(1) Mlle Joséphine Authenac, nièce de notre tante Authenac, a vécu quelques années à Beaumont, auprès de notre mère et de nos tantes, et y est morte le 20 mai 1884.

Adieu, etc .., nos amitiés à tous et embrassements à tante Authenac, que je ne croyais certes pas en vie.

Sache me dire si Paris est tranquille, car à Toulouse tant de bruits circulent qu'on ne sait à quoi s'en tenir.

Tout à toi,

Alexandre AUTHENAC.

Mercredi 8 Mars.

A l'Assemblée Nationale, Victor Hugo, interrompu violemment par la Droite, quitte la tribune, et écrit au Président :

« Il y a trois semaines l'Assemblée a refusé d'entendre Garibaldi ;
« aujourd'hui elle refuse de m'entendre ; je donne ma démission. »

Décidément il y a deux Victor Hugo : le grand poète et le petit politique.

A M. V. PILLON-DUFRESNES, Paris.

Paris, Mercredi 8 Mars 1871.

Mon cher Victor,

J'ai ce qu'il faut pour pouvoir partir à Beaumont demain à 11 heures 1/2. Tâche d'être à la maison à 10 heures 1/2 au plus tard, pour déjeuner. Nous partirons ensuite piano piano, presque au pas, la petite bête étant malade de la bouche et ne mangeant qu'un maigre son depuis huit jours... Nous la purgerons à Beaumont.

Céline réclame madame Pillon pour diner avec elle dimanche ; elle l'attendra sans faute vers les 4 heures. Le soir elle ira la reconduire avec la bonne.

Nos amitiés à tous deux, à demain.

Alex.

A Madame A. de M..., Paris,

Le Hâvre, Jeudi 9 Mars 1871.

Ma bonne cousine Céline,

. . . .

Enfin! Enfin! Enfin! c'est depuis avant-hier presque le seul mot de maman.....

Depuis déjà bien des soirs, quand arrivaient 10 heures, maman, énervée, restait immobile, elle écoutait... elle écoutait, sûre d'entendre de notre quatrième étage le battement du marteau de la porte d'entrée, cela jusqu'à plus de minuit..... et c'était toujours tellement la même chose que je m'étais habituée à la déception quotidienne du retour vainement espéré; maman seule l'attendait avec une confiante persévérance.

Oui, elle attendait, en lisant et relisant les lettres de père; la dernière était de vendredi; il nous disait: « peut-être serai-je avec vous en même temps que ma « lettre... à tout-à-l'heure, mes chers enfants; l'épreuve « est finie, nous pourrons être encore heureux; mais « hélas! que d'amers regrets! » Alors jugez, chère cousine, de notre impatience. Maman veillait, et relisait toujours; moi je me couchais et je finissais par m'endormir avec les cris monotones des marchands de journaux: « Demandez le *Journal du Hâvre;* voilà le *Courrier du Hâvre,* demandez!.....

Lundi soir, un grand coup de sifflet retentit dans mon demi-sommeil. Je le reconnais, ce sifflet; c'est celui de père quand il appelle Sidi. Je saute à bas de mon lit; mère a déjà ouvert la fenêtre, et crie: Est-ce toi, Alphonse? » Et la voix tant attendue répond: « Oui, oui! mes enfants! c'est moi! »

Maman est dans l'escalier, sa lampe danse à chaque marche en soubresauts insensés, et avec Mlle Élisa nous la rejoignons quand elle tombe dans les bras de papa. — « Nous voilà donc réunis! dit père, et maman ne répète que ce mot : Enfin! enfin! elle ne sait plus dire autre chose.

Père se remet le premier : « Dis-moi, comment vas-tu? — « Bien! pourtant, vois!... Et d'un geste très lent elle déplace la dentelle noire qui lui couvre la tête... en quatre mois, ses beaux cheveux chatains sont devenus tout blancs...... (Papa m'a dit que vous aviez su toutes nos souffrances et nos angoisses au Hâvre).

.....Papa prend la lampe, entoure maman de son bras, l'embrasse, et m'embrasse aussi, car je me suis glissée entre eux. — « Allons! du courage! tout n'est pas perdu, puisque nous sommes là tous les trois.... Mais tu sais, nous sommes ruinés. — « Ah! ça m'est bien égal! a dit maman... Elle s'appuie sur le bras de papa, me tient par la main, et tous les trois de front nous remontons l'escalier. Ce n'est qu'en haut que Mlle Élisa tend la main à père, qui la remercie affectueusement de son dévouement pour nous, etc...

« — As-tu faim? dit maman.

« — Ah! ma foi! je crois en avoir perdu l'habitude ;
« je n'ai pourtant dans l'estomac qu'un verre de bière,
« pris dans la gare de Rouen pendant un arrêt de qua-
« tre heures, en même temps qu'un grand coup de
« poing sur l'épaule reçu d'une brute d'officier prussien,
« que j'aurais giflé, si je n'avais pas pensé à vous.
« Tout de même, si tu peux me faire deux œufs, il me
« semble que je les mangerais volontiers... »

Maman et Mlle Élisa se précipitent dans la cuisine, et je reste seule avec papa. Il me tâte, me palpe, me trouve grandie... me serre dans ses bras, en disant : « Mon cher petit! mon cher petit!..... »

Quand les œufs sont arrivés, papa n'avait plus faim... ce n'est qu'avec un verre de cidre, notre piquette à deux sous le litre, qu'il s'est décidé à les avaler, tout en nous racontant son voyage et la vilaine duperie d'un sergent prussien qui se faisait donner de l'argent, en ouvrant brusquement les portières et en réclamant les passeports, qui ne sont plus nécessaires, comme papa lui a très bien rappelé *en allemand*, ce qui a fait taire le prussien, à la grande satisfaction des voyageurs.

Il paraît que cette nuit là j'ai donné pas mal de coups de pieds à Mlle Élisa; mais, si elle a peu dormi, en revanche j'ai admirablement rêvé; j'ai vu papa Gissot, j'ai vu Mélie, j'ai vu Sidi, j'ai vu notre maison de Montmorency sans prussiens; j'ai entendu les valses de Strauss et les quadrilles d'Offenbach, que nous dansions comme des fous, au printemps dernier, vous vous rappelez, ma bonne cousine, coiffés tous, messieurs, dames, et petites filles, des gigantesques chapeaux de la mère et de la grand'mère de papa, avec notre pauvre regretté papa Mile, si bon, si gai, que nous aimions tant!..

Enfin! moi aussi je dis enfin! papa nous remmènera dans une huitaine de jours à Montmorency; je ne tarderai donc pas maintenant à vous embrasser tous.

. . . .

Votre petite cousine qui vous aime bien.

Isabelle Wohlgemuth.

Jeudi 9 Mars.

Depuis hier, nos matelots s'en retournent à Cherbourg, Brest et Rochefort.

A midi, après déjeuner, départ avec Victor Pillon pour Beaumont, dans la victoria attelée de Bichette.

Vendredi 10 Mars.

7 heures matin. Avec Pillon, de Beaumont à Clermont par le chemin de fer. Boran, Précy, Saint-Leu-d'Esserent, Creil : la gare plus prussienne que jamais; employés prussiens se promenant comme chez eux; gendarmes prussiens; le hall est pavoisé, en l'honneur du passage de

l'empereur Guillaume, de banderolles, d'écussons portant des vers thuriféraires sous la devise : *Mit Gott und Vaterland.*

Un train de marchandises nous transporte cahin-caha jusqu'à Clermont, sous la surveillance assidue d'un prussien !

De Clermont à pied jusqu'à Ronquerolles, où nous arrivons avant 10 heures.

Dans l'après-midi, nous allons en carriole à Clermont visiter rapidement la ville, qui est infestée de soldats allemands : *Le vieux château* du XIe SIÈCLE ; on n'en peut voir que l'extérieur, entrée interdite, c'est une Maison Centrale de détention de femmes ; la petite porte fortifiée, dite *Porte Nointel*, avec son chapiteau encastré, où on lit que Charles-le-Chauve est né au château de Clermont en 1294 ; l'*Hôtel-de-Ville*, du XIVme siècle, très joli de dessin, mais demandant une urgente réparation (1) ; la gothique *église Saint-Samson*, du XIVe et du XVIe siècles ; l'importante *Maison de santé*, pour aliénés, de MM. Labitte, fondée en 1821 : enfin la superbe promenade du Châtellier d'où s'étend une vue merveilleuse, qui laisse distinguer nettement, à travers les peupliers sans feuilles de Ramecourt et de Ronquerolles, le petit campanile de la fabrique.

Retour, dîner et coucher à Ronquerolles.

Le 4me Conseil de guerre condamne à mort par contumace Blanqui et Gustave Flourens pour les faits du 31 octobre, etc...

Un dessin de Cham dans le *Charivari* :

La France couchée par terre, devant une violente altercation de deux députés : — « *Relevez-moi d'abord, vous vous disputerez ensuite !* »

Samedi 11 Mars.

3 0/0 50.90.

A 2 heures, après les soins donnés à la fabrique, la carriole nous conduit à Clermont pour y prendre le train de Creil et Beaumont. Il a un retard de plus d'une heure : Guillaume vient de passer !

Dîner et coucher à Beaumont, au milieu des Prussiens, dont la ville est remplie : la maison n'en est pas exempte. Aucune vexation d'ailleurs, la plupart mangent dehors, aucune parole échangée.

---

(1) Sur l'*Hôtel-de-Ville*, qui a été classé en 1874, et bien restauré, voir la notice historique et archéologique de l'abbé Boufflet, curé-archiprêtre de Clermont, (Extraite de l'*Annuaire de l'Oise* 1887).

A M. A. de M..., Paris.

Paris, 11 Mars 1871.

Mon cher Camarade,

J'ai le regret de vous annoncer que je viens de donner ma démission du Grade de Capitaine dont vous m'aviez honoré, démission motivée par les considérations suivantes :

Je n'approuve pas la décision prise au sujet du canon du Bataillon et je déplore la scission qui s'opère dans les rangs de la Garde Nationale sur ce point.

Ne voulant pas à un moment donné avoir à opter entre le sacrifice de mes convictions comme citoyen et celui de mes devoirs comme officier, je donne ma démission.

Je rentre comme garde dans la Compagnie, car je tiens à rester avec vous que j'ai appris à estimer pendant le dur temps d'épreuves que nous venons de traverser ensemble.

Votre tout affectionné Camarade,

Nigon

Fabricant de Fleurs
Place de la Corderie-du-Temple, 6.
Capitaine, 92me, 8me.

Dimanche 12 Mars.

Victor et moi retournons de Beaumont à Paris par la ligne de Pontoise. Stations : L'Isle-Adam, Auvers. Avant Saint-Ouen-l'Aumône, le pont du chemin de fer sur l'Oise qui a été détruit est remplacé par le pont de bateaux des Prussiens, qu'on juge insuffisant pour le passage des nombreux trains, en sorte qu'il faut subir un *transbordement*. Tous les voyageurs descendent, plus ou moins chargés de paquets ; des commissionnaires improvisés portent les bagages, sur leurs épaules, avec des crochets, sur des brouettes ; on traverse la rivière à pied, et sur l'autre berge, un autre train attend, ou est attendu.

Les gares de Saint-Ouen-l'Aumône, Herblay, Franconville, Ermont, Enghien, Saint-Denis, fourmillent de Prussiens, qui bêtement nous regardent passer.

A notre arrivée à Paris, nous trouvons Céline et Mme Pillon venues à notre rencontre. Après le dîner à la maison, nous allons tous les quatre passer la soirée chez M. et Mme Pillon père et mère.

A l'*Officiel*, décret suspendant six journaux : *Le Vengeur*, de Félix Pyat ; *Le Cri du Peuple*, de Jules Vallès ; *Le Mot d'Ordre*, de Henri Rochefort ; *Le Père Duchêne*, de Vermersch ; *La Caricature*, de Pilotell, et *La Bouche de fer*, de Paschal Grousset, feuilles provoquant directement à l'insurrection et menaçant le Gouvernement, même de la guillotine...

A M. C. Amiard, Paris,

Étampes, 12 Mars 71.

Mon cher Camille,

Je t'ai écrit l'autre jour sous l'influence de nouvelles nous annonçant une masse de Prussiens à loger ; nous n'en avons eu que deux, qui sont partis ce matin, sans nous avoir gênés du tout ; aussi aujourd'hui je regrette bien de m'être privée de deux bonnes journées à passer ensemble...

La chère petite Adeline va mieux... le médecin avait dit qu'elle n'était pas près d'avoir de dents; il s'est trompé; hier on s'est aperçu qu'elle en avait une et ce matin une seconde... elle a toujours été bien gaie...

Mon frère vient de me dire qu'il passerait beaucoup moins de prussiens qu'on croyait, et que mercredi il n'y en aurait plus à Étampes.., Ainsi j'espère vous voir bientôt.....

Ta mère,

Veuve Amiard.

Lettre de M. Eug. Fromentin
à M. et Mme C. Amiard-Fromentin, Paris.

Niort, le 14 Mars 1871.

Mes chers Enfants,

.........Je retrouve enfin mes deux petits exilés........ Nous sommes à peu près d'accord pour notre rendez-vous à Étampes, samedi, mais à quelle heure? impossible de préciser, car les trains arrivent ici avec 3 et 4 heures de retard; ils sont encombrés de mobilisés *qui mettent autant de zèle à rentrer chez eux qu'à éviter les Prussiens...*

.....Vous faites bien d'attendre le débarras complet pour y transporter notre basse-cour — et sa gouvernante — les Prussiens pourraient l'enlever, cela ne me ferait rien, mais les poules, lapins, et chèvres, ce serait autre chose.

Je suis en pourparlers pour un excellent cheval de

voyage, une jolie jument, payable en marchandises, à J. jeune; mais je ne puis l'avoir à moins de 500 francs; les chevaux sont rares, et le fourrage encore plus.

Alice va très bien, accepte parfaitement son sort; elle est on ne peut plus mignonne, et travaille bien. Ludovic est bien mignon, et travaille aussi, mais ce pauvre chéri ne pense qu'à son retour... enfin je le raisonne; il va entrer jeudi soir pensionnaire, il y aura de gros pleurs... mais, comme le départ sera après le dîner, je lui ferai prendre un verre de vin de plus pour lui donner du courage.

Hier nous avons tous dîné chez M. L.; ils attendent leurs trois prisonniers; il y en a déjà un à Lyon...

Je voudrais bien voir les Belleville et Cie *rentrés dans l'ordre. Vous n'avez pas idée de la haine que l'on a ici contre Paris; espérons qu'ils se calmeront.*

J'ai reçu la lettre de Fertiaux. Elle est du 6 novembre! *toute fraîche! de même celle de Dubois, du 2 décembre; il m'annonçait que* nous étions débloqués, *et les* prussiens en toute fuite; *c'est ainsi qu'on écrivait l'histoire...*

. . . .

Votre père,

Eug. Fromentin.

Mercredi 15 Mars.

A 8 heures, par ordre de service, réunion de la Compagnie, sans armes, rue Palestro, pour une communication du Colonel. Démission du capitaine Nigon.

Opposition au transport de notre Canon sur la Butte Montmartre. Violentes discussions. On se sépare sans avoir pu s'entendre.

Quittance du camarade Bégenne, pour 40 jours de logement des deux militaires entrés chez lui le 3, à raison de 1 franc par homme et par jour : 80 francs.

Les marins de Toulon partent pour leur port de mer.

. . . .

Disons le mot, si cruel qu'il soit : ce malheur de la France, que nous n'avons pas vu venir, n'est point l'œuvre du hasard; cette victoire de nos ennemis, c'est le triomphe de l'ordre, de la discipline, de la suite dans les idées, de la science, de la méthode... sur la confusion, la légèreté, l'indiscipline, la suffisance et l'insuffisance ..

« ... La trahison, elle n'a été nulle part, et elle a été dans l'illusion « universelle, dans l'ignorance des conditions d'une lutte où nous « entrions sans nous douter ni de nos faiblesses ni des forces de nos « adversaires. La revanche, ce n'est guères le moment d'en parler...

« Cette République même, qu'on veut fonder, elle n'est plus possible « que si, après avoir épuisé jusqu'au bout la fatalité d'un désastre dont « elle n'était pas responsable, elle devient l'instrument des grandes « réparations nationales qui sont aujourd'hui l'unique, la souveraine « obsession de toutes les âmes.

« ... La première condition c'est l'ordre dans les idées comme dans « la rue, c'est la paix dans les esprits et dans la cité.

« ... Le pays avant tout a besoin de reprendre son équilibre, et d'é- « tranges patriotes nous convieraient, s'ils le pouvaient, aux douceurs « du chaos.

« ... Un gouvernement sorti de l'Assemblée souveraine est à peine « formé, on s'amuse à fabriquer des gouvernements de fantaisie, on « fait des proclamations, on dicte des lois, on organise des résistances, « et, par un étrange renversement de toutes les idées, on provoque la « garde nationale elle-même à former une sorte de pouvoir prétorien ; « bref, c'est la confusion universelle...

« Ch. DE MAZADE. *(Chronique.)* »

Jeudi 16 Mars (Mi-Carême).

Charles de Mazade part pour Moissac avec son fils, convalescent, qui n'a quitté le lit que depuis 15 jours. Madame Ch. de Mazade reste à Paris, devant venir sous peu passer quelques jours à Beaumont et à Ronquerolles.

Sur les murs de Montmartre sont placardées les protestations de *Blanqui* et de *Gustave Flourens* contre leur condamnation à mort.

Celle de Flourens, l'illuminé, se termine ainsi :

« J'ai appris, par une longue expérience des choses humaines, *(il a « 30 ans!)* que la liberté se fortifiait par le sang des martyrs.

« Si le mien peut servir à laver la France de ses souillures et à « cimenter l'union de la patrie et de la liberté, je l'offre volontiers aux « assassins du pays et aux massacreurs de janvier.... »

Aux Prussiens, alors !

A Beaumont. Foire de la Mi-Carême. Passage de 1200 soldats prussiens.

Lettre de Alice Fromentin
à sa sœur Mme C. Amiard-Fromentin, à Paris.

Niort, le 16 Mars 1871.

Ma chère Berthe,

. . . .

Dans sa lettre, Camille me priait de te dire ce que je faisais, comment j'étais habillée, à quoi je passais mes journées. Je me lève à 6 heures. A 7 heures 1/2, on fait la prière, après on dejeûne. A 8 heures, en étude. A 10 heures, je fais ma classe. A midi, on déjeûne. A midi et demi, en récréation. A une heure et demie, l'ouvrage à l'aiguille. A 3 heures moins un quart, le goûter. A 3 heures, l'écriture. A 4 heures, le cours de calcul pendant lequel on travaille à l'aiguille. A 4 heures et demie, la récréation. A 5 heures, on dîne. A 5 heures et demie, la récréation, excepté la veille du jour des compositions. J'apprends la grammaire, la géographie, l'arithmétique, la poésie, l'histoire ancienne, l'histoire de France, la lexicologie; j'ai été première en histoire Sainte... A 6 heures, en étude. A 7 heures et demie, récréation. A 8 heures et demie, la prière et ensuite nous allons nous coucher.....

J'ai fini les pantoufles à papa que je lui ai données le jour de son arrivée... je me suis fait des manchettes en astrakan, et je me suis ourlé des mouchoirs... Les jours de la semaine je porte ma robe noire... tantôt avec un tablier, tantôt avec une blouse noire à petits points blancs et des bottines à lacet... le dimanche, ma robe brune avec mon manteau bleu, mon chapeau de velours avec des roses et des plumes noires qu'il y avait...

Nous sommes dix pensionnaires, et il en rentrera beaucoup à Pâques, comme la guerre est finie.

Je sors tous les jours depuis que papa est là... lundi nous avons dîné chez Mme L. ; chaque dame avait un bouquet dans le petit verre, j'étais du nombre, je l'ai emporté à la pension, il embaume mon bureau... Je vais au catéchisme... j'attends avec impatience le jour où tu viendras pour ma première communion, c'est à la Pentecôte, si c'est comme l'année dernière; que je serai contente de te voir, ma bonne sœur chérie, ainsi que Camille et Papa!...

Ludo est toujours le bon petit frère que tu sais...

Ma nièce doit être bien gentille, etc...

A bientôt, ta petite sœur qui t'aime et qui pense toujours à toi.

Alice Fromentin.

Vendredi 17 Mars.

Je me trouvais à Ronquerolles; mais j'ai appris depuis, de la bouche même de M. Roux et autres, les faits de la journée et jours suivants, relatifs à notre bataillon :

Déjà depuis quelques jours, plusieurs gardes de chaque Compagnie de notre bataillon, acquis au *Comité Central* de la garde nationale, se réunissent tous les soirs, dans un café de la rue Grenéta, pour recevoir les ordres du *Comité*.

Sur l'ordre de la Préfecture de Police et du Commissaire de Police du quartier (268, rue Saint-Denis, cour des Bleus), notre commandant Roux, ou plutôt notre colonel, (car il est lieutenant-colonel du 29me régiment de marche), envoie le capitaine Roswag, à la tête de sa 5me Compagnie, pour, au nom de l'État-Major, enlever *notre Canon* qui, de la cour du passage Lemoine, a été transporté après bien des disputes et tiraillements dans la cour de la maison, n° 43, rue Grenéta, au coin de la rue des Deux-Portes-Saint-Sauveur.

Au moment où cette Compagnie allait entrer dans la cour, sortent de chez les marchands de vin une foule de gardes nationaux, armés de leurs fusils, qui crient et s'opposent à l'enlèvement. Le capitaine Roswag réitérant qu'il va exécuter l'ordre du colonel, plusieurs gardes le mettent en joue, lui et ses hommes ; devant une bataille imminente, il cède et se retire, en congédiant sa Compagnie.

Le soir, à 10 heures 1/2, le colonel Roux, en rentrant chez lui, trouve un ordre de se rendre immédiatement à l'État-Major. Il y court, et là reçoit l'ordre de réunir le bataillon dès demain matin à 7 heures, et de le conduire à la place des Victoires, où il attendra les ordres supérieurs.

Départ des derniers contingents de marins.

Conseil de guerre tenu au Louvre de 9 heures du soir à 1 heure du matin.

A M. A. de M..., Paris,

Saint-Étienne, Vendredi 17 Mars 71.

Cher Monsieur de Mazade,

Enfin je suis libre ! (1).

. . . .

Du fond de ma cellule à Hambourg ma pensée se portait sans cesse sur tous ceux que j'avais connus et aimés et que peut-être je ne devais plus revoir, et lorsque le canon prussien m'annonça la reddition de la grande capitale, je regrettai encore plus vivement de n'être pas en France pour y avoir plus vite de vos nouvelles, et à ma sortie de prison, je lus avec émotion une lettre de M. Liogier m'annonçant.....

. . . .

Plus heureux que vous, j'ai retrouvé en bonne santé ma femme, mon enfant et toute ma famille. Dieu ne m'avait pas au moins frappé des deux mains.

Enfin nous revoilà ! les affaires vont renouveler notre ancienne, active et amicale correspondance, jusqu'à ce que nous puissions unir nos mains dans une cordiale étreinte ; souhaitons que ce soit bientôt.

Mon oncle Blache a pris une large part à vos peines,

---

(1) M. Culty a été depuis décoré de la Légion d'Honneur.

il conserve précieusement le souvenir de votre excellent accueil, qu'il voudrait bien vous rendre un jour; en attendant, il vous enverra son vin qui est bon et surtout naturel.

Votre dévoué,

J. CULTY.

Samedi **18 Mars** 1871, ou 27 Ventôse an 79, (comme disent *Le Rappel* et autres).

3 0/0 51.85.

Cette nuit on a affiché une proclamation du Gouvernement aux Habitants de Paris leur recommandant l'*ordre* « *entier, immédiat, inaltérable.* »

Dès 5 heures du matin, notre colonel Roux, sur l'ordre qu'il a reçu hier soir, a fait battre le rappel. Personne ne s'est rendu rue Palestro comme d'habitude. Il a fait battre et sonner trois fois de suite; presque personne.

A la Mairie du 2me, on ne trouve ni M. Tirard, le maire, maintenant député, ni M. Loiseau-Pinson, adjoint.

Vers 10 heures il n'y a au rendez-vous que quelques capitaines et lieutenants en face de l'épicerie Potin, côté Palestro. Des gardes nationaux entourent le colonel et lui enjoignent de conduire son bataillon à Montmartre, où l'on se bat, dit-on, la troupe de ligne voulant en enlever les canons de la garde nationale (1). Il s'y refuse. Un petit homme à barbe grise, d'une cinquantaine d'années, s'approche de M. Roux et lui dit : « Je suis du *Comité Central*, et au nom *du Comité* « *Central*, je vous somme de marcher sur Montmartre pour prendre « l'armée assaillante par derrière. » Nouveau refus. Plusieurs gardes mettent des cartouches dans leurs fusils, et mettent en joue le colonel. M. Ingold, bijoutier, passage du Grand-Cerf, et M. Oulmann, fleuriste, 277, rue Saint-Denis, se jettent sur les fusils, et empêchent de tirer. — Bousçulade. — Batterie des gardes nationaux entre eux ;

(1) En effet dès l'aube les buttes de Montmartre, de Belleville, etc., ont été enlevées par l'armée sous les ordres des généraux de Susbielle. Lecomte, Paturel. Faron, mais bientôt abandonnées, les soldats, au lieu de charger, passant du côte de la foule et de la garde nationale.

A Montmartre il y avait 91 canons nouveau modèle, 76 mitrailleuses et 4 pièces de 12. En y ajoutant les bouches à feu des buttes Chaumont, de Belleville, Ménilmontant, La Chapelle, Clichy, etc, et de la place des Vosges, on trouve que l'artillerie de la garde nationale possédait le 18 mars 417 pièces.

plusieurs officiers se sauvent ; pendant ce temps, le colonel Roux, entouré de quelques officiers, et protégé surtout par deux lieutenants, M. Jouin de la rue du Caire, et M. X .... avançait dans la foule le long du trottoir, vers la rue Grenéta.

Toujours pressé par la foule, il est poussé par les deux lieutenants dans la maison n° 89 du boulevard Sébastopol où demeurent notre client M. Canoville, le docteur Delbourg, chirurgien-major de la Compagnie, et M. Tirard, resté simple garde. On ferme la porte d'entrée derrière lui ; il a eu son képi enlevé ; une femme a voulu lui arracher ses galons, une autre son sabre.

— « Ah ! pour ça, non ! »

Il les a défendus... et gardés.

Il veut sortir de la maison par la rue Palestro, des fusils sont braqués sur lui ; il remonte. Au deuxième, chez le docteur, il ne trouve que madame Delbourg, qui se récrie. — « Je reste, lui dit-il, je ne bouge pas du salon, je me défendrai, j'ai mon revolver dans ma poche. » Madame Delbourg se retire, et le colonel Roux reste seul dans l'appartement. Il regarde par les croisées sur le boulevard la foule grossissant, l'attendant.

Au bout d'un quart d'heure, il entend un roulement de tambour, et voit les gardes nationaux, rangés en ordre, suivre un officier du bataillon, qui avait pris sur lui de se mettre à sa tête et de le conduire à Montmartre.

Le boulevard débarrassé, M. Roux sort de la maison avec l'uniforme de simple garde et le képi sans galons de M. Tirard, et rentre chez lui, rue du Cygne, n° 2, où il trouve sa femme et ses trois enfants, qu'il avait fait revenir de Normandie cinq ou six jours auparavant. Toute la journée et une partie de la nuit, des lieutenants montent la garde à sa porte.

A Montmartre, monstrueux assassinat du général Clément Thomas et du général Lecomte, massacrés à coups de fusils dans la cour d'une maison de la rue des Rosiers, n° 6, (appartenant à madame veuve Scribe), après la défection de nombreux soldats du 88me de ligne, du 1er chasseurs de Vincennes, passés à l'émeute, la crosse en l'air, cédant aux cris de : Vive la ligne ! (1)

---

(1) Voir le récit palpitant de la journée du 18 mars dans l'*Histoire de la Révolution de 1870-1871*, par J. Claretie.

Voir aussi : Ch. Yriarte, *Les Prussiens à Paris et le 18 Mars.*

Le 18 Mars, par Edmond de Pressensé (*Revue des Deux-Mondes* du 1er juin 1871).

Lanjalley et Corriez, *Histoire de la Révolution du 18 Mars.*

Edgar Monteil, *Souvenirs de la Commune.*

Le général Chanzy a été arrêté à son arrivée à Paris, conduit à Montmartre, et retenu prisonnier au Château-Rouge.

Journal des Goncourt. — Samedi 18 Mars. — « ... *J'arrive à la gare d'Orléans où est déposé le corps du fils Hugo (Charles Hugo, mort à Bordeaux d'une congestion cérébrale, et ramené « à Paris par son père.) Le vieux Hugo reçoit dans son cabinet le chef « de gare. Il me dit : « Vous avez été frappé, moi aussi... mais moi, « ce n'est pas ordinaire, deux coups de foudre dans une seule vie !* »

« *Et le convoi se met en marche. Une foule étrange, dans laquelle je « reconnais à peine deux ou trois hommes de lettres, mais où il y a un « grand nombre de chapeaux mous, au milieu desquels s'infiltrent, à « mesure qu'on s'avance et qu'on traverse les quartiers à cabarets, des « soudards qui prennent la queue en titubant. La tête blanche de Hugo, « dans un capuchon, domine derrière le cercueil ce monde mêlé, sem- « blable à une tête de moine batailleur du temps de la Ligue...*

« .. *Les gardes nationaux armés, parmi lesquels le convoi s'ouvre un « chemin, présentent les armes à Hugo, et nous arrivons au cimetière « (du Père Lachaise).*

« *La bière ne peut entrer dans le caveau.... Vacquerie prononce un « long discours.*

« *Nous revenons. L'insurrection triomphante prend possession de « Paris. Les gardes nationaux foisonnent, etc.....*

Dimanche 19 Mars.

Par le train de 8 heures du matin, retour de Ronquerolles à Paris, par Beaumont. A la gare de Creil, où j'attends une demi-heure le train de la ligne de Pontoise, j'entends la conversation de deux employés du Chemin de fer, très joyeux de la journée parisienne d'hier : — « A la bonne heure! ce n'était pas trop tôt; ils vont la danser, nos gros bonnets; il y a assez longtemps qu'ils nous emm...... ! »

J'arrive à Paris; je descends à pied le faubourg Saint-Denis, où s'élèvent déjà de grosses barricades. Un peu plus tôt, je n'aurais pas échappé au : Un pavé, citoyen ! — Un branle-bas extraordinaire, un grouillement fébrile, féroce, d'une population qu'on dirait nouvelle sortie on ne sait d'où.

L'insurrection est maîtresse de Paris. La ville, stupéfiée, est au pouvoir du Comité Central et de ses fédérés. M. Thiers, ne se doutant encore de rien hier soir à 5 heures, est parti de Paris pour Versailles. Jules Favre lui a télégraphié la proposition faite par quelques maires et députés de nommer le colonel Langlois commandant en chef de la garde nationale, en remplacement du général d'Aurelle de Paladines.

Trop tard. Ce commandement était donné à 11 heures du soir à Charles Lullier, après Garibaldi; le général Vinoy déclarait qu'il se *retirait à Versailles avec son dernier soldat*. En effet ce qui restait de l'armée a quitté cette nuit le Champ-de-Mars et l'École-Militaire et a gagné Versailles avec les généraux d'Aurelle de Paladines, Le Flô, et les autres Ministres.

Envahissement des bureaux du *Figaro* par 200 fédérés plus ou moins ivres. Villemessant va à Bruxelles avec la plupart de ses rédacteurs.

Ce pauvre Villemessant! a-t-il oublié l'aimable devise dont le décorèrent jadis les jaloux qu'avait fait le rapide essor de son journal, *Riche ne puis, probe ne suis, vil me sens?*

Pendant son déjeûner, notre colonel Roux a entendu dire qu'on allait venir l'arrêter; il a fallu se décider à partir. « Allons, Femme, Enfants, habillez-vous! » Il sort, en bourgeois, sa femme au bras, tenant un enfant par la main, les deux autres marchant devant, la bonne suivant derrière. Il descend le boulevard Sébastopol vers la rue de Rivoli. Il rencontre un garde du bataillon, justement un de ceux qui hier lui ont mis le poing sur la gorge; mais ce garde est seul, il se contente de regarder presque poliment le colonel, et passe, sans rien dire. On arrive à la gare et M. Roux part seul, sa femme ayant voulu rester avec ses enfants à Paris, où elle pense ne pas courir grand danger.

Le drapeau rouge flotte sur l'Hôtel-de-Ville.

Proclamations du Comité Central, signées: Assi (le fameux gréviste du Creusot) Lullier, Jourde, Arnaud, Varlin, Babick, Viard, etc, annonçant que les Élections *de la Commune* auront lieu le 22. — *Je ne voterai pas* (1).

A Beaumont, paisible séance du Conseil municipal, suivant l'autori-

(1) Voir dans ma bibliothèque le *Journal Officiel de la Commune* (Collection complète).

sation du Sous-Préfet de Pontoise du 6 courant, ensuite de sa convocation, et sous la présidence de M. Léger, conseiller municipal, faisant fonctions de Maire.

Présents : Bouquet aîné, Lefebvre, Lefèvre, Emery, Collot, Félix Fortrait, Damoy, Vincent Levasseur, Bonnefoy, Drouillet, Levasseur aîné, et Léger, président. Ils ont oublié de signer, sauf un seul, Bouquet aîné.

« Le Conseil... vu une deuxième délibération de la Commission administrative de l'Hospice du 2 décembre, a autorisé quatre suppléments de crédit au budget de l'Exercice 1870, blé, farine et pain 200 fr. viande 300, comestibles divers 400, éclairage 60, total 960 francs à prélever sur.....

Journal des Goncourt. — Dimanche 19 Mars. — « ... *Rue Caumartin, Nefftzer, auquel je demande quel est le nouveau* « *gouvernement, me jette de sa grosse face que semblent réjouir nos* « *désastres :* « *Vous avez Assi!* ».... *Victor Hugo que je rencontre,* « *tenant son petit fils à la main, est en train de dire à un ami :* « *Je* « *crois qu'il sera prudent de songer à un petit ravitaillement.* »

. . . .

Lettre de A. Wohlgemuth à Mme A. Wohlgemuth, à Montmorency.

Paris, 19 Mars 1871.

« *Mes chers bons amis,*

. . . .

« *Une bien triste réaction, à laquelle nous devions nous attendre,* « *nous a exposés à quelques dangers. En attendant une autre fer-* « *mentation, j'espère aller vous embrasser...*

« *Je suis heureux que vous soyez entre les mains de M. Monnet. Res-* « *tez-y, je vous en prie; il y a certaines mesures de précaution qui* « *m'ont empêché d'aller auprès de vous.*

« *Je me porte d'autant mieux que je vous sais de nouveau en sûreté.* « *N'essayez pas de venir me voir sans une invitation que mon cœur* « *saura dicter...*

« *Fais ton possible pour assurer un logement ; je crois pouvoir aller*
« *à Montmorency mardi prochain.*

« *Vous embrassant toujours, et n'oubliez pas le bon Dieu.*

« *Alph. W.* »

Lundi 20 Mars.

A 10 heures, réunion de la Compagnie, par ordre, 278, rue Saint-Denis, salle du Café des Vosges, pour les Élections d'un capitaine et d'un sous-lieutenant. J'y vais faire acte de présence et m'abstiens de voter.

Nous lisons dans le *Petit National* sous la signature H. Chanloup....
« La soirée du 18. Sur le trottoir du boulevard Poissonnière, du côté
« gauche en allant à la Bastille, nous voyons des militaires étendus ivres
« morts. On les pousse avec horreur dans le ruisseau, comme on ferait
« d'un tas d'immondices.

« Écœurés par cet ignoble spectacle, nous entrons au Café des
« Variétés pour ne plus être témoins de ces horribles saturnales. Nous
« nous asseyons à côté d'un officier de mobiles appartenant au 238e ba-
« taillon. Il est ému et a peine à contenir ses larmes. Nous lions con-
« versation avec lui et il nous raconte que dans la journée il a été
« témoin des scènes horribles qui se sont passées à Montmartre. Lui-
« même il a failli être mis en pièces par des insurgés qu'il s'efforçait
« de calmer. Il nous montre une lettre qu'il a écrite à 3 heures au
« Maire du 10me arrondissement pour lui demander des ordres afin de
« prendre des mesures pour maintenir l'ordre. Au dos de cette lettre
« est la réponse du Maire, ainsi conçue :

« — *Faites ce que vous pourrez : surtout empêchez de faire des bar-*
« *ricades, et annoncez officiellement à vos hommes l'assassinat des géné-*
« *raux Lecomte et Clément Thomas.* »

« Cette lettre porte le cachet de la Mairie.

« Le capitaine Fremyet (tel est le nom de mon interlocuteur) a fait
« ce qu'il a pu, mais, n'étant pas secondé, il s'est vu obligé de se
« retirer.

« Il est minuit et demie ; on va fermer le Café. Nous sortons ; tou-
« jours même animation, la foule paraît avoir grossi.

« A une heure nous rentrons chez nous, triste, découragé, navré,

« brisé de fatigue, et maudissant les hommes assez aveugles pour « attirer sur notre pays déjà si éprouvé l'horrible fléau de la guerre « civile. »

Gustave Flourens, adjoint au 20me Arrondissement, est nommé général commandant en chef de la 20me légion.

A Madame A. de M..., Paris,

Beaumont, Mardi 21 Mars 1871.

Ma chère Céline,

Nous sommes très inquiètes depuis dimanche. Henri Coppin est-il arrivé avec ses marchandises? Alexandre devait aussi revenir dimanche à Paris. Nous espérons tous les matins avoir une lettre pour nous rassurer, et nous sommes toujours en attendant. M. Billiard m'a promis d'aller aujourd'hui vous voir, si toutefois cela lui était possible.

La sœur d'Eugénie s'est chargée de ma lettre.

Nous sommes bien tourmentées de tous les désordres de Paris et nous nous demandons quel sera le résultat de ce bouleversement. Je croyais que nous étions à la fin de nos calamités. Quand en sortirons-nous? il me semble pourtant que c'était complet, qu'il était bien temps que nous soyons tranquilles.

Faites votre possible, ma chère petite fille, pour nous donner de vos nouvelles, ainsi que d'Édouard et de Marie; nous les attendons avec la plus vive impatience.

Vos tantes et moi vous embrassons, ainsi que notre bon Alexandre.

Votre toute dévouée mère,

C.-L. de M.

A M. A. de M..., Paris,

Satory, 21 Mars 1871.

Cher Monsieur,

L'aimable sympathie que vous m'avez témoignée depuis notre heureuse rencontre chez notre cousin Wohlgemuth m'engage à vous adresser en même temps qu'à lui un mot de bon souvenir et d'adieu... jusqu'au prochain revoir...

. . . .

Dès le 15 de ce mois, tous les hommes, réservistes et anciens militaires, qui avaient été appelés à l'activité lors de la déclaration de guerre, et qui formaient l'effectif de la batterie, ont été dirigés sur Orléans, pour, de là, être renvoyés dans leurs foyers; d'autre part, une notable partie des chevaux avaient été livrés à l'alimentation dès les premiers jours de l'armistice avant le ravitaillement; en sorte que la batterie s'est trouvée réduite à un effectif très faible en hommes et en chevaux. Elle a fourni cependant, le matin du 18, tous ses attelages à la colonne qui s'est emparée d'une petite partie des canons que les insurgés avaient réunis sur la butte Montmartre; nous avons compté 22 canons de divers calibres ramenés au Champ-de-Mars le 18, à midi.

J'ai cherché celui de votre bataillon, *Le Républicain*, dont vous m'avez parlé; il n'y était pas.

Avant hier, 19, de grand matin, on nous dirigeait, avec toute l'armée de Paris, sur Versailles. Nous campons dans les docks de Satory, jusqu'à nouvel ordre....

Veuillez agréer...

Ch. Kammerlocher.

Maréchal des Logis fourrier, 3me batterie du 14me.

Mercredi 22 Mars.

Dans le *Charivari*, un *Cham* :

Sur la place Vendôme :

— « Papa ! c'est la France qui a coulé la Colonne?

— « Oui, mon enfant, et réciproquement. »

La Bourse est brusquement interrompue par l'affreuse nouvelle des évènements de la rue de la Paix. La Compagnie des Agents de Change a de suite clos ses opérations et fait fermer la Bourse.

A M. A. de M..., Paris,

Paris, Mercredi soir 22 Mars 1871.

Mon cher Ami,

Je viens, grâce à Dieu, d'échapper à un grand danger, en manifestant d'une façon trop pacifique contre les fédérés, qui occupent la place Vendôme.

Réunis à quelques personnes du faubourg Saint-Germain, nous nous étions rendus à l'appel de l'amiral Saisset sur la place de l'Opéra, afin de renouveler la manifestation d'hier, et d'éviter la guerre civile, si cela était encore possible.

Les abords de l'Opéra étaient déjà pleins d'une foule où tous les costumes se confondaient; les uns étaient venus en habits de ville, les autres en uniforme, quelques ouvriers en blouse; nous étions tous absolument sans armes; les officiers eux-mêmes avaient eu soin de ne pas prendre leur sabre.

Chacun en arrivant recevait des mains des commissaires un petit ruban bleu qui devait servir de signe de ralliement; toutes les boutonnières en étaient garnies autour de nous.

Bientôt le cortège se met en marche, précédé de drapeaux tricolores et de bannières au nom des amis de la paix; mais au moment où nous nous engageons pleins de confiance dans la rue de la Paix, des détonations, hélas! bien connues, nous frappent d'étonnement; les fédérés tiraient sur nous! Que faire, sans armes, contre ces sauvages? nous fuyons, en désordre, nous abriter sur les Boulevards et dans les rues voisines. La rue de la Paix, tout-à-l'heure si pleine de monde, est absolument déserte; des morts, des blessés, des drapeaux, gisent çà et là.

Cependant la fusillade cesse; quelques hommes courageux vont alors, au risque de voir recommencer le feu, relever les morts et les blessés. Parmi ces derniers, je reconnais Henry de Pène atteint au ventre, et notre camarade de collége, Gaston Jollivet, qui soutient son bras traversé par une balle. Un officier de mon bataillon est parmi les morts.

Je viens de rentrer dans mon quartier, où nous allons tâcher d'organiser notre défense; car maintenant c'est la guerre déclarée entre les amis de l'ordre et ceux de la Commune.

Je te serre la main.

Camille GLAÇON.

Communique à Édouard.

Cette blessure de notre condisciple d'Henri IV, blessure qui, fait-on espérer, n'aura pas de suites fâcheuses, nous rappelle qu'au dessert d'un dîner de janvier dernier, il disait, plein d'entrain, une pièce de vers de triste circonstance, reproduite dans le journal *Les Nouvelles*. En voici trois strophes :

Vous souvient-il, Messieurs, du temps problématique,
Du temps mystérieux, romanesque, insensé,
Du temps dont nos savants écriront la chronique,
Vous souvient-il, Messieurs, du Jour de l'An passé?

. . . .

. . . .

Le groom, aux bataillons de marche, avec audace
S'est fait nommer sergent — son maître est fusilier.
Le cuisinier, pincé par la levée en masse,
Songe, aux bords de la Seine, à nous ravitailler.

. . . .

Plus d'animaux! Médor a fourni les saucisses,
Les chats de la gouttière et les rats des caveaux
Font dans nos estomacs de touchants armistices.
Mais vos chevaux, Messieurs, Mesdames, vos chevaux? (1)

. . . .

Jeudi 23 Mars.

Le *Journal Officiel* (du Comité Central) annonce que les Élections pour la Commune sont remises à dimanche 26. — *Je ne voterai pas.*

Un arrêté des Maires de Paris nomme, « *provisoirement vu l'urgence* » l'amiral Saisset, commandant supérieur de la garde nationale; le colonel Langlois, chef d'État-Major général ; le colonel Schœlcher, commandant en chef de l'artillerie de la garde nationale.

De son côté le Comité Central nomme généraux les citoyens Brunel, Eudes et Duval, en attendant Garibaldi, acclamé comme général en chef (2).

Le joli muscadin Paschal Grousset, cousin, nous dit-on, de nos amis Grousset-Bilheran, de Finhan, est délégué aux *Affaires Extérieures*, (*id est* ministre des Affaires Étrangères).

La clôture de la Bourse a été décidée à midi et demi, à la suite d'une

(1) C'est Gaston Jollivet qui a écrit depuis au *Triboulet* les *Chansons de Grelot*.
(2) Voir F. Damé : *La Résistance*. — (Le deuxième Arrondissement, etc)

séance tenue par les Agents de Change dans la salle de leurs délibérations.

Suspension jusqu'à nouvel ordre.

Au *Charivari*, Pierre Véron écrit :

« Au milieu des actes de violence morale et matérielle, il n'y a ni « dignité, ni sécurité pour les libres discussions de la Presse. Le *Cha-* « *rivari* déclare qu'il préfère suspendre momentanément sa publication « pour la reprendre dans des conditions normales dont la République « assurera le retour. »

Journal des Goncourt. — Jeudi 23 Mars. — « *A la* « *gare Saint-Lazare, une garde nationale effarée me ferme sur le nez une* « *barrière de bois, et me crie que le chemin de fer ne va plus.* »

Vendredi 24 Mars.

Avec la nomination des colonels Langlois et Schœlcher à l'État-Major de la Garde Nationale, l'entente semble s'être faite, et ouvrir une période d'apaisement.

Le *Charivari*, après cinq jours de suppression, annonce comme compensation cinq numéros à planches doubles avec des *Croquis Parisiens* par Grévin, au crayon si fin et si élégant.

A Mme A. de M..., Paris,

Ronquerolles, Vendredi 24 Mars 71.

Ma bonne chérie,

J'ai déjeuné hier à Beaumont. Tout le monde va bien et est rassuré.

La fabrique ne travaille pas demain, Fête de l'Annonciation, c'est une de nos ouvrières qui portera *le bâton* à Agnetz (bannière de la Vierge).

J'irai demain à Beaumont où tu viendras me retrouver par 4 heures 25.

Je suis très inquiet sur ce qui se passe à Paris : ici, c'est le Paradis, on n'entend parler de rien ; mais toi, là-bas, ma pauvre chérie, dans cette horrible fournaise de Paris, enferme-toi bien ; il serait même bon que Eugène couchât dans le magasin jusqu'à notre retour lundi matin.

. . . .

Ne t'inquiète pas de teinture; à défaut de Mutin, Constant Maillard peut teindre aussi les soies de couleurs.

Presse nos mouliniers, Sauret et Chaussignand.

Apporte-moi des journaux.

Je t'embrasse, etc...

Alex.

Samedi 25 Mars.

Le Comité central a voté d'urgence et à l'unanimité la mise en liberté du général Chanzy, sur le vu de la déclaration de la *Société Française de protection des Alsaciens et Lorrains*.

26 Mars. (Dimanche de la Passion.)

Grand'Messe à Beaumont.

A Paris ce sont les Élections du Conseil municipal, ou Communal, ou mieux **de la Commune**, sous la menace des canons de l'Hôtel-de-Ville.

Comme je me le suis promis, *je ne vais pas voter*, ne tenant aucun compte de la pressante invitation du député Tirard, notre maire du 2me arrondissement, dans sa déclaration datée d'hier de Versailles. (1)

A M. A. DE M..., Paris,

Toulouse, Dimanche 26 Mars 71.

Ta lettre du 22 courant nous a un peu rassurés, car en province, on raconte un tas d'affaires sur Paris qui ne prouveraient guère sa tranquillité... Tous ces évènements ont coupé court à mes projets de voyage, surtout que les affaires sont nulles par suite du peu d'entente qui existe entre Versailles et les départements. Hier, à 2 heures, ici on a proclamé *la Commune,* avec la déchéance de M. de Kératry et de l'Assemblée Nationale. Attendons et voyons !

Mutin est parti pour Paris, par Lyon ; il rentre chez toi ; du moins c'est ce qu'il nous a bien promis.

Je t'envoie deux portraits des enfants.....

. . . .

Alexandre AUTHENAC.

---

(1) Voir au complet les noms des élus de Paris, au nombre de 86, dans J. Claretie (*Révolution 70-71*, Tome I, pages 614 et s.) Ceux ci-après frappent particulièrement : 1er Arrond. *Méline, Rochard.* — IIe Arrond. *Tirard, Loiseau-Pinson.* — IIIe Arrond. Arnaud. — IVe Arrond. Arthur Arnoud, Amouroux, Lefrançais. — Ve Arrond. Jourde, Régère, Tridon. — VIe Arrond. Beslay, doyen de la Commune, vieux et honnête républicain, à qui Proudhon avait jadis fait l'honneur d'écrire : « Je vous « regarde comme ma conscience, et je ne voudrais rien faire que je ne puisse avouer « devant vous. » — VIIe Arrond., Brunel — VIIIe Arrond. Raoul Rigault, Jules Allix, Vaillant. — IXe Arrond. *Ranc, Ulysse Parent, Desmaret.* — Xe Arrond. Félix Pyat, Babik. — XIe Arrond. Delescluze, Assi, Protot, Eudes, Avrial. — XIIe Arrond. Varlin, Géresme. — XIIIe Arrond. Émile Duval (fusillé le 3 avril). — XIVe Arrond. Billioray, qui n'était pas, comme on l'a dit, le joueur de vielle, mais peintre et modèle à l'occasion. — XVe Arrond. Jules Vallès, l'original et puissant auteur des *Réfractaires*, de *Jacques Vingtras*, etc. — XVIe Arrond. *Dr Marmottan.* — XVIIe Arrond. Chalain, Malon. — XVIIIe Arrond. Blanqui, Theisz. Dereure, J.-B. Clément le poète chansonnier, Th. Ferré, Vermorel, Paschal Grousset. — XIXe Arrond. J. Miot. — XXe Arrond. Bergeret, Ranvier, G. Flourens, (tué le 4 avril).

Les noms en italiques sont ceux des membres démissionnaires.

Voir aussi dans ma bibliothèque : *Les Hommes de la Commune,* par J. Clère (1871). Et *Les survivants de la Commune* par Ch. Chincholle (1885).

Lundi 27 Mars.

7 heures du matin. De Beaumont à Ronquerolles, Céline retournant à Paris.

Mon entrée à la fabrique est saluée par ce cri de Desjardins :

« — Mutin est revenu!

« — Ah bah!

« — Oui, il est rentré hier dans la nuit, arrivant de Paris.

« — Et où est-il ?

« — A la teinturerie; il travaille. »

J'y vais de suite, et je le trouve chevillant à forts et secs coups de bras des écheveaux de soie noire.

« — Comment! vous revoilà, mon vieux Mutin!

« — Mais oui! et c'est pas dommage!

« — C'est bien, ça! c'est très-bien, mon brave Mutin, lui dis-je en « lui tendant ma main, qu'il presse très fort; c'est très-bien d'avoir « traversé Paris et la Commune sans vous y arrêter, sans vous être « laissé entrainer. Vous! un exalté de 48 avec votre bras tatoué de « cette belle barricade bleue couronnée de son insurgé triomphant, « vrai! j'avais bien peur que vous.....

« — Ah! ma foi! non. Je ne trouve pas très propre ce qu'ils font là, « en face des Prussiens! s'ils sont toqués, qu'ils s'arrangent! Je n'en « suis pas. J'aime mieux reprendre mes sabots, et retripoter dans mes « barques...

« — J'ai eu vos bonnes lettres... mais contez-moi donc votre retour.

« — Eh bien, je suis parti de Toulouse il y a eu samedi huit jours « pour rejoindre à Lyon le dépôt du 19me chasseurs. A Lyon, je suis « resté trois jours à me ballader, en attendant ma feuille de route, « pour la rentrée dans les foyers. Lyon était aussi en pleine Commune; « mais comme je n'y avais plus de vieux camarades, je n'ai pas eu de « peine à y échapper. J'ai été voir mes sœurs, mon beau-frère et mes « nièces et je me suis dépêché de filer. Mais, un guignon, on ne déli- « vrait pas de billets à la troupe pour Paris. On mettait le feu aux « *boîtes de genièvre,* c'était le jour de l'évacuation des Prussiens. Sans « billet, je m'enfile tout de même dans le train; je m'allonge sous la « banquette, caché sous les jupons des femmes; on fouillait les wagons « à toutes les gares; on ne m'a pas aperçu.... jusqu'à Fontainebleau... « là on voulait à toute force m'emballer pour Versailles, — j'ai refusé,

« comme engagé volontaire, on n'avait pas le droit — on a fait des-« cendre un hussard et un artilleur : moi, je me suis renfilé sous ma « banquette. A Villeneuve-Saint-Georges, j'ai mis le nez à la croisée, « c'était plein de ces cochons de Prussiens ; j'en eng..... un, et je lui colle « un crachat en pleine figure ; le train partait, il n'a pu que me mon-« trer le poing. Je suis arrivé comme ça à Paris, à la Bastille ; c'était « jeudi. Ah ! j'en ai eu du coton ! J'ai couché chez mon ami Peyron ; « Vendredi j'ai été chez Coste, il est capitaine d'artillerie de la Com-« mune, c'était pas mon affaire ; je l'ai lâché.

« Samedi, dans le Passage du Désir, faubourg Saint-Denis, j'étais « avec ma femme et mes enfants, j'ai été arrêté par un bataillon « d'un numéro élevé, qui avait fait prisonnier le 24me bataillon, « (des bottes vernies). Un *poivrot*, comme moi dans le temps, un ser-« gent, qui avait un nez que les vers lui seraient sortis au travers, « m'arrête comme chasseur portant l'uniforme ; il me conduit au poste « à la Mairie du 10me arrondissement, faubourg Saint-Martin : on me « donne un fusil, et me voilà forcé d'aller avec une compagnie de « vingt-cinq hommes raccoler les *sulfidés* (les réfractaires, les retarda-« taires, quoi !) — Je dis au sergent que je reviens d'un long voyage, « que j'ai faim... et soif. — « Comment donc ? dit l'autre, et il entre « chez un marchand de vins. — Moi, j'ai fait un demi-tour et je me suis « cavalé, sans qu'il y voie rien. J'ai été tout de suite pour vous voir « boulevard Sébastopol : Madame venait de partir vous retrouver à « Beaumont : j'ai laissé mon sac au magasin, et je suis allé au galop à « la gare du Nord. Au guichet l'employé me refuse un billet comme « troupier : un garde national me dit : — « Ah ! vous voulez vous « *sulfider !* mais on a l'œil sur *les sulfidés* de Paris ! — « C'est bon, « c'est bon ! on restera ! » — Je monte le faubourg Saint-Denis, jus-« que derrière la Chapelle, je grimpe dans le fourgon d'un train de « marchandises, et c'est comme ça que je suis arrivé à Clermont, puis « à Ronquerolles, dans la nuit de samedi à dimanche.

« — Et vous serez sage maintenant ? plus de poivrot, n'est-ce pas, « dans le travail ?

« — Oh ! bien sûr que non ! guéri ! bien guéri !

Je pensais : « Qui a bu boira. »

Je rentre dîner à Paris — par l'express, ligne de Chantilly, moitié prussien, moitié français.

A M. A. de M..., Paris,

Saint-Étienne, Lundi 27 Mars 1871.

Cher Monsieur,

Comme Paris, Saint-Étienne est en pleine révolution. Samedi soir, les partisans de la Commune ont pris d'assaut l'Hôtel-de-Ville défendu seulement par deux compagnies de gardes nationaux sans cartouches; ils se sont emparés du Préfet, M. de Lespée, arrivé seulement depuis la veille et ils l'ont lâchement assassiné à 10 heures et demie du soir.

Depuis lors ils sont maitres de la ville. Il n'y a plus aucune administration; notre Maire et notre Conseil municipal ont fait preuve de la plus grande lâcheté ainsi que le Procureur de la République, le général, le capitaine de gendarmerie et tous nos chefs supérieurs de la garde nationale, en laissant, sans rien faire pour le délivrer, à la merci de ces forcenés ce pauvre Préfet qui a péri d'une façon si honteuse pour notre ville.

M. de Lespée était le gendre de M. Benoist-d'Azy. Nous nous bornons à ces quelques détails, car nous avons seulement le temps de vous prévenir que nous avons reçu votre caisse de marchandises par petite vitesse.....

Agréez.....

Liogier et Culty.

Mardi 28 Mars.

La Bourse a rouvert hier. 3 0/0. 50.70.

Retour à Ronquerolles avec Victor Pillon.

M. et Mme V. Pillon sont allés dimanche, pendant que Paris votait pour la Commune, à Saint-Cloud. par Auteuil, Boulogne, et sont revenus par Sèvres. Ils ont vu de près l'effroyable désolation de cette pauvre petite ville de Saint-Cloud, qui n'est plus qu'un amas de ruines.

A Mme A. de M..., Paris,

Ronquerolles, Mardi soir 28 Mars 71.

Ma bonne chérie,

Une gentille nouvelle à t'annoncer: c'est qu'en passant à Beaumont, j'ai fait monter tante Authenac dans notre wagon et que je l'ai amenée à Ronquerolles, où elle est avec nous : elle voudrait bien que tu y fusses, et nous aussi. Je la garde jusqu'à jeudi; je pense m'en aller avec elle, et la laisser au passage à Beaumont. Elle voudrait s'en aller demain parce que, chose abominable! elle a oublié de laisser la clef pour donner du vin aux Prussiens! Vois-tu ces pauvres Prussiens, qui seront peut-être obligés de boire de la piquette de marchand de vins! Tu peux être sûre qu'elle ne s'en ira que jeudi, avec moi. Elle va coucher dans le lit de notre pauvre père bien aimé.

Elle paraît émerveillée de la fabrique, de sa grandeur et de son mouvement. Nous avons maintenant quarante ouvriers et ouvrières; le personnel augmente toutes les semaines.

Victor Pillon me prie de te présenter toutes ses amitiés.

Je t'embrasse. A jeudi 6 heures. Envoie Eugène, à moins de quelque incident inattendu.

Tout à toi,

Alex.

Écris tous les jours quand même il n'y aurait rien.

A M. A. de M..., Ronquerolles.

Paris, 28 Mars 71.

Mon cher ami,

Nous venons de voir passer au moins dix bataillons de gardes nationaux, personne ne sait où ils vont.

Aujourd'hui, les affaires sont à peu près nulles.

Commission n° 2456.....

Commission 938,951 ! Apporter 6 bouteilles de cidre. *Très pressé !*

A bientôt, mon bon chéri, je t'embrasse de tout mon cœur.

Ton amie,

Céline.

Pour M. V. Pillon.

Mes compliments à M. de Mazade et pour toi mille baisers affectueux.

Laure Pillon-Dufresnes.

A M. A. de M..., Paris,

Saint Étienne, 29 Mars 71.

Depuis les tristes évènements qui ont ensanglanté notre Ville, tout est rentré dans l'ordre. Hier matin à 6 heures le Général s'est enfin décidé à agir, il a repris l'Hôtel-de-Ville, qui est maintenant occupé par la troupe; également depuis hier on procède aux arrestations.

Thiers, c'est-à-dire le Gouvernement, nous a envoyé un de nos députés, M. de Montgolfier, avec les pouvoirs civils et militaires les plus étendus. Nous espérons donc que justice sera faite et que tous les coupables seront sévèrement punis.

Agréez.....

LIOGIER et CULTY.

A Mme A. DE M..., Paris.

Ronquerolles, 29 Mars 71.

Ma bonne chérie,

J'ai reçu ta lettre ce matin. Je vois avec peine que notre pauvre Paris est toujours dans ce même déplorable état qui donne les plus grandes inquiétudes, et paralyse le travail.

Malgré sa clef prussienne et le petit ennui que cela lui donne, ma tante a consenti à rester avec nous jusqu'à demain. Je l'ai menée ce matin voir Clermont. Demain matin, je la conduirai à Agnetz, à la messe de 9 heures. Nous repartirons ensemble à trois heures, je la laisserai à Beaumont en passant, et j'arriverai à Paris, à 6 heures. Qu'Eugène soit à la gare, avec son crochet; qu'il apporte en même temps un panier de bobines ou de soie, pour mon retour ici du lendemain, vendredi, midi.

Victor te présente ses amitiés.

Tout à toi,

Alex.

A M. A. DE M..., Ronquerolles.

Paris, 29 Mars 71.

Mon bon ami,

Puisque tu es assez heureux pour avoir notre tante Authenac, dis-lui que j'ai reçu ce matin une bonne lettre de Toulouse ; je lui envoie les portraits de ses petits neveux.

Paris était en fête hier ; les Tuileries étaient illuminées et des coups de canon toutes les demi-heures, en l'honneur de la *proclamation de* **la Commune.**

. . . .

La vue du boulevard n'est pas toujours gaie, voilà déjà plusieurs jours que des bœufs, de ces troupeaux qui défilent continuellement, tombent morts sur la chaussée ; on les laisse là longtemps, et je n'ose plus les regarder.

A demain, mon bon petit ami, pour dîner, sans faute ; embrasse bien fort notre chère tata pour sa *citoyenne* de nièce qui l'aime beaucoup.

Marie et Édouard vont très bien. Bien des compliments à M. Pillon.

Il fait un froid de loup, je suis fâchée que tu n'aies pas voulu remettre tes vêtements d'hiver ; tu es un *citoyen* bien paresseux, il faut en convenir.

Je t'embrasse.....

Céline.

Jeudi 30 Mars.

Dernier numéro du *Figaro* paraissant à Bruxelles, on y lit :

« Le résultat le plus évident de l'état des choses, c'est qu'il est parti « 150,000 Parisiens, et que 200,000 étrangers qui se faisaient une fête « de venir visiter l'Assiégée se sont bien gardés d'en approcher. — « Total : 350,000 personnes, à mille francs chacune, 350 millions de « perte. »

L'École Polytechnique est en congé.

Lettre de V. Pillon-Dufresnes à M. Alexandre Pillon, son père, 34, rue d'Argenteuil, Paris (1).

Ronquerolles, Jeudi 30 Mars 1871.

Cher Père et chère Mère,

Me voici donc, une seconde fois depuis notre délivrance, dans cette très intéressante usine d'Alexandre. Il y a une telle variété dans cette fabrication des ganses que je m'explique toute l'ardeur et tout le goût qu'il y apporte, après y avoir été si longtemps étranger...

Comment allez-vous, chers parents, dans ce Paris si agité, qui fait si peur à la province? Laure va-t-elle bien, sort-elle? j'espère qu'elle ne s'effraye pas trop. Il faut du courage, nous en avons déjà tant passé qu'il faut espérer que nous sortirons encore de cette crise.

Que fait M. Cascaret-Beaupoil? Est-il toujours aussi fou? je m'en doute; je te prie, chère mère, de lui montrer où est sa queue.

« Au revoir, chers parents; je dois revenir à Paris samedi, à moins que vous ne me conseilliez de rester encore, si la Bibliothèque, bien entendu, était encore fermée la semaine prochaine.

Je vous embrasse.....

Votre respectueux fils,

V. Pillon-Dufresnes.

A M. Eug. Fromentin, à Neuilly-sur-Marne.

Toulon, le 30 Mars 1871.

Cher Ami,

Votre dernière lettre, qui m'est parvenue à Coblentz dans les premiers jours de ce mois, me faisait pressen-

(1) Alexandre Pillon, helléniste, ancien Conservateur-adjoint de la Bibliothèque Nationale, Conservateur de la Bibliothèque du Louvre, chevalier de la Légion d'Honneur; continuateur du dictionnaire grec de Planche, auteur de livres d'étude de grec, de pièces de théâtre, etc... (Né à Amiens le 5 octobre 1792, mort à Clermont-de-l'Oise le 21 Mars 1876. Voir son portrait, belle eau-forte de Le Rat.)

tir la conclusion de la paix et mon prochain retour en France.

En effet, le 15, le colonel Vilmette nous prévient que les officiers qui voudraient rentrer en France à leurs frais pouvaient partir immédiatement, que les autres seraient rapatriés plus tard par des trains spéciaux.

Nous n'hésitâmes pas un instant; nous nous rendimes aussitôt, le lieutenant-colonel Alzon, le commandant Landré et moi, à la Commandature (État-Major de la Place) où l'on nous délivra des feuilles de route pour Lille.

Le lendemain 16, à 11 heures du matin, nous quittions donc enfin Coblentz. Le soir, à 6 heures, nous passions la frontière belge, à Verviers; à 9 heures nous étions à Bruxelles, et le lendemain matin, 17, à midi et demi à Lille. Là, nos feuilles de route prussiennes ont été remplacées par des feuilles de route françaises, à destination de Toulon, où allait se reconstituer le 90me de ligne, et le soir même à 6 heures, nous partions pour Paris.

Avant de quitter Lille, j'avais envoyé à ma femme un télégramme lui apprenant ma rentrée en France et la priant de venir me rejoindre à Paris à l'Hôtel de Rouen, rue Saint-Denis, où je descends habituellement.

Nous sommes arrivés à Paris le samedi 18, à 8 heures du matin, sans bagages; le wagon qui les contenait avait été oublié à Amiens. En sortant de la gare du Nord, nous fûmes frappés par la grande animation de la place Roubaix; nous vîmes passer plusieurs estafettes au grand galop, et il nous sembla entendre des coups de fusil dans le lointain. Dans une boutique, où l'un de nous avait à faire une emplette, nous demandons au marchand :

— « Qu'est-ce que c'est? Qu'est-ce qu'il y a? »

— « Ah! Messieurs, nous dit-il, *c'est la Révolution !* »

Un peu plus loin, au coin de la rue Lafayette, en

passant près d'un groupe de femmes, de gardes nationaux et d'ouvriers tous très surexcités, nous entendîmes ceci : « Nous ne nous laisserons pas enlever « nos canons; ils sont à nous, nous les avons payés « de notre poche; les lignards ne les auront pas! »

Tout cela nous parut grave; nous nous décidâmes à aller de suite à l'État-Major de la Place.

Au bas de la rue Lafayette et sur les boulevards, on battait la générale; des gardes nationaux en armes se rendaient au lieu de rassemblement de leur bataillon. La place Vendôme était gardée par des gendarmes à cheval, et quelques compagnies de gardes nationaux. L'officier de service nous dit qu'il n'avait pas d'ordres à donner aux officiers de passage, mais qu'il nous conseillait de quitter Paris le plus tôt possible, et surtout de ne nous montrer nulle part en uniforme.

A ce moment nous nous sommes séparés, en nous donnant rendez-vous à Toulon, et je gagnai l'hôtel de Rouen. Comme il n'y avait pas de place, je suis allé à l'hôtel du Levant, rue Croix-des-Petits-Champs. En entrant dans la cour, j'aperçois le maître d'Hôtel, M. Vuillaume, en garde national, le fusil à la main. — « Ah! Commandant! me dit-il, voilà une terrible insur- « rection qui se prépare. Au rendez-vous de mon ba- « taillon, place des Victoires, je n'ai trouvé que des « hommes animés des plus mauvaises intentions, pour « lesquels la suppression des *trente sous* est la question « la plus importante. Ils feront tout pour conserver « leurs armes et surtout cette allocation qui leur per- « met de vivre sans travailler. Je ne veux pas les suivre « dans la mauvaise voie où ils s'engagent, et je rentre « chez moi. »

Je me décide alors à partir le jour même, et à aller chercher ma femme à Lamballe, au lieu de l'attendre à Paris. Dans l'après-midi je retourne donc à la gare du

Nord chercher mes bagages; il y avait déjà des barricades dans le faubourg Saint-Denis, et, ne trouvant pas de voiture, j'ai recours à un brave Auvergnat, qui me porte mes deux cantines jusqu'à l'hôtel; je les confie à M. Wuillaume avec mon sabre, ma selle, mon uniforme, ma croix d'officier, etc, et je m'en vais, toujours à pied, à la gare Mont-Parnasse, que je trouve occupée par les gardes nationaux; deux sont au guichet avec ordre d'empêcher les officiers de partir. Prévenu de ces mesures par un employé du chemin de fer, je m'adresse directement au Chef de gare qui prend lui-même mon billet, et à 8 heures je pars sans encombre. C'est par ce chef de gare que j'ai appris qu'on venait de fusiller les généraux Lecomte et Clément Thomas.

Le lendemain matin j'avais le bonheur d'embrasser ma mère et de trouver chez elle ma femme après huit mois de séparation, et onze à peine de mariage!

Le samedi suivant, nous nous sommes mis en route pour Toulon, par le Mans, Tours et le Bourbonnais, à cause de l'insurrection de Lyon. Toutes ces lignes sont encore désorganisées, encombrées, sans correspondance entre les trains; aussi notre voyage a-t-il duré quatre jours. Enfin, hier, à une heure de l'après-midi, nous arrivons à Marseille, juste au moment où la Commune vient d'y être déclarée. Notre train ne peut entrer dans la gare, remplie de gens de toute sorte, cherchant à quitter la ville. Je descends sur la voie pour savoir ce qui se passe. On me dit que Marseille est en insurrection, propos aussitôt confirmé par des coups de feu qui éclatent à proximité de la gare. On se sauve de tous côtés, et notre train lui-même s'éloigne dans la direction de Toulon; mais il s'arrête à peu de distance, et en courant je peux le rejoindre.

Deux heures après nous étions à Toulon, où tout est calme. J'ai trouvé ici le dépôt du 90me; il va servir à la reconstitution du régiment. Les officiers arrivent peu à peu, mais aucun des soldats prisonniers en Allemagne n'est encore rentré.

Vous ai-je assez parlé de moi, mon cher ami! je sais que vous ne vous en plaindrez pas, et maintenant que vous savez où nous sommes, nous comptons que vous allez nous donner de vos nouvelles et nous parler longuement de vos enfants, de Berthe et Camille, ainsi que de vos chers petits Ludovic et Alice, que nous embrassons avec toute notre affection.

A vous bien cordialement,

Le Chef de bataillon KEISER (1).

Lettre de Mme V. Pillon-Dufresnes
à son mari, chez M. A. de M..., Ronquerolles.

Paris, Jeudi 30 Mars 1871.

Mon cher Ami,

J'attendais ta lettre avec impatience; cinq grands jours, c'est bien long et nous ne sommes qu'au troisième! puis je suis inquiète du froid... Je suis allée hier à la maison paternelle; M. S. en sortait, il a été très aimable, mais il rage toujours contre les Prussiens, il en a cinq à héberger tous les jours! Père a reçu une lettre de madame S. mère, toujours très affectueuse et bonne, mais désolée au possible, elle est très peinée pour Mlle X. qui ne reçoit rien, bien entendu, de ses pensions.....

Paris est calme, on n'entend rien d'extraordinaire; seulement les hôtes de la place Vendôme font une vie incroyable; ils ont passé la nuit à faire un tel vacarme qu'à trois heures du matin je ne pouvais pas dormir; les bataillons que nous avons vus l'autre jour se rendaient à l'Hôtel-de-Ville pour acclamer la Commune, qui a tenu avant hier soir dans la salle du Conseil de révision sa première séance (2). Le soir, le

(1) Général de brigade, le 12 juillet 1884. — Commandeur de la Légion d'Honneur, le 31 décembre 1887.

(2) Lire dans J. Claretie (*Rév.*, I, page 628) l'extrait par un témoin de cette première séance tapageuse, avec les altercations virulentes de Paschal Grousset et du *citoyen Tirard*, qui s'est à grand peine tiré de leurs griffes pour avoir dit que : « lorsqu'on entre à l'Hôtel-de-Ville l'on n'est pas toujours sûr d'en sortir. »

Louvre, les Tuileries, tous les bâtiments qui longent la rue de Rivoli étaient illuminés d'affreuses lanternes vénitiennes.

Hier je suis allée directement à la maison et suis revenue de même chez nous avec Rosa (1), je n'ai rien vu ni entendu. Je vais aller déjeuner avec maman. J'irai un peu plus tard dire un petit bonjour à Mme Alexandre. Père doit écrire à M. R... aujourd'hui, il est allé hier à son bureau pour avoir des nouvelles de Versailles; ils n'ont encore rien reçu.

On est venu hier, à ce que m'a dit la concierge, te demander pour la garde nationale, elle a répondu que tu n'étais pas à Paris pour le moment.

. . . .

Laure Pillon-Dufresnes.

Vendredi 31 Mars.

Naissance de Marie-Joséphine-*Virginie* de Mazade, notre nièce, à onze heures et demie du matin, 39, rue du Sentier.

La mère et l'enfant se portent bien.

Nouvel avatar! Le *Panthéon*, d'église Sainte-Geneviève redevient le *Temple de Mémoire*. Septième consécration depuis 1791, présidée par la municipalité du Vme arrondissement, avec musiques, discours, salves d'artillerie et drapeau rouge attaché par un garibaldien à la croix du dôme, croix qu'on voudrait bien arracher, mais qu'on laisse, parce que son enlèvement coûterait beaucoup de temps et une trentaine de mille francs.

Journal des Goncourt. — Vendredi 31 Mars. — « Risum teneatis! *Jules Vallès est ministre de l'instruction publique.*
« *Le bohème des brasseries occupe le fauteuil de Villemain. Et, il faut le*
« *dire cependant, dans la bande d'Assi, c'est l'homme qui a le plus de*
« *talent et le moins de méchanceté....* »

---

(1) La bonne.

A MM. Liogier et Culty, Saint-Étienne.

Paris, 31 Mars 71.

J'ai reçu en leur temps vos deux estimées des 27 et 29 courant. J'apprends avec grande satisfaction que les troubles de Saint-Étienne, avec égorgements et fusillades politiques, sont apaisés. J'en étais très inquiet pour vous deux et vos familles. A Paris, nous ne savons pas où nous allons.

Mes bien sincères amitiés,

A. de M.

Prenez bien toutes vos précautions pour l'envoi du chèque.

Lettre de Mme V. Pillon-Dufresnes
*à son mari, chez **M. A. de M...**, **Ronquerolles**.*

*Paris, Vendredi 31 **Mars** 71.*

Mon cher Ami,

Si je ne t'ai pas écrit dès mercredi, c'est que je voulais auparavant avoir vu père et mère : voilà, monsieur mon chéri, pourquoi vous n'avez pas eu de lettre.....

. . . .

J'avais vu dans la journée Mme Alexandre, qui m'avait dit que son mari viendrait le soir, et j'enviai son bonheur, car si votre veuvage, Monsieur, commence à vous peser, le mien est bien lourd, moi qui n'ai pas comme vous la distraction de l'usine, et le plaisir d'admirer comment se confectionnent ganses soufflées droite, ganses soufflées gauche, bourdons, milanaises, etc, etc. : je rentre seule dans ma chambrette, et pense à mon ami, qui est bien calme, loin du bruit des tambours, des clairons et même du canon, car ils ont tiré le canon en signe de réjouissances ;

mais à ce bruit, d'après le Petit Moniteur, *les Prussiens qui sont à Charenton se sont rapprochés jusqu'à Bercy et étaient prêts à entrer dans Paris, ne sachant pas que le canon était tiré pour fêter la Commune* (1). *Le drapeau rouge flotte sur le Palais-Royal ; ils sont toujours renfermés dans le Louvre dont toutes les portes sont closes. Père a été obligé aujourd'hui de faire un grand détour pour aller à l'Institut, où il a vu M. Patin, toujours très aimable, avec qui il a beaucoup causé....*

Père compte enfin pour aujourd'hui sur des nouvelles de Versailles....

Laure Pillon-Dufresnes.

Cascaret-Beaupoil est toujours charmant, il fait des sauts et des cabrioles magnifiques.

(1) Le 21, le Commandant en chef des troupes allemandes avait signifié :

« Dans le cas où les événements de la Commune auraient un caractère d'hosti-
« lité, la ville de Paris serait traitée en ennemie!.... »

A quoi le délégué du Comité Central a répondu le 22 :

« Le soussigné, délégué aux Affaires Extérieures, vous informe que la Révolution
« accomplie à Paris, ayant un caractère essentiellement municipal, n'est en aucune
« façon agressive contre les armées Allemandes.

« *Nous n'avons pas qualité pour discuter les préliminaires de la paix votée*
« *par l'Assemblée de Bordeaux.* »

Pas mal jésuitique cette réponse, puisque le Comité Central se sert de ces *préliminaires de paix* pour éluder toute hostilité avec les Prussiens !

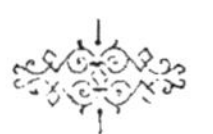

AVRIL

1871

Samedi 1er Avril.

3 0/0. 50.70.

Retour à Paris avec Victor Pillon, par le train express passant comme lundi dernier par Chantilly, l'Oise traversée sur le pont provisoire prussien de Laversines.

Avant hier, M. Morel, greffier au Palais-de-Justice, voit arriver dans la salle des Pas-Perdus un général en grand costume. C'est Gustave Flourens.

« — Citoyen greffier, s'écrie-t-il, je viens réclamer mes armes qu'on « m'a saisies le 8 décembre, rendez les moi, il me les faut.

« — Impossible ! répond le greffier, impossible de me dessaisir d'un « scellé sans un ordre régulier.

« — L'ordre régulier, je vous le donne, moi, membre de la Com- « mune, et commandant en chef de la 20me légion ! »

Cette insistance ne souffrant pas de réplique, M. Morel a remis à Flourens le scellé n° 25 composé de : Un révolver de prix dans son étui, une cartouchière avec cartouches, un sabre d'officier, et un ceinturon.

Journal des Goncourt. — Samedi 1er Avril. — « *Quelque chose me révolte dans ce gouvernement de la violence et de*

« *toutes les extrémités : c'est sa débonnaire résignation au traité de paix,*
« *c'est sa lâche soumission aux conditions déshonorantes, c'est, le dirai-*
« *je, son amicalité presque, pour les prussiens.*

« *Les préliminaires de la paix, voilà le seul fait accompli trouvant*
« *grâce devant ces hommes en train de jeter tout à bas, et cela, sans*
« *qu'une voix proteste...*

« *Je constate que l'amour de la patrie est un sentiment démodé. Je*
« *constate que les générations contemporaines ne s'insurrectionnent*
« *que pour la satisfaction d'intérêts matériels tout bruts, et que la*
« *ripaille et la gogaille ont seules aujourd'hui la puissance de leur*
« *faire donner héroïquement leur sang.....* »

Dimanche (*des Rameaux*) 2 Avril.

Grand messe à Saint-Leu. Aux portes des deux côtés, (Saint-Denis et Sébastopol) sont installés comme toujours des petits marchands de buis bénit, ou non bénit : nous préférons en acheter dans l'Église, pour en garnir, selon notre fidèle habitude, chacune de nos chambres, comme aussi chaque atelier de la fabrique.

Temps superbe. Après déjeûner, promenade aux Champs-Élysées. L'avenue est sillonnée de bizarres gardes nationaux, accourant à cheval au grandissime galop, de la barrière de l'Étoile, ahuris, affolés, prenant plus qu'au sérieux leur rôle d'estafettes improvisées ; pas solides là-dessus, se cramponnant à la crinière du cheval. C'est grotesque, et pourtant ça nous donne tristement à penser ???

On entend dans les groupes : « *Le Mont-Valérien est à nous* !....

Vers 5 heures, cette affiche :

« Les conspirateurs royalistes ont ATTAQUÉ.

« Malgré la modération de notre attitude, ils ont ATTAQUÉ.

« Ne pouvant plus compter sur l'armée française, ils ont ATTAQUÉ
« avec les zouaves pontificaux et la police impériale.

« Non contents de couper les correspondances avec la province et de
« faire de vains efforts pour nous réduire par la famine, ces furieux
« ont voulu imiter jusqu'au bout les Prussiens et bombarder la capi-
« tale.

« Ce matin les chouans de Charette, les vendéens de Cathelineau,
« les bretons de Trochu, flanqués des gendarmes de Valentin (1), ont

(1) Le général Valentin, ami de la famille Fromentin.

« couvert de mitraille et d'obus le village inoffensif de Neuilly et « engagé la guerre civile avec nos gardes nationaux.

« Il y a eu des morts et des blessés.

« Élus par la population de Paris, notre devoir est de défendre la « grande cité contre ces coupables agresseurs.

« Avec votre aide nous la défendrons.

« La Commission Exécutive,

« BERGERET, EUDES, DUVAL, LEFRANÇAIS,
« FÉLIX PYAT, G. TRIDON, E. VAILLANT. »

La Commune ne se contente pas de faire des généraux, Bergeret, Flourens, Duval (ouvrier fondeur), etc...; elle a décrété : la séparation de l'Église et de l'État, et la suppression du budget des cultes ; la mise en accusation de Thiers, J. Favre, Picard, J. Simon, Dufaure et Pothuau, et la séquestration de leurs biens.

Elle a nommé le citoyen Cluseret *délégué à la guerre* (ministre de la guerre) conjointement avec Eudes.

Le soir, sur les boulevards, agitation extrême. Et toujours ce cri : « *Le Mont-Valérien est à nous* ! »

Lundi 3 Avril.

Le Daumier du *Charivari* d'hier.

Trois soldats embêtés :

« A Paris, nous ne pouvions pas aller à Versailles ! A Versailles, « nous ne pouvons pas aller à Paris. »

Avec Édouard et M. Joriaux son beau-père, nous allons à la Mairie du 2me Arrondissement signer l'acte de naissance de Virginie (1).

Ce matin, à 7 heures, les gardes nationaux fédérés, conduits par le général Bergeret en calèche, se sont avancés devant le *Mont-Valérien*, que, sur un renseignement de Ch. Lullier, ils ont cru abandonné sans retour, comme les autres forts, par l'armée de Versailles.

(1) Cet acte de naissance, reçu par les autorités de la Commune, a été plus tard bâtonné comme nul, et refait à la même Mairie, devant les mêmes témoins, sous les autorités régulières, le 10 août suivant, en vertu du paragraphe 1er de l'article 11 de la Loi du 19 Juillet 1871.

Anc^ne M^on J. Groves

A. DE MAZADE
GANSES & GUIPURES

USINE
à RONQUEROLLES-CLERMONT
(OISE)

PARIS 71 Boul^t. Sebastopol. — SAINT-ÉTIENNE 6 Rue Brossard.

Paris, le 5 avril 1871

M. le Directeur
de la Société Générale
56, rue de Provence —
Paris

J'ai l'honneur de vous informer qu'un chèque de sept mille francs environ, (délégation, je crois) à mon nom, a pu m'être adressé depuis le 31 M. dans une lettre par M.M. Liogier et Culty, de St Etienne.

Par suite de la désorganisation de la poste, je crains que cette lettre ne tombe en d'autres mains que les miennes, et je vous prie de ne payer le montant du chèque qu'à moi-même, la présente valant opposition.

Veuillez agréer, M. le Directeur, l'assurance de toute ma considération

A. de Mazade

J'ai un carnet et un Compte au Bureau C.
5 rue Palestro — N° 680.

On a affiché et annoncé dans plusieurs journaux :

« *Bergeret* lui-même *est à la tête de ses troupes.*

« *Bergeret et Flourens ont fait leur jonction ; ils marchent sur Ver-*
« *sailles. Succès certain.* »

C'est la sortie torrentielle.

Reçus par une volée de mitraille du Mont-Valérien, ils se sont dispersés en désordre, aux cris de : Trahison ! Trahison !

Sous Bellevue, aux Quatre Tourelles, une autre colonne commandée par le *général Duval* a été repoussée par un bataillon de gendarmes. Duval a été pris, et, le général Vinoy lui ayant demandé quel sort il lui réservait si c'était lui qui fût tombé entre ses mains, il a répondu : « Immédiatement fusillé ! »

« — Vous venez de dicter votre sentence, » a dit Vinoy, et Duval a été sur le champ passé par les armes.

A Chatou, le général de Galliffet a dû également ordonner l'exécution immédiate de plusieurs fédérés pris les armes à la main.

Sanglantes et fatales représailles des assassinats des généraux Lecomte et Clément Thomas !

A 4 heures, départ pour Ronquerolles, avec ma petite provision de buis bénit.

Mardi 4 Avril

Dans un journal apporté de la gare de Clermont, je lis :

« Hier, vers cinq heures, les gendarmes du 2me régiment, ayant enlevé
« Rueil, commençaient des perquisitions dans le village de Chatou
« lorsqu'un coup de feu partit d'une fenêtre de l'auberge *Ducoq*, située
« à 150 mètres environ du Pont de Chatou.

« Les gendarmes firent irruption dans la maison, et l'un d'eux, monté
« au premier, reçut une balle qui le blessa à l'épaule au moment où il
« entrait dans l'une des chambres. C'était Flourens qui lui déchargeait
« à bout portant son révolver.

« Alors le capitaine Desmaret s'élança sur Flourens, et lui fendit la
« tête d'un coup de sabre. Il paraît que la blessure était horrible. Le
« coup a littéralement vidé le crâne ; la pointe du sabre est entrée
« dans l'œil droit et a fendu la tête jusqu'au bas du nez. »

« Flourens (1) portait le costume militaire qu'on lui connaît (la capote

(1) Voir une courte appréciation de J. Claretie sur ce pauvre fou de Gustave Flourens. (*Révolution 70-71*. Tome I, page 626.)

« avec cinq galons d'or au bras et les bottes légendaires). On s'est « emparé d'un sac de nuit en cuir noir qui se trouvait auprès de lui, « contenant des vêtements destinés sans doute à se déguiser.

« Le corps de Flourens a été transporté à l'hôpital de Versailles. (Il « avait 32 ans et demi ; né à Paris, le 4 août 1838.) »

Prise de la redoute de Châtillon par l'Armée.

A 3 heures, une colonne d'environ cinq cents femmes est partie de la place de la Concorde pour Versailles, tambours et clairons en tête. Veulent-elles ramener nos députés, à l'instar des tricoteuses du 5 octobre 1789, allant chercher à Versailles, avec le *Ça ira, le Boulanger, la Boulangère* et le *Petit mitron?* Si elles se figurent que leur grand drapeau rouge va arranger les choses!...

Mercredi 5 Avril.

Ronquerolles, 1 heure du matin. Couché depuis dix heures, et dormant d'aplomb, bercé par la chute d'eau du vannage, je suis réveillé par les aboiements du chien, mêlés de coups de sonnette à la grille d'entrée. Je saute du lit, j'ouvre la croisée... Desjardins s'était déjà levé. — « Qu'est-ce que c'est, lui dis-je, à cette heure-ci ? » Avant qu'il ne réponde, qui je vois dans la cour, sous la blanche clarté d'une splendide pleine lune?... Nos amis, M. et Mme Pillon-Dufresnes ! — Ils arrivent de Paris, ayant fait à pied le chemin de Clermont à Ronquerolles. Ils fuient la Commune. Victor, très réclamé et obsédé par ses ex-camarades de la garde nationale, a dû s'échapper sans plus différer, et comme rien n'oblige sa femme à demeurer à Paris, il l'amène à Ronquerolles, en me demandant une hospitalité que je suis heureux de leur donner pour le plus de temps qu'il leur plaira rester.

Je devais aller à Paris demain ; mais ils me remettent une lettre de Céline où elle m'adjure de n'y plus revenir. Aujourd'hui même, un peloton de cinq ou six gardes de mon bataillon, en armes, est monté me chercher, dans le magasin même ; Céline leur a objecté que j'étais très-utilement occupé à ma fabrique. — « Faites-le rentrer, a dit le chef, nous avons besoin de lui. »

« — C'est bien, Messieurs, je vais le prévenir, mais je doute que ma lettre puisse promptement lui arriver. »

Les bons petits camarades se sont retirés. Une minute après, l'un eux, resté en arrière, remontait rapidement et, traversant le magasin ır la pointe du pied, il s'est approché de Céline et lui a dit tout ıs : — « Écrivez-lui tout de suite de ne pas revenir ; je vais me uver moi-même aussitôt que je pourrai. » Céline ne le connaissait ıs. Ce pourrait être le garde Élie Bernheim, que j'ai obligé, très mo-estement, dans les premiers jours de février.

Jeudi (Saint) 6 Avril.

A Ronquerolles.

J'apprends de Pillon avec stupeur et une grande peine l'incroyable restation de Monseigneur Darboy, dont j'ai gardé non seulement le eux et filial souvenir du Collége, mais aussi un vif sentiment de connaissance pour nous avoir bienveillamment aidés, il y a quatre s, à placer un pauvre innocent dans une maison de santé, incompréhensible arrestation de cet esprit si libéral, presque si républicain, à i je me rappellerai toujours avoir entendu professer dans une conrence au Lycée « que nous ne devions pas prendre à la lettre le *rs de l'Église catholique point de salut!* » de cet ultra-gallican chevêque de Paris, qui avait jadis si largement exposé à l'Empereur s idées sur les rôles distincts de l'Église et de l'État....

Monseigneur a été arrêté avant hier, à quatre heures de l'après-di, avec sa sœur et tout le personnel du Palais archi-épiscol, par une cinquantaine de fédérés porteurs d'un mandat d'amener *citoyen Darboy se disant archevêque de Paris*, et qui après avoir lé l'archevêché s'y sont offert un souper de 80 couverts. Il avait été évenu depuis plusieurs heures, mais il n'a pas cru devoir fuir et a ulu attendre. Conduit à l'ex-préfecture de Police, il a comparu dent le farouche Raoul Rigault, Th. Ferré et autres de ses séides, nt il a dû subir un ridicule interrogatoire. Quand, pour leur ondre, il leur a dit avec sa douceur chrétienne : « Mes enfants ! » oul Rigault l'a brutalement interrompu :

« — Ici, il n'y a pas d'enfants, il y a des magistrats. »

Magistrat, Raoul Rigault ! un étudiant, un lugubre farceur et home de 24 ans, par l'ordre de qui Monseigneur Darboy est écroué la Conciergerie !

Décret de la Commune, d'hier :

. . . .

ARTICLE 4. — Tous accusés (de complicité avec Versailles), retenus r le verdict du jury d'accusation, seront *les ôtages du peuple de Paris.*

ARTICLE 5. — Toute exécution (par Versailles) d'un prisonnier sera immédiatement suivie de l'exécution d'un nombre triple des ôtages.

Ce matin, à 9 heures, des gardes nationaux du XIme Arrondissement ont requis la guillotine, l'ont brisée en morceaux et l'ont brûlée au pied de la statue de Voltaire.

Journal Officiel :

« La Commune,

« Considérant que les grades de généraux sont incompatibles avec « l'organisation démocratique de la garde nationale, décrète :

« ARTICLE PREMIER. — Le grade de général est supprimé.

« ARTICLE 2. — Le citoyen *Ladislas Dombrowski* est nommé com- « mandant de la place de Paris, en remplacement du citoyen Ber- « geret. »

Allons! un étranger maintenant! un polonais! pourquoi pas franchement un prussien?

Georges Cavallier, dit *Pipe-en-Bois*, occupe à l'Hôtel-de-Ville les fonctions de M. Alphand, directeur des promenades et plantations.

A M. A. DE M..., Ronquerolles,

Paris, Jeudi 6 Avril 71.

Mon bon chéri,

. . . .

Je suis allée ce matin entendre la messe de 7 heures à Saint-Eustache. Un des vicaires était en chaire, — c'était comme une oraison funèbre, quelque chose d'affreusement triste; et il pleurait..... j'ai vu de suite que la nuit même ces monstres étaient allés arrêter M. le curé de la paroisse, M. Simon, si aimé dans le quartier des Halles, et faire main basse chez lui sur tout ce qui leur convenait.....

Je suis rentrée à la maison, bien triste; cela prend des proportions effrayantes; dès que je verrai qu'il y aura le moindre danger, je partirai, sois tranquille, mon bon chéri.

. . . .

J'ai su par Mme Elwall que ces jours derniers M. Lenient a été averti par un cordonnier, son voisin et camarade de garde nationale, qu'on devait venir la nuit pour l'enlever. Le brave cordonnier les avait empêchés de monter. — « M. Lenient? il n'est pas là, il est parti » — Le soir même M. Lenient allait coucher chez son ami, M. Lévesque, avoué, 21, rue des Bons-Enfants.

. . . .

Hier j'ai été voir Mme Auguste Thiébault pour avoir des nouvelles de Beaumont, où est son mari chez sa mère. Elle m'a promis de venir me voir un de ces soirs. Nous sommes toutes les deux très fières d'avoir mis nos maris en sûreté, et de garder les maisons. Nous sommes des femmes fortes.

. . . .

Mirette est de plus en plus gentille. Tu ne t'imagines pas toutes les caresses qu'elle me fait quand je reviens le lundi; elle fourre sa petite tête dans mes mains avec un miaulement qui a l'air de dire : « Tu ne me caresses pas assez » — Elle miaule aussi pour avoir de tes nouvelles; le matin, quand elle entre dans ma chambre, elle te cherche partout.....

. . . .

A bientôt, etc.....

Céline.

Vendredi (Saint) 7 Avril.

A 5 heures et demie, réveil par le contremaître; hop! hors du lit! Première sonnerie d'appel. A 5 heures 50, la cloche. A 6 heures sonnant, debout dans la cour, pour être présent, comme toujours, à l'entrée des ouvriers.

A 7 heures, nous nous faisons conduire, M. et Mme Pillon et moi, par la jolie petite route montante, bordée d'aubépines en fleurs, à l'église d'Agnetz, où nous adorons la Croix.

De là, nous descendons à la gare de Clermont, voir s'il est arrivé un des paniers, qu'envoie chaque jour Céline avec matières premières, journaux et *lettres* cachées au fond.

D'un wagon de troisième classe d'un train de Paris se dirigeant sur le Nord et stationnant à Clermont quelques minutes, je vois descendre un singulier monsieur (figure de connaissance pourtant) vêtu d'une drôle de longue redingote qui lui va mal, chemise à pois rouges, cravate à bouts flottants, casquette de velours un peu trop sur l'oreille...

Ce bizarre personnage — pour sûr, je le connais! — vient à moi et me tendant les deux mains:

— « Bonjour, mon cher Alexandre.

— « Comment c'est vous? M. l'abbé Duquesnay! dans cet accoutrement?

— « Hélas, oui! mon bon ami. Hier soir, j'ai été prévenu par une « voisine charitable que les fédérés devaient venir m'arrêter ce matin « au point du jour, et je me suis sauvé cette nuit sous cette redingote, « qui est celle d'un ami, M. Gourgas, père de Mme Taberne. Ces Mes- « sieurs les fédérés auront trouvé ce matin la cage vide.

« Vous n'ignorez pas l'indigne incarcération de Monseigneur Darboy. « Il n'était que temps de fuir. Je ne suis pas le seul.

« Il y a dans mon compartiment M. le Curé de Passy. Tenez, le voilà, « déguisé en jardinier. (En effet, j'aperçois un petit homme, blanchissant, « gros et frais.) Et voilà encore d'autres ecclésiastiques sous une va- « riété de travestissements, presque dangereux, n'est-ce pas, si nous « n'étions déjà loin de Paris. »

— « Vous seriez bien aimable d'accepter notre modeste hospitalité « à Ronquerolles, un coin béni, à l'abri des recherches parisiennes.

— « Merci de tout mon cœur, mon cher enfant, je vais à Amiens, « puis à Douai, chez ma sœur..... »

Un coup de sifflet. On se serre la main, le train repart; M. Duquesnay n'a eu que le temps de sauter dans son wagon.

Aujourd'hui à 4 heures du matin, le corps de Flourens a été exhumé du cimetière Saint-Louis à Versailles et transporté de là au Père-Lachaise, où il a été inhumé dans le caveau de sa famille.

Le cortége se composait de sa mère, de son frère (1) et *d'un prêtre*, ce qui met en fureur ses fougueux partisans politiques.

Samedi (Saint) 8 Avril.

3 0/0 51.60

A 10 heures du soir arrivée à Ronquerolles de Céline apportant les deux lettres suivantes :

A Madame A. DE M..., Paris,

Samedi matin, 8 Avril.

Madame,

Permettez-moi de vous importuner pour vous prier de vouloir bien donner à ma bonne des nouvelles, mais seulement verbales, de vous, de votre cher mari et de nos deux enfants.

Comme nous pensons que vous allez partir le plus tôt possible aujourd'hui, soyez aussi assez bonne pour vous charger du petit billet ci-joint.

Mille remerciements d'avance, Madame, et veuillez agréer les compliments bien affectueux de Madame, auxquels je joins les miens avec les hommages respectueux de votre très-humble serviteur

Alexandre PILLON père.

---

(1) Émile Flourens, son frère cadet, né à Paris, le 14 avril 1841, conseiller d'État, puis directeur général des Cultes ; ministre des Affaires Étrangères le 13 décembre 1886.....

Ils sont les fils du savant académicien Flourens, l'auteur de la *Longévité humaine*, de l'*Examen de la phrénologie*, etc... Mort en 1867.

« *M. Pillon père (de Paris) à ses Enfants, à Ronquerolles,*

« *Vous êtes maintenant tranquilles.... Toi, cher Victor, ne reviens pas* « *jusqu'à nouvel ordre ; car la Commune* s'accentue, *comme on dit, de* « *plus en plus. Elle veut mener tous les hommes à la boucherie, mais* « *tous les hommes valides quittent Paris, se sentant sous le coup des* « *visites domiciliaires qu'on veut faire pour les enrôler.*

« *Il n'y a rien chez toi; seulement la portière ne paraît pas contente* « *de garder ton fusil ; j'y passerai tantôt.....*

Dimanche (de Pâques) 9 Avril.

Nous allons à la grand'messe à l'église d'Agnetz, très à l'aise tous les quatre dans l'antique et confortable calèche de la fabrique, qui a place pour six. Nous y arrivons comme toujours assez en retard, à peine pour l'Évangile, mais notre indulgent vieux curé, M. Lesecq, admet en plaisantant que *le chemin compte* (3 kilomètres).

Bonne journée d'intime tranquillité et de promenade dans la belle forêt de La Neuville, qui commence à verdillonner.

A 7 heures, Monsieur le Curé vient dîner avec nous, très exact. Le chemin ne compte plus ! C'est un gros papa, gai, très-bon vivant ; après le dessert, il dit : « Elle a un goût, votre eau-de-vie, Madame de « Mazade !

« ??

« — Oui, un goût de *revas-y !* — Et il tend son petit verre, en riant d'un gros rire.

« *Victor Pillon à ses Parents, (à Paris)*

« *Ronquerolles (Lundi de Pâques) 10 Avril 1871.*

. . . .

« *Je suis presque fâché d'être parti, quoique les événements m'aient* « *démontré surabondamment qu'il le fallait. Mais en apprenant tout ce* « *qui se passe, je suis bien inquiet sur vous; car les choses marchent* « *avec une telle rapidité que l'on ne sait vraiment où l'on va.*

« Je suis aussi assez inquiet de mon petit chez moi; l'idée qu'ils peuvent tout saccager en mon absence me tourmente. Quant à mon fusil qui ennuie la concierge, je pensè que tu l'auras fait remonter.

*« En ce qui concerne la Bibliothèque, demande à B***. s'il ne pourrait pas venir te voir en en sortant, un jour où tu ne vas pas à la tienne. Informe-moi également de ce qui s'y passe, et pour la transmission de tes lettres, mets-toi en rapport avec madame de Mazade qui les cache dans les paniers de marchandises envoyés ici journellement. »*

« Chère mère, tu dois être bien tourmentée; enfin du courage, de la prudence surtout pour ce cher père, et s'il y avait trop de danger, quittez Paris, venez ici..... »

A M. A. de M..., Ronquerolles

Paris, (Lundi de Pâques) 10 Avril.

Mon bon chéri,

Je viens d'arriver; je n'ai trouvé à mon passage à la gare de Beaumont que tante Authenac; ta mère n'a pas pu venir parce qu'elles ont du monde plein la maison; je ne sais pas qui.....

Paris est très-calme; mais aux fortifications on se bat le jour et la nuit; il y a des pertes affreuses des deux côtés; ils se battent derrière les remparts.

J'avais le cœur bien gros en te quittant à Clermont, mais j'ai été brave; j'ai trouvé la maison en ordre; Eugène a couché dans le magasin.

Maintenant je regrette d'être partie aujourd'hui, car je vois que j'aurais très-bien pu rester avec vous jusqu'à demain..... J'ai oublié mes pauvres petites fleurs, elles étaient si gentilles.....

Céline.

Je viens de voir passer les gardes nationaux de ta Compagnie, trainant je ne sais où *ton canon*, ton cher canon, dont tu t'étais tant occupé.

A Mme A. de M..., Paris,

Ronquerolles, Mardi 11 Avril.

Ma bonne chérie,

Comme j'avais le cœur serré hier en te voyant partir! J'aurais voulu te forcer à rester; je suis revenu tout triste et inquiet, et je le suis encore.....

A la moindre apparence de danger pour toi, viens vite ici, nous t'attendons d'un moment à l'autre.

Je n'ai encore pas reçu de panier....

Alex.

A M. A. de M..., Ronquerolles,

Paris, Mardi 11 Avril.

. . . .

Rien de changé dans la position de notre pauvre Paris. On ne se bat pas aujourd'hui. Mais voilà notre bon vieux curé de Saint-Leu, M. Lartigue, arrêté aussi sous le prétexte qu'un coup de feu a été tiré de l'Église sur la barricade de la rue aux Ours; cela me fait beaucoup de peine.

Hier devant la maison j'ai vu passer un pauvre prêtre, au milieu de gardes nationaux, comme un voleur; il marchait, son chapeau à la main, très-résigné et très digne. Des mégères l'apostrophaient, en se disant : « Vois-tu le Curé ? il n'en mène pas large ! » Son geste très-simple avait l'air de leur répondre : Vous feriez mieux d'être à votre ménage.....

. . . .

Samedi soir, les *Dames de la Halle* sont allées en

masse au Comité central ; là, elles ont dit : « Nous voilà ; « *il nous faut* notre curé, *il faut* qu'il officie demain « Pâques à 10 heures dans son église de Saint-Eus- « tache ; il le faut.... ou sinon... »

Et elles se sont fait rendre leur cher Curé, qu'elles ont ramené la nuit même en triomphe à la Cure.

Elles devraient bien rendre le même service à notre bon curé de Saint-Leu ; on devrait en faire autant pour M. Deguerry, curé de la Madeleine, l'ancien confesseur de l'impératrice, et surtout pour Monseigneur Darboy, qu'on a transféré Jeudi dernier de la Conciergerie à Mazas, avec le président Bonjean. On dit que les fédérés ont demandé à Monseigneur trois millions pour le mettre en liberté et qu'il a répondu en haussant les épaules ; « Mais je ne vaux pas trois millions !... »

Je viens de voir Mme Charles de Mazade, elle déjeûnera avec moi mercredi.

J'espère que Mme Desjardins n'oublie pas de te donner tous les matins la tisane de chicorée amère que je lui ai tant recommandée.

On disait que les Versaillais avaient été fortement battus hier, et qu'ils tentaient une entrée d'un autre côté.....

. . . .

Céline.

Madame V. Pillon-Dufresnes (de Ronquerolles)
à Monsieur et Madame Pillon père et mère, à Paris.

11 Avril 1871.

J'espère que vous aurez vu madame Alexandre, qui est partie de Ronquerolles bien courageusement et à contre cœur ; car dans ce charmant pays on ne se doute guère de toutes les atrocités de Paris. Vous devez être bien malheureux d'être si près et même au milieu de tous ces forcenés gardes nationaux; d'après le peu que nous savons, ils se retranchent près de notre quartier. Nous voudrions bien que vous soyez avec nous qui sommes si tranquilles au milieu des champs.....

Laure Pillon-Dufresnes.

A M. A. DE M..., Ronquerolles.

Saint-Étienne, 11 Avril.

Nous nous empressons de vous rassurer au sujet *du chèque;* connaissant les tristes évènements qui ensanglantent ce pauvre Paris, nous ne vous l'avons pas envoyé.

Ici tout est tranquille, mais à la surface seulement; l'orage gronde dans les bas-fonds, et sans les nombreuses troupes que nous avons à Saint-Étienne nous aurions certainement *la Terreur* aussi forte qu'à Paris.

Nous sommes déjà bien désassortis de marchandises.

. . . .

LIOGIER et CULTY.

Mercredi 12 Avril.

Le dépôt de Saint-Étienne annonce que, la *Société générale* délivrant toujours des chèques sur Paris, il m'en envoie un, sous pli chargé, de 7,308 francs, payable à Paris, rue de Provence, 56.

Il adressera cette semaine le compte de Mars.

4309 # COMMUNE DE PARIS

DÉLÉGATION DES CONTRIBUTIONS DIRECTES

Citoyen,

En vertu de l'appel fait au patriotisme des Contribuables par la Direction des Contributions directes (2 Avril 1871),

Nous vous invitons à venir verser dans le plus bref délai à notre bureau *41, rue Greneta.*

le restant de vos impositions exercice 1870.

Nous vous rappelons que trois mois de l'Exercice 1871 sont également échus.

Le Percepteur des Contributions directes
du *2me* Arrondissement.

Citoyen *Mazade fabt*

Il est bien entendu que, pour m'exécuter, j'attendrai l'ordre d'une autorité plus régulière. Je n'ai pas envie de payer deux fois.

A M. A. DE M..., Ronquerolles.

Paris, Mercredi 12 Avril.

Mon cher Ami,

Jamais je n'ai entendu pareille chose. Depuis hier soir 8 heures, canons, mitrailleuses, fusillade, un bruit à ne pas s'entendre ; le plus fort du bombardement n'était rien à côté de cela ; personne ne sait rien, il est probable que les Versaillais sont les plus forts, puisque la Commune ne fait pas savoir ses succès à Paris.

Ta lettre m'a donné du courage pour entendre cet affreux vacarme.

Les membres de la Commune et du Comité central continuent de s'arrêter entre eux les uns après les autres. Aujourd'hui c'est le tour de Bergeret, *lui-même*, et de Delescluze ; mais on dit que Assi et son ami Lullier (1) se sont évadés de la Conciergerie.

Beaucoup de journaux sont supprimés, les *Débats*, le *Constitutionnel*, la *Liberté*, le *Paris-Journal*. Avant-hier, c'était le *Temps*, le *Bien Public*...

---

(1) Charles Lullier, cet autre halluciné de la Commune, s'est dépeint dans quelques vers typiques, postérieurs à sa condamnation par le Conseil de guerre de Versailles et à sa commutation de peine :

PERFIDIE !

Quand j'avais quinze ans, ignorant la vie,
J'aimais une fille aux longs cheveux blonds.
Perfidie! Un jour la belle est partie
Avec je ne sais quel chef de rayons.

J'ai voulu courir après la Fortune;
J'ai brûlé plus tard pour la Liberté;
Perfidie! Hélas! de moi la Commune
A fait un forçat à perpétuité.

J'espérais mourir regardant en face
Douze chassepots baissés contre moi.....
Perfidie encor! car voici ma grâce.
Tout m'aura trompé, jusques à la loi!

Écris à Beaumont, tante Authenac me l'avait recommandé; mais par qui et comment? si tu pouvais même y aller, dis-leur que je ne risque rien, qu'il ne peut rien m'arriver ici, que Marie et Édouard vont bien et mademoiselle de Mazade aussi.

Cousine Ch. de Mazade m'apporte une lettre pour que tu l'envoies à son mari à son adresse, avec quelques journaux si tu le peux, et aussi une lettre de toi qui lui ferait grand plaisir.

A bientôt...., il me tarde d'être à samedi, je t'assure.

Céline.

M. Pillon père (de Paris) à son fils, à Ronquerolles.

12 Avril.

Je t'écris bien vite ce qui s'est passé à la Bibliothèque. Un délégué de la Commune s'est présenté; le Conservateur a demandé quelques jours pour délibérer et a fini par une transaction, j'en ai le texte dans l'Officiel.

. . . .

Ta mère est assez bien et pas trop émue de la canonnade de ces jours-ci; c'est le blocus qui recommence.

Je te quitte pour porter ce mot à Madame A. de M.....

Pillon.

Il me semble que Cascaret vous cherche à certains moments.

A Madame A. DE M..., Paris.

Ronquerolles, Mercredi 12 Avril.

. . . .

J'ai reçu hier matin ton panier contenant lettres, journaux, épicerie, et *soie* (poids exact).

Je suis dans les transes pour les dangers que me

paraît offrir de plus en plus pour toi le séjour de Paris. Reviens dès demain, si tu vois que..... par le train de midi 15 arrivant ici vers 4 heures. En passant à Beaumont tu pourras laisser un mot qu'un employé de la gare portera à maman.

Notre client Jules Chevalier, de Paris, revenant du Nord et allant rejoindre à Creil sa femme et ses enfants qu'il n'a pas vus depuis un mois, s'est arrêté à Clermont et est venu dîner avec nous à la fabrique. Il m'a donné une assez forte commission, sur laquelle il m'a gracieusement offert une avance de mille francs, que j'ai acceptée sans vergogne.

M. Chevalier m'a dit que dans le Nord il y aurait à prendre des commandes importantes.

Si Paris nous ennuyait trop, nous ferions *d'ici et toi ici* uniquement avec le Nord, en attendant.

Alex.

Apporte de l'argent.

A Madame A. de M..., Paris,

Ronquerolles, Jeudi 13 Avril.

J'ai eu vraiment une grande peine de l'arrestation de notre Curé M. Lartigue, qui doit être le meilleur et le plus inoffensif des hommes. Quand donc la fin de ces abominations?

Quoiqu'il arrive, pars de Paris samedi par midi 15; au besoin laisse le père Brent pour les règlements, avec la clef à Eugène. Prends dès maintenant tes mesures pour rester ici avec moi jusqu'à la fin de la tourmente. Nous y serons bien plus tranquilles et heureux ensemble.

Nous te réservons pour samedi un magnifique lièvre

que Léda nous a attrapé et étranglé ce matin à l'entrée de la forêt, pendant que nous te cherchions les fleurs que tu trouveras dans le panier.

Ne paie pas le propriétaire, dis-lui seulement que mon intention est bien de ne pas profiter du décret de la Commune.

Alex.

Madame V. Pillon-Dufresnes (de Ronquerolles)
à Monsieur et Madame A. Pillon, à Paris.

13 Avril.

. . . .

La fabrique de Ronquerolles est un petit paradis..... Les hirondelles sont arrivées dans la cour; mais les pauvrettes ont trouvé presque tous leurs bons nids occupés par ces gros paresseux de pierrots. Savez-vous ce qu'elles font pour réintégrer leur domicile? Elles emmurent tout simplement les moineaux, en se mettant plusieurs à boucher rapidement l'entrée, et quand elles sont sûres que les intrus sont étouffés, elles les extirpent, et les laissent tomber dehors comme des loques.

Et les tout petits canards qui, à peine sortis de l'œuf, courent après les mouches devant la mère cane sur l'étang du jardin à travers les grands nénuphars!.....

Le pays est très joli; de tous les côtés, des promenades charmantes. Nous allons souvent à Clermont faire notre marché, le plus souvent en carriole. Mardi dernier, en arrivant sur la place, nous nous sommes trouvés au milieu de 5 ou 600 prussiens, faisant cercle autour de leur musique; elle a joué plusieurs motifs de La Vie Parisienne; *elle a fini par un hymne national: nous avions près de nous des prussiens qui chantaient les paroles avec beaucoup d'entrain. Ils sont bien vêtus, les officiers ont très bonne mine.*

Allez à la gare vous trouvez des prussiens; allez sur la grande promenade du Châtellier, dans les rues, toujours des prussiens; Clermont ressemble plus à une ville d'Allemagne qu'à une ville Française. . . . . .

. . . . *Laure.*

M. Pillon père (de Paris), à ses Enfants à Ronquerolles.

13 Avril.

..... On n'est pas venu chercher le fusil, la portière le garde..... Ne soyez pas inquiets de nous..... Cet état de choses ne peut pas durer long-

temps. L'avant dernière nuit, vives canonnade et fusillade à Issy et à Châtillon. Mais on parle de paix ce matin..., d'une intervention officieuse de M. Washburne et autres ambassadeurs auprès de Versailles et de la Commune.

Croiriez-vous qu'un Décret d'hier ordonne la démolition de la Colonne Vendôme ?

Restez toujours là-bas.....

Pillon.

A M. A. de M..., Ronquerolles.

Paris, Vendredi 14 Avril 71

Mon cher et bon Ami,

Rien de nouveau ; je ne sais si nous en sortirons jamais. Cousine Ch. de Mazade, qui vient souvent me voir, me charge de t'embrasser bien fort.

J'ai revu hier avec beaucoup de plaisir nos cousines Proudhon. Par madame Desvoyes qui leur avait donné de nos nouvelles, nous les savions rentrées de Bruxelles juste cet affreux 18 mars.

Leur appartement de Passy avait gardé une âcre odeur des prussiens qui en ont occupé une pièce pendant deux jours ; cette pauvre cousine, ils lui ont brûlé son soufflet, cassé des œufs dans son piano, planté des clous sur les côtés de sa belle armoire, juge si elle était contente, elle si soigneuse ! Et ce n'est pas tout ; comme Passy se trouve entre les feux de Versailles et de la Commune, elles ont été forcées de déloger encore une fois; elles sont réfugiées chez leur ami M. Neveu, directeur du bureau de poste de la rue Bonaparte.....

Sais-tu que tu es privilégié, de prendre des Commissions de 60 kilos par le temps qui court ! Celles d'ici sont un peu plus modestes.....

Il nous viendrait pourtant des clients nouveaux, si nous avions assez de marchandises ; hier M. E. C., de premier crédit, qui n'est pas de nos clients, et qui passe pour être un original pas commode, se fâchait de ce que nous ne pouvions lui livrer tout ce qu'il voulait. Je me suis laissée aller à lui dire : « Nous vous avons « toujours vainement sollicité. Vous ne venez ici que « parce que vous n'en pouvez pas trouver ailleurs. »

Là dessus, il est parti comme une bombe en faisant claquer la porte, disant qu'il ne mettrait jamais les pieds à la maison.

En ouvrant ton panier d'hier et aujourd'hui j'ai eu un moment de grand désappointement, je ne trouvais pas ta lettre glissée dans un paquet et tu sais si ce moment de l'arrivée de ta lettre est le seul que je passe heureux dans ce vilain Paris; merci aussi, mon ami chéri, du joli bouquet, c'est toute ma joie.

A demain, enfin!...

Céline.

Samedi 15 Avril.

3 0/0 51.50.

Céline arrive à Ronquerolles à 6 heures du soir.....

Elle nous apporte des journaux de Paris :

Mercredi dernier on a extrait de la Conciergerie et conduit chez le *Délégué de la Sûreté générale* plusieurs ecclésiastiques arrêtés depuis quelques jours. L'un d'eux, l'abbé Bertaux, curé de Saint-Pierre-Montmartre, a été chargé de porter à Versailles deux lettres l'une de l'abbé Deguerry et l'autre de Monseigneur Darboy (1) exhortant le Gouvernement à moins de rigueur et de cruauté envers les fédérés prisonniers, fusillés, ou blessés achevés sur le champ de bataille.

Jeudi, l'abbé Bertaux se présentait devant l'Assemblée..... M. Thiers, ayant à la main la lettre de l'Archevêque, a exprimé au Curé « sa sur-

---

(1) Ces lettres se trouvent reproduites *in-extenso* dans la *Vie de Monseigneur Darboy*, par Monseigneur Foulon. Pages 534 à 538.

Voir aussi la *Vie de Monseigneur Darboy* par l'abbé Guillermin, pages 321 et suivantes.

« prise qu'un prélat aussi éclairé que M. Darboy eût pu croire que le « Gouvernement traitât de la sorte des prisonniers de guerre et des « blessés.

— « Dites bien, Monsieur le Curé, a ajouté Thiers, dites bien à votre « Archevêque que nous n'agissons pas ainsi envers des hommes égarés ; « que, dans la chaleur du combat, nous ne pouvons pas, il est vrai, « répondre de malheurs communs à toutes les guerres ; mais qu'une « fois le combat terminé les prisonniers et les blessés sont protégés et « soignés comme cela se pratique chez les nations civilisées et comme « le commande la générosité française, témoins les nombreux hôpitaux « de Versailles remplis de fédérés. »

Hier matin, à 9 heures, l'abbé Bertaux quittait Versailles, arrivait à 2 heures et demie à l'ex-préfecture de police, porteur d'une lettre confirmant les paroles de M. Thiers, était rendu libre, mais sans asile : son presbytère a été transformé en corps de garde, et son mobilier confisqué..... Monseigneur Darboy, l'abbé Deguerry, le président Bonjean et les autres restant toujours détenus.

A M. A. de M..., Ronquerolles,

Versailles, 15 Avril 71.

. . . .

Nous avons dû fuir Paris il y a quinze jours, mon père pour reprendre son service de chef de bureau du numéraire à la Caisse des Dépôts et Consignations, transportée à Versailles à la suite de l'envahissement de notre Administration par les fédérés, moi pour reprendre le mien plus modeste et surtout pour ne pas être incorporé de force dans leurs bataillons. C'était le 1er avril, nous sommes partis par la gare de Sceaux, voyage fantastique interrompu, de gare en gare, et à pied jusqu'à Versailles.....

Nos bureaux à Paris sont occupés depuis le 31 mars par les fédérés qui, après avoir tenu mon père prisonnier pendant une partie de cette triste journée, l'ont contraint par la force, en l'absence du Caissier général, de leur remettre les fonds qui se trouvaient en caisse. Leur montant n'en était heureusement pas très élevé, *une cinquantaine de mille francs*, l'or et les billets ayant été déjà mis en sûreté, soit à Versailles, soit à la Banque de France, dont mon père a pu habilement leur dissimuler le carnet.

Nous sommes logés tant bien que mal dans deux chambres garnies et nous prenons nos repas au restaurant « *de la Chasse* » qui se trouve près de nos bureaux intallés dans l'aile droite du Palais.

Le Ministère des Finances est à côté de nous, ainsi que le général Valentin (1), préfet de police, dont la situation n'est pas une sinécure en ce moment.

Avant-hier a eu lieu dans l'église Saint-Louis un service expiatoire pour nos malheureux généraux Lecomte et Clément Thomas.

Nous avons retrouvé ici notre ami Gustave Doré, installé avec sa mère chez des amis, où mon père va faire son whist, pendant que nous causons tout en le regardant dessiner, ou que nous allons nous promener.

La vie ne serait pas désagréable si l'on n'avait pas la préoccupation de Paris au pouvoir des insurgés ; car les boulevards de Versailles sont encombrés de gens de connaissance appelés ici par leurs occupations ou leurs affaires, ce qui donne à cette ville, habituellement si calme, une animation extraordinaire. Ajoute à cela les concentrations de troupes qui, à peine rentrées de captivité, se reforment rapidement pour une nouvelle campagne, hélas! contre Paris! l'issue n'en parait pas douteuse aux esprits compétents; mais combien d'hommes et de millions va-t-elle coûter?

Mon frère est réfugié à Rambouillet avec toute sa famille; tous en bonne santé y compris sa petite dernière, Léonie, née, la chère mignonne, en octobre, dans

(1) Ami de M. Fromentin.

le plein du premier siége, et qu'on est heureux d'arracher au second.

Rappelle-moi au bon souvenir... etc... Je suis depuis longtemps sans nouvelles d'Édouard et de sa famille...

C. Glaçon.

Monsieur Pillon père (de Paris) à ses enfants, à Ronquerolles.

15 Avril.

. . . .

« *Je revenais vers Saint-Roch ; là j'ai vu tout le quartier en émotion, on venait de cerner l'Église pour la visiter et saisir des armes. On a emmené en voiture le curé et deux autres prêtres. Tout le Passage était révolté ; on criait :* Vive M. le Curé ! *Le Délégué a cherché à apaiser la foule, en disant qu'il reviendrait demain. Le Curé cherchait lui-même à calmer l'effervescence. On a visité aussi les sœurs et jusqu'à la chambre de la Supérieure. L'Église est encore fermée.*

Je ne conseille pas aux deux gardes nationaux de Ronquerolles de revenir. On fait faire toutes sortes de métiers aux gardes citoyens. J'en ai rencontré un qui me contait ceci : en dehors du service, une de ces nuits, un caporal et quatre hommes étaient venus le prendre pour lui faire porter des munitions au Fort d'Issy.

Dimanche 16 Avril.

A Ronquerolles. Temps pluvieux. Bonne journée de calme et de repos, pour Céline surtout après sa semaine d'enfer.

Grand'messe à Agnetz. Puisque le chemin compte, nous n'y arrivons qu'au moment où, montant en chaire pour le prône, M. le Curé, avant le *Ad te levavi oculos* et le *De Profundis,* adresse comme tous les dimanches à ses paroissiens cette recommandation peu flatteuse pour la majorité : « *Ceux qui ne savent pas les prières que nous allons réciter* « *diront tout bas* NOTRE PÈRE *et* JE VOUS SALUE MARIE. »

Le Gaulois (de Versailles) annonce que *Chaudey* a été arrêté à Paris avant-hier soir.

Lettre de V. Pillon-Dufresnes (de Ronquerolles) à son père, à Paris.

16 Avril.

. . . .

.....Ce que tu m'as raconté de Saint-Roch *est odieux. C'est avec de pareilles atteintes à la liberté individuelle qu'on l'on tue la République.*

Je ne sais, cher père, si nous n'allons pas être forcés de dire bientôt adieu à notre chère correspondance, car Madame de Mazade va peut-être fermer le bureau de Paris, et venir à Ronquerolles.....

. . . .

Elle est vraiment captivante cette fabrication toute spéciale et compliquée de l'usine d'Alexandre; je ne t'ai pas encore dit ce qu'elle était parce que je commence seulement à m'en rendre compte. Les guipures et ganses sont des cordonnets de toutes grosseurs et nuances destinés à la passementerie, cordons ayant l'apparence de la soie, alors qu'ils n'en ont que l'épiderme sur un corps de coton (qu'on appelle âme, on ne sait pourquoi.) Espèce de galvanisation du coton par la soie, le coton étant le cuivre, la soie étant l'or ou l'argent. Guipure *est le terme générique, soie guipée autour d'un faisceau tordu de coton. En moyenne le coton vaut 5 francs le kilo, la soie 100 francs, et la ganse se vend de 20 à 30 francs selon sa grosseur. Voilà le nerf de la chose.*

L'arrivage du coton *a lieu ici par douzaines de grandes caisses de 130 à 150 kilos, en fuseaux sur* busettes *de carton. Ces fuseaux sont donnés à des femmes du hameau qui assemblent le coton sur des grosses bobines en 2, 3, 4, 6, 8, ou 10 brins, pour obtenir les diverses grosseurs* d'âmes. *Ensuite moulinage et mise en écheveaux pour subir la teinture en noir ou couleurs. Après séchage, redéridage sur bobines; enfin mise sur les métiers pour recevoir l'épiderme de soie.*

La Soie *arrive grège, c'est-à-dire non ouvrée, de Chine, à Paris, par l'intermédiaire de gros importateurs, en balles de douze pains de 4 kilos chacun, qu'on donne à* ouvrer *(ou dévider) à des mouliniers de Paris. Elle devient alors de la* trame, *laquelle après cuisson ou décreusage se teint, comme le coton, en noir et en toutes couleurs. Mutin est le grand chef de la teinturerie. Les écheveaux de soie teinte subissent l'opération très délicate du dévidage sur petites bobines* ad hoc, *opération demandant des mains sèches et légères. Enfin ces bobines de soie sont prises par les métiers pour couvrir d'une nappe de leurs fils juxtaposés le coton, qui les entraînant par sa torsion les fait tourner comme les petites valseuses d'un orgue de barbarie. Une ouvrière surveille le métier et rattache les fils de soie qui s'épuisent ou se cassent.*

C'est le côté le plus curieux du travail..... *Victor P.-D.*

Lundi 17 Avril.

Eurêka !

A 5 heures et demie, je réveille Victor avec ce mot *Eurêka*, qui remplace aujourd'hui le *What o'clock* réciproque dont nous nous amusons chaque matin.....

La nuit — peut-être un rêve — vient de me suggérer la solution longtemps cherchée d'un problème que mon père croyait insoluble, le *contrôle absolu de la soie* teinte et dévidée *par le numérotage de ses bobines*. Comment en effet, sur 12 ou 15,000 mille bobines de soie même numérotées, reconnaître s'il n'en est pas chaque jour soit emportées (il paraît que jadis on fouillait les ouvrières à la sortie) soit jetées, parce que brouillées, dans la rivière ou ailleurs? Comment savoir *à qui* imputer la faute? Comment empêcher une ouvrière, qui aurait soustrait ou gâché une bobine, de pouvoir la remplacer par une autre dérobée à sa voisine de métier? etc..... Or, **Eurêka !** Et le moyen est tout simple, si simple qu'on s'étonne de n'en pas avoir eu l'idée tout de suite : avoir des boîtes uniformes, portatives, contenant chacune, en un double damier superposé, un compte juste de *cinquante* bobines, également uniformes, marquées du *numéro de leur boîte*, de façon que l'absence d'une seule dans sa boîte saute aux yeux. L'ouvrière d'un métier sera débitée de la boîte *numéro tant* qui lui sera confiée, et elle devra la rendre au bureau après l'emploi de la soie, *avec ses mêmes cinquante bobines du même numéro*, pleines, entamées, ou vides.

Donc, dès ce matin, commande au menuisier Félix Bourgeois de 200 boîtes destinées à 10,000 bobines pour commencer. Victor Pillon va m'aider gracieusement à ce long et minutieux numérotage de 1 à 200 des boîtes et de leurs bobines, au poinçon, en creux indélébile.....

A M. A. DE M..., Ronquerolles,

Paris, Mardi matin 18 Avril.

. . . .

Je suis arrivée hier avec ta mère, qui est avec moi pour quelques jours. Édouard me conseille de ne pas repartir; il n'y a pas de danger pour l'instant.

Je n'ai encore rien entendu, que deux coups de canon en entrant en gare; c'était probablement pour fêter notre arrivée.

Mais que ces fédérés sont donc stupides avec leur rage contre la religion! nous venons encore de voir passer sur le boulevard, entre des gardes nationaux, des pauvres sœurs de charité, chassées de leurs hospices ou de leurs couvents, toutes modestes et toutes tristes, tenant à la main leur petit baluchon.....

. . . .

Céline.

A Madame A. de M..., Paris,

Ronquerolles, 18 Avril 7 heures du soir.

Ma bonne chérie,

J'arrive de la gare de Clermont avec tes paniers.....

Il y aura un deuxième envoi; tu expédieras à Saint-Etienne; dis à ces Messieurs qu'ils peuvent compter sur des réceptions fréquentes.

Je vois avec plaisir que Paris paraît plus calme, et surtout que Maman est auprès de toi.....

De la soie ouvrée, vite, vite..... urgent.....

. . . .

A. de M.

Madame V. Pillon-Dufresnes (de Ronquerolles) à ses parents, à Paris.

18 Avril.

. . . .

Madame Alexandre nous a beaucoup étonnés en disant que ce pauvre Paris avait toujours sa même physionomie, que tous les magasins de son quartier sont ouverts.

L'arrestation de notre curé de Saint-Roch nous attriste beaucoup ainsi que de savoir l'Église servant de magasin à tous ces mauvais garnements qui grouillent dans le quartier.

Nous vous en supplions tous les deux, si le danger devenait plus grand, venez ici...., tout est prêt pour vous recevoir.....

Mauvais temps depuis Dimanche, ce qui n'empêche pas mes promenades quotidiennes par les bois et les champs, à la recherche d'herbe pour les petits lapins.....

Laure.

M. Pillon père (de Paris) à son fils, à Ronquerolles.

18 Avril.

.....Dimanche j'avais donné à B, qui s'est réfugié dans le Marais, rendez-vous au Louvre *pour lundi ; il y est venu, toujours bien gentil ; il avait parlé à R. pour excuser ton absence. R. lui a dit que tous les jeunes gens de la Bibliothèque étaient absents et qu'il trouvait cela très juste.*

Je vais aujourd'hui à l'Institut ; on n'y avait pas encore envoyé mardi dernier les pièces pour Versailles.

Vendredi on a enterré civilement Pierre Leroux *au cimetière Mont-Parnasse.*

Dimanche ont eu lieu des Élections complémentaires des membres de la Commune dans plusieurs arrondissements. C'est très-joli ! on y voit les citoyens Courbet, Cluseret, et même Menotti Garibaldi !

Tenez-vous toujours cois, M. Alexandre et toi ; on sort de Paris, mais il faut n'y rentrer que passé 40 ans.....

Pillon.

Journal des Goncourt. — Mardi 18 Avril. — « *A la* « *place Vendôme l'échafaud se dresse pour la démolition de la Colonne.*

. . . .

« *... Un signe du temps. Je vois un homme en coupé, qui se mouche* « *avec ses doigts par la portière.....* »

A Madame A. de M.., Paris,

Ronquerolles, Mercredi 19 Avril

Ma chère Céline,

De la soie, envoie nous de la soie! toujours le plus possible. Il faut absolument que tu en trouves; si non *de grège*, au moins *de la trame*, voire même *ouvrée sans tours comptés*, chez Germain, Dervieux, Hesse, Arlès Dufour ou autres. Si c'est impossible, dis-le moi, au besoin par un mot confié à un voyageur, *tout exprès*, pour que j'en demande à Lyon ou à ces Messieurs de Saint-Étienne.

Talonne aussi nos mouliniers. Pense que sans soie toute la fabrique serait en plan! Le coton arrive régulièrement de Rouen par Amiens. Les drogueries pour teinture également.

Mutin me dit qu'à Toulouse il a emprunté 17 francs à Alexandre Authenac; il me prie de les lui retenir aux paies; j'écris à Alexandre.....

A. de M.

A M. A. de M..., Ronquerolles.

Paris, Mercredi matin 19 Avril.

. . . .

Nous avons diné ta mère et moi lundi chez Édouard; ta mère trouve que ta nièce te ressemble, et cela amuse beaucoup Marie. L'abbé de Manas dine ce soir avec nous.

Dès que tu auras reçu une lettre de M. Ch. de

Mazade, n'oublie pas de la mettre dans le panier; notre cousine vient tous les jours la chercher.

Paris est très calme, pas même de canon; ta mère en est très étonnée.

Je t'envoie de la soie,..... kilos.

Madame Léon Delphis, la cantinière, est venue pour avoir quelque secours du Conseil de famille; renseigne-moi, car elle reviendra jeudi. Son mari est perdu.....

Céline.

A M. A. de M..., Ronquerolles,

Moissac, Mercredi 19 Avril.

Mon cher Alexandre,

Je vous envoie sous ce pli une lettre pour ma femme; merci de vos attentions amicales pour elle; je vous en suis bien reconnaissant. Je serais bien plus tranquille de la savoir auprès de vous; pressez-la d'aller vous voir, c'est un moment de crise à passer.

Je n'ai pas pu partir encore comme je voulais, j'avais une méchante grippe qui ne voulait pas me quitter. Je commence à en être débarrassé et je compte partir demain ou après demain; j'irai à Versailles, en attendant mieux.

Quels horribles événements, mon cher ami! ici nous sommes à peu près comme au temps du siége, c'est-à-dire sans nouvelles, sauf les dépêches officielles; nous ne savons rien de Paris, si ce n'est que la lutte continue. Si cela dure encore quelque temps, c'est la ruine, c'est la mort de notre pauvre Paris. Paris est perdu pour longtemps; quand se relèvera-t-il? Vous pouvez compter que de longtemps Paris ne retrouvera son influence sur la province. Il n'y a qu'animosité et défiance invincibles contre lui. Dans toutes les contrées l'esprit est tel que, si M. Thiers et l'Assemblée montraient quelque penchant à une transaction, ils seraient du coup absolument dépopularisés. Nous ne savons guère ce qui se passe à Paris, mais à coup sûr Paris ignore encore plus les sentiments qu'il soulève contre lui et qui ne font malheureusement que s'accroître. S'il y avait des Élections en ce moment, l'Assemblée nouvelle serait plus réactionnaire que celle qui existe. Vous ne pouvez vous faire une idée de l'état de l'opinion, et on s'irrite d'autant plus que tout souffre.

Adieu, mon cher ami, mille choses affectueuses à votre femme, à votre mère, à vos tantes, à votre frère, à votre belle-sœur dont j'ai appris avec plaisir l'heureuse délivrance.

A bientôt j'espère, et à vous cordialement.

Charles DE MAZADE.

Avec cette lettre est le mot suivant :

Voilà longtemps, mon cher Alexandre, que je voulais te remercier et te demander des nouvelles de toute la famille si tu peux en avoir.

Quel triste temps! Que je suis heureux d'être loin de cette bagarre! Nous nous disputons bien un peu pour les élections, mais c'est tout. Je passe la vie la plus agréable qu'on puisse imaginer ; je vais chez l'un, chez l'autre, et toujours manger! Quel appétit il faut avoir! Vois-tu le convalescent?

Ton tout dévoué cousin,

Ch. DE MAZADE fils.

A M. A. de M..., Ronquerolles,

Paris, Jeudi 20 Avril.

Mon cher Alexandre,

. . . .

Hier soir en quittant mes cousines avec qui j'avais dîné, portant toute ma barbe et toujours habillé en bourgeois comme vous m'avez déjà vu, j'eus la pensée d'aller au presbytère de Saint-Leu m'informer de ce qu'était devenu mon compatriote l'abbé Léris.

Quand la porte s'ouvrit devant moi, je me trouvai en présence d'une dizaine de fédérés, le fusil au poing, commandés ou conduits par un délégué de la Commune, ceint d'une large écharpe rouge.

Le vestibule était sinistrement éclairé par la longue flamme de grands cierges de convois funèbres. C'était en effet quelque chose de la mort, car ces sombres cerbères gardaient les entrées, pendant que de la cave au grenier d'autres fouillaient le presbytère, dont on avait arrêté les habitants. Que faire? Fuir? C'eut été me perdre à coup sûr; alors, sans paraître craindre ou même voir le danger, j'entrai tranquillement dans la loge du concierge.

Le citoyen à l'écharpe écarlate, flanqué de deux autres non moins citoyens, entra de suite après moi et m'interpella avec la solennité grotesque d'un homme important sans importance.

— « Que venez vous faire ici?

— « Je viens demander M. Léris, vicaire à cette « paroisse.

— « A quel titre demandez-vous le citoyen Léris?

— « A titre de compatriote.

— « Le citoyen Léris et tous *les curés* de cette église

« sont arrêtés au nom du salut public et à cette heure
« on fait des perquisitions chez eux.

— « Je l'ignorais.

— « Quel âge avez-vous ?

— « Trente-trois ans.

— « Vous devez être garde national; quel est le nu-
« méro de votre bataillon ?.....

— « ??

— « Vous êtes donc réfractaire. Quelle est votre pro-
« fession ?

— « Je ne suis pas réfractaire, car je suis étranger
« à Paris, je suis de Montauban (Tarn-et-Garonne).
« Venu à Paris pour des affaires, l'état de siége m'y
« retient plus que je ne voudrais ; j'espère cependant
« pouvoir bientôt rentrer chez moi et je désirais porter
« des nouvelles de M. Léris à sa famille.

— « Avez-vous quelque chose qui justifie de votre
« identité ?

— « Non, je ne me suis pas même préoccupé de ce
« soin, tant j'étais loin de craindre qu'on m'inquiétât.

— « Nous sommes à un moment où nous devons
« nous assurer de toutes les personnes qui nous ap-
« prochent.

— « Je ne peux pas vous donner d'autres assuran-
« ces, je pense qu'elles vous suffisent et je demande à
« me retirer.

— « Attendez encore, nous allons voir. »

Et mes trois hommes revinrent dans le vestibule prendre l'avis de leurs camarades ; je les suivis.

Leur entretien se prolongeant, je commençais à n'être plus très rassuré sur les conclusions de mes juges.

Pendant la discussion sur mon sort je remarque que la porte a été laissée entrebaillée par un fédéré qui revenait d'acheter du tabac.

Tout lentement je me rapproche de la porte, et je passe, en la refermant sur moi.

On a dû me poursuivre, mais j'avais des ailes, et je fus vite mêlé à la foule des boulevards, d'ailleurs mal éclairés par de fumeux lampions.

Je revins de suite raconter à ces dames ma triste et heureuse odyssée ; on me donna un cordial dont j'avais grand besoin.....

Je suis donc libre comme vous, grâce à Dieu sans doute, mais grâce aussi, je crois, à l'air peu distingué et même peu honnête que me donnait un accoutrement d'occasion, étrange coupe de mon costume civil ou étrange façon de le porter.

Pour vous, mon cher Alexandre, je vous prie de ne plus rire désormais au souvenir de ce qui fut la cause de mon salut.....

A quand la fin de ces saturnales, ridicules si elles n'étaient sanglantes ?

A bientôt j'espère.....

G. DE MANAS.

A M. A. DE M..., Ronquerolles.

Paris, Jeudi 20 Avril.

Mon ami chéri,

Je n'ai pas pu faire partir nos paniers ce matin, cela devient de plus en plus difficile. Je suis obligée d'aller à la gare avec Eugène. Il avait des amis dans les gardes nationaux, il allait avec eux boire une goutte ; mais ils ont été changés, j'ai donné ce matin à plusieurs des pièces de vingt sous ; ils m'ont promis, mais rien n'est parti. Je suis allée ensuite au commissariat de la gare demander la permission d'envoyer mes paniers ;

j'ai cru apitoyer le commissaire, un garde national tout galonné, en lui disant que le manque de la soie que j'envoie coupait le travail à toute une population d'un village. Il m'a répondu que « dans un pareil moment *personne ne devait travailler, que chacun devait être à la défense du pays!!.....* »

Je m'en suis allée toute désolée, d'autant plus que nos paniers sont devenus *la poste* du quartier, car les commerçants du boulevard m'apportent journellement toutes ces lettres que tu fais jeter à la poste à Clermont; nous allons essayer nos envois par la Seine, par Rouen et Amiens.....

Si tu t'es décidé à aller dans le Nord, j'espère que tu seras revenu pour dimanche, à Beaumont; ta mère compte sur nous.

Édouard et Marie partent aujourd'hui pour Beaumont. C'est ce qui a abrégé le séjour avec moi de notre bonne mère, très effrayée d'ailleurs par la canonnade de cette nuit; il a fallu qu'elle aille à Beaumont préparer une chambre pour Marie, qui se couchera en arrivant; je crains bien que ce voyage ne fasse mal à Marie, car elle n'est pas guérie. Édouard qui se voit forcé de quitter Paris, parce que voilà maintenant la garde nationale à cheval très recherchée par les fédérés, ferait mieux de s'en aller seul et de laisser sa femme à Paris, comme elle le voulait, enfin.. ..

. . . .

Céline.

A Madame A. de M..., Paris.

Ronquerolles, Jeudi matin 20 Avril.

Ma bien aimée chérie,

. . . .

Je pars à 3 heures pour Amiens. Nos bons amis

Pillon seront ici les intermédiaires de notre correspondance, restant mes auxiliaires surveillants, que mon absence va rendre encore plus précieux.

Comme ils doivent aller dimanche à Chantilly voir des parents, tu ferais bien de passer à Beaumont les journées de samedi, dimanche et lundi, et même d'y rester jusqu'à mon retour pour revenir ici directement si les choses s'aggravent à Paris. On parle d'un siége et d'un blocus en règle, avec privation de communications; ce sont peut-être des cancans. Vois tout cela.

Tu peux donner 10 francs à madame Léon Delphis, et au besoin encore 10 francs huit jours après. Ce n'est pas notre cantinière, mais sa belle-sœur. Informes-en M. Leroux, trésorier, pour qu'il transmette la malheureuse position de cette pauvre femme aux autres membres du Conseil, s'ils tiennent encore, ce dont je doute.

Ne manque pas d'envoyer à Saint-Étienne, et toujours grande vitesse, quelle que soit la grosseur de la caisse, tout ce que tu auras de libre. C'est une grande ressource et garantie pour nous que Saint-Étienne en ce moment.

Je t'écrirai tous les jours.....

Alex.

A M. V. Pillon-Dufresnes, à Ronquerolles.

Amiens, Jeudi 20 Avril, 6 heures soir.

Mon cher Victor,

Je viens de voyager avec des jeunes gens venant de Paris, d'où ils se sont échappés par les moyens les plus grotesques, sous des déguisements abracadabrants, par des échelles de corde dans les fossés des fortifications, comme colis dans des bannettes, dans des malles, que sais-je..... il en serait parti 20,000 dans la même semaine... Les voyageurs me disent que les affaires de la Commune commençent à sentir le roussi. Les hommes de ce Gouvernement de passe-passe sont regardés même à Paris comme d'éhontés saltimbanques et l'on s'attend d'un moment à l'autre à voir crouler leur menaçant mais piteux échaffaudage.

Au moment où j'entre dans Amiens, on affiche une circulaire de Thiers, annonçant que les troupes de Versailles ont enlevé Asnières en infligeant aux insurgés des pertes énormes. Il termine en disant que le cercle militaire se resserre chaque jour autour de Paris, que la crise touche à sa fin. Je copie :

« AINSI NOUS AVANÇONS VERS LE TERME DE CETTE CRI-
« MINELLE RÉSISTANCE A LA LOI DU PAYS, ET LA COMMUNE
« DÉJA DÉSERTÉE PAR LES ÉLECTEURS LE SERA BIENTOT
« PAR SES DÉFENSEURS ÉGARÉS QUI COMMENÇENT A COM-
« PRENDRE QU'ON LES TROMPE ET QU'ON SACRIFIE INUTILE-
« MENT LEUR SANG A UNE CAUSE A LA FOIS IMPIE ET
« PERDUE... »

. . . .

A. DE M.

Ceci pour Madame A. de M. :

Ma bonne chérie,

Un mot seulement, écrit sur mes genoux. J'arrive sous la pluie à Amiens, qui, outre 18,000 Prussiens, est tellement plein de réfugiés parisiens qu'après avoir inutilement frappé à la porte de plusieurs hôtels, dont les officiers allemands accaparent, bien entendu, les meilleures chambres, j'ai dû accepter une mansarde, qui n'a qu'un pauvre lit et une chaise.

Il m'a fallu montrer mes papiers et prouver mon identité en entrant en ville.....

Demain Rouen, pour remonter ensuite, encore par Amiens, vers le Nord.

Réclame chez Amiard l'acide sulfurique.....

Alex.

Au moment où je ferme ma lettre, grande musique de Prussiens sur la place Périgord.

A M. V. Pillon-Dufresnes, Ronquerolles

Amiens, 21 Avril, 2 heures.

Mon cher Victor,

Je vais à Rouen.....

Dis à Mutin que j'ai vu M. Serrassaint teinturier, ainsi que *Théodore* qui travaille chez lui. Ils se rappellent Mutin, surtout sous le sobriquet de *la chique*.....

M. Serrassaint m'a donné tous les renseignements dont j'avais besoin pour les extraits de campêche, de Cuba, les rouilles.....

Un joli détail que j'apprends d'un parisien récemment émigré :

Les lettres *affranchies* de Paris pour Paris n'arrivent pas à destination ; on ne les reçoit jamais. Celles non affranchies au contraire arrivent parfaitement, moyennant le port payé par le destinataire.

Mais voici le sublime !! avant hier on voyait écrit sur les bureaux de poste : *Nous avons des timbres*. Ce n'est pas autre chose que les timbres délicatement découpés et cueillis sur les lettres affranchies, lesquelles, tu comprends maintenant, ne parviennent jamais, et pour cause. Qu'en dis-tu ? Voilà notre Paris ! Amiens lui est supérieur : il a des Prussiens, hélas ! mais il n'a pas de gardes nationaux !

J'ai vu ce matin les Allemands faire l'exercice général sur les boulevards et je t'avoue que les bras me tombent de stupéfaction. Des bataillons entiers, de vrais blocs coupés au cordeau se retournant d'un bond comme un miroir brusquement changé de face, avec le seul bruit d'un gros couvercle retombant sur une malle; une immense machine qui doit avoir une force extrême par la précision même et l'instantanéïté du mouvement. C'est absurde, c'est idiot, mais c'est fort, et de ce côté c'est complet.

. . . .

A. de M.

A Madame A. de M..., Paris,

Beaumont, Vendredi 21 Avril.

Ma bonne petite Céline,

Notre chère Marie a fait son voyage sans trop de fatigue. Elle est arrivée portée sur une civière depuis la gare. Elle est installée dans la chambre de madame Abbadie, elle s'y trouve très bien.... je vous prie de donner cette bonne nouvelle à son père.

Son frère Ernest est ici depuis lundi, et je vais tâcher de le garder jusqu'à dimanche afin que vous vous trouviez ensemble avec Alexandre.

Je viens de recevoir une lettre de Moissac, du *petit Charles*. Son père et lui sont très inquiets de Madame Charles de Mazade et ils n'osent pas revenir. Je lui réponds en les rassurant. Veuillez aussi, ma chère petite fille, lui écrire, si vous ne la voyez pas, pour qu'elle puisse avoir des nouvelles de son mari et de son fils, et lui rappeler que nous l'attendons incessamment.....

Votre mère toute dévouée, C.-L. de M.

A M. A. de M..., poste restante, Rouen.

Ronquerolles, Vendredi 21 Avril.

Mon cher Ami,

Par les détails de la lettre d'Amiens, j'ai vu avec un infini plaisir que les communeux avaient été brossés de telle sorte que le langage de Thiers s'en ressentait. Je crois un peu comme lui que l'agonie de la Commune commence, mais elle pourra encore avoir des convulsions.

Le nombre des boites livrées par Félix Bourgeois augmente tous les jours. Les bobines, numérotées d'avance, les attendent. Il y en a déjà pas mal qui fonctionnent avec leurs 50 bobines; le résultat se dessine excellent.

Malgré toute la peine que Madame de Mazade se donne, la soie n'arrive pas assez...

. . . .

Ma femme (qui profite de ton absence, pour me faire boire ta ration de chicorée amère, pouah !) me charge de te présenter ses amitiés...

V. Pillon-Dufresnes.

M. Pillon père (de Paris), à son fils (à Ronquerolles).

21 Avril.

. . . .

Espérons que cette guerre cruelle et impie aura bientôt sa fin; mais il est impossible de préjuger ce qu'elle sera. Il y a tant d'opinions contradictoires qu'il est de même impossible de connaître l'opinion générale.

B. est venu hier matin, j'étais parti. Il a dit à ta mère qu'on devait par ordre *ouvrir la Bibliothèque lundi prochain. ...*

J'ai été chez toi mercredi, la Concierge avait donné ton fusil la veille. On était venu de la Mairie, disant que c'était là qu'on te le rendrait!

Les vivres augmentent. Serions-nous encore menacés d'un long blocus?

A l'Institut j'ai vu Pingard mardi. Tout devait y fermer le lendemain et les fonctionnaires décamper. M. Patin est parti depuis huit jours, on n'a pu me dire où il est; Pingard même, qui veut s'éloigner beaucoup, ne savait pas où il irait.

Au total la situation est triste sous tous les rapports; cependant il ne faut pas perdre courage, ni désespérer de la Providence.

Pendant que j'étais chez toi hier, Bullot y est venu. Le pauvre garçon a été longtemps malade d'une fluxion de poitrine, il a encore une bronchite, conséquences nécessaires du métier de soldat qu'on a fait faire aux gardes nationaux.

Rosa est partie. Son oncle, prêtre à Saint-Sulpice, la remmène dans son pays. Mais ne soyez pas inquiets pour nous, elle nous a rendu le service de chercher et de nous amener une femme de ménage qui est très-bien.

Les Parisiens n'auront plus de pain tendre; un arrêté de la Commission exécutive, *sur la demande de la corporation des ouvriers boulangers,* supprime le travail de nuit!

Adieu, mes deux enfants chéris, nous vous envoyons mille tendres baisers.

Pillon.

Journal des Goncourt. — Vendredi 21 Avril. — « La Vérité *annonce que demain ou après demain doit paraître à* « *l'*Officiel *une loi en vertu de laquelle sera enrôlé et condamné à* « *marcher contre les Versaillais tout homme marié ou non marié de* « *19 à 55 ans. Me voilà sous la menace de cette loi. Me voilà dans quel-* « *ques jours obligé de me cacher, comme au temps de la Terreur. Le* « *passage est encore libre, à la rigueur, mais je n'ai pas la volonté de* « *m'en aller.*

« ..... *Des corbillards qui vont chercher des morts parcourent le bou-* « *levard, ornés de leurs huit drapeaux rouges flottant au vent, et enve-* « *loppant dans leurs plis sinistres les trognes macabres des cochers.*

« ..... *A la tombe de mon frère, à Montmartre, la fusillade et la* « *canonnade semblent toutes proches.....*

« ....*On ne peut pourtant pas s'en aller dans ce moment où nos amis* « *les ennemis semblent se rapprocher..... On se dit : « Allons, ce sera* « *pour demain. » et ce demain n'arrive jamais!* »

Samedi 22 Avril.
3 0/0. 51.95.

A Madame A. de M..., à Beaumont-sur-Oise.

Rouen, Samedi 22 Avril, 7 heures matin.

Ma bonne petite chérie,

Me voici à Rouen, cette fois dans une chambre très gentille et très proprette, quoiqu'au 4me étage (Hôtel de France, un des plus beaux de la Ville). A Rouen, comme à Amiens, les hôtels regorgent de voyageurs, émigrés parisiens..... et de Prussiens! Rouen a plus de 25,000 Prussiens, et sur toute la ligne de Clermont à Amiens, d'Amiens à Rouen, il n'y a pas de plus petiot village qui n'ait son occupation ; sans cet animal de Paris nous n'en serions plus là.

Ma bonne chérie, je suis passé hier par Forges-les-Eaux; c'est une petite Normandie, toute verdoyante déjà et dont le nom m'a rappelé et te rappellera bien des souvenirs : nos projets d'une saison à Forges, une espérance pour l'avenir, notre voyage à Dieppe, notre retour précipité et la mort de notre chère tante Abbadie. Il faudra pourtant bien qu'un jour nous reprenions ce bon projet-là; nous aurons du moins la consolation de n'avoir rien négligé.....

Ma pauvre chérie, cela doit te sembler bien bon d'avoir une journée de calme, à Beaumont, en famille, après une semaine de l'affreux et stupide vacarme de Paris. Je voudrais pouvoir m'échapper et être avec toi, ma bonne mère et nos chères tantes, toute cette journée de dimanche, que je vais passer presque entière en chemin de fer, allant à Lille.

. . . .

Alex.

A M. A. de M..., poste restante, Lille.

Paris, Samedi 22 Avril.

Mon bon ami chéri,

. . . .

J'espère que tu ne resteras pas trop longtemps ; dis-moi quand tu comptes revenir, car le temps commence à me paraître affreusement long. Écris-moi surtout tous les jours ; quand je m'ennuie par trop, je lis et relis ta lettre ; j'en viens à désirer que tous les gardes nationaux soient prisonniers à Versailles.

Le petit papier ci-inclus m'a été apporté ce matin par M. Brent ; il venait de copier ces vers écrits à la craie sur la devanture d'un magasin du boulevard Montmartre :

Si d'aérostiers vers la lune
Un décret lance un bataillon,
C'est que bientôt à la Commune
On enlèvera le ballon.

M. Brent n'avait pas le dos tourné qu'un garde national furieux effaçait ça.

Je crois que dans ce moment tous les forts canonnent en même temps, c'est un vacarme épouvantable. Je n'ai pas encore entendu parler de siége ni de blocus sérieux ; mais sois bien persuadé que j'y veille et que je ne me laisserai pas prendre.

M. Lenient est parti depuis quelques jours chez son beau-père, au Danjou, je crois, entre Nangis et Fontainebleau, avec sa femme, son chien, et son fusil. C'est en pleine forêt, les Prussiens avaient peur, ils n'y venaient pas ; maintenant M. et Mme Lenient ont les oreilles déchirées par leurs tambours et leurs insupportables fifres.

. . . .

Céline.

A M. A. de M..., poste restante, Lille.

Ronquerolles, Samedi 22 Avril.

Mon cher Ami,

. . . .

Ton histoire des *timbres-poste* de Paris m'a bien amusé. Si c'est vrai, ce que j'ai peine à croire, nous aurions affaire à de vulgaires filous, greffés sur des assassins de bas étage, qui ne mériteront que la potence, lorsque le jour de la justice sera venu. Je crois que les troupes de Versailles ont eu de sérieux avantages ; puissent-elles avancer la conclusion de cet épouvantable drame où l'élément Robert-Macaire domine trop...

Par notre..... *courrier*, Madame Alexandre t'envoyait trois notes des expéditions faites par elle à ton dépôt de Saint-Étienne. Comme tu le vois, elle n'a pas perdu son temps.

Quel temps exécrable, mon pauvre ami, pour ta tournée! il devrait nous faire renoncer à Chantilly, mais Laure en a fortement envie, et comme *ce que femme veut Dieu le veut*, j'en infère que nous irons, dût-il pleuvoir demain matin toute la lie communale des égoutiers de Paris.

. . . .

V. Pillon-Dufresnes.

A Madame A. de M..., à Beaumont-sur-Oise.

Dimanche 23 Avril. Midi.

Ma chère Céline,

En passant à Amiens je fais jeter ce mot à la poste. Ne quitte pas Beaumont si tu crois qu'il y a du danger à Paris. Je crains un investissement complet à Saint-Denis par les troupes de Versailles. *Si non, et s'il n'y a pas de danger*, retournes-y encore, pour faire dire à Germain de m'envoyer deux balles de soie en gare à Clermont (Oise) ; je les ferai dévider à *Neuilly-en-Thelle*, ou ailleurs.

. . . .

A. de M.

A Madame A. de M.., Paris,

Lille, Lundi 24 Avril, 9 heures du matin.

Ma bonne petite chérie,

Les achats de matières premières assurés à Amiens et à Rouen, aux Commissions maintenant!.....

Voici donc une ville où il n'y a ni Prussiens ni gardes nationaux. De la bonne et belle troupe, bien équipée, garnison qui n'a jamais quitté Lille ou les environs. Ça semble bon de revoir nos soldats, autrement que honteux et déplumés.

Ici est Faidherbe, un dieu pour toute cette contrée, qui avec sa petite armée de 25,000 hommes a, sans jamais la compromettre, fait éprouver de grandes pertes successives aux Prussiens; ils avaient une profonde terreur de Faidherbe, et ont conservé pour lui une *grande admiration*. Avec seulement cent mille hommes, Faidherbe venait nous chercher à Paris....

Comme tu le dis, en cas d'imminence de blocus, ne te laisse pas prendre.....

Si Paris était bloqué ou intenable, que tu n'y sois plus, nous ne pourrions avoir de la soie que par Lyon et encore je ne sais pas trop comment. Ayons-y l'œil, et tout de suite, ma bonne chérie ; un peu d'avance ne fera que bien, nous en achèterons moins plus tard, et puisque tu as si bien commencé tes achats, tu peux continuer; va de l'avant.

A bientôt, ma douce chérie, il me tarde de te revoir et de t'embrasser.....

Mille baisers avec le cœur...

A. de M.

Ne mets, je t'en prie, rien de compromettant dans tes lettres; ne fais aucune appréciation, ni dans un sens ni dans l'autre.....

Le chèque de 7,308 francs de Saint Étienne du 12 courant est toujours à Ronquerolles, non encore touché; il faudrait l'emporter à Paris, le faire recevoir et revenir immédiatement à Ronquerolles avec l'argent. Il faut qu'il y ait le plus d'argent possible à Ronquerolles, et le moins possible à Paris.

A M. V. Pillon-Dufresnes, Ronquerolles.

Lille, Lundi 24 Avril, 9 heures matin.

Mon cher Victor,

Que les affaires de Paris traînent donc, mon Dieu! L'issue ne me paraît pas douteuse, ni à personne, nulle part; mais que c'est long! Ici la population pauvre et ouvrière, très travailleuse et très intelligente, voudrait étrangler tous les gredins de Paris, qui entravent le commerce et le travail.

Je vois qu'il y a eu hier une vaine tentative de M. Washburne et du général prussien de Fabrice auprès de Cluseret pour obtenir la délivrance de Monseigneur Darboy.....

A. de M.

A M. A. DE M..., poste restante, Lille.

Paris, Lundi 24 Avril. 4 heures.

Mon bon chéri,

J'arrive de Beaumont.....

Paris est toujours dans le même état; une suspension d'armes de deux jours pour faire déménager les habitants de Neuilly. Rassure-toi sur mon compte, je vais bien, à part un petit tremblement nerveux que j'ai depuis deux ou trois jours, causé probablement par la canonnade de la nuit de vendredi à samedi qui a été effrénée, mais cela n'est rien.

Fais tout ton possible pour être revenu dimanche.

Les affaires ici vont; en somme le magasin manque de marchandises.

Le confrère Austin ne fabrique pas, et les autres, faute de soie, ne peuvent probablement pas marcher.

Ta pauvre amie.....

Céline.

A M. A. DE M..., poste restante, Lille.

Ronquerolles, 24 Avril.

Mon cher ami,

Le temps s'est heureusement levé hier matin, et nous avons passé une très-belle journée à Chantilly... avec des prussiens, oui! *caro mio!* des prussiens, *dont auxquels que j'ai* même dîné à la même table que trois d'entre eux, ô honte forcée! et par parenthèse, ils m'ont assez diverti, sans que je l'aie montré (car j'étais impassible); l'un d'eux est un descendant de Français, probablement de ceux chassés par la Révocation de l'Édit de Nantes ; il aimait à plaisanter !. .

Inquiets sur nos parents, nous sommes tombés d'accord, Laure et moi, que sa présence à Paris était nécessaire auprès d'eux au moins pendant quelques jours. Aussi partira-t-elle demain. Comme la Société générale conseille de faire toucher sans retard le chèque de Saint-Étienne, Laure le portera sur elle en *lieu sûr*, et si ta femme juge convenable de le faire recevoir, ces dames pourraient s'entendre pour rapporter l'argent en se le partageant, car je crois que Laure restera à Paris jusqu'à samedi et reviendra avec Madame Alexandre.....

. . . .

V. Pillon-Dufresnes.

A Madame A. de M..., Paris.

Ronquerolles, Lundi 24 Avril.

Madame,

Vous trouverez sous ce pli la copie d'une assez importante commande d'Alexandre, qui débute fort joliment comme vous le verrez.

..... Je charge ma femme auprès de vous d'une certaine mission..... (1) je ne sais trop si vous l'approuverez, mais j'ai cru, par une de vos lettres à votre cher mari, qu'il était peut-être urgent de ne plus temporiser à l'égard de ce que vous remettra ma femme.....

Mille respects et amitiés.....

V. Pillon-Dufresnes.

---

(1) Il s'agit toujours du fameux chèque de Saint-Étienne de 7,308 francs, que Madame Pillon-Dufresnes a apporté à Paris caché dans sa poitrine.

24 Avril. — Lettre pressante du dépôt de Saint-Étienne, réclamant des marchandises.

A M. A. de M..., Ronquerolles.

Versailles, Lundi 24 Avril.

Mon cher Alexandre,

Je suis arrivé à Versailles ; j'ai trouvé non sans peine une niche où je me suis remisé auprès d'un de mes amis, 5, *Avenue de Saint-Cloud.*

Avez-vous vu ma femme ? Avez-vous su quelque chose d'elle ? donnez-lui, je vous prie, de mes nouvelles. Je lui ai écrit un mot hier par une dame, la Directrice de la *Revue*, que j'ai trouvée ici et qui est repartie. Sauf une occasion de ce genre, il n'est guère facile de communiquer directement d'ici, et même je ne sais pas si ce sera longtemps possible par Saint-Denis.

D'après ce que j'ai déjà vu et entendu, je serais bien étonné si nous n'approchions pas du dénouement ; toute l'armée a pris ses postes et je crois qu'on touche à l'action décisive. Ce ne sera jamais trop tôt ; le pauvre Paris est perdu pour longtemps ; ici on ne songe pas du tout à y rentrer, même après la victoire ; on n'y rentrera pas au moins de l'année, et il est malheureusement vrai qu'en province on voudrait qu'on n'y revînt pas du tout ; tout cela est bien terrible.

Faites mes plus vives amitiés à votre femme et à tous les vôtres, je vous en prie. J'espère que nous ne serons plus longtemps sans nous revoir.

A vous cordialement.

Ch. de Mazade (1).

(1) V. dans ma bibliothèque *son portrait-charge*, assez ressemblant, par Luque (numéro 532 des HOMMES D'AUJOURD'HUI, 7me volume) avec notice biogra-

Journal des Goncourt. — Lundi 24 Avril. — « *La*
« *redoutable statistique qu'il y aurait à faire de tout le vin, bu dans ce*
« *temps, et pour combien il entre dans l'héroïsme national! on ne voit*
« *que barriques roulées par des gardes nationaux vers leurs postes, et*
« *les bataillons qui partent pour la gloire ne partent qu'escortés de*
« *chariots, effondrés sous les tonneaux.* »

A M. A. DE M..., poste restante, Valenciennes.

Ronquerolles, Mardi 25 Avril.

Mon cher Alexandre,

. . . .

Je ne sais trop comment nos femmes reviendront, car le blocus commence sérieusement. A la gare de Clermont on m'a dit que depuis minuit les vivres n'entraient plus à Paris; que, les premiers 500 millions ayant été payés aux Prussiens grâce à l'active habileté de Pouyer-Quertier, l'armée de Versailles prenait, au fur et à mesure de l'évacuation, les positions abandonnées par eux. On croit que d'ici à quelques jours on ne pourra même plus voyager. Laure va tâcher de ramener mes parents.....

On ne dirait pas que Paris va être de nouveau bloqué, tant les affaires affluent. Merci de tes deux

---

phique de *Pierre et Paul* (Pierre et Paul, c'est-à dire un peu tout le monde — cette fois lisez A. de M.)

On trouvera dans cette publication, toujours en cours, qui a commencé en 1880 avec de curieux dessins de ce malheureux Gill, les portraits-charges de beaucoup des personnalités nommées dans ce Recueil, entre autres :

Premier volume. — J. Claretie. — Gambetta. — J. Ferry. — Garibaldi. — Gill. — Grévin. — V. Hugo. — Ch. Monselet. — Sarcey. — Zola. — II. Th. de Banville. — Rochefort. — P. Véron. — III. J. Vallès. — IV. C. Mendès. — V. Émile Augier. — F. Coppée. — Dumas fils. — V. Duruy. — Faidherbe. — VI. Goncourt. — Hervé. — Sully-Prudhomme. — Renan. — VII. Carnot. — Guillaume Ier. — Frédéric III. — Félix Pyat. — Ch. de Mazade. — Docteur Péan. — G. Lafenestre.

journaux que je lirai ce soir pour me distraire, car je serai veuf comme toi, mon cher ami.....

4 heures soir.

Je viens de mettre ma chère femme en wagon, fort triste comme tu penses, car les bruits sont si alarmants.

V. Pillon-Dufresnes.

Monsieur Pillon père (de Paris) à ses Enfants (à Ronquerolles).

25 Avril.

. . . .

*Dans l'*Officiel *de samedi, on donnait avis que la Bibliothèque serait rouverte lundi 24 dans tous ses départements et que tous les employés qui ne seraient pas rentrés le 1er Mai seraient considérés comme démissionnaires. Cet avis était signé :* L'Aministrateur de la Bibliothèque Nationale. *Le même avis portait que les employés de la Bibliothèque seraient exempts du service de la garde nationale.*

C'est très bien! mais comment concilier cela avec l'arrêté qui enrôle tous les hommes valides de 19 à 40 ans? Je ne sais pas jusqu'à quel point on doit se fier à cette promesse.

Samedi, en revenant de chez Madame de Mazade, je suis monté à la Bibliothèque du Louvre. Un jeune homme y était venu, envoyé par le citoyen Courbet pour prendre quelques notes. L., assez embarrassé, lui communiqua le Catalogue. Bientôt arriva le citoyen Courbet, qui se fit montrer la Bibliothèque. Il a dit qu'il était très content de la connaître et qu'il reviendrait bientôt officiellement à la tête de la Commission des Beaux-Arts, dont nous allions dépendre désormais. J. Vallès, Paschal Grousset font partie de cette Commission. Je n'avais pas voulu paraître et je m'étais retiré dans le cabinet de B. Les voyant de loin venir, Courbet entre B. et St-G. et gagner la porte, j'aperçus ce Courbet, qui m'a fait l'effet d'un vrai marchand de bœufs.....

Vous savez que c'est lui qui a eu l'idée d'abattre la Colonne de la place Vendôme : mais, à ce qu'il paraît, on ne trouve pas d'adjudicataire pour aliéner cette propriété nationale et historique.

Une Cour martiale, *rue du Cherche-Midi, est présidée par le colonel* Rossel ; *c'est un officier du génie, qui a quitté le camp de Nevers pour se mettre du côté de ceux* **qui n'ont pas signé la paix.** *On le dit d'une énergie féroce; il vient de la prouver dans l'affaire du 105me bataillon, accusé de refus de marcher devant* l'ennemi! *l'ennemi, quelle honte! l'ennemi, l'armée française!.....*

Pillon.

A M. V. Pillon-Dufresnes, Ronquerolles.

Valenciennes, 26 Avril. Midi.

Mon cher ami,

Je suis on ne peut plus inquiet sur le sort de ces dames à Paris; il faut absolument qu'on quitte cet enfer, qu'on ferme le magasin.....

. . . .

Les commandes affluent, je vais me réserver le plus de délai possible pour livrer... Dis à Desjardins de ne pas remplir les Commissions de Paris qui gêneraient; tant-pis pour ce sale Paris; par ici, cela vaut bien mieux, et Saint-Étienne aussi.

J'approuve les heures supplémentaires, mais seulement si cela convient aux ouvriers.

Dis à Céline que je ne serai content que lorsque je la saurai à Ronquerolles; je suis sur des charbons ardents.

J'ai trouvé ici un ami de collège, gendre d'une importante maison de tissus et fabrique de passementerie. J'y ai déjeuné et c'est de chez lui que je t'écris (1).

A. de M.

---

(1) De Berny, gendre de M. Delmotte-Carlier.

A Madame A. de M..., Paris,

Ronquerolles, Mercredi 26 Avril.

La fabrique va faire en sorte de concilier vos nombreuses demandes avec celles d'Alexandre. Jamais, me disait Desjardins, nous n'avons vu une pareille averse de commandes.

Surtout ne vous laissez pas bloquer, ainsi que Laure. A la première alerte partez, et entendez-vous toutes les deux pour vos départs.

V. Pillon-Dufresnes.

A M. A. de M.., poste restante, Valenciennes

Paris, 26 Avril.

Je t'assure, ami chéri, que je ne vois pas encore de danger à rester à Paris ; je ne risque rien ; et puis vraiment il serait presque impossible de laisser la maison ; la clientèle est complètement dénuée de marchandises ; *D... frères* et autres font tous les jours de grosses factures, qui seraient encore plus importantes, si nous pouvions assez fournir. *Qu'on ne soit pas ici*, les meilleurs clients se détourneront, peut-être pour longtemps; au contraire il en vient constamment de nouveaux, qui nous resteront sans doute.

Les autres fabricants ne peuvent pas avoir d'ouvriers, les ouvriers sont tous gardes nationaux.....

On me dit que Madame Groult (des pâtes alimentaires, rue Sainte-Apolline), a été arrêtée ce matin parce qu'elle n'a pas pu, ou n'a pas voulu, dire où était son mari à des gardes nationaux, qui voulaient toutes les pâtes afin qu'on ne puisse plus en envoyer à Versailles, où M. Groult est accusé d'être allé en porter.

La pauvre dame! c'est affreux; mais je ne suis pas dans le même cas.

Céline.

A M. A. de M..., poste restante, Le Quesnoy (Nord).

Ronquerolles, Mercredi 26 Avril.

Mon cher ami,

. . . .

Madame Alexandre et toi vous demandez à votre usine tant et tant de marchandises que l'on croirait vraiment que l'harmonie règne sur notre pauvre et chère France, et même sur cet insensé Paris. C'est le cas d'admirer la prophétie de Saint-Alexandre, lorsqu'il a dit dans une de ses homélies que « *Ronquerolles deviendrait la capitale de la France.* »

Rien de nouveau; tout ton monde travaille comme des nègres, et la roue n'arrête pas.

Ce que tu me dis de l'affiche de Thiers est emb..... j'espérais que ça irait plus vite.

Merci de tes deux journaux; l'article de Sarcey m'a délecté au point que je m'en pourlèche encore les babines. C'est çà, mais cà! moi qui ai connu à la Bibliothèque ce drôle de personnage qui a nom Paschal Grousset, je sens plus qu'un autre combien ce portrait à la La Bruyère est frappant; Il y a des mots superbes.

Dans le pétrin est aussi fort bien; j'ai cru un instant que c'était du Sarcey, c'est au moins de son école.

Tu as dû voir que Jules Claretie a refusé la candidature que lui a offerte le Comité de Conciliation Républicaine modérée ; il répudie toute relation avec le mouvement révolutionnaire, « qu'il condamne absolument. » Nous n'attendions pas autre chose de son jugement et de son caractère.

. . . .

V. Pillon-Dufresnes.

Madame V. Pillon-Dufresnes (de Paris) à son mari, à Ronquerolles.

26 Avril.

Mon cher ami,

Très-bon voyage, quoique très inquiète tout le temps, ayant eu grand peur de ne pas pouvoir entrer dans Paris ; un Monsieur du compartiment disait qu'il me fallait un passeport ; mais à Saint-Denis, je fus rassurée, car il y avait une foule énorme qui revenait à Paris, et tous ayant un air de fête. A mon arrivée, à 7 heures, je trouvai Eugène à la gare, qui se chargea du panier, et de là je me rendis bien vite chez Madame Alexandre pour me débarrasser du chèque. Presque en même temps que moi arrive père, qui venait apporter une lettre pour toi, ne m'attendant pas du tout. Je l'ai trouvé bien portant, toujours aussi calme qu'avant, et je crois qu'il me sera impossible de le ramener, il ne paraît pas vouloir quitter Paris ; nous nous sommes en allés bras dessus bras dessous, à pied ; comme tu penses, maman a été bien surprise ; elle se porte très-bien, n'est pas effrayée, elle est même très-gaie.

Mon étonnement a été bien grand, je croyais trouver un désert, et Paris a tout-à-fait son aspect ordinaire ; omnibus, voitures de place, rien ne manque à l'appel.

Hier, nous étions en plein armistice, le canon se taisait ; mais cette nuit et toute la matinée il a recommencé de plus belle. Malgré la canonnade je partage le calme des braves habitants de Paris, je n'ai pas peur le moins du monde. D'ailleurs on s'accorde à dire qu'il n'y a pas de danger, et, sans les nombreuses grosses barricades qui obstruent les rues et les places, on serait tenté d'oublier.

Ce matin en me rendant à la maison paternelle, j'ai traversé Saint-Roch, qui est rendu au culte.

Laure Pillon-Dufresnes

Journal des Goncourt. — Mercredi 26 Avril. — « *A huit francs la dépêche de Thiers! c'est un homme en blouse, assis* « *sur un des bancs des boulevards, qui vend un énorme obus, posé à* « *terre devant lui.....* »

A Madame A. DE M.., Paris,

Le Quesnoy, Jeudi 29 Avril. 4 heures.

Ma bonne amie,

Tu ne saurais croire combien c'est cruel d'être éloigné de toi, surtout dans une passe aussi effroyable. Je suis dans une inquiétude de tous les instants; je décachète fiévreusement tes lettres, qui ne me rassurent qu'à moitié, étant écrites deux ou trois jours avant que je les aie.

As-tu fait ce que je t'ai dit? es-tu à Ronquerolles? Il ne faut pas pousser l'énergie et le courage jusqu'à l'excès, tes forces finiraient par être dépassées. Contentons-nous de Ronquerolles pour le moment; advienne de Paris ce que pourra.

S'il arrivait que tu ne fusses pas encore partie, apporte à Ronquerolles le livre copie-de-lettres, avec le rouleau-mouilleur; l'étau de Charles Poiré servira de presse.

Je suis parti ce matin à 8 heures de Valenciennes par une diligence et j'arrive de Jenlain, où sont de grands débouchés pour l'avenir. Je ne m'attribue pas grande gloire de mon succès; il y a des besoins énormes pour combler l'immense trou creusé par la guerre.

A. DE M.

A Madame A. DE M..., Paris.

Beaumont, Jeudi 29 Avril.

Ma bonne petite Céline,

Nous n'avons pas du tout de nouvelles de notre cher Alexandre, faites nous en parvenir par l'obligeant intermédiaire de M. Billiard.

Marie a fait acheter un berceau roulant, et *Mademoiselle* Virginie se pavane au soleil, promenée par son père. Marie descendra samedi.....

Je pense que vous avez écrit à cousine Ch. de Mazade; nous espérons la voir bientôt et la garder avec nous le plus possible. L'abbé de Manas aussi m'a promis de venir.

Nous manquons de journaux; ceux qu'on nous envoie sont toujours de trois jours en retard. Édouard en achète, mais ils n'apprennent rien d'important : l'un d'eux reproduisait l'autre jour ce drôle de rébus, publié par un journal français de Prague, comme étant le bilan du second Empire :

La France A B C. — Sa gloire F A C. — L'armée D P C. — Les places fortes O Q P. — Deux provinces C D. — Le peuple E B T. — Les lois L U D. — La justice D C D. — Les juges H T. — La liberté F M R. Le crédit B C. — Les denrées L V. — La ruine H V seule R S T.....

Si vous savez quelque chose, chère fille, faites-nous votre petit journal, qui sera plus sérieux et plus exact que tout ce que nous lisons.

Veuillez dire à Alexandre que le fils Demay est revenu; qu'après Orléans il a été versé de l'armée de la Loire dans l'armée de l'Est avec Bourbaki et interné en Suisse.

A samedi, bien chère enfant, le plaisir de vous embrasser, ainsi que notre bon Alexandre, avec une tendre effusion ; tous ici vous embrassent de même.

Votre toute dévouée mère,

C.-L. DE MAZADE.

A M. A. DE M..., poste restante, Le Quesnoy.

Paris, Jeudi 27 Avril.

Mon bon petit ami,

Madame Victor Pillon m'a apporté *le fameux chèque*; je l'ai porté moi-même ce matin à 7 heures chez M. Brent, *qui a touché les 7,308 francs*. J'enverrai cet argent à Ronquerolles par Eugène, que son âge met à l'abri des tracasseries et réquisitions.

Des gardes nationaux sont encore venus hier te chercher, ils m'ont demandé quel âge tu avais et où tu étais; j'ai dit que tu étais parti bien avant tous ces malheureux évènements, en voyage pour affaires, et que, la poste n'allant pas, je ne recevais pas de tes nouvelles; enfin j'en ai été quitte pour la peur; s'ils m'avaient emmenée, je n'aurais pas quitté M. Brent; je me voyais déjà marchant côte à côte avec le père Brent au millieu de 10 ou 12 gardes nationaux; je t'assure que pour la première fois j'ai eu *très très* peur.

Hier l'abbé de Manas et notre cousine Charles de Mazade sont venus me demander à dîner; c'est très aimable à eux sachant que je suis seule; ils m'ont promis de recommencer la semaine prochaine.

J'ai vu M. Auguste Thiébault à Beaumont; il doit aller te trouver la semaine prochaine à Ronquerolles; je vois sa femme ici quelquefois; elle reste à Paris pour garder l'Étude en cas de pillage.....

Aujourd'hui un très-grand mouvement de troupes; toujours canonnade et fusillade sans relâche.

Ta pauvre amie....

Céline.

A Madame A. DE M..., Paris.

Ronquerolles, Jeudi 27 Avril.

Chère Madame,

Alexandre me charge de vous dire qu'il désire que vous reveniez immédiatement à Ronquerolles, en fermant le magasin, et que vous apportiez avec vous le livre de commissions, la main courante, le timbre, le tampon et les articles de bureau les plus nécessaires (factures, lettres, etc. etc.) de plus tout l'argent que vous pourrez ; mais ne rien mettre dans aucun paquet à la main, fût-il même très petit, et pour cause. Emportez *sur vous*, et en billets bien entendu; mais rien d'apparent que l'on pourrait visiter.

Emmenez Joséphine, si vous le voulez.

On fait les 11 heures. Mutin restera ce soir jusqu'à 10 heures.

Je félicite Alexandre sur ses rencontres et sur les jalons qu'il plante dans le Nord. Si cette vogue continue, il va lui falloir augmenter le nombre de ses métiers... .

De la soie! de la soie! et encore de la soie! vous vous en assurez, je crois, à l'avance....

Ne tardez pas une minute.....

J'ai été très agréablement surpris ce matin par la visite d'Eugène chargé du précieux paquet renfermant en billets de banque *sept mille trois cents francs*, plus à part l'appoint de 8 francs, du chèque voyageur.

Malgré les rassurantes paroles d'Eugène, que j'ai fait déjeuner avec moi, je maintiens mon dire : Venir tous, vous, Laure et nos parents.....

V. Pillon-Dufresnes.

Madame V. Pillon-Dufresnes (de Paris) à son mari à Rouquerolles.

27 Avril.

Mon cher ami,

Les journaux démentent aujourd'hui que les vivres pour Paris n'arrivent plus ; tu verras par le Petit Moniteur *ce qui avait donné cours à ce bruit.*

Père m'a confirmé qu'il ne voulait pas partir, d'ailleurs il ne paraît y avoir aucun danger.

Ce Paris est vraiment étonnant ; quelques théâtres jouent, entre autres le Th. Français, illuminé comme autrefois (1). Beaucoup de mouvement et de voitures dans les rues, il y a encore du reste beaucoup de monde ; cependant cela doit dépendre des quartiers, car rue Notre-Dame-de-Lorette et rue Fontaine il paraît qu'il y a au moins cent cinquante appartements à louer ; notre maison est presque vide, sur les cinq étages il n'y en a que deux d'occupés.

On continue à désarmer les absents et même à les chercher ; aujourd'hui, au Gagne-Petit, *on aurait désarmé tous les jeunes gens, arrêté le gérant ; tout le quartier est en émoi.*

Le canon gronde toujours, on criait ce soir « la redoute de Châtillon. » *Tous les journaux paraissent comme avant. Le bruit court que Félix Pyat a donné sa démission, ce qui a fait dire à Rochefort que* « quand les rats sentent un édifice prêt à croûler, ils se sauvent ». *S'il pouvait dire vrai, on le vénérerait comme un bon prophète.*

N'oublie pas, mon chéri, de boire aussi la chicorée ; maman approuve beaucoup cette petite médecine ; si mauvaise qu'elle te paraisse, elle est nécessaire après les longues altérations empoisonnées du siège ; il faut profiter de cette campagne pour faire provision de santé.

Laure Pillon-Dufresnes.

Je vais faire l'impossible pour décider père et mère à partir ; d'un autre côté on menace de mettre dans les logements vides les bombardés ; tout cela est très embarrassant.

---

(1) Théâtres ouverts par ordre : *Gymnase*, Les Idées de Madame Aubray. — *Gaité*, La Grâce de Dieu. — *Châtelet*, Le Courrier de Lyon. — *Château d'Eau*, L'Ange de Minuit. — *Délassements Comiques*, Les Contes de Fées. — *Folies Dramatiques*, Le Canard à 3 becs, etc.

A M. V. Pillon-Dufresnes, à Ronquerolles.

Le Quesnoy, Vendredi 28 Avril. 1 heure.

Mon cher Victor,

Je comptais quitter le Quesnoy à 11 heures, mais je n'ai de voiture pour Landrecies qu'à 4 heures. Ce Quesnoy, c'est gros comme le poing, et cela vous est fortifié comme un hérisson; remparts en ceinture, poternes basses comme l'entrée d'une cave. Petite place-forte ancienne, bonne contre l'arme blanche ou la vieille mousqueterie; impuissante contre le bombardement à distance des canons Krupp. Ça sent son moyen-âge de plus de cent lieues.

On m'en dit autant de Landrecies, que je vais voir tout-à-l'heure. Landrecies a vu les Prussiens, qui en ont tenté et aussitôt levé le siége. Était décidée à se défendre hardiment; sans cela, cette contrée fut vierge et est restée vierge de la souillure germanique.

Une nouvelle circulaire-dépêche de Thiers, absolument semblable aux précédentes. A quand cette fameuse *action décisive*, dont ça parle toujours?

A Landrecies je retrouverai le chemin de fer; la présente sera remise à sa gare.

A. de M.

A M. A. de M..., poste restante, Valenciennes.

Ronquerolles, Vendredi 28 Avril.

Mon cher Alexandre.

Reçu ton mot au crayon.....

Je te félicite de ta réussite, cela tient du prodige.

Lorsque Madame Alexandre viendra demain, elle nous dira ce qu'elle aura fait pour les expéditions.

Une lettre de MM. Liogier et Culty est de l'or en barre. Ils ont déjà vendu pour 7,000 francs et, si tu peux les alimenter jusqu'à extinction de chaleur vitale, ils vont arriver très rapidement au taux de 10,000 francs.

Tes contremaîtres et contremaîtresses sont sur les dents, tu fais bien d'enrayer.....

V. PILLON-DUFRESNES.

Samedi 29 Avril.

3 0/0. 51.95.

Le soir, retour de Valenciennes à Bonquerolles, en même temps que Céline arrive de Paris; elle le quitte définitivement, ne devant plus y faire que des apparitions forcées.

M. C. Amiard (d'Étampes) à M. Bouesnel son caissier, à Paris.

29 Avril.

....Vous me dites qu'il n'y a pas eu trop de mal dans notre quartier, mais je crains fort qu'il n'en soit pas de même de ma maison des Batignolles, puisque, d'après le journal, il est tombé un grand nombre d'obus dans la gare, et dans le square. Il ne me manquerait plus que ça! Quelle triste époque nous traversons! que de ruines!.....

Nos malheurs du reste ne s'arrêtent pas là. M. Fromentin, après son voyage aux Barres et à Étampes, a été rappelé par dépêche à Niort, où notre chère petite sœur Alice est gravement malade d'une fièvre typhoïde et où je vais probablement accompagner ma femme.

..... Je savais par un garde de mon bataillon qu'on était venu désarmer les absents; veuillez dire à Françoise de bien cacher mon fusil de chasse; donnez-lui de l'argent, qu'elle ne se laisse pas mourir de faim...

Notre petite Adeline va à merveille, mais nous vivons dans un tourment continuel par la longueur des malheureux événements qui nous déchirent.....

Pour chez moi, je n'ai pas de conseil à vous donner, faites pour le mieux.

C. Amiard.

Dimanche 30 Avril.

Grand'messe à Agnetz. — Promenade sylvestre du *quatuor*.

Je monte un gentil cheval de selle qu'un aimable voisin met journellement à ma disposition pour mes tournées hygiéniques en forêt pendant les heures de repos de la fabrique. Céline cause en cheminant avec M. et Mme V. Pillon, suivie par la blanche et effrontée *Djali* qui n'interrompt ses gambades que pour tondre les jeunes frondaisons des allées.

A M. A. de M..., Ronquerolles.

Beaumont-sur-Oise, 30 Avril.

Mon cher ami,

Me voici installé à Beaumont depuis huit jours avec ma fille (1) à qui ta mère a eu l'obligeance de donner l'hospitalité pour sa première nuit.

Mon intention était de rester trois ou quatre jours à Beaumont et d'aller ensuite à Verberie, puis à Ronquerolles, où ta femme m'a peut-être déjà annoncé; mais les évènements ont tout modifié; j'ai écrit d'urgence à Madame Thiébault de quitter Paris au plus vite, et elle est venue me retrouver avant-hier, auprès de ma mère et de ma sœur; nous allons nous installer ici comme au temps des vacances.....

Mademoiselle Darboy a été mise en liberté avant hier sur l'ordre de Dombrowski. J'espère que la délivrance de Monseigneur ne va plus tarder.

Ma femme me charge pour la tienne d'une petite commission.....

Aug. Thiébault.

(1) Marguerite Thiébault, depuis Madame Arthur Leduc.

A M. A. de M..., Ronquerolles,

Paris, le 30 Avril.

Monsieur,

J'ai la douleur de vous apprendre que ma fille vient de succomber après une terrible agonie de 10 heures; par cette circonstance je ne pourrai rester lundi toute la journée au magasin; j'irai le matin.

L'enterrement est à 4 heures, j'irai faire une tournée en revenant du service.

Votre dévoué serviteur,

Eugène Mathey.

Paris est très tranquille.

Journal des Goncourt. — Dimanche 30 Avril. — « *Ce soir le Paris du dimanche, qui ne possède plus de banlieue, qui n'a* « *plus de Cafés-Concerts en plein air, passe sa soirée au bas de l'Avenue* « *des Champs-Élysées, assistant à la canonnade comme à un feu d'ar-* « *tifice.* »

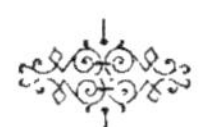

MAI

1871

Lundi 1er Mai.

Madame V. Pillon-Dufresnes (de Ronquerolles) à Monsieur et Madame A. Pillon (de Paris).

1er Mai.

Hier un dimanche charmant ; d'abord Madame Alexandre est revenue avec nous pour tout-à-fait, et puis nous avons eu de la société : un Monsieur et une Dame du Nord, clients de la maison, et aussi Madame Charles de Mazade, qui est très-aimable et très-gaie; nous avons bien ri.....

Laure.

Mardi 2 Mai.

M. Pillon père (de Paris) à ses Enfants, à Ronquerolles.

2 Mai.

.... Nous sommes heureux que Laure soit sortie de cet affreux Paris qui pendant deux jours a été vraiment inhabitable. Vendredi c'était cette farce maçonnique, *comédie jouée au profit de la Commune pour*

remonter, je ne dirai pas le moral, mais la frénésie des gens assez stupides pour la soutenir.

Dimanche a recommencé une canonnade épouvantable et le soir un incendie pour achever la journée. Tout le quartier était en l'air, quoique le feu fût très-éloigné, vers la porte Maillot. Nous sommes rentrés à 9 heures assez tranquilles et avons assez bien dormi au bruit du canon.

Leur général Cluseret, toujours détenu à Sainte-Pélagie a été remplacé hier par ce jeune Rossel, qui paraît vouloir broyer tout obstacle.

Hier aussi la Commune a décrété par 45 voix contre 23 un Comité de Salut Public *de cinq membres avec les pouvoirs les plus absolus.*

Ça sent 93....

. . . .

Fais à M. Alexandre mes compliments sur son voyage, qui me semble lui ouvrir une voie de prospérité.

Pillon.

Vendredi 5 Mai.

Réclamations du dépôt de Saint-Étienne, inquiet, sans nouvelles et sans marchandises, assailli de demandes, etc.....

M. Pillon père (de Paris) à ses enfants (à Ronquerolles).

5 Mai.

. . . .

A l'Institut, Pingard voulait envoyer son fils à Versailles porter les pièces de dépense, mais hier une nouvelle mesure prescrit de ne laisser sortir personne de Paris sans un passeport qui coûte 2 francs. On ne veut pas que Pingard fils parte, car son signalement le ferait prendre pour aller aux avancées.

Le sieur X..... nommé directeur de la Bibliothèque Mazarine, que l'on a confondue avec celle de l'Institut, a fait rouvrir cette première bibliothèque qui était restée fermée ; il a demandé un logement, et paraît se contenter de celui de M. de Sacy, qu'il va occuper quoique les meubles y soient encore. Pauvre petit ! un logement dans le genre de celui de Taschereau, et plus beau encore, à cause de la vue sur le quai, en face du Louvre ; mais j'ai pensé que c'était pour déguerpir plus vite, quand il verrait arriver les canons de Versailles.

Notre bibliothèque, elle, est toujours tranquille, parce que nous n'avons pas cessé de fonctionner.....

Pillon.

A M. A. DE M..., Ronquerolles,

Paris, 6 Mai 71.

Monsieur,

Les gardes nationaux sont venus encore avant hier au Bureau demander après vous. Ils ont pris votre fusil à tabatière et les cartouches; ils prétendent que votre sergent-major vous en remettra un reçu.

Le chemin de fer de Lyon part très-difficilement; il passe par Langres..... un long détour.

J'ai donné au moulinier Sauret 200 francs à valoir il avait grand besoin pour la paie de ses ouvrières. Je suis fâché si j'ai mal fait. J'ai reçu de M. P. L. francs 1,022. Il me reste en caisse 1,000 francs environ.

Madame Desvoyes est venue pour vous voir.....

H. BRENT.

Eugène remercie Monsieur de son bon souvenir.

Dimanche 7 Mai.

Grand'messe à Agnetz avec M. et Mme V. Pillon. L'après-midi nous allons à la gare de Clermont chercher Céline, qui a dû retourner à Paris hier pour des choses urgentes à rapporter.

— « Vous ne vous imaginez pas, nous dit-elle, l'affreux voyage que « j'ai fait hier soir. D'abord, près de Saint-Denis, la voie barrée, un « accident horrible, les wagons brisés, des mares de sang. des brancards ensanglantés.....

« J'étais à Paris à 9 heures, au lieu de 6 heures 50. Pour comble, « en arrivant à la maison, la porte fermée, la bonne sortie; je n'avais « pas dîné. J'attends plus d'une demi heure chez les concierges, tou- « jours pas de Joséphine! Madame Noël me demande si je veux accepter « ce qui reste de leur dîner. Vous pensez si j'avais faim; j'avais plutôt « envie de pleurer, j'étais dans une rage à étouffer. Enfin la Joséphine « rentre .. à 10 heures 1/2!

— « Mais, d'où venez-vous donc ?

— « Je n'attendais pas Madame, et en revenant de porter une lettre « à M. Pillon père, je suis entrée au sermon, à Saint-Eustache.

— « Comment, au sermon ? il n'y en a pas dans ce moment, ni à « cette heure !

— « Mais si, Madame, c'était les gardes nationaux qui prê- « chaient (1). »

Lundi 8 Mai.

M. V. Pillon-Dufresnes (de Ronquerolles) à son père (à Paris).

8 Mai.

..... *Les affaires d'Alexandre vont très-bien, trop bien même, car ce qu'il a semé dans le Nord commence à fructifier de telle sorte qu'on ne sait littéralement où donner de la tête; commandes arrivant drues et serrées, lettres, dépêches télégraphiques, gens du Nord venant chercher eux-mêmes leurs marchandises avec des billets de banque plein leurs poches, car on ne lâche rien qu'au comptant. Une presse continuelle, paquet sur paquet, facture sur facture; on prend à peine le temps des repas, sans négliger toutefois nos saladiers de chicorée sauvage, dont, contrairement à la tisane du soir, nous raffolons Alexandre et moi, et que nous vidons toujours, bien que madame Desjardins nous les serve chaque jour de plus en plus volumineux, croyant nous décourager.*

Mais, par exemple, le soir, à 7 heures, à la sortie des ouvriers, on s'amuse... à quoi ? je te le donne en mille... Oh ! les patrons qui pontifient peuvent se voiler la face et conspuer Alexandre !... Nous nous livrons lui et moi à de formidables parties de ballon, dans la cour, avec le contremaître et les principaux ouvriers, les teinturiers, (ce drôle de Mutin dont Laure vous a parlé) le mécanicien, les retordeurs, etc... Un énorme ballon de caoutchouc que Laure vient de nous apporter de Paris, s'enlève, par nos coups de poing, avec des bonds fantastiques par

---

(1) Saint-Eustache est devenu le *Club Eustache;* de même le *Club Nicolas-des-Champs*, ce qui nous frappe d'autant plus que cette dernière église est notre paroisse familiale du côté maternel; notre grand-père Desvoyes et notre mère y ont été baptisés et mariés, mon frère et moi y avons aussi reçu le baptême. C'est là que notre petite tante Victoire nous conduisait tout enfants à la messe, (de une heure) se garant d'ordinaire dans la chapelle Saint Nicolas, bas-côté de droite, la deuxième avant la sacristie, et d'où se voyait bien l'officiant du maître-autel, (chapelle précédant celle de la *Résurrection de Lazare*, grande toile du peintre Souchon, de Lille, beau-frère de M. Pillon père).

Mutin
Poiré
Sistenich
Léger
Usine de Ronquerolles
Henri Coppin

[illegible] ensemble.

[illegible] sera [illegible]

... [illegible]

C. Zu[illegible]

Lettre [illegible] M. [illegible] [illegible]
phine de ne pas laisser [illegible] seule.

Envoi par le dépôt de Saint-Étienne [illegible]
vue, payable [illegible] [illegible]
une courte [illegible] [illegible]
de son mois [illegible] parisien.

dessus les toits et tombe souvent dans la rivière où les gamins, retroussant leur pantalon et dans l'eau jusqu'à mi-jambes, courent le repêcher.

..... Demain, 9 mai, anniversaire de notre mariage! cela me fait un singulier effet que vous ne soyez pas là! Que tout cela est triste, et comme ce qui devrait amener la joie serre le cœur aujourd'hui!

Mille et mille baisers de vos enfants chéris.....

V. Pillon-Dufresnes.

Écrire toujours par l'intermédiaire du magasin, mais de la prudence dans le jugement *des choses et des hommes. Les faits seulement, sans commentaires.*

M. C. Amiard-Fromentin (de Niort) à M. Bouesnel (à Paris).

8 Mai.

... Nous avons eu la grande douleur de perdre la pauvre petite Alice, qui a succombé samedi à sa fièvre typhoïde, et dont nous avons suivi le convoi ce matin..... Cette pauvre enfant s'était cependant très-bien portée cet hiver; elle avait beaucoup grandi et devenait tout-à-fait jeune fille, et c'est après 14 jours de maladie, dont les cinq derniers accusaient du mieux et nous laissaient quelque espoir, qu'elle nous a été enlevée..... Vous pouvez juger de l'immense douleur de son malheureux père, et du désespoir de Berthe..... Je vous envoie cette lettre par Étampes, peut-être vous parviendra-t-elle....

. . . .

C. Amiard-Fromentin.

Lettre à M. Brent : Recommandations à Eugène et surtout à Joséphine de ne pas laisser la maison seule.

Envoi par le dépôt de Saint-Étienne d'un chèque de 6,000 francs, à vue, payable *à Lille*, où j'irai le toucher, profitant de cette occasion pour une courte fugue avec Céline qui a grandement besoin de se remettre de son mois de séjour dans l'enfer parisien.

Mardi 9 Mai.

Lettre de M. Brent. — Mon *Petit National* est supprimé par la Commune. Il continue à paraître, en s'intitulant : *Le Corsaire*, avec cette devise en tête : *Vitam impendere vero.*

Mercredi 10 Mai.

Signature à Francfort du *Traité de Paix*, entre Pouyer-Quertier, ministre des finances, et Bismarck, chancelier de l'Empire Germanique. Modifications élargissant le rayon du territoire de Belfort (1).

A M. Brent, Maison A. de M..., Paris.

Ronquerolles, Jeudi matin 11 Mai.

Je prie Eugène de commander et de nous envoyer pour lundi au plus tard :

150 brioches à 0,05 ou 0,10 centimes.

2 brioches à 0,25 ou 0,30 centimes.

1 brioche à 0,75 ou 1 franc.

Toutes bien bonnes et fraîches.

Ne pas dire à la gare que ce sont des brioches; elles ne pourraient peut-être pas sortir de Paris. C'est pour *les Rogations* de mardi matin, 6 heures.

A. de M.

---

(1) Notre cousin l'abbé de Manas, qui a assisté à un dîner où Pouyer-Quertier racontait avec sa bonhomie habituelle ses diverses entrevues d'alors avec le chancelier, nous les a rapportées à peu près dans les termes suivants :

I. Sur l'évacuation du territoire. « C'était, disait Pouyer-Quertier, à l'Hôtel de

Jeudi 11 Mai.

M. V. Pillon-Dufresnes (de Ronquerolles) à ses parents (à Paris).

11 Mai.

. . . .

Nous sommes dans une cruelle inquiétude.....
Avez-vous du lait? La viande est-elle rationnée?

France, à Berlin; j'étais couché; vers 5 heures du matin bruit de bottes et cliquetis d'armes dans les couloirs. Je me redresse, et j'écoute. On frappe fortement à la porte..... — Entrez! — Bismarck paraît, en grande tenue de cuirassier blanc!

— « Vous! Prince? à cette heure?

— « Oui, *moi!* J'ai passé la nuit près de mon Empereur pour traiter nos grandes « affaires.

— « Eh bien?

— « Eh bien: bonne nouvelle, et j'ai voulu être le premier à vous l'annoncer: « *L'Empereur accepte toutes vos conditions.*

— « Je n'attendais pas moins de vos influences.

— « J'ai dit simplement: L'Empereur etc.....

— « Eh bien, Prince, veuillez passer dans mon petit salon; je me lève pour télé- « graphier à mon Gouvernement.

— « Vous pouvez vous lever devant moi; j'ai été soldat,

J'endosse une robe de chambre.....

— « Et maintenant, dit Bismarck, avant tout, rédigeons nos conventions. »

Sur une méchante table, à la lueur d'une bougie, Bismarck en grande tenue, moi en costume de nuit, nous rédigeons en double:

« *Demain, à midi, les troupes prussiennes auront évacué le territoire Fran- « çais etc...*

. . . .

— « Quand partez-vous, Monsieur le Ministre?

— « Mais demain, Prince.

— « Eh bien! puisque nous voilà bons amis, je veux que tout le monde le sache; « je vous accompagnerai au départ. A propos, combien vous a coûté votre voyage « à Berlin?

— « Mille francs.

— « Vous vous trompez; les chemins de fer allemands coûtent bien moins que « les chemins de fer français.

Au départ, Bismarck et moi causions sur le quai de la gare de Berlin.....

— « Salignac! dis-je au colonel Salignac-Fénelon qui m'accompagnait, voulez- « vous aller régler le retour?

Salignac revient. « Monsieur le Ministre, nous avons payé l'*aller* et le *retour*.

— « Vous voyez bien, dit Bismarck, que nos chemins de fer coûtent moins que les « vôtres!

Trois fois, en route, aux buffets, déjeuners et dîners plantureux, parfaitement servis; et quand Salignac se présente pour payer. toujours cette réponse: « *C'est pour Monsieur le Ministre plénipotentiaire français? C'est compris dans l'aller et le retour!*

Nous finissons par nous apercevoir que les serviteurs du Prince et sa cave nous suivent depuis Berlin. Et je rédige cette dépêche: « *Dans ces conditions, les*

Allez-vous revoir la famine?.....

Ah! pauvre Paris, comme il s'est décapité lui-même! On ne peut s'imaginer le tort moral et matériel que cette lutte insensée vient de lui faire vis-à-vis de la province et de l'Étranger. Jamais décentralisation plus rapide et plus préjudiciable ne va s'établir par suite du déplacement forcé du commerce. C'est ce que nous disait dimanche un fort négociant du Nord; on se figurait ne pas pouvoir marcher sans l'aide de Paris; cette abominable lutte aura démontré la facilité avec laquelle on peut s'en passer. Tout le bénéfice moral de l'attitude calme et digne de Paris pendant le siège a été perdu. Ah! que les hommes sont fous!

« *chemins de fer allemands coûtent moins que les chemins de fer français.* »

II. Sur le paiement de l'indemnité de guerre.

M. Thiers m'envoie en Allemagne, en me disant de m'adjoindre, si je veux, Jules Favre; Jules Favre et moi nous nous donnons rendez-vous à Pantin. J'y arrive assez facilement. Mais Jules Favre, au sortir de Paris, est reconnu par les fédérés qui veulent le jeter à la Seine; il leur échappe et se fait escorter jusqu'à Pantin par un escadron prussien.

A Berlin, Bismarck nous invite tous les deux. Il offre un cigare à Jules Favre.

— « Merci! Je ne fume pas. »

Puis dans une énorme chope, il lui offre un mélange de bière, d'eau-de-vie, etc.... mis en fervente ébullition par un tisonnier rouge.

— « Prince! Je ne bois pas!!

— « Si vous ne buvez ni ne fumez, eh bien, allez-vous coucher!

Jules Favre part en effet. Au nom de la Patrie, j'avale d'un trait l'affreux breuvage, à la satisfaction du Prince, qui dit à Guillaume: « Il ne faut rien lui refuser. »

III. Sur la délimitation du territoire Je refusais d'accepter la délimitation proposée par Bismarck, parce que, pour arriver à Belfort qui nous restait, il fallait passer par une langue de terre étroite, comme une large rue, entre deux longues frontières prussiennes.

— « Après tout, Prince, dis-je au bout d'une grande discussion, je ne veux pas « que mes enfants soient Prussiens, et ils le deviennent par votre délimitation qui « met chez vous les propriétés de mon gendre.....

— « Ah! Question de gentilhommerie entre nous! Où commencent les propriétés « de votre gendre? dit Bismarck en appuyant un crayon sur la carte. Il promène « son crayon sur les points que j'indique et si violemment qu'il le casse..... »

— « Enfin! dit-il, il en a donc bien grand, des propriétés, votre gendre?

Et il cède.

J'ai conservé la carte... et le crayon. En fait, mon gendre, M. de Lambertye) ..... n'était pas encore mon gendre, mais devait le devenir et l'est devenu.

J'ai eu le bonheur de conserver ainsi à la France cinq ou six mille habitants et des mines importantes.

IV. Sur le paiement de nos Chemins de fer, que gardait la Prusse.

Bismarck ne voulait pas, pour les prix à fixer, s'en rapporter aux ingénieurs français, disant que nous n'entendions rien à l'économie. J'offris de recourir aux ingénieurs allemands, qui furent presque de l'avis des nôtres.

Bismarck dit: « Ce sont des imbéciles! »

On trancha le différend par moitié.

V. Quand il s'agit de laisser passer nos troupes à travers les lignes Prussiennes pour réprimer la Commune, Bismarck, qui avait obstinément refusé, finit par dire: « J'accorde à Monsieur Pouyer-Quertier *tout seul* de faire passer cent mille hommes. »

Quelles amères réflexions et quelle triste expérience l'on acquiert de l'humanité en assistant à de si lamentables spectacles !

J'ai lu ces jours-ci de très-beaux vers de Victor Hugo, contre le renversement de la Colonne.

A la rigueur, comme dit Hugo :

« Otez Napoléon, le peuple reparaît !
« Abattez l'arbre, mais respectez la forêt.
. . . .
« Justice ! Otez de là César, mettez-y Rome.
« Qu'on voie à cette cime un peuple, et non un homme ! »

Et encore ? Est-ce qu'on démolit l'histoire en renversant ou en dénaturant un monument ?

. . . .

V. Pillon-Dufresnes.

M. Pillon père (de Paris) à ses Enfants (à Ronquerolles).

11 Mai.

Vous pensez bien que nous n'avons pas oublié le 9 mai et cette délicieuse journée, où tous réunis, il y a bientôt 3 ans, nous célébrions l'heureuse union de nos chers enfants. En buvant à vos santés et au souvenir de ce beau jour, nous avons souhaité, comme nous l'espérons, que cette séparation ne dure pas longtemps.....

Le fort d'Issy est depuis avant-hier au pouvoir de l'armée de Versailles. Rossel, accusé de trahison à son tour, a donné sa démission.

On a envahi Saint-Roch pour y établir un club ; il se tient dans la nef et tolère l'office dans les chapelles de la Vierge et du Calvaire. L'école des Frères a été envahie et occupée militairement ; un poste y est resté huit jours, le directeur arrêté et les frères chassés (1).

La Chapelle expiatoire va être rasée.

Les 112me et 3me bataillons sont dissous pour avoir refusé de marcher.

A notre bibliothèque, quelques lecteurs de plus.....

Pillon.

---

(1) En ce qui touche notre paroisse de Saint-Leu, voici ce que m'a raconté depuis M. l'abbé Fortoul, son premier vicaire :

Un jour, une douzaine de communards armés font irruption dans l'Église, et vont droit à la Chapelle de la Vierge, avec l'intention de s'emparer des nombreux *ex-voto*, cœurs, chapelets, etc., dont la statue de Notre-Dame est couverte, et qu'ils croient en or ou de quelque valeur. La statue se trouvant hors de leur portée.

A M. C. Amiard-Fromentin, à Étampes.

Ronquerolles, 12 Mai 71.

Mon cher Camille,

Ta bonne et bien triste lettre, reçue ce matin, nous a foudroyés. Cette chère et gentille petite Alice, morte! c'est à n'y pas vouloir croire!... Céline pleurait ce matin à la lecture de ta lettre; nous ne pouvons nous faire à l'horrible idée que cette charmante et douce petite Alice n'existe plus..... Fais part, nous t'en prions, etc...

..... J'ai quitté Paris à peu près le même jour que toi..... Depuis le premier de ce mois, Céline, après un avril infernal à Paris, où sa présence a été un bienfait à cause de la vive reprise des affaires, est ici tout-à-fait avec moi... Notre petit salon de Ronquerolles est devenue notre magasin d'expéditions.....

. . . .

A. de M.

Sur la même feuille est une lettre de Victor Pillon-Dufresnes à Camille Amiard.

---

plusieurs s'apprêtaient à la faire tomber à coups de crosse de fusils, lorsque l'un d'eux les arrête :

« Je m'oppose à ce qu'on frappe cette statue; ma femme s'appelle Marie, elle « croit à la vierge; vous n'y toucherez pas.

— « Ah! toi, tu vas te taire! tu nous embêtes!

— « Le premier qui y touche, je lui casse la tête! et il leur montre son révolver « au poing.

Personne n'osa commencer; on alla chercher une échelle, un fédéré décrocha sans dégât tous les objets, et ils les emportèrent.

Au commencement de l'hiver suivant, le bedeau trouva dans la cave, auprès d'un tas de bois, un paquet qu'on avait jeté de la rue par le larmier d'au-dessus. Ce paquet contenait une partie des *ex-voto* volés.

Samedi 13 Mai.

3 0/0. 54.15.

M. Pillon père (de Paris) à ses enfants (à Ronquerolles).

13 Mai.

. . . .

Nous avons reçu Arthur Duquenne; nous étions au café de l'Échelle dimanche, lorsqu'il vint tout-à-coup vers nous; il allait monter à la maison. Toute sa famille va bien, quoique dispersée aussi; il mène une vie de bohême par suite des circonstances que nous connaissons; il passe presque toutes ses journées au Louvre. Ces dames n'ont presque pas quitté Grenelle et ont montré un courage plus que masculin.

Un memorandum de Monseigneur Darboy, tendant à faciliter l'évasion de Blanqui, dont la Commune veut l'échange, a été envoyé avant hier à Versailles par M. Wahsburne, avec son appui, et n'a malheureusement pas abouti.

La Commune a renvoyé le citoyen Rossel devant cette même cour martiale, qu'il présidait naguère, et nommé à sa place le citoyen Delescluze.

Au Palais-Royal; beaucoup de musique, qu'on ne peut pas dire d'harmonie; des concerts multiples, aux Tuileries, partout.....

Pillon.

P. S. Cascaret donne un coup de tête à Victor pour lui dire qu'il a retrouvé sa queue, plus belle que jamais.....

Dimanche 14 Mai.

A Beaumont.

Installation du Conseil municipal. Élections du Maire et des deux Adjoints. Sont nommés : M. Godin, maire (20 voix); M. Léger, 1er adjoint; M. Goret, 2e adjoint.

Le Corsaire du 13 publie ce quatrain dans ses *Coups de gaffe* :

De Picard encore une affiche.
Et de Thiers un nouveau placard!...
A quoi bon si Paris se fiche
Autant du Thiers que du Picard ?

Lundi 15 Mai.

Le Figaro reparait ....

Il publie une lettre du comte de Chambord du 8 Mai.

Mort à Paris du compositeur Auber, à 89 ans.

A M. A. DE M..., Ronquerolles.

Paris, Lundi 15 Mai.

Mon cher Cousin,

Décidément tous nos jours seront marqués d'incidents désagréables à l'actif de cette belle Commune, la plus admirable désorganisation de tout droit commun et de toute liberté pour ce qui reste de gens pas malhonnêtes.

Hier dimanche je venais de rentrer à la sacristie après avoir chanté la grand'messe, tout comme aux meilleurs jours du bon Dieu, quand j'entendis s'élever de l'église (1) des bruits aux voix menaçantes.

Deux guerriers de la Commune, l'un vrai soldat d'émeute, l'autre soldat de marine, hélas! traversaient la grande nef en demandant : Le Curé? Où est le Curé?

Je cumulais les fonctions de Curé et de Vicaire, puisque j'étais seul resté à mon poste. Je me présente, et leur demande ce qu'ils veulent. — « Ce que nous voulons? nous voulons vous arrêter, parce que vous avez fait enlever des murs de l'église nos affiches pour les élections des chefs. »

(1) Notre-Dame-de-Bercy.

— « C'est inexact, j'ignorais même l'existence des « affiches ; c'est sans doute la grande pluie de ces jours « derniers qui les aura détrempées et décollées. D'ail- « leurs, vous ne pouvez pas m'arrêter sans ordre ; où « est le mandat d'amener ? »

— « Le voilà, me répondent-ils, en montrant le bout « de la baïonnette.

— « Parlez plus bas ici, leur dis-je, et plus conve- « nablement, sans quoi je vous fais mettre à la porte. »

Je me sentais fort, car ils n'étaient que deux, et j'avais autour de moi un grand nombre de personnes.

— « Allez à la Mairie. Je vous donne ma parole que je « vous suis dans cinq minutes pour m'expliquer devant « qui de droit sur mon cas, et sur le vôtre, qui me « semble grave pour des gens soucieux du grand prin- « cipe de la liberté individuelle. »

Nos citoyens se retirèrent, d'autant mieux qu'ils avaient pris sur eux de faire du zèle sans aucune mission.

Quand j'eus terminé mes affaires en sacristie, je me rendis en effet à la Mairie, accompagné jusqu'à la porte par la foule des fidèles. Arrivé dans la grande salle des mariages, que je devais traverser pour me rendre dans le cabinet du Conseil, je me trouve en présence d'un nombre incalculable de fédérés, galonnés sur toutes les coutures, qui discutaient bruyamment sur le choix de leurs chefs.

— « On ne passe pas ! chacun son tour ici ! me « crient les premiers qui voient ma soutane.

— « Je ne demande qu'à m'en aller ; mais je suis « attendu. »

Je fends alors cette foule qui est étonnée de voir un prêtre à cette heure où les églises étaient presque toutes fermées, les ministres du culte incarcérés et destinés à la mort. On dut me prendre pour un nouvel otage, car, presque avec les égards qu'on doit à une victime, on m'introduisit dans la salle du Conseil.

Là, derrière un tapis vert, siégent le citoyen Philippe, membre de la Commune, le citoyen Élias, délégué à je ne sais quoi. Là je retrouve aussi mes deux fédérés de l'église. Je me dis qu'il faut frapper ces imbéciles par un peu de mise en scène. Je ne sais d'ailleurs d'où me venaient la confiance et le courage, mais je vous jure que je n'ai pas eu une seconde de crainte.

— « Je viens, leur dis-je haut et ferme, je viens, au « nom de *La République*, non pas me défendre, mais « protester contre l'acte arbitraire de ces deux indivi- « dus qui ont voulu m'arrêter sans mandat aucun. La « liberté est le premier bien de l'homme. Dieu nous a « créés libres, restons libres.....

« Au nom de la justice et de la liberté je demande « une punition pour ces deux hommes....

— « Comme vous parlez, citoyen! interrompit Phi- « lippe, c'est à nous d'examiner.

— « Je parle à la hauteur de mon cœur. En me fai- « sant prêtre, je n'ai pas abdiqué mon caractère « d'homme dans toutes ses dignités.

— « *Il a raison le Curé!*

Cette phrase sortait de l'embrasure d'une croisée où une jeune femme travaillait à du crochet. Ce fut ma défense victorieuse.

On jugea galamment comme elle.....

— « Donnez-nous votre parole de ne pas abandon- « ner votre poste et d'être à notre discrétion ; vous « pouvez vous retirer. »

Et je me retirai avec tous les honneurs de la guerre, au grand dépit de mes deux traqueurs.

. . . .

A vous deux très affectueusement.

G. de Manas.

Mardi 16 Mai.

M. Pillon père (de Paris) à ses Enfants (à Ronquerolles).

16 Mai.

. . . .

... Je conseille à Victor de ne rien dire ni écrire ; sa position se régularisera quand il en sera temps; mais surtout qu'il ne vienne pas à Paris, où la poursuite des réfractaires est plus rigoureuse que jamais. Arthur Duquenne est obligé de se cacher. Ce pauvre Bullot est plus malheureux encore. On est venu le chercher, il a allégué l'état de sa poitrine, on ne veut pas y croire. Madame Bullot est allée dans sa famille, et lui ne peut laisser la maison seule pour aller la rejoindre; nous le plaignons beaucoup.

A Saint-Germain-l'Auxerrois, grand club des femmes. *Le 12, à Saint-Sulpice, grande bataille entre les fédérés et les fidèles du* mois de Marie *chassés de l'Église à coups de crosse.*

Malgré nos cruelles afflictions, du courage. Ne perdons pas l'espoir et dans certains moments de relâche, comme l'a dit quelquefois Madame S., disons : « Soyons gais, il le faut ! »

Adieu, chers Enfants, mille baisers.

Pillon.

Mercredi 17 Mai.

N° 1er de l'*Écho de Paris*, journal national, politique et littéraire, (transformation par Édouard Hervé de son *Journal de Paris*).

« *L'Écho de Paris*, dit-il avec sa fine ironie, va prouver par sa « longue existence et son libre langage que la Commune sait *entendre* la vérité..... (1)

Le Corsaire, toujours sensé et vaillant, est supprimé et remplacé par *Le Pirate*, sans interruption.

(1) Cet *Écho de Paris* a eu trois numéros.

Une complainte parisienne à succès, 32 couplets! sur l'air de *Barbari, mon ami*, aux Versaillais :

Adress' toi Porte Clignancourt
A Mamzell' *Joséphine*, (1)
C'est une brune faite au tour
Qui n'aim' pas qu'on badine.
De plus elle a bon ton,
La faridondaine, la faridondon,
Te plains pas si t'es accueilli
Biribi,
A la façon de Barbari.
Mon ami!

Madame V. Pillon-Dufresnes (de Ronquerolles), à Monsieur et et Madame A. Pillon (à Paris).

Mercredi matin, 17 Mai.

Monsieur et Madame Alexandre viennent de partir à Lille ce matin pour deux ou trois jours..... Il pleut, il fait froid, et avec tout cela menace d'avoir, cet après-midi même... des Prussiens! Ce pauvre buen-retiro de Ronquerolles, épargné jusqu'à présent par ces Messieurs, va être obligé d'en héberger deux, un officier et son brosseur, avec leurs deux chevaux. On fait courir le bruit qu'ils se rendent autour de Paris pour aider les Versaillais.....

Hier, c'était les Rogations. *A droite de la grille d'entrée de l'usine, il y a sous de vieux marronniers un beau Christ, croix de bronze sur un piédestal de pierre, entouré d'une petite balustrade. Tous les ans, le mardi des Rogations, à 6 heures et demie du matin, M. le curé d'Agnetz y vient en procession après sa messe.*

C'est une fête pour la fabrique. Dès quatre heures du matin, les contremaîtresses ont dressé là un joli reposoir, sur des draps tendus de fleurs et de feuillages et ornés de guirlandes de mousse et boules de neige que Madame Alexandre et moi nous avions tressées la veille. A côté du reposoir a été apportée une table avec des bouteilles de vin, des verres, et des brioches, dont la plus grosse pour M. le Curé, et les autres coupées en morceaux dans des corbeilles pour les ouvriers et l'assistance. Dès l'annonce de l'arrivée du clergé à la petite chapelle de la Ferme toute voisine, les ouvriers et ouvrières sont venus, avec Monsieur et

(1) Le plus gros canon du rempart, sur lequel on comptait tant contre les Prussiens pendant le siége.

Les Rogations a l'Usine de Ronquerolles

Madame Alexandre et nous, se ranger devant le reposoir et former le cercle avec la procession... Tout le monde s'agenouille, Monsieur le Curé bénit la table, récite les oraisons des Rogations et un De Profundis *pour M. de Mazade père..... Après la cérémonie, distribution du pain bénit aux assistants. M. le Curé s'approche de la table, trinque avec le patron, qui à son tour trinque avec les ouvriers.....*

Cette gentille et touchante cérémonie a été favorisée par une matinée radieuse; le soleil avait pris son grand air de fête. Victor, qui n'est certes pas très dévôt, était ravi « — c'est tout-à fait pittoresque et émouvant, disait-il, seulement cela ne dure pas assez. »

Laure P. D.

A M. A. de M..., poste restante, Lille.

Jeudi 18 Mai.

Mon cher Ami,

. . . .

Le brosseur du prussien a mis hier tout l'atelier sens dessus-dessous par ses promenades répétées au milieu de tes ouvrières. Je m'en suis plaint à dîner à l'officier, qui a dû défendre à son ordonnance ainsi qu'à ses amis de faire de l'atelier le but de ses flâneries.

M. Masse, ton propriétaire, est venu ce matin. Je lui ai dit que tu étais absent pour deux jours et que tu le verrais la semaine prochaine; il a été très-aimable. Très-aimable aussi s'est montré ledit officier prussien. Il s'appelle Von L. Il fait de sa nation une sainte devant laquelle il n'y aurait qu'à s'incliner, tant ses intentions sont pures. Nous avons eu le soir une longue discussion où il a dû voir qu'il n'avait pas affaire à une dupe. Tu le verras et tu le retourneras à ton aise; il y a à faire avec ce Teuton toute une petite étude de politique transcendante.....

Beau temps pour votre petite fugue.....

V. Pillon-Dufresnes.

Vendredi 19 Mai.

Lettre de M. Brent. « Le journal *Le Pirate*, aussi supprimé, est rem-
« placé par le *Journal Populaire* du matin, c'est toujours votre *Petit*
« *National*, avec un nouveau masque. »

Samedi 20 Mai.

A la gare de Lille, que nous voulons quitter ce matin après un jour de Belgique, un gendarme nous demande notre passeport, et, comme nous n'en avons pas le moindre, il nous prie de le suivre à la Mairie. Là, Céline est retenue prisonnière, pendant que je vais courir la ville à la recherche de deux témoins. Notre client M. Delesalle, rue Esquermoise, nous sauve la vie en nous servant de témoin et en nous en procurant un second; nous obtenons grâce à lui un passeport en règle au Commissariat de Police.

Nous n'arrivons à Clermont qu'assez tard. Nous trouvons à la gare Auguste Thiébault, qui de Beaumont est venu nous donner quelques jours ; il nous raconte en riant qu'il a dû à son grand madras rouge sans doute d'être filé depuis une demi-heure par le Commissaire de police de Clermont.

A M. Brent, Paris.

Ronquerolles, Samedi 20 Mai.

Mon cher Monsieur Brent,

..... Sans perdre une minute, commander chez Turquès le mécanicien, *une dévideuse* de 24 broches, en tout semblable à celle livrée l'année dernière.

A. de M.

M. Pillon père (de Paris) à ses enfants (à Ronquerolles).

20 Mai.

..... *En effet, les Prussiens se rapprochent de Paris sur tous les points et le* populo *dit qu'ils viennent assiéger Paris avec les Versaillais. Il n'est point de sots bruits qu'on ne persuade à cette populace.*

Jeudi, fête de l'Ascension, votre mère, en sortant de l'office, a trouvé les Tuileries fermées. On y donne maintenant des concerts et des festivaux au profit des blessés des veuves et enfants; Mademoiselle Agar a chanté La Marseillaise *dans la salle des Maréchaux.. Moyennant 50 centimes on se promène dans le jardin; j'ai conduit votre mère sur la place, en face* des Français; *nous nous y sommes assis et avons vu passer un grand convoi, escorté de beaucoup de francs-maçons avec leurs cordons et leurs insignes, ce qui, par parenthèse, est défendu par les Statuts; plusieurs membres de la Commune avec leurs écharpes rouges y étaient. Ta mère se trouvant bien là, je l'ai laissée pour entrer au Palais-Royal chercher des journaux; il y avait aussi concert, mais une foule et une poussière à n'y pas tenir. Nous sommes rentrés sagement dîner chez nous ....*

Encore une vaine tentative de M. Wahsburne en faveur de Monseigneur Darboy qu'il a visité hier dans sa prison atteint d'une pleurésie, couché sur son grabat..... (1)

On m'a raconté que ces jours derniers, un gardien a offert à Monseigneur, pour s'évader, sa vareuse et son képi. Piège ou dévouement, Monseigneur aurait refusé.

Hier à l'Institut, j'ai vu Pingard, qui est fort triste et très inquiet pour son fils ; avis au lecteur.

Il n'y a plus de séances que de l'Académie des Sciences et de celle des Inscriptions. Hier, ils n'étaient que sept.

Vous savez que la colonne Vendôme a été déboulonnée et abattue.

La formidable explosion d'avant hier de la cartoucherie de Grenelle au Champ-de-Mars a ébranlé tout Paris. Nous avons cru que c'était la ville qui sautait selon la promesse du Père Duchêne *et consorts.*

---

(1) M. Wahsburne a laissé écrite cette impression personnelle :
« La charité chrétienne de M. Darboy, ses actes de bienfaisance, sa cordialité, sa
« bonté pour les pauvres et les humbles l'avaient rendu cher à tous. Instruit, élo-
« quent, libéral et juste, il mettait en pratique toutes les vertus. »

Adieu, chers enfants, courage et patience! nous touchons probablement au terme de nos tribulations. En attendant, dormez toujours tranquilles.

Mille et mille baisers.

Pillon.

V. Pillon-Dufresnes (de Ronquerolles) à ses parents (à Paris).

20 Mai.

Je suis très-vexé de ne pas me trouver sur la liste de proscription, très-étonné aussi de n'y pas voir X. Y. Z.

Notre officier prussien, Herr Von L. est un fils de famille, muni des diplômes de ses humanités, très-érudit; figure toi, cher père, qu'il connaît notre nom par ton Dictionnaire grec et qu'il a eu entre les mains tes Synonymes (1).

Il ne parle pas mal le Français, mais avec un accent! d'un tudesque!! Il me disait ce matin :

— « Nouss arrifons dé Teurtône. » Teurtône? Connaissais pas; il s'agissait de Therdonne, près Beauvais. Je me tiens à quatre pour ne pas lui faire dire : J'ai le **brochet** de manger du **projet**.

A propos de brochet, il voyait l'autre jour le teinturier Matin en tuer un dans l'étang d'assez loin d'un coup de fusil, et il me disait qu'il n'aimerait pas trop se trouver au bout de son canon.....

Il est d'ailleurs très-poli et presque discret; malgré tout, nos repas sont assez gênés; comme on ne peut pas être d'accord avec lui sur les points fondamentaux, il s'ensuit un certain malaise. Heureusement qu'Alexandre et sa femme, dont le départ nous a obligés Laure et moi de supporter le choc de l'ennemi, reviennent aujourd'hui.....

Victor P. D.

Dimanche 21 Mai.

Grand'Messe à Agnetz. Promenade dans la forêt de la Neuville.

---

(1) *Les Synonymes grecs*, par Alexandre Pillon. (V. dans ma bibliothèque) Cet ouvrage, qui a été traduit en Anglais en 1850, avait remporté le prix Volney en 1848; l'Institut, disposant cette année-là de deux prix, en a décerné un à Renan, pour son *Histoire des langues sémitiques*.

A M. Brent, Maison A. de M..., Paris.

Ronquerolles, Dimanche 21 Mai.

Mon cher Monsieur Brent,

Madame Desjardins, un peu souffrante, ne pouvant plus suffire au service de tout notre monde (accru maintenant de deux prussiens) nous vous prions de faire partir Joséphine mardi à midi. avec son ancien lit de fer et literie.

Qu'elle apporte Mirette dans le grand panier du marché, solidement ficelé. Qu'elle prenne assez de vêtements pour rester au moins quinze jours.

Si cela vous est possible, je vous prie de vous installer chez nous avec Madame Brent. Vous occuperiez notre chambre et notre lit. S'il arrivait que, pendant votre absence, il vous fût dévasté quelque chose, je m'en porte garant. Si vous ne pouvez pas quitter votre domicile, je prie Eugène de coucher toutes les nuits dans le magasin et de ne sortir que lorsque vous serez là.....

A. de M.

Lundi 22 Mai.

La Commune est aux abois. Le *Comité de Salut Public* adresse vainement aux soldats de l'armée de Versailles cet appel désespéré :

« Comme nous, vous êtes prolétaires. Ce que vous avez fait au « 18 mars, vous le ferez encore.

« ..... Venez à nous, frères, venez à nous, nos bras vous sont « ouverts !

« Prairial an 79.

« Antoine Arnaud, Billioray, Eudes, Gambon, Ranvier. »

Depuis ces sanglants déchirements, on n'entend plus du tout parler de Gambetta ; dans les journaux silence sur Gambetta. Où est donc Gambetta?..... Son immense popularité aurait pu, ce nous semble, peut-être encore à temps, entraver le *18 Mars* et ses suites. On dit qu'il est en Espagne ; il se reposerait à Saint-Sébastien, et ménagerait la chèvre et le chou

« *En regardant la lice assis sur la barrière* (1). »

Mardi 23 Mai.

Dernier numéro du *Rappel*. (4 Prairial an 79) (2). Il contient ceci :

« *Le délégué de la Commune à l'Enseignement, E. Vaillant.*

« *Arrête :*

« *Une Commission est instituée pour organiser et surveiller l'Enseignement* « *dans les Écoles de filles. Elle est composée des citoyennes André Léo, Jaclard,* « *Périer, Reclus, Sapia.* »

Dombrowski en ralliant ses fédérés est tué rue Myrrha (3).

---

(1) On sait quel rôle politique transcendant a joué Gambetta les années suivantes et quel pompeux monument la République a élevé sur la place du Carrousel le 13 juillet 1888 à celui qui pour les uns a été l'*âme de la Patrie*, et pour d'autres *le fou furieux*.

V. le joli roman de George Duruy sur la mort mystérieuse de Gambetta : *Fin de Rêve*.

(2) *Le Rappel* n'a reparu que le 1er novembre (10 brumaire, An 80).

(3) Ce mardi, 23 mai, Gustave Chaudey, ancien adjoint au maire de Paris, rédacteur du *Siècle*, républicain de vieille date (que dirait aujourd'hui Proudhon, son maître et son ami?) Chaudey, emprisonné dès le 13 avril sous l'accusation d'avoir fait tirer sur la foule le 22 janvier, poursuivi par l'implacable dépit d'un de ses co-détenus, Préau de Védel, dont il avait trouvé les vers *passables*, est fusillé à Sainte-Pélagie vers minuit par l'ordre, sous les yeux et sous les injures de Raoul Rigault, à qui il a vainement rappelé par deux fois avant de mourir *qu'il avait une femme et un enfant*. (Cet enfant est le Sous-Préfet actuel de Clermont de l'Oise).

Le lendemain mercredi 24, à 3 heures de l'après-midi, Raoul Rigault, trouvé par des soldats de la ligne dans une chambre de l'hôtel Gay-Lussac, expiait ce nouveau crime, fusillé à son tour à l'angle de la rue Royer-Collard.

A M. Brent, maison A. de M..., Paris.

Ronquerolles, Mardi 23 Mai.

. . . .

Le chef de gare de Clermont me dit que depuis dimanche minuit les trains n'ont pas dépassé Saint-Denis.

D'affreuses nouvelles ; les insurgés seraient sur Montmartre d'où ils bombardent Paris.

Rassurez-nous vite par n'importe quel moyen. Je vous serre la main, mes amitiés à Eugène.

A. de M.

Madame V. Pillon-Dufresnes (de Ronquerolles) à ses parents (à Paris).

23 Mai.

. . . .

Nous avons appris hier par l'officier prussien que les troupes Versaillaises (1) ayant trouvé une porte abandonnée, au Point-du-Jour, *étaient entrées librement dans Paris. Quelle inquiétude de vous savoir au milieu de cette tourmente, qui menace d'être si sanglante avec la guerre des rues ! Ici c'est toujours le paradis terrestre.*

Dimanche dernier belle promenade dans la forêt, en compagnie de M. Thiébault, avoué, ami d'enfance de M. Alexandre, au son de la musique des Prussiens cachés dans les taillis. Dans un carrefour de verdure, nous avons tous joué au bouchon, jeu que ces Messieurs ont appris dans la garde nationale.

Il fait un soleil splendide et très-chaud ; nous ne sortons que le soir après dîner. On va se promener, soit à pied, soit sur l'eau.

On monte en bateau sans sortir de la fabrique, et l'on suit jusqu'au premier moulin d'amont le cours sinueux, bordé de saules, de

---

(1) Cinquante hommes du 35me de ligne conduits par le capitaine de vaisseau Trèves, sur l'indication de M. Ducatel, simple piqueur au service municipal de Paris. Les régiments ont suivi sans désemparer.

la petite rivière de Bresche. Un Corot, dit Victor, tendrement estompé, c'est ravissant.

Cette petite Bresche n'est pas seulement jolie, elle roule une eau très douce, excellente pour la teinture, et dissolvant si bien le savon qu'elle vous rend les mains blanches et satinées.....

Sans l'inquiétude que nous avons sur vous, cette vie calme de Ronquerolles serait un délice.

Laure P. D

Des caresses à mon petit Cascaret.

Mercredi 24 Mai.

Nous sortons de dîner, nous respirons l'air frais dans la cour de la fabrique, lorsque tout à coup, notre officier prussien, qui était allé faire un tour, revient en courant, et nous crie :

— « Oh ! malheur ! malheur ! Fous, maisson à Paris ?

— « Oui, nous demeurons boulevard Sébastopol.

— « Sépastobol ? Oh ! malheur ! malheur ! *Paris prûle ! Tout Paris* « *prûlé !* Fenez foir !..... »

Il nous accompagne par la route d'Étouy jusque sur une petite éminence d'où nous voyons, à droite de Clermont, et au-dessus d'Agnetz, tout le ciel en feu ! Oui ! C'est Paris qui brûle ! Horreur ! et malédiction sur nous !

Nous sommes dans une anxiété atroce..... Aucun de nous ne peut fermer l'œil de la nuit (1).

---

(1) Ce mercredi, 24 Mai, est de toutes, la journée la plus horriblement sinistre.

C'est la journée où sont assassinés dans la prison de la Roquette, à 8 heures du soir, Monseigneur Darboy, l'abbé Deguerry, le président Bonjean (1) et autres otages de la Commune. Pourquoi M. Thiers s'est-il obstiné jusqu'au bout à détenir Blanqui, dont l'évasion ou l'élargissement insignifiants auraient sauvé Monseigneur Darboy ? Le refus impitoyable de M. Thiers, affectant de ne redouter aucun danger pour l'archevêque. est resté inexplicable et ne trouve pas d'excuse à nos yeux.

C'est la journée où s'allument au pétrole les innombrables incendies des monuments et quartiers de Paris. C'est la journée du *Flambez Finances* de Th. Ferré, et de tant d'autres montruosités.

On lira en frémissant les détails de toutes ces horreurs dans les ouvrages suivants :

Le 18 Mars. — Paris sous la Commune, par Edmond de Pressensé *(Revue des*

(1) M. Georges Bonjean, son fils, juge au Tribunal de la Seine, président de la Société de protection pour l'enfance abandonnée ou coupable, a été notre président de la Société des Anciens Élèves d'Henri IV, en 1887.

La Teinturerie de Ronquerolles

M. Pillon père (de Paris) à ses enfants (à Ronquerolles).

Jeudi soir, 25 Mai.

..... *Nous sommes enfin délivrés, Dieu soit loué! Mais à quel prix! les misérables ont mis le feu partout.*

La Bibliothèque du Louvre est entièrement brûlée; il n'y a plus que les murs. Je l'ai visitée aujourd'hui à 10 heures; Je me hasarde à entrer au milieu des décombres; mais j'en sors presque aussitôt pour ne pas être blessé par les débris des plafonds; il ne reste d'entier que la cage de l'escalier.

A 2 heures je pars pour la Bibliothèque Nationale; je m'informe, elle est intacte. Près de la porte je rencontre B. et T.; ils m'apprennent que R., en revenant lundi matin, a été atteint d'une balle et est sans-doute mort. Taschereau et presque tous ces Messieurs sont revenus. J'entre avec T. et je parcours avec délices la Bibliothèque jusqu'au magasin, conduit par trois ou quatre personnes qui me reconnaissent.

Je reviens, en faisant le tour du Palais-Royal fermé par la rue de Valois; l'aile du Palais de ce côté est en flammes. Le Théâtre Français *n'a éprouvé aucun dommage.*

J'abrège, nous aurions tant de choses à nous dire! j'envoie bien vite cette lettre.

Malgré notre impatience de vous revoir, je vous dis: ne vous pressez pas trop, car il y a du danger du côté de Belleville, qui tire encore.

Pillon.

P. S. On me dit que Delescluze, sortant de la Mairie du XIme arrondissement, a été tué sur une barricade, à l'entrée du boulevard Voltaire. Puisse-t-il ne pas être le seul à expier tant d'infamies. Encore aujourd'hui massacre des dominicains d'Arcueil par les hommes du trop fameux 101me bataillon.

Deux-Mondes du 15 juin 1871). (Les visites de Me Rousse, avocat, à Chaudey, à Monseigneur Darboy, etc..., dans leur prison).

L'Histoire du 18 Mars, par le comte Anatole de Montferrier.

Les Prisons de Paris sous la Commune. — Mazas et la Grande Roquette. — par Maxime Du Camp (*Revue des Deux-Mondes*, 1er septembre 1877).

Souvenirs de la Petite et de la Grande Roquette, par l'abbé Moreau.

L'Orgie Rouge, par Paul de Saint-Victor (*Monde Illustré*, 17 et 24 juin 1871).

Et aussi dans le terrible et superbe roman de Zola, *La Débâcle*, qui paraît au moment où s'achève l'impression de ce recueil, et dans lequel l'auteur trace en lignes de sang et de feu les horreurs de la *Semaine Rouge*.

Enfin on peut lire, si on a le cœur solide, *Le Mur* (Mars, Avril et Mai 1871), nouveau roman naturaliste de Maurice Montégut.

A M. A. de M..., Ronquerolles,

Paris, Vendredi 26 Mai (1).

Cher Monsieur,

Dieu merci, nous sommes encore vivants, Joséphine, Eugène et moi.

L'on n'a eu rien de bien grave à la maison, mais beaucoup de dégâts dans le quartier.

A présent tout me semble à peu près fini ; quand vous jugez convenable de venir à Paris, *je crois* que vous le pouvez sans danger.

Le *Journal Populaire* a été supprimé le 23 par Ferré, délégué à la sûreté générale. Je vous achète ce que je trouve dans ce même format, le *Petit Moniteur*, etc.

H. Brent.

Samedi 27 Mai.

Nous allons dîner à Beaumont. De l'avenue de Nointel, où l'on va faire le tour habituel après le dîner, le ciel est toujours embrasé sur Paris.

Millière a été fusillé hier sur les marches du Panthéon, à la place même où il avait fait exécuter trente gardes nationaux refusant de se battre.

Dimanche 28 Mai (Pentecôte).

A Beaumont, où mon frère, sa femme et sa petite fille sont installés jusqu'à nouvel ordre avec notre mère et nos tantes. Mon frère est revenu avant hier d'un voyage de 15 jours pour affaires dans le Nord de la France et en Angleterre (Londres, Bradford et Manchester).

Grand'Messe suivie d'une visite au cimetière.

---

(1) Cette lettre n'est arrivée à destination que quatre jours après.

Nous apprenons que notre bon curé de Saint-Leu, M. Lartigue, qui était prisonnier à la Roquette, en est sorti hier avec Monseigneur l'évêque de Sura, au milieu de la fusillade. Ils ont échappé au choix des cinquante otages, gendarmes et religieux, qui ont été massacrés la veille rue Haxo, sur l'ordre de Ferré, pendant que des femmes montées sur le mur d'enceinte acclamaient les assassins et insultaient aux victimes. Monseigneur de Sura, ayant voulu malgré les conseils s'enfuir quand même par des rues où l'on se battait, a eté tué faubourg du Temple par une fille publique.

M. Lartigue est resté caché près de la prison toute la journée chez un marchand de bois. Le soir un insurgé entre, et voit le prêtre dînant à la table de famille : — « Ah! tu reçois des calotins, toi! »

— « Je suis chez moi, je fais ce qui me plaît.....

Dès que le communard a été parti, on a prêté à M. Lartigue des vêtements civils avec lesquels il a pu gagner son presbytère de Saint-Leu, où il ne risque plus rien (1).

---

(1) Dans l'église Saint-Leu, à l'entrée de la chapelle de la Vierge, sur le pilastre de droite est une plaque de marbre blanc, portant l'inscription suivante en lettres capitales incrustées et dorées :

LE CLERGÉ ET LA PAROISSE DE ST-LEU
HEUREUX DE VOIR RENTRER DANS SON ÉGLISE,
EN RUINES, HÉLAS!
LEUR VÉNÉRÉ PASTEUR, MONSIEUR L'ABBÉ LARTIGUE,
RENDU A LEUR AFFECTION APRÈS 47 JOURS
DE DURE PRISON A MAZAS, ET 3 JOURS
DE CRUELLE CAPTIVITÉ A LA ROQUETTE,
(JOUR DE PAQUES, 9 AVRIL
JOUR DE PENTECOTE, 28 MAI 1871.

TÉMOIGNENT LEUR RECONNAISSANCE A DIEU
PAR L'INTERMÉDIAIRE DE LA TRÈS-SAINTE VIERGE.

15 AOUT 1871.

M. Lartigue épuisé a dû prendre un congé de six mois, pendant lequel M. Fortoul, premier vicaire, a surveillé, avec l'aide de M. Mimerel président du Conseil de fabrique, la restauration de l'église Saint-Leu, qu'un canon (le nôtre peut-être), tiré par des femmes sur le carrefour aux Ours, avait bombardée pendant plusieurs jours. — La Commune avait d'ailleurs décrété la démolition des quatre églises du quartier : Saint-Leu, Saint-Eustache, Saint-Nicolas et Saint-Merry. M. l'abbé Lartigue est mort chanoine titulaire de Notre-Dame, le 7 avril 1880, à 71 ans.

Dans l'après-midi, promenade sur la *place du Château*, que les Beaumontois, partisans de la Commune, se piquent d'appeler la *Butte à Marat*, comme l'avait baptisée 93.

La ville est encore encombrée de Prussiens ; les habitants paraissent s'être familiarisés avec eux ; ils leur parlent et se figurent être mieux compris en surenchérissant sur leur jargon pseudo-français. Au sortir du pont, ce matin, j'ai saisi au vol ce bout de conversation : Un allemand : Le château, s. v. p? — « L'indigène, s'escrimant avec force « gestes : *Vous, montir en lir !* sans se douter que : c'est là haut, montez ! avait plus de chances d'être entendu.

M. le Curé, sa sœur, et le vicaire dînent avec nous.

A M. H. Brent, Maison A. de M..., Paris.

Beaumont-sur-Oise, Dimanche 28 Mai (Pentecôte).

Mon cher Monsieur Brent,

Nous sommes de plus en plus inquiets sur votre compte, sur celui de Madame Brent, d'Eugène, et de Joséphine.....

Il y a depuis huit jours un panier à la gare du Nord; qu'Eugène aille le retirer. Qu'il voie s'il n'est rien arrivé chez ma mère, boulevard de Strasbourg, et, s'il n'y a aucun danger de circuler, également chez M. Ch. de Mazade, 33, rue Saint-Jacques.

. . . .

A. de M.

Proclamation du maréchal de Mac-Mahon aux Parisiens.

« Habitants de Paris,

« L'armée de la France est venue vous sauver. Paris est délivré. « Nos soldats ont enlevé, à quatre heures, les dernières positions « occupées par les insurgés.

« Aujourd'hui la lutte est terminée; l'ordre, le travail, et la sécurité « vont renaître.

« Au quartier général, le 28 mai 1871.

Le Maréchal de France, Commandant en chef,

DE MAC-MAHON, DUC DE MAGENTA.

M. Bouesnel (de Paris, 3, rue Aubriot) à M. C. Amiard-Fromentin (à Étampes).

28 Mai.

Huit jours d'angoisses terribles! lundi dernier je suis venu m'installer à la maison. J'ai donné l'ordre à D. de ne pas bouger. Quant à P. S. dévoué pour son service de garde national, il n'a paru à la maison qu'hier; il était de service chez le Commissaire de police du quartier, et quand il a fallu faire le coup de fusil il est parvenu à s'esquiver; il est caché. J'ose espérer que ce sera fini demain, car l'armée régulière a cerné le peu qui reste des insurgés.

Notre quartier est on ne peut plus abîmé; plus d'Hôtel-de-Ville, de Mairie, de Caserne..... L'Assistance publique, presque toutes les maisons de la rue de Rivoli, de la rue François Miron, de la rue Saint-Antoine, gravement endommagées: l'Arsenal, le Grenier d'abondance, les Entrepôts de La Villette incendiés; je ne vous parle que de ce que j'ai vu, car les autres quartiers sont plus ou moins détruits. Les Tuileries, le Louvre, le Palais-Royal, les Ministères, tout cela incendié!

. . . .

.....J'ai couché chez votre beau père; une balle est entrée et s'est arrêtée sous le guéridon en face du lit.....

. . . .

.....Ce que nous craignons le plus, ce sont les pétroleuses, *espèces de furies qui incendient partout sur leur passage; aussi avons-nous bouché tous les soupiraux des caves. On en a déjà fusillé plus de trois cents.*

Tous les étrangers incorporés dans la garde nationale des fédérés et que l'on fait prisonniers sont passés par les armes, et je vous assure qu'ils sont nombreux.

Je pense que vous ferez bien d'attendre.....

. . . .

Bouesnel

A M. Brent, Maison A. de M..., Paris.

Ronquerolles, Mardi 30 Mai.

Mon cher Monsieur Brent,

Comme vous nous avez rendu la vie ce matin par votre petit mot du 26 !

J'ai déjà remercié le bon Dieu de vous avoir protégés, vous, Madame Brent, notre pauvre Eugène et ma pauvre Joséphine.

Je n'aurais jamais cru que ces abominables communards auraient été assez vandales pour commettre des atrocités pareilles. J'espère bien que l'on continue à ne pas faire grâce à ces monstres, hommes et femmes, et qu'on va leur prendre leurs petits pour les faire élever dans de meilleurs sentiments.

Que de désastres ! que de désolations ! nous devons encore nous estimer bien heureux que notre maison ne soit pas brûlée.....

Je vous envoie pour vous et Madame Brent deux bons gros baisers bien affectueux, et mille amitiés à Eugène et à Joséphine.

Céline de M.

Mon cher Monsieur Brent,

Je ne saurais vous dire le plaisir que m'a causé votre lettre. Donnez-nous vite des détails sur votre mot : *Rien de bien grave.*

J'espère qu'une bonne et sévère République nous vengera de ces monstrueux criminels.

Madame prie Joséphine de venir tout de même ;

qu'elle parte demain mercredi par le train de 1 heure. Qu'elle apporte la chatte.

M. Pillon va à Paris et emporte un panier.....

Pendant que Joséphine sera absente, qu'Eugène s'installe à la maison et couche dans le magasin, si vous même n'y êtes pas.

A. de M.

M. C. Amiard-Fromentin (d'Étampes) à M. Eugène Fromentin (au Hâvre).

29 Mai.

Mon cher père.

..... J'ai pu enfin obtenir un passeport, et je compte partir demain matin pour Paris, et constater de mes yeux tous ces désastres irréparables! Que de sang répandu et se répandra encore! On est sans pitié pour ces misérables incendiaires et on a raison; il paraît qu'on les fusille par 3 ou 400 à la fois. Ils ne l'ont pas volé! C'était de leur part une guerre à mort à ceux qui possèdent. Mais cette guerre est-elle finie? Dans cinq ou six mois, quand on aura relâché ceux qui n'ont pas été fusillés immédiatement, qui nous dit que ces incendies ne recommenceront pas?

Entre nous, je me console sans peine de l'assassinat de M. Chaudey. C'est une leçon qui rendra le siècle plus réactionnaire; ils en auraient fusillé d'autres que cela nous épargnerait les larmes qu'ils vont sans doute répandre encore..... mais je regrette bien Monseigneur Darboy, M. Bonjean et tant d'autres martyrs.....

La seconde moitié de cette lettre a été réservée à Madame C. Amiard, qui termine ainsi :

. . . .

Adelinette est toujours bien mignonne. Cependant ce matin, à une procession de petits enfants qui a eu lieu à Notre-Dame, elle s'est mise à pleurer d'une si belle façon qu'on a dû la ramener bien vite.....

Berthe.

M. C. Amiard (de Paris) à M. Fromentin, son beau père (au Hâvre).

30 Mai

Mon cher père,

Je suis parti ce matin d'Etampes à 5 heures 1/2 et arrivé à Juvisy à 7 heures. Là, tandis que tous les voyageurs prenaient les omnibus de Versailles, j'ai couru la chance de me voir empêcher d'entrer à Paris et pris une sale voiture, qui pour 5 francs m'a conduit à la porte d'Italie par Villejuif, dans le cimetière duquel j'ai vu enterrer des charretées de cadavres.

J'ai pu entrer à Paris sans qu'on m'ait demandé une seule fois passeport ou papier. A la barrière d'Italie, j'ai trouvé déjà réinstallé l'omnibus de la Pointe Saint-Eustache qui m'a mené chez moi par l'Hôtel-de-Ville. J'y ai trouvé M. Bouesnel et ma tante Quesnée, avec qui j'ai déjeuné très-vite; de la fenêtre du salon de ma mère, elle a vu l'autre jour enlever par les troupes la barricade de la rue de Turenne. Puis je me suis mis en route pour l'Hôtel-de-Ville, l'Ile Saint-Louis, l'Entrepôt, les Greniers d'Abondance, la place de la Bastille, la rue de la Roquette, le boulevard du Prince Eugène et les boulevards jusqu'au café de Malte, d'où je vous écris.

Hélas! ce que j'ai vu n'est pas au dessous de ce que disent les journaux. L'Hôtel-de-Ville n'a plus que ses quatre murs horriblement fendus; tout est à jour, tout est écroulé. Les bâtiments de la Ville, toutes les maisons de l'Avenue Victoria ne sont que des décombres à abattre.... L'Entrepôt est intact; mais les magasins de Godillot sont une ruine..... fantastique. Place de la Bastille, il n'y a qu'un grand espace noir, et un petit tas de cendres fumantes à la place du café Gibé. Faubourg Saint-Antoine, rue de la Roquette, boulevard du prince Eugène, toutes les maisons aux angles des rues sont complètement brûlées et écroulées en dedans; il n'en reste que des murs à jour et lézardés.

Votre maire a eu de la chance. Sa maison boulevard du Temple est intacte, quoique contigue à trois autres brûlées; on lui a seulement un peu pillé et brisé son mobilier. Les gardes nationaux qui occupaient sa maison se sont soûlés trop tôt dans une cave, et ont oublié, m'a dit son concierge, de se servir de bidons de pétrole qu'ils ont laissés aux divers étages.

Ma maison des Batignolles n'a rien. Ma concierge est morte.

..... On entre dans Paris sans permission, mais il en faut une pour en sortir. J'irai demain matin voir M. Vautrain ou M. de Châtillon de votre part pour tâcher de retourner à Étampes demain soir.

Trouvez-moi un cheval, les commissions abondent, et nous allons être surchargés..... C. *Amiard.*

M. C. Amiard-Fromentin (de Paris) à M. Eugène Fromentin, au Hâvre.

Mercredi midi, 31 Mai

Mon cher père,

..... Grandes difficultés pour sortir de Paris; j'ai une lettre de M. Vautrain, mais il y a 5 ou 6,000 personnes chez le maréchal Mac-Mahon. Je vais de ce pas aux Invalides, à la Préfecture de Police, invoquer le nom de M. Valentin avec des lettres de lui.....

. . . .

C. Amiard.

P. S. Achetez-moi ici ou à Caen un gros cheval de train.

Même jour, 8 heures du soir. Le même à sa femme (à Étampes).

Ma chère petite Berthe,

Je t'écris sur ce papier bleu que j'avais emporté tantôt pour écrire à ton père, en attendant au Corps Législatif le laissez-passer dont on m'avait promis l'obtention pour aujourd'hui.

Je suis allé ce matin à la Mairie, dont il ne reste que le premier étage (tout le haut est brûlé) J'y ai trouvé M. Vautrin et ses trois adjoints qui m'ont accablé d'amitiés. ... et finalement m'ont délivré le certificat moyennant lequel je devais obtenir tout de suite *au Corps législatif mon laissez-passer. Après avoir déjeuné chez nous avec notre tante Quesnée et M. Bouesnel, puis tracé quatre mots au galop à ton père en lui envoyant des traites pour le Hâvre, je suis arrivé au Corps Législatif à midi et demie. Là j'ai fait queue trois grandes heures, sur la place, debout au soleil, sans pouvoir naturellement écrire sur ce papier. Ennuyé, n'avançant pas, je suis allé, après avoir causé avec des sergents de Ville, à la Préfecture de Police, au Ministère des Affaires étrangères, sur la place des Invalides. J'ai demandé M. Ansard, le Secrétaire général de la Préfecture de Police; je lui ai montré trois lettres de M. Valentin; il a été très-affable, mais il m'a dit que le maréchal Mac-Mahon était sorti depuis 4 heures et qu'on ne délivrait pas de laissez-passer avant demain Jeudi, que d'ailleurs il pensait que Vendredi matin on pourrait sortir librement.....*

L'aspect de Paris est bien triste, malgré l'énorme affluence de monde qui se précipite dans les rues pour voir tous ces effroyables sinistres. Hier, j'ai vu aussi la rue Royale; ce ne sont que des ruines écroulées, de la rue Saint-Honoré à la Madeleine. Le Ministère des Finances brûlé est d'un effet saisissant; avec ses arcades superposées il ressemble au Colysée.

Depuis la Tour Saint-Jacques, les maisons à droite et à gauche de l'Hôtel-de-Ville sont complètement brûlées, et du Café du Gaz, d'où je t'écris ce soir, il ne reste que le rez-de-chaussée. Le Palais de Justice est incendié, il n'en reste que la Sainte-Chapelle intacte qui s'élève toute dorée du milieu de ces ruines. Tout le quai d'Orsay, Caserne, Conseil d'État, Légion d'Honneur, etc..,. ne sont que ruines fumantes. Hier, après avoir dîné avec M. Ferciot, le café du Gaz étant fermé, nous sommes allés au Café de la Garde Nationale prendre de la bière devant l'Hôtel-de-Ville, dont les ruines brûlent toujours et illuminent d'une lueur rouge toutes ses ouvertures béantes.

Je commence à en avoir assez. J'ai signé tout ce matin des masses de factures; j'ai 7 ou 800 traites à signer et à endosser.

C. Amiard.

Mercredi 31 Mai.

Evacuation de Beaumont par les Prussiens.

Clermont ne sera débarrassé qu'en octobre.

A M. A. DE M..., Ronquerolles.

Cher Monsieur,

Paris, 31 Mai.

J'ai reçu aujourd'hui à midi vos lettres, trois datées du 21, une du 23, une du 28.

Eugène revient du chemin de fer. Ni Joséphine ni personne ne peuvent sortir de Paris.

Il n'y a pas eu de mal, ni chez Madame votre mère,

ni chez M. Ch. de Mazade. Je vous écrirai plus longuement demain.

. . . .

H. Brent.

A M. A. de M..., Ronquerolles,

Versailles, Mercredi 31 Mai.

Mes chers bons amis,

Je vous écris de Versailles pour la raison bien simple que nous n'avons pas pu pénétrer hier dans Paris par Saint-Denis. Force nous a donc été de prendre un misérable véhicule, semblable à ces petits omnibus *de famille* du chemin de fer de Lyon, qui, moyennant 6 francs par personne, nous a amenés à Versailles, où nous ne sommes arrivés qu'à onze heures du soir, après avoir manqué de verser vingt fois, attendu que nous étions conduits par un affreux ivrogne qui profitait de tous les villages pour s'arroser le gosier outre mesure; le susdit omnibus contenant huit personnes en avait treize. Il a fallu traverser deux fois la Seine, à Chatou, *en bac*: j'étais penché sur l'impériale, et ma foi, j'ai rarement eu aussi peur de verser; mais il est, dit-on, un dieu pour les ivrognes, et il faut que cela soit, car il eût été dans la logique des choses que nous versions.

Arrivés à Versailles, nous n'avons pu trouver qu'à grand peine un maigre matelas dans une vaste pièce, remplie de tables, d'un restaurant-hôtel. Nous avons couché par terre.

Ce matin nous nous sommes mis en quête d'un laissez-passer pour Paris, obtenu, grâce à ma qualité de fonctionnaire de l'État, après six heures de queue par une chaleur étouffante. Nous ne pourrons partir qu'à cinq heures et demie du soir pour Paris; il n'y a encore que deux trains par jour, le matin et soir.

L'aspect de Versailles est étrange. Cette ville, si froide et si solitaire d'habitude, est remplie d'une foule énorme où domine l'uniforme militaire. La Place d'Armes est transformée en un parc d'artillerie; plus de deux cents canons y sont rangés; deux pièces d'artillerie commandent l'Avenue de Paris.

Nous avons vu défiler, entre deux haies de soldats, une centaine de fédérés, hommes, femmes, vieillards, enfants, hâves, déguenillés, quelques-uns abattus, d'autres, et c'était le plus grand nombre, avec le regard cynique et encore menaçant. C'était un triste tableau, que nous avons vu bien plus en grand à Satory; des milliers de fédérés étaient parqués dans la moitié d'une immense cour de la caserne, sous la menace de canons prêts à les balayer à la moindre tentative de révolte.

Nous sommes revenus de Satory par la pièce d'eau des Suisses où des soldats lavaient leur linge, et, en longeant l'Orangerie pleine de prisonniers; c'est là que sont Ferré (l'oiseau de proie) Assi, Urbain, Billioray, Lullier, Régère, le beau Jourde délégué aux Finances, le peintre Ranvier, et hélas! notre idiot de grand peintre Courbet.

Nous voilà encore dans la même angoisse au sujet de nos chers parents, et ce n'est que sur les sept heures du soir que j'espère avoir le bonheur de les embrasser. Notre campagne accidentée ne doit pas engager madame Alexandre à s'aventurer encore à Paris, d'où, paraît-il, il est très-difficile, pour ne pas dire impossible, de sortir.

. . . .

V. Pillon-Dufresnes.

Bien des choses à M. Desjardins et à Madame Maria.

Préfecture
de
POLICE

Cabinet

Versailles, le 31 Mai 1871

LAISSEZ-PASSER

Mr Pillon-Dufresnes
Employé à la
Bibliothèque Nationale
(avec sa femme)
est autorisé à entrer dans Paris.

Vu à l'Etat-Major de la 1re Division Militaire
Versailles, le 31 Mai 1871.
Le Colonel d'Etat-Major

REPUBLIQUE FRANÇAISE

Le Général,
Préfet de Police
Valentin

JUIN

1871

A M. A. de M..., Ronquerolles.

Paris, Jeudi 1er Juin 1871

Monsieur,

M. et Mme Pillon-Dufresnes sont venus hier soir.....

. . . .

Sauret a apporté de la trame..... kos.....

Le père Chaussignand, aussi. Sur sa demande pressante, je lui ai donné 40 francs à valoir. Son fils, qui était garde national, a été tué sur une barricade.

. . . .

Votre *Petit National* a reparu le 30 mai sous son ancien et vrai titre. Je le reprends.

. . . .

Eugène est allé ce matin avec Joséphine au Chemin de fer du Nord pour tâcher de la faire partir pour Ronquerolles, impossible ; rien ne sort, pas même un paquet gros comme le poing. Le bureau du départ n'est pas même ouvert.

D'après ma faible intelligence vous ne vous rendez pas compte de la position où nous avons été et où nous serons encore pour une dizaine de jours à Paris.

Les dégâts que nous avons eus au magasin sont très peu de chose ; un éclat d'obus, venant du Père-Lachaise où l'on a continué à se battre corps à corps, a frappé la croisée du petit bureau de Madame, en dehors, emporté un gros morceau de pierre et est allé tomber sur le boulevard. Eugène est descendu le ramasser ; l'engin était respectable. Vous le trouverez sur votre bureau (1).

. . . .

Voici une commande pour etc.....

H. Brent.

A M. A. de M..., Ronquerolles.

Paris, Jeudi matin, 1er Juin.

Mes bien chers amis,

J'ai le bonheur de vous apprendre que mes parents sont en vie et en assez bonne santé. Ils ont passé cette effroyable commotion avec beaucoup de courage, les obus pleuvant dans le quartier et mon père voulant néanmoins toujours sortir pour aller à sa malheureuse Bibliothèque, laissant ainsi notre mère dans une angoisse mortelle.

La perte de la Bibliothèque du Louvre a beaucoup affecté mon pauvre père sans pour cela trop ébranler son moral, et si, depuis la Commune, on avait écouté ses sages conseils, on n'eût pas si tôt remis en place les plus précieuses richesses qui avaient été enfouies dans les caves lors du siége.

..... Chez vous, hier soir, nous avons trouvé José-

(1) J'en ai fait faire un presse-papier rivé à un morceau de marbre de griotte rouge des Tuileries, avec cette inscription : Paris 1871.

phine encore affolée de tout ce qu'elle a vu et entendu. Elle a couché plusieurs jours sur le palier de votre concierge, préférant cela à la cave, où dans d'autres maisons bien des gens ont été ensevelis vivants. A part votre fenêtre écornée, vous retrouverez votre intérieur dans le même état que vous l'avez laissé ; mais votre quartier! le désastre y est effroyable. Les six premières maisons du boulevard Sébastopol, à gauche en entrant par la rue de Rivoli, sont complètement brûlées, puis quelques autres en approchant de chez vous. En allant à l'Hôtel-de-Ville, des amas de maisons incendiées, balcons tordus, horrible désolation. Quant à l'Hôtel-de-Ville, c'est une ruine majestueuse, toute déchiquetée, que l'on devrait conserver telle quelle pour l'édification des races futures; vue ainsi au clair de lune et brûlottant encore, elle est fantastique. Par moments on se croirait dans Herculanum ; c'est navrant, et les journaux n'ont rien dit de trop. Nous sommes revenus en longeant la rue de Rivoli jusqu'à ces malheureuses Tuileries qui, jusqu'au guichet de l'Échelle, ne présentent plus qu'une gigantesque carcasse. Le feu y brûlotte encore. Dans notre quartier, le désastre a été moins grand que dans le vôtre, par la raison que ces misérables n'ont pas eu le temps de mettre leurs horribles projets à exécution. Néanmoins ma maison a reçu *cinq obus*, dont deux ont bouleversé le toit de mon voisin de gauche, ont pénétré chez lui, et brisé une partie de ses meubles; heureusement les obus n'ont pas éclaté, car son chez-lui et le mien eussent été anéantis du même coup. J'en ai été quitte pour trois carreaux cassés, deux par la vibration, et un par une balle morte qui gentiment est venue percer un petit trou dans un carreau de notre chambre ; je l'ai retrouvée à côté de la fenêtre.

Un de nos conservateurs-adjoints, sous-directeur, a été tué à Batignolles en sortant de chez lui. Plusieurs de nos garçons, s'étant montrés pendant le règne de la

Commune ses partisans trop chaleureux, viennent d'être destitués. Nous ne tarderons pas à ouvrir.

Si Eugène peut lui obtenir un *laissez-passer*, Joséphine doit partir aujourd'hui à 1 heure avec tous les objets demandés par Madame Alexandre, voire même des bottines à talons élevés,

« Il faut suivre la mode ou quitter le pays. »

dit votre tantinette Victoire, et avec votre Mirette, très bien portante et qui ne demande qu'à manger pour être complètement heureuse.

Je tâcherai d'aller voir demain M. Brent et gémirai avec lui sur le sort de cette pauvre fabrique de Ronquerolles *que la Commune a empêchée de produire.* « C'est navrant, lui dirai-je, ce qu'on aurait pu fabriquer de ganses soufflées, 6, 8, 10, 12, 16, 24, 80 et 100, si la Commune n'avait pas existé, » et dans le fond de ma conscience s'élèvera une voix terrible, me criant à chaque instant : quatorze cents kilos ! 1400 kilos !! MCCCC kilos !!! mais je n'en gémirai pas moins avec M. Brent.

. . . .

Ton ami,

V. Pillon-Dufresnes.

M. C. Amiard-Fromentin à sa femme (à Étampes).

Paris, Jeudi 1er Juin.

Ma chère petite Berthe,

Je ne t'en dirai pas long. Je suis furieux. J'ai encore été faire queue aujourd'hui jusqu'à 3 heures, sans réussir. Je m'embête! Je n'y retourne plus. On m'a dit à la Préfecture que les portes seraient ouvertes samedi à onze heures du matin.

J'en ai plein le dos de Paris! des plaintes des clients, des difficultés de toutes sortes pour avoir des marchandises, et des rues brûlées qui sentent mauvais.

M. Valentin est à Versailles. On s'est bien chargé de lui remettre une lettre, mais on m'a dit de laisser mon adresse ou de revenir demain vendredi soir chercher la réponse. Comme cela ne m'avancera pas, puisqu'on sort samedi, j'ai remporté ma lettre et me voilà cloué!

Adieu. Je n'ai pas le temps de causer ni de rire. Je suis en colère. Si tu t'impatientes de ne pas me voir, tu peux te risquer par un train de midi et arriver à 6 heures à la maison, en prenant à Juvisy une carriole pour Paris. Mais tu seras horriblement secouée, et tu feras mieux de m'attendre, si je puis jamais revenir. J'enrage! et j'ai cependant bien à faire ici..... Je reçois 38 commissions du voyageur.....

Je suis trop ennuyé pour t'appeler mon petit ange, ma petite Berthe chérie, je t'embrasse tout de même mille fois, avec ma fille et maman.

Ton mari embêté.....

C. Amiard.

A M. Brent, Maison A. de M. Paris.

Ronquerolles, Vendredi 2 Juin.

Mon cher Monsieur Brent,

Je ne reçois encore aucune nouvelle depuis votre seule lettre du 26.

Envoyez-moi *de la soie, de la ficelle.....*

Tout cela demandé déjà plusieurs fois.

. . . .

Bonne poignée de mains, ainsi qu'à Eugène.

A. de M.

A M. et Mme A. DE M..., Ronquerolles.

Paris, 2 Juin.

Bien chers Cousins,

Un seul mot. J'ai échappé miraculeusement à la mort. Mercredi 24 mai, quand on a brûlé mon église (1), on m'a cherché, poursuivi, pour me fusiller probablement. Je dois mon salut à un marchand de bois qui m'a caché dans son chantier.

J'ai réussi, quoique sans ressources, car nous avons *tout perdu*, à organiser un service religieux dans un local provisoire; mon curé n'est pas rentré.

Je n'ai pas pu aller hier à l'Archevêché porter ma prière à la Chapelle ardente où repose Monseigneur Darboy; il paraît qu'il y avait grande foule.....

Abbé G. DE MANAS.

A M. A. DE M..., Paris.

Montech, 2 Juin.

Mon cher Alexandre,

La crise que Paris vient de subir me paraît plus terrible que celle du blocus des Prussiens. Aussi notre sollicitude pour vous tous n'a pas été moins grande; nous désirerions savoir comment vous avez traversé cette tourmente vous et votre famille, et si vous n'avez

(1) Les détails de l'incendie de Notre-Dame-de-Bercy se trouvent dans une longue lettre de l'abbé de Manas au journal l'*Univers* (numéro du 23 juin 1871).

eu à éprouver d'autres peines que les soucis et les tracas que les préoccupations de la situation de la capitale faisaient naître dans le cœur de tous les bons parisiens.

Adieu, tout à vous et aux vôtres.

Docteur BOUDOU.

Samedi 3 Juin.

3 0/0. 53.30.

Achat d'une provision d'avoine sur le marché de Clermont. Les cultivateurs hommes et femmes me refusent mes *bons de la Société Générale*, de 1, 2 et 5 francs, *à moins*, disent-ils, *que je ne signe dessus !* Ils refusent même les billets de Banque, disant : « *Tout çà, c'est toujou qu' du pàpier !* »

Lettre de M. Auguste Authenac, qui nous demande du travail d'écritures, ayant donné dès le 18 mars sa démission de sergent-major de la garde nationale et se trouvant sans ressources.

A M. A. DE M..., Ronquerolles.

Paris, Samedi 3 Juin.

Monsieur,

Joséphine (avec Mademoiselle Mirette) est partie pour Ronquerolles par le train de midi 45 minutes, elle emporte avec elle de la soie, etc.....

Depuis hier Paris commence à reprendre son aspect ordinaire. On met les pavés en place, les boutiques sont presque toutes ouvertes ; quelques lignes d'omnibus marchent, les rues sont éclairées au gaz. Plus de feux ni de coups de canon, pas d'obus. On respire à pleins poumons.

J'ai vu 1830, 1848, 1852; mais je n'ai rien vu comme la semaine dernière.

. . . .

H. BRENT.

Vers 4 heures Joséphine notre bonne arrive à pied de Clermont dans la cour de la fabrique, chargée de paquets, et de Mirette dans un panier. De la femme ou de la chatte, on ne saurait dire qu'elle est la plus ahurie!

A M. H. BRENT, Maison A. DE M..., Paris.

Ronquerolles, Dimanche 4 Juin.

. . . .

Un ouvrier teinturier, Joseph Triquet, réfugié de Paris, que j'occupe depuis un mois, et qui s'en retourne, emporte nos paniers.....

Envoyez-moi le *Monde Illustré*, et un journal par jour.....

A. DE M.

A M. A. DE M..., Ronquerolles.

Paris, le 4 Juin.

Monsieur et cher patron,

Quand M. Brent vous écrit, je le prie de vous envoyer mes compliments, mais je crois qu'il n'en fait rien; c'est pourquoi je prends l'initiative à vous écrire pour vous remercier moi-même des bons souvenirs et poignées de mains que vous m'envoyez.

Vous chargez M. Brent de me payer mon mois, j'en suis payé et même j'ai anticipé sur le mois de juin; la mort de ma fille m'a occasionné de grandes dépenses, de même que la cherté des vivres pendant tout le mois de mai. Oh! triste mois que celui-là! tant que je vivrai j'en conserverai le souvenir.

Tout le monde était exposé et tous nous avons fait notre devoir.

Après et pendant le bombardement, nous avions à craindre les incendies; de commun accord entre voisins, nous avions formé une garde de nuit, dite garde de surveillance; défendu à quiconque de s'approcher des maisons, à seule fin d'empêcher qu'on jetasse du pétrole dans les soupiraux des caves; des faux pompiers lançaient du pétrole sur les maisons en flammes.

Je suis allé rue du Bac; votre cousine Marmuse et ses enfants sont restés en plein les incendies qui ont dévoré toutes les maisons et celles de la rue de Lille jusqu'au quai. Ils ont été quittes pour avoir eu très peur toute la semaine.

Vous pouvez croire, Monsieur; le sifflement des balles et des obus, on a beau être brave, eh bien! je vous avoue qu'on n'est pas tant crâne que ça!

Pour quant à la garde du magasin, j'y ai couché tout le temps; vous pouvez compter sur moi, je ne le quitterai pas. Nous trouvons le temps long de l'absence de Monsieur et Madame; à bientôt le retour.....

Eugène Mathey.

Lundi 5 Juin.

Edouard, mon frère, repart en Angleterre pour une huitaine.

Jules Claretie, qui a renoncé depuis la Commune à son grade de capitaine d'état-major de la garde nationale, reprend ses feuilletons dramatiques dans divers journaux.

A M. A de M..., Ronquerolles.

Paris, 5 Juin.

Si je ne te savais sur les dents, *vecchio mio,* je te dirais que tu es le plus paresseux des hommes pour écrire à tes amis.....

J'ai vu Camille Amiard, il doit peut-être le salut de sa maison à ce que son concierge a été fait prisonnier, il y a environ un mois, en faisant une sortie.

M. Fromentin est au Hâvre. Camille m'a raconté une aventure assez singulière dont le petit Ludo a été le héros. Plein des récits des pillages dont Paris allait être la victime, il s'échappe un beau matin de Niort, pour venir à Paris sauver les affaires de son père. Il paie pour *15 francs de chemin de fer,* se trompe de ligne, et débarque à Nantes, sans le sou ; mais lui, pas bête, se dirige chez les négociants avec qui il savait son père et Camille en relations, pour leur emprunter de l'argent. Il obtient de l'un une somme tellement dérisoire que cela ressemblait plutôt à une aumône qu'à un prêt, et il tombe enfin chez un brave père de famille, qui, en voyant ce visage imberbe, jugea qu'il avait affaire à quelqu'enfant prodigue, par trop mineur pour être ainsi ravitaillé; il mit la main dessus, le garda, avisa immédiatement à Niort et finalement renvoya le susdit Ludo sous la conduite *d'un gendarme* à ses parents.

Au reçu d'un télégramme Camille avait demandé à

M. Valentin le secours de la police lorsqu'il apprit que l'enfant prodigue était rentré au bercail.

Qu'on est heureux de ne plus sentir cette Commune vous étreindre!

Hier il y avait une foule immense avide de contempler les ruines. Que cela est lugubre, et quel mépris auront de nous les étrangers quand ils verront cette œuvre de destruction! La porte Maillot, où nous avons monté la garde, *est lisse* comme un trottoir et partout, jusqu'à l'Arc-de-Triomphe, les traces horribles de la lutte. Et on dit qu'à Neuilly c'est encore pis. J'ai revu avec bien du plaisir nos soldats, qui ont beaucoup plus de tenue que ceux que nous avions pendant le siége. On sent une discipline plus ferme; déjà à Versailles cela m'avait frappé. J'ai vu passer samedi rue Royale une voiture entourée de soldats, d'officiers à cheval et d'une foule irritée qui voulait faire un mauvais parti à ce qu'il y avait dedans. C'était, à ce qu'il parait, le citoyen Paschal Grousset qu'on venait d'arrêter (en femme) chez sa maitresse, rue Condorcet, 39, reconnu malgré l'énorme chignon dont il s'était affublé. On le conduisait à la mairie de la rue Drouot à la disposition du général de Laveaucoupet. Le *Bien Public* et le *Figaro* donnent cette arrestation comme certaine.

Laure embrasse sa bonne amie....

What o'clock?.....

Il tuo vecchio,

V. Pillon-Dufresnes.

Mercredi 7 Juin.

J'arrive à Paris à 6 heures du soir, avec le regret profond de n'avoir pas pu assister ce matin, à Notre-Dame, aux funérailles de Monseigneur Darboy.

Jeudi 8 Juin.

Journée passée à Paris.

Des squares des Arts-et-Métiers et de la Tour-Saint-Jacques s'exhalent des émanations fades qui soulèvent le cœur. Des centaines de fédérés viennent d'y être enterrés. Chaleur extrême.

Visite de Louis Tollemer, qui est venu souvent sans me trouver.

En quittant son bataillon de chasseurs à pied, après l'armistice, il est rentré chez M. S. son ancien patron, gardant exprès son uniforme pendant tout le temps de la Commune « pour en imposer aux fédérés, « qu'il ne se gênait pas pour envoyer promener, quand ils le pressaient « trop ».

« La nuit même de l'entrée des troupes dans Paris, ajoute-t-il, je « suis descendu vers 4 heures du matin de la chambre que j'occupais « rue Montmartre. Des soldats de la ligne garnissaient les trottoirs, « endormis dans leurs capotes ; silence de mort ; je remontai chez « moi. Redescendu vers 8 heures, en pantoufles, pour voir s'il y avait du « nouveau et déjeuner, j'entre au petit café d'en bas, et m'asseois non « loin de deux officiers, un capitaine et un lieutenant, qui prenaient « du chocolat, lorsqu'un homme s'approche d'eux et leur dénonce vio- « lemment un boulanger voisin, qui avait, affirme-t-il, fourni des sacs « pour les barricades et même fait le coup de feu en personne. Les « officiers avaient dressé l'oreille et le lieutenant allait déjà, presque « malgré le capitaine, commander à un sous officier d'aller avec deux « soldats arrêter l'individu dénoncé. Je me mêlai à leur conversation, « avec une certaine réserve, car il ne faisait pas bon vouloir ménager « des communards, et, malgré tout, j'observai au capitaine que ce dé- « nonciateur, dont la mine d'ailleurs ne me disait rien de bon, en « voulait peut-être tout simplement au boulanger. Le capitaine parut « frappé de ma remarque, et tout en envoyant chercher le boulanger, « retint l'autre. J'avais deviné juste, le délateur, mauvais ouvrier ren- « voyé, mentait impudemment. Je crois que le mitron me doit une « fière chandelle, car, s'il avait été arrêté ce matin là, je n'aurais pas « donné cher de sa peau ; les soldats étaient joliment en colère, et il « y avait de quoi. »

L'Assemblée Nationale, à Versailles, abroge les lois de bannissement et valide les deux élections du prince de Joinville et du duc d'Aumale. Mais, eu égard à la situation politique et sur la demande de

M. Thiers, les deux princes ont renoncé à venir occuper leur siége à l'Assemblée.

A 8 heures du soir, retour à Ronquerolles.

Vendredi 9 Juin.

Ouf ! Départ de notre officier prussien. Je dois avouer que, à part l'impression pénible de son séjour imposé, nous n'avons réellement pas eu à nous en plaindre. Politesse, discrétion, égards, rien à dire ; nous n'avons eu qu'à souffrir de sa présence avec un amer dépit rentré.

Avant de quitter la cour, il m'envoie chercher dans les ateliers, s'avance vers moi, me salue militairement, et me tend la main.

— « Ah ! ça, non, par exemple ! jamais de la vie ! vous devez sentir « que ça n'est pas possible !

— « Pardon ! c'est vrai ; j'oubliais ! Mais en compensation et en re- « merciement de ce que j'ai reçu de vous depuis 15 jours, n'accepterez- « vous pas l'envoi d'une caisse de vin du Rhin ?

— « *Du Rhin ! !* si je n'avais pas été convaincu de sa naïveté, je ne « sais pas si j'aurais pu me contenir. Je lui réponds : « Non, non ! « sachez bien que ce que vous avez reçu de nous n'a été donné ni de « bon gré ni de bon cœur : si vous oubliez, nous, jamais nous n'ou- « blierons ! Adieu, Monsieur ! »

Et l'Allemand part tout sec, en saluant de nouveau.

Samedi 10 Juin.

3 0/0. 53.00

Dimanche 11 Juin.

A Ronquerolles.

C'est la *Fête-Dieu* à Agnetz, remise chaque année du Jeudi au Dimanche.

Après la grand'messe, procession solennelle hors de l'église. M. le Curé sort par le grand portail, qui ne s'ouvre que dans les occasions majeures, tenant haut sous le dais le Saint-Sacrement, précédé des diacres, des chantres et des enfants des Écoles, les garçons sous la bannière de Saint-Léger, patron de la paroisse, les jeunes filles sous les bannières de Sainte-Agnès et de la Vierge. Les toutes petites filles, en robes blanches, ceintures bleues, couronnées de fleurs, portent suspendues à leur cou des corbeilles pleines de feuilles de roses et de pivoines, qu'elles jettent en l'air, en se retournant, sur le passage du Saint-Sacrement. Derrière, nous suivons au milieu d'une grande foule de fidèles.

La procession descend la rue d'Agnetz vers Fay, en chantant les psaumes, sous le ciel bleu, devant le beau panorama de la ville étagée et dentelée de Clermont.

Au bas de la côte, la procession entre dans le parc de Madame Joly de Sailly, où, au-delà de la vaste pelouse, l'attend un reposoir adossé à la façade du château ; à gauche se tient toute la famille Joly de Sailly ; des chaises nous sont réservées auprès d'elle. Les assistants s'éparpillent et s'agenouillent sur la pelouse. Après le salut, la procession se reforme et remonte en chantant vers l'Église ; nous la quittons au carrefour de la route, où nous attend notre vieille calèche, qui nous ramène déjeuner à Ronquerolles. Il est une heure.

A Paris, dîner officiel de M. Thiers à l'Hôtel de la Présidence. A la soirée assistent le duc d'Aumale, le prince de Joinville, le duc de Chartres, etc, etc... Un bon point aux Princes .. et à la République ! Si notre pauvre père était encore là, il en serait heureux.

Lundi 12 Juin.

Dessin de Grévin dans le *Charivari* :

Un colleur pose cette affiche :

AVIS

AUX CONTRIBUABLES

Légende : Le mot de la fin de toute révolution.

Mardi 13 Juin.

Autre dessin du même, dans le *Charivari* :

Un jeune couple au concierge : « Deux mille francs cet appartement « au lieu de 6,000 ? »

— « Oui, Monsieur : seulement le salon est brûlé, et la salle à « manger s'est écroulée sous les obus. »

A M. A. de M..., Paris.

Saint-Étienne, 13 Juin.

Nous sommes heureux de pouvoir enfin vous écrire à Paris, ce qui abrège considérablement le délai de route de nos correspondances.....

Maintenant nous vous demandons si, après toutes les émotions que vous avez dû éprouver depuis tantôt dix mois Madame de Mazade et vous, quelques jours de repos, que nous vous offrons de venir passer à Saint-Étienne, ne vous seraient pas nécessaires.

Vous avez bien laissé deux mois votre maison de Paris, vous pourrez bien, dans les circonstances actuelles un peu moins malheureuses, l'abandonner pendant les quelques jours que nous serions heureux de vous voir nous consacrer.....

Liogier et Culty.

Mercredi 14 Juin.

Encore une infâme bordée, la deuxième depuis son retour, de mon damné Mutin ! Il n'a pas paru à la teinturerie depuis dimanche. On me dit qu'il s'est battu, qu'étant ivre il est tombé dans la rivière, etc.

Ce matin, il est au travail depuis quatre heures, massant dur, essayant de réparer par un coup de chien le retard et le dommage causés par son absence.

Je vais le trouver et lui signifie que j'en ai assez, et qu'à sa première débauche il partira définitivement, sans rémission : « Ah ! je sais bien que je le mérite et plutôt cent fois qu'une » et, se frappant la tête d'un coup de poing : « Sacré cochon ! faut-il que je sois cochon !.... Je ne veux plus y toucher, pas même une larme ; c'était dimanche matin, cette rosse de premier coup, ça altère, et puis ça brûle, j'ai du feu dans la poitrine, je n'en veux plus! c'est fini; à partir d'aujourd'hui, je vous jure que vous pouvez compter sur moi.....

A M. A. de M..., Ronquerolles.

Paris, Mercredi 14 Juin.

Mio.....

. . . .

J'ai repris mon service à la B. et n'ai guères que le matin pour travailler à mes affaires. Parmi les demandes de nos lecteurs, encore rares, il en est une qui m'a fait connaître un ouvrage très-intéressant du Comte de Paris, *Les Associations ouvrières en Angleterre*, (Trades Unions) dans lequel l'auteur peint avec connaissance de cause le but de ces associations qui doivent être pour le moins affiliées à l'Internationale; car, avec les capitaux dont elles disposent, elles parviennent à soutenir, à provoquer même, des grèves formidables. L'ouvrage me semble très-habile, car le prétendant (un futur roi) ne donne pas précisément tort à ces *Trades Unions*. Je crois par là qu'il espère avoir la sympathie des travailleurs, tout comme le sire de *Fichton-Kan*, lors de son ouvrage sur le paupérisme.

La vie renaît à Paris plus intense que jamais. Toutes les promenades sont couvertes de monde; beaucoup d'étrangers et de provinciaux accourent pour contempler nos misères encore fumantes; c'est une procession interminable comme au beau temps de l'Exposition Universelle. Le boulevard regorge de monde et les cafés ne désemplissent plus; seulement, au lieu d'y voir briller les invincibles gardes nationaux, ce sont les braves et modestes officiers de notre jeune armée.

Je suis allé hier chez Camille Amiard; il peste contre les chemins de fer qui ne lui amènent pas la marchandise dont ses voyageurs ont pris commande. Nous connaissons cela, n'est-ce pas?

Sa femme, que j'ai vue également, va bien, ainsi que leur petite Adeline et Madame Amiard mère, qui ne songe nullement à revenir à Paris, tant elle est heureuse de posséder sa petite fille. Le petit Ludo est encore malade et M. Fromentin vient de repartir pour Niort auprès de ce malheureux enfant qui a toujours quelque chose.

Georges Lafenestre a repris son service (1).

---

(1) Ne me rappelant plus après vingt ans ce qu'était devenu au juste notre ami Georges Lafenestre pendant le Siége et la Commune, je l'ai prié par un mot de recueillir et me communiquer ses souvenirs ; voici sa réponse.

DIRECTION
DES
MUSÉES NATIONAUX

Palais du Louvre, 21 Décembre 1891.

Mon cher Alexandre,

J'étais en Allemagne la semaine dernière lorsque tu m'as écrit et depuis mon retour, j'ai été si bousculé par la reprise de mes cours et diverses affaires d'urgence que je n'ai pu trouver quelques minutes pour te répondre. Je le fais ce soir, en hâte à bâtons rompus ; si ces renseignements ne te suffisent pas, je suis à ta diposition pour les compléter.

..... Dès la déclaration de guerre j'ai été incorporé dans le 116me bataillon (quartier de la rue de Babylone où tu te souviens que j'habitais). Un peu plus tard, lorsqu'on a formé un bataillon spécial avec le personnel des Administrations, comme j'étais alors attaché au cabinet de Jules Simon, j'ai fait partie de la Compagnie de l'Instruction publique.

Ma femme, vers le 14 ou le 15 septembre, avait quitté Paris pour aller chez ma sœur à Orléans, où elle se trouva bientôt investie par les Allemands, mais qu'elle put quitter pour gagner le Midi après la victoire de Coulmiers. Elle était rentrée à Paris quelques jours avant la Commune.

Le 22 ou 23 Mars je reçus l'ordre de rejoindre le Gouvernement à Versailles. Les deux lignes étaient occupées par les fédérés. Il nous fallut, ma femme et moi, rejoindre Versailles par Orléans et le Mans. C'est donc à Versailles que nous sommes restés pendant la Commune.

Je rentrai à Paris avec Charles Blanc, mon directeur, chez qui j'ai couché rue Lafitte pendant qu'on s'y battait encore ; nous avons fait la chaine au Ministère des Finances avant de pouvoir gagner le Louvre et nous assurer de sa conservation, au moins partielle.

A Versailles, j'ai écrit plusieurs articles dans je ne me rappelle plus quel journal de Paris, sur les monuments détruits par les incendies, sur les Tuileries surtout, l'Hôtel-de Ville, etc..; si tu y tiens, Victor Pillon pourrait les rechercher à la Bibliothèque Nationale.

En Mai et Juin, j'étais sous-chef du bureau des Beaux-Arts.

Quant à notre grand Husson, il y a quelques années, je l'ai rencontré traversant Paris, venant d'Afrique où il allait passer les hivers pour sa santé. Je crois qu'il est marié et retiré à Pont-Sainte-Maxence, mais je ne puis rien affirmer.

Mes hommages, je te prie, à Madame de Mazade et crois-moi de tout cœur ton vieil ami.

G. Lafenestre.

Il parait que notre malheureux Jules Héreau, qui, tu te le rappelles, avait été nommé avec Dalou conservateur du Louvre, allait parler aux anciens conservateurs le revolver au poing. Lafenestre les trouve fous, il a en mains des papiers très-curieux sur *la Fédération artistique* ou *les arts fédérés*.

En fait de curiosité, as-tu lu une lettre d'Alexandre Dumas fils sur la situation actuelle? elle est admirablement pensée et dite; certains passages surtout sont très-forts; des mots à emporte-pièce: *cette pauvre République, cette fausse couche perpétuelle de la France....* Je tiens cette lettre à ta disposition, si tu ne la connais pas, ce qui est très-possible; car, mon cher ami, tu ne dois guère avoir le temps de lire.

Mon père est beaucoup plus calme que je n'aurais cru après une aussi effroyable crise, qui termine d'une façon si inopinée sa carrière. Il ne peut à son âge espérer qu'une retraite, qui sera, à cause des événements actuels, peut-être très-longue à liquider; son désir de quitter Paris est plus vif que jamais.....

Et vous, quand revenez-vous définitivement?

V. Pillon-Dufresnes.

Jeudi 15 Juin.

Le *Grécin* du *Charivari* :

Une très-jolie petite blanchisseuse timidement à Monsieur, qui lui prend les mains :

— « Et alors vous avez été heureux de recevoir de bonnes nouvelles de votre femme?

— « Mais non. »

Samedi 17 Juin.

3 0/0. 52.00 (1).

Le *Cham* du *Charivari* :

Le Conservateur des Musées de la Commune reçoit d'un affreux communard l'insigne de ses attributions : Une torche et un seau de pétrole.

Dimanche 18 Juin.

Grand'Messe à Beaumont.

Aussitôt après le déjeuner promenade et visite à l'*Abbaye de Royaumont.*

Fondation de Saint-Louis (1235), désaffectée en 1790 et mise en vente par l'Assemblée Nationale, elle a été acquise par le marquis de Travanet ; on voit encore les restes d'un petit théâtre, sur lequel avait chanté Sophie Arnould, déesse de la Raison. L'Abbaye a passé ensuite à l'industriel Van der Mersch : ses deux filles, aujourd'hui âgées, qui ont dû être charmantes si on en juge par les jolis portraits en pied de leur petit salon, occupent encore une partie de l'habitation qu'elles se sont réservée, lorsqu'elles ont vendu l'immeuble en 1865 à Monseigneur de Mazenod et aux Oblats, lesquels l'ont cédé, il y a deux ans, à la Congrégation de la Sainte-Famille.

Au retour, nous nous arrêtons à Asnières-sur-Oise pour visiter le beau *Mausolée du duc de Lorraine*, par Antoine Coysevox (1711), assez mal placé et surtout mal éclairé, ne recevant par derrière que le mauvais jour d'un œil-de-bœuf, et collé à un mur, au fond de l'Église trop basse pour l'importance du monument.

C'est ce fameux tombeau, beau groupe plein de grâce et de noblesse, arraché à Royaumont en 1792, c'est cette magnifique œuvre d'art à l'enlèvement de laquelle les habitants d'Asnières et des environs se sont si violemment opposés en 1863, lorqu'on a voulu l'emporter pour en orner la Chapelle ducale de Nancy. Émeute, menace d'envoi d'un bataillon d'infanterie ; le mur de derrière était déjà démoli et les deux statues descendues lorsqu'est arrivé un contre ordre de l'Empereur, après 1,200 francs de frais.

Le mausolée représente le comte d'Harcourt, duc de Lorraine, mou-

---

(1) Bourse du 15 juin 1892. — 3 0/0. 100.30, taux presque double.

rant, soutenu par la Victoire, qui lui apporte la palme de l'immortalité. Dans le socle est gravée cette inscription :

CELSISSIMO PRINCIPI
HENRICO LOTHARINGIÆ
HARCURII COMITI
SUMMO REGII STABULI PRÆFECTO
LUDOVICUS FILIUS
TITULORUM HÆRES, LAUDUM ÆMULUS,
POSUIT.

(Au bas un écusson donne la traduction française).

Le célèbre capitaine comte d'Harcourt, duc Henri de Lorraine, avait été pendant 40 ans abbé commandataire de Royaumont. Le cardinal Mazarin, abbé de Royaumont en 1647, se démit de son titre en faveur du fils, Alphonse *Louis de Lorraine*, né en 1644, le pieux inspirateur du mausolée. (1).

———

Dîner en famille avec M. Panier, curé-doyen de Beaumont, et l'abbé Goupil, son vicaire. Dégustation du vin *muré*, échappé aux Prussiens.

A M. A. de M..., Paris

Paris, le 22 Juin

Mon cher Ami,

Voilà quatre jours que je dois t'écrire depuis que je te sais à Paris. Ton concierge a dû te dire que j'étais venu aux nouvelles. Maintenant je suis occupé à ne savoir où donner de la tête.

Voici le but de ma lettre : La femme de mon concierge étant décédée, je ne puis garder le mari tout seul. Tu m'avais parlé d'Eugène, ton garçon de magasin ; s'il n'est pas casé et s'il veut venir me voir *avec sa femme* après demain matin entre 8 et 9 heures, je crois

(1) V. *Histoire de Royaumont et d'Asnières-sur-Oise* par l'abbé Duclos (1867).
V. *Notre-Dame-de-Baillon*, par l'abbé Neveu, curé-doyen de Beaumont-sur-Oise, successeur de M. Panier qui est mort le 17 juin 1884 après 42 ans de doyenné.

que nous nous arrangerons, si sa femme lui ressemble.

Chez nous on est toujours bien triste. Voilà Ludo malade maintenant. Mon beau père arrivé à Paris le 10 courant au soir en est reparti le 12 au matin pour retourner à Niort auprès de son fils. Voilà où nous en sommes! Heureusement que jusqu'ici notre fille Adeline se porte admirablement et est à sa sixième dent. Nos amitiés à tous.

Ton ami dévoué,

C. Amiard-Fromentin.

M. Ernest Fabre, de l'Homme d'Armes, près Montélimar (Drôme) à M. C. Amiard-Fromentin, à Paris.

Mon cher Amiard,

Je ne t'excuse pas de ne pas m'avoir donné de tes nouvelles, naturellement, mais tu comprends que je ne vais pas m'excuser non plus... Je commence par te raconter mes infortunes et mon bonheur.....

Le 4 septembre m'a trouvé garçon (vieux garçon même) et directeur depuis 15 jours de l'usine à chaux hydraulique de l'Homme d'Armes.

..... Ma position de garçon m'a fait entrer comme simple soldat dans la 3me légion de la Drôme, 45me de marche. Ne trouvant pas cette place suffisamment relevée, je l'ai troquée contre celle de chef de bureau de M. H., ingénieur des ponts-et-chaussées et commandant du génie civil des camps de Lyon. Cela était profondément calculé, car j'avais à Lyon, outre les amitiés résultant de huit années de séjour, ma mère et mon frère qui y sont fixés, et de plus une certaine demoiselle Marie K, que j'avais envie depuis tantôt deux ans d'attacher à mon sort, et qui ne demandait pas mieux, à ce qu'elle disait. J'ai donc profité de la situation pour faire valoir aux yeux de mon futur beau-père que j'avais une position stable et il m'a donné la main de sa fille, ce dont je suis bien heureux. Je suis donc marié depuis le 25 avril dernier, et bien entendu que, sitôt que j'aurai des enfants, tu en seras un des premiers instruit.

Sitôt marié, je suis retourné à l'usine, ne regrettant nullement, je te prie de le croire, la situation militaire que j'abandonnais; par parenthèse, je n'ai pas été décoré...

.... *Ne sois pas étonné si ma lettre a été passée au copie-de-lettres; c'est une mesure que j'ai prise pour mes lettres intimes, que je léguerai à mes enfants d'abord, puis à la postérité, si elle les réclame.....*

Amitiés à Mazade.

Ernest Fabre.

Vendredi 23 Juin.

Eloge de Monseigneur Darboy, par le père Didon, à Nancy.

Gambetta reparait! il se présente à Paris le 2 juillet pour les Élections complémentaires de 21 députés et adresse à un de ses amis de Paris une lettre, dont ce qui suit :

« Saint-Sébastien, 23 Juin 71.

« J'accepte, avec reconnaissance et avec le sentiment réel des lourdes « difficultés de l'heure présente, le mandat de la démocratie parisienne, « si elle m'appelle et me juge toujours, malgré les calomnies dont on « me poursuit, digne de la servir.

« J'avais expédié diverses dépêches télégraphiques à Paris en ce « sens, mais Bayonne refuse de les recevoir, sous prétexte qu'on n'au-« torise de dépêches privées pour Paris que celles relatives à l'Em-« prunt!.....

« A bientôt,

« Léon Gambetta. »

Samedi 24 Juin.

3 0/0. 52.30

Un *Cham*, dans le *Charivari* :

Un soldat français montrant un soldat prussien :

« *Des deux qui aurait dit que ce serait moi qui prendrais Paris?* »

Dimanche 25 Juin.

A Beaumont.

Toute la famille réunie. Visite de notre cousin Charles de Mont-Refet, de retour de sa captivité en Allemagne.

Ma mère a trouvé ces jours-ci, au cimetière, une couronne d'immortelles accrochée en dehors au bouton de la porte de la chapelle funéraire, où repose maintenant notre père. Nous cherchons vainement qui peut l'y avoir mise, à qui attribuer cet acte si discret de pieux souvenir.

En réfléchissant, je crois avoir trouvé. Je verrai.

Retour le soir à Paris avec Céline.

Mardi 27 Juin.

A Ronquerolles.

Dans la teinturerie :

— « Mutin, est-ce que vous n'êtes pas allé à Beaumont, l'avant-dernier dimanche?

— « Oui bien, j'y ai passé la journée, chez mon ami Bertholat.

— « Alors c'est vous, n'est-ce pas, qui avez mis une couronne au « tombeau de mon père ?

— « Oui ! c'est moi.

— « Merci ! mon vieux Mutin, lui dis-je les larmes aux yeux, je « reconnais là votre bon cœur. Mais pourquoi n'êtes-vous pas venu « nous dire bonjour à la maison? justement je m'y trouvais. Pourquoi « aussi ne me l'avoir pas dit depuis ?...

— « Pas la peine ; je devais bien ça à votre père, je l'ai assez fait « enrager ! »

Je lui tends la main et je presse fortement la sienne, toute teinte en vert. Voilà comment on serait tenté d'oublier ses intolérables débauches, dont je n'ose pas espérer avoir vu la dernière.

Un *Cham* dans le *Charivari :* Le châtiment de Courbet : le nommer gardien de la Colonne relevée.

Mercredi 28 Juin.

L'Emprunt de 2 *millards* en rentes 5 0/0 émises à 82.50 a été souscrit hier par 4 milliards 800 millions, dont 1 milliard par l'Étranger, 1 milliard par la province, et tout le reste, 2 milliards 800 millions, par notre pauvre Paris! *Fluctuat, nec mergitur !*

C'est aussi une belle victoire pour M. Pouyer-Quertier. M. Thiers avait raison de dire dans la séance de l'Assemblée Nationale du 20 de ce mois :

« Lorsqu'il n'y a que du labeur à demander à une nation laborieuse, aussi courageuse que la nôtre, et qui n'aura seulement qu'à diminuer ses aisances, on peut, il est vrai, ne pas se consoler des grandes fautes commises, mais on peut bénir la Providence de ne pas nous avoir plus maltraités. »

Jeudi 29 Juin.

Sur l'Hippodrome de Longchamps, grande revue de l'armée de Paris.

Après neuf mois d'interruption, mon *Éclipse* reparait.

Elle dit à ses lecteurs :

« Le siégé levé, nous nous préparions à reparaître, lorsque la Com-
« mune arriva. On connait les procédés des gens de l'Hôtel-de-Ville à
« l'égard de la presse..... On barbotta dans notre caisse. Notre rédac-
« teur en chef, F. Polo, fut arrêté et emprisonné... Rire c'est vivre. Or
« il faut vivre, jusqu'à l'heure de la revanche. Car elle *sonnera* cette
« heure!..... encore que les Prussiens emportent toutes les pen-
« dules (1). »

(1) Les dessins de Gill n'ont repris que le 23 juillet. A la fin du volume sont les listes complètes des monuments incendiés.

Vendredi 30 Juin.

3 0/0. 53.10.

Dressé de notre inventaire, à Paris par Céline, par moi à Ronquerolles. Il est ordinairement semestriel ; il comprendra cette fois toute une année, puisqu'il n'en a pas été fait au 31 décembre dernier.

Dès qu'il sera clos, et que le résultat, (qui parait déjà devoir être très-satisfaisant) en sera fixé, j'irai avec Céline prendre un mois de vacances. Nous en avons tous les deux grand besoin. Madame Gielen, notre prédécesseur, nous a offert gracieusement de nous suppléer pendant notre absence.

Peut-être aussi que, *si l'inventaire est bon*, comme on dit, nous pourrons nous acquitter envers notre curé M. Lesecq de notre promesse d'avant la guerre : le don du vitrail de Sainte-Agnès qu'il nous a souvent demandé pour le chœur de sa belle église.

En attendant,

Tourne, ma grande roue, envoie
Aux métiers vie et mouvement.
Valsez, mes bobines de soie,
Autour du coton votre amant !

Travaillons, mon bon Ronquerolles !
Le travail, c'est le bien sacré.
La devise anoblit les rôles :
Ad posthuma laborare.

TABLE

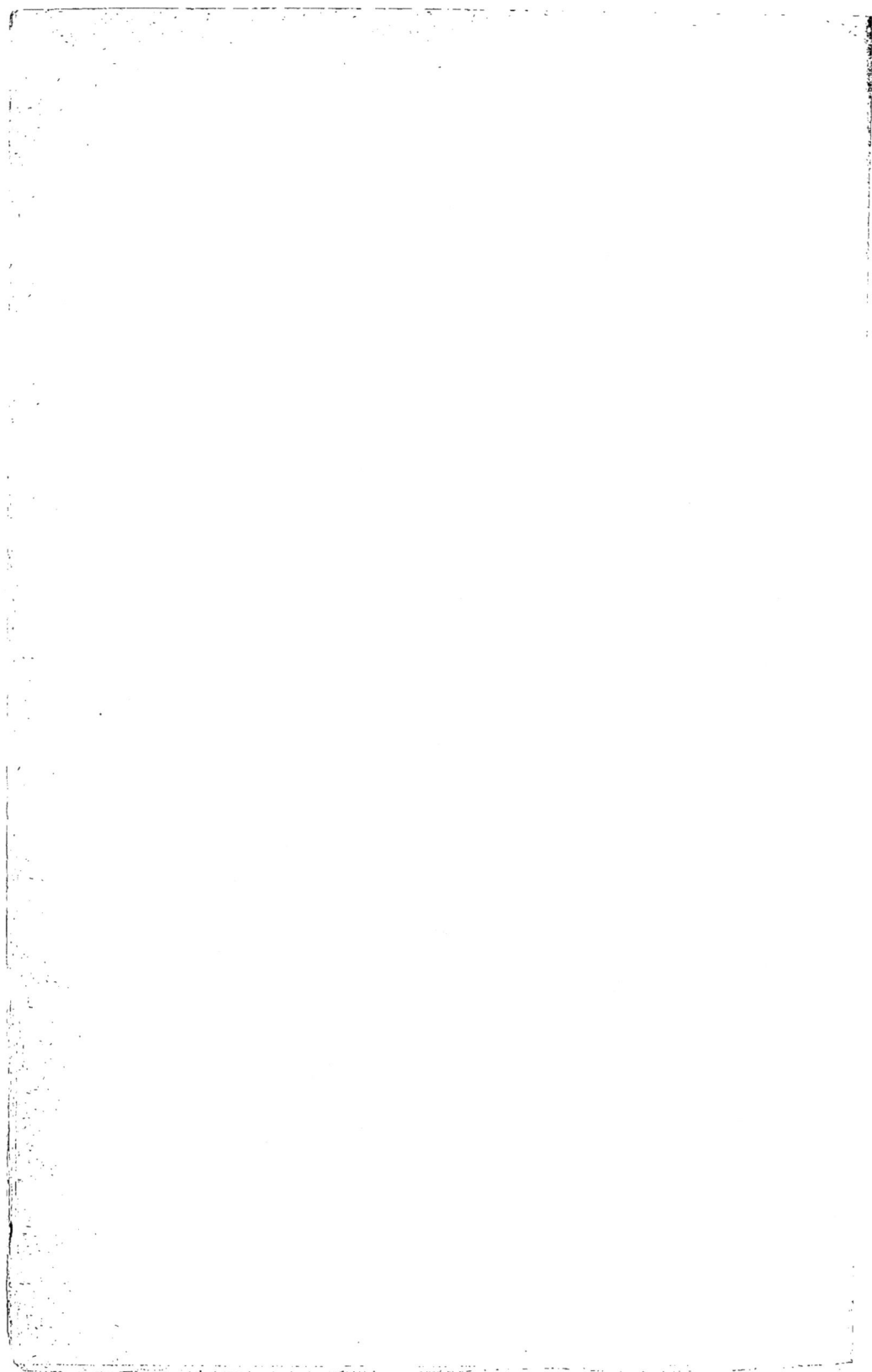

TABLE

A

C

D

E

F

G

H

I

J

K

L

M

N

O

P

Q

R

S

T

U

V

W

Y

Z

GRAVURES

CARTES FAC-SIMILE

etc.

Beaumont-s-Oise. — Imp. Paul Fremont

ACHEVÉ D'IMPRIMER
Septembre 1892

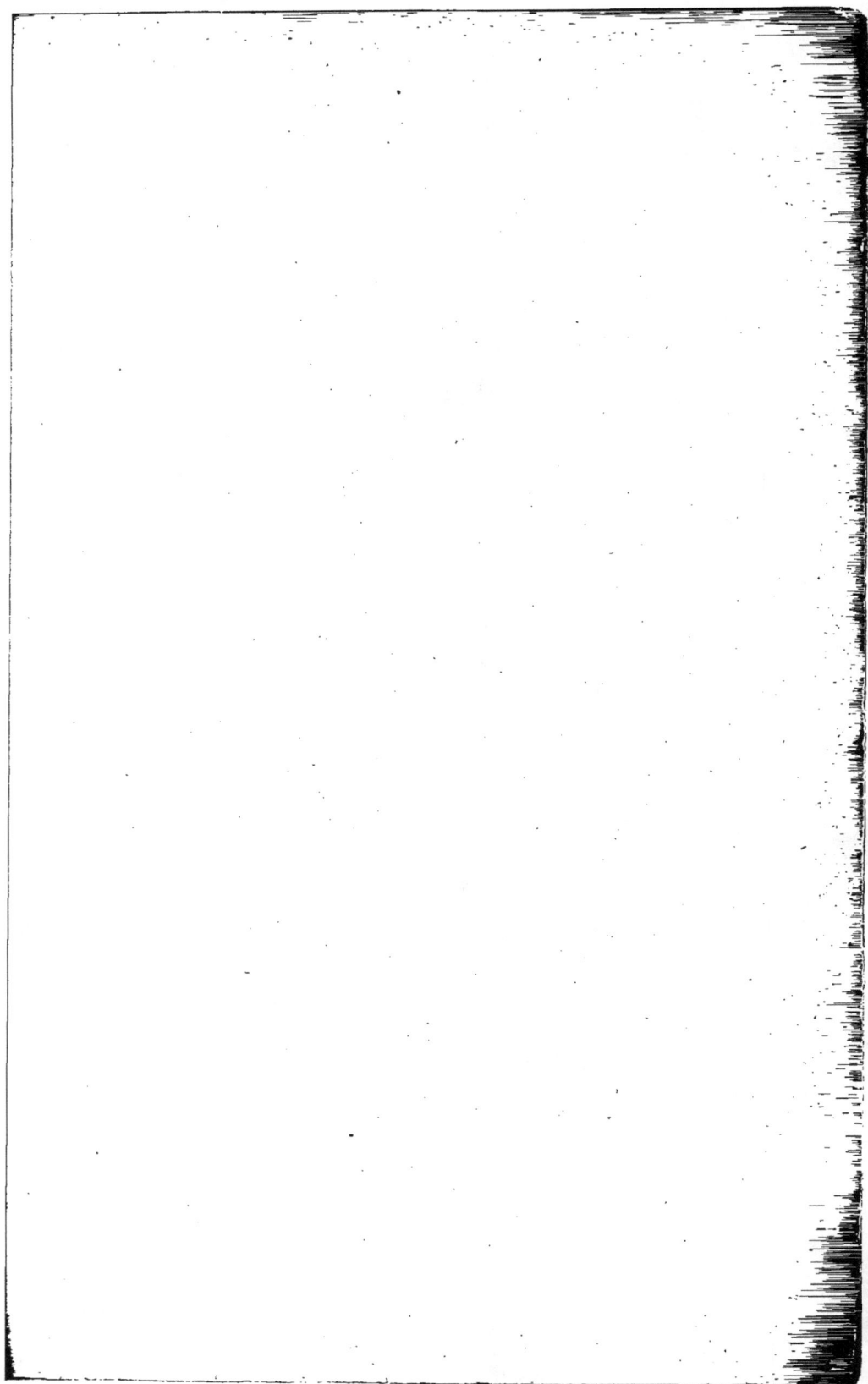

BEAUMONT-SUR-OISE — IMPRIMERIE PAUL FRÉMONT